詳密註釋

通鑑諺解

【上卷】

明文堂編輯部 校閱

明文堂

詳密註釋 通鑑諺解 目次

【上卷】

議論音注簡嚴明白得失曉然以爲庭下訓客有過之曰善則善矣與其襲珍以私於家孰若鋟梓以公於世主人笑曰少微先生養高林泉名動京闕
皇帝三使人聘之終不能移其囂囂樂道之志凡著書立言亦惟自明其心非欲求知於人也先世有書惟恐人知余得其書顧乃恐人不知耶客固請予嘉其言以贊其請主人曰諾於是乎書

嘉熙丁酉良月朔迪功郎新邵武郡南尉巡捉私茶鹽礬私鑄銅器兼催綱江鎔謹序

少微通鑑節要序

通鑑一書易紀傳而爲編年上下數千百載興亡治亂瞭然在目誠史學之綱領也然編帙甚繁未易周覽後之君子固嘗節其繁而取其要矣其間詳者猶失之泛略者又失之疎學者病焉　少微先生江氏家塾有通鑑節要詳略適宜於兩漢隋唐則精華畢備於六朝五代則首末具存點抹以擧其綱標題以撮其要識者寶之其後建寧公默游　晦庵先生門嘗以此書質之先生深加賞嘆自是士友爭相傳錄益增重焉今南山主人淵力學淸脩有光前烈復取此書附益而潤色之增入諸史表志序贊參以名公

詳密註釋 通鑑諺解

【卷一】

歷代帝王

天皇　地皇　人皇

伏羲　神農　黃帝

少昊　顓頊　帝嚳　帝堯　帝舜

夏　商　周　東周

〔簒國〕王相之時有窮后羿逐王相居商立羿臣寒浞殺羿又殺王相簒國凡四十年

〔十二〕〔諸侯〕魯齊　陳曹　燕蔡　衛宋　楚晉　秦鄭

〔戰國〕〔七雄〕秦韓　魏楚　燕趙　齊

秦　漢　東漢　後漢

〔簒國〕孺子時王莽簒漢國號新凡十四年誅滅

魏　吳

晉　東晉

〔兩晉間十六國〕前趙　前秦　後趙　後燕　前燕　南燕　後秦　西秦　北涼　北燕　前涼　後涼　西涼　後蜀　南涼　大夏

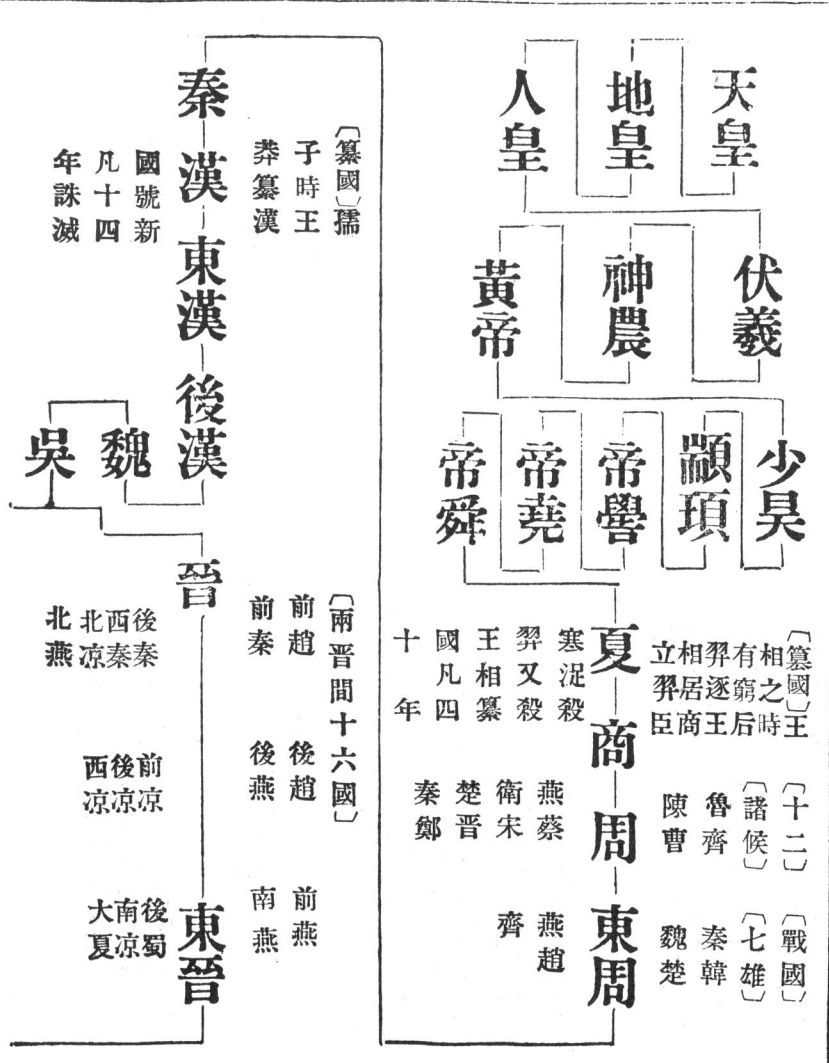

傳授總圖

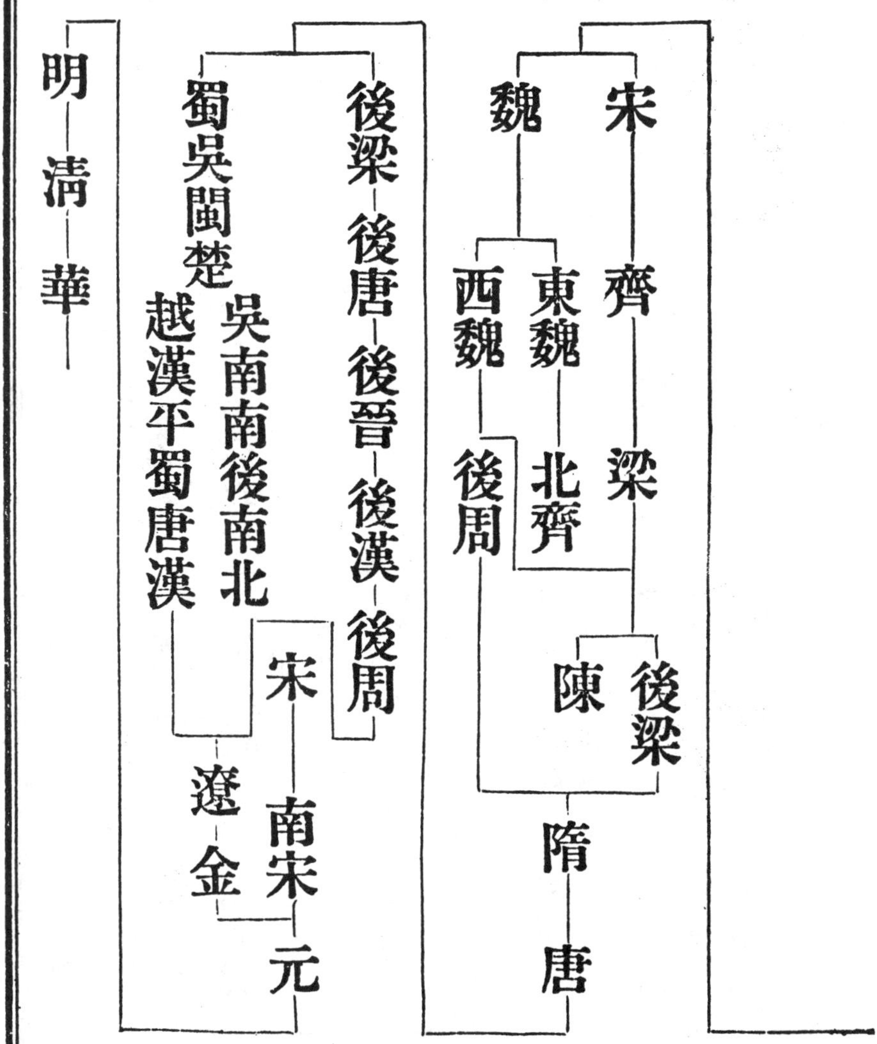
宋
齊
梁
後梁
陳
魏
東魏
西魏
北齊
後周
隋
唐
後梁
後唐
後晉
後漢
後周
蜀
吳
閩
楚
吳越
南漢
南平
後蜀
南唐
北漢
宋
南宋
元
遼
金
明
清
華

凡例

一 本書는資治通鑑讀者의便宜를與하기爲하야編輯함

一 章句를分解하고頭註를添하야意義를明晰케함

一 陽節潘氏通論을編首에附하고司馬溫公論文을章句下에添入하야讀史者參考에供함

一 頭註는紫陽綱目戰國史節要中에서拔하야記載함

資治通鑑總要通論

陽節潘氏榮曰治天下、有道親賢遠姦朋而已矣治天下、有法信賞必罰斷而已矣、治天下、有本、禮樂敎化順而已矣、明則君子進而小人退斷則有功勸而有罰懲、順則萬事理人心悅而天下和、三者之要、在身、身端心誠不令而行矣、故、唐虞三代之治、純用禮樂、敎化大行、不言而信、不怒而威、無爲而治、如斯而已、及其衰也、夏以妺喜、商以妲己、周以褒姒、是佚欲之亡人而百令不從矣、周室東遷之後、王政不行、諸侯多僭故夫子自衛反魯、作春秋、以正王化、至於戰國、王室陵夷、分崩離析故、孟子去魏適齊陳王道、以正人心、是皆聖賢爲萬歲生民而發也、自玆以還、迹息澤竭、人私其身、士私其學、異端蜂起、聖學榛蕪、秦漢以下、安危不一、難以悉擧、姑取其最關於綱紀者而論之、漢高之興、去古未遠、豁達大度、從諫如流可與有爲之君也、然以輕士嫚罵、凌辱大臣、張良托以穀、何、何參平勃、以詐以力、天下雖安而古禮不復、古樂不作、從玆始矣、可勝惜哉、漢文、沉潛而不能剛克、漢武高明而不能柔克、西向讓三、南向讓再、夫何踐祚之初、示民以詐、短喪之制、又安用之故。民雖富庶而脩己立誠之道、幾乎息矣、窮兵黷武、虐民事神而海內虛耗、至論臺之詔、天理藹然、其悔心之萌乎、不然·則亦亡秦之續耳、漢昭十四而識上官桀之詐、似可有爲、惜霍光不學無術、不能以道事君、光武、有志於治而輔相亦非其人、孔明、有王佐之才而當姦雄僭竊之際、董子雖有大意而亦不得其位、鄧騭楊震之徒、不識保身之機、外戚之禍、內竪之變、中移於王莽、卒壞於董卓、曹操承之、以移漢祚、又何言哉、唐之、太宗、號爲英主、百戰而有天下、偃武脩文、勵精求治身致太平、刑措不用、亦希世之賢君也、然以君德論之則用宮入、私侍以劫其父、納巢剌王妃而封子明、其謬已甚、若非魏徵辰贏之喩則明母又繼文德而后矣、閨門如此其子孫又烏得有正家之法乎、是故、武氏經事先帝、太眞己配壽王、中宗親爲點籌於韋后、明皇賜洗兒錢於貴妃卒爲天下後世非笑、豈不皆由太宗垂統之所致歟、房杜王魏無忌遂良狄仁

傑張九齡姚崇宋璟李泌裴度之賢、猶不能救其君於蕩敗禮義之際而
或以見疎、張柬之桓彥範崔玄暐袁恕己敬暉等討武氏之亂、反正廢主、
有大功於唐而凌辱以死、韓愈陸贄勤勤懇懇於章奏之間而亦以獲罪
他尙何說哉蓋唐之亂也、始於武韋、危於貴妃、壞於藩鎭、亡於宦官而李
勣李義府許敬宗鄭愔崔湜武三思李林甫楊國忠李輔國盧杞元載之
流、與后妃宦竪、內外交締、始終爲難、非一朝一夕之故、暴秦以呂易嬴、是
嬴亡於莊襄之手、弱晉以牛易馬、是馬滅於懷愍之時、隋楊廣弑父自立
即以敗亡、又何足與論治天下之道乎、蓋以趙高楊素之姦而致扶蘇楊
勇之死、是天所以速秦隋之滅也、且秦政之暴、過於隋堅、楊廣之惡、浮於
胡亥、覆宗絕祀、不亦宜乎、宋齊梁陳至於五季、禍亂相尋戰爭、不息、名、爲
君臣、實爲仇敵、世降至此、壞亂極矣、惟柴世宗粗有三代之風而使之不
壽、豈天將啓宋世之治也歟、且自晉武之後、惠懷無親、骨肉相殘、羣胡乘
釁、濁亂中原、生民塗炭、未有甚於此時者也、王謝陶阮、富貴風流、節行標

致、沛乎有餘、江左之民、亦賴以安然、朝廷之得失、姦雄之簒弑則亦邈乎其不能正也、遠拓跋氏興、佐以崔浩高允之徒、旣治且安、至於孝文、風移俗易庶幾爲禮義之邦矣、宇文高祖完顏世宗其亦賢乎、江左君臣、寧不知愧、夫三年之喪、自天子達於庶人、文景以後、能行之者惟晉武帝魏孝文周高祖數君而已、此、夫子所謂不如諸夏之亡也、然自晉至隋、南北之君、率多不得其死、盡以國亡族滅其故何也、盖得之以不仁、上行而下效、身爲天子死無噍類、嗚呼哀哉、至於宋祖、未嘗爲學、晚好讀書歎曰堯舜之世、四凶之罪、止於投竄何近代法綱之密耶、於是、立法、鞭扑不行於殿陛、罵辱不及於公卿故臣下得以有爲而忠君愛國之心、油然而興矣命曹彬下江南則戒以切勿暴掠生民故、彬至城下、焚香約誓、一不妄殺凱還之日、行李蕭然、遣吳越歸國而使知不留之意、處將相之間、則喩以相安之情待諸降王以賓禮、易諸節鎭以儒臣、使擧德行孝悌之士、以隆禮義廉耻之風、嗚呼、人主如是、亦庶乎其知九經之義哉、且日洞開重門正如我心少有邪曲、人皆見之、蕩蕩平平之道、不外是矣、太宗卽位之初、首開崇文館與諸王宰相、繙閱書籍、旁選文章有德之士、教道王子、且戒之曰必以忠孝爲先、又能作興文學、以風四方而人才、於是乎出矣、至於仁宗、力行恭儉、正身率人、終始如一、升遐之日、雖深山窮谷、亦莫不奔走悲號、如喪考妣、非有得於人心而能如是乎、英宗、氣質尤美謙恭以任賢臣而天下無事、曁于哲宗之初、寔爲垂簾之政、宣仁有言曰苟有利於社稷、吾無愛於髮膚、任賢不貳去讒不疑故自建隆、至於元祐、號稱治平之世而人才之盛亦莫過於宋、矣初有趙普范質李沆張齊賢向敏中寇準蔡襄晏、殊王旦王曾杜衍趙、抃諸呂之輩、復有韓范富歐陽蘇張文呂司馬之徒、俱爲大賢文章、德業前世無比相繼以興、爲之輔相、當此之時、君君臣臣、父父子子、夫夫婦婦、百姓謳歌、謂之太平天子、又稱宣仁爲女中堯舜、嗚呼休哉、神、宗刻意圖治、上慕唐虞、傾心安石、君臣之間、求濟斯道、未嘗不以堯舜、相期、東周以來、未之有也、世方仰其有爲、庶幾復見都兪吁咈之、治惜安石之學旣執而蔽引用凶邪、反治爲亂使天下之人囂、然喪其樂生之心卒之羣姦繼進釀成靖康之禍、用人可不謹哉、當此之時、上有好治之君、下有慕治之民而濂洛羣哲、曾無一人登相臣之位者、是宋不得與於斯文也、豈天未欲使玆世躋堯舜之域歟、何道之不行也、嗚呼、眞儒輩出、悉皆王佐之才、哲宗以後、寧宗以前指以朋黨、斥爲僞學、竄逐禁錮殆無虛日、姦邪疊興、爲國大蠹、始於呂惠卿、終於賈似道互爲汲引相繼、升於廟堂、用舍如此、安得不亡乎、蓋宋之人君、仁厚有餘而剛斷不足宋之人臣、德業有加而道則未盡、明乎二帝三王之道以接夫孟氏之傳者、又謹其進退之義故、終宋之世、亦只如此而已、使學者、不能無遺恨於斯世也、且眞宗不知寇準之賢、神宗不識、惠散之姦、又豈不爲明君之累邪、至於哲宗昏庸尤甚、信任姦慝、屛逐忠賢、却問大防、何以至虔州、左右不對、亦可羞也、岳飛破虜幾還兩宮秦檜矯詔、班師而殺之、高宗若不聞也、通天之罪、尙忍言哉、張浚趙鼎眞德秀魏了翁之賢、立朝未久、非惟不能、以正羣邪之罪而反有貶責竄逐之寃、秦檜韓侂胄史彌遠賈似道以元凶居、首相登進同類、布滿朝廷、祇爲身謀、卒以誤國而人主方以爲忠、豈復望其有三代之治乎、文天祥拜相於國事旣去之餘而能以身、任三百年綱常之重、從容就義於顚沛流離之際爲國之光、是亦豈非祖宗尊賢敬士之報歟、蓋其興也、以大臣之賢其亡也、以大臣之姦故、雖有大臣之誤而亦有大臣之報爲人君者、可不辨其邪正而端其本原哉、夫正身以正朝廷、正朝廷以正百官、百官正則萬民莫敢不正、萬民正則四夷賓服而天下安矣、東夷西戎南蠻北狄、自古有之、舜生於、諸馮、東夷之人也文王生于岐周、西夷之人也、匈奴突厥五胡北魏契丹女眞、世有位號、若使吾無間而可入則幽王不死於犬戎、明皇不敗於祿山、呼延晏劉曜不能、以陷晋都而懷愍不辱於强虜、矣斡離不粘罕、不得、以犯宋京而徽欽不死于漠北矣、蓋天下有道則四夷來王、萬邦咸休、天下無道則干戈之禍、不特在於、四夷而在蕭墻之內矣故、得其道則治、失其道則亂、堯舜之道、孝悌而已矣、修己以安百姓、唐虞之治也、勞身而焦思夏禹之治也、六事以自責、成湯之治也、作無逸、陳豳詩文武成康之治也、除秦苛法、與民自新、偃武修文、勵精求治、擧德行興孝悌、隆禮義、尙廉耻、此漢祖唐宗宋祖之所以興也、至於末世、崇尙虛無、信誘邪說、垂及敗亡、猶不能悟、齊元爲周師所圍、尙講老子、梁武爲侯景所迫、惟談苦空事佛之謹、舍施之多、無以逾於梁武、奉道之勤、設醮之厚、又何以加於道君、然則餓死臺城而佛不之救、受辱漠北而道亦不聞、秦皇漢武窮極以求神仙、了無證驗、楚王英、敬信沙門之法、卒以誅夷契丹、入寇王欽若出守天雄軍、束手無策、閉門修齋、誦經而已、用此數者、曾何補於治道哉、狄仁傑、巡撫江南、奏毁吳楚淫祠千七百所、所存惟夏禹太伯季子伍員四祠而已、胡頴、經略廣東、毁佛像而殺妖蛇、杖僧人、以脫愚俗所過淫祠、則必焚之、此萬代之所瞻仰也、嗚呼自漢以來、不能紹述三王之道而佛老之教、反自明帝始、永平之間、遣使之天竺、得佛經四十二章、緘之蘭臺石室、以佛像、繪之清凉臺顯節陵靈帝始、立祠于宮中、以奉之、又有飛仙變化之術丹藥符籙之技、禱祠醮祭之法、沉淪鬼獄之論、皆以老氏爲宗而、其名曰道、晉魏以來、其法漸盛、僧尼道士日以益衆元魏孝文號爲賢主、亦幸其寺、修齋聽講、至如石勒之於佛圖澄、苻堅之於沙門道安、姚興之於鳩摩羅什、拓跋太武之於寇謙之唐武宗之於趙歸眞、宋道君之於林靈素、往往事以師禮、不聞有福利之報、而皆得奇異之禍、覆轍相尋、迷而不悟、流弊千有餘載漢明烏得以逃其責哉先儒有言佛老之害、甚於楊墨、況復有鬼怪、人妖邪說暴行雜然、並興以惑世誣民者乎、孟子曰楊墨之道不息、孔子之道不著韓愈之說曰人其人火其書廬其居明先王之道以道之嗚呼其要固在於明先王之道耳、此盛彼衰自然之理也、辨人才審治體美敎化厚人倫此、明道之實也、武帝好儒術董仲舒進修己治人之策而帝之所與論者、公孫弘東方朔司馬相如、之徒、卒事封禪、以蕩其志神宗、慕王道程伯子上稽古正、學定志之論而上之所與謀者、王安石呂惠卿章惇蔡卞之流、剏置新法以擾、其

民用舍之間、安危所繫袁紹不起則五族忠賢之禁不除劉裕不興則藩鎭强
臣之禍不息、朱温不來則宦官宮妾之亂不止、然癰疽旣潰而大命隨之
蓋人君之喜用姦邪者冀得以從己之欲而已、人臣之欺罔其君者、亦欲
以固其寵祿而已、然君以逸欲滅國、臣以寵祿殺身、前車旣覆、後車不戒
及至君亡國滅、其臣又安得以獨存哉、是故秦未亡而李斯趙高先夷三
族、漢未滅而宦官張讓等二千餘人已就誅夷王莽盜竊神器而傳首詣
宛、梁冀七侯三后六貴人二大將軍卿將尹校五十七人無少長皆棄市
收其財貨合三十餘萬萬以充王府之用明皇幸蜀李林甫斲棺鞭屍楊國
忠斷頸注槊、唐祚未終而先斬韓全誨等一百六十二人、復殺第五可範
以下數百、冤號之聲徹于內外、崔胤之徒亦隨授首徽欽未亡而蔡京童
貫王黼梁、師成己先就戮南宋未滅而賈似道、先死於鄭虎臣之手、秦檜
創奪官爵、韓侂胄梟首淮濵、由此觀之昔之壅蔽聰明以圖利已者皆所
以自滅而已可不戒哉、故爲君難爲臣不易、治亂興亡之所由、也、可不愼

哉、嗚呼、觀人才之吉凶、知邦家之休戚、漢儒、有言曰正其誼不謀其利、明其道、不計其功蓋人品不同而事業亦異、是不可以成敗、論英雄也、諸葛亮輔漢於蜀、狄仁傑、反周爲唐、其心一也、郭汾陽克復二京而終身富貴、岳武穆、志存雪耻而身死權姦、其道同也、孟德睥睨神器、狐媚欺孤、恨文若九錫之勸而致之死、簒逆之所爲也、子儀、功盖天下、位極人臣、杖郭暖肆言之失而歸朝待罪、臣子之所安也、平生姦僞、死見眞性、操之所以如鬼也鞠躬盡力、死而後己、亮之所以爲龍也、蘇武、持漢節於匈奴是舍生而取義、眞卿、陳禍福於希烈、乃殺身以成仁、李陵衛律、罪通于天、邦昌劉豫、心委于虜、霍光、擁立二君而子孫夷滅、是履盛滿而不止也、韓琦定策兩朝而德望蓋世、識用舍行藏之道也、陶潛、爲晉處士、心逸而日休楊雄、爲莽大夫、心勞而日拙、諸葛入寇、晉史自帝魏也、丞相出師、漢賊明大義也、廢帝爲王、唐經亂周紀也、帝在房州、萬古開羣蒙也、故、自初命晉大夫爲諸侯以來、千三百六十二年之間、誅亂賊於旣死、正名分於當時、定褒貶於往前示、勸懲於來世、此綱目之所以繼獲麟而作也、廣微魁天下於少年、敬仲戒之必、念千里生民之寄、希元以命訊日者、和叔敎以須忘富貴利達之心、是故、建安與靑田、俱爲百、世師、循序及修省工夫齊妙用實殊轍而同歸、何後學之有異、且晝所爲則夜必焚香、以奏于帝、豈關道之治、其心乎、因妻邪謀而毁謗朱子以媚佗胄乃鄉人之喩於利也、馮道歷事於五季、惟恐失之、嚴光加足於帝腹、忘其貴也明燭以達旦、乃雲長之大節、郤衣而凍死實陳三之細事、少事僞朝官至郞署、陳情之謬也、求仁得仁、抑又何怨、告墓之正也、君親雖曰不同、忠孝本無二致是非得失乃在乎人、千載之下、公論不泯、其亦可畏也哉、盖人才難得、爲民、上者、宜有以作成之也、是故、欲治之君、須知爲治之要夫治也者、親賢遠奸信賞必罰明禮義謹學術、以身先之、使民知趨向之方、上下相師而人才出矣如此則師道尊而善人多朝廷正而天下治、百姓大和、萬物咸若、盖爲治必以人才爲本、求人才之道、又以敎化爲先、欲行敎化、非興禮樂不可也、不興禮樂則敎化不行。敎化不行則民無所措手足無所措手足則三綱不正九疇不叙而欲致天下之治者遠矣故治天下者必本之身身端心誠則賢才輔而天下治矣書云愼厥身修思永詩云上帝臨汝無貳爾心無貳無虞上帝臨汝此之謂也

資治通鑑總要通論 終

虔 건정성

詳密註釋通鑑諺解卷之一

周紀 自周武王至平王凡十三世自平王至威烈王又十八世是時周室衰微擁虛徒器號爲天下共主傳至赧王五世爲秦所滅

威烈王 名午考王子 在位二十四年

(戊寅)二十三年이라 初命晉大夫(魏)斯「趙」籍「韓」虔하야 爲諸侯하다 春秋之世晉有范氏中行氏智氏及韓魏趙是爲六卿後三家皆爲韓魏趙所滅三分晉地而有之至此始請命於天子爲諸侯

二十三年이라 처음으로晉大夫魏斯와趙籍과韓虔을命하야諸侯를삼다

(温公)曰天子之職、莫大於禮、禮莫大於分、分莫大於名、何謂禮、紀綱是也、何謂分、君臣是也、何謂名、公侯卿大夫是也、夫以四海之廣、兆民之衆、受制於一人、雖有絶倫之力、高世之智、莫不奔走而服役者、豈非以禮爲之紀綱哉、是故、天子、統三公、三公、率諸侯、諸侯、制卿大夫、卿大夫、治士庶人、貴以臨賤、賤以承貴、上之使下、猶心腹之運手足 根本之制枝葉、下之事上、猶手足之衛心腹、枝葉之庇本根然後、能上下相保而國家治安故、曰天子之職、莫大於禮也、文王、序易、以乾坤爲首、孔子繫之曰、天尊地卑、乾坤定矣、卑高以陳、貴賤位矣、言君臣之位、猶天地之不可易也、春秋、抑諸侯、尊周室、王人雖微、序於諸侯之上、以是見聖

人、於君臣之際、未嘗不惓惓也、非有桀紂之暴、湯武之仁、人歸之、天命之、君臣
之分、當守節伏死而已矣、故、曰禮莫大於分也、夫禮、辨貴賤、序親疎、裁群物、制
庶事、非名不著、非器不形、名以命之、器以別之然後、上下粲然有倫、此禮之大經
也、名器旣亡則 禮安得獨存哉、昔、仲叔于奚、有功於衛、辭邑而請繁纓(釋義)繁馬鬣上飾纓馬膺前飾
孔子以爲 不如多與之邑、惟器與名、不可以假、人君之所司也、政亡則、國家
從之、衛君待孔子而爲政、孔子欲先正名、以爲名不正則、民無所措手足、夫繁纓
小物也而孔子惜之、正名、細務而孔子先之、誠以名器、旣亂則上下無以相有故
也、故曰分莫大於名也、嗚呼、幽厲失德、周道日衰、綱紀散壞、下凌上替、諸侯專
征、大夫擅政、禮之大體、什喪七八矣、文武之祀、猶緜綿相屬者、蓋以周之子孫、
尙能守其名分故也、何以言之、昔、晉文公、有大功於王室、請隧於襄王、襄王、不
許曰王章也、未有代德而有二王、亦叔父之所惡也、不然、叔父有地而隧、又何請
焉、文公、於是懼而不敢違、是故、以周之地則、不大於曹滕、以周之民則、不衆於
邾莒然、歷數百年、宗主天下、雖以晉楚齊秦之彊、不敢加兵者何哉、徒以名分尙
存故也、至於季氏之於魯、田常之於齊、白公之於楚 智伯之於晉、其勢皆足以、逐
君而自爲、然而卒不敢者、豈其力不足而心不忍哉、乃畏奸名犯分而天下共誅之
也、今晉大夫、暴蔑其君、剖分晉國、天子旣不能討、又寵秩之、使列於諸侯、是區
區之名分、復不能守而幷棄之也、先王之禮、於斯盡矣、或者、以爲、當是之時、周

藺 고치 견 障 막을 장
(趙簡子)名鞅 (爲)治也
(而)汝也 智宣子名甲 襄子即智伯也 宣子之子 康子名虎 桓子名駒

室微弱、三晉彊盛、雖欲勿許、其可得乎、是大不然、夫三晉、雖彊、苟不顧、天下之誅而犯義侵禮則、不請於天子而自立矣、不請於天子而自立則、爲悖逆之臣、天下苟有桓文之君、必奉禮義而征之、今請於天子而天子許之、是受天子之命而、爲諸侯也、誰得而討之、故、三晉之列於諸侯、非三晉之壞禮、乃天子自壞之也

初에 趙簡子ㅣ 使尹鐸으로 爲晉陽ᄒᆞᆫ딕 請曰以爲藺絲乎잇가 抑爲保障乎잇가 (藺絲者ᄂᆞᆫ賦稅也 保障者ᄂᆞᆫ藩籬也) 簡子ㅣ 曰保障哉진뎌 尹鐸이 損其戶數ᄒᆞ다 (釋義減損戶數則賦稅輕而民力舒也)

初에趙簡子ㅣ尹鐸으로ᄒᆞ야곰晉陽을爲ᄒᆞᆫ딕請ᄒᆞ야曰써藺絲를ᄒᆞ리잇가、믄득保障을爲ᄒᆞ리잇가簡子ㅣ曰保障을ᄒᆞᆯ진뎌尹鐸이그戶數를損ᄒᆞ다

簡子ㅣ 謂無恤曰 (無恤簡子子也) 晉國에 有難이어든 而ㅣ 無以尹鐸으로 爲少ᄒᆞ고 無以晉陽으로 爲遠ᄒᆞ고 必以爲歸ᄒᆞ라ᄒᆞ더니 及智宣子ㅣ 卒ᄒᆞ고 智襄子ㅣ 爲政에 請地於韓康子ᄒᆞᆫ딕 康子ㅣ 致萬家之邑ᄒᆞ니 智伯이 悅ᄒᆞ야 又求地於魏桓子ᄒᆞᆫ딕 桓子ㅣ 復與之萬家之邑ᄒᆞ니 智伯이 又求蔡皐狼之地於趙襄子ᄒᆞᆫ딕 (釋義皐狼本蔡地故曰蔡皐狼襄子即無恤也) 襄子ㅣ 弗與ᄒᆞ니

簡子ㅣ無恤에게謂ᄒᆞ야曰晉國에難이有ᄒᆞ거든네가尹鐸으로써少ᄒᆞ다말고晉陽

으로써遠ᄒᆞ다말고반다시써歸ᄒᆞ라ᄒᆞ더니밋智宣子ㅣ卒ᄒᆞ고智襄子ㅣ政을ᄒᆞᆷ에地를韓康子에게請ᄒᆞᆫ듸康子ㅣ萬家의邑을致ᄒᆞ니智伯이悅ᄒᆞ야또地를魏桓子에게求ᄒᆞᆫ듸桓子ㅣ다시萬家의邑을與ᄒᆞ니智伯이또蔡皐狼의地를趙襄子에게求ᄒᆞᆫ듸襄子ㅣ與치아니ᄒᆞ니

智伯이 怒ᄒᆞ야 帥韓魏之甲ᄒᆞ고 以攻趙氏ᄒᆞ니 襄子ㅣ將出曰吾何走乎오 (趙向曰走) 從者ㅣ曰長子ㅣ(邑名) 近ᄒᆞ고 且城이厚完ᄒᆞ니이다 襄子ㅣ曰民罷力而完之ᄒᆞ고 (罷疲同勞也) 又斃死以守之ᄒᆞ니 其誰與我오리 從者ㅣ曰邯鄲之倉庫ㅣ實ᄒᆞ니이다 (邯鄲音寒丹趙地名) 襄子ㅣ曰浚民之膏澤ᄒᆞ야 以實之ᄒᆞ고 又因而殺之ᄒᆞ니 其誰與我오리 其晉陽乎뎌 先主之所屬也오 尹鐸之所寬也니 民必和矣리라ᄒᆞ고 乃走晉陽ᄒᆞ다 三家ㅣ以國人으로 圍而灌之ᄒᆞ니 城不浸者ㅣ三版이오 (釋義浸當作沒 廣三尺曰版) 沈竈產鼃호되 民無叛意러라

智伯이怒ᄒᆞ야韓魏의甲을率ᄒᆞ고써趙氏를攻ᄒᆞ니襄子ㅣ장ᄎᆞᆺ出ᄒᆞᆯ시曰吾ㅣ어듸로走ᄒᆞᆯ고從者ㅣ曰長子ㅣ近ᄒᆞ고또城이厚完ᄒᆞ니이다襄子ㅣ曰民의力을罷ᄒᆞ야完ᄒᆞ고또斃死ᄒᆞ기로써守ᄒᆞ니그누가我와與ᄒᆞ리오從者ㅣ曰邯鄲의倉庫ㅣ實ᄒᆞ니이다襄子ㅣ曰民의膏澤을浚ᄒᆞ야써實ᄒᆞ고또因ᄒᆞ야殺ᄒᆞ니그누가我와與ᄒᆞ리

斃 죽을 폐
浚 시암 칠쥰
(與我)同力也
(浚民)取出於民也
(膏澤)膏背中脂澤
鼃 마고리와
(三家)智韓魏也
(產鼃)蛙生於竈也

(將卒)將興卒也又(將)領也

오그晉陽일진뎌先主의屬ᄒᆞᆫ바이오尹鐸의寬ᄒᆞᆫ바이니民이반다시和ᄒᆞ리라ᄒᆞ고이에晉陽으로走ᄒᆞ다三家ㅣ國人으로써圍ᄒᆞ고灌ᄒᆞ니城이浸치아니ᄒᆞᆫ者ㅣ三版이오竈가沈ᄒᆞ야鼃를産ᄒᆞ되民이叛ᄒᆞᆯ意가無ᄒᆞ더라

趙襄子ㅣ使張孟談으로潛出見二子曰臣은聞脣亡則齒寒이라ᄒᆞ나今智伯이帥韓魏而攻趙ᄒᆞ니趙亡則韓魏爲之次矣리라二子ㅣ乃陰與張孟談으로約ᄒᆞ고爲之期日而遣之러니襄子ㅣ夜使人으로殺守隄之吏而決水灌智伯軍ᄒᆞ니智伯軍이救水而亂이어ᄂᆞᆯ韓魏ㅣ翼而擊之ᄒᆞ고襄子ㅣ將卒犯其前ᄒᆞ야大敗智伯之衆ᄒᆞ고遂殺智伯ᄒᆞ고盡滅智氏之族ᄒᆞ다

趙襄子ㅣ張孟談으로ᄒᆞ야곰가만니나와二子를見ᄒᆞ고日臣은드르니脣이亡ᄒᆞᆫ則齒가寒ᄒᆞ다ᄒᆞ니今에智伯이韓魏를帥ᄒᆞ고趙를攻ᄒᆞ니趙가亡ᄒᆞᆫ則韓과魏ㅣ次가되리라二子ㅣ이에가만니張孟談으로더부러約ᄒᆞ고爲ᄒᆞ야日을期ᄒᆞ고遣ᄒᆞ얏더니襄子ㅣ夜에人으로ᄒᆞ야곰守隄의吏를殺ᄒᆞ고水를決ᄒᆞ야智伯軍에게灌ᄒᆞ니智伯軍이水를救ᄒᆞ고亂ᄒᆞ거늘韓魏ㅣ翼ᄒᆞ야擊ᄒᆞ고襄子ㅣ卒을거나리고그압히犯ᄒᆞ야크게智伯의衆을敗ᄒᆞ고드듸여智伯을殺ᄒᆞ고다智氏의族을滅ᄒᆞ다

塗 도 바를 豫姓讓名也欲爲之爲去聲 (刑人)周禮大司寇凡萬民之有罪過而未麗於法者役諸司空註使治之役百工 (塗厠)塗杇鏝也

(温公)曰智伯之亡也、才勝德也、夫才與德、異而世俗、莫之能辨、通謂之賢、此其所以失人也、夫、聰察强毅之謂才、正直中和之謂德、才者、德之資也、德者、才之帥也、是故、才德兼全、謂之聖人、才德兼無、謂之愚人、德勝才、謂之君子、才勝德、謂之小人、凡取人之術、苟不得聖人君子而與之、與其得小人、不若得、愚人、何則 君子、挾才以爲善、小人、挾才以爲惡、挾才以爲善者、善無不至矣、挾才以爲惡者、惡亦無不至矣、愚者、雖欲不善、智不能周、力不能勝、譬之亂狗博人、人得而制之、小人、皆足以遂其姦、勇足以決其暴、是虎而翼者也、其爲害、豈不多哉、自古昔以來、國之亂臣、家之敗子、才有徐而德不足、以至於顚覆者多矣、豈特智伯哉

趙襄子ㅣ漆智伯之頭ᄒᆞ야以爲飮器러니(飮器溲便器也) 智伯之臣豫讓이欲爲之報仇ᄒᆞ야乃詐爲刑人ᄒᆞ야挾匕首ᄒᆞ고(釋義匕首八尺劒也其頭類匕故名匕首)入襄子宮中ᄒᆞ야塗厠이러니襄子ㅣ如厠이라가心動ᄒᆞ야索之ᄒᆞ야獲豫讓ᄒᆞ니左右ㅣ欲殺之어늘襄子ㅣ曰義士也라吾ㅣ謹避之耳라ᄒᆞ고乃舍之ᄒᆞ다(舍與捨同釋也)

趙襄子ㅣ智伯의頭를漆ᄒᆞᄒᆞ야써飮器를ᄒᆞ얏더니智伯의臣豫讓이爲ᄒᆞ야仇를報코져ᄒᆞ야이에거짓刑人이되야匕首를挾ᄒᆞ고襄子宮中에入ᄒᆞ야厠에塗ᄒᆞ엿더니襄子ㅣ厠에가다가心이動ᄒᆞ야索ᄒᆞ야豫讓을獲ᄒᆞ니左右ㅣ殺코져ᄒᆞ거늘襄子ㅣ曰義士ㅣ라ㅣ가솜가셔避ᄒᆞ리라ᄒᆞ고이에舍ᄒᆞ다

癩ㅣ라

(其妻不識)其妻曰貌不似吾夫何其音似吾夫讓遂呑炭以變其音也(其友)左傳姓名靑萃也(趙孟)趙盾字孟故後世子孫皆曰趙孟自春秋之時趙宣子謂之宣孟趙文子謂之趙孟其後遂襲而呼爲趙孟孟長也(顧不易)顧反也도로혀

橋名赤橋

豫讓이 又漆身爲癩ᄒᆞ고 癩音賴惡疾也 呑炭爲啞ᄒᆞ야 行乞於市ᄒᆞ니 其妻는 不識也르ᄃᆡ 其友ㅣ 識之ᄒᆞ고 爲之泣曰以子之才로 臣事趙孟이면 必得近幸ᄒᆞ리니 子乃爲所欲爲ㅣ 顧不易耶아 何乃自苦如此오

豫讓이 ᄯᅩ 身을 漆ᄒᆞ야 癩가 되고 炭을 呑ᄒᆞ야 啞가 되야 市에 行ᄒᆞ며 乞ᄒᆞ니 其妻는 識지 못ᄒᆞ되 그 友가 識ᄒᆞ고 爲ᄒᆞ야 泣ᄒᆞ야 曰子의 才로ᄡᅥ 臣ᄒᆞ야 趙孟을 事ᄒᆞ면 반다시 近幸을 得ᄒᆞ리니 子가 이에 爲코져 ᄒᆞ는 바ㅣ 도리혀 易치 아니ᄒᆞ냐 엇지 이에 ᄉᆞᄉᆞ로 苦ᄒᆞᆷ을 이갓치 ᄒᆞ는고

豫讓이 曰不可ᄒᆞ다 旣已委質爲臣이오 而又求殺之면 是는 二心也라 凡吾所爲者는 極難耳나 然이나 所以爲此者는 將以愧天下後世之爲人臣ᄒᆞ야 懷二心者也ㅣ로라

豫讓이 曰可치 안타 旣히 質을 委ᄒᆞ야 臣이 되고 ᄯᅩ 殺ᄒᆞ기를 求ᄒᆞ면 이는 二心이라 므릇 吾의 ᄒᆞ는 바 ㅅ者는 極히 難ᄒᆞᆷ이나 然이나 ᄡᅥ 此를 ᄒᆞ는 바 ㅅ者는 쟝ᄎᆞᆺ ᄡᅥ 天下後世의 人臣이 되여 二心을 懷ᄒᆞ는 者를 愧케 ᄒᆞᆷ이로라

襄子ㅣ 出ᄒᆞᆯ시 豫讓이 伏於橋下러니 襄子ㅣ 至橋에 馬驚이어늘 索之得

火乃赤色火能剋水因晋水之患故以赤橋厭之後人改名爲豫讓橋

(卜子夏)孔子弟子名商子夏字

段 조각 단

(段干木)老子之子宗爲魏將封於段木蓋因邑爲姓

適 갈 뎍

(虞人)守苑囿之吏也知度也度山林之大小及所生也

(會期)昔與之期今往會之破之往告以雨罷獵

豫讓ᄒᆞ야**遂殺之**ᄒᆞ다

襄子ㅣ出홀ᄉᆡ豫讓이橋下에伏ᄒᆞ얏더니襄子ㅣ橋에至홈에馬가驚ᄒᆞ거ᄂᆞᆯ索ᄒᆞ야豫讓을得ᄒᆞ야드ᄃᆡ여殺ᄒᆞ다

魏斯者ᄂᆞᆫ**桓子之孫也**ㅣ니**是爲文侯**ㅣ라 **文侯**ㅣ **以卜子夏田子方**으로**爲師**ᄒᆞ고**每過段干木之廬**홀ᄉᆡ**必式**ᄒᆞ니**四方賢士**ㅣ**多歸之**ᄒᆞ더라

魏斯란者ᄂᆞᆫ桓子의孫이니이文侯ㅣ되ᄂᆞᆫ지라文侯ㅣ卜子夏와田子方으로ᄡᅥ師를ᄉᆞᆷ고미양段干木의廬를過홀ᄉᆡ반다시式ᄒᆞ니四方賢士ㅣ歸ᄒᆞᄂᆞᆫ이多ᄒᆞ더라

文侯ㅣ**與羣臣**으로**飮酒樂而天雨**ㅣ어ᄂᆞᆯ**命駕將適野**ᄒᆞᆫᄃᆡ**左右**ㅣ **曰今日**에**飮酒樂**ᄒᆞ고**天又雨**ᄒᆞ니**君將安之**ㅣ잇고 **文侯**ㅣ **曰吾與虞人**으로 **期獵**ᄒᆞ니**雖樂**이나**豈可無一會期哉**아**乃往**ᄒᆞ야**身自罷之**ᄒᆞ다

文侯ㅣ群臣으로더부러酒를飮ᄒᆞ야樂홈에天이雨ᄒᆞ거ᄂᆞᆯ駕를命ᄒᆞ야쟝ᄎᆞᆺ野에適ᄒᆞ려ᄒᆞᆫᄃᆡ左右ㅣ曰今日에酒를飮ᄒᆞ야樂ᄒᆞ고天이ᄯᅩ雨ᄒᆞ니君은쟝ᄎᆞᆺ어ᄃᆡ로가시려ᄒᆞ시ᄂᆞᆫ닛고文侯ㅣ曰吾ㅣ虞人으로더부러獵을期ᄒᆞ엿ᄉᆞ니비록樂ᄒᆞ나엿지可히하번會期홈이無ᄒᆞ랴이에往ᄒᆞ야몸소ᄉᆞᄉᆞ로罷ᄒᆞ다

(中山)城中有小山故曰中山 (樂羊)姓名也 (子擊)子尊稱之辭

嚮 저즘 쎄향

文侯ㅣ 使樂羊으로 伐中山(狄都)克之ᄒᆞ야 以封其子擊ᄒᆞ고 文侯ㅣ 問於羣臣曰我ᄂᆞᆫ 何如主오 皆曰仁君이니이다 任座ㅣ 曰君이 得中山ᄒᆞ샤 不以封君之弟ᄒᆞ시고 而以封君之子ᄒᆞ시니 何謂仁君이리잇고

文侯ㅣ樂羊으로하여곰中山을伐ᄒᆞ야克ᄒᆞ야써그子擊을封ᄒᆞ고文侯ㅣ羣臣다려問ᄒᆞ여曰我ᄂᆞᆫ何如ᄒᆞᆫ主인고、다ᄀᆞᆯ오ᄃᆡ仁君이니이다任座ㅣ曰君이中山을得ᄒᆞ샤써君의弟ᄅᆞᆯ封치아니ᄒᆞ시고써 君의 子 ᄅᆞᆯ封ᄒᆞ셧ᄉᆞ니엇지仁君이라謂ᄒᆞ리잇고

文侯ㅣ 怒ᄒᆞ니 任座ㅣ 趨出이어늘 次問翟璜ᄒᆞᆫᄃᆡ(翟音冊 璜音黃) 對曰仁君也ㅣ니이다 文侯ㅣ 曰何以知之오 對曰君仁則臣直이라ᄒᆞ니 嚮者에 任座之言이 直이라 是以知之ᄒᆞ노이다 文侯ㅣ 悅ᄒᆞ야 使翟璜으로 召任座而反之ᄒᆞ고 親下堂迎之ᄒᆞ야 爲上客ᄒᆞ다

文侯ㅣ怒ᄒᆞ니任座ㅣ趨ᄒᆞ야出ᄒᆞ거ᄂᆞᆯ次에翟璜에게問ᄒᆞᆫᄃᆡ對ᄒᆞ야曰仁君이니이다文侯ㅣ曰엇지써知ᄒᆞᄂᆞᆫ뇨對ᄒᆞ여曰君이仁ᄒᆞᆫ則臣이直ᄒᆞ다ᄒᆞ니嚮者에任座의言이直ᄒᆞᆫ지라是로써知ᄒᆞ노이다文侯ㅣ悅ᄒᆞ야翟璜으로하여곰任座ᄅᆞᆯ召ᄒᆞ야反

謁 보릴 알

ᄒᆞ고親히堂에下ᄒᆞ야迎ᄒᆞ야써上客을삼다

子擊이出ᄒᆞᆯ서遭田子方於道ᄒᆞ야下車伏謁이어ᄂᆞᆯ子方이不爲禮ᄒᆞᆫ대子擊이怒ᄒᆞ야謂子方曰富貴者ㅣ驕人乎아貧賤者ㅣ驕人乎아子方이曰亦貧賤者ㅣ驕人耳니富貴者ㅣ安敢驕人이리오

子擊이出ᄒᆞᆯ식田子方을道에셔만나車에下ᄒᆞ야업듸여謁ᄒᆞ거ᄂᆞᆯ子方이禮ᄒᆞ지아니ᄒᆞᆫ대子擊이怒ᄒᆞ야子方더러謂ᄒᆞ여曰富貴者ㅣ人을驕ᄒᆞᄂᆞᆫ가貧賤者ㅣ人을驕ᄒᆞᄂᆞᆫ가子方이曰또ᄒᆞᆫ貧賤ᄒᆞᆫ者ㅣ人을驕ᄒᆞᄂᆞ니富貴ᄒᆞᆫ者ㅣ엇지敢히人을驕ᄒᆞ리오

國君而驕人則失其國ᄒᆞ고大夫而驕人則失其家ᄒᆞᄂᆞ니失其國者ᄂᆞᆫ未聞有以國待之者也오失其家者ᄂᆞᆫ未聞有以家待之者也로라夫士ᄂᆞᆫ貧賤者라言不用ᄒᆞ며行不合則納履而去耳니安往而不得貧賤哉리오子擊이乃謝之ᄒᆞ다

國君이고人을驕ᄒᆞᆫ則其國을失ᄒᆞ고大夫이고人을驕ᄒᆞᆫ則其家을失ᄒᆞᄂᆞ니其國을失ᄒᆞᄂᆞᆫ者ᄂᆞᆫ國으로써待ᄒᆞᆷ이有ᄒᆞ다ᄂᆞᆫ者를聞치못ᄒᆞ엿고其家를失ᄒᆞᄂᆞᆫ者ᄂᆞᆫ家로써待ᄒᆞᆷ이有ᄒᆞ다ᄂᆞᆫ者를聞치못ᄒᆞ얏노라무릇士ᄂᆞᆫ貧賤ᄒᆞᆫ者라言을用치아니ᄒᆞ며行

忿 분낼 분
(魏成)文侯弟也
(西門豹)西門複姓豹名也
(已拔)攻而擧之也若拔樹木幷拔其根本也

이合지못ᄒᆞᆫ즉履를納ᄒᆞ고去ᄒᆞᆯ지니어ᄃᆡ를가기로시러곰貧賤치아니리오子擊이
이에謝ᄒᆞ다

文侯ㅣ謂李克曰先生이嘗有言曰家貧에思賢妻ᄒᆞ고國亂에思良相이라ᄒᆞ니今所置ᄂᆞᆫ非成則璜이니二子ㅣ何如오對曰居視其所親ᄒᆞ며富視其所與ᄒᆞ며達視其所擧ᄒᆞ며窮視其所不爲ᄒᆞ며貧視其所不取니五者에足以定之矣니이다文侯ㅣ曰先生은就舍ᄒᆞ라吾之相을定矣와라

文侯ㅣ李克더러謂ᄒᆞ야曰先生이일즉言이有ᄒᆞ야曰家ㅣ貧ᄒᆞᆷ에賢妻를思ᄒᆞ고國이亂ᄒᆞᆷ에良相을思ᄒᆞᆫ다ᄒᆞ니今에置ᄒᆞᆯ바ᄂᆞᆫ成이아닌즉璜이니二子ㅣ엇더ᄒᆞ고對ᄒᆞ여曰居ᄒᆞᆷ에그親ᄒᆞᆫ바를視ᄒᆞ며富ᄒᆞᆷ에그與ᄒᆞᄂᆞᆫ바를視ᄒᆞ며達ᄒᆞᆷ에그擧ᄒᆞᄂᆞᆫ바를視ᄒᆞ며窮ᄒᆞᆷ에그爲치아니ᄒᆞᄂᆞᆫ바를視ᄒᆞ며貧ᄒᆞᆷ에그取치안ᄂᆞᆫ바를視ᄒᆞᆯ지니五者에足히써定ᄒᆞᆯ지니이다文侯ㅣ曰先生은舍로就ᄒᆞ라吾의相을定ᄒᆞ엿괘라

李克이出에翟璜이曰君召卜相ᄒᆞ시니果誰爲之오克이曰魏成이니라翟璜이忿然曰西河守吳起도臣所進也오君이內以鄴으로爲憂

鮒 부어 부 睹 불 도 (屈侯鮒)屈侯複姓鮒名也一說屈晋地時屬魏盖魏封鮒屈侯 (以鄴爲憂)如河伯娶婦之類西門豹爲鄴令三老廷椽歛民錢巫行視小民家女好者聘取如嫁女令居床席 璜 구ᄉᆞᆯ 황 上存之河上豹指巫女曰是女不好煩十巫入報河伯更求好女使吏卒抱巫投之

어시ᄂᆞᆯ 臣이 進西門豹ᄒᆞ고 君이 欲伐中山이어시ᄂᆞᆯ 臣이 進樂羊ᄒᆞ고 中山을 已拔에 無使守之어ᄂᆞᆯ 臣이 進先生ᄒᆞ고 君之子ㅣ 無傅어ᄂᆞᆯ 臣이 進屈侯鮒ᄒᆞ니 以耳目之所睹記로 臣이 何負於魏成이리오

李克이 出홈에 翟璜이 曰君이 召ᄒᆞ샤 相을 卜ᄒᆞ셧스니 果然누가 되엿노 克이 曰魏成이니라 翟璜이 忿然ᄒᆞ야 曰西河守吳起도 臣이 進ᄒᆞᆫ바이오 君이 內로 鄴으로 憂ᄒᆞ시거ᄂᆞᆯ 臣이 西門豹를 進ᄒᆞ고 君이 中山을 伐코져 ᄒᆞ시거ᄂᆞᆯ 臣이 樂羊을 進ᄒᆞ고 中山을 임의 拔홈애 하여곰 守ᄒᆞ리가 無ᄒᆞ거ᄂᆞᆯ 臣이 先生을 進ᄒᆞ고 君의 子ㅣ 傅가 無ᄒᆞ거ᄂᆞᆯ 臣이 屈侯鮒를 進ᄒᆞ엿스니 耳目의 睹記ᄒᆞᄂᆞᆫ 바로써 臣이 엇지 魏成에게 負ᄒᆞ리오

克이 曰魏成은 食祿千鍾에 什九ᄂᆞᆫ 在外ᄒᆞ고 什一은 在內라 是以로 東得卜子夏田子方段干木ᄒᆞ니 此三人者ᄂᆞᆫ 君皆師之ᄒᆞ시고 子所進五人은 君皆臣之ᄒᆞ시니 子ㅣ 惡得與魏成오로 比也리오 璜이 再拜曰璜은 鄙人이라 失對ᄒᆞ니 願卒爲弟子ᄒᆞ노라

克이 曰魏成은 祿千鍾을 食홈에 什에 九ᄂᆞᆫ 外에 在ᄒᆞ고 什에 一은 內에 在ᄒᆞᆫ지라 是로 以ᄒᆞ야 東으로 卜子夏와 田子方과 段干木을 得ᄒᆞ니 此三人인 者ᄂᆞᆫ 君이 다 師ᄒᆞ시고

河中復以弟子投之凡三子投豹曰是皆不能白煩三老人白之復投之良久欲使廷椽與豪長者趣之皆叩頭流血自此不敢復言

(取齊女)取娶也

譖 참쇼할 참

(母死不奔喪)起初與其母誓曰子遊學他方不爲卿相不入衞城六載不歸親未幾聞其母死報起仰天三號旋即收淚誦讀如故

(曾曾絕

子의進ᄒᆞᆫ바五人은君이다臣ᄒᆞ시니子ㅣ엇지시러곰魏成으로더브러比ᄒᆞ리오璜이再拜ᄒᆞ며曰璜은鄙人이라對홈을失ᄒᆞ엿스니맛도록弟子되기를願ᄒᆞ노라

吳起者ᄂᆞᆫ衞人이라仕於魯러니齊人이伐魯어늘魯人이欲以爲將ᄒᆞ되起ㅣ取齊女ᄒᆞ야爲妻라魯人이疑之ᄒᆞ니起ㅣ殺妻以求將ᄒᆞ야大破齊師ᄒᆞ다

吳起란者ᄂᆞᆫ衞人이라魯에仕ᄒᆞ엿더니齊人이魯를伐ᄒᆞ거ᄂᆞᆯ魯人이써將을삼고져ᄒᆞ되起가齊女를娶ᄒᆞ야妻를삼은지라魯人이疑ᄒᆞ거ᄂᆞᆯ妻를殺ᄒᆞ고써將을求ᄒᆞ야크게齊師를破ᄒᆞ다

或이譖之魯侯曰起ㅣ始事曾參라가母死에不奔喪이어ᄂᆞᆯ曾參ㅣ絕之러시니今에又殺妻以求爲君將ᄒᆞ니起ᄂᆞᆫ殘忍薄行人也오且以魯國區區而有勝敵之名則諸侯ㅣ圖魯矣리이다ᄒᆞᆫ대起ㅣ恐得罪ᄒᆞ야聞魏文侯賢ᄒᆞ고乃往歸之ᄒᆞ니

或이魯侯에게譖ᄒᆞ여曰起가비로소曾參를事ᄒᆞ다가母가死ᄒᆞ되喪에奔치안커ᄂᆞᆯ曾參ㅣ絕ᄒᆞ엿더시니今에또妻를殺ᄒᆞ야써君의將되기를求ᄒᆞ니起ᄂᆞᆫ殘忍ᄒᆞ고薄行ᄒᆞᆫ人이라또魯國區區홈으로써敵을勝ᄒᆞ엿다ᄂᆞᆫ名이有ᄒᆞᆫ則諸侯ㅣ魯를圖ᄒᆞ리

之)曾叅怒曰吳起不奔喪忘 궁넌 穰 양 本之人夫 苴 살저 水無本則渴木無本刖折人而無本能令終乎起非吾徒矣命弟子絕之 裹 살과 贏 멜영 (司馬穰苴) 官名司穰本齊田齊仕齊爲官故以是稱之景公齊賢將也 吮 쌜연 疽 저등창

이다흔대起가得罪홀가恐ᄒᆞ야魏文侯의賢홈을聞ᄒᆞ고이에往ᄒᆞ야歸ᄒᆞ니

文侯ㅣ問諸李克ᄒᆞᆫ대克이曰起는貪而好色이나然이나用兵은司馬穰苴라도弗能過也ㅣ리이다於是에文侯ㅣ以爲將ᄒᆞ야擊秦拔五城ᄒᆞ다

文侯ㅣ李克에게問ᄒᆞᆫ대克이曰起는貪ᄒᆞ고色을好ᄒᆞ나然이나用兵은司馬穰苴라도能히過치못ᄒᆞ리이다이에文侯ㅣ써將을삼어秦을擊ᄒᆞ야五城을拔ᄒᆞ다

起之爲將에與士卒最下者로同衣食ᄒᆞ고臥不設席ᄒᆞ며行不騎乘ᄒᆞ고親裹贏糧ᄒᆞ야與士卒로分勞苦러라

起가將이됨에士卒의最下者로더부러衣食을同히ᄒᆞ고臥홈에席을設치아니ᄒᆞ며行홈에騎ᄒᆞ고乘ᄒᆞ지아니ᄒᆞ고親히裹ᄒᆞ야糧을매여士卒로더부러勞苦를分ᄒᆞ더라

卒에有病疽者어늘起爲吮之ᄒᆞ니卒母ㅣ聞而哭之ᄒᆞᆫ대人이曰子는卒也라而將軍이自吮其疽ᄒᆞ니何哭爲오母ㅣ曰往年에吳公이吮其父ᄒᆞ니其父ㅣ戰不旋踵ᄒᆞ야遂死於敵이러니吳公이今又吮其子ᄒᆞ니妾은不知其死所矣라是以哭之ᄒᆞ노라

踵 발굼치 종
(騎乘)騎馬乘車也
(贏糧)親裏士卒所贏擔之糧也

卒에종긔알ᄂᆞᆫ者ㅣ有ᄒᆞ거늘起ㅣ爲ᄒᆞ야吮ᄒᆞ니卒의母ㅣ聞ᄒᆞ고哭ᄒᆞᆫᄃᆡ人이曰子ᄂᆞᆫ卒이라將軍이ᄉᆞᄉᆞ로그疽를吮ᄒᆞ니엇지ᄒᆞ야哭ᄒᆞᄂᆞ뇨母ㅣ曰往年에吳公이그父를吮ᄒᆞ니其父ㅣ戰에셔踵을旋치못ᄒᆞ야드대여敵에게死ᄒᆞ엿더니吳公이今에또其子를吮ᄒᆞ니妾은그死ᄒᆞᆯ곳을知치못ᄒᆞᆯ지라이로써哭ᄒᆞ노라

(己卯)二十四年이라王이崩ᄒᆞ고子安王驕ㅣ立ᄒᆞ다

二十四年이라王이崩ᄒᆞ고子安王驕ㅣ立ᄒᆞ다

安王(名驕威烈王子)在位二十六年

(庚寅)十一年이라田和ㅣ遷齊康公於海上ᄒᆞ고使食一城ᄒᆞ야奉先祀ᄒᆞ다

十一年이라田和가齊康公을海上에遷ᄒᆞ고ᄒᆞ여곰一城을食ᄒᆞ야先祀를奉케ᄒᆞ다

(壬辰)十三年이라齊田和ㅣ求爲諸侯어늘魏文侯ㅣ爲之請於王及諸侯ᄒᆞ니王이許之ᄒᆞ다

十三年이라齊田和ㅣ諸侯되기를求ᄒᆞ거ᄂᆞᆯ魏文侯ㅣ爲ᄒᆞ야王과밋諸侯에게請ᄒᆞ니王이許ᄒᆞ다

蠡조미 려

(三苗)黃帝時夏官縉雲氏之後也

(甲午)十五年이라 魏文侯ㅣ 薨ᄒᆞ고 太子擊이 立ᄒᆞ니 是爲武侯ㅣ라 武侯ㅣ 浮西河而下中流ᄒᆞᆯ서 顧謂吳起曰美哉라 山河之固여 此ᄂᆞᆫ 魏國之寶也ㅣ로다 對曰在德이오 不在險이니이다

十五年이라 魏文侯ㅣ 薨ᄒᆞ고 太子擊이 立ᄒᆞ니 이 武侯ㅣ 되ᄂᆞᆫ지라 武侯ㅣ 西河에 浮ᄒᆞ야 中流로 下ᄒᆞᆯ서 吳起를 도라보고 일너 曰美ᄒᆞ다 山河의 固ᄒᆞᆷ이여 이ᄂᆞᆫ 魏國의 寶ㅣ로다 對ᄒᆞ야 曰德에 在ᄒᆞ고 險에 在치 아니ᄒᆞ니이다

昔에 三苗氏ᄂᆞᆫ (釋義國在江南荆揚之間恃險爲亂者也) 左洞庭이오 (釋義在岳州巴陵西西呑赤沙南連青草橫亘七八百里) 右彭蠡로되 (釋義在豫章彭澤縣東即鄱陽湖也) 德義不修어ᄂᆞᆯ 禹ㅣ 滅之ᄒᆞ시고 夏桀之居ᄂᆞᆫ (釋義河南東翟縣) 左河濟오 (釋義兗州之城東南據濟西北據河) 右泰華오 (釋義泰太通山在弘農華陰縣) 伊闕이 在其南ᄒᆞ고 (釋義闕塞山一名伊闕俗稱龍門禹所闕也禹疏龍門以通水兩山相對望之若闕然伊水歷其間故名伊闕) 羊腸이 在其北ᄒᆞ되 (釋義羊腸山在太原羊腸阪在懷州) 修政不仁이어ᄂᆞᆯ 湯이 放之ᄒᆞ시고 商紂之國은 (釋義在泰山之陽令商洛縣也) 左孟門이오 (釋義今石州孟門縣) 右泰行이오 (釋義在河內山陽縣) 常山이 在其北ᄒᆞ고 大河ㅣ 經其南ᄒᆞ되 修政不德이어ᄂᆞᆯ 武王이 殺之ᄒᆞ시니 由此觀之컨ᄃᆡ 在德이오 不在險이니 若君不修德이면 舟中之人이 皆敵國也ㅣ니이다 武侯ㅣ 曰善다

昔에三苗氏는左는洞庭이오右는彭蠡로ᄃᆡ德義를修치아니ᄒᆞ거늘禹ㅣ滅ᄒᆞ시고夏의桀居는左는河濟오右는泰華오伊闕이其南에在ᄒᆞ고羊腸이其北에在ᄒᆞᄃᆡ政을修ᄒᆞᆷ을仁치못ᄒᆞ게ᄒᆞ거늘湯이放ᄒᆞ시고商紂의國은左는孟門이오右는太行이오常山이其北에在ᄒᆞ고大河가其南에經ᄒᆞᄃᆡ政을修ᄒᆞᆷ을德업시ᄒᆞ거늘武王이殺ᄒᆞ셧스니此로由ᄒᆞ야觀ᄒᆞᆫ건ᄃᆡ德에在ᄒᆞ고險에在치아니ᄒᆞ니만약君이德을修치아니ᄒᆞ면舟中의人이다敵國이니이다武侯ㅣ曰善타

魏ㅣ置相ᄒᆞᆯ서相田文ᄒᆞ니吳起ㅣ不悅ᄒᆞ야謂田文曰請與子論功이可乎아田文이曰可ᄒᆞ다

魏ㅣ相을置ᄒᆞᆯ시田文을相ᄒᆞ니吳起ㅣ悅치아니ᄒᆞ야田文다려일너曰請컨ᄃᆡ子로더부러功을論ᄒᆞᆷ이可ᄒᆞ냐田文이曰可ᄒᆞ다

起ㅣ曰將三軍ᄒᆞ야使士卒로樂死ᄒᆞ고敵國이不敢謀는子孰與起오文이曰不如子라起ㅣ曰治百官ᄒᆞ며親萬民ᄒᆞ며實府庫는子孰與起오文이曰不如子라起ㅣ曰守西河而秦兵이不敢東鄕ᄒᆞ고韓魏ㅣ賓從은子孰與起오文이曰不如子다

(與起)如起也

鄕 향할 향

(賓從)賓猶敬也

起ㅣ曰三軍을거나려士卒로하야곰死를樂ᄒᆞ고敵國이敢히謀치못홈은子ㅣ누가起갓흔고文이曰子만갓지못호라起ㅣ曰百官을治ᄒᆞ며萬民을親ᄒᆞ며府庫를實홈은子ㅣ누가起갓흔고文이曰子만갓지못호라起ㅣ曰西河를守홈에秦兵이敢히東으로鄕치못ᄒᆞ고韓魏가賓ᄒᆞ야從홈은子ㅣ누가起와갓흔고文이曰子만갓지못호라

起ㅣ曰此三者는子ㅣ皆出吾下而位加吾上은何也오文이曰主少國疑에大臣이未附ᄒᆞ고百姓이不信ᄒᆞ니方是之時ᄒᆞ야屬之子乎아屬之我乎아(屬音蜀聽也猶言附着)起ㅣ默然良久에曰屬之子矣리라

起ㅣ曰이三者는子가다吾下에出호대位가吾上에加홈은何인고文이曰主가少ᄒᆞ고國이疑홈에大臣이附치못ᄒᆞ고百姓이信치안으니니ᄯᅢ를당ᄒᆞ야子의게屬홀가我에게屬홀가起ㅣ默然ᄒᆞ고한참잇다가曰子에게屬ᄒᆞ리라

久之오魏武侯ㅣ疑之어늘起ㅣ懼誅ᄒᆞ야遂奔楚ᄒᆞ니楚悼王이素聞其賢이라至則任之爲相ᄒᆞ니起ㅣ明法審令ᄒᆞ야捐不急之官ᄒᆞ고廢公族疏遠者ᄒᆞ야以撫養戰鬪之士ᄒᆞ니要在强兵이라破遊說之言從

悼 슯흘 도 悼王名類
(遊說) 辯辭設詐飾謀馳逐於天下以要時勢者也
說 달랠 세

橫者ᄒᆞ다

오래미魏武侯ㅣ疑ᄒᆞ거늘起ㅣ誅ᄒᆞᆯ가懼ᄒᆞ야드듸여楚로奔ᄒᆞ니楚悼王이본대그賢ᄒᆞᆷ을聞ᄒᆞᆫ지라至ᄒᆞᆫ則任ᄒᆞ야相을숨으니起ㅣ法을明ᄒᆞ고令을審ᄒᆞ야不急의官을捐ᄒᆞ고公族의䟽遠ᄒᆞᆫ者를廢ᄒᆞ야써戰鬪의士를撫養ᄒᆞ니要가兵을强케ᄒᆞᆷ에在ᄒᆞᆷ이라遊說의從橫을言ᄒᆞᄂᆞᆫ者를破ᄒᆞ다

(却)退也

於是에南平百越ᄒᆞ고(越有百邑故曰百越)北却三晉ᄒᆞ고西伐秦ᄒᆞ니諸侯ㅣ皆患楚之彊而楚之貴戚大臣이多怨吳起者ㅣ러라

이에南으로百越을平ᄒᆞ고北으로三晉을却ᄒᆞ고西으로秦을伐ᄒᆞ니諸侯ㅣ다楚의彊ᄒᆞᆷ을患ᄒᆞ고楚의貴戚大臣이吳起를怨ᄒᆞᄂᆞᆫ者ㅣ多ᄒᆞ더라

(乙未)十六年이라初命齊大夫田和ᄒᆞ야爲諸侯ᄒᆞ다

十六年이라쳐음으로齊大夫田和를命ᄒᆞ야諸侯를숨다

(庚子)二十一年이라楚悼王이薨커늘貴戚大臣이作亂ᄒᆞ야攻殺起ᄒᆞ다

二十一年이라楚悼王이薨커늘貴戚大臣이亂을作ᄒᆞ야攻ᄒᆞ야起를殺ᄒᆞ다

(齊康公)名貸也

(壬寅)二十三年이라齊康公이薨ᄒᆞ니無子ㅣ라田氏ㅣ遂幷齊而有之

(乘)兵車一乘甲十三人步卒七十二人

匠 공장이장 杞 가리나무긔

(連抱)兩人方合圍 梓 피나무지 卵 알란

ᄒᆞ다

二十三年이라齊康公이薨ᄒᆞ니子ㅣ無ᄒᆞᆫ지라田氏드대여齊를幷ᄒᆞ여두다

(甲辰)二十五年이라 子思ㅣ 言苟變於衛侯曰其材ㅣ 可將五百乘이니이다 公이 曰吾知其可將이나 然이나 變也ㅣ 嘗爲吏ᄒᆞ야 賦於民而食人二鷄子故로 弗用也ᄒᆞ노라 子思ㅣ 曰夫聖人之官人이 猶匠之用木也ᄒᆞ야 取其所長ᄒᆞ고 棄其所短故로 杞梓連抱而有數尺之朽ㅣ라도 良工은 不棄ᄒᆞᄂᆞ니 今君이 處戰國之世ᄒᆞ야 選爪牙之士而以二卵으로 棄干城之將ᄒᆞ시나 此는 不可使聞於隣國也ㅣ로소이다 公이 再拜曰謹受教矣리이다

二十五年이라子思ㅣ苟變을衛侯에게言ᄒᆞ야曰其材가可히五百乘을將ᄒᆞᆯ만ᄒᆞ니이다公이曰吾ㅣ그可히將ᄒᆞᆷ만ᄒᆞᆷ은知ᄒᆞ나然ᄒᆞ나變이일죽吏가되여民에賦ᄒᆞ고人의二마鷄子를食ᄒᆞᆫ故로用치안노라子思ㅣ曰무릇聖人이人을官ᄒᆞᆷ이匠이木을用ᄒᆞᆷ과猶ᄒᆞ야그長ᄒᆞᆫ바를取ᄒᆞ고그短ᄒᆞᆫ바를棄ᄒᆞᄂᆞᆫ故로杞와梓가抱를連ᄒᆞ고數尺의朽ᄒᆞᆷ이有ᄒᆞᆯ지라도良工은棄치안나니今에君이戰國의世에處ᄒᆞ야瓜牙의士

訣闇諛諂衛
기릴찬 어두울암 아당할유 아당할유 아쳠할쳔
(國無類)言亡也

를選홈셔 二卵으로써干城의將을棄ᄒᆞ시니此는可히하여곰隣國에聞케홀슈업ᄂᆞ
이다公이두번拜ᄒᆞ고日謹ᄒᆞ야教ᄒᆞ심을受ᄒᆞ리이다

衛侯ㅣ言計非是호대 而羣臣和(去聲稱善也)者ㅣ 如出一口ᄒᆞ니 子思ㅣ曰 以吾觀衛컨디 所謂君不君臣不臣者也로다 夫不察事之是非而悅人讚己ᄒᆞ니 闇莫甚焉이오 不度(音鐸) 理之所在而阿諛求容ᄒᆞ나 諂莫甚焉이라 君闇臣諂ᄒᆞ야 以居百姓之上이면 民不與也ㅣ니 若此不已면 國無類矣리이다

衛侯ㅣ計를言홈이是치아니호대群臣의和ᄒᆞᄂᆞᆫ者ㅣ一口에셔出홈과如ᄒᆞ니子思ㅣ曰吾로써衛를觀ᄒᆞᆫ건대이른바君이君이아니오臣이臣이아닌者로다무릇事의올코그른것을察치아니ᄒᆞ고人이己를讚홈을悅ᄒᆞ니闇홈이이만치甚홈이업고理의在ᄒᆞᆫ바를度치아니ᄒᆞ고阿諛ᄒᆞ고求容ᄒᆞ니諂홈이이만치甚홈이업는지라君이闇ᄒᆞ고臣이諂ᄒᆞ야써百姓의上에居ᄒᆞ면民이與치아니ᄒᆞ리니이갓기를마지아니ᄒᆞ면國에類가無ᄒᆞ리ᄂᆞ이다

子思ㅣ言於衛侯曰君之國事ㅣ 將日非矣로소이다 君이出言에 自

矯 바로잡을 교 (矯)正其曲也

雌 암컷 자

雄 숫것 웅

(靖公)名俱酒

(家人)居家之人也無官職也

以爲是而卿大夫ㅣ 莫敢矯其非ᄒᆞ고 卿大夫ㅣ出言에 自以爲是而士庶人이 莫敢矯其非ᄒᆞ니 君臣이旣自賢矣어늘 而羣下ㅣ同聲賢之ᄒᆞ니 賢之則順而有福ᄒᆞ고 矯之則逆而有禍ᄒᆞ니 如此則善安從生이리잇고 詩曰具曰予聖이어니 誰知烏之雌雄고ᄒᆞ니 抑亦似君之君臣乎신뎌

子思ㅣ衛侯다려言ᄒᆞ야曰君의國事ㅣ장찻日로非ᄒᆞ도소이다君이言을出홈에ᄉᆞ사로써是ᄒᆞ다ᄒᆞ면卿大夫ㅣ敢히 그非홈을矯치못ᄒᆞ고卿大夫ㅣ言을出홈에ᄉᆞᄉᆞ로써是ᄒᆞ다ᄒᆞ면士庶人이敢히 그非홈을矯치못ᄒᆞ니君臣이임의ᄉᆞᄉᆞ로賢ᄒᆞ거늘羣下ㅣ聲을同히ᄒᆞ야賢ᄒᆞ다ᄒᆞ니賢ᄒᆞ다ᄒᆞᆫ즉順ᄒᆞ야福이有ᄒᆞ고矯ᄒᆞᆫ즉逆ᄒᆞ야禍가有ᄒᆞ니此와如ᄒᆞᆫ則善이어ᄃᆡ로從ᄒᆞ야生ᄒᆞ리잇고詩에曰다갈오대予가聖ᄒᆞ다ᄒᆞ거니誰가烏의雌雄을知ᄒᆞᆯ고ᄒᆞ니믄득ᄯᅩᄒᆞᆫ君의君臣과似홈인뎌

(乙巳)二十六年이라 王이 崩ᄒᆞ고 子烈王喜ㅣ 立ᄒᆞ다

二十六年이라王이崩ᄒᆞ고子烈王喜ㅣ立ᄒᆞ다

韓魏趙ㅣ 共廢晉靖公ᄒᆞ야 爲家人而分其地ᄒᆞ다 初三家分晉尙以靖公食一城至此共廢奪之

韓魏趙ㅣᄒᆞᆫ가지晉靖公을廢ᄒᆞ야家人을삼고 그地를分ᄒᆞ다

(齊威王)田和也簒齊者

(人民給)給贍也

闢 열 벽

餒 쥬릴 뇌

鄄 싸일홈 견

幣 폐빅 폐

烹 삶을 핑

烈王(名喜安王子)在位七年

(辛亥)六年이라齊威王이來朝ᄒᆞ다是時에周室이微弱ᄒᆞ야諸侯ㅣ莫朝而齊獨朝之ᄒᆞ니天下ㅣ以此로益賢威王ᄒᆞ더라

六年이라齊威王이와서朝ᄒᆞ다이ᄯᅢ에周室이微弱ᄒᆞ야諸侯ㅣ朝ᄒᆞ리가업되齊가홀노朝ᄒᆞ니天下ㅣ此로써더욱威王을賢이여기더라

威王이召卽墨大夫ᄒᆞ야語之(卽墨城在膠州)曰自子之居卽墨也로毁言이日至어ᄂᆞᆯ吾ㅣ使人視卽墨ᄒᆞ니田野ㅣ闢ᄒᆞ고人民이給ᄒᆞ고官無事ᄒᆞ야東方이以寧ᄒᆞ니是ᄂᆞᆫ子ㅣ不事吾左右ᄒᆞ야以求助也ㅣ라ᄒᆞ고封之萬家ᄒᆞ고召阿大夫ᄒᆞ야語之(阿城在東平州)曰自子守阿로譽言이日至어ᄂᆞᆯ吾ㅣ使人視阿ᄒᆞ니田野ㅣ不闢ᄒᆞ고人民이貧餒ᄒᆞ고昔日에趙攻鄄ᄒᆞ되(音絹鄄城屬濮州)子ㅣ不救ᄒᆞ고衛取薛陵ᄒᆞ대子ㅣ不知ᄒᆞ니是ᄂᆞᆫ子ㅣ厚幣事吾左右ᄒᆞ야以求譽也ㅣ라ᄒᆞ고是日에烹阿大夫及左右嘗譽者ᄒᆞ니於是에羣臣이悚

(情)實也
飾 ᄭᅮ밀 식
扁 ᄶᆞᆨ지 편
遇 ᄃᆡ접할 우
(孝公)周渠
(疆國六)韓魏趙齊楚燕也
泗 ᄉᆞᄉᆞ 수

懼ᄒᆞ야莫敢飾非ᄒᆞ고務盡其情ᄒᆞ니齊國이大治ᄒᆞ야彊於天下ᄒᆞ더라

威王이卽墨大夫를召ᄒᆞ야語ᄒᆞ야曰子ㅣ卽墨에居홈으로브터毁言이日로至ᄒᆞ거ᄂᆞᆯ吾ㅣ人으로하여곰卽墨을視ᄒᆞ니田野ㅣ闢ᄒᆞ고人民이給ᄒᆞ고官에事가無ᄒᆞ야東方이써寧ᄒᆞ니이ᄂᆞᆫ子ㅣ吾의左右를事ᄒᆞ야써助를求ᄒᆞ지아니홈이라ᄒᆞ고萬家를封ᄒᆞ고阿大夫를召ᄒᆞ야語ᄒᆞ야曰子ㅣ阿를守홈으로브터譽言이日로至ᄒᆞ거ᄂᆞᆯ吾ㅣ人으로하여곰阿를視ᄒᆞ니田野ㅣ闢치못ᄒᆞ고人民이貧餒ᄒᆞ고昔日에趙ㅣ鄄을攻호ᄃᆡ子ㅣ救안코衛가薛陵을取호ᄃᆡ子ㅣ知치못ᄒᆞ엿ᄉᆞ니이ᄂᆞᆫ子ㅣ幣을厚히ᄒᆞ야吾의左右를事ᄒᆞ야써譽를求홈이라ᄒᆞ고이ᄂᆞᆯ에阿大夫와밋左右에嘗히譽ᄒᆞ던者를烹ᄒᆞ니이에群臣이悚ᄒᆞ고懼ᄒᆞ야敢히非홈을飾지못ᄒᆞ고힘써其情을다ᄒᆞ니齊國이크게治ᄒᆞ야天下에彊ᄒᆞ더라

(壬子)七年이라王이崩ᄒᆞ고弟顯王扁이立ᄒᆞ다

七年이라王이崩ᄒᆞ고아오顯王扁이셔다

顯王(名扁烈王之弟)在位四十八年이라

(己未)七年이라秦孝公이立ᄒᆞ다是時에河山以東에彊國이六이오淮泗之間에小國이十餘라楚魏ㅣ與秦接界ᄒᆞ야皆以夷狄으로遇秦

擯 물니칠 빈

(小國)十餘若宋魯鄒滕郳薛等國齊威王所謂泗上十二諸侯也

(會盟)諸侯有事則會有疑則盟也

(公孫鞅)衛之庶孫也

鞅 곱비 앙

嬖 고일 폐

擯斥之ᄒᆞ야 不得與(音預) 中國之會盟ᄒᆞ니 於是에 孝公이 發憤ᄒᆞ야 布德修政ᄒᆞ야 欲以彊秦이러라

七年이라秦孝公이立ᄒᆞ니이ᄯᅢ에河山써東에彊國이六이오淮泗의間에小國이十餘라楚와魏ㅣ秦으로더부러界를接ᄒᆞ야夷狄으로써秦을待遇ᄒᆞ야버려내쳐中國의會盟ᄒᆞᆷ에참에ᄒᆞᆷ을得지못ᄒᆞ게ᄒᆞ니이에孝公이憤을發ᄒᆞ야德을布ᄒᆞ고政을修ᄒᆞ야써秦을彊케ᄒᆞ고져ᄒᆞ더라

(庚申)八年이라 孝公이 令國中曰賓客羣臣에 有能出奇計彊秦者면 吾且尊官ᄒᆞ고 與之分土ᄒᆞ리라 (分別也凡裂土以封諸侯其受封者各有分地) 於是에 衛公孫鞅이 (公孫氏鞅名也) 聞令ᄒᆞ고 乃西入秦ᄒᆞ야 因嬖臣景監ᄒᆞ야 (嬖臣便幸近習之人也景監姓名楚之族) 以求見孝公ᄒᆞ고 說以富國彊兵之術ᄒᆞᆫ디 公이 大悅ᄒᆞ야 與議國事ᄒᆞ다

八年이라孝公이國中에令ᄒᆞ야日賓客羣臣에能히奇計를出ᄒᆞ야秦을彊케ᄒᆞᆯ者ㅣ有ᄒᆞ면내ᄯᅩ官을尊ᄒᆞ고土를난호어쥬리라이에衛公孫鞅이令을聞ᄒᆞ고이에西으로秦에入ᄒᆞ야嬖臣景監을因ᄒᆞ야써孝公보기를求ᄒᆞ고國을富케ᄒᆞ고兵을彊케ᄒᆞ는術로써달닌ᄃᆡ公이크게悅ᄒᆞ야더부러國事를議ᄒᆞ다

(甘龍)姓名也

溺 ᄲᆞ질 익 (不肖者拘焉)不肖者不明變通而輒拘制不使之行 更 고칠 경 拘 거릴질 구

(壬戌)十年이라衛鞅이欲變法호ᄃᆡ秦人이不悅이어늘衛鞅이言於秦孝公曰夫民은不可與慮始오而可與樂音洛成이라論至德者는不和於俗ᄒᆞ고成大功者는不謀於衆ᄒᆞᄂᆞ니是以로聖人이苟可以強國인대不法其故ㅣ니이다甘龍이曰不然ᄒᆞ다緣法而治者는吏習而民安之니라

十年이라衛鞅이法을變코져호ᄃᆡ秦人이悅치안커늘衛鞅이秦孝公에게言ᄒᆞ야曰무릇民은可히더브러始를慮ᄒᆞᆯ슈업고可히더부러成을樂ᄒᆞᆯ지라至德을論ᄒᆞᄂᆞᆫ者ᄂᆞᆫ俗에和치아니ᄒᆞ고大功을成ᄒᆞᄂᆞᆫ者ᄂᆞᆫ衆에謀치안ᄂᆞ니이로써聖人이진실로可히써國을強케ᄒᆞᆯ진ᄃᆡ其故를法ᄒᆞ지안ᄂᆞ니이다甘龍이曰그러치안타法을緣ᄒᆞ야治ᄒᆞᄂᆞᆫ者ᄂᆞᆫ吏가習ᄒᆞ고民이安ᄒᆞᄂᆞ니라

衛鞅이曰常人은安於故俗ᄒᆞ고學者는溺於所聞ᄒᆞᄂᆞ니以此兩者로居官守法은可也어니와非所與論於法之外也라智者ㅣ作法에愚者ㅣ制焉ᄒᆞ고賢者ㅣ更禮에不肖者ㅣ拘焉이니이다公曰善다ᄒᆞ고以衛鞅으로爲左庶長ᄒᆞ야卒定變法之令ᄒᆞ다

衛鞅이曰常人은故俗에安ᄒᆞ고學者ᄂᆞᆫ所聞에溺ᄒᆞᄂᆞ니이兩者로써官에居ᄒᆞ야法

(同賞)謂告奸一人則得爵一級故
(同罰)降敵者誅其身沒其家
僇 아오믈 륙
芬 씃다욜 분

을守홈은可ᄒᆞ거니와더부러法의外ᄂᆞᆫ論홀바이아니라智者ㅣ法을作홈에愚者ㅣ制ᄒᆞ고賢者ㅣ禮를更홈에不肖者ㅣ拘ᄒᆞᄂᆞ니이다公이曰善타ᄒᆞ고衛鞅으로써左庶長을삼어맛참ᄂᆡ變法의令을定ᄒᆞ다

令民으로 爲什伍而相收司連坐호ᄃᆡ (釋義 什伍者五家爲保十家相連一家有罪九家擧發否則十家連坐也司猶管也使之相收相管也) 告姦者는 與斬敵首로 同賞ᄒᆞ고 不告姦者는 與降(音杭)敵으로 同罰ᄒᆞ고 有軍功者는 各以率(音律)로 受上爵ᄒᆞ고 爲私鬪者는 各以輕重으로 被刑ᄒᆞ고 大小ㅣ僇力ᄒᆞ야 (僇同戮幷力也) 本業耕織ᄒᆞ야 致粟帛多者는 復其身ᄒᆞ고 (釋義 復音福除也謂除免其身役) 事末利ᄒᆞ며 (釋義 事務也末利工商也) 及怠而貧者는 擧以爲收孥ᄒᆞ고 (釋義 孥妻子也言收錄其妻子沒爲官奴婢也) 有功者는 顯榮ᄒᆞ고 無功者는 雖富나 無所芬華러라

民으로ᄒᆞ야곰什五를ᄒᆞ야서로거두고괌리ᄒᆞ야坐에連케호ᄃᆡ姦을告ᄒᆞᄂᆞᆫ者ᄂᆞᆫ敵首를斬홈으로더부러賞을同히ᄒᆞ고姦을告치안ᄂᆞᆫ者ᄂᆞᆫ降敵으로더부러罰을同히ᄒᆞ고軍功이有ᄒᆞᆫ者ᄂᆞᆫ各各率로써上爵을受케ᄒᆞ고私鬪ᄒᆞᄂᆞᆫ者ᄂᆞᆫ各各輕重으로써刑을被케ᄒᆞ고大小가力을僇ᄒᆞ야耕과織을本業ᄒᆞ야粟과帛을致ᄒᆞ기를多히ᄒᆞᄂᆞᆫ者ᄂᆞᆫ그身을復ᄒᆞ고末利를事ᄒᆞ며및怠ᄒᆞ고貧ᄒᆞᆫ者ᄂᆞᆫ드러써孥를收ᄒᆞ고功이有ᄒᆞᆫ者ᄂᆞᆫ榮을顯ᄒᆞ고功이無ᄒᆞᆫ者ᄂᆞᆫ비록富ᄒᆞ나芬華홀바가無ᄒᆞ더라

募 모집할 모

恠 괴이할 괴

(募民)以財招之

(十金)秦以一鎰爲一金漢以一斤爲一金一鎰即二十四兩也

黥 자자 경

拾 주을 습

怯 겁널 겁

令을既具未布라恐民之不信ᄒᆞ야乃立三丈之木於國都市南門ᄒᆞ고募民호ᄃᆡ有能徙置北門者ㅣ면予十金호리라民이恠之ᄒᆞ야莫敢徙ᄒᆞ더니復曰能徙者ㅣ면予五十金호리라有一人이徙之어ᄂᆞᆯ輒予五十金ᄒᆞ고乃下令ᄒᆞ다

令을님의具호ᄃᆡ布치못ᄒᆞᆫ지라民이信치아니ᄒᆞᆯ가恐ᄒᆞ야이에三丈의木을國都市南門에立ᄒᆞ고民을募호ᄃᆡ能히옴겨北門에置ᄒᆞᄂᆞᆫ者ㅣ有ᄒᆞ면十金을주리라民이恠히여겨감히옴기지못ᄒᆞ거ᄂᆞᆯ다시ᄀᆞᆯ오ᄃᆡ能히옴기ᄂᆞᆫ者면五十金을쥬리라一人이徙ᄒᆞᆫ이가有ᄒᆞ거ᄂᆞᆯ믄득五十金을쥬고이에令을나리다

令行朞年에秦民이之國都ᄒᆞ야言新令之不便者ㅣ以千數러라於是에太子ㅣ犯法이어ᄂᆞᆯ衛鞅이曰法之不行은自上犯之니太子ᄂᆞᆫ君嗣也라不可施刑이라ᄒᆞ고刑其傅公子虔ᄒᆞ고黥其師公孫賈ᄒᆞ니明日에秦人이皆趨令ᄒᆞ야行之十年에秦國이道不拾遺ᄒᆞ고山無盜賊ᄒᆞ고民이勇於公戰ᄒᆞ고怯於私鬪ᄒᆞ니鄕邑이大治ᄒᆞ더라

令이行ᄒᆞᆫ지朞年에秦民이國都에之ᄒᆞ야新令이不便ᄒᆞ다言ᄒᆞᄂᆞᆫ者ㅣ千으로써數ᄒᆞᆷ너라이에太子ㅣ法을犯ᄒᆞ니衛鞅이曰法의行치못ᄒᆞᆷ은上으로브터犯ᄒᆞᆷ이니太

子는君의嗣라可히刑을施치못ᄒᆞᆫ다ᄒᆞ고其傅公子虔을刑ᄒᆞ고其師公孫賈를黥ᄒᆞ니明日에秦人이다令을趍ᄒᆞ야行ᄒᆞᆫ지十年에秦國이道에遺ᄒᆞᆷ을拾치아니ᄒᆞ고山에盜賊이無ᄒᆞ고民이公戰에勇ᄒᆞ고私鬪에怯ᄒᆞ니鄕邑이크게治ᄒᆞ더라

秦民이**初言令不便者**ㅣ**有來言令便者**어ᄂᆞᆯ**衛鞅**이**曰此**ᄂᆞᆫ**皆亂法之民也**라ᄒᆞ고**盡遷之於邊**ᄒᆞ니**其後**에**民莫敢議令**이러라

秦民이初에令이不便ᄒᆞ다言ᄒᆞ든者ㅣ來ᄒᆞ야令이便ᄒᆞ다ᄒᆞᄂᆞᆫ者ㅣ有ᄒᆞ거ᄂᆞᆯ衛鞅이曰이것은다法을亂ᄒᆞᄂᆞᆫ民이라ᄒᆞ고다邊에遷ᄒᆞ니그後에民이敢히令을議치못ᄒᆞ더라

(温公)曰夫信者、人君之大寶也、國保於民、民保於信、非信、無以使民、非民、無以守國、是故、古之王者、不欺四海、覇者、不欺四鄰、善爲國者、不欺其民、善爲家者、不欺其親、不善者、反之、欺其鄰國、欺其百姓、甚者、欺其兄弟、欺其父子、上不信下、下不信上、上下離心、以至於敗、所利、不能藥其所傷、所獲、不能補其所亡、豈不哀哉、昔、齊桓公、不背曹沫之盟、晉文公、不貪伐原之利、魏文侯、不棄虞人之期、秦孝公、不廢徙木之賞、此四君者、道非粹白而商君、尤稱刻薄、又處戰功之世、天下趍於詐力、猶且不忘信、以畜其民、況爲四海治平之政者哉

(丙寅)十四年이라**齊威王魏惠王**이**會田於郊**할새 (釋義田畋同郊縣屬沛郡) **惠王**이**曰齊亦有寶乎**아**威王**이**曰無有**로라**惠王**이**曰寡人**은**國**이**雖小**나ㅣ

(魏惠王)名瑩即孟子所謂梁惠王也

徑 지날경 枚 낫매 田取禽也獵去禽獸害稼者以田言之(徑寸)徑長也出莊子

檀 박달단 盼 흘겨볼분 黔 검을검

(燕)姬姓伯爵周武王封召公奭於燕而傳三十三世爲秦所滅召公文王庶子

慚 붓그림참

尙有徑寸之珠ㅣ照車前後各十二乘者ㅣ十枚니되豈以齊大國而無寶乎리오

十四年이라齊威王과魏惠王이郊에會ᄒᆞ야산양ᄒᆞᆯᄉᆡ惠王이曰齊에ᄯᅩᄒᆞᆫ寶가有ᄒᆞᆫ가威王이曰업노라惠王이曰寡人은國이비록小ᄒᆞ나尙히徑寸의珠ㅣ車의前後에各十二乘에照ᄒᆞᄂᆞᆫ者ㅣ十枚가有ᄒᆞ거니엇지齊大國으로써寶가無ᄒᆞ리오

威王曰이寡人之所以爲寶者ᄂᆞᆫ與王으로異ᄒᆞ니吾臣에有檀子者ᄒᆞ니(釋義 檀姓也史失其名古者大夫皆稱子)使守南城(釋義 南城縣屬泰山)則楚人이不敢爲寇ᄒᆞ고泗上十二諸侯ㅣ皆來朝ᄒᆞ고吾臣에有盼子者ᄒᆞ니(釋義 盼盼同田盼也)使守高唐(釋義 東昌府屬縣)則趙人이不敢東漁於河ᄒᆞ고吾吏에有黔夫者ᄒᆞ니(黔音金黔夫姓名)使守徐州(釋義 徐州即薛縣非九州之徐春秋作舒說文作郐)則燕人은祭北門ᄒᆞ고趙人이祭西門ᄒᆞ고(釋義 畏齊侵伐故祭以求福)從而從者ㅣ七餘家오吾臣에有種首者ᄒᆞ니(釋義 種首姓也史失其名)使備盜賊則道不拾遺ᄒᆞᄂᆞ니此四臣者ᄂᆞᆫ將照千里니豈特十二乘哉리오惠王이有慚色이러라

威王이曰寡人의써寶숨난밧者ᄂᆞᆫ王으로與ᄒᆞ야異ᄒᆞ니吾臣에檀子라ᄒᆞᄂᆞᆫ者가有ᄒᆞ니ᄒᆞ야곰南城을守케ᄒᆞᆫ則楚人이敢히寇ᄒᆞ지못ᄒᆞ고泗上十二諸侯가다와서朝

干 요구할간

(鄭)姬姓伯爵周宣王封同母弟友於鄭傳二十一世爲韓所滅

(刑名)刑法及名實也名者循其名以貴其實尊君卑臣崇上抑下合於六經也

穃 바지과

호고吾臣에盼子라호는者ㅣ有호니하여곰高唐을守케호즉趙人이敢히東으로河에漁치못호고吾吏에黔夫라호는者ㅣ有호니하여곰徐州를守케호즉燕人은北門에祭호고趙人은西門에祭호고從호야從호者ㅣ七十餘家오吾臣에種首라호는者ㅣ有호니하여곰盜賊을備케호則道에遺홈을拾치아니호노니이四臣者는장찻千里를照홀것이니엇지다만十二乘이리오惠王이慚혼色이有호더라

(庚午)十八年이다**韓昭侯**ㅣ**以申不害**로**爲相**호다

十八年이라韓昭侯ㅣ申不害로써相을숨다

申不害者는**鄭之賤臣也**ㅣ라**學黃老刑名**호야 釋義申不害本傳申子之學本於黃老而主刑名黃老之法清簡無爲君臣自正黃帝之言無傳耳老聃之書有八十一篇 **以干昭侯**호딕**昭侯**ㅣ**用爲相**호야**內修政敎**호고**外應諸侯**호니**十五年**에**終申子之身**토록**國治兵彊**호더라

申不害라호는者는鄭의賤臣이라黃老刑名을學호야써昭侯에게干호딕昭侯ㅣ用호야相을숨어內로政敎를修호고外로諸侯를應호나十五年에申子의身이終호도록國이治호고兵이彊호더라

韓昭侯ㅣ**有弊穃**ㅣ러니**命藏之**호딕**侍者**ㅣ**日君亦不仁者矣**로다**不**

嚬 찡길 빈

冀 바랄 기

(鄕聚)秦制大曰鄕小曰聚

(令丞)萬戶以上爲令減萬戶長皆有丞尉

(阡陌)者正其彊界使之不相侵占也今鞅開披之

龐 큰 방

賜左右而藏之니오 昭侯ㅣ 曰吾聞明主는 愛一嚬一笑라ᄒᆞ니 (釋義 嚬宜作顰愁顰之貌下古笑字) 今袴ㅣ 豈特嚬笑哉라오 吾ㅣ 必待有功者ᄒᆞ노라

韓昭侯ㅣ 弊ᄒᆞᆫ袴가有ᄒᆞ더니命ᄒᆞ야藏케ᄒᆞᆫᄃᆡ侍者ㅣ 曰君이ᄯᅩᄒᆞᆫ仁치못ᄒᆞᆫ者로다左右에게賜치아니ᄒᆞ시고藏ᄒᆞ시고녀昭侯ㅣ曰내드르니明主는一嚬과一笑를愛ᄒᆞᆫ다ᄒᆞ니이제袴가엇지다만嚬과笑이리오내반다시功이有ᄒᆞᆫ者를待ᄒᆞ노라

(辛未)十九年이라 秦商鞅이 築冀闕 (釋義 冀記也記列敎令於此也闕在門兩旁中央闕然爲道崔豹註人臣至此則思其所闕蓋爲二臺於門外作樓觀於上上圓下方以其縣法謂之象魏象治象也魏者巍然高大使民觀之因謂之觀兩觀雙植中不爲門是觀與象魏闕一物而三名也) 宮庭於咸陽ᄒᆞ야 (釋義 山南曰陽水北亦曰陽城在渭水北又在九嵕諸山之南故名咸陽) 徙都之ᄒᆞ고 幷諸小鄕聚ᄒᆞ야 (落也) 集爲一縣ᄒᆞ고 縣置令丞ᄒᆞ니 凡三十一縣이라 廢井田ᄒᆞ고 開阡陌ᄒᆞ다 (路南北曰阡東西曰陌又田間路曰阡陌開田界道使不相干)

十九年이라秦商鞅이冀闕의宮庭을咸陽에築ᄒᆞ야都를徙ᄒᆞ고모든져은鄕聚를幷ᄒᆞ야모와一縣을만들고縣에令과丞을置ᄒᆞ니므릇三十一縣이라井田을廢ᄒᆞ고阡陌을開ᄒᆞ다

(庚辰)二十八年이라 魏龐涓이 伐韓ᄒᆞᆫᄃᆡ 韓이 請救於齊어늘 齊威王이

臏 무릅버힐 빈

(臏)刖也 因刖兩足 遂名臏也 吳王闔廬 之將孫武 之後 龐涓孫臏 蘇秦張儀 等皆爲鬼 谷先生之 門人 龐涓之智 能不若孫 臏涓嘗恨 之先下山 爲魏相構 陷臏非於 魏王鯨面 刖足

禦 막을 어

悍 사오나올 한

蹶 엽드러질 궐

銳 놀날 예

因起兵ᄒᆞ야 使田忌田嬰田盼으로 將之ᄒᆞ고 孫臏으로 爲師ᄒᆞ야 以救韓ᄒᆞᆯ시 直走魏都ᄒᆞ니 龐涓이 聞之ᄒᆞ고 去韓而歸魏ᄒᆞ다

二十八年이라 魏龐涓이 韓을 伐ᄒᆞᆫ디 韓이 救ᄒᆞᆷ을 齊에 請ᄒᆞ거ᄂᆞᆯ 齊威王이 因ᄒᆞ야 兵을 起ᄒᆞ야 田忌田嬰田盼으로 將케ᄒᆞ고 孫臏으로 師를삼어써 韓을 救ᄒᆞᆯ시 바로 魏都로 走ᄒᆞ니 龐涓이 듯고 韓을 바리고 魏로 歸ᄒᆞ다

魏ㅣ 大發兵ᄒᆞ야 以太子申으로 爲將ᄒᆞ야 以禦齊師어늘 孫子ㅣ 謂田忌曰彼三晉之兵이 素悍勇而輕齊ᄒᆞ야 齊를 號爲怯이라ᄒᆞ니 善戰者는 因其勢而利導之ᄒᆞᄂᆞ니 兵法에 百里而趣利者는 蹶上將ᄒᆞ고 (蹶音厥 蹷也) 五十里而趣利者는 軍半至라ᄒᆞ고 乃使齊軍으로 入魏地ᄒᆞ야 爲十萬竈ᄒᆞ고 明日에 爲五萬竈ᄒᆞ고 又明日에 爲二萬竈ᄒᆞ니 龐涓이 行三日에 大喜曰我ㅣ 固知齊軍怯이어왜라 入吾地三日에 士卒亡者ㅣ 過半矣라ᄒᆞ고 乃棄其步軍ᄒᆞ고 與其輕銳로 倍日并行逐之ᄒᆞ다 孫子ㅣ 度其行ᄒᆞ니 暮當至馬陵이라 (馬陵在濮州有磵谷深峻可以置伏或云在魏州元城非也)

(倍日幷行)倍日幷行一日兼行兩日之程也凡軍行日三十里

度 헤아릴 탁

陿 좁을 협 (陿)隘也

弩 쇠긔 로

魏ㅣ크게兵을發ᄒᆞ야太子申으로써將을삼어써齊師를禦ᄒᆞ거늘孫子ㅣ田忌다려謂ᄒᆞ야曰저三晉의兵이본대悍ᄒᆞ고勇ᄒᆞ야齊를輕히ᄒᆞ야齊를怯ᄒᆞᆫ다號ᄒᆞᄂᆞᆫ지라戰을善히ᄒᆞᄂᆞᆫ者ᄂᆞᆫ그勢를因ᄒᆞ야利로導ᄒᆞᄂᆞ니兵法에百里에利를趣ᄒᆞᄂᆞᆫ者ᄂᆞᆫ上將을蹶ᄒᆞ고五十里에利를趣ᄒᆞᄂᆞᆫ者ᄂᆞᆫ軍이半만至ᄒᆞᆫ다ᄒᆞ고이에齊軍으로ᄒᆞ여곰魏地에入ᄒᆞ야十萬竈를ᄒᆞ고明日에五萬竈를ᄒᆞ고ᄯᅩ明日에二萬竈를ᄒᆞ니龐涓이行ᄒᆞᆫ지三日에크게喜ᄒᆞ야曰我ㅣ진실로齊軍이怯내ᄂᆞᆫ줄을知ᄒᆞ괘라吾地에入ᄒᆞᆫ지三日에士卒도망ᄒᆞᆫ者ㅣ半이過ᄒᆞ엿다ᄒᆞ고이에그步軍을棄ᄒᆞ고그輕銳로더브러日을倍ᄒᆞ야幷行ᄒᆞ야逐ᄒᆞ다孫子ㅣ그行을度ᄒᆞ니暮에맛당이馬陵에至ᄒᆞ겟ᄂᆞᆫ지라

馬陵은**道陿而旁多阻隘**ᄒᆞ니**可伏兵**이라ᄒᆞ고**乃斫大樹**ᄒᆞ야**白而書之曰龐涓**이**死此樹下**ᄒᆞ리라ᄒᆞ고**於是**에**令齊師善射者**로**萬弩夾道**ᄒᆞ야**而伏**ᄒᆞ고**期日暮**ᄒᆞ야**見火擧而俱發**이라ᄒᆞ니**龐涓**이**果夜至斫木下**ᄒᆞ야**見白書**ᄒᆞ고**以火燭之**어늘

馬陵은道가陿ᄒᆞ고旁에阻隘이多ᄒᆞ니可히兵을伏ᄒᆞᆯ만ᄒᆞ다ᄒᆞ고이에大樹를斫ᄒᆞ야白ᄒᆞ게ᄒᆞ고書ᄒᆞ야曰龐涓이此樹下에셔死ᄒᆞ리라ᄒᆞ고이에齊師의善射ᄒᆞᄂᆞᆫ者

(乃自頸)龐涓歎曰吾恨不能殺豎子即引佩劒遂自刎而絕龐涓下山鬼各言汝必欺人還被人欺臏涓用欺書之事假孫臏而斯之臏受刖合日亦隨其減竈之註鬼谷又言死於馬果然

頸 목지를경

捕 잡을포 (之魏)往 魏也

納 드릴납

로하여곰萬弩를道를夾ᄒᆞ고伏ᄒᆞ야日暮ᄒᆞᆷ을期ᄒᆞ야火를擧ᄒᆞᆷ을見ᄒᆞ고ᄒᆞᆫ가지發케ᄒᆞ엿더니龐涓이果然夜에斫木下에至ᄒᆞ야白書를見ᄒᆞ고火로써燭ᄒᆞ거늘

讀未畢에萬弩ㅣ俱發ᄒᆞ니魏師ㅣ大亂相失이라龐涓이自知智窮兵敗ᄒᆞ고乃自頸ᄒᆞ니齊因乘勝ᄒᆞ야大破魏師ᄒᆞ다

讀ᄒᆞ기를畢치못ᄒᆞᆷ에萬弩가ᄒᆞᆫ게發ᄒᆞ니魏師ㅣ크게亂ᄒᆞ야셔로失ᄒᆞᄂᆞᆫ지라龐涓이ᄉᆞᄉᆞ로智가窮ᄒᆞ고兵이敗ᄒᆞᆷ을知ᄒᆞ고이에ᄉᆞᄉᆞ로목지르니齊ㅣ因ᄒᆞ야勝ᄒᆞᆷ을乘ᄒᆞ야크게魏師를破ᄒᆞ다

(辛巳)二十九年이라秦이封衛鞅商於(商於二地名商即商洛縣在於鄧州十五邑言商於等十五邑也)十五邑ᄒᆞ고號曰商君이라ᄒᆞ다

二十九年이라秦이衛鞅을商於十五邑에封ᄒᆞ고號ᄒᆞ야曰商君이라ᄒᆞ다

(癸未)三十一年이라孝公이薨ᄒᆞ고子惠文王이立ᄒᆞ니公子虔之徒ㅣ告商君이欲反이라ᄒᆞ야늘發吏捕之ᄒᆞ니商君이亡之魏어늘魏人이不受ᄒᆞ고復內(內讀曰納)之秦ᄒᆞᆫᄃᆡ商君이與其徒로之商於ᄒᆞ러니秦人이攻殺之ᄒᆞ야車

徇 조리돌릴 슌 (徇)行示也

酷 혹독할 혹

羖 암양 고

諤 고든말 악

裂以徇ᄒᆞ고 盡滅其家ᄒᆞ다

三十一年이라秦孝公이薨ᄒᆞ고子惠文王이立ᄒᆞ니公子虔의徒ㅣ告ᄒᆞ되商君이反코져한다ᄒᆞ야늘吏를發ᄒᆞ야捕ᄒᆞ니商君이亾ᄒᆞ야魏에之ᄒᆞ거늘魏人이受치아니ᄒᆞ고다시秦으로納ᄒᆞᆫ딘商君이그徒로더부러商於로之ᄒᆞ엿더니秦人이攻ᄒᆞ야殺ᄒᆞ야車에裂ᄒᆞ야써徇ᄒᆞ고다그家를滅ᄒᆞ다

初에商君이相秦에用法嚴酷ᄒᆞ야嘗臨渭論囚에渭水ㅣ盡赤ᄒᆞ니爲相十年에民多怨之러라

처음에商君이秦에相ᄒᆞᆷ에法을用ᄒᆞᆷ이嚴ᄒᆞ고酷ᄒᆞ야일즉渭를臨ᄒᆞ야囚를論ᄒᆞᆷ에渭水가다赤ᄒᆞ니相이된지十年에民이怨ᄒᆞ는이가多ᄒᆞ더라

趙良이見商君ᄒᆞᆫ딘商君이問曰子ㅣ觀我治秦ᄒᆞ건딘孰與五羖大夫賢고(百里奚自賣五羖皮故號五羖大夫) 趙良이曰千人之諾諾이不如一士之諤諤이라ᄒᆞ니僕이請終日正言而無誅ㅣ可乎아商君이曰諾다趙良이曰五羖大夫는荆之鄙人也라(釋義 奚本宼人宛屬楚楚初國于荆州故云荆人) 穆公이擧之牛口之下ᄒᆞ야爲人

謠 노ᄅᆡ 요 舂 방아 용 (陵)踐也 轢 의미 일력 驩 질길 환 (崩)壞也 (寵秦國之政)以事秦國政爲寵也

(飯牛故云) 而加之百姓之上ᄒᆞ니 秦國이 莫敢望焉이라 相秦六七年而

東代鄭ᄒᆞ고 三置晉君ᄒᆞ고 (晉惠公懷公文公皆奔秦俱送之歸國而置立之) 一救荊禍ᄒᆞ고 (穆公二十八年奚盟會晉伐楚朝周則此是匡楚以安百姓正所以爲救禍處)

其爲相也에 勞不坐乘ᄒᆞ고(車也) 暑不張蓋ᄒᆞ니 五羖大夫ㅣ死

에 秦國이 男女ㅣ流涕ᄒᆞ고 童子ㅣ不歌謠ᄒᆞ고 舂者ㅣ不相杵러니 (相助也謂相歌以助杵以音聲自勤也)

今君之從政也에 陵轢(陵本作輘轢音歷輘轢車所踐也)公族ᄒᆞ고 殘傷百姓ᄒᆞ니 公子

虔이 杜門不出이 已八年矣오 君이 又殺祝驩而黥公孫賈ᄒᆞ니 詩

에 曰得人者는 興ᄒᆞ고 失人者는 崩이라ᄒᆞ니 此數者는 非所以得人也ㅣ라

君之危ㅣ若朝露어늘 而尙貪商於之富ᄒᆞ고 寵秦國之政ᄒᆞ야 畜百

姓之怨ᄒᆞ니 秦王이 一旦에 捐賓客而不立朝면 秦國之所以收

君者ㅣ豈其微哉아 (積怨旣多必將見殺) 商君이 不從이러니 居五月而難作ᄒᆞ다

趙良이 商君을 見ᄒᆞᆫᄃᆡ 商君이 問ᄒᆞ여 曰子ㅣ我가 秦을 治ᄒᆞᆷ을 觀ᄒᆞ건ᄃᆡ 누가 五羖大

夫로더브러 賢ᄒᆞᆫ고 趙良이 曰千人의 諾諾ᄒᆞᆷ이 一士의 諤諤ᄒᆞᆷ만 갓지 못ᄒᆞ니 僕이 請

컨ᄃᆡ 日이 終도록 正히 言ᄒᆞ야도 誅ᄒᆞᆷ이 업슴이 可ᄒᆞ랴 商君이 曰諾다 趙良이 曰五羖

叟 늘근이슈

大夫는荊의鄙人이라穆公이牛口의下에셔擧ᄒᆞ야百姓의上에加ᄒᆞ니秦國이敢히望치못ᄒᆞᆫ지라秦에相ᄒᆞᆫ지六七年에東으로鄭을伐ᄒᆞ고세번晉君을置ᄒᆞ고한번荊의禍를救ᄒᆞ고그相이되여셔는勞ᄒᆞ여도乘에坐치안코暑ᄒᆞ여도蓋를張치아니ᄒᆞ니五羖大夫ㅣ死ᄒᆞ미秦國이男女ㅣ涕를流ᄒᆞ고童子ㅣ歌謠치아니ᄒᆞ고舂者ㅣ셔로杵치아니ᄒᆞ더니今에君이政을從ᄒᆞᆷ에公族을陵轢ᄒᆞ고百姓을殘傷ᄒᆞ니公子虔이門을杜ᄒᆞ고出치아니ᄒᆞᆷ이임의八年이오君이또祝驩을殺하고公孫賈를黥하엿스니詩에曰人을得ᄒᆞᆫ者는興하고人을失ᄒᆞᆫ者는崩ᄒᆞᆫ다하니此數者는써人을得ᄒᆞᆫ바이아니라君의危ᄒᆞᆷ이朝露와갓거늘오히려商於의富를貪ᄒᆞ고秦國의政을寵ᄒᆞ야百姓의怨을畜ᄒᆞ니秦王이一旦에賓客을捐ᄒᆞ고朝에立치아니ᄒᆞ면秦國의써君에게收ᄒᆞᆯ바ㅅ者ㅣ엇지그微ᄒᆞ랴商君이從치아니ᄒᆞ더니五月만에難이作ᄒᆞ다

(乙酉)三十三年이라鄒人孟軻ㅣ見魏惠王ᄒᆞ신ᄃᆡ王曰叟ㅣ不遠千里而來ᄒᆞ시니亦有以利吾國乎잇가孟子ㅣ曰君은何必曰利잇고仁義而已矣니이다

三十三年이라鄒人孟軻ㅣ魏惠王을見ᄒᆞ신ᄃᆡ王이曰叟ㅣ千里를遠히아니ᄒᆞ시고來ᄒᆞ셧스니또ᄒᆞᆫ써吾國에利ᄒᆞᆷ이잇ᄉᆞ오릿가孟子ㅣ曰君은엇지반다시갈아사ᄃᆡ利라ᄒᆞ시ᄂᆞᆫ잇고仁과義일ᄯᆞᄅᆞᆷ이니이다

詐거짓사 (義之和也) 易乾卦文言也

蘇秦張儀自從辭了鬼谷子下山張儀自往魏國去

初에孟子ㅣ師子思ᄒᆞᆯ시嘗問牧民之道ᄂᆞᆫ何先이니잇고子思ㅣ曰先利之니라孟子ㅣ曰君子ㅣ所以敎民이亦仁義而已矣니何必利잇고子思ㅣ曰仁義ᄂᆞᆫ固所以利之也라上不仁則下不得其所ᄒᆞ고上不義則下樂爲詐也니此爲不利ㅣ大矣라故로易에曰利者ᄂᆞᆫ義之和也라ᄒᆞ고又曰利用安身ᄒᆞ야以崇德也다ᄒᆞ니此皆利之大者也니라

初에孟子ㅣ子思를師ᄒᆞᆯ시일즉이問호ᄃᆡ民을牧ᄒᆞᄂᆞᆫ道ᄂᆞᆫ무엇을先히ᄒᆞᄂᆞ잇고子思ㅣ曰利를先히ᄒᆞᄂᆞ니라孟子ㅣ曰君子ㅣ써民을敎ᄒᆞᄂᆞᆫ바이또ᄒᆞᆫ仁義일ᄯᆞᄅᆞᆷ이니엇지반다시利라ᄒᆞ시ᄂᆞ잇고子思ㅣ曰仁義ᄂᆞᆫ진실로써利ᄒᆞᄂᆞᆫ바이라上이仁치못ᄒᆞᆫ則下가그곳을得치못ᄒᆞ고上이義치못ᄒᆞᆫ則下가詐ᄒᆞ기를樂ᄒᆞᄂᆞ니此ㅣ利가아니됨이大ᄒᆞᆫ지라故로易에曰利라ᄒᆞᄂᆞᆫ者ᄂᆞᆫ義의和라ᄒᆞ고또갈오ᄃᆡ利로써身을安ᄒᆞ야써德을崇ᄒᆞᆫ다ᄒᆞ니이ᄂᆞᆫ다利의大ᄒᆞᆫ者이니라

温公曰子思、孟子之言、一也、夫、唯仁者、爲知仁義之利、不仁者、不知也、故、孟子之對梁王、自以仁義、而不及利者、所與言之人、異故也

(戊子)三十六年이라初에洛陽人蘇秦이說秦王以兼天下之

了蘇秦回至洛陽

寇 도적 구

(資)給也助也

(趙肅侯)名語

(所害)害目疾又忌也

蠶 누에 잠

(韓魏之規)規猶謀也圖也

術ᄒᆞᆫᄃᆡ秦王이不用其言이어늘蘇秦이乃去ᄒᆞ야說燕文公曰燕之所以不犯寇被兵者ᄂᆞᆫ以趙爲之蔽也니願大王은與趙從(釋義卽縱橫之縱)親ᄒᆞ야天下ㅣ爲一則燕國이必無患矣리이다

三十六年이라初에洛陽人蘇秦이秦王에게天下를兼ᄒᆞᄂᆞᆫ術로써說ᄒᆞᆫᄃᆡ秦王이其言을用치아니ᄒᆞ거늘蘇秦이이에去ᄒᆞ야燕文公을說ᄒᆞ야曰燕의써寇을犯ᄒᆞ고兵을被치안ᄂᆞᆫ밧者ᄂᆞᆫ趙가蔽ᄒᆞᆷ으로以ᄒᆞᆷ이니원컨ᄃᆡ大王은趙로더부러從親ᄒᆞ야天下ㅣ一이된則燕國이반다시患이無ᄒᆞ리이다

文公이從之ᄒᆞ야資蘇秦車馬ᄒᆞ야以說趙肅侯曰當今에山東之國은莫彊於趙오秦之所害도亦莫如趙ㅣ나然이나而秦不敢伐趙者ᄂᆞᆫ畏韓魏之議其後也라秦之攻韓魏也에無有名山大川之限ᄒᆞ니稍蠶食之면韓魏不能支ᄒᆞ야必入臣於秦ᄒᆞ리니秦無韓魏之規ㅣ면(親同)則禍中於趙矣리이다(釋義中猶射中的也)

文公이從ᄒᆞ야蘇秦에게車馬를資ᄒᆞ야써趙肅侯를說ᄒᆞ야曰當今에山東의國은趙만콤强ᄒᆞᆷ이업고秦의害되ᄂᆞᆫ바도ᄯᅩᄒᆞᆫ趙만ᄒᆞᆫ데업ᄉᆞ나그러나秦이敢히趙를伐치못ᄒᆞᄂᆞᆫ者ᄂᆞᆫ韓과魏가그後를議ᄒᆞᆯ가畏ᄒᆞᆷ이라秦이韓魏를攻ᄒᆞᆷ에名山大川의限ᄒᆞᆷ

撓 흔들뇨

賚 줄뢰

이업스니점々蠶하야食하면韓과魏ㅣ能히支치못하야반다시秦에드러가臣하리니秦이韓과魏의規가無하면곳禍가趙에中하리이다

夫衡人(衡音橫從與縱橫同蘇秦主從張儀主衡)者는皆欲割諸侯之地ᄒᆞ야以與秦ᄒᆞᄂᆞ니秦成則其身이富榮ᄒᆞ고國被秦患이라도而不與其憂ᄒᆞᄂᆞ니竊爲大王計컨ᄃᆡ莫若一韓魏齊楚燕趙ᄒᆞ야爲從親以擯秦이니令天下之將相으로會於洹水之上ᄒᆞ야(洹音袁相州縣名)約曰秦이攻一國이어든五國이各出銳師ᄒᆞ야或撓(擾也亂也)秦ᄒᆞ며或救之호ᄃᆡ有不如約者어든五國이攻伐之ᄒᆞ라ᄒᆞ면則秦甲이必不敢出函谷ᄒᆞ야以害山東矣리이다肅侯ㅣ大悅ᄒᆞ야厚待蘇秦ᄒᆞ고尊寵賜賚之ᄒᆞ야以約於諸侯ᄒᆞ다

무릇衡人인者는다諸侯의地를割ᄒᆞ야써秦에與코저ᄒᆞ나니秦이成ᄒᆞᆫ則其身이富榮ᄒᆞ고國이秦의患을被ᄒᆞ드라도그憂를與치아니ᄒᆞ리니잔졀이大王을爲ᄒᆞ야計ᄒᆞ건ᄃᆡ韓魏齊楚燕趙를一ᄒᆞ야從親이되여써秦을擯홈만갓치못ᄒᆞ니天下의將相으로하여곰洹水의上에會ᄒᆞ야約ᄒᆞ야曰秦이一國을攻ᄒᆞ거던五國이각각銳師를出ᄒᆞ야或秦을撓ᄒᆞ며或救호ᄃᆡ約과如치안는者ㅣ有ᄒᆞ거던五國이攻伐ᄒᆞ다ᄒᆞ면

勁 강할 경
諺 속담 언
竊 그윽할 절

곳秦甲이반다시감히函谷을出ᄒᆞ야써山東을害치못ᄒᆞ리이다肅侯ㅣ크게悅ᄒᆞ야
厚히蘇秦을待ᄒᆞ고尊寵ᄒᆞ고賚을賜ᄒᆞ야써諸侯에게約ᄒᆞ다

於是에蘇秦이說韓王曰韓은地方이九百餘里오帶甲이數十萬이오天下之疆弓勁弩利劒이皆從韓出ᄒᆞ니今大王이事秦ᄒᆞ시면秦이必求宜陽成皐ᄒᆞ리니今玆效(效獻也)之면明年에又復求割地ᄒᆞ리니地有盡而秦之求ㅣ無已리이다鄙諺에曰寧爲鷄口언정無爲牛後라ᄒᆞ니(鷄口雖小能進食貴也牛後雖大乃出糞賤也)以大王之賢으로挾疆韓之兵ᄒᆞ되而有牛後之名ᄒᆞ니竊爲大王羞之ᄒᆞ노이다韓王이從其言이어늘

이에蘇秦이韓王을달니여曰韓은地方이九百餘里오帶甲이數十萬이오天下에疆弓과勁弩와利劒이다韓으로從ᄒᆞ야出ᄒᆞ니今에大王이秦을事ᄒᆞ시면秦이반다시宜陽과成皐를求ᄒᆞ리니이제이를效ᄒᆞ면明年에ᄯᅩ다시地를割ᄒᆞ기를求ᄒᆞ리니地는盡홈이有ᄒᆞᆯ지라도秦의求홈은말미업스리이다鄙諺에曰차라리鷄의口가될지언정牛의後는되지말나ᄒᆞ니大王의賢ᄒᆞ심으로써疆ᄒᆞᆫ韓의兵을挾ᄒᆞ되牛後의名을有ᄒᆞ니그윽히大王을爲ᄒᆞ야羞ᄒᆞ노이다韓王이그言을從ᄒᆞ거늘

廝 마구쇠

(四塞之國) 國南有泰山東有瑯琊中有清河北有勃海也 (臨淄) 齊都也

袵 옷섭임

料 헤아릴료

蘇秦이 說魏王曰大王之地方이 千里오 武士ㅣ 二十萬이오 蒼頭ㅣ 二十萬이오 (蒼頭長大有膂力者也 若赤眉靑領以相別也) 奮擊이 二十萬이오 廝徒ㅣ 十萬이오 (廝養馬者 徒僕隷者) 車ㅣ 六百乘이오 騎ㅣ 五千匹이어늘 乃聽羣臣之說ᄒᆞ야 而欲臣事秦ᄒᆞ시니 願大王은 熟察之ᄒᆞ소서 魏王이 聽之어늘

蘇秦이 魏王을 說ᄒᆞ야 曰大王의 地方이 千里오 武士ㅣ 二十萬이오 蒼頭ㅣ 二十萬이오 奮擊이 二十萬ㅣ오 廝徒ㅣ 十萬이오 車ㅣ 六百乘이오 騎ㅣ 五千匹이여늘 이에 羣臣의 說을 聽ᄒᆞ야 臣ᄒᆞ야 秦을 事코져 ᄒᆞ시니 願컨ᄃᆡ 大王은 熟히 察ᄒᆞ쇼셔 魏王이 聽ᄒᆞ거늘

蘇秦이 說齊王曰齊는 四塞之國이라 地方이 二千餘里오 帶甲이 數十萬이오 粟如丘山ᄒᆞ고 臨淄之塗에 車轂이 擊ᄒᆞ고 人肩이 摩ᄒᆞ고 連袵成帷ᄒᆞ고 揮汗成雨ᄒᆞ니 夫韓魏之所以重畏秦者는 爲與秦接境也어니와 今에 秦之攻齊則不然ᄒᆞ야 雖欲深入이나 則恐韓魏之議其後ㅣ니 秦之不能害齊ㅣ 亦明矣라 夫不料秦之無奈齊에 何ᄒᆞ고 而

(楚王)名商

(何居)居許曰音鷄語助辭也出檀弓

欲西面而事之ᄒᆞ시니 是는 羣臣之計ㅣ過也ㅣ로소이다 齊王이 許之어늘

蘇秦이齊王을說ᄒᆞ야曰齊는四로塞ᄒᆞᆫ國이라地方이二千餘里오帶甲이數十萬이오粟은丘山과갓고臨淄의途에車轂이擊ᄒᆞ고人肩이摩ᄒᆞ고衽을連ᄒᆞ야帷를成ᄒᆞ고汗을揮ᄒᆞ야雨를成ᄒᆞ니무릇韓과魏가써秦을重ᄒᆞ고畏ᄒᆞ는바人者는秦으로더부러境을接ᄒᆞᆫᄭᆞ닭이어니와今에秦이齊를攻ᄒᆞᆷ에는곳然치아니ᄒᆞ야비록深히入코저ᄒᆞ나곳韓과魏가그後를議ᄒᆞᆯ가恐ᄒᆞᆷ이니秦이能히齊를害치못ᄒᆞᆯ것이ᄯᅩᄒᆞᆫ明ᄒᆞᆫ지라무릇秦이齊에엇지ᄒᆞᆯ슈업슴을料치아니ᄒᆞ고西으로面ᄒᆞ야 事코저ᄒᆞ시니是는羣臣의計가過ᄒᆞᆷ이로소이다齊王이許ᄒᆞ거늘

乃南說楚王曰楚는 天下之彊國也라 地方이 六千餘里오 帶甲이 百萬이오 粟支十年ᄒᆞ니 此는 霸王之資也라 楚彊則秦弱ᄒᆞ고 秦彊則楚弱이니 其勢ㅣ 不兩立이라 故로 爲大王計컨ᄃᆡ 莫如從親ᄒᆞ야 以孤秦이니 故로 從親則諸侯ㅣ 割地以事楚오 衡合則楚ㅣ 割地以事秦이니 此兩策者는 相去ㅣ 遠矣라 大王은 何居焉이시니잇고 楚王이 亦許之어늘

輜 擬 犀 讓
의복실은수레 치　비길 의　물소 서　ᄭᅮ지즐 양

이에南으로楚王을說ᄒᆞ야曰楚ᄂᆞᆫ天下의彊國이라地方이六千餘里오帶甲이百萬이오粟은十年을支ᄒᆞ니이ᄂᆞᆫ覇王의資이라楚가强ᄒᆞᆫ則秦이弱ᄒᆞ고秦이强ᄒᆞᆫ則楚가弱ᄒᆞ리니그勢가兩으로立치못ᄒᆞᆯ지라故로大王을爲ᄒᆞ야計ᄒᆞ건ᄃᆡ從親ᄒᆞ야써秦을孤케ᄒᆞᆷ만갓지못ᄒᆞ니故로從親ᄒᆞᆫ則諸侯ㅣ地를割ᄒᆞ야써楚를事ᄒᆞ고衡合ᄒᆞᆫ則楚ㅣ地를割ᄒᆞ야써秦을事ᄒᆞᆯ지니이兩策인者ᄂᆞᆫ서로去ᄒᆞᆷ이遠ᄒᆞᆫ지라大王은어ᄃᆡ居ᄒᆞ시려ᄒᆞ나잇고楚王이ᄯᅩ許ᄒᆞ거ᄂᆞᆯ

於是에蘇秦이爲從約長ᄒᆞ야幷相六國ᄒᆞ고北報趙ᄒᆞ니車騎輜重이擬於王者ㅣ러라 輜軿衣車重載物車行者之資總曰輜重

이에蘇秦이從約長이되여아올너六國에相ᄒᆞ고北으로趙에報ᄒᆞ니車騎와輜重이王者에擬ᄒᆞ더라

(己丑)三十七年이라秦惠王이使犀首로欺齊魏ᄒᆞ야與共伐趙ᄒᆞ야以敗從約이어늘趙肅侯ㅣ讓蘇秦ᄒᆞᆫᄃᆡ秦이恐ᄒᆞ야請使燕必報齊라ᄒᆞ고蘇秦이去趙ᄒᆞ니而從約이皆解ᄒᆞ다 犀首魏官名公孫衍爲此官因號犀首猶虎牙將軍之稱

三十七年이라秦惠王이犀首로ᄒᆞ여곰齊와魏를欺ᄒᆞ야더브러ᄒᆞᆫ가지趙를伐ᄒᆞ야써從約을敗ᄒᆞ거ᄂᆞᆯ趙肅侯ㅣ蘇秦을讓ᄒᆞᆫᄃᆡ秦이恐ᄒᆞ야燕에使ᄒᆞ야반다시齊에報

易 밧굴역
僞 거짓위
囿 동산유

(奔齊)蘇秦通於燕文公之夫人恐得罪說易王之奔齊也
(客卿)戰國時官名爲國他遊官者設也

ᄒᆞ겟다請ᄒᆞ고蘇秦이趙를去ᄒᆞ니從約이다解ᄒᆞ다

(丙申)四十四年이라 夏四月에 秦이 初稱王ᄒᆞ다

四十四年이라夏四月에秦이처음으로王이라稱ᄒᆞ다

(丁酉)四十五年이라 蘇秦이 說燕易王曰臣이 居燕ᄒᆞ야는 不能使燕重이오 而在齊則燕重이리이다 易王이 許之어늘 乃僞得罪於燕而奔齊ᄒᆞ니 齊宣王이 以爲客卿이어늘 蘇秦이 說齊王ᄒᆞ야 高宮室ᄒᆞ며 大苑囿ᄒᆞ야 以明得意ᄒᆞ니 欲以敝齊而爲燕이러라

四十五年이라蘇秦이燕易王을說ᄒᆞ야曰臣이燕에居ᄒᆞ야는能히燕으로ᄒᆞ여곰重케못ᄒᆞ겟고齊에在ᄒᆞᆫ則燕을重케ᄒᆞ리이다易王이許ᄒᆞ거늘이에거짓罪를燕에得ᄒᆞ엿다ᄒᆞ고齊로奔ᄒᆞ니齊宣王이써客卿을삼거늘蘇秦이齊王을說ᄒᆞ야宮室을高히ᄒᆞ며苑囿를大히ᄒᆞ야써得意ᄒᆞᆷ을明ᄒᆞ니써齊를敝ᄒᆞ고燕을爲코져ᄒᆞᆷ이러라

(己亥)四十七年이라 秦張儀ㅣ 免相ᄒᆞ고 相魏ᄒᆞ야 欲使魏로 先事秦而諸侯로 效之호ᄃᆡ 魏王이 不聽이어늘 秦王이 復陰厚張儀益甚이러라

四十七年이라秦張儀ㅣ相을免ᄒᆞ고魏에相ᄒᆞ야魏로ᄒᆞ여곰몬져秦을事ᄒᆞ고諸侯로效케ᄒᆞ고저호ᄃᆡ魏王이聽치아니ᄒᆞ거늘秦王이다시가마니張儀를厚히ᄒᆞᆷ이더

靚 뒤도 정

(孟嘗)孟字嘗邑名在薛之傍

(親己)謂獨愛其己身

옥甚ᄒᆞ더라

(庚子)四十八年이라王이崩ᄒᆞ고子愼靚王이立ᄒᆞ다 靚音靜

四十八年이라王이崩ᄒᆞ고子愼靚王이立ᄒᆞ다

齊田文이嗣爲薛公ᄒᆞ니號曰孟嘗君이라招致諸侯遊士及有罪亡人ᄒᆞ야皆厚遇之ᄒᆞ니食客이嘗數千人이라各自以爲孟嘗君이親己ᄒᆞ니라由是로孟嘗君之名이重天下러라

齊田文이嗣ᄒᆞ야薛公이되니號ᄒᆞ야曰孟嘗君이라諸侯遊士와밋罪가有ᄒᆞ야逃亡ᄒᆞ는人을招致ᄒᆞ야다厚히遇ᄒᆞ니食客이일즉數千人이라각각스사로써ᄒᆞ되孟嘗君이親已라ᄒᆞ니是로由ᄒᆞ야孟嘗君의名이天下에重ᄒᆞ더라

(溫公)曰君子之養士、以爲民也、易曰聖人、養賢、以及萬民、夫賢者、其德、足以敦化正俗、其才、足以頓綱振紀、其明、足以燭微慮遠、其强、足以結仁固義、大則利天下、小則利一國、是以、君子、豊祿以富之、隆爵以尊之、養一人而及萬人者、養賢之道也、今孟嘗君之養士也、不恤賢愚、不擇臧否、盜其君之祿、以立私黨、張虛譽、上以侮其君、下以蠹其民、是奸人之雄也、烏足尙哉書、曰受爲天下逋逃、主萃淵藪、此之謂也、

愼靚王 名定顯王子 在位七年

(癸卯)三年이라楚趙魏韓燕이同伐秦ᄒᆞ야攻函谷關이어늘秦人이出

戍슈자리슈 (魏襄王)名嗣 (亭障)亭候望者障山中小城漢制塞上要害處別築爲成置以寇吏士即此亭障 (倍)反也 (成)平之也

兵逆之ᄒᆞ니五國之師ㅣ皆敗走ᄒᆞ다

三年이라楚趙魏韓燕이ᄒᆞᆫ가지秦을伐ᄒᆞ야函谷關을攻ᄒᆞ거ᄂᆞᆯ秦人이兵을出ᄒᆞ야逆ᄒᆞ니五國의師ㅣ다敗ᄒᆞ야走ᄒᆞ다

(甲辰)四年이라齊大夫ㅣ與蘇秦으로爭寵ᄒᆞ야刺秦殺之ᄒᆞ다

四年이라齊大夫ㅣ蘇秦으로더브러寵을爭ᄒᆞ야秦을刺ᄒᆞ야殺ᄒᆞ다

張儀ㅣ說魏襄王曰梁地ᄂᆞᆫ四平ᄒᆞ야無名山大川之限ᄒᆞ고卒戍楚韓齊趙之境ᄒᆞ야守亭障者ㅣ不下十萬ᄒᆞ니梁之地勢ㅣ固戰塲也라夫諸侯之約從에盟洹水之上ᄒᆞ야結爲兄弟ᄂᆞᆫ以相堅也어이와(洹音袁)今親兄弟同父母라도尙有爭錢財相殺傷이어든而欲恃反覆蘇秦之餘謀ᄒᆞ니其不可成이亦明矣니이다魏王이乃倍從約而因儀ᄒᆞ야以請成于秦ᄒᆞ니張儀ㅣ歸復相秦ᄒᆞ다

張儀ㅣ魏襄王을說ᄒᆞ야曰梁地ᄂᆞᆫ四로平ᄒᆞ야名山과大川의限이無ᄒᆞ고楚韓齊趙의境을卒戍ᄒᆞ야亭障을守ᄒᆞᄂᆞᆫ者ㅣ十萬에下치못ᄒᆞ니梁의地勢ᄂᆞᆫ진실로戰場이라무릇諸侯가從을約홈에洹水의上에盟ᄒᆞ야結ᄒᆞ야兄弟가됨은써서로堅홈이어니와今에親兄弟와 同父母라도尙히錢財를 爭ᄒᆞ야서로 殺傷홈이 有ᄒᆞ거든反覆

噲 목구멍쾌 (屬國於子之)鹿毛壽謂燕王曰人謂堯舜者以其能讓於天下故也今王以國讓子之則王與堯舜同名也從之

赧 붓그러울난

蘇秦의餘謀를恃코저ᄒᆞ니그可히成치못ᄒᆞᆯ것이明ᄒᆞ니이다魏王이이에從約을倍ᄒᆞ고儀을因ᄒᆞ야써成ᄒᆞᆷ을秦에請ᄒᆞ니張儀ㅣ歸ᄒᆞ야다시秦에相ᄒᆞ다

(乙巳)五年이라蘇秦의弟代厲ㅣ亦以遊說로顯於諸侯라燕相子之ㅣ與蘇代로婚ᄒᆞ야欲得燕權이러니蘇代ㅣ使於齊而還이어늘燕王噲ㅣ(音快)問曰齊王이其覇乎아對曰不能이러이다王曰何故오對曰不信其臣이러이다於是에燕王이屬國於子之ᄒᆞ니(釋義屬音燭付也以燕國付與子之)子之ㅣ南面行王事而噲ㅣ老不聽政ᄒᆞ야顧爲臣ᄒᆞ고(釋義顧反也言燕君反爲子之臣)國事를皆決於子之ᄒᆞ다

五年이라蘇秦의弟代厲ㅣ또ᄒᆞᆫ遊說로써諸侯에顯ᄒᆞᆫ지라燕相子之ㅣ蘇代로더브러婚ᄒᆞ야燕의權을得고저ᄒᆞ더니蘇代ㅣ齊에使ᄒᆞ엿다갸還ᄒᆞ거늘燕王噲ㅣ問ᄒᆞ야曰齊王이그霸ᄒᆞ것든가對ᄒᆞ야曰能치못ᄒᆞ더이다王이曰엇지ᄒᆞᆫ故인고對ᄒᆞ야曰그臣을信치안터이다이에燕王이國을子之에게屬ᄒᆞ니子之ㅣ南으로面ᄒᆞ야王事를行ᄒᆞ고噲ㅣ老ᄒᆞ야政을聽치아니ᄒᆞ야도로혀臣이라ᄒᆞ고國事를다子之에게決ᄒᆞ다

(丙午)六年이라王이崩ᄒᆞ고子赧王延이立ᄒᆞ다

醢 젓희

隗 사ᄅᆞᆷ의일홈

六年이라王이崩ᄒᆞ고赧王延이立ᄒᆞ다

赧王 名延愼靚王子 在位五十九年

(丁未)元年이라燕子之ㅣ爲相三年에國內大亂이어늘齊王이伐燕取子之ᄒᆞ야醢之ᄒᆞ고遂殺燕王噲ᄒᆞ다

元年이라燕子之ㅣ相된지三年에國內가크게亂ᄒᆞ거늘齊王이燕을伐ᄒᆞ야子之를取ᄒᆞ야醢ᄒᆞ고드듸여燕王噲를殺ᄒᆞ다

(己酉)三年이라燕人이共立太子平ᄒᆞ니是爲昭王이라昭王이於破燕之後에即位ᄒᆞ야吊死問孤ᄒᆞ고與百姓으로同甘苦ᄒᆞ고卑身厚幣ᄒᆞ야以招賢者ᄒᆞᆯᄉᆡ謂郭隗曰齊ㅣ因孤之國亂ᄒᆞ야而襲破燕ᄒᆞ니孤ㅣ極知燕小力少ᄒᆞ야不足以報나然이나誠得賢士與共國ᄒᆞ야以雪先王之恥ㅣ孤之願也니先生은視可者ᄒᆞ라得身事之ᄒᆞ리라

三年이라燕人이한가지太子平을立ᄒᆞ니이昭王이되ᄂᆞᆫ지라昭王이燕을破ᄒᆞᆫ後에位에即ᄒᆞ야死를吊ᄒᆞ고孤를問ᄒᆞ고百姓으로더부러甘과苦를同히ᄒᆞ고身을卑ᄒᆞ고幣를厚ᄒᆞ야써賢者를招ᄒᆞᆯᄉᆡ郭隗다려謂ᄒᆞ여曰齊ㅣ孤의國亂ᄒᆞᆷ을因ᄒᆞ야襲ᄒᆞ

涓潔也涓人今中涓也主居中而潔除之人

(爭趣)趣與越亦同 毅 굿셀 의 劇 급할 극 亞 버금 아

야燕을破ᄒᆞ니孤ㅣ極히燕이小ᄒᆞ고力이少ᄒᆞ야足히써報치못ᄒᆞᆯ줄은아나그러나진실로賢士를得ᄒᆞ야더부러國을共ᄒᆞ야써先王의耻를雪ᄒᆞᆷ이孤의願이니先生은可ᄒᆞᆫ者를視ᄒᆞ라시러곰몸소事ᄒᆞ리라

郭隗ㅣ曰古之人君이有以千金으로使涓人ᄒᆞ야求千里馬者러니馬ㅣ已死라買其骨五百金而返이어늘君이大怒ᄒᆞᆫ대涓人이曰死馬도且買之온況生者乎잇가馬今至矣리이다不期年에千里馬之至者ㅣ三이라ᄒᆞ니今王이必欲致士넌대先從隗始ᄒᆞ시면況賢於隗者ㅣ豈遠千里哉ㅣ리잇고於是에昭王이爲隗ᄒᆞ야改築宮而師事之ᄒᆞ니於是에士爭趣燕이라樂毅는自魏往ᄒᆞ고劇辛은自趙往ᄒᆞ니昭王이以樂毅로爲亞卿ᄒᆞ야任以國政ᄒᆞ다

郭隗ㅣ曰古의人君이千金으로써涓人을使ᄒᆞ야千里馬를求ᄒᆞᆫ者ㅣ有ᄒᆞ더니馬가임의死ᄒᆞᆫ지라그骨를五百金으로買ᄒᆞ야返ᄒᆞ거늘君이크게怒ᄒᆞᆫ대涓人이曰死馬도또買ᄒᆞ곤況生ᄒᆞᆫ者리잇가馬가今에至ᄒᆞ리이다期年이못되여千里馬의至ᄒᆞᆫ者ㅣ三이라ᄒᆞ니今에王이반다시士를致코져ᄒᆞ실진ᄃᆡ먼저隗로從ᄒᆞ야始ᄒᆞ시면ᄒᆞ

格猶敵也 格 ᄃᆡ뎍ᄒᆞᆯ격 (韓王)哀王倉 (孟賁烏獲)皆勇士也 據 웅거ᄒᆞᆯ거 (鈞)三十斤也 (齊王)泯王也

물며隗보다賢ᄒᆞᆫ者ㅣ어지千里를遠히ᄒᆞ오릿고이에昭王이隗를위ᄒᆞ야곳쳐宮을築ᄒᆞ고師로事ᄒᆞ니이에士가닷토아燕에趣ᄒᆞᄂᆞᆫ지라樂毅ᄂᆞᆫ魏로自ᄒᆞ야往ᄒᆞ고劇辛은趙로自ᄒᆞ야往ᄒᆞ니昭王이樂毅로써亞卿을삼아써國政를任ᄒᆞ다

(庚戌)四年이라 張儀ㅣ 說楚王曰夫爲從者ᄂᆞᆫ 無以異於驅羣羊而攻猛虎니 不格이 明矣라 今王이 不事秦이면秦이 刼韓驅梁而攻楚則楚ㅣ 危矣리이다 楚王이 許之어늘

四年이라張儀ㅣ楚王을說ᄒᆞ야曰무릇從을ᄒᆞᄂᆞᆫ者ᄂᆞᆫ群羊을驅ᄒᆞ야猛虎를攻ᄒᆞᆷ과異ᄒᆞᆷ이업ᄉᆞ니格치못ᄒᆞᆷ이明ᄒᆞᆫ지라今에王이秦을事치아니ᄒᆞ면秦이韓을刼ᄒᆞ고梁을驅ᄒᆞ야楚를攻ᄒᆞᆫ則楚ㅣ危ᄒᆞ리이다楚王이許ᄒᆞ거늘

張儀遂之韓ᄒᆞ야 說韓王曰夫戰에 孟賁烏獲之士로 以攻不服之弱國이 無異垂千鈞之重於烏卵之上이니 必無幸矣라 大王이 不事秦이면 秦이 下甲ᄒᆞ야(下猶頓也) 據宜陽ᄒᆞ고 塞成皐則王之國이 分矣리니 爲大王計컨ᄃᆡ 莫如事秦而攻楚니이다 韓王이 許之어늘 張儀ㅣ 歸報秦王ᄒᆞ니 復使東說齊王曰從人說大王者ㅣ 必曰齊ㅣ 蔽於

嫁싀집갈가 (効)獻也 (河間)河猿之間邑也

(趙王)武震王雍

三晉ᄒᆞ고地廣兵疆ᄒᆞ니雖有百秦이라도將無奈齊에何ᄯᅡᄒᆞ나今에秦楚ㅣ嫁女娶婦ᄒᆞ야爲昆弟之國ᄒᆞ고韓이獻宜陽ᄒᆞ고梁이効河外ᄒᆞ고黃河之南曲沃平周等邑趙王이入朝ᄒᆞ야割河間以事秦ᄒᆞ니大王이不事秦이면秦이驅韓梁趙ᄒᆞ야攻之면雖欲事秦이나不可得也리이다齊王이許之어늘

張儀드ᄃᆡ에韓에之ᄒᆞ야韓王을說ᄒᆞ야日무릇戰에孟賁과烏獲의士로써服지아니ᄒᆞ는弱國을攻ᄒᆞᆷ이千鈞의重을鳥卵의上에垂ᄒᆞᆷ과異ᄒᆞᆷ이無ᄒᆞ니반다시幸ᄒᆞᆷ이無ᄒᆞᆯ지라大王이秦을事치아니ᄒᆞ면秦이甲을下ᄒᆞ야宜陽에據ᄒᆞ고成皐를塞ᄒᆞᆫ則王의國이分ᄒᆞ리니大王을爲ᄒᆞ야計컨ᄃᆡ秦을事ᄒᆞ고楚를攻ᄒᆞᆷ만갓지못ᄒᆞ니이다韓王이許ᄒᆞ거늘張儀ㅣ歸ᄒᆞ야秦王에게報ᄒᆞ니다시使ᄒᆞ야東으로齊王을說ᄒᆞ야日從人이大王을說ᄒᆞ는者ㅣ반다시갈오ᄃᆡ齊는三晉에蔽ᄒᆞ고地가廣ᄒᆞ고兵이彊ᄒᆞ니비록百秦이有ᄒᆞᆯ지라도장찻齊에웃자ᄒᆞ지못ᄒᆞ것다ᄒᆞ나今에秦과楚가女를嫁ᄒᆞ고婦를娶ᄒᆞ야昆弟의國이되고韓이宜陽을獻ᄒᆞ고梁이河外를効ᄒᆞ고趙王이朝에入ᄒᆞ야河間을割ᄒᆞ야써秦을事ᄒᆞ니大王이秦을事치아니ᄒᆞ면秦이韓梁趙를驅ᄒᆞ야攻ᄒᆞ면비록秦을事코져ᄒᆞ나可히得치못ᄒᆞ리이다齊王이許ᄒᆞ거늘

張儀ㅣ去西ᄒᆞ야說趙王曰大王이收率天下ᄒᆞ야以擯秦ᄒᆞ시나秦兵이

藩 울타리 번
肩 억지 견

不敢出函谷關이 十五年이라 大王之威ㅣ 行於山東이어니와 今에 楚ㅣ
與秦으로 爲昆弟之國而韓梁이 稱東藩之臣ᄒᆞ고 齊獻魚鹽之地
ᄒᆞ니 此ᄂᆞᆫ 斷趙之右肩也라 夫斷右肩而與之鬪ᄒᆞ며 失其黨而孤
居ᄒᆞ야 求欲無危나 得乎아 爲大王計컨대 莫如與秦王으로 面約ᄒᆞ야 常
爲兄弟之國이니이다 趙王이 許之어늘

張儀ㅣ西로去ᄒᆞ야趙王을說ᄒᆞ야曰大王이天下를收率ᄒᆞ야써秦을擯ᄒᆞ시니秦兵
이敢히函谷關을出치못ᄒᆞᆷ이十五年이라大王의威가山東에行ᄒᆞ엿거니와今에楚
ㅣ秦으로더부러昆弟의國이되고韓과梁이東藩의臣이라稱ᄒᆞ고齊가魚鹽의地을
獻ᄒᆞ니此ᄂᆞᆫ趙의右肩을斷ᄒᆞᆷ이라무릇右肩을斷ᄒᆞ고與ᄒᆞ야鬪ᄒᆞ며其黨을失ᄒᆞ고
孤히居ᄒᆞ야危ᄒᆞᆷ이無코져ᄒᆞᆷ을求ᄒᆞ나得ᄒᆞ리오大王을爲ᄒᆞ야計ᄒᆞ건ᄃᆡ秦王으로
더부러面으로約ᄒᆞ야常히兄弟의國이됨만갓지못ᄒᆞ니이다趙王이許ᄒᆞ거늘

張儀ㅣ 乃北說燕王曰大王이 不事秦이면 秦이 下甲雲中九原ᄒᆞ야
驅趙而攻燕則易水長城은 非大王之有也이리다 燕王이 請獻
常山之尾五城ᄒᆞ야 以和어늘 張儀ㅣ 歸報ᄒᆞᆯ시 未至咸陽ᄒᆞ야 秦惠王이

薨 죽을 훙　蕩 (武王)名　隙 한 극

衍 부를 연　紛 어즈러울 분　紜 어즈러울 운　著 뛰하날 저

薨ᄒᆞ고 子武王이 立ᄒᆞ니 武王이 自爲太子時로 不說(通悅)張儀러니 及卽位에 羣臣이 多毁短之어ᄂᆞᆯ 諸侯ㅣ 聞儀與秦王으로 有隙ᄒᆞ고 皆叛衡ᄒᆞ고 復合從ᄒᆞ다

張儀ㅣ 이에 北으로 燕王을 說ᄒᆞ여 曰大王이 秦을 事치아니ᄒᆞ면 秦이 甲을 雲中九原에 下ᄒᆞ야 趙를 驅ᄒᆞ고 燕을 攻ᄒᆞᆫ즉 易水와 長城이 大王의 所有가 못되리이다 燕王이 常山의 尾五城을 獻ᄒᆞ야 써 和ᄒᆞ기를 請ᄒᆞ거ᄂᆞᆯ 張儀ㅣ 歸ᄒᆞ야 報ᄒᆞᆯ새 咸陽에 至치못ᄒᆞ야 秦惠王이 薨ᄒᆞ고 子武王이 立ᄒᆞ니 武王이 太子되엿든 時로부터 張儀를 說치아니ᄒᆞ더니 밋 位에 卽ᄒᆞᆷ에 羣臣이 短을 毁ᄒᆞ는이가 多ᄒᆞ거ᄂᆞᆯ 諸侯ㅣ 儀가 秦王으로더부러 隙이 有ᄒᆞ다 ᄒᆞᆷ을 聞ᄒᆞ고 다 衡을 叛ᄒᆞ고 다시 從으로 合ᄒᆞ다

(辛亥)五年이라 張儀ㅣ 相魏一歲에 卒ᄒᆞ다 儀與蘇秦이 皆以縱橫之術로 遊說諸侯ᄒᆞ야 致位富貴ᄒᆞ니 天下ㅣ 爭慕效之러라 又有魏人公孫衍者ᄒᆞ니 號曰犀首라 亦以談說로 (音稅)顯名ᄒᆞ고 其餘蘇代蘇厲周最樓緩之徒ㅣ 紛紜徧於天下ᄒᆞ야 務以辯詐로 相高ᄒᆞ니 不可勝紀ㅣ로ᄃᆡ 而儀秦衍이 最著러라

質 불모 질
囚 가둘 슈
狐 여호 호
(秦王昭襄王稷)(約楚王會盟於武關)秦王遺楚王言願與君王會武關面相約結盟王欲往屈平無往可矣子蘭勸王行終不歸國經陽君)名悝秦王同母弟也(爲質)信也(亟相承)々也相助也謂

五年이라張儀ㅣ魏에相ᄒᆞᆫ지一歲에卒ᄒᆞ다儀와다못蘇秦이다縱橫의術로써諸侯에게遊說ᄒᆞ야位가富貴에致ᄒᆞ니天下ㅣ爭ᄒᆞ야慕ᄒᆞ고效ᄒᆞ더라ᄯᅩ魏人公孫衍이라ᄂᆞᆫ者ㅣ有ᄒᆞ니號ᄒᆞ야曰犀首라ᄯᅩᄒᆞᆫ談說로써名을顯ᄒᆞ고其餘蘇代와蘇厲와周最와樓緩의徒ㅣ紛紜히天下에編ᄒᆞ야務ᄒᆞ야辯詐로써서로高ᄒᆞ니可히이긔여紀ᄒᆞᆯ슈업되儀와秦과衍이가장著ᄒᆞ더라

(壬戌)十六年이라秦王이約楚王ᄒᆞ야會盟於武關ᄒᆞᆫ서 楚王이入秦ᄒᆞ니秦人이留之ᄒᆞ다 秦王昭襄王稷也立於乙卯年

十六年이라秦王이楚王과約ᄒᆞ야武關에會ᄒᆞ야盟ᄒᆞᆯ시 楚王이秦에入ᄒᆞ니秦人이留ᄒᆞ다

(癸亥)十七年이라秦王이聞孟嘗君之賢ᄒᆞ고使涇陽君으로爲質(音至)於齊ᄒᆞ고以請孟嘗君ᄒᆞ니來入秦이어ᄂᆞᆯ 秦王이以爲丞相ᄒᆞᆫ대 或이謂秦王曰孟嘗君이相秦이면必先齊而後秦ᄒᆞ리니秦其危哉ᄒᆞ리이다 秦王이乃以樓緩으로爲相ᄒᆞ고囚孟嘗君ᄒᆞ야欲殺之어ᄂᆞᆯ孟嘗君이使人으로求解於秦王幸姬ᄒᆞ니 姬曰願得君의狐白裘ᄒᆞ노라 集狐腋之白毛以爲裘温而且美蓋貴而難得者說者謂此天子諸侯讌居之盛服

之掌承天子助理萬幾

悔 뉘우칠회

脫 버슬탈

十七年이라秦王이孟嘗君의賢홈을聞ᄒᆞ고涇陽君으로하여곰齊에質ᄒᆞ고써孟嘗君을請ᄒᆞ니來ᄒᆞ야秦에入ᄒᆞ거늘秦王이써丞相을숨은ᄃᆡ或이秦王다려謂ᄒᆞ야曰孟嘗君이秦에相ᄒᆞ면반다시齊를先히ᄒᆞ고秦을後ᄒᆞ리니秦이그危ᄒᆞᆯ진뎌秦王이이에樓緩으로써相을숨고孟嘗君을囚ᄒᆞ야殺코져ᄒᆞ거늘孟嘗君이人으로하야곰解ᄒᆞ기를王의幸ᄒᆞᄂᆞᆫ姬에게求ᄒᆞ니姬ㅣ曰君의狐白裘를엇기願ᄒᆞ노라

孟嘗君이有狐白裘라가已獻之秦王ᄒᆞ야無以應姬求ㅣ러니客에有善爲狗盜者ᄒᆞ야入秦藏中(畜貨物之所曰藏)ᄒᆞ야盜狐白裘ᄒᆞ야以獻姬ᄒᆞᆫᄃᆡ姬ㅣ乃爲之言於王而遣之러니王이後悔ᄒᆞ야使追之ᄒᆞ다孟嘗君이至關ᄒᆞ니關法에鷄鳴이라야而出客이라時尙早ᄒᆞ고追者ㅣ將至러니客에有善爲鷄鳴者ᄒᆞ야野鷄ㅣ聞之ᄒᆞ고皆鳴이어ᄂᆞᆯ孟嘗君이乃得脫歸ᄒᆞ다

孟嘗君이狐白裘가有ᄒᆞ다가임의秦王게獻ᄒᆞ야써姬의求홈을應ᄒᆞᆯ슈업더니客에狗盜잘ᄒᆞᄂᆞᆫ者ㅣ有ᄒᆞ야秦의藏中에入ᄒᆞ야狐白裘를盜ᄒᆞ야써姬게獻ᄒᆞᆫᄃᆡ姬가이에爲ᄒᆞ야王게言ᄒᆞ야遣ᄒᆞ엿더니王이後에悔ᄒᆞ야ᄒᆞ여곰追ᄒᆞ다孟嘗君이關에至ᄒᆞ니關法에鷄가鳴ᄒᆞ여야客을出ᄒᆞᄂᆞᆫ지라時가尙히早ᄒᆞ고追者ㅣ장찻至ᄒᆞ더니客에鷄의鳴을善히ᄒᆞᄂᆞᆫ者ㅣ有ᄒᆞ야野鷄가聞ᄒᆞ고다鳴ᄒᆞ거ᄂᆞᆯ孟嘗君이이에脫ᄒᆞ

야歸홈을得ᄒᆞ다

趙王이封其弟勝ᄒᆞ야爲平原君ᄒᆞ니平原君이好士ᄒᆞ야食客이常數千人이러라

趙王이그弟勝을封ᄒᆞ야平原君을삼으니平原君이士를好ᄒᆞ야食客이嘗히數千人이러라

(乙丑)十九年이라楚懷王이發病ᄒᆞ야薨於秦ᄒᆞ니楚人이皆憐之를如悲親戚이라諸侯ㅣ由是로不直秦이러라

十九年이라楚懷王이病이發ᄒᆞ야秦에서薨ᄒᆞ니楚人이다憐히여김을親戚을悲홈과如ᄒᆞᆫ지라諸侯ㅣ是로由ᄒᆞ야秦을直치아니ᄒᆞ더라

(丙子)三十年이라齊湣王이既滅宋而驕ᄒᆞ야(去年滅宋)乃南侵楚ᄒᆞ고西侵三晉ᄒᆞ고欲幷二周ᄒᆞ야爲天子어늘燕昭王이日夜에撫循其人ᄒᆞ야乃與樂毅로謀伐齊홀서王이悉起兵ᄒᆞ야以樂毅로爲上將軍ᄒᆞ고幷將秦魏韓趙之兵ᄒᆞ야以伐齊ᄒᆞ니齊湣王이悉國中之衆ᄒᆞ야以拒之라가

湣 약ᄒᆞᆫ 시호 민
憮 어로만질 무
拒 막을 거

度 법도 도　輸 수윤할 슈　莒 싸일홈 거　淖 진흙 뇨　弑 죽일 시

（弑王於鼓里）淖齒欲與燕分齊地乃執湣王數之曰千乘博昌之間方數百里血雨沾衣王知之乎嬴博之間地坼及泉王知之乎曰知之有人當闕而哭者王知之乎齒曰

戰于濟西ᄒᆞ야齊師ㅣ大敗어늘遂進軍ᄒᆞᆫᄃᆡ齊人이大亂失度라湣王이出走어늘樂毅ㅣ入臨淄ᄒᆞ야（齊都城名屬靑州）取寶物祭器ᄒᆞ야輸之於燕ᄒᆞ니燕王이封樂毅ᄒᆞ야爲昌國君ᄒᆞ고（昌國齊縣名即樂丘故城）遂使留徇齊城之未下者ᄒᆞ다齊王이走莒어늘（故莒子國）楚ㅣ使淖齒로（淖音鬧姓也楚人）將兵救齊ᄒᆞ고因爲齊相ᄒᆞᆫᄃᆡ淖齒ㅣ欲與燕으로分齊地ᄒᆞ야乃遂弑王於鼓里ᄒᆞ다

三十年이라齊湣王이임의宋을滅ᄒᆞ고驕ᄒᆞ야이에南으로楚를侵ᄒᆞ고西으로三晉을侵ᄒᆞ고二周를並ᄒᆞ야天子가되고져ᄒᆞ거늘燕昭王이日과夜에其人을撫循ᄒᆞ야이에樂毅로더부러謀ᄒᆞ야齊를伐ᄒᆞᆯᄉᆡ王이다兵을起ᄒᆞ야樂毅로써上將軍을ᄉᆞᆷ고秦魏韓趙의兵을아올너거나리써齊를伐ᄒᆞ니齊湣王이國中의衆을다ᄒᆞ야써拒ᄒᆞ다가濟西에戰ᄒᆞ야齊師ㅣ크게敗ᄒᆞ거늘드ᄃᆡ여軍을進ᄒᆞᆫᄃᆡ齊人이크게亂ᄒᆞ야度를失ᄒᆞᆫ지라燕王이出ᄒᆞ야走ᄒᆞ거늘樂毅ㅣ臨淄이入ᄒᆞ야寶物과祭器를取ᄒᆞ야燕에輸ᄒᆞ니燕王이樂毅를封ᄒᆞ야昌國君을ᄉᆞᆷ고드ᄃᆡ여하여곰齊城의下치못ᄒᆞᆫ者를留徇케ᄒᆞ다齊王이莒로走ᄒᆞ거늘楚ㅣ淖齒로하여곰兵을將ᄒᆞ야齊를救ᄒᆞ고因ᄒᆞ야齊相을ᄉᆞᆷ은ᄃᆡ淖齒ㅣ燕으로더브러齊地를分코져ᄒᆞ야이에드ᄃᆡ여王을鼓里에서弑ᄒᆞ다

蠲 버레 촉　屠 뭇지를 도　劫 겁박할 겁　雨血者天以告之也地折者地以告之也當關而哭者人以告之也而王不戒何以無誅遂擢王筋縣之廟櫟宿昔而死也(宿昔一夕之間也)(屠邑)屠殺也屠殺其民若宰六畜然也　潰 문어질 궤　整 정제할 정　掠 로략할 략

毅ㅣ聞畫邑人王蠋이賢하고畫胡封反蠋音蜀○畫邑名載里城春秋作棘邑令軍中ᄒᆞ야環畫邑三十里無入ᄒᆞ고使人으로請蠋ᄒᆞᆫᄃᆡ蠋이謝不往이어ᄂᆞᆯ燕人이曰不來면吾且屠邑ᄒᆞ리라蠋이曰忠臣은不事二君이오烈女ᄂᆞᆫ不更二夫ᄒᆞᄂᆞ니齊王이不用吾諫故로退而耕於野러니國破君亡에吾不能存而又欲劫之以兵ᄒᆞ니吾ㅣ與其不義而生으론不若死ㅣ라ᄒᆞ고遂經其頸而死ᄒᆞ다

毅ㅣ畫邑人王蠋이賢ᄒᆞᆷ을聞ᄒᆞ고軍中에令ᄒᆞ야畫邑三十里를環ᄒᆞ야入ᄒᆞᆷ이無케ᄒᆞ고人으로ᄒᆞ여곰蠋을請ᄒᆞᆫᄃᆡ蠋이謝ᄒᆞ고往치안커ᄂᆞᆯ燕人이曰來치아니ᄒᆞ면吾ㅣᄯᅩᄒᆞᆫ邑을屠ᄒᆞ리라蠋이曰忠臣은二君을事치안코烈女ᄂᆞᆫ二夫를更치안ᄂᆞ니齊王이吾의諫을用치안ᄂᆞᆫ故로退ᄒᆞ야野에耕ᄒᆞ엿더니國이破ᄒᆞ고君이亡ᄒᆞᆷ에吾ㅣ能히存치못ᄒᆞ고ᄯᅩ兵으로써刼코져ᄒᆞᄂᆞ니吾ㅣ그不義로與ᄒᆞ야生ᄒᆞᆷ으론死ᄒᆞᆷ만若치못ᄒᆞ다ᄒᆞ고드ᄃᆡ여其頸을經ᄒᆞ고死ᄒᆞ다

燕師ㅣ乘勝長驅ᄒᆞ니齊城이皆望風奔潰러라樂毅ㅣ修整燕軍ᄒᆞ야禁止侵掠音略ᄒᆞ고求齊之逸民ᄒᆞ야顯而禮之ᄒᆞ고逸民節行超逸者也寬其賦斂ᄒᆞ며除

歛 거둘 렴　閭 마을 려　墓 무덤 묘

倚 비길 의 (倚閭)門 一家之門 閭二十五家 一巷之 都門也 (攻淖齒殺之) 賈乃入市呼曰淖齒亂齊國殺湣王欲與誅

其暴令하고 修其舊政하니 齊民이 喜悅이러라 祀桓公管仲於郊하고 表賢者之閭하고 封王蠋之墓하고 六月之間에 下齊七十餘城하야 (下齊彼自歸伏曰下又以兵威伏人曰下) 皆爲郡縣하다

燕師ㅣ 勝을 乘하야 長히 驅하니 齊城이 다 風을 望하고 奔潰하더라 樂毅ㅣ 燕軍을 修整하야 侵掠을 禁止하고 齊의 逸民을 求하야 顯하야 禮하고 그 賦歛을 寬히 하며 그 暴令을 除하고 그 舊政을 修하니 齊民이 喜하고 悅하더라 桓公과 管仲을 郊에 祀하고 賢者의 閭를 表하고 王蠋의 墓를 封하고 六月의 間에 齊 七十餘城을 下하야 다 郡縣을 삼다

(戊寅)三十二年이라 齊淖齒之亂에 王孫賈ㅣ 從湣王이라가 失王之處어늘 其母ㅣ 曰汝ㅣ 朝出而晩來則吾ㅣ 倚門而望하고 汝ㅣ 暮出而不還則吾ㅣ 倚閭而望이러니 汝ㅣ 今事王이라가 王이 走어시늘 汝ㅣ 不知其處하니 汝尙何歸焉고 王孫賈ㅣ 乃攻淖齒하야 殺之하니 於是에 齊亡臣이 相與求齊王子法章하야 立以爲齊王하고 保莒城하야 以

之者祖右市人從者四百人與攻淖齒殺之

藺 린셩

拒燕ᄒᆞ다

三十二年이라齊淖齒의亂에王孫賈ㅣ齊王을從ᄒᆞ다가王의잔곳을失ᄒᆞ엿거늘그母ㅣ曰汝가朝에出ᄒᆞ고晩에來ᄒᆞᆫ則吾ㅣ門에倚ᄒᆞ야望ᄒᆞ고汝ㅣ暮에出ᄒᆞ야還치아니ᄒᆞᆫ則吾ㅣ閭에倚ᄒᆞ야望ᄒᆞ더니汝ㅣ今에王을事ᄒᆞ다가王이走ᄒᆞ셧거늘汝ㅣ그處를知치못ᄒᆞ니汝ㅣ오히려엇지歸ᄒᆞ엿ᄂᆞ뇨王孫賈ㅣ이에淖齒를攻ᄒᆞ야殺ᄒᆞ니이에齊亡臣이셔로더부러齊王의子法章을求ᄒᆞ야셰워써齊王을삼고莒城을保ᄒᆞ야써燕을拒ᄒᆞ다

趙王이得楚和氏璧이러니 卞和楚之野民得璞於楚山中獻之武王王使玉人相之曰石也刖其左足文王立和又奉璞獻玉人曰石也刖其右足成王立和抱璞泣王使玉人破之得寶璧 秦昭王이欲之ᄒᆞ야請易以十五城이어늘趙王이以問藺相如ᄒᆞᆫᄃᆡ 藺趙邑名韓獻子玄孫曰康食邑於藺氏焉 對曰秦이以城求璧而王이不許면曲在我矣오我ㅣ與之璧而秦이不與我城則曲在秦이니臣은願奉璧而往ᄒᆞ야使秦으로城不入이어든臣이請完璧而歸ᄒᆞ리이다

趙王이楚의和氏璧을得ᄒᆞ엿더니秦昭王이欲ᄒᆞ야十五城으로써易ᄒᆞ기를請ᄒᆞ거늘趙王이써藺相如에게問ᄒᆞᆫᄃᆡ對ᄒᆞ야曰秦이城으로써璧을求홈에王이許치아니

償 갑흘 상
紿 소길 ᄐᆡ

酣 취할 감
濺 ᄲᅮ릴 천
靡 쓰러질 미

(趙王)惠文王何 (鼓瑟)三十五絃伏義所作也趙八善瑟故請鼓之 (濺大王)言將殺秦王也 (靡)散也又披靡分

ᄒᆞ시면曲홈이我에게在ᄒᆞ고我가璧을與ᄒᆞ되秦이我에게城을與치아니ᄒᆞᆫ則曲홈이秦에在ᄒᆞ니臣은願컨ᄃᆡ璧을奉ᄒᆞ고往ᄒᆞ야秦으로하야 곰城을入치아니ᄒᆞ거든臣이請컨ᄃᆡ璧을完ᄒᆞ야歸호리이다

相如ㅣ至秦ᄒᆞ니秦王이無意償趙城이라相如ㅣ乃紿秦王ᄒᆞ야復取璧ᄒᆞ야(紿音殆欺也)遣使者懷歸趙而以身으로待命於秦ᄒᆞ니秦王이賢而弗誅ᄒᆞ고禮而歸之어늘趙王이以相如로爲上大夫ᄒᆞ다

相如ㅣ秦에至ᄒᆞ니秦王이趙에城을償ᄒᆞᆯ意가無ᄒᆞᆫ지라相如ㅣ이에秦王을紿ᄒᆞ야다시璧을取ᄒᆞ야使者을遣ᄒᆞ야懷ᄒᆞ야趙로歸케ᄒᆞ고身으로써命을秦에待ᄒᆞ니秦王이賢케여겨誅치아니ᄒᆞ고禮ᄒᆞ야歸ᄒᆞ거늘趙王이相如로써上大夫를숨다

(壬午)三十六年이라秦王이會趙王於河外澠(音民)池러니王이與趙王으로飮酒酣에秦王이請趙王鼓瑟ᄒᆞᆫ듸趙王이鼓之어늘藺相如ㅣ復請秦王擊缶ᄒᆞᆫ듸(缶音否盛酒瓦器秦俗擊之以節樂)秦王이不肯이어늘相如ㅣ曰五步之內에(周六尺四寸爲步)臣이請得以頸血로濺(音薦湔通沾也)大王矣리다左右ㅣ欲刃相如어늘相如ㅣ張目叱之ᄒᆞ니左右ㅣ皆靡라王이不豫ᄒᆞ야爲一擊缶ᄒᆞ고罷酒

匿숨을익 (廉頗之)右秦漢以前用右爲上 (舍人)親近左右之通稱也後遂以爲親屬官號

ᄒᆞ다秦이終不能有加於趙ᄒᆞ고趙人이亦盛爲之備ᄒᆞ니秦不敢動이러라
三十六年이라秦王이趙王을河外澠池에서會ᄒᆞ더니王아趙王이로더부러酒를飮
ᄒᆞ고酣홈에秦王이趙王에게瑟을皷ᄒᆞ기를請ᄒᆞᆫ딕趙王이鼓ᄒᆞ거늘藺相如ㅣ다시
秦王게請ᄒᆞ야缶를擊ᄒᆞ라ᄒᆞᆫ딕秦王이肯치안커늘相如ㅣ日五步의內에臣이請컨
딕시러금頸血로써大王을濺ᄒᆞ리이다左右ㅣ相如를刃코저ᄒᆞ거늘相如ㅣ目을張
ᄒᆞ고叱ᄒᆞ니左右ㅣ다靡ᄒᆞᄂᆞᆫ지라王이悅치아니ᄒᆞ야爲ᄒᆞ야ᄒᆞᆫ번缶를擊ᄒᆞ고酒를
罷ᄒᆞ다秦이終토록能히趙에加홈이잇지못ᄒᆞ고趙人이또盛ᄒᆞ게備ᄒᆞ니秦이敢히
動치못ᄒᆞ더라

趙王이歸國ᄒᆞ야以藺相如로爲上卿ᄒᆞ니位在廉頗之右ㅣ라廉頗ㅣ
曰我見相如면必辱之리라相如ㅣ聞之ᄒᆞ고每朝에常稱病ᄒᆞ고不欲
爭列이러라出而望見ᄒᆞ고輒引車避匿ᄒᆞ니其舍人이皆以爲耻러니
趙王이國에歸ᄒᆞ야藺相如로써上卿을숨으니位가廉頗의右에在ᄒᆞᆫ지라廉頗ㅣ曰
我ㅣ相如를見ᄒᆞ면반다시辱ᄒᆞ리라相如ㅣ聞ᄒᆞ고每朝에일즉이病을稱ᄒᆞ고列을
爭코저아니ᄒᆞ더라出ᄒᆞ야望見ᄒᆞ고문득車를引ᄒᆞ고避匿ᄒᆞ니그舍人이다써耻ᄒᆞ
다ᄒᆞ거늘

駑 로마 노

讎 원슈 슈

袒 옷버서메일 단

刎 목지를 문

(駑)凡馬之通稱 (負荊)荊楚也미以爲鞭盖令之其鞭己以謝罪也

相如ㅣ曰子視廉將軍이 孰與秦王고 曰不若이니이다 相如ㅣ曰夫以秦王之威로도 而相如ㅣ 廷叱之ᄒᆞ고 辱其羣臣ᄒᆞ니 相如ㅣ雖駑ㅣ나 獨畏廉將軍哉리오 顧吾念之컨ᄃᆡ 彊秦之所以不敢加兵於趙者는 徒以吾兩人이 在也라 今兩虎ㅣ共鬪에 其勢ㅣ 不俱生이니 吾所以爲此者는 先國家之急而後私讎也로라 廉頗ㅣ 聞之ᄒᆞ고 肉袒負荊ᄒᆞ야 至門謝罪ᄒᆞ고 遂爲刎頸之交ᄒᆞ다 刎斷也言交契深重要濟生死雖斷頭而無悔也

相如ㅣ曰子가視ᄒᆞ니廉將軍이누가秦王과與ᄒᆞᆫ고曰갓지못ᄒᆞ니이다相如ㅣ曰무릇秦王의威로써라도相如ㅣ廷에서叱ᄒᆞ고그群臣을辱ᄒᆞ니相如ㅣ비록駑ᄒᆞ나홀로廉將軍을畏ᄒᆞ리오吾로顧ᄒᆞ야念ᄒᆞ거ᄃᆞᆫ彊秦의써敢히兵을趙에加치못ᄒᆞ는바人者는한갓吾兩人이在ᄒᆞᆷ으로以ᄒᆞᆷ이라이제兩虎가ᄒᆞᆫ가지鬪ᄒᆞᆷ에그勢가俱히生치못ᄒᆞᆯ지니吾ㅣ써此를ᄒᆞ는바人者는國家의急을先히ᄒᆞ고私讎를後ᄒᆞᆷ이로라廉頗ㅣ聞ᄒᆞ고肉를袒ᄒᆞ고荊을負ᄒᆞ야門에至ᄒᆞ야罪를謝ᄒᆞ고드ᄃᆡ여刎頸의交가되다

是時에齊地ㅣ皆屬燕호ᄃᆡ 獨莒卽墨이 未下라 樂毅ㅣ圍卽墨ᄒᆞ니 卽

單 단奕

(田單)臨菑布椽齊之疏族 (宗人)官名周禮有都宗人家宗人掌禮與衣服宮室車旗之禁令

讒 참쇼할참

吸 마실흡

仗 집흘장

(得全)以鐵籠傳車轉及城隕人爭出門皆以軸折被擒獨田單宗人得免奔即墨

(不受拜書)拜而上書也

墨大夫ㅣ出戰而死어늘卽墨人이曰安平之戰에田單宗人이以鐵籠으로得全ᄒᆞ니是는多智習兵이라ᄒᆞ고因共立以爲將ᄒᆞ야以拒燕ᄒᆞ다

이ᄯᅴ에齊地가다燕에屬호되홀노莒와卽墨이下치못ᄒᆞᆫ지라樂毅ㅣ卽墨을圍ᄒᆞ니卽墨大夫ㅣ戰에出ᄒᆞ야死ᄒᆞ거늘卽墨人이曰安平의戰에田單宗人이鐵籠으로써全을得ᄒᆞ니是는智가多ᄒᆞ고兵에習ᄒᆞᆷ이라ᄒᆞ고因ᄒᆞ야ᄒᆞᆫ가지세위써將을삼아써燕을拒ᄒᆞ다

樂毅ㅣ圍二邑三年에未下러니或이讒之於燕昭王曰樂毅는智謀過人ᄒᆞ야伐齊呼吸之間에剋七十餘城ᄒᆞ고今不下者ㅣ兩城爾니非其力不能拔이라欲久仗兵威ᄒᆞ야以服齊人ᄒᆞ야南面而王이라ᄒᆞᆫ昭王이於是에置酒大會ᄒᆞ고引言者ᄒᆞ야斬之ᄒᆞ고遣國相ᄒᆞ야立樂毅爲齊王ᄒᆞ니毅ㅣ惶恐ᄒᆞ야不受拜書ᄒᆞ고以死自誓라由是로齊人이服其義ᄒᆞ고諸侯ㅣ畏其信ᄒᆞ야莫敢復有謀者러니頃之오昭王이薨ᄒᆞ고惠王立이라

惋 분할 완 (憤)懣也 (惋)驚歎也

版 담를 판

鍤 가ᄅᆡ 삽

樂毅ㅣ二邑을圍ᄒᆞᆫ지三年에下치못ᄒᆞ엿더니或이燕昭王에게讒ᄒᆞ야曰樂毅는智와謀가人에過ᄒᆞ야齊를伐ᄒᆞᆫ지呼吸의間에七十餘城을尅ᄒᆞ고今에下치못ᄒᆞᆫ者는兩城이니그力이能히拔치못ᄒᆞᆷ이아니라久히兵威를仗ᄒᆞ야써齊人을服ᄒᆞ야南으로面ᄒᆞ고王코져ᄒᆞᆷ이라ᄒᆞᆫᄃᆡ昭王이이에酒를置ᄒᆞ고크게會ᄒᆞ고言ᄒᆞᆫ者를引ᄒᆞ야斬ᄒᆞ고國相을遣ᄒᆞ야樂毅를세워齊王을삼으니毅ㅣ惶恐ᄒᆞ야受치안코拜ᄒᆞ고書ᄒᆞ고死로써스ᄉᆞ로誓ᄒᆞ는지라是로由ᄒᆞ야齊人이그義를服ᄒᆞ고諸侯ㅣ그信을畏ᄒᆞ야敢히다시謀ᄒᆞ는者ㅣ有치안터니을마잇서昭王이薨ᄒᆞ고惠王이立ᄒᆞᆫ지라

惠王어**自爲太子時**로**嘗不快於樂毅**러니**田單**이**聞之**ᄒᆞ고**乃縱反間曰**(反間因敵間而用計也)**樂毅**ㅣ**與燕新王**으로**有隙**ᄒᆞ야**畏誅而不敢歸**ᄒᆞ고**以伐齊爲名**ᄒᆞ니**齊人**이**唯恐他將**어**來**면**卽墨**이**殘矣**라ᄒᆞᆫᄃᆡ**燕王**이**已疑**러니**得齊反間**ᄒᆞ고**乃使騎劫**으로**代將**(騎劫姓名)**而召樂毅**어늘**毅遂奔趙**ᄒᆞ니**燕將士**ㅣ**由是**로**憤惋不和**러라

惠王이太子가된時로브터일즉樂毅에게快치못ᄒᆞ더니田單이듯고이에反間을노와曰樂毅ㅣ燕新王으로더브러隙이有ᄒᆞ야誅를畏ᄒᆞ야敢히歸치못ᄒᆞ고齊를伐ᄒᆞᆷ으로써名을ᄒᆞ니齊人이오쟉他將이來ᄒᆞ면卽墨이殘ᄒᆞᆯ가恐ᄒᆞᆫ다ᄒᆞᆫᄃᆡ燕王이임의

(行伍)二十五人爲行五人爲伍

懈 게으를ᄒᆡ 繒 비단증 灌 물될관 葦 갈딕위 鑿 ᄯᅮ를착 觸 ᄶᅵ를축 譟 지거릴조 北 픽ᄒᆞ야다라날븨

(追北)逃亾逐北者追之奔之北者遯之北方幽陰之地軍敗走曰北

疑ᄒᆞ더니齊의反間을得ᄒᆞ고이에騎劫으로하야곰將을代ᄒᆞ고樂毅를召ᄒᆞ거늘毅가드듸여趙로奔ᄒᆞ니燕將士ㅣ是로由ᄒᆞ여憤惋ᄒᆞ야和치못ᄒᆞ더라

田單이乃身操版鍤ᄒᆞ야(鍤音揷鍬也)與士卒로分功ᄒᆞ고妻妾을編於行伍之間ᄒᆞ고盡散飮食ᄒᆞ야饗士ᄒᆞ고令甲卒로皆伏ᄒᆞ고使老弱女子로乘城約降ᄒᆞ니燕軍이益懈어늘田單이乃收城中ᄒᆞ야得牛千餘ᄒᆞ야爲絳繒衣ᄒᆞ딕(繒音曾赤色衣也)畫以五采龍文ᄒᆞ고束兵刃於其角ᄒᆞ고而灌脂束葦於其尾ᄒᆞ야(葦音偉大葭也)燒其端ᄒᆞ고鑿城數十穴ᄒᆞ야夜縱牛ᄒᆞ고壯士五千人이隨其後ᄒᆞ니牛尾ㅣ熱ᄒᆞ야怒而犇燕軍ᄒᆞᆫ딕燕軍이大驚視牛ᄒᆞ니皆龍文이오所觸에盡死傷而城中이鼓譟(譟音燥譟群呼也)從之ᄒᆞ고老弱이皆擊銅器爲聲ᄒᆞ니聲動天地라燕軍이大敗走어늘齊人이殺騎劫ᄒᆞ고追亡逐北ᄒᆞ니所過城邑이皆叛燕ᄒᆞ고復爲齊ᄒᆞ야齊七十餘城이皆復焉이라乃迎襄王於莒ᄒᆞ야入臨淄ᄒᆞ니封田單ᄒᆞ야爲安平君ᄒᆞ다

田單이이에身으로版鍤을操ᄒᆞ고士卒로더부러功을分ᄒᆞ고妻妾을行伍의間에編

狄 오랑ᄏᆡ 뎍

墟 터 허

ᄒᆞ고飮食을盡散ᄒᆞ야士를饗ᄒᆞ고甲卒로하야곰다伏케ᄒᆞ고老弱과女子로하야곰城을乘ᄒᆞ야降을約ᄒᆞ니燕軍이더욱懈ᄒᆞ거ᄂᆞᆯ田單이이에城中에收ᄒᆞ야牛千餘를得ᄒᆞ야絳繒衣로ᄒᆞ되五采龍文으로써畵ᄒᆞ고兵刃을角에束ᄒᆞ고脂를灌ᄒᆞ야葦를其尾에束ᄒᆞ야그端을燒ᄒᆞ고城數十穴을鑿ᄒᆞ야夜에牛를縱ᄒᆞ고壯士五千人이그後를隨ᄒᆞ니牛尾ㅣ熱ᄒᆞ야怒ᄒᆞ야燕軍으로奔ᄒᆞ되燕軍이크게驚ᄒᆞ야牛를視ᄒᆞ니다龍文이오觸ᄒᆞᄂᆞᆫ바에다死傷ᄒᆞ고城中이鼓譟ᄒᆞ야從ᄒᆞ고老弱이다銅器를擊ᄒᆞ야聲을ᄒᆞ니聲이天地를動ᄒᆞᄂᆞᆫ지라燕軍이大敗ᄒᆞ야走ᄒᆞ거ᄂᆞᆯ齊人이騎劫을殺ᄒᆞ고亡을追ᄒᆞ고北을逐ᄒᆞ니過ᄒᆞᄂᆞᆫ바城邑이다燕을叛ᄒᆞ고다시齊가되여齊七十餘城이다復ᄒᆞᆫ지라이에襄王을莒에迎ᄒᆞ야臨淄로入ᄒᆞ니田單을封ᄒᆞ야安平君을삼다

田單이將攻狄ᄒᆞᆯ시往見魯仲連ᄒᆞᆫ듸仲連(齊人)이曰將軍이攻狄에不能下也리라田單이曰臣이以卽墨破亡餘卒로破萬乘之燕ᄒᆞ고復齊之墟어ᄂᆞᆯ今攻狄而不下ᄂᆞᆫ何也오ᄒᆞ고上車弗謝而去ᄒᆞ다

田單이장찻狄을攻ᄒᆞᆯᄉᆡ往ᄒᆞ야魯仲連을見ᄒᆞᆫᄃᆡ仲連이曰將軍이狄을攻ᄒᆞᆷ에能히下치못ᄒᆞ리라田單이曰臣이即墨의破亡ᄒᆞᆫ餘卒로써萬乘의燕을破ᄒᆞ고齊의墟를復ᄒᆞ엿거ᄂᆞᆯ今에狄을攻ᄒᆞ야下치못ᄒᆞᆫ다ᄒᆞᆷ은何이뇨ᄒᆞ고車에上ᄒᆞ야謝치아니ᄒᆞ

蕢 삼틔이 궤　夜 써 역　娛 질길 오　澠 물일홈 승　厲 (厲氣)勉厲也 奮厲也　援 당길 원　枹 북채 포

고去ᄒᆞ다

遂攻狄三月에不克ᄒᆞ니田單이乃懼ᄒᆞ야問魯仲連ᄒᆞᆫ되仲連이曰將軍之在卽墨엔坐則織蕢ᄒᆞ고(蕢音饋草器也)立則杖鍤ᄒᆞ야爲士卒倡ᄒᆞ니當此之時ᄒᆞ야將軍은有死之心ᄒᆞ고士卒은無生之氣ᄒᆞ니所以破燕也어니와今엔將軍이東有夜邑之奉ᄒᆞ고(夜邑地名)西有淄上之娛ᄒᆞ고黃金엔橫帶而騁乎淄澠之間ᄒᆞ야(淄澠二水名)有生之樂ᄒᆞ고無死之心ᄒᆞ니所以不勝也니라田單이曰單之有心을先生이志之矣로다ᄒᆞ고明日에乃厲氣循城ᄒᆞ야立於矢石之所ᄒᆞ야援枹鼓之ᄒᆞ니(援引也枹音桴擊鼓杖也)狄人이乃下ᄒᆞ다

드듸여狄을攻ᄒᆞᆫ지三月에克치못ᄒᆞ니田單이이에懼ᄒᆞ야魯仲連에게問ᄒᆞᆫ되仲連이曰將軍이卽墨에在ᄒᆞ얀坐ᄒᆞᆫ則蕢를織ᄒᆞ고立ᄒᆞᆫ則鍤을杖ᄒᆞ야士卒을爲ᄒᆞ예倡ᄒᆞ니此時를當ᄒᆞ야將軍은死ᄒᆞᆯ心이有ᄒᆞ고士卒은生ᄒᆞᆯ氣가無ᄒᆞᆫ지라그럼으로써燕을破ᄒᆞ엿거니와今엔將軍이東으로夜邑의奉이有ᄒᆞ고西으로淄上의娛가有ᄒᆞ고黃金을帶로橫ᄒᆞ야淄澠의間을騁ᄒᆞ야生의樂이有ᄒᆞ고死의心이無ᄒᆞ니써勝치못ᄒᆞᆫ바이니라田單이日單의心이有홈을先生이志ᄒᆞ엿도다ᄒᆞ고明ᄒᆞᄂᆞᆫ日에이에

睢 물일흠 슈
搏 칠 박
蹇 절 건
(韓盧)田犬也韓國盧天下之駿犬也(穰侯)魏冉
跽 ᄭᅮ러안질 긔
樞 문지두리 츄

氣를厲ᄒᆞ고城을循ᄒᆞ야矢石의所에立ᄒᆞ야枹를援ᄒᆞ고皷ᄒᆞ니狄人이이에下ᄒᆞ다

(辛卯)四十五年이라 魏人范睢ㅣ 亾入秦ᄒᆞ야 說秦王曰以秦國之大와 士卒之勇으로 以治諸侯ㅣ 譬如走韓盧而搏蹇兎也어늘(韓盧는犬名) 而閉關十五年에 不敢窺兵於山東者는 是는 穰侯ㅣ 爲秦謀不忠而大王之計ㅣ 亦有所失也로소이다 王이 跽曰願聞失計ᄒᆞ노라 睢ㅣ曰夫穰侯ㅣ 越韓魏而攻齊ㅣ 非計也라 今王이 不如遠交而近攻이니 得寸이라도 則王之寸也오 得尺이라도 則王之尺也라 今夫韓魏는 中國之處而天下之樞也ㅣ니 王若欲霸ㅣ딘 必親中國ᄒᆞ야 以爲天下樞ᄒᆞ야(樞猶言出入往來之所也) 以威楚趙ㅣ니 楚趙ㅣ 皆附면 齊必懼矣리니 齊附則韓魏를 因可虜也ㅣ리다 王曰善타ᄒᆞ고 乃以范睢로 爲客卿ᄒᆞ야 與謀國事ᄒᆞ다

四十五年이라魏人范睢ㅣ亾ᄒᆞ야秦에入ᄒᆞ야秦王을說ᄒᆞ야曰秦國의大와士卒의

齕 흘 섭음 按據 막을 遏也 按 알 數 삭 자조 括 괄 거둘

勇으로써諸侯를治홈이譬컨ᄃᆡ韓盧를走ᄒᆞ야蹇ᄒᆞᆫ兎를搏홈과如ᄒᆞ거늘關을閉ᄒᆞᆫ지十五年에敢히兵을山東에窺치못ᄒᆞ는者는이는穰侯ㅣ秦을爲ᄒᆞ야謀홈이忠치못홈이오大王의計가ᄯᅩᄒᆞᆫ失ᄒᆞᆫ바이有홈이로소이다王이跽ᄒᆞ야曰計를失홈을聞키願ᄒᆞ노라睢ㅣ曰무릇穰侯ㅣ韓魏를越ᄒᆞ야齊를攻홈이計가아니라今에王이遠히交ᄒᆞ고近히攻홈만갓지못ᄒᆞ니寸을得ᄒᆞ드라도곳王의寸이오尺을得ᄒᆞ드라도곳王의尺이라이제무릇韓과魏는中國의處이고天下의樞니王이만일霸코져ᄒᆞ실진ᄃᆡ반다시中國을親ᄒᆞ야써天下의樞가되여써楚와趙를威ᄒᆞᆯ지니楚와趙가다附ᄒᆞ면齊가반다시懼ᄒᆞ리니齊가附ᄒᆞᆫ則韓과魏를因ᄒᆞ야可히虜ᄒᆞ리이다王이曰善타ᄒᆞ고이에范睢로써客卿을숨어더브러國事를謀ᄒᆞ다

(辛丑)五十五年이라秦左庶長王齕이伐韓ᄒᆞ야攻上黨拔之ᄒᆞ니上黨民이走趙어늘趙廉頗ㅣ軍於長平ᄒᆞ야以按據上黨民ᄒᆞ니王齕이因伐趙ᄒᆞᆫᄃᆡ趙軍이戰數不勝이라廉頗堅壁不出이어늘趙王이以頗로失亡이多而更怯不戰이라ᄒᆞ야怒數讓之ᄒᆞᆫᄃᆡ應侯ㅣ使人으로反間曰秦之所畏는獨畏馬服君之子趙括이爲將爾니 馬服君趙奢 廉頗는易

(膠)柱鼓瑟絃有緩急而調之

膠 아교 교

在於轉運其柱若膠其柱則絃不可得而調之言不知合變是也

(書傳)傳去聲

奢 사치 샤

與오 且降矣리라ᄒᆞ디 趙王이 遂以趙括로 代頗將ᄒᆞ니 藺相如ㅣ 曰王이 以名使括ᄒᆞ시나 若膠柱鼓瑟이로소이다 括은 徒能讀其父書傳이오 不知合變也니이다 王이 不聽ᄒᆞ다

五十五年이라 秦左庶長王齕이 韓을 伐ᄒᆞ야 上黨을 攻ᄒᆞ야 拔ᄒᆞ니 上黨民이 趙로 走ᄒᆞ거늘 趙廉頗ㅣ 長平에 軍ᄒᆞ야 써 上黨을 按據ᄒᆞ니 王齕이 因ᄒᆞ야 趙를 伐ᄒᆞᆫ대 趙軍이 戰을 자조ᄒᆞ대 勝치 못ᄒᆞ는지라 廉頗ㅣ 壁을 堅히ᄒᆞ고 出치 아니ᄒᆞ거늘 趙王이 頗로써 失亡홈이 多ᄒᆞ고 다시 怯ᄒᆞ야 戰치 안는다ᄒᆞ야 怒ᄒᆞ야 자조 讓ᄒᆞᆫ대 應侯ㅣ 人으로ᄒᆞ야곰 反間ᄒᆞ야 曰秦의 畏ᄒᆞ는 바는 홀노 馬服君의 子趙括이 將이 됨을 畏홈이니 廉頗는 쉬입고 ᄯᅩᄒᆞᆫ 降ᄒᆞ리라ᄒᆞᆫ대 趙王이 드대여 趙括로써 頗를 代ᄒᆞ야 將ᄒᆞ니 藺相如ㅣ 曰王이 名으로써 括을 使ᄒᆞ시니 柱에 膠ᄒᆞ고 瑟을 鼓홈과 갓도소이다 括은 한갓 能히 그 父의 書傳을 讀홈이오 合變은 知치 못ᄒᆞᄂᆞ니다 王이 聽치 안타

初에 趙括이 自少時로 學兵法ᄒᆞ야 以天下ㅣ 莫能當이라ᄒᆞ야 嘗與其父奢로 言兵事에 奢ㅣ 不能難이나 然이나 不謂善이어늘 括母ㅣ 問其故ᄒᆞᆫ디 奢ㅣ 曰兵은 死地也어늘 而括이 易言之ᄒᆞ니 趙若將括이면 破趙軍者는 必括也리라ᄒᆞ더니 及括이 將行에 其母ㅣ 上書言括을 不可使리ᄒᆞᆫ디 王曰吾已決矣로라 母曰卽有不稱이라도 妾은 請無隨坐ᄒᆞ소서 王이 許之ᄒᆞ다

裨 도울 비
泄 샐 설
更 고칠 경
佯 거짓 양
坑 무믈 깅 (搏戰)搏 手對搏也

初에趙括이少時로브터兵法을學ᄒᆞ야써天下ㅣ能히當ᄒᆞ리가업다ᄒᆞ야일즉이그父奢로더브러兵事를言ᄒᆞᆯ싀奢ㅣ能히難치못ᄒᆞ나그러나善ᄒᆞ다謂치안커늘括의母ㅣ그故를問ᄒᆞᆫ듸奢ㅣ曰兵은死地거늘括이쉽게말ᄒᆞ니趙가만일括을將ᄒᆞ면趙軍을破ᄒᆞᆯ者는반다시括이라ᄒᆞ더니밋括이장찻行ᄒᆞᆷ에그母ㅣ書를上ᄒᆞ야言호대括을可히使치못ᄒᆞᆯ것이라ᄒᆞᆫ대王이曰吾ㅣ임의決ᄒᆞ엿노라母ㅣ曰곳稱치못ᄒᆞᆷ이有ᄒᆞᆯ지라도請컨듸妾은隨ᄒᆞ야坐ᄒᆞ지마소서王이許ᄒᆞ다

秦王이聞括이爲趙將ᄒᆞ고乃陰使武安君으로爲上將ᄒᆞ고(釋義 武安君 秦白起也) 王齕로爲裨將ᄒᆞ고令軍中되有敢泄武安君將者ㅁ斬ᄒᆞ라

秦王이括이趙將됨을聞ᄒᆞ고이에감안이武安君으로ᄒᆞ야곰上將을삼고王齕로裨將을삼고軍中에令ᄒᆞ되敢히武安君이將ᄒᆞ엿다泄ᄒᆞ난지有ᄒᆞ면斬ᄒᆞ리라

趙括이至軍ᄒᆞ야悉更約束ᄒᆞ고易置軍吏ᄒᆞ고出兵擊秦이어늘武安君이佯敗而走ᄒᆞ고張二奇兵ᄒᆞ야以刦之러니趙括이乘勝ᄒᆞ야追造秦壁ᄒᆞ니堅拒不得入ᄒᆞ고奇兵이絶趙軍之後ᄒᆞ니趙軍이食絶四十六日에皆內陰相殺食이라趙括이自出銳卒ᄒᆞ야搏戰ᄒᆞ니秦人이射殺之ᄒᆞᆫ되趙師ㅣ大敗ᄒᆞ야卒四十萬人이皆降이어늘武安君이乃挾詐而盡坑殺之ᄒᆞ고遣其小者二百四十人ᄒᆞ야歸趙ᄒᆞ다

斌 빗날 빈
貪 탐할 탐

哺 먹일 포
棟 들보 동
呴 질길 후
(呴々)和悅貌

趙括이軍에至ᄒᆞ야다約束을更ᄒᆞ고軍吏를밧고어두고兵을出ᄒᆞ야趙을擊ᄒᆞ거늘武安君이거짓敗ᄒᆞ야走ᄒᆞ고二奇兵을張ᄒᆞ야써劫ᄒᆞ더니趙括이勝을乘ᄒᆞ야秦壁을追ᄒᆞ야造ᄒᆞ니堅히拒홈으로시러곰入치못ᄒᆞ고奇兵이趙軍의後를絶ᄒᆞ니趙軍이食이絶ᄒᆞᆫ지四十六日에다內로가만니셔로殺ᄒᆞ야食ᄒᆞ는지라趙括이스ᄉᆞ로銳卒을出ᄒᆞ야搏戰ᄒᆞ니秦人이射ᄒᆞ야殺ᄒᆞᆫ대趙師ㅣ크게敗ᄒᆞ야卒四十萬人이다降ᄒᆞ거늘武安君이이에詐를挾ᄒᆞ야다坑ᄒᆞ야殺ᄒᆞ고그小者二百四十人을遣ᄒᆞ야趙로歸ᄒᆞ다

(壬寅)五十六年이라秦之始伐趙也에魏王이問諸大夫ᄒᆞᆫ대皆以爲秦伐趙는於魏에便이라ᄒᆞ야늘孔斌이(孔子六世孫子順也)曰不然ᄒᆞ다秦은貪暴之國也라勝趙면必復他求ㅣ니吾恐於時에魏ㅣ受其師也ᄒᆞᆯ가ᄒᆞ노라

五十六年이라秦이비로소趙를伐홈의魏王이大夫에게問ᄒᆞᆫ대다써ᄒᆞ되秦이趙를伐홈은魏에便ᄒᆞ다ᄒᆞ거늘孔斌이曰然치안타秦은貪暴의國이라趙를勝ᄒᆞ면반다시다시他를求ᄒᆞ리니吾ㅣ恐ᄒᆞ건ᄃᆡ그ᄯᅢ에魏가其師를受ᄒᆞᆯ가ᄒᆞ노라

先人이有言ᄒᆞᄃᆡ燕雀이處堂ᄒᆞ야子母ㅣ相哺呴呴(音句)焉相樂也ᄒᆞ야自以爲安이러니竈突炎上ᄒᆞ야棟宇ㅣ將焚ᄒᆞᄃᆡ燕雀이顔不變ᄒᆞ고不知禍

悟셔다를오

邯싸한 鄲싸단 (武安君) 武安縣名一說戰必克得百姓安集故曰武安也

之將及己也니라ᄒᆞ 今子ㅣ不悟趙破에 患將及己ᄒᆞ니 可以人而同於燕雀乎아 當今山東之國이 敝而不振ᄒᆞ고 三晉이 割地以求安ᄒᆞ고 二周ㅣ折而入秦ᄒᆞ고 燕齊楚ㅣ 已屈服矣니 以此觀之컨ᄃᆡ 不出二十年ᄒᆞ야 天下ㅣ 其盡爲秦乎ㅣㄴ뎌

先人이言이有ᄒᆞᄃᆡ燕雀이堂에處ᄒᆞ야子와母ㅣ서로哺ᄒᆞ고昫々ᄒᆞ며서로樂ᄒᆞ야ᄉᆞᄉᆞ로써安ᄒᆞ다ᄒᆞ더니竈突에炎이上ᄒᆞ야棟과宇가장찻焚ᄒᆞ대燕雀이顔을變치아니ᄒᆞ고禍가장찻己에及ᄒᆞᆯ줄을悟치못ᄒᆞᆫ다ᄒᆞ니今에子ㅣ趙가破ᄒᆞᆷ에患이장찻己에及ᄒᆞᆯ줄을知치못ᄒᆞ니可히써人이고燕雀과同ᄒᆞᆫ가當今에山東의國이敝ᄒᆞ야振치못ᄒᆞ고三晉이地를割ᄒᆞ야써安을求ᄒᆞ고二周가折ᄒᆞ야秦으로入ᄒᆞ고燕과齊와楚ㅣ임의屈服ᄒᆞ엿스니此로써觀컨ᄃᆡ二十年을出치못ᄒᆞ야天下ㅣ그다秦이될진뎌

〔癸卯〕五十七年이라 秦이 以王陵으로 攻邯鄲ᄒᆞ니 武安君이 曰邯鄲은實未易攻也ㅣ오 且諸侯之救ㅣ 日至니 破秦軍이 必矣라ᄒᆞ고 辭疾不行ᄒᆞᆫᄃᆡ 乃以王齕로 代王陵이어늘 趙王이 使平原君으로 求救於楚ᄒᆞᆫᄃᆡ

(平原君) 趙公子勝也 (求救於楚) 楚烈王宛

錐 송곳 츄 立見却便也 易也

平原君이約其門下食客文武備具者二十人ᄒᆞ야與之俱ᄒᆞᆯ서 得十九人ᄒᆞ고餘無可取者러니毛遂ㅣ自薦於平原君이어늘

五十七年이라秦이王陵으로ᄡᅥ邯鄲을攻ᄒᆞ니武安君이曰邯鄲은實ᄒᆞ니易ᄒᆞ게攻ᄒᆞᆷ슈업고ᄯᅩ諸侯의救ㅣ日로至ᄒᆞ니秦軍을破ᄒᆞᆷ이必ᄒᆞ리라ᄒᆞ고疾을辭ᄒᆞ고行치아니ᄒᆞᆫ대이에王齕로ᄡᅥ王陵을代ᄒᆞ거늘趙王이平原君으로하야곰楚에救를求케ᄒᆞᆫ대平原君이그門下食客에文武가備具ᄒᆞᆫ者二十人을約ᄒᆞ야더부러한가지ᄒᆞ려ᄒᆞᆯ시十九人을得ᄒᆞ고餘는可히取ᄒᆞᆯ者ㅣ無ᄒᆞ더니毛遂ㅣᄉᆞᄉᆞ로平原君에게薦ᄒᆞ거늘

平原君이曰夫賢士之處世也ㅣ譬若錐之處囊中ᄒᆞ야其末이立見이어늘(音現)今先生은處勝之門下ㅣ三年於此矣로ᄃᆡ勝이未有所聞ᄒᆞ니是는先生이無所有也로다

平原君이曰무릇賢士가世에處ᄒᆞᆷ이譬컨ᄃᆡ錐가囊中에處ᄒᆞ야그ᄭᅳᆺ이셔셔보이ᄂᆞᆫ것과갓거늘今에先生은勝의門下에處ᄒᆞᆫ지此에三年이로대勝이聞ᄒᆞᆫ바이잇지아니ᄒᆞ니是는先生이有ᄒᆞᆫ바가無ᄒᆞᆷ이로다

毛遂ㅣ曰臣이乃今日에請處囊中爾니使遂로蚤得處囊中이면

穎 자로 영

按 안음 할안 (按)持也

(兩言(謂利害也

乃穎脫而出이오 非特其末見而已라ᄒᆞ야늘 平原君이 乃與之俱ᄒᆞ니 十九人이 相與目笑之러라

毛遂ㅣ曰臣이이에今日에囊中에處ᄒᆞ기를請ᄒᆞᆷ이니遂로하야곰일죽이囊中에處ᄒᆞᆷ을得ᄒᆞ엿더면이에穎이脫ᄒᆞ야出ᄒᆞ엿슬것이오特히그末만見ᄒᆞᆯ다름이아니라ᄒᆞ야늘平原君이이에더브러한가지ᄒᆞ니十九人이셔로더브러目ᄒᆞ야笑ᄒᆞ더라

平原君이 至楚ᄒᆞ야 與楚王으로 言合從之利害ᄒᆞᆯ시 日出而言之ᄒᆞ야 日中不決이어늘 毛遂ㅣ按劒歷階而上ᄒᆞ야 謂平原君曰從之利害는 兩言而決爾어늘 今에 日出而言ᄒᆞ야 日中不決은 何也잇고 楚王이 怒叱曰胡不下오 吾ㅣ乃與而君言이어늘 汝는 何爲者也오

平原君이楚에至ᄒᆞ야楚王으로더부러合從의利害를言ᄒᆞᆯ시日이出ᄒᆞᆯ제言ᄒᆞ야日이中토록決치못ᄒᆞ거늘毛遂ㅣ劒을按ᄒᆞ고階를歷ᄒᆞ야上ᄒᆞ야原君君다려謂ᄒᆞ야日從의利害는兩言으로決ᄒᆞᆯ것이어늘今에日이出ᄒᆞᆯ제브터言ᄒᆞ야日이中토록決치못ᄒᆞᆷ은엇지ᄒᆞᆷ이니잇고楚王이怒ᄒᆞ야ᄭᅮ지저曰엇지下치안나뇨吾가이에너의君으로더부러言ᄒᆞ거늘汝는엇더ᄒᆞᆫ者이뇨

恃 밋을시　懸 달현　豎 더벅머리슈　鄢 ᄯᅡ언　(擧) 挈也拔也拔之如擧物然言易也　(辱王之先人) 赧王三十七年秦白起伐楚拔郢燒夷陵楚徙都陳秦置南郡　歃 직을삽

遂ㅣ按劒而前曰王之所以叱遂者는 以楚國之衆이어니와 今十步之內에 不得恃楚衆也리이다 王之命이 懸於遂手ᄒᆞ니 吾君이 在前에 叱者는 何也오 今에 以楚之彊으로 天下ㅣ 弗能當이라ᄒᆞ나 白起는 小豎子爾로디 (釋義 小豎子言其庸劣無知若童豎然) 一戰而擧鄢郢(音偃)ᄒᆞ고 再戰而燒夷陵ᄒᆞ고 三戰而辱王之先人ᄒᆞ니 此는 百世之怨而趙之所羞어ᄂᆞᆯ 而王이 弗知惡焉ᄒᆞ니 合從者는 爲楚오 非爲趙也니이다 楚王이 曰唯唯라 誠若先生之言인ᄃᆞᆫ 謹奉社稷以從호리라

遂가劒을按ᄒᆞ고前ᄒᆞ야曰王이써遂를叱ᄒᆞᄂᆞᆫ바ㅅ者ᄂᆞᆫ楚國의衆으로써ᄒᆞᆷ이어니와이제十步에內에시러곰衆을恃치못ᄒᆞ게ᄒᆞ리이다王의命이遂의手에懸ᄒᆞ엿ᄉᆞ니吾君이前에在ᄒᆞ미叱ᄒᆞᄂᆞᆫ者ᄂᆞᆫ무엇이오今에楚의彊ᄒᆞᆷ으로써天下ㅣ能히當치못ᄒᆞᆫ다ᄒᆞ나白起ᄂᆞᆫ小ᄒᆞᆫ豎子로ᄃᆡ一戰ᄒᆞ야鄢郢을擧ᄒᆞ고再戰ᄒᆞ야夷陵을燒ᄒᆞ고三戰ᄒᆞ야王의先人을辱ᄒᆞ엿ᄉᆞ니此ᄂᆞᆫ百世의怨이고趙의羞ᄒᆞᄂᆞᆫ바이어ᄂᆞᆯ王이惡ᄒᆞᆷ을知치못ᄒᆞ니合從ᄒᆞᄂᆞᆫ者ᄂᆞᆫ楚를爲ᄒᆞᆷ이오趙를爲ᄒᆞᆷ은아니니이다楚王이曰唯唯로라진실로先生의言과갓흘진ᄃᆡ삼가社稷을奉ᄒᆞ야써從호리라

毛遂ㅣ謂楚王之左右曰取鷄狗馬之血來ᄒᆞ라 毛遂ㅣ奉銅盤而跪進之楚王曰王은當歃血而定從ᄒᆞ소서 (歃音箑 釋義 盟者各以血塗口旁曰歃血餘者瘞之故歃盟之用牲貴賤

碌 록록할록

不同天子用牛馬諸侯犬豭大夫以下用鷄今云鷄狗馬者蓋總盟之用牲也 次者ᄂᆞᆫ吾君이오 次者ᄂᆞᆫ遂라ᄒᆞ고 遂定從於殿上ᄒᆞ고 毛遂ㅣ左手로持盤血而右手로招十九人ᄒᆞ야 歃血於堂下 曰公等은碌碌ᄒᆞ니 音祿 所謂因人成事者也로다 平原君이已定從而歸ᄒᆞ야 至於趙曰勝이不敢復相天下士矣라ᄒᆞ고 遂以毛遂로爲上客ᄒᆞ니 於是에楚王이使春申君으로 黃歇 將兵救趙ᄒᆞ다

毛遂ㅣ楚王의左右더러謂ᄒᆞ야曰雞狗馬의血을取ᄒᆞ야來ᄒᆞ라毛遂ㅣ銅盤을奉ᄒᆞ고跪ᄒᆞ야楚王에게進ᄒᆞ야曰王은맛당이血을歃ᄒᆞ고從을定ᄒᆞ소서次者ᄂᆞᆫ吾君이오次者ᄂᆞᆫ遂라ᄒᆞ고드대여從을殿上에定ᄒᆞ고毛遂ㅣ左手로盤血을持ᄒᆞ고右手로十九人을招ᄒᆞ야血을堂下에서歃케ᄒᆞ고曰公等은碌碌ᄒᆞ니일운바人을因ᄒᆞ야事를成ᄒᆞᄂᆞᆫ者이로다平原君이임의從을定ᄒᆞ고歸ᄒᆞ야趙에至ᄒᆞ야曰勝이敢히다시天下의士를相ᄒᆞ지안컷다ᄒᆞ고드대여毛遂로써上客을삼으니이에楚王이春申君으로ᄒᆞ야곰兵을將ᄒᆞ고趙를救ᄒᆞ다

(戊寅)以鄴爲憂如河伯娶婦之類史記西門豹爲鄴令三老廷椽歲歛民錢爲河伯娶婦巫行視小家女好者聘取如嫁女床席令女居上浮之河中豹呼河伯婦曰是女不好煩大巫嫗爲入報河伯更求好女使吏卒抱巫嫗投之河中復以弟子投河中凡三投豹曰是皆不能白煩三老入白之復投三老良久豹曰欲使廷椽與豪長者趣之皆叩頭流血吏民大驚自此不敢復言(庚寅)田和陳厲公陀之子完之九世田常之曾孫也完避禍奔齊齊以陳爲田氏爲齊世卿嘗弑簡公和篡齊爲諸侯是爲威王○陳嬀姓侯爵帝舜之後武王封閼父之子滿於陳三十四世爲楚所滅(壬戌)齊桓公與魯莊公會于柯將盟曹沫執匕首劫桓公曰請歸侵地桓公許之後桓公欲背約勿與管仲曰不可乃悉以侵地歸之于魯伐原之利晋文公圍原命三日之糧原不降命去之諜曰原將降矣軍吏請待之公曰信國之寶也得原失信所亡滋多退一舍而原降

垣 담원
(晉鄙)姓名也
(新垣)複姓也

周紀

赧王下

(甲辰)五十八年이라 魏王이 使晉鄙로 救趙ᄒᆞᆯ서 秦王이 使謂魏曰 吾ㅣ 攻趙ᄒᆞ야 旦暮에 且下니 諸侯ㅣ 敢救者면 必移兵先擊之ᄒᆞ리라

五十八年이라 魏王이 晉鄙로ᄒᆞ야 곰 趙를 救ᄒᆞᆯ서 秦王이 使ᄒᆞ야 魏에 謂ᄒᆞ야 曰吾ㅣ 趙를 攻ᄒᆞ야 旦暮에 ᄯᅩ下ᄒᆞᆯ 것이니 諸侯ㅣ 敢히 救ᄒᆞᄂᆞᆫ 者면 반다시 兵을 移ᄒᆞ야 먼져 擊ᄒᆞ리라

魏王이 恐ᄒᆞ야 止晉鄙壁鄴ᄒᆞ고 又使將軍新垣衍으로 說趙王ᄒᆞ야 欲共尊秦爲帝ᄒᆞ야 以却其兵이어늘 魯仲連이 聞之ᄒᆞ고 往見衍曰 彼秦者ᄂᆞᆫ 棄禮義而上首功之國也라 (秦法置爵二十等以戰獲首級者計以受爵謂斬一人首賜爵一級故天下謂之上首功之國皆以惡之也) 彼卽肆然而爲帝則連은 有蹈東海而死耳언정 不願爲之民也ᄒᆞ노라

魏王이 恐ᄒᆞ야 晉鄙를 止ᄒᆞ야 鄴에 壁ᄒᆞ고 ᄯᅩ 將軍新垣衍으로ᄒᆞ야 곰 趙王을 說ᄒᆞ야

憎 미위함증

한가지秦을尊ᄒᆞ야帝를삼아써그兵을却코져ᄒᆞ거ᄂᆞᆯ魯仲連이聞ᄒᆞ고가서衍을見ᄒᆞ고曰져秦인者ᄂᆞᆫ禮義를棄ᄒᆞ고首功을上ᄒᆞᄂᆞᆫ國이라제곳肆然히帝가된즉連은東海에蹈ᄒᆞ야死홈이有ᄒᆞᆯ지언졍民되기ᄂᆞᆫ願치안노라

今秦도萬乘之國也오梁亦萬乘之國也라梁即魏也從而帝之면秦이將行天子之禮ᄒᆞ야以號令於天下ᄒᆞ고變易諸侯之大臣ᄒᆞ리니彼將奪其所不肖而與其所賢ᄒᆞ며奪其所憎而與其所愛ᄒᆞ면梁王은安得晏然而已乎아衍이起再拜曰吾ㅣ乃今에知先生은天下之士也로니不敢復言帝秦矣로리라

이제秦도萬乘의國이오梁도또萬乘의國이라從ᄒᆞ야帝ᄒᆞ면秦은장ᄎᆞᆺ天子의禮를行ᄒᆞ야써天下에號令ᄒᆞ고諸侯의大臣을變易ᄒᆞ리니제가장ᄎᆞᆺ그不肖ᄒᆞᆫ바를奪ᄒᆞ고그賢ᄒᆞᄂᆞᆫ바를與ᄒᆞ며그憎ᄒᆞᄂᆞᆫ바를奪ᄒᆞ고그愛ᄒᆞᄂᆞᆫ바를與ᄒᆞ면梁王은엇지시러곰晏然ᄒᆞᆯᄯᆞᄅᆞᆷ이리오衍이起ᄒᆞ야再拜ᄒᆞ고曰吾ㅣ이제야先生은天下의士이신줄知ᄒᆞ엿노니敢히다시秦을帝ᄒᆞᆫ다言치안킷로라

初에魏公子無忌ㅣ愛人下士ᄒᆞ야下禮過也致食客이三千人이라魏有隱

嬴넉넉ᄒᆞᆯ영

士ᄒᆞ니曰侯嬴이니年七十에家貧ᄒᆞ야爲夷門(梁城東門)監者러니(夷門之抱關者)公子ㅣ置
酒ᄒᆞ고大會賓客ᄒᆞ야坐定에公子ㅣ從車騎虛左ᄒᆞ고(凡乘車尊者居左御者居中又一人處其右以備傾側虛左謂空左方一位以迎之蓋尊之也)自迎侯生ᄒᆞ다侯生이至에引坐上坐ᄒᆞ니賓客이皆驚ᄒᆞ더라

初에魏公子無忌ㅣ人을愛ᄒᆞ고士를下ᄒᆞ야食客이三千人에致ᄒᆞᆫ지라魏에隱士ㅣ有ᄒᆞ니曰侯嬴이니年이七十에家가貧ᄒᆞ야夷門監者가되엿더니公子ㅣ酒를置ᄒᆞ고크게賓客을會ᄒᆞ야坐를定ᄒᆞᆷ의公子ㅣ車騎로從ᄒᆞ야左를虛ᄒᆞ고ᄉᆞᄉᆞ로侯生을迎ᄒᆞ다가侯生이至ᄒᆞᆷ에引ᄒᆞ야上坐에안치니賓客이다驚ᄒᆞ더라

讓ᄉᆞ지질양 (冠蓋)有冠者有蓋之士也

及秦이圍趙ᄒᆞ야ᄂᆞᆫ趙平原君之夫人은公子無忌之姊也ㅣ라平原君의使者冠蓋ㅣ相屬於魏ᄒᆞ야讓公子曰勝이所以自附於婚姻者ᄂᆞᆫ以公子之高義로能急人之困也ㅣ라今邯鄲이旦暮에降秦이어ᄂᆞᆯ而魏救ㅣ不至ᄒᆞᆫ대

秦이趙를圍함에及ᄒᆞ야ᄂᆞᆫ趙平原君의夫人은公子無忌의姊ㅣ라平原君의使者冠蓋ㅣ서로魏에屬ᄒᆞ야公子를讓ᄒᆞ야曰勝이써ᄉᆞᄉᆞ로婚姻에附ᄒᆞᆫ바ㅅ者ᄂᆞᆫ公子의高義로써能히人의困을急히ᄒᆞᆷ가ᄒᆞᆷ이라今에邯鄲이旦暮에秦에降ᄒᆞ겟거ᄂᆞᆯ魏의救

敕 신측 힐측
屬 부탁 홀촉
(無他端) 無他奇策以發端也
餒 뇌주릴

(報其父仇) 如姬之父爲人所殺公子使客斬其仇首以進如姬
竊 도적 절
符 병부 부

ㅣ至치안는다ᄒᆞᆫ대

公子ㅣ數請魏王ᄒᆞ야敕晋鄙救趙ᄒᆞ고及賓客辯士ㅣ遊說音稅萬端호ᄃᆡ王이終不聽이어늘公子ㅣ乃屬賓客ᄒᆞ야約車騎百餘乘ᄒᆞ야欲赴鬪以死於趙라가過見侯生ᄒᆞᆫᄃᆡ生이曰公子ㅣ無他端而欲赴秦軍ᄒᆞ니如以肉으로投餒音賴餧也虎니何功之有리오

公子ㅣ자조魏王게請ᄒᆞ야晋鄙를敕ᄒᆞ야趙를救ᄒᆞ게ᄒᆞ고밋賓客과辯士ㅣ萬端으로遊說호ᄃᆡ王이종시聽치안커늘公子ㅣ이에賓客에게屬ᄒᆞ야車騎百餘乘을約ᄒᆞ야鬪에赴ᄒᆞ야써趙에死코져ᄒᆞ다가過ᄒᆞ야侯生을見ᄒᆞᆫ대生이曰公子ㅣ他端이업시秦軍에赴코져ᄒᆞ니肉으로써餒ᄒᆞᆫ虎에게投ᄒᆞᆷ과如ᄒᆞ니무슨功이有ᄒᆞ리오

公子ㅣ再拜問計ᄒᆞᆫᄃᆡ生이曰吾聞晋鄙兵符ㅣ在王臥內ᄒᆞ고符信也輔也古者以竹爲之故字從竹後世詐僞蜂起以竹易得之物不足爲之防於是以銅鐵金銀鑄爲象而用故有虎符銅魚等剖與郡國各分一半右留京師左以與之朝廷徵發郡督郡府參驗皆合然後遣之而如姬姬姓如氏最幸ᄒᆞ니이라力能竊之오且公子ㅣ嘗爲報其父仇ᄒᆞ니如姬ㅣ欲爲公子ᄒᆞ야死無所辭라誠一開口則得虎符ᄒᆞ야奪晋鄙兵ᄒᆞᆯ디니北救趙

（將在外君令有所不受）古孫武子之言

ᄒᆞ고西却秦이면此ᄂᆞᆫ五伯之功也니이다

公子ㅣ再拜ᄒᆞ고計를問ᄒᆞᆫ대生이曰吾ㅣ聞ᄒᆞ니晉鄙의兵符ㅣ王의臥內에在ᄒᆞ고如姬ㅣ가장幸ᄒᆞᆫ다ᄒᆞ니力이能히竊ᄒᆞᆯ것이오또公子ㅣ일즉이그父의仇를報ᄒᆞ엿ᄉᆞ니如姬ㅣ公子를爲ᄒᆞ고ᄌᆞᄒᆞ야死ᄒᆞᆯ지라도辭치아닐지라만일ᄒᆞᆫ번口를開ᄒᆞᆫ즉虎符를得ᄒᆞ리니鄙의兵을奪ᄒᆞ야北으로趙를救ᄒᆞ고西으로秦을却ᄒᆞ면此ᄂᆞᆫ五伯의功이니이다

公子ㅣ如其言ᄒᆞ야得兵符ᄒᆞᆫ대侯生이曰將在外에君令을有所不受ᄒᆞᄂᆞ니有如鄙ㅣ疑而復請之則事ㅣ危矣라臣의客朱亥ᄂᆞᆫ力士니可與俱라鄙ㅣ不聽이어든使擊之ᄒᆞ쇼서

公子ㅣ그言과如히ᄒᆞ야兵符를得ᄒᆞᆫ대侯生이曰將이外에在ᄒᆞ미君令을受치아니ᄒᆞᄂᆞᆫ바ㅣ有ᄒᆞᄂᆞ니만일에鄙가疑ᄒᆞ고다시請ᄒᆞᆷ이有ᄒᆞᆫ則事ㅣ危ᄒᆞᆯ지라臣의客朱亥ᄂᆞᆫ力士니可히더보러俱ᄒᆞᆯ지라鄙가聽치안커든하야곰擊ᄒᆞ소서

公子ㅣ至鄴ᄒᆞ니晉鄙ㅣ合符ᄒᆞ고果疑之ᄒᆞ야擧手視公子曰吾ㅣ擧十萬之衆ᄒᆞ고屯於境上ᄒᆞ니國之重任이어ᄂᆞᆯ今單車來代之ᄂᆞᆫ何如

選 ᄲᅢᆯ 선
憐 슬퍼ᄒᆞᆯ 연

哉오 亥ㅣ 袖四十斤鐵椎라가 椎殺鄙ᄒᆞ다
公子ㅣ 鄙에 至ᄒᆞ니 晉鄙ㅣ 符ᄅᆞᆯ 合ᄒᆞ고 果然疑ᄒᆞ야 手ᄅᆞᆯ 擧ᄒᆞ고 公子ᄅᆞᆯ 視ᄒᆞ여 曰吾ㅣ 十萬의 衆을 擧ᄒᆞ야 境上에 屯ᄒᆞ니 國의 重任이어ᄂᆞᆯ 이제 單車로 來ᄒᆞ야 代ᄒᆞᆷ은 엇지ᄒᆞᆷ이뇨 亥가 四十斤鐵椎ᄅᆞᆯ 袖ᄒᆞ얏다가 鄙ᄅᆞᆯ 椎ᄒᆞ야 殺ᄒᆞ다

公子ㅣ 下令曰父子ㅣ 俱在軍中者ᄂᆞᆫ 父歸ᄒᆞ고 兄弟ㅣ 俱在軍中者ᄂᆞᆫ 兄歸ᄒᆞ고 獨子無兄弟者ᄂᆞᆫ 歸養ᄒᆞ라ᄒᆞ고 得選兵八萬人ᄒᆞ야 將之而進ᄒᆞ다
公子ㅣ 令을 下ᄒᆞ야 曰父子ㅣ 俱히 軍中에 在ᄒᆞᆫ 者ᄂᆞᆫ 父ᄂᆞᆫ 歸ᄒᆞ고 兄弟가 俱히 軍中에 在ᄒᆞᆫ 者ᄂᆞᆫ 兄은 歸ᄒᆞ고 獨子로 兄弟가 無ᄒᆞᆫ 者ᄂᆞᆫ 歸ᄒᆞ야 養ᄒᆞ라 ᄒᆞ고 兵을 選ᄒᆞ야 八萬人을 得ᄒᆞ야 將ᄒᆞ고 進ᄒᆞ다

王齕이 久圍邯鄲ᄒᆞ되 不拔ᄒᆞ고 諸侯ㅣ 來救ᄒᆞ야 數戰不利어ᄂᆞᆯ 武安君이 聞之ᄒᆞ고 曰王이 不聽吾計러니 今何如矣오 奈王이 聞之ᄒᆞ고 怒ᄒᆞ야 免武安君ᄒᆞ야 爲士伍ᄒᆞ고 遷之陰密ᄒᆞᆯ서 至杜郵ᄒᆞ야 使使者로 賜之劒ᄒᆞᆫ데 武安君이 遂自殺ᄒᆞ니 秦人이 憐之러라

(華陽夫人)自所奉之邑華陽縣故因以爲號

王齕이오래邯鄲을圍호ᄃᆡ拔치못ᄒᆞ고諸侯ㅣ와서來救ᄒᆞ야자조戰호ᄃᆡ利치못ᄒᆞ거ᄂᆞᆯ武安君이듯고曰王이吾의計를聽치안터니이제엇더ᄒᆞ고秦王이듯고怒ᄒᆞ야武安君을免ᄒᆞ야士伍를ᄉᆞᆷ고陰密에遷ᄒᆞᆯ시杜郵에至ᄒᆞ야使者를부려劒을賜ᄒᆞᆫ대武安君이드대여ᄉᆞᄉᆞ로殺ᄒᆞ니秦人이불상히너기더라

魏公子無忌ㅣ大破秦師於邯鄲下ᄒᆞ니王齕이解邯鄲圍ᄒᆞ고走라公子無忌ㅣ既存趙ᄒᆞ얀遂不敢歸魏ᄒᆞ고使將으로將其軍以還ᄒᆞ다 無忌封爲信陵君

魏公子無忌ㅣ秦師를邯鄲下에서크게破ᄒᆞ니王齕이邯鄲의圍를解ᄒᆞ고走ᄒᆞᄂᆞᆫ지라公子無忌ㅣ임의趙를存ᄒᆞ얀드대여敢히魏로歸치못ᄒᆞ고將으로ᄒᆞ야곰그軍을將ᄒᆞ야써還ᄒᆞ다

秦太子之子異人이自趙逃歸秦ᄒᆞ니太子妃ᄂᆞᆫ曰華陽夫人이니無子ᄒᆞ고夏姬ㅣ生子異人ᄒᆞ야質於趙러니秦이數伐趙ᄒᆞ야趙不禮之ᄒᆞ니困不得意라 釋義異人孝文王子也後更名楚

秦太子의子異人이趙로브터逃ᄒᆞ야秦에歸ᄒᆞ니太子妃ᄂᆞᆫ曰華陽夫人이니子가無ᄒᆞ고夏姬가子異人을生ᄒᆞ야趙에質ᄒᆞ얏더니秦이자조趙를伐ᄒᆞ야趙가禮치아니ᄒᆞ니困ᄒᆞ야意를得지못ᄒᆞᄂᆞᆫ지라

翟 꿩 적 賈 장사 고 嗣 이을 사 適 맛아 달 적

陽翟(河南縣名)大賈(音古往來販 賤貴賣者)呂不韋ㅣ適邯鄲이라가見之ᄒᆞ고曰此는奇貨ㅣ니可居ᄒᆞ라고(釋義以異人方財貨也居蓄積 也謂居蓄賤物以乘時射利也)乃說之曰秦王이老矣오太子ㅣ愛華陽夫人而無子ᄒᆞ고子之兄弟二十餘人에子ㅣ居中ᄒᆞ되不甚見幸ᄒᆞ니太子ㅣ即位ᄒᆞ라도子ㅣ不得爭爲嗣矣리라

陽翟大賈呂不韋ㅣ邯鄲에適ᄒᆞ얏다가見ᄒᆞ고曰이것은奇貨니可히싸어둘것이라ᄒᆞ고이에說ᄒᆞ야曰秦王이老ᄒᆞ엿고太子ㅣ華陽夫人을愛ᄒᆞ되子가無ᄒᆞ고子의兄弟二十餘人에子가中에居ᄒᆞ엿스되심히幸ᄒᆞᆷ을보지못ᄒᆞ니太子ㅣ位에卽ᄒᆞ드라도子ㅣ시러곰嗣되기를爭치못ᄒᆞ리라

異人이曰奈何오不韋ㅣ曰能立適(音適)嗣者는獨華陽夫人耳니不韋ㅣ雖貧이나請以千金으로爲子西遊ᄒᆞ야立子爲嗣호리라 異人이曰必如君策인ᄃᆡ秦國을與子共之호리라

異人이曰엇지ᄒᆞᆯ고不韋ㅣ曰能히適嗣를立ᄒᆞᆯ者는ᄒᆞᆯ노華陽夫人아니不韋ㅣ비록貧ᄒᆞ나請컨ᄃᆡ千金으로써子를爲ᄒᆞ야西로遊ᄒᆞ야子를立ᄒᆞ야嗣를ᄉᆞᆷ게호리라異人이曰반다시君의策과如ᄒᆞᆯ진ᄃᆡ秦國을子로與ᄒᆞ야共히호리라

與 줄여
玩 구경 완
(賓客遍天下)許曰異人賢故所結賓客多也泣思異人之泣思也出本傳
(中子)中讀曰仲
寵 고일 총

不韋ㅣ乃與五百金ᄒᆞ야令結賓客ᄒᆞ고復以五百金으로買奇物玩好ᄒᆞ야自奉而西ᄒᆞ야見夫人姊而以獻於夫人ᄒᆞ고因譽異人之賢ᄒᆞ고賓客이遍天下ᄒᆞ야日夜에泣思太子及夫人曰異人也ㅣ以夫人으로爲天이라ᄒᆞᆫ대夫人이喜어ᄂᆞᆯ不韋ㅣ因使其姊로說曰夫人아愛而無子ᄒᆞ니不以繁華時로蚤自結於諸子中賢孝者ᄒᆞ야擧以爲適이라가卽色衰愛弛면雖欲開一言이나尙可得乎아今異人이賢而自知中子ㅣ不得爲適ᄒᆞ니誠以此時도拔之면是는異人이無國而有國이오夫人이無子而有子也니則終身有寵於秦矣리이다

不韋ㅣ이에五百金을與ᄒᆞ야하야곰賓客을結케ᄒᆞ고다시五百金으로써奇物의玩好ᄒᆞᆫ것을買ᄒᆞ야스ᄉᆞ로밧들고西으로ᄒᆞ야夫人의姊를보고써夫人게드리고因ᄒᆞ야異人의賢홈을譽ᄒᆞ고賓客이天下에遍ᄒᆞ야日夜에泣ᄒᆞ며太子와夫人을思ᄒᆞ야曰異人이夫人으로써天을삼는다ᄒᆞᆫᄃᆡ夫人이喜ᄒᆞ거늘不韋ㅣ因ᄒᆞ야그姊로ᄒᆞ야곰說ᄒᆞ야曰夫人이愛호ᄃᆡ子가無ᄒᆞ니繁華時로써일ᄌᆞᆨ이스ᄉᆞ로諸子가온ᄃᆡ賢孝ᄒᆞᆫ者를結ᄒᆞ야드러써適을삼지안타가곳色이衰ᄒᆞ고愛가弛ᄒᆞ면비록一言을開코

符 병부 부 傳 ᄉᆞ승 부 (乘間)謂乘間隙之時也 娠 ᄌᆞ식 밸식 佯 것신 양짓 賂 보 뢰물

져ᄒᆞ나오히려可히得ᄒᆞ릿가今에異人이賢ᄒᆞ되ᄉᆞᄉᆞ로中子ㅣ適됨을得지못ᄒᆞᆯ줄로知ᄒᆞ니진실로이ᄯᅴ로써拔ᄒᆞ면이ᄂᆞᆫ異人이國이無ᄒᆞ다가國이有ᄒᆞ고夫人이子가無ᄒᆞ다가有ᄒᆞᆷ이니곳身이終토록秦에寵ᄒᆞᆷ이有ᄒᆞ리이다

夫人이以爲然ᄒᆞ야乘間言之러니太子ㅣ與夫人으로又刻玉符ᄒᆞ야約以爲嗣ᄒᆞ고因請不韋ᄒᆞ야傳之ᄒᆞ다

夫人이써그러히너겨間을乘ᄒᆞ야言ᄒᆞ엿더니太子ㅣ夫人으로더브러또玉符를刻ᄒᆞ야써嗣ᄉᆞᆷ기를約ᄒᆞ고因ᄒᆞ야不韋를請ᄒᆞ야傳ᄒᆞ다

不韋ㅣ娶邯鄲姬絕美者ᄒᆞ야與居라가知其有娠이러니異人이見而請之어ᄂᆞᆯ不韋ㅣ佯怒라가旣而오獻之ᄒᆞ야期年而生子政ᄒᆞ니 期十二月也政後爲秦始皇帝 異人이遂以爲夫人ᄒᆞ다

不韋ㅣ邯鄲姬絕美ᄒᆞᆫ者를娶ᄒᆞ야與ᄒᆞ야居ᄒᆞ다가그娠이有ᄒᆞᆷ을知ᄒᆞ엿더니異人이見ᄒᆞ고請ᄒᆞ거ᄂᆞᆯ不韋ㅣ그짓怒ᄒᆞ다가을마잇다가獻ᄒᆞ야期年만에子政을生ᄒᆞ니異人이드듸여써夫人을삼다

邯鄲之圍에趙人이欲殺之어ᄂᆞᆯ不韋ㅣ賂守者ᄒᆞ야得脫이라 亾赴秦

現 보일 현
更 곳칠 경
摎 나무굽을 규
崩 무너질 붕
倍 비반ᄒᆞᆯ 배

軍ᄒᆞ야遂歸ᄒᆞ다

邯鄲의圍에趙人이殺코져ᄒᆞ거ᄂᆞᆯ不韋ㅣ守者에게賂ᄒᆞ야脫ᄒᆞᆷ을得ᄒᆞᆫ지라ᄯᅩᄒᆞ야秦軍에赴ᄒᆞ야드대여歸ᄒᆞ다

異人이楚服而見夫人ᄒᆞ니(見音現不韋以夫人楚人故使異人服楚製而說之)夫人이曰吾ᄂᆞᆫ楚人也니當自子之라ᄒᆞ고(子嗣也言我當自養之爲嗣也)更名曰楚라ᄒᆞ다(更音庚改也夫人見異人之楚服而悅之乃變其名曰楚)

異人이楚服으로夫人게見ᄒᆞ니夫人이曰吾ᄂᆞᆫ楚人이니맛당이ᄉᆞᄉᆞ로子ᄒᆞ리라ᄒᆞ고名을곳쳐曰楚라ᄒᆞ다

(乙巳)五十九年이라秦이伐韓ᄒᆞ야取陽城(洛州縣名)負黍ᄒᆞ니(聚名)斬首ㅣ四萬이오伐趙ᄒᆞ야取二十餘縣ᄒᆞ니斬首ㅣ九萬이라赧王이恐ᄒᆞ야倍秦ᄒᆞ고與諸侯로約從ᄒᆞ야欲伐秦이어ᄂᆞᆯ秦이使將軍摎로(音侯名也史失其姓前後左右將軍皆周末官秦因之位上卿)攻西周ᄒᆞ니赧王이入秦ᄒᆞ야頓首受罪ᄒᆞ고盡獻其邑三十六과口三萬이어ᄂᆞᆯ秦이受其獻而歸赧王於周러니是歲에赧王이崩ᄒᆞ다

五十九年이라秦이韓을伐ᄒᆞ야陽城과負黍를取ᄒᆞ니首를斬ᄒᆞᆷ이四萬이오趙를伐ᄒᆞ야二十餘縣을取ᄒᆞ니首를斬ᄒᆞᆷ이九萬이라赧王이恐ᄒᆞ야秦을倍ᄒᆞ고諸侯로더

微 적을미 續 이을속 鞏 짜일홈공

부러從을約ᄒᆞ야秦을伐코져ᄒᆞ거ᄂᆞᆯ秦이將軍摎로ᄒᆞ야곰西周를攻ᄒᆞ니赧王이秦에入ᄒᆞ야首를頓ᄒᆞ고罪를受ᄒᆞ고다그邑三十六과口三萬을獻ᄒᆞ거ᄂᆞᆯ秦이그獻ᄒᆞᆷ을受ᄒᆞ고赧王을周로歸ᄒᆞ엿더니이해에赧王이崩ᄒᆞ다

先是에東西周ㅣ分治ᄒᆞ야(赧王微弱二周分王各居一都故曰東西周西周王城今河南東周赧今成周洛陽也)赧王이徙都西周ᄒᆞ니(出史記○自洛陽徙河南)蓋以微弱으로不能主盟이라會武公依焉ᄒᆞ니라(武公西周君也)

先是에東西周ㅣ分治ᄒᆞ야赧王은都를西周로徙ᄒᆞ니대미微弱ᄒᆞᆷ으로써能히盟에主치못ᄒᆞᆷ이라武公에게會ᄒᆞ야依ᄒᆞ니라

東周君

東周自考王封其弟于河南是爲桓公以續周公官職桓公卒子威公立威公卒子惠公立惠公乃封其小子於鞏以奉王號東周惠公(出史記)○南宮氏(靖一)曰周自武王至東周君滅而始亾此實錄也後有秉春秋之筆者盍從而改諸(按舊本仍溫公之書自赧王入秦之後即以秦承周統爲秦記今遵綱目例正之而復得南宮氏之說以明之)

憚 써일ᄒᆞᆯ 탄
聚 동리 취
薨 죽을 훙

(丙午)元年이라 秦昭襄王稷五十二 楚考烈王八 燕孝王三 魏安釐王廿二 趙孝成王十一 韓桓惠王十八 齊王建十年 ○凡七國 周民이 東亾이어늘 秦이 取其寶器ᄒᆞ고 遷西周公於𢙾狐聚ᄒᆞ다 𢙾音憚○𢙾狐地名

元年이라 周民이 東으로 亾ᄒᆞ거ᄂᆞᆯ 秦이 그 寶器를 取ᄒᆞ고 西周公을 𢙾狐聚로 遷ᄒᆞ다

秦丞相范雎ㅣ免ᄒᆞ다

秦丞相范雎 가 免ᄒᆞ다

(丁未)二年이라 秦五十三 楚九 燕王喜元 魏廿三 趙十二 韓十九 齊十一年 秦이 伐魏ᄒᆞ야 取吳城ᄒᆞ다

二年이라 秦이 魏를 伐ᄒᆞ야 吳城을 取ᄒᆞ다

韓王이 入朝於秦ᄒᆞ다

韓王이 秦에 드러가 朝ᄒᆞ다

(庚戌)五年이라 秦五十六 楚十二 燕四 魏廿六 趙十五 韓廿二 齊十四年 秋에 秦昭襄王이 薨ᄒᆞ고 子孝文王柱ㅣ立ᄒᆞ다

五年이라 秋에 秦昭襄王이 薨ᄒᆞ고 子孝文王柱가 셔다

趙公子勝이 卒ᄒᆞ다

趙公子勝이 죽다

(三日薨) 許曰庚戌秋立今三日薨者從秦正數

(陳利害) 註遺燕將曰爲公計者不歸燕則歸齊今猶守孤城齊兵日益而燕求不至將何爲也

詘 굽힐 굴 寧 차라리 영 肆 편ᄒᆞᆯ 사

(辛亥)六年이라(秦孝文王柱元楚十二燕五魏廿七趙十六韓廿三齊十五年) 十月에 秦王柱ㅣ 卽位三日에 薨ᄒᆞ고 子楚ㅣ 立ᄒᆞ니 是爲莊襄王이러라

六年이라 十月에 秦王柱ㅣ 位에 나아간지 三日만에 죽고 子楚ㅣ 立ᄒᆞ니 이것이 莊襄王이 되더라

燕將이 攻齊聊城ᄒᆞ야 拔之ᄒᆞ니(聊城在平原) 或이 譖之燕王ᄒᆞᆫ대 燕將이 保聊城ᄒᆞ고 不敢歸라 齊田單이 攻之歲餘에 不下어늘 魯仲連이 乃爲書約之矢ᄒᆞ야(束纏) 以射城中ᄒᆞ야 遺燕將ᄒᆞ야 陳利害러니 燕將이 見書ᄒᆞ고 泣三日에 遂自殺ᄒᆞ니 聊城이 亂이라 田單이 克聊城ᄒᆞ고 歸言魯仲連於齊王ᄒᆞ야 欲爵之어늘 仲連이 逃之海上曰 吾ㅣ 與富貴而詘(屈通爲人下也)於人으론 寧貧賤而輕世肆志焉이라ᄒᆞ더라(輕世眇視天下肆志放縱志意)

燕將이 齊聊城을 攻ᄒᆞ야 拔ᄒᆞ니 或이 燕王에게 譖ᄒᆞᆫ대 燕將이 聊城을 保ᄒᆞ고 敢히 歸치 못ᄒᆞᄂᆞᆫ지라 齊田單이 攻ᄒᆞᆫ지 歲餘에 下치 못ᄒᆞ거늘 魯仲連이 이에 書를 ᄒᆞ야 矢에 約ᄒᆞ야 써 城中에 射ᄒᆞ야 燕將에게 遺ᄒᆞ야 利害를 陳ᄒᆞ엿더니 燕將이 書를 見ᄒᆞ고 泣ᄒᆞᆫ지 三日에 드듸여 ᄉᆞᄉᆞ로 殺ᄒᆞ니 聊城이 亂ᄒᆞᄂᆞᆫ지라 田單이 聊城을 克ᄒᆞ고 도라가

釐복희 (子順)孔斌字孔子六世孫

魯仲連을齊王게言ᄒᆞ야爵코져ᄒᆞ거ᄂᆞᆯ仲連이海上으로逃ᄒᆞ며日吾ㅣ富ᄒᆞ고貴ᄒᆞ야人에게詘홈으로더브러셔ᄂᆞᆫ차라리貧ᄒᆞ고賤ᄒᆞ야世를輕히ᄒᆞ고志를肆ᄒᆞ겟다ᄒᆞ더라

魏安釐(音僖) **五**이 **問天下之高士於子順**ᄒᆞᆫ대 **子順**이 **曰世無其人也**ㅣ어니와 **抑可以爲次**ᄂᆞᆫ **其魯仲連乎**ㅣᆫ뎌 **王曰魯仲連**은 **彊作之者**ㅣ니 **非體自然也**ㅣ니라 **子順**이 **曰人皆作之**ᄒᆞ니 **作之不止**면 **乃成君子**ㅣ오 **作之不變**ᄒᆞ야 **習與體成則自然也**ㅣ니이다

魏安釐王이天下의高士를子順에게問ᄒᆞᆫ대子順이曰世에그人은無ᄒᆞ거니와믄득可히써次될이ᄂᆞᆫ그魯仲連인뎌王이曰魯仲連은彊히作ᄒᆞᆫ者ㅣ니體의自然ᄒᆞᆷ은아니니라子順이曰人이다作ᄒᆞᄂᆞ니作ᄒᆞ기를止치아니ᄒᆞ면이에君子를成ᄒᆞᆷ이오作ᄒᆞ고變치아니ᄒᆞ야習이體로더브러成ᄒᆞᆫ則自然이니이다

(壬戌)七年이라 (秦莊襄王楚元楚十四燕六魏廿八趙十七韓廿四齊十六年○是歲周亾) **秦**이 **以呂不韋**로 **爲相國**ᄒᆞ고 **封文信侯**ᄒᆞ다

七年이라秦이呂不韋로써相國을삼아文信侯를封ᄒᆞ다

(柏翳)伯益也周平王封伯益之裔襄公於秦

東周君이與諸侯로謀伐秦이어늘秦王이使相國呂不韋로帥師滅之ᄒᆞ고遷東周君於陽人聚ᄒᆞ니(地名)周遂不祀ᄒᆞ다 比亾에凡有七邑(河南洛陽等邑)이러라

東周君이諸侯로더브러謀ᄒᆞ야秦을伐ᄒᆞ거늘秦王이相國呂不韋로하여곰師를帥ᄒᆞ야滅ᄒᆞ고東周君을陽人聚에遷ᄒᆞ니周가드대여祀치못ᄒᆞᆫ지라亾ᄒᆞᆯ쎄를견주어무릇七邑이有ᄒᆞ더라

右周三十七王并東周君按經世書始 武 王己卯終東周君壬子該八百七十三年

秦紀

其先柏翳佐舜有功賜姓嬴後有非子封秦至秦仲始大及莊襄滅周三年而亾

莊襄王

名楚孝文王子初質於趙因呂不韋策歸以爲嗣

(癸丑)秦莊襄王二楚考烈王十五燕王喜七魏安釐王廿九趙孝成王十八韓桓惠王二十五齊王建十七年○凡七國 日食ᄒᆞ다

日食ᄒᆞ다

秦이伐趙ᄒᆞ야定太原ᄒᆞ고取三十七城ᄒᆞ다

驁준마 오

肯질길 긍

(毛公)(薛公)信陵君之客也(不恤)不憂也(宗廟)(宗)尊也廟貌也說文先祖貌也爾雅室有東西廂曰廟

趣지촉 촉

秦이趙를伐ᄒᆞ야太原을定ᄒᆞ고三十七城을取ᄒᆞ다

(甲寅)秦三楚十六燕八魏三十趙十九韓廿六齊十八年○是歲亂亾呂政代 蒙驁ㅣ帥師伐魏ᄒᆞ니 驁音遨蒙驁齊人蒙武之父蒙恬之祖也 魏師ㅣ數敗라 魏王이患之ᄒᆞ야乃使人으로請信陵君於趙ᄒᆞᆫ대信陵君이畏得罪ᄒᆞ야不肯還이어늘毛公薛公이見信陵君曰公子ㅣ所重 去聲 於諸侯者ᄂᆞᆫ徒以有魏也라今魏急而公子ㅣ不恤이라가一旦에秦人이克大梁ᄒᆞ고 大梁地名魏有小梁故以大梁別之 夷先王之宗廟면公子ㅣ何面目으로立天下乎리오

蒙驁ㅣ師를師ᄒᆞ고魏를伐ᄒᆞ니魏師ㅣ자조敗ᄒᆞᄂᆞᆫ지라魏王이患ᄒᆞ야이에人으로ᄒᆞ야곰信陵君을趙에請ᄒᆞᆫ대信陵君이罪를得홀가畏ᄒᆞ야질겨還치안커늘毛公과薛公이信陵君을보고曰公子ㅣ諸侯에게重ᄒᆞᆫ밧者ᄂᆞᆫᄒᆞᆫ갓魏가잇슴으로써홈이라今에魏가急ᄒᆞᆫ대公子ㅣ恤치아니ᄒᆞ다가一旦에秦人이大梁을克ᄒᆞ고先王의宗廟를夷ᄒᆞ면公子ㅣ무ᄉᆞᆷ面目으로天下에立ᄒᆞ시리오

語未畢에信陵君이色變ᄒᆞ야趣 音促 駕還魏ᄒᆞ니魏王이持信陵君而泣ᄒᆞ고以爲上將軍이어늘信陵君이使人으로求援於諸侯ᄒᆞᆫ대諸侯ㅣ聞

(仲父)次父也父始生己者敬之如父也如齊桓公之以管仲爲仲父也

信陵君이復爲魏將ᄒ고皆遣兵救魏ᄒ니信陵君이率五國之師ᄒ야敗蒙驁於河外ᄒ다(黃河南岸陝華二州)

語가畢치못ᄒᆷ에信陵君이色이變ᄒ야駕를趣ᄒ야魏로還ᄒ니魏王이信陵君을붓들고泣ᄒ고써上將軍을ᄉᆞᆷ거늘信陵君이人으로ᄒ야곰援을諸侯에求ᄒᆫ대諸侯ㅣ信陵君이다시魏將됨을聞ᄒ고다兵을遣ᄒ야魏를救ᄒ니信陵君이五國의師를率ᄒ야蒙驁를河外에셔敗ᄒ다

五月에秦王이薨ᄒ니立三年이라其子政이立ᄒ야封相國呂不韋ᄒ야爲文信侯ᄒ고號稱仲父라ᄒ다(時政之年十三矣○潁濱蘇轍嘗謂六國未亾而嬴氏先亾信哉言乎)

五月에秦王이薨ᄒ니立ᄒᆷ이三年이라그子政이立ᄒ야相國呂不韋를封ᄒ야文信侯를ᄉᆞᆷ고號를仲父라稱ᄒ라

後秦紀

始皇帝上(名政實姓呂氏) 即王位二十五年并天下即帝位凡十二年壽五十(特嬴秦之富强滅六國遂幷天下專以刑威立國焚書坑儒暴虐無道二世而亾○按正月之正蓋秦法諱政爲征故當時呼爲征月而轉其聲且無道之君歷千有餘年而俗仍作平聲者豈不謬在今正月正當讀如字聲爲是凡六經四書中皆當以此例之)

饗 먹일 향　(間諜)軍中反間也　烽 봉화 봉　襜 슈리 장막 쳠

(丁巳)(秦王政三楚十九燕十一魏卅三 趙悼襄王偃元韓廿九齊廿一年) 趙王이以李牧으로爲將ᄒᆞ야伐燕取武遂方城ᄒᆞ다 李牧者ᄂᆞᆫ 趙之北邊良將也라 嘗居代鴈門ᄒᆞ야(代郡古城代國 鴈門縣在代地)備匈奴ᄒᆞᆯ서(唐虞以上曰山戎亦曰熏鬻夏曰淳維殷曰 鬼方周曰玁狁漢曰匈奴魏隋唐皆曰突厥)以便宜로置吏ᄒᆞ고市租로皆輸入莫府ᄒᆞ야(莫府者以軍幕爲義古字通用 古者出征以幕帳爲府署也)爲士卒費ᄒᆞ고 日擊數牛ᄒᆞ야饗士ᄒᆞ고習騎射ᄒᆞ고謹烽火ᄒᆞ며多間諜ᄒᆞ고(烽音烽 諜音貼)爲約曰匈奴ㅣ卽入盜어든急入收保ᄒᆞ고 有敢捕虜者ㅣ면斬ᄒᆞ리라ᄒᆞ니 匈奴ㅣ每入이烽火를謹ᄒᆞ고輒入保不戰ᄒᆞ니 如是數歲에 亦不亡失이라 匈奴ㅣ皆以爲怯ᄒᆞ고 邊士ㅣ日得賞賜而不用ᄒᆞ야 皆願一戰이어ᄂᆞᆯ 於是에 大破殺匈奴十餘萬騎ᄒᆞ고 滅襜襤(音尖藍一作臨 駰代地胡名也) 破胡ᄒᆞ니 單于犇走ᄒᆞ야 十餘歲를 不敢近趙邊ᄒᆞ더라

趙王이李牧으로써將을삼어燕을伐ᄒᆞ야武遂와方城을取ᄒᆞ다李牧이란者ᄂᆞᆫ趙의北邊良將이라일즉이代鴈門에居ᄒᆞ야匈奴를備ᄒᆞᆯ시便宜로써吏를置ᄒᆞ고市租를다莫府로輸入ᄒᆞ야士卒의費를ᄒᆞ고日로數牛를擊ᄒᆞ야士를饗ᄒᆞ고騎와射를習ᄒᆞ

(三國)秦趙燕 (義渠)戎國也 秦置北郡屬雍州也 (並)倚也音傍

고烽火를謹ᄒᆞ며間諜을多히ᄒᆞ고約ᄒᆞ야日匈奴ㅣ곳드러와盜ᄒᆞ거든急히入ᄒᆞ야收保ᄒᆞ고敢히捕虜ᄒᆞ는者ㅣ有ᄒᆞ면斬ᄒᆞ리라ᄒᆞ니匈奴ㅣ미양入홈에烽火를謹ᄒᆞ고믄득드러가保ᄒᆞ고戰치아니ᄒᆞ니이러ᄒᆞᆫ지두어ᄒᆡ에ᄯᅩᄒᆞᆫ亡失치안엇더라匈奴ㅣ다써怯ᄒᆞᆫ다ᄒᆞ고邊士ㅣ日로賞賜를得ᄒᆞ고用치못ᄒᆞ야다ᄒᆞᆫ번戰ᄒᆞ기를願ᄒᆞ거늘이에크게匈奴十餘萬騎를破ᄒᆞ야殺ᄒᆞ고襜襤을滅ᄒᆞ고東胡를破ᄒᆞ니單于ㅣ犇走ᄒᆞ야十餘歲를敢히趙의邊에近치못ᄒᆞ더라

是時에天下冠帶之國이七而三國이邊於戎狄이라秦은滅義渠ᄒᆞ고始於隴西北地上郡ᄒᆞ야築長城以拒胡ᄒᆞ고趙武靈王은北破林胡(西胡國名即襜林)**樓煩ᄒᆞ고**(在今太原府崞州東)**築長城ᄒᆞᄃᆡ自代並陰山ᄒᆞ야下至高闕ᄒᆞ야爲塞ᄒᆞ고其後에燕이破東胡却千餘里ᄒᆞ고亦築長城ᄒᆞ야以拒胡ᄒᆞ니라**

及戰國之末而匈奴ㅣ始大ᄒᆞ다

이ᄣᅢ에天下冠帶의國이七인대三國이戎狄에邊ᄒᆞᆫ지라秦은義渠를滅ᄒᆞ고隴西北地上郡에始ᄒᆞ야長城을築ᄒᆞ야써胡를拒ᄒᆞ고趙武靈王은北으로林胡와樓煩를破ᄒᆞ고長城을築ᄒᆞᄃᆡ代로브터陰山을並ᄒᆞ야下로高闕에至ᄒᆞ야塞을ᄒᆞ고그後에燕이東胡를破ᄒᆞ야千餘里를却ᄒᆞ고ᄯᅩᄒᆞᆫ長城을築ᄒᆞ야써胡를拒ᄒᆞ엿더니戰國의末

(遊間)謂遊說以間秦之君臣也 (一切)刀物取其齊整 丕비클

에及ᄒᆞ야匈奴ㅣ비로소大ᄒᆞ다

(庚申)秦六楚廿二燕十四魏二趙四韓三十二齊廿四年 楚趙魏韓燕이合從以伐秦ᄒᆞ셔 以利合曰從以威力相脅曰橫 楚王이爲從長而春申君이用事ᄒᆞ야取壽陵ᄒᆞ고 在常山郡本趙地 至函谷이러니 秦師ㅣ出에五國之師ㅣ皆敗走ᄒᆞ니楚王이以咎春申君이라 春申이 以此益踈러라

楚趙魏韓燕이合從ᄒᆞ야써秦을伐ᄒᆞ실ᄉᆡ楚王이從長이되고春申君이事를用ᄒᆞ야壽陵을取ᄒᆞ고函谷에至ᄒᆞ엿더니秦師ㅣ出홈에五國의師ㅣ다敗ᄒᆞ야走ᄒᆞ니楚王이써春申君을咎ᄒᆞ는지라春申이此로써더욱踈ᄒᆞ더라

(甲子)秦十楚幽王得元燕十八魏六趙八韓二齊廿八年 宗室大臣이諫曰諸侯人來仕者ㅣ皆爲其主遊間耳니請一切逐之ᄒᆞ소셔 於是에大索逐客ᄒᆞ니客卿楚人李斯ㅣ亦在逐中ᄒᆞ야行且上書曰昔에穆公은求士ᄒᆞ야西取由余於戎ᄒᆞ고 由余其先晉人也亡入戎耳 東得百里奚於宛ᄒᆞ고迎蹇叔於宋ᄒᆞ고 蹇叔岐州人嘗遊於宋穆公厚幣迎之 求丕豹公孫支於晉ᄒᆞ야 丕豹自晉奔秦公孫支遊晉歸秦 幷國二十ᄒᆞ야遂霸西戎ᄒᆞ고孝

黔 검을 검
齎 쌀 ᄌᆡ
(黔首)秦謂民爲黔晋以首黑也
(業)事業也

公은用商鞅之法ᄒᆞ야諸侯ㅣ親服에至今治彊ᄒᆞ고惠王은用張儀之計ᄒᆞ야散六國之從ᄒᆞ야使之事秦ᄒᆞ고昭王은得范雎ᄒᆞ야彊公室杜私門ᄒᆞ니此四君者ᄂᆞᆫ皆以客之功이니由此觀之컨ᄃᆡ客何負於秦哉잇고臣은聞太山이不讓土壤故로能成其大ᄒᆞ고河海ㅣ不擇細流故로能就其深ᄒᆞ고王者ㅣ不却衆庶故로能明其德이라ᄒᆞ니此ᄂᆞᆫ五帝三王之所以無敵也라今에乃棄黔首ᄒᆞ야以資敵國ᄒᆞ고(黔音黚黎也始皇名民黔首以其頭黑也)却賓客ᄒᆞ야以業諸侯ᄒᆞ니所謂藉寇兵而齎盜糧者也로소이다(藉音柘讀曰資或作借謂以兵假借也齎ㅣ音咨持遺也言爲盜齎糧也)王이乃召李斯ᄒᆞ야復其官ᄒᆞ고除逐客之令ᄒᆞ고卒用李斯之謀ᄒᆞ야兼天下ᄒᆞ다

宗室大臣이諫ᄒᆞ야曰諸侯人의來ᄒᆞ야仕ᄒᆞᄂᆞᆫ者ㅣ다그主를爲ᄒᆞ야遊間ᄒᆞᆷ이니請컨ᄃᆡ모다逐ᄒᆞ소셔이에大히逐客을索ᄒᆞ니客卿楚人李斯ㅣ또ᄒᆞᆫ逐ᄒᆞᆫ中에在ᄒᆞ야行ᄒᆞ며또ᄒᆞᆫ書를上ᄒᆞ야曰昔에穆公은士를求ᄒᆞ야西으로由余를戎에셔取ᄒᆞ고東으로百里奚를宛에셔得ᄒᆞ고蹇叔을宋에셔迎ᄒᆞ고丕豹와公孫支를晋에셔求ᄒᆞ야

削 깍글 삭

蠹 좀 두

國二十을幷ᄒᆞ야드ᄃᆡ여西戎에覇ᄒᆞ고孝公은商鞅의法을用ᄒᆞ야諸侯ㅣ親服ᄒᆞᆷ에이제이르기다사려彊ᄒᆞ고惠王은張儀의計를用ᄒᆞ야六國의從을散ᄒᆞ야하야곰秦을事ᄒᆞ고昭王은范雎를得ᄒᆞ야公室을彊히ᄒᆞ고私門을杜ᄒᆞ엿스니이四君인者는다客의功으로써ᄒᆞᆷ이니此로由ᄒᆞ야觀ᄒᆞ건ᄃᆡ客이무엇을秦에負ᄒᆞ엿스리잇고臣은드르니太山이흙덩이을讓치아니ᄒᆞᆫ故로能히그大ᄒᆞᆷ을成ᄒᆞ고河海가細流를가리지아니ᄒᆞᆫ故로能히그深ᄒᆞᆷ에就ᄒᆞ고王者ㅣ衆庶를却지안는故로能히그德을明ᄒᆞᆫ다ᄒᆞ니이는五帝와三王의써敵ᄒᆞᆷ이無ᄒᆞᆫ바이라이제이에黔首를棄ᄒᆞ야써敵國을資ᄒᆞ고賓客을却ᄒᆞ야써諸侯를業ᄒᆞ니일운바寇의兵을藉ᄒᆞ야盜의糧을齎ᄒᆞ는者로소이다王이이에李斯를召ᄒᆞ야그官을復ᄒᆞ고逐客의令을除ᄒᆞ고맛ᄎᆞᆷ내李斯의謀를用ᄒᆞ야天下를兼ᄒᆞ다

(戊辰) 秦十四楚五燕廿二魏十趙三韓六齊三十二年 韓王이納地ᄒᆞ야請爲藩臣ᄒᆞ고使韓非로來聘ᄒᆞ니韓非者는韓之諸公子也라 善刑名法律之學ᄒᆞ야見韓之削弱ᄒᆞ고數以書로干韓王ᄒᆞ대韓王이不能用ᄒᆞ니於是에韓非ㅣ作說難 說音稅言遊說之道不易也 孤憤 言孤直不容於世 五蠹 音豆言蠹政之事有五 說林 言廣說諸事若其多林 五十六篇十餘萬言ᄒᆞ다

韓王이地를納ᄒᆞ야藩臣되기를請ᄒᆞ고韓非로ᄒᆞ야곰來ᄒᆞ야聘ᄒᆞ니韓非라ᄒᆞ는者는韓의諸公子라刑名法律의學을善히ᄒᆞ야韓의削弱홈을見ᄒᆞ고자ᄌᆞᆺ書로써韓王을干ᄒᆞ되韓王이능히用치아니ᄒᆞ니이에韓非ㅣ說難과孤憤과五蠹와說林、五十六篇에十餘萬言을作ᄒᆞ다

(己巳)秦十五楚六燕廿三魏十一趙四韓七齊三十三年 初에燕太子丹이嘗質於趙ᄒᆞ야與王으로善이러니王이卽位에丹이爲質於秦ᄒᆞ니王이不禮焉이어늘丹이怨亡歸ᄒᆞ다

初에燕太子丹이일즉이趙에質ᄒᆞ야王으로더부러善ᄒᆞ더니王이位에即홈에丹이秦에質ᄒᆞ니王이禮치안커늘丹이怨ᄒᆞ야도망ᄒᆞ야도라가다

(辛未)秦十七楚八燕廿五魏十三趙六韓九齊三十五年○是歲韓亾凡六國 內史勝이滅韓ᄒᆞ야虜韓王安ᄒᆞ고以其地로置潁川郡ᄒᆞ다

內史勝이韓을滅ᄒᆞ야韓王安을虜ᄒᆞ고그地로써潁川郡을置ᄒᆞ다

(癸酉)秦十九楚十燕廿七魏十五趙八齊三十七年○是歲趙亾凡五國 王翦이擊趙軍ᄒᆞ야大破之ᄒᆞ고遂克邯鄲ᄒᆞ야虜趙王遷ᄒᆞ다

王翦이趙軍을擊ᄒᆞ야크게破ᄒᆞ고드대여邯鄲을克ᄒᆞ야趙王遷을虜ᄒᆞ다

(內史)掌治京師漢武尹改爲京兆尹

潁 써영

翦 갈길 전

(乃私見樊於期)荊軻乃私見樊於期曰將軍得禍於秦可謂深矣父母宗族皆爲戮沒今聞購將軍之首金千斤邑萬戶將軍何以雪其恨乎樊於期歎曰吾與秦王抱恨痛徹心髓願與俱死恨無其地荊軻曰吾有一言可以解燕之患報將軍之

購 살구
把 잡을파
揕 찌를침

燕太子丹이怨王欲報之더니 將軍樊於期ㅣ得罪ᄒᆞ야亾之燕ᄒᆞᆫ대太子ㅣ受而舍之ᄒᆞ다

燕太子丹이王을怨ᄒᆞ야報코져ᄒᆞ더니將軍樊於期ㅣ罪를得ᄒᆞ야도망ᄒᆞ야燕으로간대太子ㅣ受ᄒᆞ야舍ᄒᆞ다

太子ㅣ聞衛人荊軻之賢ᄒᆞ고卑辭厚禮而請見之ᄒᆞ야 欲使刼秦王ᄒᆞ야反諸侯侵地라가 不可어든因刺殺之려니 軻ㅣ曰今行而無信則秦을未可親也니 誠得樊將軍首와與燕督亢之地圖ᄒᆞ야(亢音抗督亢燕之膏腴地)(欲以獻秦故書地獻之) 奉獻秦王이면秦王이 必說見臣ᄒᆞ리니 臣이乃有以報라ᄒᆞ고 乃私見樊於期曰聞購將軍首를金千斤邑萬家라ᄒᆞ니 願得將軍之首ᄒᆞ야以獻秦王이면 秦王이 必喜而見臣ᄒᆞ리니 臣이左手로 把其袖ᄒᆞ고右手로 揕其胸(揕音浸疾擊乳)則將軍之仇를 報而燕見陵之愧를除矣리이다

太子ㅣ衛人荊軻의賢홈을듯고辭를卑ᄒᆞ고禮를厚ᄒᆞ야見ᄒᆞ기를請ᄒᆞ야하야곰秦

仇尊軍背聽乎於期函問曰計將安出荊軻躝踏不語於期曰荊卿何以不言軻曰計誠有之但難於出口於期曰苟報秦仇雖粉骨碎身某所不恤軻乃借頭之事言之於期卸衣偏祖奮臂頓足大呼曰此臣之日夜切齒痛心而

腐 써을 부　**焠** 람을 쉬　**縷** 실오리 부

恨其無策者也今乃

王을刼ᄒᆞ야諸侯의侵ᄒᆞᆫ地를反케ᄒᆞ다가可치안커든因ᄒᆞ야刺ᄒᆞ야殺코져ᄒᆞ엿더니軻ㅣ曰이제行홈에信이無ᄒᆞᆫ則秦을可히親ᄒᆞᆯ슈가업스니진실로樊將軍의首와다못燕督亢의地圖를得ᄒᆞ야밧드러秦王게드리면秦王이반다시悅ᄒᆞ야臣을見ᄒᆞ리니臣이이에써報ᄒᆞᆯ슈가有ᄒᆞ다ᄒᆞ고이에私로樊於期를見ᄒᆞ고曰드른즉將軍의首를金千斤과邑萬戶로購ᄒᆞᆫ다ᄒᆞ니願컨ᄃᆡ將軍의首를得ᄒᆞ야써秦王게드리면秦王이반다시喜ᄒᆞ고臣을見ᄒᆞ리니臣이左手로그소ᄆᆡ를잡고右手로그가슴을치면將軍이仇를報ᄒᆞᆯ것시오燕의업숨밧든붓그럼을除ᄒᆞ리이다

樊於期ㅣ **曰此**는 **臣之日夜**에 **切齒腐心也**ㅣ라ᄒᆞ고 **遂自刎**이어늘 **以函**(音咸櫃也) **盛其首**ᄒᆞ고 **太子**ㅣ **豫求天下之利匕首**ᄒᆞ야 **使工**으로 **以藥焠**(焠音碎) **之**ᄒᆞ야 **以試人**ᄒᆞ니 **血濡縷**에(言血出如絲縷之細) **人無不立死者**어늘 **乃遣入秦**ᄒᆞ다

樊於ㅣ期曰이는臣이日夜에齒를切ᄒᆞ고心을腐홈이라ᄒᆞ고드대여스ᄉᆞ로목지르거늘函으로써그머리를담고太子ㅣ미리天下의利ᄒᆞᆫ匕首를求ᄒᆞ야工으로ᄒᆞ여곰藥으로써焠ᄒᆞ야써人을試ᄒᆞ니血이가늘게흐르ᄆᆡ人이立ᄒᆞ야死치안는者ㅣ업거늘이에遣ᄒᆞ야秦으로入ᄒᆞ다

(甲戌)(秦二十 楚王負芻元 燕廿八 魏王假元 齊三 十八代王嘉元年 ○ 舊國五 新國一 凡六國) **荊軻**ㅣ **至咸陽**ᄒᆞ니 **王**이 **大喜**ᄒᆞ야 **朝**

得聞明教卽拔佩劒刎其頸喉絶而頸未斷荊軻復以剣斷之盛函入秦

(焠)音翠堅劒刃也王褒傳淸水焠其鋒謂燒而內水中以堅之也

袖 소미 슈

(立死)匕首利故便立死也

(血濡縷)言人血出纔足以沾濡絲縷也

哉

【咸陽】山南曰陽水北亦曰陽在渭水北九峻諸山之南故咸

服設九賓而見之눌어 荊軻ㅣ奉圖ᄒᆞ야以進於王이러니 圖窮而匕首見이어눌(音現露也) 因把王袖而揕之라가 未至身ᄒᆞ야 王이驚起袖絶ᄒᆞ니 荊軻ㅣ逐王ᄒᆞᆫ대 王이環柱而走ᄒᆞ다

荊軻ㅣ咸陽에至ᄒᆞ니王이크게喜ᄒᆞ야朝服으로九賓을設ᄒᆞ고見ᄒᆞ거늘荊軻ㅣ圖를奉ᄒᆞ야써王게進ᄒᆞ더니圖가窮ᄒᆞ야匕首ㅣ見ᄒᆞ거늘인ᄒᆞ야王의袖를把ᄒᆞ고揕ᄒᆞ다가身에至치못ᄒᆞ야王이놀나이러나미袖가絶ᄒᆞ니荊軻ㅣ王을逐ᄒᆞᆫ대王이柱을環ᄒᆞ고走ᄒᆞ다

秦法에羣臣侍殿上者ㅣ不得操尺寸之兵이라 左右ㅣ以手로共搏之ᄒᆞ고 且曰王은負劒負劒ᄒᆞ소서 王이遂拔劒ᄒᆞ야 以擊荊軻ᄒᆞ야 斷其左股ᄒᆞ고 遂體解以徇ᄒᆞ고 於是에益發兵伐燕ᄒᆞ야 戰於易水之西ᄒᆞ야 (易水源出易州南安閻山卽漢固安縣也) 大破之ᄒᆞ니 燕王이斬丹獻이어눌 王이復進兵攻之ᄒᆞ다

秦法에羣臣이殿上에侍ᄒᆞᆫ者ㅣ시러곰尺寸의兵도操치못ᄒᆞ는지라左右ㅣ手로써한가지搏ᄒᆞ고또ᄒᆞᆫ日王은劒을負ᄒᆞ소서劒을負ᄒᆞ소서ᄒᆞ니王이드듸여劒을拔ᄒᆞ야써荊軻를擊ᄒᆞ야그左股를斷ᄒᆞ고드대여體를解ᄒᆞ야써徇ᄒᆞ고이에더욱兵을發

陽【九寶】文物大備卽謂九寶也成云周禮九儀公侯伯子男公九 股 다리 고 卿大夫十也一說謂傳者九人也【負劍】古者帶劍上長未易拔故欲王推之背令前短易發也【劍名】鹿盧長八尺【取荊】壯襄王謂故故謂楚爲荊 恬 편안 염 賁 클 분

ᄒᆞ야燕을伐ᄒᆞ야易水의西에서戰ᄒᆞ야크게破ᄒᆞ니燕王이丹을斬ᄒᆞ야드리거ᄂᆞᆯ王이다시兵을進ᄒᆞ야攻ᄒᆞ다

王이 問於將軍李信曰吾ㅣ 欲取荊ᄒᆞ노니 於將軍度에 音鐸 用幾何人而足고 李信이 曰不過用二十萬이니이다 問王翦ᄒᆞᆫ듸 王翦이 曰非六十萬人이면 不可라ᄒᆞ니 曰王將軍이 老矣로다 何怯也오ᄒᆞ고 遂使李信蒙恬으로 將二十萬人ᄒᆞ야 伐楚ᄒᆞ다

王이將軍李信에게問ᄒᆞ여曰吾ㅣ荊을取코져ᄒᆞ노니將軍의혜아림에ᄂᆞᆫ幾人이나用ᄒᆞ면足ᄒᆞᆯ고李信이曰二十萬쓰기에지나지안ᄂᆞ이다王翦에게問ᄒᆞᆫ대王翦이曰六十萬人이아니면可치안타ᄒᆞ니曰王將軍이老ᄒᆞ엿도다무엇을怯ᄒᆞᄂᆞ뇨ᄒᆞ고드듸여李信과蒙恬으로하여곰二十萬人을거나려楚을伐ᄒᆞ다

(丙子)秦二十二楚三燕三十魏三齊四十代三年○是歲魏亡凡五國 王賁이 伐魏ᄒᆞ니 魏王假ㅣ 降이어ᄂᆞᆯ 殺之ᄒᆞ고 遂滅魏ᄒᆞ다 賁音奔○王賁翦之子也

王賁이魏를伐ᄒᆞ니魏王假ㅣ降ᄒᆞ거ᄂᆞᆯ殺ᄒᆞ고드대여魏를滅ᄒᆞ다

○楚이 大敗李信ᄒᆞ니 李信이 奔還이어ᄂᆞᆯ 王翦이 曰必不得已用臣인대

芻 꼴추

非六十萬人이면不可라ᄒᆞ니 於是에 將六十萬人ᄒᆞ야 伐楚ᄒᆞ다

楚人이크게李信을敗ᄒᆞ니李信이달녀도라오거늘王翦이日반다시不得已ᄒᆞ야臣을用흘진ᄃᆡ六十萬人이아니면不可라ᄒᆞᆫᄃᆡ이에六十萬人을거나려楚를伐ᄒᆞ다

(戊寅)秦廿四楚五燕三十二齊四十二代五年〇是歲楚亡凡四國 王翦이 虜楚王負芻ᄒᆞ고 以其地로 置楚郡ᄒᆞ다

王翦이楚王負芻를虜ᄒᆞ고그地로써楚郡을置ᄒᆞ다

(己卯)秦廿五燕三十三齊四十三代六年〇是歲燕代亡凡二國 王賁이 攻遼東ᄒᆞ야 虜燕王喜ᄒᆞ다

王賁이遼東을攻ᄒᆞ야燕王喜를虜ᄒᆞ다

溫公曰燕丹、不勝一朝之忿、以犯虎狼之秦、輕慮淺謀、挑怨速禍、使召公之廟不祀忽諸、罪孰大焉、而論者或謂之賢、豈不過哉、夫爲國家者、任官以才、立政以禮、懷民以仁、交鄰以信、是以官得其人、政得其節、百姓懷其德、四鄰親其義、夫如是則、國家、安如磐石、熾如焱火、觸之者碎、犯之者焦、雖有彊暴之國、尙何足畏哉、丹、釋此不爲、顧以萬乘之國、決匹夫之怒逞盜賊之謀、功墮身僇、社稷爲墟、不亦悲哉、夫其膝行蒲伏、非恭也、復言重諾、非信也、糜金散玉、非惠也、刎頸決腹、非勇也、要之、謀不遠而動不義、其楚白公勝之流乎、荊軻、懷豢養之私、不

顧七族、欲以尺八匕首、彊燕而弱秦、不亦愚乎

初에齊事秦謹ᄒᆞ고與諸侯信이러니齊亦東邊海上이라秦이日夜에攻三晉이어늘燕楚五國이各自以救ᄒᆞ니以故로齊王建이立四十餘年에不受兵이러니後에齊相及賓客이多受秦間金ᄒᆞ야勸王朝秦ᄒᆞ고不修攻戰之備ᄒᆞ고不助五國攻秦ᄒᆞ니秦이以故로得滅五國ᄒᆞ다

初에齊가秦을事ᄒᆞ기를謹히ᄒᆞ고諸侯로더부러信ᄒᆞ더니齊도ᄯᅩ東으로海上을邊ᄒᆞᆫ지라秦이日夜에三晉을攻ᄒᆞ거ᄂᆞᆯ燕楚五國이각각스ᄉᆞ로써救ᄒᆞ니이러ᄒᆞᆫ고로齊王建이立ᄒᆞᆫ지四十餘年에兵을受치아니ᄒᆞ얏더니後에齊相과밋賓客이秦의間金을마니밧고王을勸ᄒᆞ야秦에朝ᄒᆞ라ᄒᆞ고攻戰의備를修치아니ᄒᆞ고五國을助ᄒᆞ야秦을攻치아니ᄒᆞ니秦이이런고로五國을滅ᄒᆞᆷ을得ᄒᆞ다

詳密註釋通鑑諺解卷之一 終

詳密註釋 通鑑諺解

【卷二】

(猝)倉遽也
(莫格)猶言不敢

後秦紀

始皇帝下

(庚辰)二十六年이라 王賁이 自燕으로 南攻齊ᄒᆞᆯ서 猝入臨淄ᄒᆞ니 民莫敢格者ㅣ러라 秦이 使人으로 誘齊王ᄒᆞ야 約封以五百里之地ᄒᆞᆫ대 齊王이 遂降이어ᄂᆞᆯ 秦이 遷之共ᄒᆞ야 (音恭河內郡名) 處之松柏之間ᄒᆞ야 餓而死ᄒᆞ다

二十六年이라 王賁이 燕으로브터 南으로 齊를 攻ᄒᆞᆯ서 창졸이 臨淄로 入ᄒᆞ니 民이 敢히 格ᄒᆞᆯ者ㅣ 업더라 秦이 人으로ᄒᆞ여곰 齊王을 誘ᄒᆞ야 五百里의 地로써 封홈을 約ᄒᆞᆫ되 齊王이 드ᄃᆡ여 降ᄒᆞ거늘 秦이 共에 遷ᄒᆞ야 松栢의 間에 處ᄒᆞ야 餓ᄒᆞ야 死케ᄒᆞ다

王이 初幷天下에 自以爲德兼三皇ᄒᆞ고 (伏羲神農黃帝) 功過五帝라ᄒᆞ야 (少昊顓頊帝嚳帝堯帝舜) 乃更號曰皇帝라ᄒᆞ고 命爲制라ᄒᆞ고 令爲詔라ᄒᆞ고 自今以來로 除諡法ᄒᆞ고 (死後考行立號曰諡) 朕이 爲始皇帝ᄒᆞ노니 後世以計數ᄒᆞ야 二世三世로 至于萬世ᄒᆞ야 傳之無窮ᄒᆞ라

十月屬水 水德屬北方故尙黑

王이처음으로天下롤幷홈에스스로써ᄒᆞ되德은三皇을兼ᄒᆞ고功은五帝에過ᄒᆞ다ᄒᆞ야이에號를곳쳐曰皇帝라ᄒᆞ고命을制라ᄒᆞ고令을詔라ᄒᆞ고今으로브터써옴으로謚法을除ᄒᆞ고朕이始皇帝가되노니後世는써數를計ᄒᆞ야二世와三世로萬世에至ᄒᆞ야無窮홈에傳ᄒᆞ라

初에齊威宣之時에 鄒衍이 論著終始五德之運이러니 及始皇이幷天下에 齊人이 奏之어늘 始皇이 采用其說ᄒᆞ야 以爲周ㅣ 得火德ᄒᆞ고秦이 代周ᄒᆞ니 從所不勝이라ᄒᆞ야 爲水德ᄒᆞ고 始改年ᄒᆞ야 朝賀를 皆自十月朔ᄒᆞ고 衣服旌(析羽於上綴)旄(牛尾於竿首) 節(行者之所執) 旗(大將之所建)를 皆尙黑ᄒᆞ고 數를 以六으로 爲紀ᄒᆞ다 (水終數六故以六寸爲符六尺爲步)

初에齊威宣의時에鄒衍이終始五德의運을論ᄒᆞ야著ᄒᆞ엿더니밋始皇이天下를幷홈에齊人이奏ᄒᆞ거늘始皇이그말을采用ᄒᆞ야써ᄒᆞ되周가火德을得ᄒᆞ고秦이周를代ᄒᆞ니勝치못홀바를從ᄒᆞᆫ다ᄒᆞ야水德으로ᄒᆞ고비로소年을改ᄒᆞ야朝賀를다十月朔으로브터ᄒᆞ고衣服과旌旄와節旗를다黑을숭상ᄒᆞ고數를六으로써紀ᄒᆞ다

(樹)立也

丞相綰等이 丞承也相助也謂掌承天子助理萬機也綰姓王氏 言燕齊荊이 地遠ᄒᆞ니 不爲置王이면 無以鎭之니 請立諸子ᄒᆞ소셔 始皇이 下其議ᄒᆞᆫ대 廷尉斯 廷平也治獄貴平故ㅣ號廷尉斯姓李氏 曰周文武의 所封子弟同姓이 甚衆이나 然이나 後屬이 疎遠ᄒᆞ야 相攻擊을 如仇讐ᄒᆞ니 周天子ㅣ 弗能禁止라 今海內ㅣ 賴陛下神靈ᄒᆞ야 一統皆爲郡縣ᄒᆞ니 諸子功臣을 以公賦稅로 重賞賜之면 甚足易制오 天下ㅣ 無異意則安寧之術也니 置諸侯ㅣ 不便ᄒᆞ니이다

丞相綰의等이말ᄒᆞ되燕과齊와荊이地가遠ᄒᆞ니王을置ᄒᆞ지아니ᄒᆞ면써鎭ᄒᆞᆯ슈가업스니請컨ᄃᆡ諸子를立ᄒᆞ소셔始皇이그議를下ᄒᆞᆫ대廷尉斯ㅣ曰周文武의子弟와同姓을封ᄒᆞᆫ바이甚히만으나然이나後屬이疎ᄒᆞ고遠ᄒᆞ야서로攻ᄒᆞ고擊ᄒᆞᆷ을仇讐와如히ᄒᆞ니周天子ㅣ能히禁止치못ᄒᆞᆫ지라今에海內ㅣ陛下의神靈을賴하야一統ᄒᆞ야다郡縣이되니諸子와功臣을公賦稅로써重히賞賜ᄒᆞ면甚히足ᄒᆞ야制ᄒᆞ기易ᄒᆞ고天下ㅣ異意가無ᄒᆞᆫ則安寧의術이니諸侯를置ᄒᆞᆷ이便치아니ᄒᆞ니이다

始皇이 曰天下ㅣ 共苦ᄒᆞ야 戰鬪不休는 以有侯王이러니 賴宗廟ᄒᆞ야 天下ㅣ 初定이어늘 又復立國이면 是는 樹兵也ㅣ니 而求其寧息이 豈不難

(東行)行去聲巡視也 (頌功)頌歌之也 (至顚)顚頂也 (陰道)山北曰陰 (三神山)蓬萊方丈瀛洲也

哉아 廷尉議ㅣ是고라ᄒᆞ 於是에 分天下爲三十六郡ᄒᆞ야 郡置守尉監ᄒᆞ고 太守掌治其郡 丞尉掌佐守典武職甲卒 監御史掌監郡 收天下兵ᄒᆞ야 聚咸陽ᄒᆞ야 銷以爲鍾鐻金人十二ᄒᆞ니 銷音消 鐻音巨 鍾曰虛 監曰鍾 植曰鐻 蓋樂器也 始皇二十六年 有大人十二 見於臨洮 身長五丈 足履六尺 皆夷狄服 天誡若曰 勿大爲夷狄行 將滅其國 始皇不知 反以爲瑞 乃銷兵器 鑄爲金人 以象之 重이各千石이라 置宮庭中ᄒᆞ다 百二十斤爲石 坐高二丈 號曰翁仲 漢世在長樂宮門

始皇이 日天下ㅣ 한가지 苦ᄒᆞ야 戰鬪가 休치아니홈은 써 侯와王을 有홈이러니 宗廟를 賴ᄒᆞ야 天下ㅣ 처음으로 定ᄒᆞ엿거늘 또다시 國을 立ᄒᆞ면 是는 兵을 樹홈이니 그 寧息을 求홈이 웃지 難치아니냐 廷尉의 議가 올타ᄒᆞ고 이에 天下를 分ᄒᆞ야 三十六郡을 ᄒᆞ야 郡에 守尉監을 置ᄒᆞ고 天下의 兵을 收ᄒᆞ야 咸陽에 모아 銷ᄒᆞ야 써 鍾鐻金人十二를 ᄒᆞ니 重이 각각 千石이라 宮庭中에 置ᄒᆞ다

(壬午)二十八年이라 始皇이 東行郡縣ᄒᆞ샤 上鄒嶧山ᄒᆞ야 嶧音亦 ○邾嶧一名鄒山 山在兗州鄒縣南 邾改作鄒 遂因縣名山 立石頌功業ᄒᆞ고 上太山陽至顚ᄒᆞ야 立石頌德ᄒᆞ고 從陰道下ᄒᆞ야 禪於梁父ᄒᆞ고 梁山下小山名也 因以名縣 父音甫 遂東遊海上이러니 方士徐市等이 上書ᄒᆞ대 請得與童男女로 入海ᄒᆞ야 求三神山不死藥이라ᄒᆞ고 浮江至湘

始皇駕幸
東御園來
嘗玩佳景
登顯慶殿
暫息不覺
困倦忽聞
而臥伏几
一聲響亮
驚動天地
但見紅日
墜於面前
從東一小
兒著青衣
面如銅鐵
目有重瞳
向前欲抱
太陽未曾
抱起從南
又一紅衣
小兒大叫
青衣小兒
未可抱去
我奉上帝
敕命特來
抱太陽兩
個不伏各
努力爭打
青衣小兒
連捽紅衣

山祠ᄒᆞ야逢大風ᄒᆞ야幾不能渡라上이問湘君은何神고對曰堯女오舜妻니이다始皇이大怒ᄒᆞ야使伐湘山樹ᄒᆞ야赭其山ᄒᆞ다（赭音者赤色）

二十八年이라始皇이東으로郡縣을行ᄒᆞᆯ시鄒嶧山에上ᄒᆞ야石을立ᄒᆞ고功業을頌ᄒᆞ고太山陽에上ᄒᆞ야顚에至ᄒᆞ야石을立ᄒᆞ고德을頌ᄒᆞ고陰道로從ᄒᆞ야下ᄒᆞ야梁父에禪ᄒᆞ고드대여東으로海上에遊ᄒᆞ더니方士徐市의等이書를上호대請컨ᄃᆡ시러곰童男女로더브러海에入ᄒᆞ야三神山不死藥을求ᄒᆞ겟다ᄒᆞ고江에浮ᄒᆞ야湘山祠에至ᄒᆞ야大風을만나거의能히渡ᄒᆞᆯ슈업는지라上이뭇되湘君은웃지ᄒᆞᆫ神인고對ᄒᆞ여曰堯의女오舜의妻ㅣ니이다始皇이크게怒ᄒᆞ야ᄒᆞ여곰湘山의樹를伐ᄒᆞ야그山을붉게ᄒᆞ다

初에韓人張良이父祖以上으로五世相韓이라韓亡에良이欲爲韓報仇ᄒᆞ니라始皇이東遊ᄒᆞ야至陽武博浪沙中이어늘（陳留有陽武縣陽武南有博浪沙）張良이令力士로操鐵椎ᄒᆞ야狙擊始皇이라가（狙音蛆○狙之伺物必伏而候之凡伏而擊者謂之狙擊）誤中副車ᄒᆞᆫ대始皇이驚求弗得ᄒᆞ고令天下ᄒᆞ야大索十日ᄒᆞ다

初에韓人張良이父祖써上으로五世를韓에相ᄒᆞᆫ지라韓이亡ᄒᆞᆷ에良이韓을爲ᄒᆞ야

小兒七十二交紅衣小兒不伏跳將起來用力打訖一拳靑衣小兒仆地便倒氣絕而死紅衣小兒將太陽抱起向南而去醒則是一夢故欲求長生不死之藥万世爲君

(狙)大猴也此獸善候故其字以候也

始皇使燕人盧生求古仙人羨門子高也

(錄圖)符命之書後世讖書之始也

(延袤)袤長也

仇를報코져ᄒᆞ더니始皇이東으로遊ᄒᆞ야陽武博浪沙中에至ᄒᆞ거늘張良이力士로ᄒᆞ여곰鐵椎를操ᄒᆞ야狙ᄒᆞ야始皇을擊ᄒᆞ다가그릇副車를中ᄒᆞᆫ대始皇이놀나구ᄒᆞ되得지못ᄒᆞ고天下에令ᄒᆞ야크게十日을索ᄒᆞ다

(丙戌)三十二年이라 始皇이 巡北邊ᄒᆞᆯ새 盧生이 入海還ᄒᆞ야 因奏錄圖書曰亡秦者ᄂᆞᆫ 胡也라ᄒᆞ야ᄂᆞᆯ 胡乃胡亥 始皇이 乃遣蒙恬ᄒᆞ야 發兵三十萬人ᄒᆞ야 北伐匈奴ᄒᆞ고 取河南地ᄒᆞ야 爲四十四縣河南並匈奴地ᄒᆞ고 築長城ᄒᆞᄃᆡ 因地形ᄒᆞ야 用制險塞ᄒᆞ야 起臨洮至遼東ᄒᆞ니 延袤萬餘里라 袤音茂延長行也南北曰袤 威振匈奴러라

三十二年이라始皇이北邊에巡ᄒᆞᆯ시盧生이海로入ᄒᆞ얏다가還ᄒᆞ야因ᄒᆞ야錄圖書를奏ᄒᆞ야日秦을亡ᄒᆞᆯ者ᄂᆞᆫ胡라ᄒᆞ야ᄂᆞᆯ始皇이이에蒙恬을遣ᄒᆞ야兵三十萬人을發ᄒᆞ야北으로匈奴를伐ᄒᆞ고河南地를取ᄒᆞ야四十四縣을ᄒᆞ고長城을築호대地形을因ᄒᆞ야써險塞을制ᄒᆞ야臨洮에起ᄒᆞ야遼東에至ᄒᆞ니延袤ㅣ萬餘里라威가匈奴에振ᄒᆞ더라

(戊子)三十四年이라 丞相李斯ㅣ 上書曰異時에 諸侯ㅣ並爭ᄒᆞ야

(非法敎)李斯傳作相與非法敎之制

厚招遊學이러니 今天下ㅣ已定에 法令이出一ᄒᆞ니 百姓이 當家則力農工ᄒᆞ고 士則學習法令이어늘 今諸生이 不師今而學古ᄒᆞ야 以非當世ᄒᆞ고 惑亂黔首ᄒᆞ며 相與非法으로 敎人ᄒᆞ야 聞令下則各以其學으로 議之ᄒᆞ고 入則心非ᄒᆞ며 出則巷議ᄒᆞ야 誇主以爲名ᄒᆞ고 異趣以爲高ᄒᆞ야 率羣下以造謗ᄒᆞ니 如此弗禁則主勢ㅣ 降乎上ᄒᆞ고 黨與ㅣ 成乎下ㅣ니 禁之便ᄒᆞ니이다

三十四年이라丞相李斯ㅣ書를上ᄒᆞ여曰異時에諸侯ㅣ아올너爭ᄒᆞ야厚히遊學을招ᄒᆞ엿더니今에天下ㅣ임의定ᄒᆞᆷ에法令이一에出ᄒᆞ니百姓이家에當ᄒᆞᆫ則農과工을力ᄒᆞ고士인則法令을學ᄒᆞ야習ᄒᆞ겟거늘이제諸生이今을師치아니ᄒᆞ고古를學ᄒᆞ야써當世를非ᄒᆞ고黔首를惑亂ᄒᆞ며서로더브러法아닌것으로人을敎ᄒᆞ야令이下ᄒᆞᆷ을聞ᄒᆞᆫ則각각그學ᄒᆞᆷ으로써議ᄒᆞ고入ᄒᆞᆫ則心으로非타ᄒᆞ며出ᄒᆞᆫ則巷에서議ᄒᆞ야主를誇ᄒᆞᆷ으로써名을ᄒᆞ고趣를異ᄒᆞᆷ으로써高히ᄒᆞ야群下를率ᄒᆞ고謗을造ᄒᆞ니이와갓ᄒᆞᆷ을禁치아니ᄒᆞᆫ則主勢ㅣ上에降ᄒᆞ고黨與ㅣ下에成ᄒᆞᆯ지니禁ᄒᆞᆷ이便ᄒᆞ니이다

(守尉)守掌治其郡尉掌佐守典武職甲卒百官志大郡曰守小郡曰尉
(偶)對也
(筮)龜曰卜蓍曰筮
(種樹)植樹也
(制曰可)
群臣有所
奏請尚書
子之下有
奉曰制天
司答曰可

臣은請史官이非秦記어든皆燒之ᄒᆞ고非博士官의所職이오天下에有藏詩書百家語者어든皆詣守尉ᄒᆞ야雜燒之ᄒᆞ고有偶語詩書者어든棄市ᄒᆞ고 刑人於市與衆棄之故今律謂絞刑爲棄也 以古非今者는族ᄒᆞ고 謂滅族 所不去者는醫藥卜筮種樹之書오若欲有學法令이어든以吏爲師라ᄒᆞᆫ대制曰可라ᄒᆞ다

臣은請컨ᄃᆡ史官이秦의記가아니어든다燒ᄒᆞ고博士官의職ᄒᆞᄂᆞᆫ바ㅣ아니오天下에詩書와百家語를藏ᄒᆞᆫ者ㅣ有ᄒᆞ거든다守尉에게詣ᄒᆞ야雜燒ᄒᆞ고詩書를偶語ᄒᆞᄂᆞᆫ者ㅣ有ᄒᆞ거든市에棄ᄒᆞ고古로써今을非라ᄒᆞᄂᆞᆫ者ᄂᆞᆫ族ᄒᆞ고去치아니ᄒᆞᆯ바ᄂᆞᆫ醫藥卜筮種樹의書이오만일法令을學코져ᄒᆞᄂᆞᆫ이가有ᄒᆞ거든吏로써師를삼겟다ᄒᆞᆫ대制ᄒᆞ여曰可라ᄒᆞ다

(己丑)三十五年이라使蒙恬으로除直道호ᄃᆡ 除治也秦故道在慶州華地縣西子午山上 道九原ᄒᆞ야 道由也今豐州 抵雲陽ᄒᆞ야 抵至也今京兆雲陽縣 塹山堙谷ᄒᆞ니 塹音諂阬也 堙音因塞也 千八百里라數年不就ᄒᆞ다

三十五年이라蒙恬으로ᄒᆞ여곰直道를除호대九原으로말미암어雲陽에抵ᄒᆞ야山을塹ᄒᆞ고谷을堙ᄒᆞ니千八百里라數年이나就치못ᄒᆞ다

(閣道)架木爲棚而行名閣道(複道)架起爲道不與民庶相雜天子自行其上有私路處則作穴竇處如城門百姓自其中往來

始皇이以爲咸陽에人多ᄒᆞ고先王之宮庭이小라ᄒᆞ야乃營作朝宮渭南上林苑中ᄒᆞᆯ서先作前殿阿房ᄒᆞ니在雍州初秦惠文王作宮阿基房未成始皇廣其宮規陝三百餘里房一作旁或讀如旁室之旁阿曲也言殿之四阿皆爲房東西ㅣ五百步오南北이五十丈이라上可以坐萬人이오下可以建五丈旗러라

始皇이써ᄒᆞ되咸陽에人이多ᄒᆞ고先王의宮庭이少ᄒᆞ다ᄒᆞ야이에營ᄒᆞ야朝宮을渭南上林苑中에作ᄒᆞᆯ식먼저前殿阿房을作ᄒᆞ니東西가五百步오南北이五十丈이라上은可히써萬人이坐ᄒᆞ겟고下는可히써五丈旗를建ᄒᆞ겟더라

周馳爲閣道호ᄃᆡ自殿下로直抵南山ᄒᆞ고表南山之顚ᄒᆞ야以爲闕ᄒᆞ고爲複道호ᄃᆡ複音福重複也自阿房으로渡渭ᄒᆞ야屬之咸陽ᄒᆞ니屬音束連也以象天極閣道ㅣ絶漢抵營室也러라營室星名天官書曰天極紫宮後十七星絶漢抵營室曰閣道閣道者星名也北斗輔也

두루달녀閣道를호대殿下로브터곳南山에抵ᄒᆞ고南山의顚을表ᄒᆞ야써闕을ᄒᆞ고複道를호ᄃᆡ阿房으로브터渭를渡ᄒᆞ야咸陽에屬ᄒᆞ니써天極閣道ㅣ漢을絶ᄒᆞ야營室에抵홈을象ᄒᆞ얏더라

隱宮徒刑者ㅣ七十餘萬人이라宮淫刑也男子割勢婦人幽閉次死之刑盖餘刑見於市朝宮刑一百日隱於陰室養之乃可故曰隱宮下蚕室是也徒

美石出於京兆北山細密可爲棺槨故云 (關中)東有函谷關南有嶢關武關北有蕭關西有散關居四關之中故名 (驪邑)始皇之陵也漢自人君卽位卽治山陵及徙民治邑陵傍皆秦制也雲陽甘泉宮所在也 (誹謗)誹議也謗毁訕也 (廉問)廉察也 (傳相告引)甲引乙乙引丙也 (自除)除

刑徒奴役也以罪俱所作 乃分作阿房宮ᄒᆞ며或作驪山ᄒᆞᆯ서 驪音麗山在雍州新豊古驪戎國 發北山石槨ᄒᆞ고寫蜀荊地材ᄒᆞ야 寫音舍車解馬爲寫或作卸 皆至ᄒᆞ니關中에計宮이三百이오關外에四百餘라於是에立石東海上朐界中ᄒᆞ야 朐音區東海地名 以爲秦東門ᄒᆞ고因徙三萬家驪邑ᄒᆞ고五萬家雲陽ᄒᆞ야皆復ᄒᆞ고不事十歲ᄒᆞ다 復音福除其賦役

隱宮徒刑者ㅣ七十餘萬人이라이에分ᄒᆞ야阿房宮을作ᄒᆞ며或驪山을作ᄒᆞᆯ서北山의石槨을發ᄒᆞ고蜀荊地材를寫ᄒᆞ야다至ᄒᆞ니關中에計宮이三百이오關外에四百餘라이에石을東海上朐界中에立ᄒᆞ야써秦의東門을삼고因ᄒᆞ야三萬家를驪邑으로ᄒᆞ고五萬家를雲陽으로ᄒᆞ야徙ᄒᆞ고다復ᄒᆞ고十歲를事치안타

侯生盧生이相與譏議始皇ᄒᆞ고因亡去어늘始皇이聞之ᄒᆞ고大怒曰盧生等을朕이尊賜之甚厚어늘今乃誹謗我로다諸生이在咸陽者를吾ㅣ使人廉問ᄒᆞ니或爲妖言ᄒᆞ야以亂黔首라ᄒᆞ고於是에使御史로悉按問諸生ᄒᆞ니諸生이傳相告引ᄒᆞ야 傳去聲 乃自除犯禁者四百六十餘人이라皆坑之咸陽ᄒᆞ다

去聲開而出也

(誦法孔子)誦孔子之言以爲法也

(繩之)繩索也所以引畫而取直者言正治其事亦猶繩也

秦以亥正則臘爲三月云十二月者則寅月起數秦未嘗改也至三十七年書十月癸丑始皇

侯生과盧生이셔로더브러始皇을譏議ᄒᆞ다가因ᄒᆞ야亡ᄒᆞ야去ᄒᆞ거ᄂᆞᆯ始皇이聞ᄒᆞ고크게怒ᄒᆞ야曰盧生等을朕이尊賜ᄒᆞ기ᄅᆞᆯ甚히厚히ᄒᆞ엿거ᄂᆞᆯ今에이에我ᄅᆞᆯ誹謗ᄒᆞᄂᆞᆫ도다諸生이咸陽에在ᄒᆞᆫ者ᄅᆞᆯ吾ㅣ人으로하여곰廉問ᄒᆞ니或訞言을ᄒᆞ야써黔首ᄅᆞᆯ亂ᄒᆞᆫ다ᄒᆞ고이에御史로하여곰다諸生을按問ᄒᆞ니諸生이傳ᄒᆞ야셔로告引ᄒᆞ야이에스ᄉᆞ로除ᄒᆞ야禁을犯ᄒᆞᆫ者四百六十餘人이라다咸陽에坑ᄒᆞ다

始皇의長子扶蘇ㅣ諫曰諸生이皆誦法孔子ㅣ어ᄂᆞᆯ今上이皆重法繩之ᄒᆞ시니臣은恐天下ㅣ不安ᄒᆞᆯ가ᄒᆞ노이다始皇이怒ᄒᆞ야使扶蘇로北監蒙恬軍於上郡ᄒᆞ다

始皇의長子扶蘇ㅣ諫ᄒᆞ야曰諸生이다孔子ᄅᆞᆯ誦ᄒᆞ야法ᄒᆞ거ᄂᆞᆯ今에上이다重法으로繩ᄒᆞ시니臣은恐ᄒᆞ건ᄃᆡ天下ㅣ安치못ᄒᆞᆯ가ᄒᆞ노이다始皇이怒ᄒᆞ야扶蘇로하여곰北으로蒙恬의軍을上郡에셔監케ᄒᆞ다

(辛卯)三十七年이라冬十月에始皇이出遊ᄒᆞᆯ서左丞相斯ㅣ從ᄒᆞ고少子胡亥ㅣ最愛러니請從이어ᄂᆞᆯ上이許之ᄒᆞ고西至平原津而病ᄒᆞ야(平原河西地名古高唐今德州)秋七月丙寅에始皇이崩於沙丘平臺어ᄂᆞᆯ丞相斯ㅣ爲上崩이

出遊十一月行至雲夢繼書七月丙寅始皇崩九月葬驪山先書十月十二月而繼書七月九月者知其以十月爲正朔而寅月起數未嘗改也

(更爲書)更改也始皇至平原津而病始皇惡言死群臣莫敢言死病益甚迺令中書府令行符璽事趙高爲書賜扶蘇曰與喪會咸陽而葬未付使者始皇崩後趙高迺言斯曰

在外라 恐諸公子及天下有變일가ᄒᆞ야 乃秘之不發喪일가ᄒᆞ야 獨胡亥趙高及幸宦者五六人이知之러라

三十七年이라冬十月에始皇이出ᄒᆞ야遊ᄒᆞᆯ식左丞相斯ㅣ從ᄒᆞ고少子胡亥ㅣ가장愛밧는지라從ᄒᆞ기를請ᄒᆞ거늘上이許ᄒᆞ고西으로平原津에至ᄒᆞ야病ᄒᆞ야秋七月丙寅에始皇이沙丘平臺에셔崩ᄒᆞ거늘丞相斯ㅣᄒᆞ되上의崩ᄒᆞᆷ이外에在ᄒᆞᆫ지라諸公子와及天下에變이有ᄒᆞᆯ가恐ᄒᆞ야이에秘ᄒᆞ야喪을發치아니ᄒᆞ고ᄒᆞᆯ로胡亥와趙高와밋幸宦者五六人이知ᄒᆞ엿더라

趙高ㅣ乃與丞相斯로謀ᄒᆞ고 詐爲受始皇詔라ᄒᆞ야 立胡亥爲太子ᄒᆞ고 更爲書賜扶蘇ᄒᆞ야 數以不能闢地立功ᄒᆞ며 (數音藪謂以一二而記之) 上書誹謗이라ᄒᆞ고 將軍恬은 不矯正ᄒᆞ니 知其謀라ᄒᆞ야 皆賜死ᄒᆞᆫ대 扶蘇ㅣ 自殺이어늘 胡亥ㅣ至咸陽ᄒᆞ야 發喪襲位ᄒᆞ고 九月에 葬始皇於驪山下ᄒᆞ다

趙高ㅣ이에丞相斯로더부러謀ᄒᆞ고거짓始皇의詔를受ᄒᆞ엿다ᄒᆞ야胡亥를세워太子를삼고다시書를ᄒᆞ야扶蘇에게賜ᄒᆞ야能히地를闢ᄒᆞ고功을立치못ᄒᆞᆷ으로써數ᄒᆞ며上書에誹謗ᄒᆞᆫ다ᄒᆞ고將軍恬은矯正치못ᄒᆞ니그謀를知ᄒᆞᆫ다ᄒᆞ야다死를賜ᄒᆞᆫ

上賜長子書及符璽皆在胡亥所定太子皆在君侯與高之口耳事將何爲斯曰安得亡國之言非人臣所當議也趙高固請李斯許之更爲書云云耳目煩不引

대扶蘇ㅣ自殺ᄒᆞᆫ거늘胡亥ㅣ咸陽에至ᄒᆞ야喪을發ᄒᆞ고位를襲ᄒᆞ고九月에始皇을驪山下에葬ᄒᆞ다

二世皇帝(名胡亥) 在位三年壽二十四(繁刑重役誅殺任情罪盈怨積而天下叛之卒爲趙高所殺立子嬰爲王凡四十六日而降于漢)

(壬辰)元年이라春에二世ㅣ東行郡縣ᄒᆞᆯ서夏至咸陽ᄒᆞ야謂趙高曰人生世間이譬猶騁六驥過決隙也ㅣ라(決音缺)吾欲悉耳目之所好ᄒᆞ고窮心志之所樂ᄒᆞ야以終吾年壽ᄒᆞ노니可乎아

元年이라春에二世ㅣ東으로郡縣에行ᄒᆞᆯ서夏에咸陽에至ᄒᆞ야趙高다려謂ᄒᆞ여曰人이世間에生ᄒᆞᆷ이譬컨ᄃᆡ六驥를乘ᄒᆞ고決隙을過ᄒᆞᆷ과갓흔지라吾ㅣ耳目의好ᄒᆞ는바를悉ᄒᆞ고心志의樂ᄒᆞ는바를窮ᄒᆞ야써吾의年壽를終코져ᄒᆞ노니可ᄒᆞ랴

趙高ㅣ曰陛下ㅣ嚴法而刻刑ᄒᆞ사盡除先帝之故臣ᄒᆞ시고更置陛下之所親信則高枕肆志寵樂矣리이다二世ㅣ然之ᄒᆞ야乃更爲法律ᄒᆞ야務益刻深ᄒᆞ니大臣諸公子ㅣ라도有罪면輒僇死러라

趙高ㅣ曰陛下ㅣ法을嚴히ᄒᆞ시고刑을刻히ᄒᆞ샤다先帝의故臣을除ᄒᆞ시고다시陛

(屯長)屯猶聚也每營置將卒有種種類也

下의親ᄒᆞ고信ᄒᆞᄂᆞᆫ이를置ᄒᆞ신則枕을高히ᄒᆞ고志를肆ᄒᆞ야寵ᄒᆞ고樂ᄒᆞ리이다二世ㅣ그러히여겨이에다시法律을ᄒᆞ야힘써더욱刻ᄒᆞ고深ᄒᆞ게ᄒᆞ니大臣과諸公子라도罪만有ᄒᆞ면믄득僇死ᄒᆞ더라

復作阿房宮ᄒᆞᆯ서 盡徵材士(有材多力之士) 五萬人ᄒᆞ야 屯衛咸陽ᄒᆞ다

다시阿房宮을作ᄒᆞᆯ식다材士五萬人을徵ᄒᆞ야屯ᄒᆞ야咸陽을衛ᄒᆞ다

秋에 陽城人陳勝(字涉)과 陽夏人吳廣(字叔)이 起兵於蘄(音棋)ᄒᆞ다 是時에 發閭左ᄒᆞ야 戍漁陽ᄒᆞᆯ서(閭左言居閭里之左也秦時復除者居閭左蓋役煩故在閭左者盡發之也一說所在以富强爲右貧弱爲左時役戍多富者役盡兼取貧者發之戍者屯兵而守也漁陽在幽州漁水之北) 九百人이 屯大澤鄕(在沛郡蘄縣)ᄒᆞ고 勝廣이 皆爲屯長이러니 會에 天이 大雨ᄒᆞ야 道不通이어늘 度已失期ᄒᆞ고 乃召令徒屬曰公等은 皆失期ᄒᆞ니 當斬이라 且壯士ㅣ 不死則已어니와 死則擧大名耳니 王侯將相이 寧有種乎아 衆이 皆從之어늘

秋에陽城人陳勝과陽夏人吳廣이兵을蘄에서起ᄒᆞ다이ᄯᅢ에閭左를發ᄒᆞ야漁陽을戍ᄒᆞᆯ식九百人이大澤鄕에屯ᄒᆞ고勝과廣이다屯長이되엿더니會에天이크게雨ᄒᆞ야道가通치못ᄒᆞ거ᄂᆞᆯ임의期를失ᄒᆞᆷ을度ᄒᆞ고이에徒屬을불너令ᄒᆞ야日公等은다

期를失ᄒᆞ엿스니맛당이斬ᄒᆞᆯ지라ᄯᅩ壯士ㅣ死치아니ᄒᆞᆫ則말녀니와死ᄒᆞᆫ則大名을
擧ᄒᆞᆯ지니王侯와將相이엇지種이有ᄒᆞ랴衆이다從ᄒᆞ거늘

乃詐稱公子扶蘇項燕이라ᄒᆞ고 (扶蘇始皇長子無罪而二世殺之百姓未知其死項燕楚之良將或以爲死或以爲亡命故詐稱二人以爲天下倡) 爲壇而盟ᄒᆞ야稱大楚라ᄒᆞ고 勝이自立爲將軍ᄒᆞ고廣이爲都尉ᄒᆞ야 入據陳ᄒᆞ니陳中父老ㅣ請立涉爲楚王이어늘

이에그짓公子扶蘇와項燕이라稱ᄒᆞ고壇을ᄒᆞ고盟ᄒᆞ야大楚라稱ᄒᆞ고勝이스ᄉᆞ로
立ᄒᆞ야將軍이되고廣이都尉가되여陳에入據ᄒᆞ니陳中父老ㅣ涉을立ᄒᆞ야楚王삼
기를請ᄒᆞ거늘

張耳陳餘ㅣ曰秦爲無道ᄒᆞ야暴虐百姓이어늘 將軍이 出萬死之計ᄒᆞ야爲天下除殘ᄒᆞ니今始至陳而王之면示天下私니 願將軍은毋王ᄒᆞ고急引兵而西ᄒᆞ야遣人立六國後ᄒᆞ야 自爲樹黨ᄒᆞ야 爲秦益敵ᄒᆞ라 敵多則力分이오與衆則兵强이니 (與衆黨與衆多也) 誅暴秦據咸陽ᄒᆞ야 以令諸侯則帝業을成矣리라涉이不聽ᄒᆞ고 自立爲王ᄒᆞ니諸郡縣이 苦秦法ᄒᆞ야爭殺長吏ᄒᆞ고以應涉이러라

(謁者)官名

(陳王)陳勝

(校尉)校營壘之稱故軍之一

張耳와陳餘ㅣ曰秦이無道ᄒᆞ야百姓을暴虐ᄒᆞ거늘將軍이萬死의計를出ᄒᆞ야天下를爲ᄒᆞ야殘을除ᄒᆞ니今에비로소陳에至ᄒᆞ야王ᄒᆞ면天下에私를示홈이니願컨ᄃᆡ將軍은王치말고急히兵을引ᄒᆞ고西로ᄒᆞ야人을遣ᄒᆞ야六國의後를立ᄒᆞ야스ᄉᆞ로黨을樹ᄒᆞ고秦을爲ᄒᆞ야敵을益케ᄒᆞ라敵이多ᄒᆞᆫ則力이分ᄒᆞ고衆을與ᄒᆞᆫ則兵이强ᄒᆞᆯ지니暴ᄒᆞᆫ秦을誅ᄒᆞ고咸陽에據ᄒᆞ야써諸侯에게令ᄒᆞᆫ則帝業을成ᄒᆞ리라涉이聽치아니ᄒᆞ고스ᄉᆞ로셔셔王이되니모든郡과縣이秦法을苦ᄒᆞ야ᄃᆞ토어長吏를殺ᄒᆞ고써涉을應ᄒᆞ더라

謁者使ㅣ從東方來ᄒᆞ야以反者로聞이어늘二世ㅣ怒ᄒᆞ야下之吏러니後使者ㅣ至에上이問之ᄒᆞᆫᄃᆡ對曰群盜는鼠竊狗偷ㅣ니不足憂也ㅣ니이다上이悅ᄒᆞ다

謁者使ㅣ東方으로조차來ᄒᆞ야反者로써聞ᄒᆞ거늘二世ㅣ怒ᄒᆞ야吏에게下ᄒᆞ엿더니後使者ㅣ至ᄒᆞᆷ에上이問ᄒᆞᆫ대對ᄒᆞ야曰羣盜는鼠竊과狗偸니足히憂ᄒᆞᆯ것이아니니이다上이悅ᄒᆞ다

陳王이人陳人武臣으로爲將軍ᄒᆞ고以張耳陳餘로爲左右校尉ᄒᆞ야予卒三千人ᄒᆞ야徇趙ᄒᆞ고使周文(史作周章)으로西擊秦ᄒᆞ다

部稱爲一校也尉者侯也武官恐以爲稱

(循趙)畧地曰徇謂行而取之也

(下相)去聲任相水下流故名縣名也

(狄人)狄縣名

(豁如)開大貌

陳王이陳人武臣으로써將軍을삼고張耳와陳餘로써左右校尉를삼어卒二千人을予ᄒᆞ야趙을徇ᄒᆞ고周文으로ᄒᆞ야곰西으로秦을擊ᄒᆞ다

武臣等이**行收兵**ᄒᆞ야**得數萬人**이라**號武臣**ᄒᆞ야**爲武信君**이라ᄒᆞ고**下趙三十餘城**ᄒᆞ다**八月**에**武信君**이**自立爲趙王**ᄒᆞ다

武臣等이行ᄒᆞ야兵을收ᄒᆞ야數萬人을得ᄒᆞᆫ지라武臣을號ᄒᆞ야武信君이라ᄒᆞ고趙三十餘城을下ᄒᆞ다八月에武信君이스ᄉᆞ로立ᄒᆞ야趙王이되다

九月에**沛人劉邦**은**起兵於沛**ᄒᆞ고(漢高本紀作沛豐邑人沛今徐州縣漢改泗水爲沛郡治相城)**下相人項梁**은**起兵於吳**ᄒᆞ고**狄人田儋**은(音覃)**起兵於齊**ᄒᆞ다

九月에沛人劉邦은兵을沛에셔起ᄒᆞ고下相人項梁은兵을吳에셔起ᄒᆞ고狄人田儋은兵을齊에셔起ᄒᆞ다

劉邦의**字**ᄂᆞᆫ**季**니**爲人**이**隆準龍顏**이오(準鼻也音準的之準顏額顙也謂之龍顏見其非凡)**左股**에**有七十二黑子**ᄒᆞ고**愛人喜施**ᄒᆞ야**意豁如也**ᄒᆞ고**常有大度**ᄒᆞ야**不事家人生產作業**ᄒᆞ더라

劉邦의字ᄂᆞᆫ季니人됨이隆ᄒᆞᆫ準에龍의顏이오左股에七十二黑子가有ᄒᆞ고人을愛

(縱)放也

(息女)息生也己所生女也

(箕箒妾)爲妾以供灑掃也

(厭)禳也禳之爲言攘也除厲殃

ᄒᆞ고施ᄒᆞᆷ을喜ᄒᆞ야意가豁如ᄒᆞ고일즉大ᄒᆞᆫ度가有ᄒᆞ야家人의生產作業을事치아니ᄒᆞ더라

史記本紀에曰常繇咸陽ᄒᆞᆯ새縱觀秦皇帝ᄒᆞ고喟然太息曰嗟乎ㅣ라大丈夫ㅣ當如此矣라ᄒᆞ더라

史記本紀에曰일즉咸陽에繇ᄒᆞᆯ새縱ᄒᆞ야秦皇帝를觀ᄒᆞ고喟然이太息ᄒᆞ야曰嗟홉다大丈夫ㅣ맛당히此와如ᄒᆞᆯ것이라ᄒᆞ더라

單父人呂公이(單父音善甫濟寧屬縣 呂公魏人名文字叔平)好相人이러니見季狀貌ᄒᆞ고因重敬之曰臣이相人이多矣로대無如季相ᄒᆞ니願季는自愛ᄒᆞ라臣이有息女ᄒᆞ니願爲箕箒妾ᄒᆞ노라卒與劉季ᄒᆞ니乃呂后也ㅣ러라

單父人呂公이人을相ᄒᆞ기를好ᄒᆞ더니季의狀貌를見ᄒᆞ고因ᄒᆞ야重히여겨敬ᄒᆞ야曰臣이人을相ᄒᆞᆷ이多호대季의狀갓흔이가無ᄒᆞ니願컨대季는스ᄉᆞ로愛ᄒᆞ라臣이息女가有ᄒᆞ니箕箒妾ᄉᆞᆷ기를願ᄒᆞ노라맛참내劉季를주니이에呂后러라

秦始皇帝ㅣ常曰東南에有天子氣라ᄒᆞ야於是에因東遊以厭(音壓)之어늘季ㅣ即自疑亡匿ᄒᆞ야隱於芒碭山澤間이러니(碭音唐芒郡屬臨淮陽碭縣屬梁國二縣之界有山澤之固故)

(送徒)徒
即徒刑

隱於其間呂后ㅣ與人오로俱求常得之어늘季ㅣ怪問之ᄒᆞᆫ딕呂后ㅣ曰季ㅣ所居上에常有雲氣故로 從往常得季라ᄒᆞ니 沛中子弟ㅣ聞之ᄒᆞ고多欲附者ㅣ러라

秦始皇帝ㅣ일즉이曰東南에天子의氣가有ᄒᆞ다ᄒᆞ야이에因ᄒᆞ야東으로놀아써厭ᄒᆞ거늘季가곳스ᄉᆞ로疑ᄒᆞ야亡ᄒᆞ야匿ᄒᆞ야芒碭山澤間에隱ᄒᆞ얏더니呂后ㅣ人으로더브러한가지求ᄒᆞ야항상得ᄒᆞ거늘季ㅣ怪히너겨問ᄒᆞᆫ대呂后ㅣ曰季의居ᄒᆞᆫ바上에항상雲氣가有ᄒᆞᄂᆞᆫ故로조차가셔항샹季를得ᄒᆞ엿다ᄒᆞ니沛中子弟ㅣ聞ᄒᆞ고附코져ᄒᆞᄂᆞᆫ者ㅣ多ᄒᆞ더라

初에爲泗上亭長ᄒᆞ야 亭者停留行旅宿食處猶今之館驛也秦法十里一亭亭置長督盜賊泗水亭在沛縣東 爲縣送徒驪山이러니 始皇葬時郡縣皆送徒士役作 徒ㅣ多道亡이어늘 自度比至에皆亡之ᄒᆞ고 亡走也 乃解縱所送徒曰公等은皆去ᄒᆞ라吾ㅣ亦從此逝矣리라 徒中壯士願從者ㅣ十餘人이러라

쳐음에泗上亭長이되여縣을爲ᄒᆞ야徒를驪山에送ᄒᆞ더니徒가道에셔도망ᄒᆞᄂᆞᆫ이가多ᄒᆞ거늘스ᄉᆞ로至ᄒᆞᆷ에比ᄒᆞ야다도망ᄒᆞᆯ줄度ᄒᆞ고이에送ᄒᆞ든바徒를解縱ᄒᆞ야

(白帝子)秦以居西戎主少昊之神作西畤祠白帝 (赤帝子)赤帝謂漢也漢承堯緖爲火德也斬之者嘗滅秦也 (不見)見胡電切

(掾主吏)叅爲獄掾何爲主吏謂分部列局之吏也史掌書者也吏治人者也治人

曰公等은다去ᄒᆞ라吾도ᄯᅩᄒᆞᆫ이로조차逝ᄒᆞ리라徒中壯士에從키를願ᄒᆞᄂᆞᆫ者ㅣ十餘人이러라

劉季ㅣ被酒ᄒᆞ고夜徑澤中ᄒᆞᆯ서(徑小道也從小道而行過也)有大蛇ㅣ當徑이어늘季ㅣ拔劒斬蛇ᄒᆞ러니後人이來至蛇所ᄒᆞ니有老嫗ㅣ夜哭曰吾子ᄂᆞᆫ白帝子也라化爲蛇當道니라今赤帝子ㅣ斬之라ᄒᆞ고嫗ㅣ因忽不見이어늘後人이告劉季ᄒᆞᆫ대季ㅣ乃心獨喜自負ᄒᆞ고諸從者ㅣ日益畏之ᄒᆞ더라

劉季ㅣ酒를被ᄒᆞ고夜에澤中으로徑ᄒᆞᆯ서大蛇ㅣ有ᄒᆞ야徑에當ᄒᆞ거늘季ㅣ劒을拔ᄒᆞ야蛇를斬ᄒᆞ엿더니後人이來ᄒᆞ야蛇所에至ᄒᆞ니老嫗ㅣ有ᄒᆞ야夜에哭ᄒᆞ야曰吾子ᄂᆞᆫ白帝子라化ᄒᆞ야蛇가되여道에當ᄒᆞ엿더니今에赤帝子ㅣ斬ᄒᆞ엿다ᄒᆞ고嫗ㅣ因ᄒᆞ야忽然보이지안커늘後人이劉季에게告ᄒᆞᆫ대季ㅣ이에心으로ᄒᆞᆯ로喜ᄒᆞ야ᄉᆞᄉᆞ로負ᄒᆞ고모든從者ㅣ日로더욱畏ᄒᆞ더라

及陳涉이起에沛令이欲以沛로應之어늘掾主吏蕭何曹參이曰君爲秦吏ᄒᆞ야今欲背之ᄒᆞ고率沛子弟나恐不聽이니願君은召諸亡在外者면可得數百人이니因刦衆이면衆不敢不聽이리라乃令樊

之心主於一故吏字從一從史

(沛公)春秋時楚僭稱王其大夫多封縣公今立高祖爲沛公用楚制也

噲로召劉季ᄒᆞ니時에劉季之衆이已數十百人矣러라

밋陳涉이起ᄒᆞᆷ에沛令이沛로써應코져ᄒᆞ거늘椽主吏蕭何曹叅이曰君이秦吏가되야今에背ᄒᆞ고沛子弟를率코져ᄒᆞ나聽치아니ᄒᆞᆯ가두려우니願컨ᄃᆡ君은모든도망ᄒᆞᆫ이外에在ᄒᆞᆫ者를召ᄒᆞ면可히數百人을得ᄒᆞ리니因ᄒᆞ야衆을刼ᄒᆞ면衆이敢히聽치아니치못ᄒᆞ리라이에樊噲로ᄒᆞ여곰劉季를召ᄒᆞ니時에劉季의衆이임의數十百人이러라

沛令이後悔어늘父老ㅣ乃率子弟ᄒᆞ야共殺沛令ᄒᆞ고開門迎劉季ᄒᆞ야立以爲沛公ᄒᆞ고旗幟를皆赤ᄒᆞ니由所殺蛇者ㅣ赤帝子故也라蕭曹等이爲收沛子弟ᄒᆞ야得三千人ᄒᆞ야以應諸侯ᄒᆞ다

沛令이後悔ᄒᆞ거늘父老ㅣ이에子弟을率ᄒᆞ야ᄒᆞᆫ가지沛令을殺ᄒᆞ고門을開ᄒᆞ고劉季를迎ᄒᆞ야立ᄒᆞ야써沛公을ᄉᆞᆷ고旗幟를다赤케ᄒᆞ니蛇를殺ᄒᆞᆫ바人者ㅣ赤帝子인故로由ᄒᆞᆷ이라蕭曹等이爲ᄒᆞ야沛子弟를收ᄒᆞ야三千人을得ᄒᆞ야써諸侯를應ᄒᆞ다

項梁者는楚將項燕의子也ㅣ라嘗殺人ᄒᆞ고與兄子籍으로避仇吳中이러니籍이少時에學書不成去ᄒᆞ고學劍又不成이어늘項梁이怒之ᄒᆞᆫ대

項梁이란者는楚將項燕의子이라일쥭人을殺ᄒᆞ고兄子籍으로더브러仇를吳中에

避ᄒᆞ엿더니籍이少時에書를學ᄒᆞᄃᆡ成치못ᄒᆞ야去ᄒᆞ고劒을學ᄒᆞᄃᆡ또成치못ᄒᆞ거ᄂᆞᆯ項梁이怒ᄒᆞᆫᄃᆡ

籍이曰書ᄂᆞᆫ足以記名姓而已오劒은一人敵이라不足學이니學萬人敵ᄒᆞ노이다於是에項梁이乃教籍兵法ᄒᆞ다

籍이曰書ᄂᆞᆫ足히써名과姓을記ᄒᆞᆯ다름이오劒은一人의敵이라足히學ᄒᆞᆯ것이아니니萬人敵ᄒᆞᆯ것을學ᄒᆞ겟노이다이에項梁이籍에게兵法을教ᄒᆞ다

籍의長이八尺餘오力能扛鼎ᄒᆞ고才器過人이러라

籍의長이八尺餘오力이能히鼎을扛ᄒᆞ고才器가人에過ᄒᆞ더라

會稽守殷通이聞陳涉이起ᄒᆞ고欲發兵以應涉ᄒᆞ야使項梁으로將이어늘梁이乃使籍으로拔劒斬守頭ᄒᆞ고佩其印綬ᄒᆞ니門下ㅣ大驚擾亂이러니籍의所擊殺이數十百人이라一府中이皆慴伏ᄒᆞ야莫敢起러라 慴音懾

會稽守殷通이陳涉이起ᄒᆞᆷ을聞ᄒᆞ고兵을發ᄒᆞ야써涉을應코저ᄒᆞ야項梁으로ᄒᆞ야곰將ᄒᆞ거ᄂᆞᆯ梁이이에籍으로ᄒᆞ여곰劒을拔ᄒᆞ야守頭를斬ᄒᆞ고그印綬를佩ᄒᆞ니門下ㅣ크게驚ᄒᆞ야擾亂ᄒᆞ더니籍의擊ᄒᆞ야殺ᄒᆞᆫ바이數十百人이라一府中이다慴伏

(慴)懼也

(下縣)會稽管下諸縣(裨將)將之偏副曰裨助也

(略定)略地定之

(周市)楚將

(三公)秦以丞相太尉御史大

ᄒᆞ야敢히起치못ᄒᆞ더라

梁이乃擧吳中兵ᄒᆞ고使人收下縣ᄒᆞ야得精兵八千人ᄒᆞ다梁이爲會稽守ᄒᆞ고籍이爲裨將ᄒᆞ야徇下縣ᄒᆞ니籍이是時에年이二十四러라

梁이이에吳中兵을擧ᄒᆞ고人으로하여곰下縣을收ᄒᆞ야精兵八千人을得ᄒᆞ다梁이會稽守가되고籍이裨將이되야下縣을徇ᄒᆞ니籍이이ᄯᅢ에年이二十四러라

田儋者ᄂᆞᆫ故齊王族也라自立爲齊王ᄒᆞ고率兵東ᄒᆞ야略定齊地ᄒᆞ다

儋田이란者ᄂᆞᆫ故齊王族이라스ᄉᆞ로서서齊王이되고兵을率ᄒᆞ고東으로ᄒᆞ야略ᄒᆞ야齊地를定ᄒᆞ다

韓廣이自立爲燕王ᄒᆞ다

韓廣이스ᄉᆞ로立ᄒᆞ야燕王이되다

周市ㅣ立魏公子咎ᄒᆞ야爲魏王ᄒᆞ다

周市가魏公子咎를立ᄒᆞ야魏王을삼다

(癸巳)二年이라二世ㅣ數誚讓李斯ᄒᆞ대 數音朔誚音哨責也 居三公位ᄒᆞ야如何

夫爲三公也

(督責)督察也

令盜로如此오李斯ㅣ恐懼ᄒᆞ야乃阿二世意ᄒᆞ야以書對曰賢主ㅣ必能行督責之術ᄒᆞ야以獨斷於上이면群臣百姓이救過不給이니何變之敢圖리잇고二世ㅣ悅ᄒᆞ야於是에行督責益嚴ᄒᆞ야稅民深者를爲明吏라ᄒᆞ고殺人衆者를爲忠臣이라ᄒᆞ니刑者ㅣ相半於道而死人이日成積於市라秦民이益駭懼思亂이러라

二年이라二世ㅣ자조李斯를誚讓호ᄃᆡ三公의位에居ᄒᆞ야엇지ᄒᆞᆷ으로盜로하여곰이와갓치ᄒᆞ는고李斯ㅣ恐懼ᄒᆞ야이에二世의意를阿ᄒᆞ야書로써對ᄒᆞ야曰賢主ㅣ반다시能히督責의術을行ᄒᆞ야써홀노上에서斷ᄒᆞ면羣臣百姓이過를救ᄒᆞ여도給지못ᄒᆞᆯ거시니엇지變ᄒᆞᆷ을敢히圖ᄒᆞ리잇고二世ㅣ悅ᄒᆞ야이에督責을行ᄒᆞᆷ을더욱嚴ᄒᆞ게ᄒᆞ야民에게稅을深히ᄒᆞ는者를明吏라ᄒᆞ고人을殺ᄒᆞᆷ을衆히ᄒᆞ는者를忠臣이라ᄒᆞ니刑者ㅣ서로道에半ᄒᆞ고死ᄒᆞ는人이日로市에積ᄒᆞᆷ을成ᄒᆞ는지라秦民이더욱놀나고두려워ᄒᆞ야亂을思ᄒᆞ더라

趙將李良이襲殺趙王이어늘張耳陳餘ㅣ取散兵擊良ᄒᆞ고乃求趙後ᄒᆞ야立趙歇爲趙王ᄒᆞ다

景駒姓名楚之公族

(遇沛公)綱目沛公以良爲廐將廐將即掌馬之官名也

趙將李良이襲ᄒᆞ야趙王을殺ᄒᆞ거늘張耳와陳餘ㅣ散兵을收ᄒᆞ야良을擊ᄒᆞ고이에趙後를求ᄒᆞ야趙歇을세워趙王을삼다

二世ㅣ益遣司馬欣董翳ᄒᆞ야佐章邯音酣擊盜ᄒᆞ니陳王이敗走어늘其御莊賈ㅣ殺陳王以降ᄒᆞ다

二世ㅣ더司馬欣과董翳를遣ᄒᆞ야章邯을佐ᄒᆞ야盜를擊ᄒᆞ니陳王이敗ᄒᆞ야走ᄒᆞ거늘其御莊賈ㅣ陳王을殺ᄒᆞ야써降ᄒᆞ다

陳人秦嘉ㅣ起兵於郯이러니音談東海縣名聞陳王軍이敗ᄒᆞ고乃立景駒ᄒᆞ야爲楚王ᄒᆞ다景駒ㅣ在留에徐州地名張良封留即此沛公이往從之러니張良이亦聚少年百餘人ᄒᆞ야道遇沛公ᄒᆞ야遂屬焉ᄒᆞ다

陳人秦嘉ㅣ兵을郯에서起ᄒᆞ더니陳王軍이敗ᄒᆞᆷ을聞ᄒᆞ고이에景駒를立ᄒᆞ야楚王을삼다景駒ㅣ留에在ᄒᆞ거늘沛公이往ᄒᆞ야從ᄒᆞ엿더니張良이또少年百餘人을聚ᄒᆞ야道에서沛公을遇ᄒᆞ야드듸여屬ᄒᆞ다

良이數以太公兵法으로說沛公ᄒᆞ니太公姓姜名尙字子牙其先祖封呂從其封姓故曰呂尙周文王出獵而遇之載與俱歸立爲師言吾先君太公望

(黥布)坐黥論輸驪山亡之江中爲群盜番陽吳芮甚得江湖心其衆己數千人芮乃以妻使將其兵擊秦

子久矣因號太公望 太公兵法一帙三卷 沛公이 善之ᄒᆞ야 常用其策ᄒᆞ고 良이 爲他人言에 皆不省ᄒᆞ니 良이 曰沛公은 殆天授라 故로 遂從不去라ᄒᆞ더라

良이자조太公兵法으로써沛公을說ᄒᆞ니沛公이善히여겨항상그策을用ᄒᆞ고良이他人을爲ᄒᆞ야言홈에다省치아니ᄒᆞ니良이曰沛公은자못天이授홈이라故로드대여從ᄒᆞ고去치안는다ᄒᆞ더라

項梁이 以八千人으로 渡江而西ᄒᆞ다

項梁이八千人으로써江을渡ᄒᆞ야西으로ᄒᆞ다

黥布者ᄂᆞᆫ 六人也니 姓은 英氏라 夏封皐陶之後於英六英布是其苗裔英蓋 蓼字即春秋蓼國在光州六城在安豐西南 亡之江中ᄒᆞ야 爲群盜러니 聞項梁이 渡淮ᄒᆞ고 引兵屬焉ᄒᆞ다

黥布라ᄒᆞᄂᆞᆫ者ᄂᆞᆫ六人이니姓은英氏라江中에도망가셔羣盜가되엿더니項梁이淮를渡홈을聞ᄒᆞ고兵을引ᄒᆞ고屬하다

項梁이 衆至六七萬人이라 軍下邳ᄒᆞ고 進擊秦嘉景駒ᄒᆞ야 殺之ᄒᆞ다

項梁이衆이六七萬人에至ᄒᆞᆫ지라下邳에軍ᄒᆞ고進ᄒᆞ야秦嘉와景駒를擊ᄒᆞ야殺ᄒᆞ

定死或云走死

(首事)最先起兵也

다

沛公이往見梁ᄒᆞᆫ대梁이予沛公卒五千人ᄒᆞ다

沛公이가셔梁을본대梁이沛公에게卒五千人을予ᄒᆞ다

項梁이使項羽로別攻襄城ᄒᆞ니襄城이堅守不下라已拔에皆坑之ᄒᆞ다

項梁이項羽로ᄒᆞ여곰別로히襄城을攻ᄒᆞ니襄城이굿게守ᄒᆞ고下치안는지라이믜拔홈에다坑ᄒᆞ다

梁이聞陳王이定死ᄒᆞ고召諸別將ᄒᆞ야會薛計事ᄒᆞᆯ새沛公이亦往焉ᄒᆞ다

梁이陳王이定히死홈을聞ᄒᆞ고모든別將을召ᄒᆞ야薛에會ᄒᆞ야事를計ᄒᆞᆯ새沛公이또ᄒᆞᆫ往ᄒᆞ다

居鄛人范增이年七十이라(鄛音勦廬江有居鄛縣)素居家ᄒᆞ야好奇計러니往說項梁曰陳勝이首事에不立楚後而自立ᄒᆞ니其勢ㅣ不長이라今君이

(從民望也) 懷王槐入秦秦人留之薨於秦今順民望以其祖謚爲號

起江東에 楚蠭起之將이 (蠭古蜂字言起兵者衆如羣蜂之飛起也) 皆爭附君者는 以君이 世世楚將으로 能復立楚之後也라ᄒᆞᆫ대 於是에 項梁이 然其言ᄒᆞ야 乃求得楚懷王孫心ᄒᆞ야 (心名也) 立以爲楚懷王ᄒᆞ니 從民望也러라

居鄛人范增이 年이 七十이라 본대 家에 居ᄒᆞ야 奇ᄒᆞᆫ 計를 好ᄒᆞ더니 往ᄒᆞ야 項梁을 說ᄒᆞ야 曰 陳勝이 事를 首ᄒᆞᆷ에 楚의 後를 立치 아니ᄒᆞ고 스ᄉᆞ로 立ᄒᆞ엿스니 그 勢가 長치 못ᄒᆞᆫ지라 今에 君이 江東에 起ᄒᆞᆷ에 楚의 벌갓치 起ᄒᆞᄂᆞᆫ 將이 다 닷토어 君에게 附ᄒᆞᄂᆞᆫ 者ᄂᆞᆫ 君이 世々 楚將으로 能히 다시 楚의 後를 立ᄒᆞᆯ 줄로 以ᄒᆞᆷ이라 ᄒᆞᆫ대 이에 項梁이 그 言을 그러히 여겨 이에 楚懷王의 孫心을 立ᄒᆞ야 써 楚懷王을 ᄉᆞᆷ으니 民의 望을 從ᄒᆞᆷ이러라

項梁이 自號武信君ᄒᆞ다

項梁이 스ᄉᆞ로 武信君이라 號ᄒᆞ다

張良이 說項梁曰 君이 已立楚後而韓諸公子橫陽君成이 最賢ᄒᆞ니 可立爲王ᄒᆞ야 益樹黨이라ᄒᆞᆫ대 梁이 使良으로 求韓成ᄒᆞ야 立以爲韓王

ᄒᆞ다 漢元年羽殺之

張良이項梁을說ᄒᆞ여曰君이임의楚後를立ᄒᆞᆷ의韓諸公子橫陽君成이가쟝賢ᄒᆞ니立ᄒᆞ야王을삼어더욱黨을樹ᄒᆞᆷ이可ᄒᆞ다ᄒᆞᆫᄃᆡ梁이良으로ᄒᆞ여곰韓成을求ᄒᆞ야立ᄒᆞ야써韓王을삼다

章邯이擊魏ᄒᆞᆯ서齊王儋과及楚將項它ㅣ 音他項羽從兄之子 皆將兵救魏러니章邯이大破齊楚軍ᄒᆞ고殺齊王儋ᄒᆞ니魏王咎는自燒死ᄒᆞ고其弟豹는亡之楚어늘楚懷王이予兵數千人ᄒᆞ야復徇魏地ᄒᆞ고立爲魏王ᄒᆞ다

章邯이魏를擊ᄒᆞᆯ시齊王儋과밋楚將項它ㅣ다兵을將ᄒᆞ고魏를救ᄒᆞ더니章邯이크게齊楚軍을破ᄒᆞ고齊王儋를殺ᄒᆞ니魏王咎는스ᄉᆞ로燒ᄒᆞ야死ᄒᆞ고그弟豹는亡ᄒᆞ야楚로之ᄒᆞ거늘楚懷王이兵數千人을予ᄒᆞ야다시魏地를徇ᄒᆞ고立ᄒᆞ야魏王을삼다

田榮이收兄儋餘兵ᄒᆞ야東走東阿ᄒᆞ니章邯이追圍之어늘武信君이引兵擊破章邯軍於東阿下ᄒᆞ고追至濮陽ᄒᆞ야又破之ᄒᆞ다

田榮이兄儋의남어지군ᄉᆞ를收ᄒᆞ야東으로東阿로走ᄒᆞ니章邯이追ᄒᆞ야圍ᄒᆞ거ᄂᆞᆯ武信君이兵을引ᄒᆞ고章邯의軍을東阿下에서擊破ᄒᆞ고追ᄒᆞ야濮陽에至ᄒᆞ야또破ᄒᆞ다

郞中令趙高ㅣ恃恩專恣ᄒᆞ야以私怨으로誅殺人衆多ㅣ라 恐大臣이入朝奏事에言之ᄒᆞ야 乃說二世曰天子ㅣ所以貴者는 但以聞聲이오羣臣이莫得見其面也ㅣ라 陛下ㅣ不如深拱禁中ᄒᆞ야 與臣及侍中習法者로待事ㅣ라가事來어든 有以揆之니 如此則大臣이不敢奏疑事오 天下ㅣ稱聖主矣리이다

郞中令趙高ㅣ恩을恃ᄒᆞ고恣를專히ᄒᆞ야私怨으로써人衆을誅殺ᄒᆞᆷ이多ᄒᆞᆫ지라大臣이朝에入ᄒᆞ야事를奏ᄒᆞᆷ에言ᄒᆞᆯ가恐ᄒᆞ야이에二世를說ᄒᆞ여曰天子ㅣ써貴ᄒᆞᆫ바ㅅ者ᄂᆞᆫ다만聞聲으로써ᄒᆞᆷ이오羣臣이시러곰그面을見치못ᄒᆞᆷ이라陛下ㅣ깁히禁中에拱ᄒᆞ야臣과밋侍中의法을習ᄒᆞᆫ者로더브러事를待ᄒᆞ다가事ㅣ가來ᄒᆞ거든써揆ᄒᆞᆷ이有ᄒᆞᆯ지니이와갓ᄒᆞᆫ則大臣이敢히疑事를奏치못ᄒᆞᆯ것이오天下ㅣ聖主라稱ᄒᆞ리이다

(深拱)深居拱手也斂手曰拱也 (禁中)門戶有禁非侍御者不得入故曰禁中

(以爲言)斯欲言而高先聞之

(具斯五刑)秦法當三族者皆先黥劓斬左右趾者笞殺之梟其首者葅其骨肉於市其誹謗詈詛者又先斷舌謂之具五刑

二世ㅣ用其計ᄒᆞ야 乃不坐朝廷見大臣ᄒᆞ고 常居禁中ᄒᆞ야 事皆決於趙高ᄒᆞ다

二世ㅣ그計를用ᄒᆞ야이에朝廷에坐ᄒᆞ야大臣을見치아니ᄒᆞ고常히禁中에居ᄒᆞ야事를다趙高에게決케ᄒᆞ다

高ㅣ聞李斯ㅣ以爲言ᄒᆞ고 乃曰丞相長男李由ㅣ爲三川守ᄒᆞ야 (洛陽有伊洛河三水故名焉或謂涇渭洛亦爲三川) 與盜通ᄒᆞ고 且丞相이 居外ᄒᆞ야 權重於陛下ㅣ니이다

高ㅣ李斯가써言ᄒᆞᆷ을聞ᄒᆞ고이에日丞相長男李由가三川守가되야盜로더브러通ᄒᆞ고ᄯᅩᄒᆞᆫ丞相이外에居ᄒᆞ야權이陛下ᄇᆞ더重ᄒᆞ니이다

二世ㅣ以爲然ᄒᆞ야 乃使人으로 按驗三川守ㅣ與盜通狀ᄒᆞ고 下斯吏ᄒᆞ니 斯ㅣ就獄이어ᄂᆞᆯ 二世ㅣ以屬趙高治之ᄒᆞᆫ대 具斯五刑ᄒᆞ야 論腰斬咸陽市ᄒᆞ니 遂父子ㅣ相哭而夷三族 (夷滅也父母兄弟妻子盡誅滅之也一說三族父族母族妻族이라) 二世ㅣ以趙高로 爲丞相ᄒᆞ야 事無大小히 皆決焉ᄒᆞ다

二世ㅣ써그러히녀겨이에人으로ᄒᆞ여곰三川守ㅣ盜로더브러通ᄒᆞᆫ狀을按驗ᄒᆞ고

(父子相哭)李由楚兵殺之此乃仲子也

斯를吏에게下ᄒᆞ니斯ㅣ獄에就ᄒᆞ거늘二世ㅣ써趙高에게屬ᄒᆞ야治케ᄒᆞᆫ대斯에五刑을具ᄒᆞ야腰를咸陽市에斬ᄒᆞ기를論ᄒᆞ니遂히父子ㅣ서로哭ᄒᆞ고三族을夷ᄒᆞᆫ지라二世ㅣ趙高로써丞相을ᄉᆞᆷ어事에크고젹은것ᄒᆞᆯ것업시다决케ᄒᆞ다

項梁이已破章邯ᄒᆞ고引兵至定陶ᄒᆞ야(濟陰屬縣)再破秦軍ᄒᆞ고項羽沛公이又與秦軍으로戰於雍丘ᄒᆞ야大破之ᄒᆞ고斬李由ᄒᆞ니梁이益輕秦ᄒᆞ야有驕色이어늘宋義ㅣ諫曰戰勝而將驕卒惰者는敗ᄒᆞᄂᆞ니臣이爲君畏之ᄒᆞ노라梁이弗聽이러니二世ㅣ悉起兵ᄒᆞ야益章邯ᄒᆞ고擊楚軍ᄒᆞ야大破之定陶ᄒᆞ니項梁이死ᄒᆞ다

項梁이임의章邯을破ᄒᆞ고兵을引ᄒᆞ고定陶에至ᄒᆞ야두번秦軍을破ᄒᆞ고項羽와沛公이ᄯᅩ秦軍으로더브러雍丘에서戰ᄒᆞ야크게破ᄒᆞ고李由를斬ᄒᆞ니梁이더욱秦을輕히여겨驕ᄒᆞᆫ色이有ᄒᆞ거늘宋義ㅣ諫ᄒᆞ야日戰을勝ᄒᆞ고將이驕ᄒᆞ고卒이惰ᄒᆞᆫ者는敗ᄒᆞᄂᆞ니臣이君을爲ᄒᆞ야畏ᄒᆞ노라梁이聽치아니ᄒᆞ엿더니二世ㅣ다兵을起ᄒᆞ야章邯에게益ᄒᆞ고楚軍을擊ᄒᆞ야크게定陶에서破ᄒᆞ니項梁이死ᄒᆞ다

章邯이已破項梁ᄒᆞ고乃渡河ᄒᆞ야北擊趙ᄒᆞ니趙ㅣ數請救於楚어늘楚王

(宋義爲上將軍)梁義嘗以梁有驕色諫曰將驕卒惰者敗後果敗楚王聞其先策以爲上將也

이以宋義로爲上將軍ᄒᆞ고項羽로爲次將ᄒᆞ야以救趙ᄒᆞᆯ시諸別將을皆屬宋義ᄒᆞ고號爲卿子冠軍이라ᄒᆞ다 卿子謂卿之子猶王之孫曰王孫公之子曰公子蓋褒尊之辭冠者加於首上言功冠諸軍之上也

章邯이임의項梁을破ᄒᆞ고이에河를渡ᄒᆞ야北으로趙를擊ᄒᆞ니趙ㅣ자조救를楚에請ᄒᆞ거늘楚王이宋義로써上將軍을삼고項羽로次將을삼어써趙를救ᄒᆞᆯ식모든別將을다宋義에게屬ᄒᆞ고號ᄒᆞ야卿子冠軍이라ᄒᆞ다

初에楚懷王이與諸將으로約호대先入定關中者를王之라ᄒᆞ더니當是時ᄒᆞ야秦兵이彊ᄒᆞ야常乘勝逐北이라 北音佩俗音背人好陽而惡陰北方幽陰之地故軍敗曰北 諸將이莫利先入關호대 莫利謂不以爲利也 獨項羽ㅣ怨秦之殺項梁ᄒᆞ야奮身ᄒᆞ야願與沛公으로西入關이어늘

初에楚懷王이諸將으로더브러約호대먼저드러가關中을定ᄒᆞᄂᆞᆫ者를王ᄒᆞ이라ᄒᆞ더니이ᄯᅢ를當ᄒᆞ야秦兵이彊ᄒᆞ야항상勝을乘ᄒᆞ야逐北ᄒᆞᄂᆞᆫ지라諸將이먼저關에入ᄒᆞᆷ을利롭다아니호되홀로項羽ㅣ秦이項梁을殺ᄒᆞᆷ을怨ᄒᆞ야身을奮ᄒᆞ야沛公으로더브러西으로關에入ᄒᆞ기를願ᄒᆞ거늘

(更遣)更改也 (長者)長厚之人

(留四十六日)綱目遣其子襄相齊送之無鹽高

懷王의 諸老將이 皆曰項羽ᄂᆞᆫ 爲人이 慓悍猾賊ᄒᆞ야(慓音標悍音旱猾音滑) 嘗攻襄城에 襄城이 無遺類ᄒᆞ고 所過에 無不殘滅ᄒᆞ니 不如更遣長者ᄒᆞ야 扶義而西ᄒᆞ야(仗義西往) 告諭秦父兄이니 秦父兄이 苦其主ㅣ 久矣라 今에 誠得長者ᄒᆞ야 往無侵暴면 宜可下니 羽ᄂᆞᆫ 不可遣이오 獨沛公이 素寬大長者ㅣ니 可遣이니이다 懷王이 乃不許羽而遣沛公ᄒᆞ야 西略地ᄒᆞ다

懷王의모든老將이다ᄀᆞᆯ오ᄃᆡ項羽ᄂᆞᆫ人됨이慓ᄒᆞ고悍ᄒᆞ고猾ᄒᆞ고賊ᄒᆞ야일즉이襄城을攻ᄒᆞᆷᄋᆡ襄城이遺類가無ᄒᆞ고過ᄒᆞᄂᆞᆫ바에殘ᄒᆞ고滅ᄒᆞ지아니ᄒᆞ니가無ᄒᆞ니다시長者를遣ᄒᆞ야義를扶ᄒᆞ고西으로ᄒᆞ야秦父兄에게告諭ᄒᆞᆷ만如치못ᄒᆞ니秦父兄이그主를苦ᄒᆞᆷ이久ᄒᆞᆫ지라今에진실로長者를得ᄒᆞ야往ᄒᆞ야侵暴ᄒᆞᆷ이無ᄒᆞ면맛당이可히下ᄒᆞ리니羽ᄂᆞᆫ可히遣치말것이오홀로沛公이본ᄃᆡ寬大ᄒᆞᆫ長者ㅣ니可히遣ᄒᆞᆯ것이니이다懷王이이에羽를許치아니ᄒᆞ고沛公을遣ᄒᆞ야西으로地를略ᄒᆞ다

(甲午)三年이라 冬十月에 宋義ㅣ 行至安陽ᄒᆞ야(城名在己代縣) 留四十六日不進ᄒᆞ니 羽ㅣ 曰國兵이 新破에 王이 坐不安席ᄒᆞ사 掃境內ᄒᆞ야 以屬將

會飮酒天寒大雨士卒凍飢項羽曰今歲飢民貧卒食半菽而飮食高會不恤士卒而循其私非社稷之臣也羽斬之

軍ᄒᆞ시니 國家安危ㅣ 在此一擧어늘 今에 不恤士卒而徇其私ᄒᆞ니 非社稷之臣也라ᄒᆞ고 十一月에 項羽ㅣ 卽其帳中ᄒᆞ야 斬宋義ᄒᆞ고 乃悉引兵渡河ᄒᆞ야 皆沉船破釜(音腐)甑(音贈)ᄒᆞ고 燒廬舍ᄒᆞ고 持三日粮ᄒᆞ야 以示士卒必死ᄒᆞ고 於是에 與秦軍으로 遇ᄒᆞ야 九戰大破之ᄒᆞ고 虜王離ᄒᆞ다

三年이라冬十月에宋義ㅣ行ᄒᆞ야安陽에至ᄒᆞ야四十六日을留ᄒᆞ고進치아니ᄒᆞ니羽ㅣ日國兵이싀로破ᄒᆞᆷ에王이坐ᄒᆞᆷ에席이安치못ᄒᆞ샤境內를掃ᄒᆞ야써將軍게屬ᄒᆞ시니國家의安ᄒᆞ고危ᄒᆞᆷ이이한번擧ᄒᆞᆷ에在ᄒᆞ거늘今에士卒을恤치아니ᄒᆞ고그私를徇ᄒᆞ니社稷의臣이아니라ᄒᆞ고十一月에項羽ㅣ그帳中에나아가宋義를斬ᄒᆞ고이에다兵을引ᄒᆞ고河를渡ᄒᆞ야다船을沉ᄒᆞ고釜와甑을破ᄒᆞ고廬舍를燒ᄒᆞ고三日粮을持ᄒᆞ야써士卒에게반다시死ᄒᆞᆷ을示ᄒᆞ고이에秦軍으로더브러遇ᄒᆞ야아홉번戰ᄒᆞᆷ에크게破ᄒᆞ고王離를虜ᄒᆞ다

當是時ᄒᆞ야 楚兵이 冠諸侯ㅣ라 於是에 始爲諸侯上將軍ᄒᆞ니 諸侯ㅣ 皆屬焉이러라

이ᄯᅢ를當ᄒᆞ야楚兵이諸侯에冠ᄒᆞᆫ지라이에비로소諸侯上將軍이되니諸侯ㅣ다屬

(魏相)百官志每國置相一人主治民

(里監門)門之閭里士賤者也並五百家皆有門

(麾下)大將之旗下所以指麾

(易人)易輕小也

호더라

春二月에沛公이北擊昌邑홀시 [在曹州成武縣東北] 過彭越호니 越이以其兵으로從沛公이어늘 沛公이拜越爲魏相고 使將兵야 略定魏地다

春二月에沛公이北으로昌邑을擊홀시彭越에게過호니越이그兵으로써沛公을從호거늘沛公이越을拜호야魏相을삼고호여곰兵을將호야魏地를노략호야定케호다

沛公이引兵西야 過高陽홀시 [陳留圉縣有高陽鄕] 高陽人酈食其ㅣ[音歷異基] 爲里監門이러니 沛公의麾下騎士ㅣ適食其里中人이라 食其ㅣ見謂曰吾聞沛公은慢而易人고 多大略이라니 此는眞吾所願從遊로라

沛公이兵을引호고西으로호야高陽을過홀시高陽人酈食其ㅣ里監門이되엿더니沛公의麾下騎士ㅣ맛참食其의里中人이라其食ㅣ보고일너曰吾ㅣ聞호니沛公은慢호고人을易히호고大略이多호다호니此는참吾의從호야遊홈을願호는바이로라

(冠儒冠)上冠去聲下冠平聲(溲溺)皆小便也(第)但也(傳舍)行人所止息前人已去後人復來

(長揖)手自上而極下(長者)老人也食其自謂也(攝衣)起而持其衣也

騎士ㅣ曰沛公은不好儒ᄒᆞ야諸生이冠儒冠來者면沛公이輒解其冠ᄒᆞ야溲(音搜)溺(尿同)其中ᄒᆞ니未可以儒生으로說也ㅣ니라酈生이曰第言之ᄒᆞ라騎士ㅣ從容言이러니至高陽傳舍ᄒᆞ야(從容不迫之貌傳者轉轉相傳之義舍亭也猶今館驛)使人召酈生ᄒᆞ니

騎士ㅣ曰沛公은儒ᄅᆞᆯ好ᄒᆞ지아니ᄒᆞ야諸生이儒冠을쓰고來ᄒᆞᆫ者면沛公이믄득그冠을벗겨그가온대오좀을누엇스니可히儒生으로써說치말지니라酈生이曰앙케나言ᄒᆞ라騎士ㅣ從容이言ᄒᆞ엿더니高陽傳舍에至ᄒᆞ야人으로하여곰酈生을召ᄒᆞ니

酈生이至ᄒᆞ야入謁이어ᄂᆞᆯ沛公이方倨牀ᄒᆞ야(倨音據)使兩女子로洗足而見酈生ᄒᆞᆫ대生이長揖不拜曰足下ㅣ必欲誅無道秦인대不宜倨見長者니라於是에沛公이輟洗起攝衣ᄒᆞ고延生上坐謝之ᄒᆞ다

酈生이至ᄒᆞ야드러와謁ᄒᆞ거ᄂᆞᆯ沛公이바야흐로牀에倨ᄒᆞ야兩女子로하여곰足을洗ᄒᆞ고酈生을見ᄒᆞᆫ대生이長히揖ᄒᆞ고拜치아니ᄒᆞ고曰足下ㅣ반다시無道ᄒᆞᆫ秦을

(糾合)纒三合糾糾合猶言緇結也一說糾督也衝通道也(五達)四面往來通其中央凡五達

誅코져홀진대倨ᄒᆞ야長者를見홈이宜치아니ᄒᆞ니라이에沛公이洗를輟ᄒᆞ고起ᄒᆞ야衣를攝ᄒᆞ고生을上坐로마저謝ᄒᆞ다

酈生이因言六國從橫時ᄒᆞᆫ대沛公이喜問曰計將安出고酈生으曰足下ㅣ起糾合之衆ᄒᆞ고收散亂之兵이不滿萬人이어ᄂᆞᆯ欲以徑入彊秦ᄒᆞ니此ᄂᆞᆫ所謂探虎口者也ㅣ라夫陳留ᄂᆞᆫ(古兗州郡)天下之衝이오四通五達之郊也라今其城中에又多積粟ᄒᆞ고臣이善其令ᄒᆞ니請得使之ᄒᆞ야令下(彼自歸伏曰下言請得爲使而往說之可令其歸伏)足下ᄒᆞ리니卽不聽이어든足下ㅣ擧兵攻之면臣이爲內應ᄒᆞ리다

酈生이因ᄒᆞ야六國에從橫ᄒᆞ든時를言ᄒᆞᆫ듸沛公이喜ᄒᆞ야問ᄒᆞ여曰計가장ᄎᆞᆺ어듸로出홀고酈生이曰足下ㅣ糾合의衆을起ᄒᆞ고散亂의兵을收홈이萬人에滿치안커ᄂᆞᆯ써徑히彊秦에入코져ᄒᆞ니이ᄂᆞᆫ謂ᄒᆞᆫ바虎의口를探ᄒᆞᄂᆞᆫ者라무릇陳留ᄂᆞᆫ天下의衝이오四로通ᄒᆞ고五로達ᄒᆞᆫ郊이라今에其城中에ᄯᅩ積ᄒᆞᆫ粟이多ᄒᆞ고臣이그令을善히ᄒᆞ니請컨대시러곰使ᄒᆞ야하여곰足下에게下케ᄒᆞ리니곳聽치안커든足下ㅣ

兵을擧ᄒᆞ야攻ᄒᆞ면臣이內應이되리이다

於是에遣酈生行ᄒᆞ고沛公이引兵隨之ᄒᆞ야遂下陳留ᄒᆞ고號酈食其ᄒᆞ야爲廣野君ᄒᆞ니(廣野在河內山陽郡) 酈生이常爲說客ᄒᆞ야使諸侯ᄒᆞ다

이에酈生을遣ᄒᆞ야行케ᄒᆞ고沛公이兵을引ᄒᆞ고隨ᄒᆞ야드듸여陳留를下ᄒᆞ고酈食其를號ᄒᆞ야廣野君을삼으니酈生이常히說客이되여諸侯에使ᄒᆞ다

夏四月에沛公이南攻潁川(郡名)屠之ᄒᆞ고因張良ᄒᆞ야遂略韓地ᄒᆞ다

夏四月에沛公이南으로潁川을攻ᄒᆞ야屠ᄒᆞ고張良을因ᄒᆞ야드대여韓의地를畧ᄒᆞ다

良이引兵從沛公ᄒᆞ야略南陽郡ᄒᆞ니(屬荊州) 南陽守齮ㅣ(郡守名失其姓) 降이어ᄂᆞᆯ引兵西ᄒᆞ니無不下者오所過에亡(毋通)得鹵掠ᄒᆞ니(音魯畧侵奪也) 秦民이皆喜러라

良이兵을引ᄒᆞ고沛公을從ᄒᆞ야南陽郡을畧ᄒᆞ니南陽守齮ㅣ降ᄒᆞ거ᄂᆞᆯ兵을引ᄒᆞ고西로ᄒᆞ니下치아니ᄒᆞᄂᆞᆫ者ㅣ無ᄒᆞ고過ᄒᆞᄂᆞᆫ바의시러곰鹵掠ᄒᆞᆷ이無ᄒᆞ니秦民이다喜ᄒᆞ더라

王離軍이既沒에章邯은軍棘原ᄒᆞ고(在鉅鹿南) 項羽는軍漳南ᄒᆞ니(漳水之南) 秦

兵이數却이라二世ㅣ使人으로讓章邯ᄒᆞᆫ대邯이恐ᄒᆞ야使長史欣으로請事咸陽이러니留司馬門三日ᄒᆞᆫ대(宮垣中兵衛所在皆有司馬主武事總稱外門爲司馬門)趙高ㅣ不見ᄒᆞ고有不信之心이어늘

王離의軍이임의沒ᄒᆞᆷ에章邯은棘原에軍ᄒᆞ고項羽ᄂᆞᆫ漳南에軍ᄒᆞ니秦兵이자조却ᄒᆞᄂᆞᆫ지라二世ㅣ人으로하여곰章邯을讓ᄒᆞᆫᄃᆡ邯이恐ᄒᆞ야長史欣으로하여곰事를咸陽에請ᄒᆞ엿더니司馬門에서留ᄒᆞᆫ지三日이되ᄃᆡ趙高ㅣ見치안코不信ᄒᆞᄂᆞᆫ心이有ᄒᆞ거ᄂᆞᆯ

欣이至軍報曰高ㅣ用事于中ᄒᆞ니下無可爲者ㅣ라(言在高下者不能爲軍旅事也)今에戰勝이라도高ㅣ必嫉吾功이오不勝이면不免於死ㅣ라ᄒᆞᆫ대邯이乃與羽로約盟洹水之上ᄒᆞ고已盟에邯이見羽流涕ᄒᆞ고爲言趙高ᄒᆞ니羽ㅣ乃立章邯爲雍王ᄒᆞ야置楚軍中ᄒᆞ고使長史欣으로爲上將軍ᄒᆞ야將秦軍爲前行ᄒᆞ다(行而前也)

欣이軍에至ᄒᆞ야報ᄒᆞ여曰高가事를中에서用ᄒᆞ니下ᄂᆞᆫ可히할者ㅣ無ᄒᆞᆫ지라今으

戰을勝ᄒᆞ드라도高ㅣ반다시吾의功을嫉홀것이오勝치못ᄒᆞ면死를免치못ᄒᆞ리라ᄒᆞᆫ대邯이이에羽로더브러約ᄒᆞ야洹水의上에셔盟ᄒᆞ고임의盟홈에邯이羽를見ᄒᆞ고涕를流ᄒᆞ고위ᄒᆞ야趙高를言ᄒᆞ니羽ㅣ이에章邯을세워雍王을숨어楚軍中에置ᄒᆞ고長史欣으로ᄒᆞ여곰上將軍을숨어秦軍을거ᄂᆞ리고前으로行케ᄒᆞ다

初에趙高ㅣ欲專秦權호ᄃᆡ恐羣臣이不聽ᄒᆞ야乃先設驗ᄒᆞ야持鹿獻於二世曰馬也ㅣ라ᄒᆞᆫᄃᆡ二世ㅣ笑曰丞相이誤耶아謂鹿爲馬오녀問左右호ᄃᆡ或默或言馬어ᄂᆞᆯ高ㅣ因陰中(中音中害之也)諸言鹿者以法ᄒᆞ니後에羣臣이皆畏高ᄒᆞ야莫敢言其過러라

初에趙高ㅣ秦權을專코져호ᄃᆡ羣臣이聽치아니홀가恐ᄒᆞ야이에먼져驗을設ᄒᆞ야鹿을가져二世에게獻ᄒᆞ여曰馬라ᄒᆞᆫ대二世ㅣ笑ᄒᆞ야曰丞相이誤ᄒᆞᆫ가鹿을謂ᄒᆞ야馬라ᄒᆞ고녀左右더러問ᄒᆞ니或默ᄒᆞ고或馬라言ᄒᆞ거ᄂᆞᆯ高ㅣ因ᄒᆞ야가마니모든鹿이라言ᄒᆞᆫ者를法으로써害ᄒᆞ니後에羣臣이다高를畏ᄒᆞ야敢히그過를言ᄒᆞ리업더라

高ㅣ前에數言關東盜ᄂᆞᆫ無能爲也ㅣ라ᄒᆞ더니及項羽ㅣ虜王離等而

(玉璽)始皇得和氏璧命李斯篆之孫壽刻之方四寸其文曰受命于天既壽永昌字形如魚龍鳳鳥之

章邯等軍이數敗에關東이皆叛이라高ㅣ恐二世ㅣ怒ᄒᆞ야誅及其身ᄒᆞ야乃謝病不朝ᄒᆞ고陰與其婿咸陽令閻樂으로謀易置上ᄒᆞ고更立子嬰이러니

高ㅣ前에자조關東盜ᄂᆞᆫ能히ᄒᆞᆯ것이업다말ᄒᆞ더니밋項羽ㅣ王離等을虜ᄒᆞ고章邯等軍이자조敗ᄒᆞᆷ에關東이다叛ᄒᆞᄂᆞᆫ지라高ㅣ二世가怒ᄒᆞ야誅가그身에及ᄒᆞᆯ가恐ᄒᆞ야이에病을謝ᄒᆞ고朝치아니ᄒᆞ고가마니그婿咸陽令閻樂으로더브러밧구어上을置ᄒᆞ고다시子嬰을立ᄒᆞ기를謀ᄒᆞ엿더니

樂이將吏卒ᄒᆞ고入望夷宮ᄒᆞ야(臨涇水作之以望北夷在咸陽東南)與二世曰受命於丞相ᄒᆞ야誅足下라ᄒᆞ고(群臣士庶相與言故呼在殿下閣下足下侍者執事者而先與之言因卑達尊之義皆謙辭也)麾其兵進ᄒᆞ니二世ㅣ自殺이어늘趙高ㅣ乃立子嬰ᄒᆞ야爲秦王ᄒᆞ고令子嬰으로齋ᄒᆞ야當廟見ᄒᆞ야受玉璽라ᄒᆞᆫ듸

樂이吏卒을거나리고望夷宮으로入ᄒᆞ야二世로더브러日命을丞相에게受ᄒᆞ야足下를誅ᄒᆞᆫ다ᄒᆞ고그兵을麾ᄒᆞ야進ᄒᆞ니二世ㅣ스ᄉᆞ로殺ᄒᆞ거ᄂᆞᆯ趙高ㅣ이에子嬰을

狀自漢高以來遂爲傳國璽

立ᄒᆞ야秦王을 삼고子嬰으로ᄒᆞ여곰 齋ᄒᆞ고 맛당이廟에見ᄒᆞ야 玉璽를受ᄒᆞ라ᄒᆞᆫ
대

子嬰이與其子二人오로謀曰丞相高ㅣ殺二世ᄒᆞ고 恐群臣이誅之
ᄒᆞ야乃佯陽音以義立我ᄒᆞ고 使我로齋見廟ᄒᆞ니 我ㅣ稱病不行이면丞相이
必自來ᄒᆞ리니 來則殺之ᄒᆞ라ᄒᆞ더니 高ㅣ果自往이어늘 子嬰이 遂刺殺高於
齋宮ᄒᆞ고 三族高家ᄒᆞ다

子嬰이 그子二人으로더브러謀ᄒᆞ야曰丞相高ㅣ二世를殺ᄒᆞ고羣臣이誅ᄒᆞᆯ가恐ᄒᆞ
야이에그짓義로써我를立ᄒᆞ고我로ᄒᆞ여곰齋ᄒᆞ고廟에見ᄒᆞ라ᄒᆞ니我ㅣ病을稱ᄒᆞ
고行치아니ᄒᆞ면丞相이반다시스ᄉᆞ로來ᄒᆞ리니來ᄒᆞᆫ則殺ᄒᆞ리라ᄒᆞ더니高ㅣ果然
ᄉᆞᄉᆞ로往ᄒᆞ거늘子嬰이드듸여高를齋宮에셔찔너쥭이고高의家를三族ᄒᆞ다

子嬰이遣將將兵ᄒᆞ야 距嶢關이어늘 嶢音遙在京兆南即雍州藍田關 沛公이欲擊之러니 張
良이曰秦兵이尙彊ᄒᆞ니未可輕이라願先遣人ᄒᆞ야 益張旗幟於山上
ᄒᆞ야爲疑兵ᄒᆞ고使酈食其陸賈로往說秦將ᄒᆞ야 啗以利ᄒᆞ소서ᄒᆞᆫ대 啗音淡謂以利誘之如以食飮

（沛公欲擊之）張良曰秦兵尙强未可輕臣聞秦將多屠賈之子易以利動願請留壁使人先行通賂却遣人益張旗幟於關下山上爲疑兵使食其陸賈往說秦將啗以利待其不備而襲之必然大勝也公從其謀秦將果欲連和

之令其啗食耳 秦將이 果欲連和어ᄂᆞᆯ 沛公이 欲許之러니 張良이 曰此ᄂᆞᆫ 獨其將이 欲叛이나 恐其士卒이 不從이니 不如因其懈怠ᄒᆞ야 擊之니이다 沛公이 引兵繞嶢關ᄒᆞ야 踰蕢(音塊)山ᄒᆞ야 擊秦軍大破之ᄒᆞ고 遂至藍田ᄒᆞ야 又戰其北ᄒᆞ니 秦兵이 大敗ᄒᆞ다

子嬰이 將을 遣ᄒᆞ야 兵을 將ᄒᆞ야 嶢關을 距ᄒᆞ거ᄂᆞᆯ 沛公이 擊코져 ᄒᆞ엿더니 張良이 曰 秦兵이 오히려 彊ᄒᆞ니 可히 輕히 못ᄒᆞᆯ지라 願컨ᄃᆡ 먼져 人을 遣ᄒᆞ야 旗幟ᄅᆞᆯ 山上에 더베프러 疑兵을 삼고 酈食其와 陸賈로 ᄒᆞ여곰 往ᄒᆞ야 秦將을 說ᄒᆞ야 利로ᄡᅥ 啗ᄒᆞ소셔 ᄒᆞᆫᄃᆡ 秦將이 果然 連和코져 ᄒᆞ거ᄂᆞᆯ 沛公이 許코져 ᄒᆞ엿더니 張良이 曰 이ᄂᆞᆫ ᄒᆞᆯ노 그 將이 叛코져 ᄒᆞᆷ이나 그 士卒이 從치 아니ᄒᆞᆯ가 두려우니 그 懈怠ᄒᆞᆷ을 因ᄒᆞ야 擊ᄒᆞᆷ만 갓지 못ᄒᆞ니이다 沛公이 兵을 引ᄒᆞ고 嶢關을 繞ᄒᆞ야 蕢山을 踰ᄒᆞ야 秦軍을 擊ᄒᆞ야 크게 破ᄒᆞ고 드ᄃᆡ여 藍田에 至ᄒᆞ야 ᄯᅩ 그 北에 戰ᄒᆞ니 秦兵이 크게 敗ᄒᆞ다

右秦自莊襄王至子嬰合四十三年子嬰爲王四十六日而降于漢

(秦王)趙高殺二世曰秦古王國始皇君天下故稱帝今六國復立爲王如古便乃立子嬰爲秦王也

(皇帝璽)皇帝有六璽皇帝行璽皇帝之璽皇帝信璽天子行璽天子之璽天子信璽傳國璽此是六璽之外也

漢紀

太祖高皇帝上(諱邦字季姓劉氏) 在位十二年 壽五十三

豁達大度寬仁愛人好謀能聽知人善任五載而成帝業然不事詩書禮文制度大抵襲秦所以漢治不能復古

(乙未)楚義帝心元年西楚霸王項籍元年漢王劉邦元年韓三年○是歲秦亡新舊大國三小國十七凡二十國 冬十月에(以高祖十月至霸上故因秦以十月爲歲首) 沛公이至霸上ᄒᆞ니 秦王子嬰이素車白馬로係頸以組ᄒᆞ고(組天子之紱也係頸者以示降服欲其自殺也) 封皇帝璽符節ᄒᆞ야 降軹道旁이어늘(軹音只軹道亭在沛水西) 諸將이或言誅秦王ᄒᆞᆫ대 沛公이曰始에懷王이遣我ᄂᆞᆫ 固以能寬容이라 且人이已服降이어늘 殺之不祥이라ᄒᆞ고 乃以屬吏ᄒᆞ다

冬十月에沛公이霸上에至ᄒᆞ니秦王子嬰이素車白馬로頸을組로써係ᄒᆞ고皇帝의璽符節을封ᄒᆞ야軹道ᄀᆺ헤서降ᄒᆞ거늘諸將이或秦王을誅ᄒᆞ라言ᄒᆞᆫ대沛公이曰비로소懷王이我를遣ᄒᆞᆷ은진실로能히寬ᄒᆞ고容ᄒᆞᆷ을以ᄒᆞᆷ이라ᄯᅩ人이임의服降ᄒᆞ엿거늘殺ᄒᆞᆷ은祥치안타ᄒᆞ고이에써吏에屬ᄒᆞ다

沛公이西入咸陽ᄒᆞ니 諸將이皆爭走金帛財物之府ᄒᆞ야 分之ᄒᆞ되 蕭

何는獨先入ᄒᆞ야 收秦丞相府圖籍地圖戶籍ᄒᆞ야藏之ᄒᆞ니以此로 沛公이得具知天下阨塞阨音厄亦塞也과 戶口多少와 彊弱之處ᄒᆞ니라

沛公이西으로咸陽에入ᄒᆞ니諸將이닷토어金帛과財物의府에走ᄒᆞ야分호대蕭何는홀노먼저入ᄒᆞ야秦丞相府圖籍을收ᄒᆞ야藏ᄒᆞ니이로써沛公이시러곰갓초어天下의阨塞과戶口의多少와彊弱의處를知ᄒᆞ니라

沛公이 見秦宮室帷帳과 狗馬重寶와 婦女以千數ᄒᆞ고 意欲留居之어늘樊噲ㅣ諫曰沛公이欲有天下耶아 將爲富家翁耶아 凡此奢麗之物은 皆秦所以亡也니 沛公이何用焉이리오 願急還霸上ᄒᆞ고無留宮中ᄒᆞ소서

沛公이秦의宮室과帷帳과狗와馬와重寶와婦女를千으로써數홈을見ᄒᆞ고意에留ᄒᆞ야居코져ᄒᆞ거늘樊噲ㅣ諫ᄒᆞ야曰沛公이天下를두고져ᄒᆞᄂᆞᆫ가장ᄎᆞᆺ富家翁이되려ᄂᆞᆫ가므릇이奢麗의物은다秦이써亾ᄒᆞᆫ바이니沛公이무엇에用ᄒᆞ리오願컨ᄃᆡ急히霸上으로還ᄒᆞ고宮中에留치마르소서

沛公이 不聽이어늘 張良이 曰秦爲無道故로 沛公이 得至此ᄒᆞ나 夫爲天下除殘賊인듸 宜縞素爲資어늘 (縞音皓繒之精白者素無采飾也資藉也言宜儉素以爲藉也) 今始入秦ᄒᆞ야 即安其樂이면 此는 所謂助桀爲虐이라 且忠言이 逆耳나 利於行이오 毒藥이 苦口나 利於病이니 願沛公은 聽噲言ᄒᆞ소서 沛公이 乃還軍霸上ᄒᆞ다

沛公이聽치안커늘張良이曰秦이無道ᄒᆞᆫ고로沛公이此에至ᄒᆞᆷ을得ᄒᆞ엿ᄉᆞ니무릇天下를위ᄒᆞ야殘賊을除ᄒᆞᆯ진대맛당이縞素로資ᄒᆞᆯ것이어늘이졔비로소秦에入ᄒᆞ야곳그樂을安ᄒᆞ면이는일운바桀을助ᄒᆞ야虐을ᄒᆞᆷ이라ᄯᅩ忠ᄒᆞᆫ言이耳에逆ᄒᆞ나行에利ᄒᆞ고毒ᄒᆞᆫ藥이口에苦ᄒᆞ나病에利ᄒᆞᄂᆞ니願컨ᄃᆡ沛公은噲의言을聽ᄒᆞ소셔沛公이이에軍을覇上으로還ᄒᆞ다

十一月에 沛公이 悉召諸縣父老豪傑ᄒᆞ야 謂曰父老ㅣ 苦秦苛法이 久矣라 誹謗者ᄂᆞᆫ 族ᄒᆞ고 偶語者를 棄市ᄒᆞ러니 吾當王關中ᄒᆞ야 與父老로 約法三章耳로니 殺人者는 死ᄒᆞ고 傷人及盜는 抵罪ᄒᆞ고 (抵至也當也秦法一人犯罪擧家及

降伍皆坐之今但當其身坐而己也 餘는 悉除去秦法ᄒᆞ노니 諸吏民은 皆案堵如故ᄒᆞ라 凡吾所以來는 爲父老除害오 非有所侵暴니 無恐ᄒᆞ라 且吾所以還軍霸上은 待諸侯至而定約束耳라ᄒᆞ고 乃使人與秦吏로 行縣鄕邑ᄒᆞ야 告諭之ᄒᆞ니 秦民이 大喜ᄒᆞ야 爭持牛羊酒食ᄒᆞ고 獻饗軍士어늘 沛公이 又讓不受曰倉粟이 多ᄒᆞ고 非乏之ᄒᆞ니 不欲費民이라ᄒᆞᆫ대 民又益喜ᄒᆞ야 唯恐沛公이 不爲秦王이러라

十一月에 沛公이다 諸縣父老와 豪傑을 召ᄒᆞ야 謂ᄒᆞ여 曰父老ㅣ 秦의 苛法을 苦ᄒᆞᆫ지 久ᄒᆞᆫ지라 誹謗ᄒᆞᄂᆞᆫ者를 族ᄒᆞ고 偶語ᄒᆞᄂᆞᆫ者를 市에 棄ᄒᆞ더니 吾ㅣ 맛당이 關中에 王ᄒᆞ야 父老로 더브러 法三章을 約ᄒᆞ노니 人을 殺ᄒᆞᄂᆞᆫ者ᄂᆞᆫ 死ᄒᆞ고 人을 傷ᄒᆞ고 밋 盜ᄒᆞᆷ은 罪에 抵ᄒᆞ고 餘ᄂᆞᆫ 다 秦法을 除去ᄒᆞ노니 諸吏民은 다 堵을 案히 ᄒᆞᆷ을 故와 갓치ᄒᆞ라 므롯 吾ㅣ 써 來ᄒᆞᆫ 바人者ᄂᆞᆫ 父老를 爲ᄒᆞ야 害를 除ᄒᆞᆷ이오 侵暴ᄒᆞᄂᆞᆫ 바가 有ᄒᆞᆷ은 아니니 恐치 말나 또 吾ㅣ 써 軍을 霸上에 還ᄒᆞᄂᆞᆫ 바ᄂᆞᆫ 諸侯가 至ᄒᆞᆷ을 待ᄒᆞ야 約束을 定ᄒᆞᆷ이라ᄒᆞ고 이에 人으로 ᄒᆞ여곰 秦吏로 더브러 縣과 鄕과 邑을 行ᄒᆞ야 告ᄒᆞ야 諭ᄒᆞ니 秦民

(坑秦卒)先時諸侯吏卒繇戍過秦中秦人遇之多無狀及秦軍降楚吏卒乘勝折辱奴虜使之秦吏卒多怨言羽計衆心不服至關必危於是擊坑

(或說沛公)文章正宗鯫生也

이크게喜ᄒᆞ야닷토어牛와羊과酒와食을가지고드려軍士을饗ᄒᆞ거ᄂᆞᆯ沛公이또사양ᄒᆞ고受치아니ᄒᆞ여曰倉粟이多ᄒᆞ고乏지아니ᄒᆞ니民을費코져ᄒᆞ지안ᄂᆞ다ᄒᆞᆫ대民이더욱喜ᄒᆞ야오작沛公이秦王이되지아니ᄒᆯ가恐ᄒᆞ더라

項羽ㅣ旣定河北ᄒᆞ고率諸侯兵ᄒᆞ야欲西入關이러니秦降卒이多怨言이어ᄂᆞᆯ羽ㅣ乃夜擊ᄒᆞ야坑秦卒二十餘萬人新安城南ᄒᆞ다(城在洛州)

項羽ㅣ임의河北을定ᄒᆞ고諸侯兵을率ᄒᆞ야西으로關에入코져ᄒᆞ더니秦降卒이怨ᄒᆞᄂᆞᆫ言이多ᄒᆞ거ᄂᆞᆯ羽ㅣ이에夜에擊ᄒᆞ야秦卒二十餘萬人을新安城南에坑ᄒᆞ다

或이說沛公曰秦富ᄂᆞᆫ十倍天下ᄒᆞ고地形이彊이라聞項羽ㅣ號秦降將章邯ᄒᆞ야爲雍王ᄒᆞ고王關中이라ᄒᆞ니今卽來라沛公이恐不得有此니可急使兵으로守函谷關ᄒᆞ야無納諸侯軍ᄒᆞ고稍徵關中兵ᄒᆞ야以自益距之ᄒᆞ라沛公이然其計ᄒᆞ야從之ᄒᆞ다

或이沛公을說ᄒᆞ야曰秦의富ᄂᆞᆫ天下에十倍나되고地形이彊ᄒᆞᆫ지라드르니項羽ㅣ秦降將章邯을號ᄒᆞ야雍王을ᄉᆞᆷ고關中에王ᄒᆞ려ᄒᆞᆫ다ᄒᆞ니今에곳來ᄒᆯ지라沛公이두렵건대시러곰此를有치못ᄒᆯ것이니可히急히兵으로ᄒᆞ여곰函谷關을守ᄒᆞ야諸

侯軍을 納치말고더關中兵을徵ᄒᆞ야써스ᄉᆞ로益ᄒᆞ야距ᄒᆞ라沛公이그計를그러
히여겨從ᄒᆞ다

已而오項羽ㅣ至關ᄒᆞ니關門이閉라 聞沛公이 已定關中ᄒᆞ고 大怒ᄒᆞ야
使黥布等으로攻破函谷關ᄒᆞ고十二月에 項羽ㅣ 進至戲러니(水名在新豐東) 沛
公의左司馬曹無傷이 使人으로言羽曰沛公이 欲王關中ᄒᆞ야 珍寶
를 盡有之ᄒᆞ고 欲以求封이라ᄒᆞᆫ듸

얼마잇다가項羽ㅣ關에至ᄒᆞ니關門이閉ᄒᆞᆫ지라沛公이임의關中을定ᄒᆞᆷ을聞ᄒᆞ고
크게怒ᄒᆞ야黥布等으로ᄒᆞ야곰函谷關을쳐셔破ᄒᆞ고十二月에項羽ㅣ나아가戲에
至ᄒᆞ엿더니沛公의左司馬曹無傷이人으로하여곰羽에게言ᄒᆞ여曰沛公이關中에
王코져ᄒᆞ야珍寶을다有ᄒᆞ고써封ᄒᆞ기를求코져ᄒᆞᆫ다ᄒᆞᆫ대

羽ㅣ 大怒ᄒᆞ야 饗士卒ᄒᆞ고 期旦日에 擊沛公軍ᄒᆞ니 當是時ᄒᆞ야 羽兵은 四
十萬이니 號를 百萬이라ᄒᆞ야 在新豐鴻門ᄒᆞ고(地名在戲西) 沛公兵은 十萬이니 號를
二十萬이라ᄒᆞ야 在霸上ᄒᆞ다

(旦日)明日也

羽ㅣ크게怒ᄒᆞ야士卒을饗ᄒᆞ고旦日에沛公의軍을擊ᄒᆞ기期ᄒᆞ니이ᄯᅦ를當ᄒᆞ야羽兵은四十萬이니號를百萬이라ᄒᆞ야新豐鴻門에在ᄒᆞ고沛公兵은十萬이니號를二十萬이라ᄒᆞ야霸上에在ᄒᆞ다

范增이說羽曰沛公이居山東時에貪財好色이러니今入關에財物을無所取ᄒᆞ고婦女를無所幸ᄒᆞ니此ᄂᆞᆫ其志ㅣ不小라吾ㅣ令人으로望其氣ᄒᆞ니皆爲龍成五采ᄒᆞ니此ᄂᆞᆫ天子氣也ㅣ라急擊勿失ᄒᆞ소서

范增이羽를說ᄒᆞ여曰沛公이山東에居ᄒᆞᆯ時에財를貪ᄒᆞ고色을好ᄒᆞ더니이졔關에入ᄒᆞᆷ에財物을取ᄒᆞᆫ바이無ᄒᆞ고婦女를幸ᄒᆞᆫ바이無ᄒᆞ니此ᄂᆞᆫ그志가小치아ᄂᆞᆫ지라吾ㅣ人으로하여곰그氣를望ᄒᆞ니다龍이五采를成ᄒᆞᆷ이되니此ᄂᆞᆫ天子의氣라急히擊ᄒᆞ고失치마소서

項伯者ᄂᆞᆫ項羽의季父也ㅣ라(伯字名纏)素善張良이러니夜馳見良ᄒᆞ야具告以事ᄒᆞ고欲呼與俱去ᄒᆞᆫ디張良이曰臣이爲韓王ᄒᆞ야送沛公ᄒᆞ니沛公이今有急이어늘亡去ᄂᆞᆫ不義라不可不語라ᄒᆞ고良이乃入ᄒᆞ야具告沛公ᄒᆞ고

(倍德)倍與背亦通

固要項伯ᄒᆞ야入見沛公ᄒᆞᆫ대

項伯이란者는項羽의季父라본대張良을조와ᄒᆞ더니夜에달녀良을見ᄒᆞ야갓초어事로써告ᄒᆞ고呼ᄒᆞ야더브러한가지去코져ᄒᆞᆫ대張良이曰臣이韓王을爲ᄒᆞ야沛公에게送ᄒᆞ엿ᄉᆞ니沛公이今에急ᄒᆞᆷ이잇거늘亡ᄒᆞ야去ᄒᆞᆷ은義가아니라可히語치아니ᄒᆞᆯ수가업다ᄒᆞ고良이이에드러가갓초어沛公에게告ᄒᆞ고굿이項伯을要ᄒᆞ야드러가沛公을見케ᄒᆞᆫ대

沛公이奉巵酒爲壽ᄒᆞ고(巵飮酒禮器也 壽上酒稱壽也) 約爲婚姻曰吾ㅣ入關ᄒᆞ야秋毫를不敢有所近ᄒᆞ고籍吏民封府庫ᄒᆞ야而待將軍ᄒᆞ니 所以遣將守關者는備他盜也라豈敢反乎ㅣ리오 願伯은明言不敢倍德ᄒᆞ라

沛公이巵酒를밧드러壽를ᄒᆞ고婚姻을約ᄒᆞ여曰吾ㅣ關에入ᄒᆞ야秋毫를敢히近히ᄒᆞᆫ바이有치안코吏民을籍ᄒᆞ고府庫을封ᄒᆞ야將軍을待ᄒᆞ니써將을遣하야關을守ᄒᆞᆫ밧者는他盜을備ᄒᆞᆷ이라웃지敢히反ᄒᆞ리오願컨ᄃᆡ伯은敢히德을倍치안는다고밝히言ᄒᆞ라

項伯이許諾ᄒᆞ고謂沛公曰旦日에不可不早自來謝니라 沛公이曰

諾다 於是에 項伯이 復夜去ᄒᆞ야 俱以沛公言으로 報羽ᄒᆞ고 因言曰沛公이 不先破關中이면 公이 豈敢入乎리오 今人이 有大功而擊之는 不義也니 不如因善遇之니라 項羽ㅣ 許諾ᄒᆞ다

項伯이許諾ᄒᆞ고沛公다려謂ᄒᆞ야曰旦日에可히일죽이스ᄉᆞ로와셔謝치아니치못ᄒᆞᆯ지니라沛公이曰諾다이에項伯이다시夜에去ᄒᆞ야한가지沛公의言으로써羽에게報ᄒᆞ고因ᄒᆞ야言ᄒᆞ야曰沛公이먼져關中을破치아니ᄒᆞ얏스면公이엇지敢히入ᄒᆞ얏스리오今에人이大功이有ᄒᆞ거늘擊ᄒᆞᆷ은義가아니니因ᄒᆞ야善히遇ᄒᆞᆷ만如치못ᄒᆞ니라項羽ㅣ許諾ᄒᆞ다

沛公이 旦日에 從百餘騎ᄒᆞ야 來見羽鴻門ᄒᆞ고 謝曰臣이 與將軍으로 戮力而攻秦ᄒᆞᆯ서 將軍은 戰河北ᄒᆞ고 臣은 戰河南이러니 不自意先入關ᄒᆞ야 能破秦ᄒᆞ고 得復見將軍於此로다 今者에 有小人之言ᄒᆞ야 令將軍與臣으로 有隙이로다

沛公이旦日에百餘騎를從ᄒᆞ야와셔羽를鴻門에셔見ᄒᆞ고謝ᄒᆞ여曰臣이將軍으

로더브러力을戮ᄒᆞ야秦을攻ᄒᆞᆯ시將軍은河北에셔戰ᄒᆞ고臣은河南에셔戰ᄒᆞ엿더니스사로먼저關에入ᄒᆞ야能히秦을破ᄒᆞ고시러곰다사將軍을此에셔見ᄒᆞᆯ줄은意치아니ᄒᆞ엿노라이제小人의言이有ᄒᆞ야將軍으로ᄒᆞ여곰臣으로더브러隙이有케ᄒᆞ엿도다

項羽ㅣ曰此는沛公의左司馬曹無傷이言之라不然이면籍이何以至此오리羽ㅣ因留沛公飮ᄒᆞᆯ시范增이數目羽ᄒᆞ고(謂頻數動目以諭之)擧所佩玉玦ᄒᆞ야以示之者ㅣ三이로대(玦音決玉佩也如環而有缺示以富決斷者也)羽ㅣ不應이어늘

項羽ㅣ曰이는沛公의左司馬曹無傷이言ᄒᆞᆷ이라然치안으면籍이웃지써此에至하리오羽ㅣ因ᄒᆞ야沛公을留ᄒᆞ여飮ᄒᆞᆯ시范增이자조羽를目ᄒᆞ고佩ᄒᆞᆫ바玉玦을擧ᄒᆞ야써示ᄒᆞᆫ者ㅣ三이로대羽ㅣ應치안커늘

(若)汝也

增이起出ᄒᆞ야召項莊ᄒᆞ야謂曰君王의爲人이不忍ᄒᆞ니若이入前爲壽ᄒᆞ고壽畢에請以劍舞ᄒᆞ야因擊沛公於坐ᄒᆞ야殺之ᄒᆞ라不者ㅣ면若屬이皆且爲所虜ㅣ리라

增이起ᄒᆞ야出ᄒᆞ야項莊을召ᄒᆞ야謂ᄒᆞ여曰君王의人됨이참아못ᄒᆞ니네가前에入ᄒᆞ야壽를ᄒᆞ고壽가畢ᄒᆞᆷ에劒舞로써請ᄒᆞ야因ᄒᆞ야沛公을坐에서擊ᄒᆞ야殺ᄒᆞ라아니면너의부치가다ᄯᅩ虜ᄒᆞᆯ바ㅣ되리라

莊이入爲壽ᄒᆞ고壽畢에曰軍中에無以爲樂ᄒᆞ니請以劒舞ᄒᆞ노이다羽ㅣ曰諾다項莊이拔劒起舞어늘項伯이亦拔劒起舞ᄒᆞ야常以身으로翼蔽沛公ᄒᆞ니莊이不得擊이라

莊이드러가壽를ᄒᆞ고壽를畢ᄒᆞᆷ에曰軍中에써樂될것이無ᄒᆞ니請컨대劒으로써舞ᄒᆞ겟노이다羽ㅣ曰諾다項莊이劒을拔ᄒᆞ야起ᄒᆞ야舞ᄒᆞ거늘項伯이ᄯᅩ劒을拔ᄒᆞ야起ᄒᆞ야舞ᄒᆞ야일죽身으로써翼ᄒᆞ야沛公을蔽ᄒᆞ니莊이擊ᄒᆞᆷ을得지못ᄒᆞᆫ지라

於是에張良이至軍門ᄒᆞ야見樊噲曰今項莊이拔劒舞ᄒᆞ니其意ㅣ常在沛公也러라噲ㅣ曰此ㅣ迫矣라ᄒᆞ고即帶劒擁盾ᄒᆞ고入軍門ᄒᆞ야披帷立ᄒᆞ야瞋目示項羽ᄒᆞ니頭髮이上指ᄒᆞ고目眦ㅣ盡裂 瞋音眞이眦音刺라

이에張良이軍門에至ᄒᆞ야樊噲를보고曰今에項莊이劒을拔ᄒᆞ야舞ᄒᆞ니그ᄯᅳᆺ이常해沛公에게在ᄒᆞ더라噲ㅣ曰此ㅣ迫ᄒᆞ다ᄒᆞ고곳劒을帶ᄒᆞ고盾을擁ᄒᆞ고軍門에入

(巵)受四升斗巵受一斗之巵也

ᄒᆞ야帷를披ᄒᆞ고立ᄒᆞ야目을瞋ᄒᆞ고項羽를視ᄒᆞ니頭髮이上을指ᄒᆞ고目眦ㅣ다裂ᄒᆞᆫ지라

羽ㅣ曰壯士ㅣ라賜之巵酒ᄒᆞ라則與斗巵酒ᄒᆞᄃᆡ噲ㅣ飮之어늘羽ㅣ曰賜之彘肩ᄒᆞ라則與一生彘肩ᄒᆞᄃᆡ噲ㅣ拔劍切而啗之어늘羽ㅣ曰壯士라復能飮乎아噲ㅣ曰臣이死且不避어든巵酒를安足辭리오

羽ㅣ曰壯士ㅣ라巵酒를賜ᄒᆞ라곳斗巵酒를與ᄒᆞᆫᄃᆡ噲ㅣ飮ᄒᆞ거늘羽ㅣ曰彘肩을賜ᄒᆞ라곳ᄒᆞᆫ生ᄒᆞᆫ彘肩을與ᄒᆞᆫᄃᆡ噲ㅣ劍을拔ᄒᆞ야오려셔啗ᄒᆞ거늘羽ㅣ曰壯士ㅣ라다시能히飮ᄒᆞ겟느냐噲ㅣ曰臣이死홈도또避치아니ᄒᆞ거든巵酒를읏지足히辭ᄒᆞ리오

夫秦이有虎狼之心ᄒᆞ야殺人을如不能擧ᄒᆞ고刑人을如恐不勝ᄒᆞ니天下ㅣ皆叛之ㅣ라懷王이與諸將으로約曰先破秦入咸陽者를王之라ᄒᆞ니今에沛公이先破秦入咸陽ᄒᆞ야毫毛를不敢有所近ᄒᆞ고還軍霸上ᄒᆞ야以待將軍ᄒᆞ니勞苦而功高ㅣ如此어늘未有封爵之賞而

(間行)從
微路而行

聽細人之說ᄒᆞ고 欲誅有功之人ᄒᆞ니 此는 亡秦之續耳라 竊爲將軍不取也ᄒᆞ노라 須臾에 沛公이 起如厠이라가 因招噲出ᄒᆞ야 間行趣霸上ᄒᆞ고 留張良ᄒᆞ야 使謝羽ᄒᆞ다

무릇秦이虎狠의心이有ᄒᆞ야人을殺ᄒᆞᆷ을能히擧치못ᄒᆞ는것갓치ᄒᆞ며人을刑ᄒᆞᆷ을勝치못ᄒᆞᆯ가恐ᄒᆞ는것갓치ᄒᆞ니天下ㅣ다叛ᄒᆞᆫ지라懷王이諸將으로더부러約ᄒᆞ야日먼져秦을破ᄒᆞ고咸陽에入ᄒᆞ는者를王ᄒᆞᆫ다ᄒᆞ엿스니今에沛公이먼져秦을破ᄒᆞ고咸陽에入ᄒᆞ야毫毛를敢히近히ᄒᆞᆫ바이有치안코軍을霸上에還ᄒᆞ야써將軍을待ᄒᆞ니勞苦ᄒᆞ고功이高ᄒᆞᆷ이이와갓거늘封爵의賞이有치안코細人의說을聽ᄒᆞ야功이有ᄒᆞᆫ人을誅코져ᄒᆞ니此는亡ᄒᆞᆫ秦의續이라그윽이將軍을爲ᄒᆞ야取치안노라잠간잇다가沛公이이러나厠에잔다ᄒᆞ고인ᄒᆞ야噲를불너내여間으로行ᄒᆞ야霸上에趣ᄒᆞ고張良을留ᄒᆞ야하여곰羽에게謝ᄒᆞ다

居數日에 項羽ㅣ 引兵西屠咸陽ᄒᆞ야 殺秦降王子嬰ᄒᆞ고 燒秦宮室ᄒᆞ니 火ㅣ 三月不滅이라 收其貨寶婦女而東ᄒᆞ니 秦民이 大失望이러라

居ᄒᆞᆫ지數日에項羽ㅣ兵을引ᄒᆞ고西으로咸陽을屠ᄒᆞ야秦降王子嬰을殺하고秦宮

(衣繡夜行)言無人見心不顯榮也 (猴)師古曰獼猴也

室을燒ᄒᆞ니火ㅣ三月이나滅치안터라그貨寶와婦女를收ᄒᆞ、東으로ᄒᆞ니秦民이
크게望을失ᄒᆞ엿더라

韓生이說項羽曰關中은阻山帶河ᄒᆞ니四塞之地오(東有黃河函谷蒲津龍門合河等關南有南山武關嶢關西有大隴山及隴山大震烏蘭等關北有黃河南塞是謂四塞)地肥饒ᄒᆞ니可都以霸ㅣ라ᄒᆞᆫᄃᆡ羽ㅣ見秦宮室이皆已燒殘破ᄒᆞ고又心思東歸ᄒᆞ야曰富貴不歸故鄕이면如衣繡夜行이니誰知之者리오韓生이退曰人言楚人은沐猴而冠耳라ᄒᆞ더니果然이로다(沐猴獼猴也雖着人衣冠心不類人且不任久着冠帶以喩楚人性躁暴)羽ㅣ聞之ᄒᆞ고烹韓生ᄒᆞ다

韓生이項羽를說ᄒᆞ야曰關中은山을阻ᄒᆞ고河를帶ᄒᆞ니四塞의地오地가肥饒하니可히都ᄒᆞ야써霸ᄒᆞᆯ지라ᄒᆞᆫ대羽ㅣ秦宮室이다임의燒ᄒᆞ야殘破ᄒᆞᆷ을見ᄒᆞ고또心에東으로歸ᄒᆞ기를思ᄒᆞ야曰富ᄒᆞ고貴ᄒᆞ야故鄕에歸치아니ᄒᆞ면繡를衣ᄒᆞ고夜에行ᄒᆞᆷ과如ᄒᆞ니誰가知ᄒᆞᆯ者이리오韓生이退ᄒᆞ여曰人이言ᄒᆞ기를楚人은沐猴이고冠ᄒᆞ엿다ᄒᆞ더니果然이로다羽ㅣ聞ᄒᆞ고韓生을烹ᄒᆞ다

羽ㅣ使人으로致命懷王ᄒᆞᆫᄃᆡ懷王이曰如約ᄒᆞ리라羽ㅣ曰懷王者ᄂᆞᆫ吾

(功伐)積功曰伐 (陽尊)陽發現於外陰蔽伏於內凡人之作事外爲是形而內無其實者皆陽爲之外若無所營而內潛爲之皆陰爲之

(疑沛公)疑沛公有天下也 (惡)音烏故爲切耻也

家所立爾라 非有功伐ᄒᆞ니 何以得專主約이리오 春正月에羽ㅣ陽尊懷王ᄒᆞ야爲義帝ᄒᆞ고實不用其命이러라

羽ㅣ人으로하여곰命을懷王에게致ᄒᆞᆫ대懷王이曰約과如히ᄒᆞ리라羽ㅣ曰懷王인者ᄂᆞᆫ吾家에서立ᄒᆞᆫ바이라功伐이잇지아니ᄒᆞ니엇지써시러곰約을專히主ᄒᆞ리오春正月에羽ㅣ그짓懷王을尊ᄒᆞ야義帝를ᄉᆞᆷ고실샹그命을用치안터라

二月에羽ㅣ分天下ᄒᆞ야王諸將ᄒᆞ고羽ㅣ自立爲西楚霸王ᄒᆞ야王梁楚地九郡ᄒᆞ고都彭城ᄒᆞ다(淮北沛郡陳州汝南南郡爲西楚彭城以東東海吳郡廣陵爲東楚衡山九江江南豫章長沙爲南楚也)

二月에羽ㅣ天下를分ᄒᆞ야諸將을王ᄒᆞ고羽ㅣᄉᆞᄉᆞ로立ᄒᆞ야西楚霸王이되여梁楚地九郡에王ᄒᆞ고彭城에都ᄒᆞ다

羽ㅣ與范增으로疑沛公而業已講解오(講和也解析伏也已然曰業言雖疑忌爭已和解也)又惡負約ᄒᆞ야乃陰謀曰巴蜀은(或都潼州等路)道險ᄒᆞ고秦之遷人이皆居之라ᄒᆞ야乃曰巴蜀도亦關中地也라ᄒᆞ고故立沛公爲漢王ᄒᆞ야王巴蜀漢中ᄒᆞ야都南鄭ᄒᆞ고(漢中地名)而三分關中ᄒᆞ야王秦降將章邯司馬欣董翳ᄒᆞ야以

距塞漢路ᄒᆞᆫ딕

羽ㅣ范增으로더브러沛公을疑ᄒᆞ되발서임의講解ᄒᆞ엿고ᄯᅩ約을負ᄒᆞᆯ가惡ᄒᆞ야이
에가마니謀ᄒᆞ여曰巴蜀은道가險ᄒᆞ고秦의遷人이다居ᄒᆞ다ᄒᆞ야이에曰巴蜀도ᄯᅩ
關中의地라ᄒᆞ고짐짓沛公을立ᄒᆞ야漢王을삼어巴蜀漢中에王ᄒᆞ야南鄭에都ᄒᆞ고
關中을三分ᄒᆞ야秦降將章邯과司馬欣과董翳를王ᄒᆞ야써漢路를距塞ᄒᆞᆫ딕

漢王이怒ᄒᆞ야欲攻項羽어늘周勃灌嬰樊噲ㅣ皆勸之러니蕭何ㅣ諫
曰雖王漢中之惡이나不猶愈於死乎아能詘(屈通)於一人之下而
信(伸同)於萬乘之上者는湯武ㅣ是也라臣은願大王은王漢中ᄒᆞ샤
養其民以致賢人ᄒᆞ시고收用巴蜀ᄒᆞ샤還定三秦ᄒᆞ시면(章邯司馬欣董翳項羽三分關中而王之是謂三秦)
天下를可圖也ㅣ리이다漢王曰善라ᄒᆞ고乃遂就國ᄒᆞ야以何로爲丞相ᄒᆞ다

漢王이怒ᄒᆞ야項羽를攻코져ᄒᆞ거늘周勃과灌嬰과樊噲ㅣ다勸ᄒᆞ엿더니蕭何ㅣ諫
ᄒᆞ여曰비록漢中에王ᄒᆞᆷ이惡ᄒᆞ나오히려死ᄒᆞ는것보다愈치아니ᄒᆞᆫ가能히一人의
下에詘ᄒᆞ야萬乘의上에信ᄒᆞᆫ者는湯武ㅣ是라臣은願ᄒᆞ건딕大王은漢中에王ᄒᆞ샤
그民을養ᄒᆞ야써賢人을致ᄒᆞ시고巴蜀을收用ᄒᆞ샤돌니三秦을定ᄒᆞ시면天下를可

(戲下兵)戲與麾通大將旗 (棧道)閣木爲棧 (無東意)言令羽知漢王更無東出之意也

(王孫)尊稱之言 說韓信釣城下漂母必素識之信欲重報

히圖ᄒᆞ리이다漢王이曰善타ᄒᆞ고이에드듸여國에就ᄒᆞ야何로ᄡᅥ丞相을삼다

夏四月에諸侯ㅣ罷戲下兵ᄒᆞ고各就國ᄒᆞᆯ서項王이使卒三萬人으로從漢王之國ᄒᆞ니張良이送之褒中이어늘(漢中縣名)漢王이遣良歸韓ᄒᆞᆯ듸良이因說漢王ᄒᆞ야燒絕所過棧道ᄒᆞ야以備諸侯盜兵ᄒᆞ고且示項羽無東意ᄒᆞ다

夏四月에諸侯ㅣ戲下兵을罷ᄒᆞ고各〻國에就ᄒᆞᆯ식項王이卒三萬人으로하여곰漢王을從ᄒᆞ야國에之ᄒᆞ니張良이送ᄒᆞ야褒中에至ᄒᆞ거늘漢王이良을遣ᄒᆞ야韓에歸ᄒᆞᆫ듸良이因ᄒᆞ야漢王을說ᄒᆞ야過ᄒᆞᄂᆞᆫ바棧道를燒ᄒᆞ야絕ᄒᆞ야ᄡᅥ諸侯의盜兵을備ᄒᆞ고또項羽에게東으로ᄒᆞᆯ意가無ᄒᆞᆷ을示ᄒᆞ다

初에淮陰人韓信이家貧ᄒᆞ야釣於城下ᄒᆞ더니有漂母ㅣ見信飢ᄒᆞ고飯信이어늘(漂音瓢以水打絮也飯飼之也)信이喜謂漂母曰吾ㅣ必有以重報母ᄒᆞ리라母ㅣ怒曰大丈夫ㅣ不能自食ㅣ일새(讀飼)吾哀王孫而進食ᄒᆞ니(王孫言如公子盖尊稱也)豈望報乎리오

盖非一飯其稱王孫之言安知韓信之後耶

(因衆辱於衆中辱之也)

(杖劒從無)言直帶一劒更之餘資也

初에淮陰人韓信이家ㅣ貧ᄒᆞ야城下에釣ᄒᆞ더니漂母ㅣ有ᄒᆞ야信의飢홈을見ᄒᆞ고信에게飯ᄒᆞ거늘信이喜ᄒᆞ야漂母다려謂ᄒᆞ야曰吾ㅣ반다시써重히母이게報홈이有ᄒᆞ리라母ㅣ怒ᄒᆞ야曰大丈夫ㅣ能히ᄉᆞᄉᆞ로食치못ᄒᆞᆯ식吾ㅣ王孫을愛ᄒᆞ야食을進호니엇지報ᄒᆞ기를望ᄒᆞ리오

淮陰屠中少年이有侮信者ᄒᆞ야因衆辱之曰信아能死어든刺我ᄒᆞ고不能死어든出我袴下ᄒᆞ라於是에信이俛出袴下ᄒᆞ야蒲伏ᄒᆞ니(俛音免蒲匍同手行也伏匐同伏地也)一市人이皆笑信爲怯이러라

淮陰屠中少年이信을侮ᄒᆞᄂᆞᆫ者ㅣ有ᄒᆞ야衆을因ᄒᆞ야辱ᄒᆞ여曰信아能히死ᄒᆞ려거든我를刺ᄒᆞ고能히死치아니ᄒᆞ랴거든我의袴下로出ᄒᆞ라이에信이俛ᄒᆞ야袴下로出ᄒᆞ야蒲伏ᄒᆞ니一市의人이다信을怯ᄒᆞᆫ다笑ᄒᆞ더라

及項梁이渡淮에信이杖劒從之ᄒᆞ야居麾下ᄒᆞ야(麾音揮大將指揮之旗也)無所知名이러니項梁이敗에又屬項羽ᄒᆞ니羽ㅣ以爲郎中이어늘數以策으로干羽호ᄃᆡ羽ㅣ不用이러라

(謳歌)謂謳齊聲之歌也

밋項梁이淮를渡홈에信이劍을杖ㅎ고從ㅎ야麾下에居ㅎ야名을知ㅎ리가업더니項梁이敗홈에또項羽에게屬ㅎ니羽ㅣ써郎中을삼거늘자조策으로써羽를干호되羽ㅣ用치안터라

漢王之入蜀에信이亾楚歸漢호되王이以爲治粟都尉ㅎ고亦未之奇也러니信이數與蕭何로語에何ㅣ奇之러라

漢王이蜀에入홈에信이楚를도망ㅎ야漢에歸호되王이써治粟都尉를삼고또흔奇히여기지안터니信이자조蕭何로더브러語홈에何ㅣ奇히여기더라

漢王이至南鄭ㅎ니諸將及士卒이皆歌謳思東歸ㅎ야多道亡者라信이亾去어늘何ㅣ聞信亾ㅎ고不及以聞ㅎ고自追之더니人이有言王曰丞相何ㅣ亾어라ㅎ되王이大怒ㅎ야如失左右手러니居一二日에何ㅣ來謁王이어늘王이且怒且喜ㅎ야罵何曰諸將亾者ㅣ以十數로되公이無所追러니追信은詐也로다

漢王이南鄭에至ㅎ니諸將과밋士卒이歌謳ㅎ야東으로歸ㅎ기를思ㅎ야道에서亾

(國士無雙)漢國之中僅有信一人也他無與比 一云國士國家之奇士 (顧)念也 (鬱鬱)滯貌

ᄒᆞᄂᆞᆫ者ㅣ多ᄒᆞᆫ지라信이亡去ᄒᆞ거늘何ㅣ信이도망ᄒᆞᆷ을聞ᄒᆞ고밋처써奏聞치못ᄒᆞ고스ᄉᆞ로追ᄒᆞ엿더니人이王에게言ᄒᆞᆷ이有ᄒᆞ야曰丞相何ㅣ도망ᄒᆞ엿다ᄒᆞᆫᄃᆡ王이크게怒ᄒᆞ야左右手를失ᄒᆞᆷ과갓더니一二日만에何ㅣ來ᄒᆞ야王게謁ᄒᆞ거늘王이또怒ᄒᆞ고또喜ᄒᆞ야何를罵ᄒᆞ야曰諸將의도망ᄒᆞᆫ者ㅣ十으로써數호ᄃᆡ公이追ᄒᆞᄂᆞᆫ바이無ᄒᆞ더니信을追ᄒᆞᆷ은詐이로다

何ㅣ曰諸將은易得耳이어니와至於信者ᄒᆞ야는國士라無雙이니王이必欲長王漢中인ᄃᆡᆫ無所事信이어니와(事猶用也)必欲爭天下ㅣᆫᄃᆡᆫ非信이면無可與計事者ㅣ니顧王策安決耳니잇고王曰吾亦欲東耳니安能鬱鬱久居此乎리오乃召信ᄒᆞ야拜大將ᄒᆞᆫᄃᆡ何ㅣ曰王이素慢無禮ᄒᆞ사今拜大將을如呼小兒ᄒᆞ시니此ᄂᆞᆫ乃信所以去也이니다王이必欲拜之ㅣᆫᄃᆡᆫ擇良日齋戒ᄒᆞ시고設壇場具禮라야乃可耳이니다

何ㅣ曰諸將은得ᄒᆞ기쉽거니와信과如ᄒᆞᆫ者에至ᄒᆞ야ᄂᆞᆫ國士ㅣ라雙이無ᄒᆞ니王이반다시길게漢中에王ᄒᆞ실진ᄃᆡᆫ信을事ᄒᆞᆯ바이無ᄒᆞ거니와반다시天下를爭코져ᄒᆞ

진대信이안이면可히더브러事를計홀者ㅣ無ᄒᆞ니도라보건대王은策을웃지決ᄒᆞ시ᄂᆞ잇고王이曰吾ㅣ또東으로ᄒᆞ고져ᄒᆞ노니웃지능히답〻이오래이에居ᄒᆞ리오아에信을召ᄒᆞ야大將을拜ᄒᆞᆫ대何ㅣ曰王이본대慢ᄒᆞ시고禮가無ᄒᆞ샤이제大將을拜ᄒᆞ심을小兒를呼홈갓치ᄒᆞ시니此ᄂᆞᆫ이信의써去ᄒᆞᆫ바이로이다王이반다시拜코져ᄒᆞ실진대良日을擇ᄒᆞ야齋戒ᄒᆞ시고壇場을設ᄒᆞ고禮을具ᄒᆞ여야이에可ᄒᆞ니이다

王이許之ᄒᆞ니諸將이皆喜ᄒᆞ야人人이各自以爲得大將이러니至拜大將ᄒᆞ야ᄂᆞᆫ乃韓信也라一軍이皆驚이러라

王이許ᄒᆞ니諸將이다喜ᄒᆞ야人〻이각〻스스로써ᄒᆞ되大將을得ᄒᆞ리라ᄒᆞ엿더니大將을拜홈에至ᄒᆞ야ᄂᆞᆫ韓信이라一軍이다驚ᄒᆞ더라

信이拜禮畢에上坐ᄒᆞ니王曰丞相이數言將軍ᄒᆞ니將軍이何以敎寡人計策고信이辭讓ᄒᆞ고因問王曰今에東鄕ᄒᆞ야爭權天下ㅣ豈非項王耶잇가漢王曰然ᄒᆞ다曰大王이自料勇悍仁强인디孰與項王이니잇고漢王이良久에曰不如也로라信이曰信도亦以爲大王이不

如也ㅣ라ᄒᆞ노니다 然이나 臣이 嘗事之ᄒᆞ니 請言項王之爲人也ᄒᆞ리이다

信이拜禮를畢홈에 上에坐ᄒᆞ니王이曰丞相이쟈조將軍을言ᄒᆞ엿ᄉᆞ니將軍이ᄋᆞᆺ지써寡人에게計策을敎홀고信이辭謝ᄒᆞ고因ᄒᆞ야王에게問ᄒᆞ야曰今에東으로向ᄒᆞ야天下에權을爭홈이ᄋᆞᆺ지項王이아니닛가漢王이曰然ᄒᆞ다曰大王이ᄉᆞᄉᆞ로勇과悍과仁과强을料ᄒᆞ건ᄃᆡ누가項王과갓흐니잇고漢王이良久에曰갓지못ᄒᆞ노라信이曰信도ᄯᅩ써ᄒᆞ되大王이갓지못ᄒᆞ다ᄒᆞ노이다然이나臣이일즉이事ᄒᆞ엿ᄉᆞ니請컨ᄃᆡ項王의人됨을言호리이다

項王이 喑噁(音陰亞懷怒氣) 叱咤에(音櫛宅發怒聲) 千人이 自廢나(失氣不敢當也) 然이나 不能任屬賢將ᄒᆞ니 此特匹夫之勇耳오 項王이 見人에 恭敬慈愛ᄒᆞ야 言語嘔嘔(音謳也)ᄒᆞ며 人有疾病에 涕泣分食飮ᄒᆞ되 至使人有功當封爵者ᄒᆞ야는 印刓敝호ᄃᆡ 忍不能予ᄒᆞ니(刓音宛角之刓訛缺也言印雖刻而手弄角訛不忍授也) 此所謂婦人之仁也라 項王이 雖霸天下而臣諸侯ㅣ나 不居關中而都彭城ᄒᆞ고 放逐義帝ᄒᆞ고 所過에 無不殘滅ᄒᆞ니 名雖爲霸나 實失天下心이라 故로

其彊이易弱이니 今大王이誠能反其道ᄒᆞ샤 任天下武勇ᄒᆞ시면 何所不誅ㅣ며 以天下城邑으로封功臣ᄒᆞ시면 何所不服이며 以義兵으로從思東歸之士ᄒᆞ시면 何所不散이리잇고 言用東歸之兵擊東方之敵此敵無不散敗也 且三秦王이 章邯司馬欣董翳 爲將ᄒᆞ야將秦子弟數歲矣라가 欺其衆降이러니 諸侯ㅣ至新安ᄒᆞ야項王이詐坑秦降卒二十餘萬ᄒᆞ고 唯獨邯欣翳ㅣ得脫ᄒᆞ니 秦父兄이怨此三人ᄒᆞ야痛入骨髓ㅣ다 今楚ㅣ彊ᄒᆞ야 以威로王此三人이언정 秦民은莫愛也오 大王이入關ᄒᆞ야秋毫를無所害ᄒᆞ시고 除秦苛法ᄒᆞ시니 秦民이無不欲得大王王秦者라 今大王이擧而東ᄒᆞ시면 三秦을可傳檄而定也ㅣ니이다 檄尺書也傳檄而定言不足用兵也 於是에漢王이大喜ᄒᆞ야 自以爲得信晩이라ᄒᆞ고遂聽信計ᄒᆞ다

項王이喑噁ᄒᆞ고叱咤ᄒᆞᆷ에千人이스스로廢ᄒᆞ나然이나能히賢將에게任屬치못ᄒᆞ니이는特히匹夫의勇이오項王이人을見ᄒᆞᆷ에恭敬ᄒᆞ고慈愛ᄒᆞ야語를嘔々히言ᄒᆞ

며人이疾病이有ᄒᆞᆷ에涕泣ᄒᆞ고食飮을分ᄒᆞ대人으로하여곰功이有ᄒᆞ야맛당이爵을封ᄒᆞᆯ者에至ᄒᆞ여는印을刓ᄒᆞ야敝호대참아能히予치못ᄒᆞ니이는이른바婦人의仁이라項王이비록天下에覇ᄒᆞ야諸侯를臣ᄒᆞ나關中에居치아니ᄒᆞ고彭城에都ᄒᆞ고義帝를노와쏫고過ᄒᆞ는바에殘滅치아느니가無ᄒᆞ니名은비록覇라ᄒᆞ나실상天下의心을失ᄒᆞᆫ지라故로그彊ᄒᆞᆷ이弱ᄒᆞ기易ᄒᆞ니今에大王이진실로能히그道를反ᄒᆞ사天下의武勇을任ᄒᆞ시면무엇을誅치못ᄒᆞᆯ바이며天下의城邑으로써功臣을封ᄒᆞ시면무엇이服치아니ᄒᆞᆯ바이며義兵으로써東으로歸ᄒᆞ기를思ᄒᆞ는士를從ᄒᆞ시면무엇이散치아니ᄒᆞᆯ바이리잇고또三秦王이將이되여秦子弟를將ᄒᆞᆫ지數歲라가그衆을欺ᄒᆞ고降ᄒᆞ엿더니諸侯ㅣ新安에至ᄒᆞ야項王이詐히秦降卒二十餘萬을坑ᄒᆞ고오쟉ᄒᆞᆯ로邯과欣과翳가脫ᄒᆞᆷ을得ᄒᆞ니秦父兄이此三人을怨ᄒᆞ야痛ᄒᆞᆷ이骨髓에入ᄒᆞᆫ지라今에楚ㅣ彊ᄒᆞ야威로써이三人을王ᄒᆞ엿슴지언졍秦民은愛ᄒᆞ라가업고大王이關에入ᄒᆞ야秋毫를害ᄒᆞᆫ바이업스시고秦의苛法을除ᄒᆞ시니秦民이大王을得ᄒᆞ야秦에王ᄒᆞ고져안는者ㅣ업는지라今에大王이擧ᄒᆞ야東으로ᄒᆞ시면三秦을可히檄을傳ᄒᆞ야定ᄒᆞ리이다漢王이크게喜ᄒᆞ야스ᄉᆞ로써ᄒᆞ되信을엇기를늣게ᄒᆞ엿다ᄒᆞ고드대여信의計를聽ᄒᆞ다

八月에引兵從故道出ᄒᆞ야襲雍ᄒᆞ니(故道屬州兩當縣也掩其不備曰襲) 雍王邯은戰敗走ᄒᆞ고
塞王欣과翟(音狄)王翳는皆降ᄒᆞ다

八月에兵을引ᄒᆞ고故道를從ᄒᆞ야出ᄒᆞ야雍을襲ᄒᆞ니雍王邯은戰ᄒᆞ야敗走ᄒᆞ고塞
王欣과翟王翳는다降ᄒᆞ다

王陵者는沛人也라先聚黨數千人ᄒᆞ야居南陽이러니至是ᄒᆞ야始以
兵으로屬漢ᄒᆞ니項王이取陵母ᄒᆞ야置軍中ᄒᆞ고陵使ㅣ至則東鄕坐陵
母ᄒᆞ고欲以招陵이어늘陵母ㅣ私送使者ᄒᆞᆯ서泣曰願爲妾語陵ᄒᆞ대善
事漢王ᄒᆞ라漢王은長者ㅣ니毋(音無)以老妾故로持二心ᄒᆞ라妾이以死로
送使者ᄒᆞ라ᄒᆞ고遂伏劍而死ᄒᆞ다

王陵이란者는沛人이라먼저黨數千人을聚ᄒᆞ야南陽에居ᄒᆞ엿더니이에이르러비
로소兵으로써漢에屬ᄒᆞ니項王이陵母를取ᄒᆞ야軍中에置ᄒᆞ고陵의使가至ᄒᆞᆫ則東
으로향ᄒᆞ야陵의母를안치고써陵을招코져ᄒᆞ거늘陵母ㅣᄉᆞᄉᆞ로使者를送ᄒᆞᆯ서泣
ᄒᆞ야曰願컨대妾을爲ᄒᆞ야陵에게語ᄒᆞ대잘漢王을事ᄒᆞ라漢王은長者ㅣ니老妾의

故로써二心을持치 말나妾이死로 써使者를送혼다 ᄒᆞ고드대 여劒에伏ᄒᆞ여死ᄒᆞ다

張良이遺項王書曰漢王이 失職ᄒᆞ야 欲得關中ᄒᆞ니 如約이면即止ᄒᆞ야 不敢東이라ᄒᆞ고 又以齊梁反書로 遺項王曰齊欲與趙로 并滅楚라ᄒᆞ니 項王이 以此故로 無西意而北擊齊ᄒᆞ다

張良이項王에게遺혼書에曰漢王이職을失ᄒᆞ야關中을得코자ᄒᆞ니約과갓ᄒᆞ면곳止ᄒᆞ야敢히東으로ᄒᆞ지안는다ᄒᆞ고또齊와梁의反書로써項王에게遺ᄒᆞ야曰齊가趙로더브러아올너楚를滅코져혼다ᄒᆞ니項王이이러혼故로써西로홀意가無ᄒᆞ고北으로齊를擊ᄒᆞ다

(丙申)西楚二漢二年〇是歲韓亡凡二大國小國凡十二 冬十月에 項王이 密使九江王布黥布 等으로 擊義帝ᄒᆞ야 殺之江中ᄒᆞ다

冬十月에項王이가마니九江王布等으로ᄒᆞ야곰義帝를擊ᄒᆞ야江中에殺ᄒᆞ다

陳餘ㅣ 襲破常山ᄒᆞ니 張耳ㅣ 敗走漢이어ᄂᆞᆯ 陳餘ㅣ 迎趙王於代ᄒᆞ야 復

(里中社)社后土也使民祀之春以祈穀秋以報功

(爲宰)宰主切割肉也

(太僕)秦官名掌輿馬

爲趙王ᄒᆞ다

陳餘ㅣ常山을襲ᄒᆞ야破ᄒᆞ니張耳ㅣ敗ᄒᆞ야漢으로走ᄒᆞ거늘陳餘ㅣ趙王을代에셔迎ᄒᆞ야다시趙王을ᄉᆞᆷ다

漢王이立韓襄王孫信ᄒᆞ야爲韓王ᄒᆞ니常將韓兵ᄒᆞ야從漢王이러라

漢王이韓襄王孫信을立ᄒᆞ야韓王을ᄉᆞᆷ으니항상韓兵을將ᄒᆞ야漢王을從ᄒᆞ더라

初에陽武人陳平이家貧好讀書러니里中社(里名庫上)에平이爲宰ᄒᆞ야分肉食甚均이어늘父老ㅣ曰善라陳孺子之爲宰여平이曰嗟呼라使平으로得宰天下라도亦如是肉矣리라ᄒᆞ더니及諸侯ㅣ叛秦에平이事魏王咎(音高名也)ᄒᆞ야於臨濟ᄒᆞ야爲太僕ᄒᆞ야說魏王호ᄃᆡ不聽ᄒᆞ고人或讒之어늘平이亡去ᄒᆞ다

初에陽武人陳平이家가貧호대讀書를好ᄒᆞ더니里中社에平이宰가되여肉과食을分홈을甚히均히ᄒᆞ거늘父老ㅣ曰善라陳孺子의宰가됨이여平이曰슬프다平으로하여곰天下에宰홈을得ᄒᆞ드라도또ᄒᆞᆫ이肉과갓치ᄒᆞ리라ᄒᆞ더니밋諸侯ㅣ秦을叛

(參乘)參作驂乘上聲乘車之法尊者居左而御者居中一人處其右以備傾側

(典護軍)典掌也護監領也

(長者)諸將自謂

(三老)秦法十里一亭十亭一

혼에平이魏王咎를臨濟에서事ᄒᆞ야太僕이되야魏王을說호ᄃᆡ聽치안코人이或讒ᄒᆞ거ᄂᆞᆯ平이亡ᄒᆞ야去ᄒᆞ다

後事項羽ᄒᆞ니拜爲都尉러라後에復杖劍歸漢ᄒᆞ야因魏無知ᄒᆞ야求見漢王ᄒᆞᆫᄃᆡ漢王이與語而悅之ᄒᆞ야問曰子之居楚에何官고曰都尉러니이다是日에卽拜平爲都尉ᄒᆞ야使爲參乘ᄒᆞ고典護軍ᄒᆞ니諸將이盡讙曰大王이一日에得楚亡卒ᄒᆞ야未知其高下而卽與同載ᄒᆞ고反使監護長者오녀漢王이聞之ᄒᆞ고愈益幸平이러라

後에項羽를事ᄒᆞ니拜ᄒᆞ야都尉를숨더라後에다시劍을杖ᄒᆞ고漢에歸ᄒᆞ야魏無知를因ᄒᆞ야漢王보기를求ᄒᆞᆫᄃᆡ王이더브러語ᄒᆞ고悅ᄒᆞ야問ᄒᆞ야曰子ㅣ楚에居ᄒᆞᆯ제무ᄉᆞᆫ벼ᄉᆞᆯ이엿든고ᄀᆞᆯ오ᄃᆡ都尉러이다이날에곳平을拜ᄒᆞ야都尉를숨고하여곰參乘을ᄒᆞ고護軍을典케ᄒᆞ니諸將이다들네여曰大王이一日에楚의亡ᄒᆞᆫ卒을得ᄒᆞ야그高下를知치못ᄒᆞ고곳더브러한가지載ᄒᆞ야도로혀하여곰長者를監護케ᄒᆞᄂᆞᆫ고녀漢王이듯고더욱더平을幸ᄒᆞ더라

漢王이南渡平陰津ᄒᆞ야至洛陽新城ᄒᆞᆫᄃᆡ三老(見武帝紀)董公이遮說王

鄕鄕置有秩三老一人掌敎化又一人爲鄕三老一人爲縣三老(董公)其名未詳秦世隱士

自橫道言曰遮說 曰臣은 聞順德者는 昌ᄒᆞ고 逆德者는 亾이라ᄒᆞ니 兵出無名이면 事故不成이라 故로 曰明其爲賊이라야 敵乃可服이라ᄒᆞ니이다 項羽ㅣ 爲無道ᄒᆞ야 放弑其主ᄒᆞ니 天下之賊也ㅣ라 夫仁不以勇이오 義不以力이니 大王이 宜率三軍之衆ᄒᆞ샤 爲之素服ᄒᆞ고 以告諸侯而伐之ᄒᆞ소서

漢王이南으로平陰津을渡ᄒᆞ야洛陽新城에至ᄒᆞᆫ대三老董公이王을遮說ᄒᆞ야曰臣은드르니德을順히ᄒᆞᄂᆞᆫ者ᄂᆞᆫ昌ᄒᆞ고德을逆ᄒᆞᄂᆞᆫ者ᄂᆞᆫ亾ᄒᆞᆫ다ᄒᆞ니兵을名이업시出ᄒᆞ면事가짐짓成치못ᄒᆞᆯ지라 故로曰그 賊됨을 明히ᄒᆞ 여야敵이이에可히服ᄒᆞᆫ다ᄒᆞ니이다項羽ㅣ無道ᄒᆞ야 그主를放ᄒᆞ야弑ᄒᆞ엿스니天下의賊이라무릇仁은勇으로써아니ᄒᆞ고義ᄂᆞᆫ力으로써아니ᄒᆞᄂᆞ니大王이맛당이三軍의衆을率ᄒᆞ샤爲ᄒᆞ야素服ᄒᆞ고써諸侯에게告ᄒᆞ야伐ᄒᆞ소서

於是에 漢王이 爲義帝發喪ᄒᆞ고 告諸侯曰天下ㅣ 共立義帝어ᄂᆞᆯ 今에 項羽ㅣ 放弑之ᄒᆞ니 寡人이 親爲發喪ᄒᆞ야 兵皆縞素ᄒᆞ고 悉發關中兵ᄒᆞ고 收三河士ᄒᆞ야 南浮江漢以下ᄒᆞ야 願從諸侯王ᄒᆞ야 擊楚之弑

義帝者ᄒᆞ리다

이에漢王이義帝를爲ᄒᆞ야喪을發ᄒᆞ고諸侯에게告ᄒᆞ여曰天下ㅣᄒᆞᆫ가지義帝를立ᄒᆞ엿거늘今에項羽ㅣ放ᄒᆞ야弑ᄒᆞ엿스니寡人이親히爲ᄒᆞ야喪을發ᄒᆞ야兵을다縞素ᄒᆞ고다關中兵을發ᄒᆞ고三河士를收ᄒᆞ야南으로江漢에浮ᄒᆞ야下ᄒᆞ야願컨ᄃᆡ諸侯王을從ᄒᆞ야楚의義帝ㅣ弑ᄒᆞᆫ者를擊ᄒᆞ리라

項王이 **雖聞漢東**이나 **欲遂破齊而後**에 **擊漢**ᄒᆞ니 **漢王**이 **以故**로 **得率諸侯兵凡五十六萬人**ᄒᆞ야 **伐楚**ᄒᆞᆯ서 **彭越**이 **將兵歸漢**이어ᄂᆞᆯ **漢**이 **遂入彭城**ᄒᆞ야 **收其貨寶美人**ᄒᆞ고 **日置酒高會**러니 **項王**이 **聞之**ᄒᆞ고 **自以精兵三萬人**으로 **至彭城**ᄒᆞ야 **大破漢軍於睢水**ᄒᆞ니 (睢音雖睢水在彭城東) **漢軍**이 **爲楚所擠**ᄒᆞ야 **卒十餘萬人**이 **皆入睢水**ᄒᆞ니 **睢水**ㅣ**爲之不流**러라

項王이비록漢이東으로ᄒᆞᆷ을聞ᄒᆞ엿스나드대여齊를破ᄒᆞᆫ後 에漢 을擊코 져 ᄒᆞ니漢王이이런고로시러곰諸侯兵무릇五十六萬人을率ᄒᆞ고楚를伐ᄒᆞᆯ시彭越이兵을將ᄒᆞ고漢에歸ᄒᆞ거늘王이드대여彭城에入ᄒᆞ야그貨寶와美人을收ᄒᆞ고日로酒를

置ᄒᆞ고高히會ᄒᆞ더니項王이聞ᄒᆞ고스ᄉᆞ로精兵三萬人으로ᄡᅥ彭城에至ᄒᆞ야크게漢軍을睢水에서破ᄒᆞ니漢軍이楚의擠ᄒᆞᆫ바ㅣ되야卒十餘萬人이다睢水에入ᄒᆞ니睢水ㅣ爲ᄒᆞ야流치못ᄒᆞ더라

圍漢王三匝이러니會에大風이從西北起ᄒᆞ야折木發屋ᄒᆞ고揚沙石ᄒᆞ야窈冥晝晦ᄒᆞ니楚軍이大亂壞散이어ᄂᆞᆯ漢王이乃得與數十騎로遁去ᄒᆞ다審食其ㅣ從太公呂后ᄒᆞ야間行求漢王이라가反遇楚軍ᄒᆞ니項王이常置軍中ᄒᆞ야爲質러따(質音至)

漢王을三匝으로圍ᄒᆞ엿더니맛ᄎᆞᆷ大風이西北으로좃ᄎᆞ이러나木을折ᄒᆞ고屋을發ᄒᆞ고沙石을揚ᄒᆞ야窈冥ᄒᆞ고晝晦ᄒᆞ니楚軍이크게亂ᄒᆞ야壞散ᄒᆞ거ᄂᆞᆯ漢王이이에시러곰數十騎로더브러遁ᄒᆞ야去ᄒᆞ다審食其ㅣ太公과呂后를從ᄒᆞ야間行ᄒᆞ야漢王을求ᄒᆞ다가도로혀楚軍을遇ᄒᆞ니項王이일즉軍中에置ᄒᆞ야볼모ᄉᆞᆷ더라

漢王이問吾欲捐(音然委也)關以東ᄒᆞ야等棄之ᄒᆞ노니誰可與共功者오張良이曰九江王布ᄂᆞᆫ楚梟將이라(梟言勇健)與項王有隙ᄒᆞ고彭越이與

(留項王數月)言擧兵反楚則楚必留擊矣 (倍)與背同

齊로反梁地ᄒᆞ니此兩人을可急使오而漢王之將엔獨韓信이可屬大事ᄒᆞ야當一面이니即欲捐之ᆫ댄捐之此三人則楚를可破也리이다

漢王이뭇되吾ㅣ關써東을捐ᄒᆞ야等棄코져ᄒᆞ노니뉴가可히더브러功을共히ᄒᆞᆯ者인고張良이曰九江王布ᄂᆞᆫ楚의梟將이라項王으로더브러隙이有ᄒᆞ고彭越이齊로더브러梁地를反ᄒᆞ엿ᄉᆞ니이兩人을可히急히使ᄒᆞᆯ것이오漢王의將에ᄂᆞᆫᄒᆞᆯ로韓信이可히大事를屬ᄒᆞ야一面을當ᄒᆞᆯ지니곳捐코져ᄒᆞ실진댄이三人에게捐ᄒᆞ신則楚를可히破ᄒᆞ리이다

漢王이謂左右호ᄃᆡ無足與計天下事로다謁者隨何ㅣ進日不審陛下所謂커이다 漢王日孰能爲我使九江ᄒᆞ야令之發兵倍楚오留項王數月이면我之取天下ㅣ可以萬全이리라 隨何ㅣ日臣이請使之호리이다 漢王이使與二十人俱ᄒᆞ다

漢王이左右에게謂호ᄃᆡ足히더브러天下事를計ᄒᆞ리가업도다謁者隨何ㅣ進ᄒᆞ야日陛下의謂ᄒᆞ시ᄂᆞᆫ바를審치못ᄒᆞ겟ᄂᆞ니다漢王이日누가能히我를爲ᄒᆞ야九江에使

야ᄒᆞ여곰兵을發ᄒᆞ야楚을倍케ᄒᆞᆯ고項王을數月만留케ᄒᆞ면我가天下를取ᄒᆞᆷ이可히써萬全이리라隨何ㅣ曰臣이請컨ᄃᆡ使호리이다漢王이ᄒᆞ여곰二十人으로더브러俱케ᄒᆞ다

五月에漢王이至滎陽ᄒᆞ니河南縣名諸敗軍이皆會ᄒᆞ고蕭何ㅣ亦發關中老弱民年二十三爲正一歲爲衛士一歲爲林官騎士習射御騎馳戰陳五十六爲老乃得免爲庶民就田里而未二十三爲弱過三十六爲老未傅者ᄒᆞ야傅音附著也謂未著名籍給公家徭役者悉詣滎陽ᄒᆞ니漢軍이復大振이러라

五月에漢王이滎陽에至ᄒᆞ니모든敗軍이다會ᄒᆞ고蕭何ㅣᄯᅩ關中老弱의傅치안은者를發ᄒᆞ야다滎陽에詣ᄒᆞ니漢軍이다시크게振ᄒᆞ더라

楚ㅣ與漢으로戰滎陽南京城名索音色水名間ᄒᆞᆯ서漢王이擊楚騎於滎陽東ᄒᆞ야大破之ᄒᆞ니楚ㅣ以故로不能過滎陽而西러라漢이軍滎陽ᄒᆞ야築甬道屬之河ᄒᆞ야恐敵鹵掠輜重故築垣墻如街巷是爲甬道甬音勇以取敖倉粟ᄒᆞ다敖地名在滎陽西北山上秦置大倉於此故名敖倉

楚ㅣ漢으로더브러滎陽南京索間에서戰ᄒᆞᆯ시漢王이楚騎를滎陽東에擊ᄒᆞ야크게破ᄒᆞ니楚ㅣ이런고로써能히滎陽을過ᄒᆞ야西으로ᄒᆞ지못ᄒᆞ더라漢이滎陽에軍ᄒᆞ야甬道를築ᄒᆞ야河에屬ᄒᆞ야써敖倉粟을取ᄒᆞ다

(陳平雖美)漢書作平雖美丈夫如冠玉耳 (盜其嫂)盜猶私也計日私奪嫂志而改適也嫂兄之妻也 (受諸將金)王召讓平平曰魏王不用臣故去羽王不能信人故去問漢王能用人故來歸然裸身而來不受金則無以資身金具在請封輸官得其乞骸骨也

周勃等이 言於漢王曰陳平이 雖美如冠玉이나 其中은 未必有也다 (飾冠以玉光好外見中非所有) 臣이 聞平이 居家時에 盜其嫂ᄒᆞ고 事魏不容ᄒᆞ야 亡歸楚ᄒᆞ다가 不中ᄒᆞ고 又亡歸漢이라 今日에 大王이 令護軍이어시ᄂᆞᆯ 受諸將金ᄒᆞ니 願王은 察之ᄒᆞ소서

周勃等이 漢王ᄭᅴ 言ᄒᆞ야 曰陳平이 비록 美ᄒᆞ야 冠玉과 如ᄒᆞ나 그 中은 반다시 有ᄒᆞ지 못ᄒᆞᆯ지라 臣이 聞ᄒᆞᆫ則 平이 家에 居ᄒᆞ엿슬 時에 其嫂를 盜ᄒᆞ고 魏를 事ᄒᆞ미 容치 못ᄒᆞ야 亡ᄒᆞ야 楚로 歸ᄒᆞ얏다가 中치 못ᄒᆞ고 ᄯᅩ 亡ᄒᆞ야 漢으로 歸ᄒᆞᆫ지라 今日에 大王이 ᄒᆞ야곰 護軍캐 ᄒᆞ셧거ᄂᆞᆯ 諸將의 金을 受ᄒᆞ니 願컨ᄃᆡ 王은 察ᄒᆞ소서

漢王이 召讓魏無知ᄒᆞᆫᄃᆡ 無知ㅣ 曰臣所言者ᄂᆞᆫ 能也오 陛下所問者ᄂᆞᆫ 行也라 今有尾生孝己之行이라도 (莊子曰尾生與女子期於梁下女子不來水至不去抱梁柱而死註一本作微生即微生高也有信行孝己殷高宗子有孝行事親一夜五起母早死高宗惑後妻之言放之而死) 而無益勝負之數ᄒᆞ니 陛下ㅣ 何暇에 用之乎ㅣ리오 楚漢이 相距에 臣이 進奇謀之士ᄒᆞ니 顧其計ㅣ 誠足以利國

(緩頰)徐言引比喩也

家事耳라盜嫂受金을何足疑乎리잇고

漢王이魏無知를召ᄒᆞ야讓ᄒᆞᆫ대無知ㅣ曰臣이言ᄒᆞᆫ밧者ᄂᆞᆫ能이오陛下의問ᄒᆞᆫ밧者ᄂᆞᆫ行이라今에尾生과孝己의行이有ᄒᆞ드라도勝負의數ᄂᆞᆫ益ᄒᆞᆷ이無ᄒᆞ니陛下ㅣ어ᄂᆞᆫ겨를에用ᄒᆞ시리잇고楚와漢이서로距ᄒᆞᆷ에臣이奇謀의士를進ᄒᆞ엿ᄉᆞ니도라보건ᄃᆡ그計가진실노足히써國家를利ᄒᆞᆯ지라嫂를盜ᄒᆞ고金을受ᄒᆞᆷ을엇지足히疑ᄒᆞ리잇고

八月에漢王이如滎陽ᄒᆞ야命蕭何守關中ᄒᆞᆫ듸計關中戶口ᄒᆞ야轉漕調兵ᄒᆞ야以給軍ᄒᆞ니未嘗乏絕이러다

八月에漢王이滎陽에如ᄒᆞ야蕭何를命ᄒᆞ야關中을守ᄒᆞᆫ대關中戶口를計ᄒᆞ야轉漕ᄒᆞ야兵을調ᄒᆞ야써軍을給ᄒᆞ니일쯕이乏絕치안터라

漢王이使酈食其로緩頰往說魏王豹ᄒᆞ고且召之ᄒᆞᆫ듸豹ㅣ不聽이어ᄂᆞᆯ於是에漢王이以韓信灌嬰曹參으로俱擊魏ᄒᆞᆯ시漢王이問食其ᄒᆞᆫ듸魏大將은誰也오對曰栢直이니이다王曰是ᄂᆞᆫ口尙乳臭ㅣ니安能當韓信이리오騎將은誰也오曰馮敬이니이다曰是ᄂᆞᆫ秦將馮無擇의子也ㅣ니

雖賢이나 不能當灌嬰이러라 步卒將은 誰也오 曰項它(音他)러이다 曰不能
當曹參이나 吾無患矣라ᄒᆞ더라

漢王이酈食其로하여곰頗을緩히ᄒᆞ고往ᄒᆞ야魏王豹를說ᄒᆞ고또召호대豹ㅣ聽치
안커ᄂᆞᆯ이에韓王이韓信과灌嬰과曹參으로써ᄒᆞᆫ가지魏를擊ᄒᆞᆯ식漢王이食其에게
問호듸魏大將은誰인고對ᄒᆞ여曰柏直이러이다王이曰是ᄂᆞᆫ口에오히려乳의臭가
나니읏지能히韓信을當ᄒᆞ리오騎將은誰인고曰馮敬이러이다曰是ᄂᆞᆫ秦將馮無擇
의子ㅣ니비록賢ᄒᆞ나能히灌嬰을當치못ᄒᆞ리라步卒將은誰인고曰項它러이다曰
能히曹參을當치못ᄒᆞ리니吾ㅣ患이업다ᄒᆞ더라

遂進兵ᄒᆞᆫ듸 魏王이 盛兵蒲坂ᄒᆞ야(魏地名 坂音阪) 以塞臨津이어ᄂᆞᆯ 信이 乃益爲
疑兵ᄒᆞ야 陳船欲渡臨津而伏兵從夏陽ᄒᆞ야 以木罌으로 渡軍ᄒᆞ야 襲
安邑ᄒᆞᆫ듸(罌音鶯 謂以木押縛罌缶以渡罌缶即瓶之大腹小口者) 魏王豹ㅣ 驚ᄒᆞ야 引兵迎信이어ᄂᆞᆯ 九月에 信이
擊虜豹ᄒᆞ야 傳詣滎陽ᄒᆞ고 悉定魏地ᄒᆞ다

드듸여兵을進ᄒᆞᆫ듸魏王이兵을蒲坂에盛히ᄒᆞ야써臨津을塞ᄒᆞ거ᄂᆞᆯ信이이에더옥

疑兵을ᄒᆞ야船을陳ᄒᆞ야臨津을渡코져ᄒᆞᆫ대兵을伏ᄒᆞ야夏陽으로조처木罌으로써
軍을渡ᄒᆞ고安邑을襲ᄒᆞᆫ대魏王豹ㅣ驚ᄒᆞ야兵을引ᄒᆞ고信을迎ᄒᆞ거ᄂᆞᆯ九月에信이
擊ᄒᆞ야豹를虜ᄒᆞ야傳ᄒᆞ야滎陽에詣ᄒᆞ고다魏地를定ᄒᆞ다

韓信이**旣定魏**ᄒᆞ고**使人**으로**請兵三萬**ᄒᆞ야**願以北擧燕趙**ᄒᆞ고**東擊齊**ᄒᆞ고**南絶楚粮道**ᄒᆞ고**西與漢王**으로**會於滎陽**이라ᄒᆞ야ᄂᆞᆯ **漢王**이**許之**ᄒᆞ고**乃遣張良**ᄒᆞ야**與俱**ᄒᆞ다

韓信이임의魏를定ᄒᆞ고人으로하여곰兵三萬을請ᄒᆞ야願컨대써北으로燕趙를擧ᄒᆞ고東으로齊를擊ᄒᆞ고南으로楚의粮道를絶ᄒᆞ고西으로漢王으로더브러滎陽에會ᄒᆞ겟다ᄒᆞ야ᄂᆞᆯ漢王이許ᄒᆞ고이에張良을遣ᄒᆞ야더브러俱케ᄒᆞ다

(丁酉) 西楚三年漢三年 ○是歲小國凡五 **冬十月**에 **韓信張耳**ㅣ **以兵數萬**으로 **東擊趙**ᄒᆞ니 **趙王及成安君陳餘**ㅣ **聞之**ᄒᆞ고 **聚兵井陘口**ᄒᆞ야 陘音刑山名在常山 **號**ᄅᆞᆯ **二十萬**이라ᄒᆞ다

冬十月에韓信과張耳ㅣ兵數萬으로써東으로趙를擊ᄒᆞ니趙王과밋成安君陳餘ㅣ

(師不宿飽)飽多也馬草炊木後爨故宿不多也出三略 (方軌)並行也

聞ᄒᆞ고兵을井陘口에聚ᄒᆞ야號를二十萬이라ᄒᆞ다

廣武君李左車ㅣ說成安君曰韓信張耳ㅣ乘勝遠鬪ᄒᆞ니其鋒을不可當이라臣은聞千里餽粮이면士有飢色ᄒᆞ고樵蘇後爨이면師不宿飽라ᄒᆞ니今井陘之道ㅣ車不得方軌ᄒᆞ고騎不得成列ᄒᆞ야行數百里ᄒᆞ니其勢粮食이必在其後라願足下ᄂᆞᆫ假臣奇兵三萬人ᄒᆞ야從間道ᄒᆞ야絕其輜重ᄒᆞ고足下ᄂᆞᆫ深溝高壘ᄒᆞ야勿與戰ᄒᆞ면不十日而兩將之頭를可致於麾下오否則必爲二子의所擒矣리라

廣武君李左車ㅣ成安君을說ᄒᆞ여曰韓信과張耳ㅣ勝을乘ᄒᆞ야遠히鬪ᄒᆞ니그鋒을可히當치못ᄒᆞᆯ지라臣은드르니千里에粮을餽ᄒᆞ면士가飢ᄒᆞᆫ色이有ᄒᆞ고樵蘇ᄒᆞᆫ後에爨ᄒᆞ면師가宿飽치못ᄒᆞᆫ다ᄒᆞ니今에井陘의道ㅣ車가시러곰軌를方히ᄒᆞᆯ슈업고騎가시러곰列을成치못ᄒᆞ야數百里를行ᄒᆞ니其勢에糧食이반다시그後에在ᄒᆞᆯ지라願컨ᄃᆡ足下ᄂᆞᆫ臣에게奇兵三萬人을假ᄒᆞ야間道로從ᄒᆞ야그輜重을絕ᄒᆞ고足下ᄂᆞᆫ溝를深히ᄒᆞ고壘를高히ᄒᆞ야더브러戰치말면十日이못되여兩將의頭를가히麾下에致ᄒᆞᆯ것이오否ᄒᆞᆫ則반다시二子의擒ᄒᆞᄂᆞᆫ바ㅣ되리라

(輕騎)人馬不帶甲(二千人)綱目句於此也

成安君이常自稱義兵ᄒᆞ야不用詐謀奇計라韓信이使人間視ᄒᆞ야(從間隙窺視而探知)知其不用廣武君策ᄒᆞ고大喜ᄒᆞ야乃敢引兵遂下ᄒᆞᆯ시未至井陘口三十里ᄒᆞ야止舍ᄒᆞ고(舍猶息也)夜半에傳發ᄒᆞ야(傳令使發)選輕騎二千人ᄒᆞ야人이持一赤幟ᄒᆞ고(音置)從間道ᄒᆞ야望趙軍ᄒᆞ고誡曰趙見我走면必空壁逐我ᄒᆞ리니若이(汝也)疾入趙壁ᄒᆞ야拔趙幟ᄒᆞ고立漢赤幟ᄒᆞ라

成安君이일즉스ᄉᆞ로義兵이라稱ᄒᆞ야詐謀와奇計를用치안는지라韓信이人으로ᄒᆞ여곰間視하야그廣武君의策을用치아니ᄒᆞᆷ을知ᄒᆞ고크게喜ᄒᆞ야이에敢히兵을引ᄒᆞ고ᄃᆞ대야下ᄒᆞᆯ시井陘口三十里에至치못ᄒᆞ야止ᄒᆞ야舍ᄒᆞ고夜半에傳을發ᄒᆞ야輕騎二千人을選ᄒᆞ야人이ᄒᆞᆫ赤幟를持ᄒᆞ고間道로從ᄒᆞ야趙軍을望ᄒᆞ고誡ᄒᆞ여曰趙가我의走ᄒᆞᆷ을見ᄒᆞ면반다시壁을空ᄒᆞ고我를逐ᄒᆞ리니若이ᄲᆞᆯ니趙壁에入ᄒᆞ야趙幟을拔ᄒᆞ고漢의赤幟를立ᄒᆞ라

令裨將傳餐(裨音卑將之徧副餐音飧小飯也謂立駐傳飧而食)曰今日에破趙會食ᄒᆞ리라諸將이皆莫信ᄒᆞᄃᆡ佯應曰諾다乃使萬人으로先行出背水陣ᄒᆞ니趙軍이望見

大笑ᄒᆞ더라

裨將으로하여곰餐을傳ᄒᆞ여曰今日에趙를破ᄒᆞ고會ᄒᆞ야食호리라諸將이다信하리가업되그짓應ᄒᆞ야曰諾다이에萬人으로하여곰먼저行ᄒᆞ야出ᄒᆞ야水를背ᄒᆞ고陣ᄒᆞ니趙軍이바라보고크게笑ᄒᆞ더라

平旦에信이建大將旗皷ᄒᆞ고鼓行出井陘口ᄒᆞ니趙ㅣ開壁擊之어늘大戰良久에信이與張耳로佯棄鼓旗ᄒᆞ고走水上軍ᄒᆞᆫ대(水名綿蔓出幷州流入井陘界)趙ㅣ果空壁ᄒᆞ야爭漢旗皷ᄒᆞ고逐信耳어늘信耳ㅣ已入水上軍ᄒᆞ야軍皆殊死戰ᄒᆞ니不可敗오(殊絶也謂決意必死)信의所出奇兵二千이遂馳入趙壁ᄒᆞ야皆拔趙旗ᄒᆞ고立漢赤幟ᄒᆞ니趙軍이已不能得信等ᄒᆞ고還歸壁ᄒᆞ니壁皆漢幟라見而大驚ᄒᆞ야兵亂遁走어늘漢兵이夾擊ᄒᆞ야大破趙軍ᄒᆞ고斬成安君泜水上ᄒᆞ고(泜音脂水出恒山在趙州)擒趙王歇ᄒᆞ다

平旦에信이大將旗皷를建ᄒᆞ고皷ᄒᆞ며行ᄒᆞ야井陘口를出ᄒᆞ니趙ㅣ壁을開ᄒᆞ고擊ᄒᆞ거늘大戰ᄒᆞ기를얼마ᄒᆞ다가信이張耳로더브러그짓皷와旗를棄ᄒᆞ고水上軍으

(此在兵法)孫子曰前有高山後有大水進不得退有碍者

(拊循)拊與撫同

(驅市人而戰)如忽入市廛驅其人以赴戰非所鍊習者

(予之)予與與通

로走호되趙ㅣ果然壁을空ㅎ야漢의旗鼓를爭ㅎ고信과耳를逐ㅎ거늘信과耳ㅣ임의水上軍으로入ㅎ야軍이다殊히死戰ㅎ니可히敗치안코信의出혼바奇兵二千이드듸여달녀趙壁으로入ㅎ야다趙旗를拔ㅎ고漢의赤幟를立ㅎ니趙軍이임의能히信等을得치못ㅎ고還ㅎ야壁으로歸ㅎ니壁이다漢幟라見ㅎ고크게驚ㅎ야兵이亂ㅎ야遁走ㅎ거늘漢兵이새셔擊ㅎ야크게趙軍을破ㅎ고成安君을泜水上에斬ㅎ고趙王歇을擒ㅎ다

諸將이問信曰兵法에右背山陵이오前左水澤이어늘今者에將軍이令臣等으로反背水陣ㅎ야以勝은何也오信이曰此在兵法호대顧諸君이不察耳로다兵法에不曰陷之死地而後에生ㅎ고置之亾地而後에存乎아且信이非得素拊循士大夫也ㅣ라此所謂驅市人而戰이니予之生地면皆走리니寧得而用之乎아諸將이皆服이러라

諸將이信에게問ㅎ야曰兵法에右로山陵을背ㅎ고前으로水澤을左ㅎ거늘今者에將軍이臣等으로ㅎ여곰도로혀水를背ㅎ고陣ㅎ야써勝홈은何인고信이曰이것이兵法에在호대도로혀諸君이察치못ㅎ엿도다兵法에曰死地에陷혼後에生ㅎ고亡

(東鄕坐) 古者以東向之位爲尊

地에置혼後에存혼다ᄒᆞ지아니ᄒᆞ엿ᄂᆞᆫ뇨또信이본ᄃᆡ附循혼士大夫를得홈이아니라이이른바市人을모라셔戰홈이니生地를予ᄒᆞ면다走ᄒᆞ리니엇지得ᄒᆞ야用ᄒᆞ리오諸將이다服ᄒᆞ더라

信이募生得廣武君者면予千金호리라有縛致麾下者어늘信이解其縛ᄒᆞ고東鄕坐師事之ᄒᆞ고問曰僕이欲北攻燕ᄒᆞ고東伐齊ᄒᆞ노니若何而有功고廣武君이曰亡國之大夫는不可以圖存이오敗軍之將은不可以語勇이라ᄒᆞ니信이曰百里奚ㅣ居虞而虞亡ᄒᆞ고之秦而秦霸ᄒᆞ니非愚於虞而智於秦也라用與不用과聽與不聽爾니向使成安君으로聽子計런들僕亦擒矣러니라

信이募ᄒᆞ되生으로廣武君을得ᄒᆞᄂᆞᆫ者면千金을予호리라麾下에縛ᄒᆞ야致ᄒᆞᄂᆞᆫ者ㅣ有ᄒᆞ거ᄂᆞᆯ信이그縛을解ᄒᆞ고東鄕으로안치고師로事ᄒᆞ고問ᄒᆞ여曰僕이北으로燕을攻ᄒᆞ고東으로齊를伐코져ᄒᆞ노니엇지ᄒᆞ면功이有홀고廣武君이曰亾國의大夫ᄂᆞᆫ可히써存을圖홀슈업고敗軍의將은可히써勇을語홀슈업ᄂᆞ니라信이曰百里奚ㅣ虞에居ᄒᆞ야虞ㅣ亡ᄒᆞ고秦에之ᄒᆞ야秦이霸ᄒᆞ엿스니虞에愚ᄒᆞ고秦에智홈이

(成安君)陳餘

(按甲)止甲也

(咫尺之書)六尺曰咫言簡牘長寸

아니라用과다못用치아니홈과聽과다못聽치아니홈이니向에成安君으로ᄒᆞ여곰子의計를聽ᄒᆞ엿던들僕이ᄯᅩᄒᆞᆫ擒ᄒᆞ엿스리니라

廣武君이曰智者ㅣ千慮에必有一失이오愚者ㅣ千慮에必有一得故로曰狂夫之言도聖人이擇焉이라ᄒᆞ니將軍이虜魏王豹ᄒᆞ고誅成安君ᄒᆞ야威振天下ㅣ나然이나欲擧倦敝之兵ᄒᆞ야頓之燕堅城之下면欲戰不得이오攻之不拔이니今爲將軍計컨ᄃᆡ莫如按甲休兵ᄒᆞ야鎭撫趙民ᄒᆞ고遣辯士ᄒᆞ야奉咫尺之書면燕必聽從ᄒᆞ리니燕已從而東臨齊ㅣ면雖有智者라도亦不知爲齊計矣리라韓信이從其策ᄒᆞ야發使使燕ᄒᆞ니燕이從風而靡리라 (燕王臧荼)

廣武君이曰智者ㅣ쳔번慮홈에반다시한번失홈이有ᄒᆞ고愚者ㅣ쳔번慮홈에반다시한번得홈이有ᄒᆞᆫ故로曰狂夫의言도聖人이擇ᄒᆞᆫ다ᄒᆞ니將軍이魏王豹를虜ᄒᆞ고成安君을誅ᄒᆞ야威가天下에振ᄒᆞ나然이나倦敝ᄒᆞᆫ兵을擧ᄒᆞ야燕堅城의下를頓코져ᄒᆞ면戰코져ᄒᆞ나得지못ᄒᆞᆯ것이오攻ᄒᆞ여도拔치못ᄒᆞᆯ지니今에將軍을爲ᄒᆞ야計

컨ᄃᆡ甲을按ᄒᆞ고兵을休ᄒᆞ야趙民을鎭撫ᄒᆞᆷ만갓지못ᄒᆞ고辯士를遣ᄒᆞ야咫尺의書를奉ᄒᆞ면燕이반다시聽從ᄒᆞᆯ지니燕이임의從ᄒᆞ고東으로齊를臨ᄒᆞ면비록智者가有ᄒᆞᆯ지라도ᄯᅩᄒᆞᆫ齊를爲ᄒᆞ야計ᄒᆞᆯᄌᆞᆯ을知치못ᄒᆞ리라韓信이그策을從ᄒᆞ야使를發ᄒᆞ야燕에使ᄒᆞ니燕이風을從ᄒᆞ야靡ᄒᆞ더라

隨何ㅣ至九江ᄒᆞ니九江王布ㅣ奉命至漢이어늘漢王이方踞牀洗足이러니召布入見ᄒᆞᆫᄃᆡ布ㅣ大怒悔來ᄒᆞ야欲自殺이러니及出就舍에帳御飮食從官이皆如漢王居라布ㅣ又大喜ᄒᆞ야過望이라ᄒᆞ더라(恐布自尊大故先示慢侮以挫其氣後盛威儀以悅其心蓋權道也)漢이益九江王兵ᄒᆞ야與俱屯成皐ᄒᆞ다

隨何ㅣ九江에至ᄒᆞ니九江王布ㅣ命을奉ᄒᆞ고漢에至ᄒᆞ거늘漢王이바야흐로牀에踞ᄒᆞ야足을洗ᄒᆞ더니布를召ᄒᆞ야드려見ᄒᆞᆫᄃᆡ布ㅣ크게怒ᄒᆞ야來ᄒᆞᆷ을悔ᄒᆞ야ᄉᆞᄉᆞ로殺코져ᄒᆞ더니밋나와舍에就ᄒᆞᆷ에帳御飮食從官이다漢王의居와如ᄒᆞᆫ지라布ㅣᄯᅩ크게喜ᄒᆞ야望에過ᄒᆞ다ᄒᆞ더라漢이九江王兵을더ᄒᆞ야더브러한가지成皐에屯ᄒᆞ다

楚ㅣ數侵奪漢甬道ᄒᆞ니漢軍이乏食이라漢王이與酈食其로謀撓(音橈弱也)楚權ᄒᆞᆯ새食其ㅣ曰陛下ㅣ能復立六國之後ᄒᆞ야德義已行이면楚ㅣ

必歛衽而朝ᄒᆞ리이다 漢王曰善라 趣音促刻印ᄒᆞ야 先生이 因行佩之ᄒᆞ라 食其ㅣ 未行에 張良이 從外來謁이어늘 漢王이 方食이러니 曰客有爲我計撓楚權者라ᄒᆞ고 俱以酈生語로 告良ᄒᆞᆫ대

楚ㅣ자조漢의甬道를侵奪ᄒᆞ니漢軍이食이乏ᄒᆞᆫ지라漢王이酈食其로더브러楚權을撓ᄒᆞ기를謀ᄒᆞᆯ식食其ㅣ曰陛下ㅣ能히다시六國의後를立ᄒᆞ야德과義가임의行ᄒᆞ면楚ㅣ반다시衽을歛ᄒᆞ고朝ᄒᆞ리이다漢王이曰善타셜니印을刻ᄒᆞ야先生이因ᄒᆞ야行ᄒᆞ야佩ᄒᆞ라食其ㅣ行치안ᄒᆞ야張良이外로從ᄒᆞ야와謁ᄒᆞ거늘漢王이바야흐로食ᄒᆞ더니曰客이我를위ᄒᆞ야楚權을撓ᄒᆞ기를計ᄒᆞᄂᆞᆫ者ㅣ有ᄒᆞ다ᄒᆞ고가ᄌᆞ어酈生의語로써良에게告ᄒᆞᆫ대

良이 曰畫此計면 陛下事ㅣ 去矣리이다 請借前箸ᄒᆞ소서 箸音沮求所食之著以指畫 爲大王籌之ᄒᆞ리이다 其不可者ㅣ 八이니 天下游士ㅣ 離親戚棄墳墓去故舊ᄒᆞ고 爲陛下游者는 徒欲日夜로 望咫尺之地어늘 今復立六國之後ㅣ면 天下游士ㅣ 各歸事其主ᄒᆞ리니 陛下ㅣ 誰與取天下乎리잇고

(輟)止也 (竪儒)竪童僕之未冠者也儒劣無知若童竪然 (乃公)乃汝也 (骨鯁)隨事敢刺鯁不從容也一說直言難受如骨之哽咽也 (亞父)范增也 (反間)以

誠用客謀면 陛下事ㅣ去矣리이다 漢王이 輟食吐哺ᄒᆞ고(音布食在口也) 罵曰 竪儒ㅣ幾敗迺公事로다ᄒᆞ고(幾殆近也迺綱目作而迺公漢王自謂也) 令趣銷印ᄒᆞ다

良이曰이計를畫ᄒᆞ면陛下事ㅣ去ᄒᆞ리이다請컨ᄃᆡ前箸를借ᄒᆞ소셔大王을위ᄒᆞ야籌ᄒᆞ리이다그可치아니ᄒᆞᆫ者ㅣ八이니天下遊士ㅣ親戚을離ᄒᆞ고墳墓를棄ᄒᆞ고故舊를去ᄒᆞ고陛下를爲ᄒᆞ야游ᄒᆞᄂᆞᆫ者ᄂᆞᆫ한갓日夜에咫尺의地를望코져ᄒᆞᆷ이어ᄂᆞᆯ이제다시六國의後를立ᄒᆞ면天下游士ㅣ각々歸ᄒᆞ야그主를事ᄒᆞ리니陛下ㅣ誰로더브러天下를取ᄒᆞ리잇고진실로客의謀를用ᄒᆞ면陛下事ㅣ去ᄒᆞ리이다漢王이食을輟ᄒᆞ고哺를吐ᄒᆞ고罵ᄒᆞ야曰竪儒ㅣ거의迺公의事를敗ᄒᆞᆯ번ᄒᆞ엿도다ᄒᆞ고令ᄒᆞ야ᄲᆞᆯ니印을銷ᄒᆞ다

漢王이 謂陳平曰 天下ㅣ紛紜ᄒᆞ니 何時定乎아 陳平이 曰項王의 骨鯁之臣은 亞父(即范增亞次也羽尊之次於父) 鍾離昧(音末鍾離複姓昧名) 龍且(音苴) 周殷之屬不過數人耳니 大王이 誠能出捐數萬斤金ᄒᆞ야 行反間ᄒᆞ야 間其君臣ᄒᆞ야 以疑其心이면 項王의 爲人이 意忌信讒ᄒᆞ야 必內相誅ᄒᆞ리니 漢이

計離間敵人曰反間

因擧兵而攻之면 破楚ㅣ 必矣리이다

漢王이陳平다려謂ᄒᆞ여曰天下ㅣ紛紜ᄒᆞ니何時에定ᄒᆞᆯ고陳平이曰項王의骨鯁의臣은亞父와鍾離昧와龍且와周殷의屬數人에不過ᄒᆞ니大王이진실로能히數萬斤金을捐ᄒᆞ야反間을行ᄒᆞ야그君臣을間ᄒᆞ야써그心을疑케ᄒᆞ면項王의人됨이意가忌ᄒᆞ고讒을信ᄒᆞᄂᆞᆫ지라반다시內에셔셔로誅ᄒᆞ리니漢이因ᄒᆞ야兵을擧ᄒᆞ야攻ᄒᆞ면楚를破ᄒᆞᆷ이必ᄒᆞ리이다

漢王曰善라ᄒᆞ고 乃出黃金四萬斤ᄒᆞ야 與平資所爲ᄒᆞ고 不問其出入ᄒᆞᆫ대 平이 多以金으로縱反間於楚ᄒᆞ야 宣言鍾離昧等이 爲項王將ᄒᆞ야 功多矣나 然이나 終不得裂地而王이라 欲與漢爲一ᄒᆞ야 以滅項氏而分王其地라ᄒᆞᆫ대 項羽ㅣ 果不信鍾離昧等이러라

漢王이曰善타ᄒᆞ고이에黃金四萬斤을出ᄒᆞ야平에게與ᄒᆞ야ᄒᆞᆯ바를資ᄒᆞ고그出入을問치아니ᄒᆞᆫ대平이마니金으로써反間을楚에縱ᄒᆞ야言을宣ᄒᆞ야鍾離昧等이項王의將이되야功이多ᄒᆞ나然이나맛ᄎᆞᆷ내시러곰地를裂ᄒᆞ야王치못ᄒᆞᆫ지라漢王으로더부러一이되여써項氏를滅ᄒᆞ고난호어그地를分코져ᄒᆞᆫ다ᄒᆞ니項羽ㅣ과연鍾

離昧等을信치안터라

夏에楚ㅣ圍漢王於滎陽急이어늘漢王이請和ᄒᆞ야割滎陽以西者爲漢이러니亞父ㅣ勸羽ᄒᆞ야急攻滎陽ᄒᆞ니漢王이患之러라

夏에楚ㅣ漢王을滎陽에圍ᄒᆞ기를急히ᄒᆞ거늘漢王이和를請ᄒᆞ야滎陽써西者를割ᄒᆞ야漢을爲케ᄒᆞ엿더니亞父ㅣ羽를勸ᄒᆞ야急히滎陽을攻ᄒᆞ니漢王이患ᄒᆞ더라

項王이使使至漢이어늘陳平이使爲太牢具ᄒᆞ야擧進이라가(凡用牲繫養曰牢牛曰太牢羊曰小牢擧進擧鼎進來也)見楚使ᄒᆞ고卽佯驚曰吾ㅣ以爲亞父使러니乃項王使라ᄒᆞ고復持去ᄒᆞ야更(音庚)以惡草具로進ᄒᆞ니(草粗也)楚使ㅣ歸ᄒᆞ야具以報項王ᄒᆞᆫ대王이果大疑亞父러라

(太牢具)詩傳牛羊豕牢繫養曰牲圈也

(惡草)惡麁惡草草率也

項王이使를부리여漢에至ᄒᆞ거늘陳平이하여곰太牢具를ᄒᆞ야드러나아가다가楚使를見ᄒᆞ고곳그짓驚ᄒᆞ야曰吾ㅣ써亞父의使라ᄒᆞ엿더니이項王使라ᄒᆞ고다시持去ᄒᆞ야곳쳐惡草具로써進ᄒᆞ니楚使ㅣ歸ᄒᆞ야갓초어써項王게報ᄒᆞᆫ대王이과연크게亞父를疑ᄒᆞ더라

(請骸骨)人臣委身以事君身非我有故於其乞退謂之請骸骨

(間出)間隙而出也 (黃屋)以黃繒爲盖帳 (左纛)以犛牛尾爲之大如斗繫於左騑馬軛上

亞父ㅣ 欲急攻下滎陽城ᄒᆞ대 項王이 不聽이어늘 亞父ㅣ 聞項王이 疑之ᄒᆞ고 乃怒曰天下事ㅣ 大定矣로소니 君王은 自爲之ᄒᆞ소서 願請骸骨歸ᄒᆞ노이다 未至彭城ᄒᆞ야 疽發背而死ᄒᆞ다

亞父ㅣ 急히 滎陽을 쳐서 下코저 ᄒᆞ대 項王이 聽치 안커늘 亞父ㅣ 項王이 疑ᄒᆞᆷ을 聞ᄒᆞ고 이에 怒ᄒᆞ여 曰天下事ㅣ 크게 定ᄒᆞ엿스니 君王은 스ᄉᆞ로 ᄒᆞ소서 骸骨을 請ᄒᆞ야 歸ᄒᆞ기를 願ᄒᆞ노이다 彭城에 至치 못ᄒᆞ야 疽가 背에 發ᄒᆞ야 死ᄒᆞ다

將軍紀信이 言於漢王曰事ㅣ 急矣라 臣請誑楚ᄒᆞ리니 王은 可以間出ᄒᆞ소서 於是에 陳平이 夜出女子東門二千餘人ᄒᆞ니 楚ㅣ 因擊之어늘 紀信이 乃乘王黃屋左纛(音導或督)ᄒᆞ고 曰食盡ᄒᆞ야 漢王이 降楚ᄒᆞ다대 楚ㅣ 皆呼萬歲ᄒᆞ고 之城東觀ᄒᆞ니 以故로 漢王이 得與數十騎로 出西門遁去ᄒᆞ다

將軍紀信이 漢王에게 言ᄒᆞ야 曰事ㅣ 急ᄒᆞᆫ지라 臣이 請컨ᄃᆡ 楚를 誑ᄒᆞ리니 王은 可히 써 間으로 出ᄒᆞ소서 이에 陳平이 夜에 女子를 東門으로 二千餘人을 出ᄒᆞ니 楚ㅣ 因ᄒᆞ

(轅生)轅姓也

야擊ᄒᆞ거늘紀信이이에王의黃屋左纛를乘ᄒᆞ고曰食이盡ᄒᆞ야漢王이楚에降ᄒᆞᆫ다ᄒᆞᆫᄃᆡ楚ㅣ다萬歲를呼ᄒᆞ고城東으로之ᄒᆞ야觀ᄒᆞ니이런故로써漢王이시러곰數十騎로더부러西門으로出ᄒᆞ야遁去ᄒᆞ다

漢王이出滎陽至成皐ᄒᆞ야(河南縣名卽虎牢關) 入關收兵ᄒᆞ야 欲復東이어늘 轅生이說漢王호ᄃᆡ 深壁勿戰ᄒᆞ야 令滎陽成皐間으로 且得休息이라ᄒᆞᆫᄃᆡ 漢王이從其計ᄒᆞ야 出軍宛葉間ᄒᆞ야(葉音涉宛葉二地名) 與黥布로 行收兵이러니 羽ㅣ聞漢王이在宛ᄒᆞ고 果引兵來어늘 漢王이 堅壁不與戰ᄒᆞ다

漢王이滎陽에出ᄒᆞ야成皐에至ᄒᆞ야關에入ᄒᆞ야兵을收ᄒᆞ야다시東으로ᄒᆞ고져ᄒᆞ거늘轅生이漢王을說호ᄃᆡ壁을深히ᄒᆞ고戰치勿ᄒᆞ야滎陽成皐의間으로하여곰또休息을得케ᄒᆞ라ᄒᆞᆫᄃᆡ漢王이그計를從ᄒᆞ야軍을宛葉間에出ᄒᆞ야黥布로더부러行ᄒᆞ야兵을收ᄒᆞ더니羽ㅣ漢王이宛에在ᄒᆞᆷ을聞ᄒᆞ고果然兵을引ᄒᆞ고來ᄒᆞ거늘漢王이壁을堅히ᄒᆞ고더브러戰치안타

彭越이爲漢將ᄒᆞ야 游兵擊楚ᄒᆞᆫᄃᆡ 羽ㅣ 乃使終公으로 守成皐而自東

擊彭越이어늘 漢王이 破終公ᄒᆞ고 復軍成皐러니 羽ㅣ已破走彭越ᄒᆞ고 乃引兵西ᄒᆞ야 拔滎陽城ᄒᆞ고 遂圍成皐ᄒᆞ니 漢王이 逃ᄒᆞ야 獨與滕公으로 共車出成皐玉門ᄒᆞ다

彭越이漢將이되여兵을游ᄒᆞ야楚를擊ᄒᆞᆫ대羽ㅣ이에終公으로ᄒᆞ야곰成皐를守ᄒᆞ고東으로브터彭越을擊ᄒᆞ거늘漢王이終公을破ᄒᆞ고다시成皐에軍ᄒᆞ엿더니羽ㅣ임의彭越을破ᄒᆞ야走케ᄒᆞ고이에兵을引ᄒᆞ고西으로ᄒᆞ야滎陽城을拔ᄒᆞ고드대여成皐를圍ᄒᆞ니漢王이逃ᄒᆞ야홀로滕公으로더브車러를共히ᄒᆞ고成皐玉門으로出ᄒᆞ다

北渡河ᄒᆞ야 宿小脩武傳舍ᄒᆞ고(小脩武在河內) 晨에 自稱漢使라ᄒᆞ고 馳入趙壁ᄒᆞ니 張耳韓信이 未起어늘 即其臥內ᄒᆞ야 奪其印符ᄒᆞ고 以麾로 召諸將易置之ᄒᆞᆫ대 信耳ㅣ 起ᄒᆞ야 乃知漢王來ᄒᆞ고 大驚ᄒᆞ더라 漢王이 既奪兩人軍ᄒᆞ고 即令張耳로 循行ᄒᆞ야 備守趙地ᄒᆞ고 拜韓信爲相國ᄒᆞ야 收趙兵未發者ᄒᆞ야 擊齊ᄒᆞ다

北으로河를渡ᄒᆞ야小脩武傳舍에宿ᄒᆞ고晨에스ᄉᆞ로漢使라稱ᄒᆞ고달녀趙壁으로

入ᄒᆞ니張耳와韓信이起치아니ᄒᆞ엿거ᄂᆞᆯ그臥内에卽ᄒᆞ야그印符를奪하고麾로써諸將을召ᄒᆞ야밧고어둔ᄃᆡ信耳ㅣ起ᄒᆞ야이에漢王이來함을知하고크게驚하더라
漢王이임의兩人의軍을奪ᄒᆞ고곳張耳로하여곰循行ᄒᆞ야趙地를備守케하고韓信을拜ᄒᆞ야相國을숨어趙兵의發치못ᄒᆞᆫ者를收ᄒᆞ야齊를擊하다

諸將이稍稍得出成皐ᄒᆞ야從漢王ᄒᆞ니楚ㅣ遂拔成皐하고欲西어ᄂᆞᆯ漢이使兵으로距之鞏ᄒᆞ야(音拱河南縣名)令其不得西ᄒᆞ다

諸將이졈졈시러곰成臯를出ᄒᆞ야漢王을從ᄒᆞ니楚ㅣ드대여成臯를拔ᄒᆞ고西로ᄒᆞ고져ᄒᆞ거ᄂᆞᆯ漢이兵을使ᄒᆞ야鞏에距ᄒᆞ야하여곰그西로ᄒᆞᆷ을得지못ᄒᆞ게ᄒᆞ다

漢王이欲捐成皐以東ᄒᆞ야屯鞏洛(城在洛陽東北)以距楚러니酈生이曰知天之天者ᄂᆞᆫ王事를可成이ᄯᅡ王者ᄂᆞᆫ以民爲天ᄒᆞ고民은以食爲天ᄒᆞᄂᆞ니夫敖倉은天下轉輸ㅣ久矣라藏粟이甚多어ᄂᆞᆯ楚人이拔滎陽ᄒᆞ야不堅守敖倉ᄒᆞ고乃引而東ᄒᆞ니此ᄂᆞᆫ天所以資漢也라願足下ᄂᆞᆫ急進兵ᄒᆞ야收取滎陽ᄒᆞ야據敖倉之粟ᄒᆞ고塞成皐之險ᄒᆞ고杜太行之

(負)依也(阻)限也

(坐而策)籌也言不出戶而知

路하고距蜚狐之口ᄒᆞ고守白馬之津ᄒᆞ야以示諸侯形制之勢則天下ㅣ知所歸矣리이다王이從之ᄒᆞ야乃復謀取敖倉ᄒᆞ다

漢王이成皐써東을捐ᄒᆞ야鞏洛에屯ᄒᆞ야써楚를距코져ᄒᆞ더니酈生이曰天의天을知ᄒᆞᄂᆞᆫ者ᄂᆞᆫ王事을可히成ᄒᆞᆯ지라王인者ᄂᆞᆫ民으로써天을삼고民은食으로써天을삼ᄂᆞ니무릇敖倉은天下轉輸ㅣ久ᄒᆞᆫ지라藏ᄒᆞᆫ粟이甚히多ᄒᆞ거ᄂᆞᆯ楚人이滎陽을拔ᄒᆞ야敖倉을堅守치아니ᄒᆞ고이에引ᄒᆞ야東으로ᄒᆞ니이ᄂᆞᆫ天이써漢에資ᄒᆞᆫ바ㅣ이라願컨ᄃᆡ足下ᄂᆞᆫ急히兵을進ᄒᆞ야滎陽을收取ᄒᆞ야敖倉의粟을據하고成皐의險을塞ᄒᆞ고太行의路를杜ᄒᆞ고蜚狐의口를距ᄒᆞ고白馬의津을守ᄒᆞ야써諸侯에게形制의勢를示ᄒᆞᆫ則天下ㅣ歸ᄒᆞᆯ바를知ᄒᆞ리이다王이從ᄒᆞ야이에다시謀하야敖倉을取하다

食其ㅣ又說王曰方今燕趙ㅣ已定ᄒᆞᆫ대唯齊ㅣ未下라諸田이宗彊ᄒᆞ야負海岱阻河濟ᄒᆞ니雖遣數萬師라도未可以歲月로破也라臣이請得奉明詔說齊王ᄒᆞ야使爲漢而稱東藩ᄒᆞ리이다上이曰善타ᄒᆞ고乃使酈生으로說齊王曰天下之事ㅣ歸漢을可坐而策也라王이

(與漢平) 平成也和也言成其和也

疾先下ᄒᆞ면齊國을可得而保어니와不然이면危亾을可立而待리이다

食其ㅣ또王을說ᄒᆞ여曰方今에燕趙ㅣ임의定호대오작齊ㅣ下치못ᄒᆞᆫ지라諸田이宗이彊ᄒᆞ야海岱를負ᄒᆞ고河濟를阻ᄒᆞ니비록數萬師를遣ᄒᆞ드라도可히歲月로써破ᄒᆞᆯ슈가업는지라臣이쳥컨ᄃᆡ시러금明詔를奉ᄒᆞ고齊王을說ᄒᆞ야하야금漢을爲ᄒᆞ야東藩이라稱케호리이다上이曰善타ᄒᆞ고이에酈生으로하여금齊王을說ᄒᆞ여曰天下의事ㅣ漢에歸ᄒᆞᆷ을可히坐ᄒᆞ야策ᄒᆞᆯ지라王이쌜니먼져下ᄒᆞ면齊國을可히시러금保ᄒᆞ려니와然치아니ᄒᆞ면危亡을可히立ᄒᆞ야待ᄒᆞ리이다

先是에齊聞韓信이且東兵ᄒᆞ고使華無傷田解로將重兵屯歷下ᄒᆞ야以距漢이러니及納酈生之言ᄒᆞ야遣使與漢平ᄒᆞ고乃罷歷下守戰備ᄒᆞ다

先時에齊ㅣ韓信이또東으로兵ᄒᆞᆷ을聞ᄒᆞ고華無傷과田解로하여금重兵을將ᄒᆞ고歷下에屯ᄒᆞ야써漢을距ᄒᆞ더니밋酈生의言을納ᄒᆞ야使를遣ᄒᆞ야漢으로더부러平ᄒᆞ고이에歷下守戰備를罷ᄒᆞ다

韓信이引兵東이라가未渡平原ᄒᆞ야聞酈食其ㅣ已說下齊ᄒᆞ고欲止러니

(間使)致隙曰間

辯士蒯徹이說信曰(蒯音恠徹史避武帝名改作通) 將軍이受詔擊齊而漢이獨發間使ᄒᆞ야下齊ᄒᆞ니寧有詔止將軍乎아且酈生은一士로伏軾掉三寸之舌ᄒᆞ야(伏食其本傳作憑據也軾車前横木也舌在口長三寸象斗玉衡) 下齊七十餘城이어늘將軍은以數萬衆으로歲餘에乃下趙五十餘城ᄒᆞ니爲將數歲에反不如一竪儒之功乎아信이然之ᄒᆞ다

韓信이兵을引ᄒᆞ고東으로ᄒᆞ다가平原을渡치못ᄒᆞ야酈食其ㅣ임의說ᄒᆞ야齊를下ᄒᆞᆷ을聞ᄒᆞ고止코져ᄒᆞ더니辯士蒯徹이信을說ᄒᆞ야曰將軍이詔를受ᄒᆞ고齊를擊ᄒᆞᆷ에漢이홀로間使를發ᄒᆞ야齊를下ᄒᆞ엿스니엇지詔가有ᄒᆞ야將軍을止ᄒᆞ엿스릿가또酈生은一士로軾에伏ᄒᆞ야三寸의舌을掉ᄒᆞ야齊七十餘城을下ᄒᆞ엿거늘將軍은數萬의衆으로써歲餘에이에趙五十餘城을下ᄒᆞ엿스니將된지數歲에도리혀一竪儒의功만갓지못ᄒᆞᆫ가信이그러히여기더라

(戊戌)(西楚四年 漢四年) 信이襲破歷下軍ᄒᆞ고遂至臨淄ᄒᆞ니齊王이以酈生으로爲賣己라ᄒᆞ야乃烹之ᄒᆞ고引兵東走高密ᄒᆞ다(北海屬縣)

(大司馬咎) 姓曹

信이齊歷下軍을襲ᄒᆞ야破ᄒᆞ고드대여臨淄에至ᄒᆞ니齊王이酈生으로써己를賣ᄒᆞ엿다ᄒᆞ야이에烹ᄒᆞ고兵을引ᄒᆞ고東으로高密로走ᄒᆞ다

楚大司馬咎ㅣ守成皐홀서項王이令謹守勿戰이러니漢이數挑戰호대 挑音刀 要戰也 楚軍이不出이어늘使人辱之數日에咎ㅣ怒ᄒᆞ야渡兵氾水러니 氾音祀 水名 士卒이半渡에漢이擊之ᄒᆞ야大破楚軍ᄒᆞ고盡得楚國寶貨ᄒᆞ니咎及司馬欣이自剄이어늘漢王이引兵渡河ᄒᆞ야復取成皐ᄒᆞ고軍廣武ᄒᆞ야就敖倉食ᄒᆞ되 敖倉西三皇山有二城相對 東曰東廣武西曰西廣武 項羽ㅣ聞成皐破ᄒᆞ고引兵軍廣武ᄒᆞ야與漢相守ᄒᆞ다

楚大司馬咎ㅣ成皐를守홀시項王이하여곰謹하야守ᄒᆞ고戰치말라ᄒᆞ얏더니漢이자조戰을挑호되楚軍이出치안커늘人으로하여곰辱ᄒᆞᆫ지數日에咎怒ᄒᆞ야兵을氾水에渡ᄒᆞ더니士卒이半쯤渡홈애漢이擊ᄒᆞ야크게楚軍을破ᄒᆞ고다楚國의寶貨를得ᄒᆞ니咎와밋司馬欣이스사로剄ᄒᆞ거늘漢王이兵을引ᄒᆞ고河를渡ᄒᆞ야다시成皐을取ᄒᆞ고廣武에軍ᄒᆞ야敖倉에就ᄒᆞ야食ᄒᆞ되項羽ㅣ成皐가破홈을聞ᄒᆞ고兵을引

ᄒᆞ고廣武에軍ᄒᆞ야漢으로더브러서로守ᄒᆞ다

楚軍이食少라項王이患之ᄒᆞ야爲高俎ᄒᆞ야置太公其上ᄒᆞ고 高俎俎几之類以示欲烹之意故置其上 告漢王曰今不急下면吾烹太公ᄒᆞ리라漢王曰吾與羽로俱北面受命懷王ᄒᆞ야約爲兄弟ᄒᆞ니吾翁이即若翁이라必欲烹而翁이ᄃᆡᆫ 若猶爾也 而猶汝也 幸分我一杯羹ᄒᆞ라項王이怒ᄒᆞ야欲殺之어늘項伯이曰爲天下者ᄂᆞᆫ不顧家ᄒᆞᄂᆞ니雖殺之라도無益也니라

楚軍이食이少ᄒᆞᆫ지라項王이患ᄒᆞ야高ᄒᆞᆫ俎를ᄒᆞ야太公을그上에置ᄒᆞ고漢王게告ᄒᆞ여曰今에急히下치아니ᄒᆞ면吾ㅣ太公을烹호리라漢王이曰吾ㅣ羽로더브러ᄒᆞᆫ가지北으로面ᄒᆞ야命을懷王게受ᄒᆞ야約ᄒᆞ야兄弟가되엿스니吾翁이곳너의翁이라반다시너의翁을烹코져ᄒᆞᆯ진ᄃᆡ다ᄒᆡᆼ이내게一杯羹을分ᄒᆞ라項王이怒ᄒᆞ야殺코져ᄒᆞ거늘項伯이曰天下를爲ᄒᆞᄂᆞᆫ者ᄂᆞᆫ家를顧치안나니비록殺ᄒᆞ드라도益이無ᄒᆞ니라

項王이謂漢王曰願與王으로挑戰決雌雄ᄒᆞ야毋徒苦天下之民

父子爲也호노라 漢王曰吾寧鬪智언정 不鬪力이라 호고 相與臨廣武間호야 漢王이 數羽十罪호되 羽負約王我於漢罪一矯殺卿子冠軍罪二救趙不報而擅刼諸侯入關罪三燒秦宮室掘始皇塚私其財罪四殺秦降王子嬰罪五詐坑秦降卒罪六王諸將善地而徙逐故主罪七出逐義帝自都彭城奪韓梁地罪八使人陰殺義帝江南罪九爲政不平主約不信天下所不容大逆無道罪十 羽ㅣ大怒호야 伏弩射中漢王호니 漢王이 傷胸이라 乃捫足 捫音門摸也傷胸而捫足以安衆也 曰虜中吾指라 호더라

項王이漢王다려謂호여曰願컨디王으로더브러戰을挑호야雌雄을決호야혼갓天下의民父子를苦치勿케호겟노라漢王이曰吾ㅣ寧히智를鬪홀지언졍力을鬪치안켓다호고서로더브러廣武間에臨호야漢王이羽의十罪를數혼대羽ㅣ크게怒호야弩를伏호야쏘아漢王을中호니漢王이胷을傷혼지라이에足을捫호고曰虜가吾의指를中호엿다 호더라

漢王이 病創臥어늘 創讀作瘡傷也 張良이 彊請漢王호야 起行勞軍호야 以安士卒호고 毋令楚乘勝이라 호대 漢王이 出行軍이라가 疾甚호야 因馳入成臯호다

漢王이病創호야臥호거늘張良이彊히漢王게請호야起호야勞軍을行호야써士卒을安호고楚로호여금勝을乘치못호게호라호디漢王이出호야軍을行호다가疾이甚호야因호야달녀成臯로入호다

(太半)凡數三分有二爲太半有一分爲小半

韓信이 已定臨淄ᄒᆞ고 遂東追齊王ᄒᆞᆫ듸 項王이 使龍且로 將兵救齊ᄒᆞ리니 龍且ㅣ 曰吾ㅣ 平生에 知韓信爲人이 易與耳라도 寄食於漂母ᄒᆞ니 無資身之策이오 受辱於袴下ᄒᆞ니 無兼人之勇이라 不足畏也ㅣ라ᄒᆞ더라

韓信이 임의 臨淄를 定ᄒᆞ고 드대여 東으로 齊王을 追ᄒᆞᆫ듸 項王이 龍且로ᄒᆞ여곰 兵을 將ᄒᆞ고 齊를 求ᄒᆞ더니 龍且ㅣ 曰吾ㅣ 平生에 韓信의 人됨이 易ᄒᆞᆷ을 知ᄒᆞ엿노라 食을 漂母에게 寄ᄒᆞ엿스니 身을 資ᄒᆞᆯ 策이 無ᄒᆞ고 辱을 袴下에서 受ᄒᆞ엿스니 人을 兼ᄒᆞᆫ 勇이 無ᄒᆞᆫ지라 足히 畏ᄒᆞᆯ것이 업다 ᄒᆞ더라

齊楚ㅣ 與漢으로 夾濰水而陣이러니 (濰音維水名出瑯琊箕屋山) 韓信이 夜令人으로 爲萬餘囊ᄒᆞ야 盛沙ᄒᆞ야 壅水上流ᄒᆞ고 引軍半渡ᄒᆞ야 擊龍且라가 佯不勝還走ᄒᆞᆫ대 龍且ㅣ 果喜曰固知信怯也ㅣ라ᄒᆞ고 遂追信이어ᄂᆞᆯ 信이 使人으로 決壅囊ᄒᆞᆫ대 水ㅣ 大至ᄒᆞ야 龍且軍이 太半不得渡ㅣ라 (三分二曰太半 三分一曰少半) 即急擊ᄒᆞ야 殺龍且ᄒᆞ고 虜齊王ᄒᆞ고 盡定齊地ᄒᆞ다

齊와 楚ㅣ 漢으로 더브러 濰水를 夾ᄒᆞ고 陣ᄒᆞ엿더니 韓信이 夜에 人으로하여곰 萬餘

(躡)蹈也
(附耳語)良平之耳

囊을만드러沙를담어서水의上流를壅ᄒᆞ고軍을引ᄒᆞ고半쯤渡ᄒᆞ야龍且을擊ᄒᆞ다가그짓勝치못ᄒᆞ고還ᄒᆞ야走ᄒᆞᆫᄃᆡ龍且ㅣ果然喜ᄒᆞ야曰진실로信이㤼ᄒᆞᆷ을知ᄒᆞ겟다ᄒᆞ고드대여信을追ᄒᆞ거늘信이人으로하여곰壅ᄒᆞᆫ囊을決ᄒᆞᆫᄃᆡ水ㅣ크게至ᄒᆞ야龍且의軍이太半이나渡ᄒᆞᆷ을得지못ᄒᆞᆫ지라곳急히擊ᄒᆞ야龍且를殺ᄒᆞ고齊王을虜ᄒᆞ고다齊地를定ᄒᆞ다

立張耳ᄒᆞ야爲趙王ᄒᆞ다

張耳를세워趙王을삼다

韓信이使人言漢王曰齊는僞詐多變ᄒᆞ니反覆之國也오南邊楚ᄒᆞ니請爲假王ᄒᆞ야以鎭之ᄒᆞ노이다漢王이大怒어늘張良陳平이躡漢王足ᄒᆞ고因附耳語曰漢方不利ᄒᆞ니寧能禁信之自王乎잇가不如因而立之ᄒᆞ야使自爲守ㅣ니이다漢王이亦悟ᄒᆞ고因復罵曰大丈夫ㅣ定諸侯에卽爲眞王耳니何以假爲리오ᄒᆞ고遣張良ᄒᆞ야操印立信ᄒᆞ야爲齊王ᄒᆞ고徵其兵ᄒᆞ야擊楚ᄒᆞ다

韓信이人으로ᄒᆞ여곰漢王게言ᄒᆞ야曰齊ᄂᆞᆫ僞詐ᄒᆞ고變이多ᄒᆞ니反覆의國이오南으로楚를邊ᄒᆞ니請컨ᄃᆡ假王이되여써鎭ᄒᆞ겟노이다漢王이크게怒ᄒᆞ거ᄂᆞᆯ張良과陳平이漢王의足을躡ᄒᆞ고因ᄒᆞ야耳를附ᄒᆞ고語ᄒᆞ야曰漢이바야흐로利치못ᄒᆞ니엇지能히信의스ᄉᆞ로王ᄒᆞᆷ을禁ᄒᆞ리잇고因ᄒᆞ야立ᄒᆞ야하야곰스ᄉᆞ로守케ᄒᆞᆷ만갓지못ᄒᆞ니이다漢王이ᄯᅩᄒᆞᆫ悟ᄒᆞ고因ᄒᆞ야다시罵ᄒᆞ야曰大丈夫ㅣ諸侯를定ᄒᆞᆷ에곳眞王이될것이니엇지써假로ᄒᆞᆫ다ᄒᆞ리오ᄒᆞ고張良을遣ᄒᆞ야印을操ᄒᆞ고信을立ᄒᆞ야齊王을삼고그兵을徵ᄒᆞ야楚를擊ᄒᆞ다

項王이聞龍且死ᄒᆞ고大懼ᄒᆞ야使盱台人武涉으로(盱音吁 台音胎)往說齊王信曰當今二王之事ㅣ權在足下ㅣ라足下ㅣ右投則漢王이勝ᄒᆞ고左投則項王이勝ᄒᆞ리어니와項王이今日亾則次取足下ᄒᆞ리니足下ㅣ與項王으로有故ᄒᆞ니何不反漢ᄒᆞ고與楚連和ᄒᆞ야三分天下王之오

項王이龍且ㅣ死ᄒᆞᆷ을聞ᄒᆞ고크게懼ᄒᆞ야盱台人武涉으로ᄒᆞ여곰가서齊王信을說ᄒᆞ야曰當今에二王의事ㅣ權이足下에게在ᄒᆞᆫ지라足下ㅣ右로投ᄒᆞᆫ則漢王이勝ᄒᆞ고左로投ᄒᆞᆫ則項王이勝ᄒᆞ려이와項王이今日에亾ᄒᆞᆫ則次에足下을取ᄒᆞ리니足下ㅣ項王으로더브러故가有ᄒᆞ니엇지ᄒᆞ야漢을反ᄒᆞ고楚로더브러連和ᄒᆞ야天下를

(相君之面)雖相面與背其實則面伏也面伏於漢王也背

三分ᄒᆞ야王치안ᄂᆞᆫ고

信이謝曰臣이事項王에官不過郞中이오位不過執戟이오(郞中宿衛執戟之人)言不聽畫不用故로倍楚而歸漢이러니漢王이授我上將軍印ᄒᆞ고予我數萬衆ᄒᆞ고解衣衣我ᄒᆞ고推食食我ᄒᆞ고(下衣字着也 下食字讀飼)言聽計用故로吾ㅣ得以至於此ᄒᆞ니夫人이深親信我어늘我ㅣ倍之不祥이니幸爲信謝項王ᄒᆞ라

信이謝ᄒᆞ야曰臣이項王을事ᄒᆞᆷ에官은郞中에지나지못ᄒᆞ엿고位ᄂᆞᆫ執戟에지나지못ᄒᆞ고言을聽치안코畫를用치안ᄂᆞᆫ故로楚를倍ᄒᆞ고漢에歸ᄒᆞ엿더니漢王이我의게上將軍印을授ᄒᆞ고我에게數萬衆을予ᄒᆞ고衣를解ᄒᆞ야我를衣ᄒᆞ고食을推ᄒᆞ야我를食ᄒᆞ고言를聽ᄒᆞ고計를用ᄒᆞᄂᆞᆫ故로吾ㅣ시러곰써此에至ᄒᆞ엿스니무릇人이깁히親ᄒᆞ야我를信ᄒᆞ거ᄂᆞᆯ我ㅣ倍ᄒᆞᆷ이祥치아니ᄒᆞ니다힝이信을爲ᄒᆞ야項王게謝ᄒᆞ라

武涉이已去에蒯徹이以相人之術로說信曰僕이相君之面ᄒᆞ니不過封侯오相君之背ᄒᆞ니貴不可言이로다韓信이曰何謂也오蒯

反也背反漢王也

(案齊之故)按音遏據也

徹이曰楚漢이分爭에智勇이俱困이라當今兩主之命이懸於足下ᄒᆞ니爲漢則漢勝이오與楚則楚勝이니誠能聽臣之計ᄃᆡᆫ莫若兩利而俱存之니參分天下ᄒᆞ야(參變作三)鼎足而居ᄒᆞ면其勢ㅣ莫敢先動이라案齊之故ᄒᆞ야有膠泗之地ᄒᆞ고深拱揖讓則天下之君王이相率而朝於齊矣리이다天與弗取면反受其咎ᄒᆞ고時至不行이면反受其殃이니願足下는熟慮之ᄒᆞ소서

武涉이임의去홈에蒯徹이相人ᄒᆞᄂᆞᆫ術로써信을說ᄒᆞ야曰僕이君의面을相ᄒᆞ니封侯홈에지나지안코君의背를相ᄒᆞ니貴홈을可히言홀슈업도다韓信이曰엇지이름인고蒯徹이曰楚漢이난호어爭홈에智와勇이ᄒᆞᆫ가지困ᄒᆞᆫ지라當今兩主의命이足下에게懸ᄒᆞ엿ᄉᆞ니漢을위ᄒᆞᆫ則漢이勝홀것이오楚를與ᄒᆞᆫ則楚ㅣ勝홀것이니진실로能히臣의計를聽홀진ᄃᆡ두가지를利ᄒᆞ야ᄒᆞᆫ가지存홈만갓치못ᄒᆞ니天下를三分ᄒᆞ야鼎足으로居ᄒᆞ면그勢ㅣ敢히먼저動치못홀지라齊의故를案ᄒᆞ야膠泗의地를有ᄒᆞ고深히拱ᄒᆞ야揖ᄒᆞ고讓ᄒᆞᆫ則天下의君王이서로率ᄒᆞ야齊에朝ᄒᆞ리이다天이與홈을取치아니ᄒᆞ면도로혀그咎를受ᄒᆞ고時가至호대行치아니ᄒᆞ면도로혀그殃

(震主)震動也懼也

을受홀지니願컨딕足下는熟히慮ᄒᆞ소서

信이曰漢王이遇我甚厚ᄒᆞ니吾豈可以鄕利而倍義乎오리 蒯生이曰勇略震主者는身危ᄒᆞ고功盖天下者는不賞ᄒᆞ나니今足下ㅣ戴震主之威ᄒᆞ고挾不賞之功ᄒᆞ야歸楚ᄒᆞ면楚人이不信ᄒᆞ고歸漢ᄒᆞ면漢人이 震恐이리니足下는安歸乎오信이曰先生은且休矣어다 蒯徹이 復說曰夫功者는難成而易敗오時者는難得而易失也니 時乎時乎여不再來니이다 信이猶豫ᄒᆞ야 (猶獸名性多疑聞有聲則豫登木下上不一謂不一曰猶豫) 不忍倍漢ᄒᆞ고 遂謝蒯徹ᄒᆞ다

信이曰漢王이我를遇홈을甚히厚히ᄒᆞ니吾ㅣ읏지可히써利를鄕ᄒᆞ야義를倍ᄒᆞ리오蒯生이曰勇略이主를震ᄒᆞ는者는身이危ᄒᆞ고功이天下에盖ᄒᆞᆫ者는賞ᄒᆞ리가업나니今에足下ㅣ震主의威를戴ᄒᆞ고不賞의功을挾ᄒᆞ야楚로歸ᄒᆞ면楚人이信치안코漢으로歸ᄒᆞ며漢人이震恐ᄒᆞ리니足下는어ᄃᆡ로歸ᄒᆞ려나뇨信이曰先生은또休ᄒᆞᆯ자어다蒯徹이다시說ᄒᆞ여曰무릇功이란者는成ᄒᆞ기難ᄒᆞ고敗ᄒᆞ기易ᄒᆞ고時라ᄒᆞ는者는得ᄒᆞ기難ᄒᆞ고失ᄒᆞ기易ᄒᆞ니時여時여두번來치안ᄂᆞ니이다信이猶豫ᄒᆞ

야참아漢을倍치못ᄒᆞ고드대여蒯徹에게謝ᄒᆞ다

秋에立黥布ᄒᆞ야爲淮南王ᄒᆞ다

秋에黥布를立ᄒᆞ야淮南王을삼다

項羽ㅣ自知少助食盡ᄒᆞ고韓信이又進兵擊楚ᄒᆞ니羽ㅣ患之어ᄂᆞᆯ漢이遣侯公ᄒᆞ야說羽請太公ᄒᆞᆫ대羽ㅣ乃與漢으로約中分天下ᄒᆞ야割鴻溝ᄒᆞ야(於滎陽下引河東南爲鴻溝以通宋鄭陳蔡曹衛與濟汝淮泗會於是則今官渡水也)以西爲漢ᄒᆞ고以東爲楚ᄒᆞ고九月에楚ㅣ歸太公呂后ᄒᆞ고引兵解而東歸어ᄂᆞᆯ漢王이欲西歸러니張良陳平이說曰漢有天下太半而諸侯ㅣ皆附ᄒᆞ고楚ᄂᆞᆫ兵疲食盡ᄒᆞ니此ᄂᆞᆫ天亡之時也라今釋不擊이면所謂養虎自遺患也이니다漢王이從之ᄒᆞ다

項羽ㅣ스ᄉᆞ로助ᄒᆞ리가少ᄒᆞ고食이다ᄒᆞᆷ을知ᄒᆞ고韓信이ᄯᅩ兵을進ᄒᆞ야楚를擊ᄒᆞ니羽ㅣ患ᄒᆞ거ᄂᆞᆯ漢이侯公을遣ᄒᆞ야羽을說ᄒᆞ야太公을請ᄒᆞᆫ대羽ㅣ이에漢으로더브러天下를中分ᄒᆞ야鴻溝을割ᄒᆞ야써西ᄂᆞᆫ漢이되고東은楚가되기로約ᄒᆞ고九月

세楚ㅣ太公과呂后를歸ᄒᆞ고兵을引ᄒᆞ고解ᄒᆞ야東으로歸ᄒᆞ거ᄂᆞᆯ漢王이西으로歸ᄏᆞ고져ᄒᆞ엿더니張良과陳平이說ᄒᆞ야曰漢이天下를太半이나두ᄆᆡ諸侯ㅣ다附ᄒᆞ고楚ᄂᆞᆫ兵이疲ᄒᆞ고食이盡ᄒᆞ엿ᄉᆞ니이ᄂᆞᆫ天이亾케ᄒᆞᄂᆞᆫ時라이제釋ᄒᆞ고擊치아니ᄒᆞ면이른바虎를養ᄒᆞ야ᄉᆞᄉᆞ로患을遺ᄒᆞᆷ이라ᄒᆞᆫ대漢王이從ᄒᆞ다

(分地)分去聲別也凡裂土封諸侯其受封者各有分也(固宜)理宜然也(共天下)共有天下

漢紀

太祖高皇帝下

(己亥)五年이라冬十月에漢王이追項羽至固陵하야(陳州縣名)與齊王信과魏相國越로期會擊楚러니信越이不至라楚擊漢軍大破之하니漢王이堅壁自守하고謂張良曰諸侯ㅣ不從하니奈何오

五年이라冬十月에漢王이項羽를쫏차固陵에至하야齊王信과魏相國越로더브러會하야楚를擊하기를期하엿더니信과越이至치안는지라楚ㅣ漢軍을擊하야크게破하니漢王이壁을堅히하야스스로守하고張良다려謂하야曰諸侯ㅣ從치아니하니엇지할고

對曰楚兵이且破에二人이未有分地하니其不至ㅣ固宜라君王이能與共天下면可立致也ㅣ니今能取睢陽以北至穀城은(睢音雖)皆以王彭越하고從陳以東傳海는與齊王信하소서能出捐此地하야以許兩人하야使各自爲戰則楚를易破也리이다漢王이從之하니於

之地割而封之

是에 韓信彭越이 皆引兵來ᄒᆞ다

對ᄒᆞ여日楚兵이ᄯᅩ破ᄒᆞᆷ에二人이分ᄒᆞᆫ地가잇지아니ᄒᆞ니그至치아니ᄒᆞᆷ이진실노宜ᄒᆞᆫ지라君王이能히더브러天下를共ᄒᆞ시면可히셔셔致ᄒᆞ리니今에能히睢陽써北을取ᄒᆞ야穀城에至ᄒᆞ야는다써彭越을王ᄒᆞ고陳써東으로從ᄒᆞ아海에傳ᄒᆞ기는齊王信에게與ᄒᆞ소셔能히此地를出捐ᄒᆞ야써兩人에게許ᄒᆞ야하여곰각々스ᄉᆞ로戰케ᄒᆞᆫ則楚를破키易ᄒᆞ리이다漢王이從ᄒᆞ니이에韓信과彭越이다兵을引ᄒᆞ고來ᄒᆞ다

十二月에 項王이 至垓下ᄒᆞ니 垓音該堤名即高岡絶巖其聚邑在其側因名垓下在沛之洨縣 兵少食盡이라 與漢戰不勝ᄒᆞ야 入壁이어늘 漢軍及諸侯兵이 圍之數重이러니 項羽ㅣ夜聞漢軍四面이 皆楚歌ᄒᆞ고 乃大驚曰漢이 皆已得楚乎아 是何楚人之多也오 九江兵歸漢故多楚聲 乃夜에 起飲帳中ᄒᆞ고 史紀羽本紀曰有美人名虞오駿馬名騅라乃悲歌慷慨ᄒᆞ야自爲歌ᄒᆞ니詩曰力拔山兮여氣盖世로다時不利兮여騅不逝로다騅不逝兮여可奈何오虞兮虞兮여奈若何오 因泣下ᄒᆞ니 左右ㅣ 皆泣ᄒᆞ야 莫能仰視러라

(田父)良預敎田父也

十二月에項王이垓下에至ᄒᆞ니兵이少ᄒᆞ고食이盡ᄒᆞᆫ지라漢으로더브러戰ᄒᆞᆷ에勝
치못ᄒᆞ야壁에入ᄒᆞ거늘漢軍과밋諸侯兵이圍ᄒᆞ기를數重으로ᄒᆞ엿더니項羽ㅣ夜
에漢軍四面이다楚歌ᄒᆞᆷ을聞ᄒᆞ고이에大驚ᄒᆞ여曰漢이임의楚를得ᄒᆞ엿나이엇지
楚人이多ᄒᆞᆫ고이에夜에起ᄒᆞ야帳中에셔飮ᄒᆞ고因ᄒᆞ야泣下ᄒᆞ니左右ㅣ다泣ᄒᆞ고
能히仰視ᄒᆞ리업더라

於是에項王이乘其駿馬ᄒᆞ니麾下壯士騎從者ㅣ八百餘人이라直夜에(直當也古字例何直爲値)**潰圍南出走더니平明에漢軍이乃覺之ᄒᆞ고令騎將灌嬰으로以五千騎追之ᄒᆞ니項王이渡淮에騎能屬者ㅣ纔百餘人이러라**

이에項王이그駿馬를乘ᄒᆞ니麾下壯士騎從者ㅣ八百餘人이라直夜에圍를潰ᄒᆞ고
南으로出走ᄒᆞ엿더니平明에漢軍이이에覺ᄒᆞ고騎將灌嬰으로ᄒᆞ여곰五千騎로써
追ᄒᆞ니項王이淮를渡ᄒᆞᆷ에騎가能히屬ᄒᆞᄂᆞᆫ者ㅣ겨우百餘人이러라

至陰陵(九江屬縣)**迷失道ᄒᆞ야問一田父ᄒᆞᆫ대田父ㅣ紿曰左ᄒᆞ라**(紿音殆欺言也 左欺令向左去)**左라가乃陷大澤中ᄒᆞ니漢이以故로追及之ᄒᆞ다**

陰陵에至ᄒᆞ야迷ᄒᆞ야道를失ᄒᆞ야ᄒᆞᆫ田夫에게問ᄒᆞᆫᄃᆡ田夫ㅣ紿ᄒᆞ여曰左으로ᄒᆞ라
左로ᄒᆞ다가이에大澤中에陷ᄒᆞ니漢이이로써追ᄒᆞ야及ᄒᆞ다

項王에乃復引兵至東城ᄒᆞ니(卽九江縣)**乃有二十八騎라項羽ㅣ自度**

不得脫ᄒᆞ고 謂其騎曰吾ㅣ 起兵至今八歲矣라 身七十餘戰에 未嘗敗北러니 今卒困이 如此ᄒᆞ니 此는 天之亡我오 非戰之罪也라 今日에 固決死료니 願斬將刈旗三勝之ᄒᆞ야 令諸君으로 知天亡我ㅣ오 非戰之罪리라ᄒᆞ고 斬漢一將一都尉ᄒᆞ고 殺數十百人ᄒᆞ니 諸騎ㅣ 皆伏이러라

項王이이에다시兵을引ᄒᆞ고東城에至ᄒᆞ니이에二十八騎가有ᄒᆞᆫ지라項羽ㅣ스ᄉᆞ로시러곰脫치못ᄒᆞᆯ줄을度ᄒᆞ고그騎다려謂ᄒᆞ야曰吾ㅣ兵을起ᄒᆞ야今에至ᄒᆞᆫ지八歲라몸소七十餘戰을ᄒᆞᆷ에일즉이敗北치아니ᄒᆞ엿더니이제졸지에困ᄒᆞᆷ이이와갓ᄒᆞ니이는天이我를亾ᄒᆞᆷ이오戰의罪는아니라今日에굿이死를決ᄒᆞ얏노니願컨ᄃᆡ將을斬ᄒᆞ고旗를刈ᄒᆞ야三勝ᄒᆞ야諸君으로하야곰天이我를亾ᄒᆞ엿고戰의罪가아님을知케ᄒᆞ겟다ᄒᆞ고漢의一將과一都尉를斬ᄒᆞ고數十百人을殺ᄒᆞ니諸騎가다伏ᄒᆞ더라

於是에 項王이 欲東渡烏江이러니 和州縣名 烏江亭長이 檥船待라가 檥音蟻附也敕船向岸曰檥 謂項王曰江東이 雖小ㅣ나 地方이 千里라 亦足王也니 願大王은 急渡ᄒᆞ소서

이에項王이東으로烏江을渡코져ᄒᆞ더니烏江亭長이船을檥ᄒᆞ고待ᄒᆞ다가項王다려謂ᄒᆞ여曰江東이비록小ᄒᆞ나地方이千里라ᄯᅩᄒᆞᆫ足히ᄡᅥ王ᄒᆞᆯ지니願컨ᄃᆡ大王은

急히渡ᄒᆞ소서

項王이笑曰天之亡我어늘 我何渡爲리오 且籍이 與江東子弟八千人으로渡江而西러니今無一人還ᄒᆞ니縱江東父兄이 憐而王我ㅣ나 我ㅣ何面目으로見之며 縱彼不言이나籍이獨不愧於心乎아ᄒᆞ고 乃令騎로皆下馬步行ᄒᆞ야持短兵接戰ᄒᆞ니獨籍의所殺漢軍이 數百人이오身亦數十餘創이라乃曰吾ㅣ聞漢이 購我頭를千金邑萬戶라ᄒᆞ니吾爲若德이라ᄒᆞ고乃自刎而死ᄒᆞ다

項王이笑ᄒᆞ야曰天이我를亾ᄒᆞ거늘我ㅣ웃지渡ᄒᆞ리오또籍이江東子弟八千人으로더브러江을渡ᄒᆞ야西으로ᄒᆞ얏더니今에一人도還ᄒᆞ는이가업스니비록江東의父兄이憐ᄒᆞ야我를王ᄒᆞ나我ㅣ무ᄉᆞᆫ면목으로見ᄒᆞ며비록제가言치아니ᄒᆞ나籍이ᄒᆞᆯ로心에愧치아니ᄒᆞ랴ᄒᆞ고이에騎로ᄒᆞ야곰다馬에下ᄒᆞ야步行ᄒᆞ야短兵을持ᄒᆞ고接戰ᄒᆞ니ᄒᆞᆯ로籍의殺ᄒᆞᆫ바漢軍이數百人이오身도ᄯᅩ數十餘創이라이에曰吾ㅣ드르니漢이我의頭를千金과邑萬戶로購ᄒᆞᆫ다ᄒᆞ니내가네에게德을ᄒᆞ리라ᄒᆞ고이에

(爲主死節)爲去聲懷王初封羽爲魯公故也葬項王穀城東去縣十五里有塚(項伯)羽之季父名纏字伯陵項氏支屬皆不誅封項伯等四人爲列侯

ᄉᆞᄉᆞ로刎ᄒᆞ야死ᄒᆞ다

楚地ㅣ悉定호ᄃᆡ獨魯ㅣ不下어늘漢王이欲屠之러니 至其城下ᄒᆞ니猶聞弦誦之聲이어늘 謂其守禮義之國이 爲主死節이라ᄒᆞ고 乃持項王頭示之ᄒᆞ니魯ㅣ 乃降ᄒᆞᆫᄃᆡ漢이 以魯公禮로 葬項王ᄒᆞ고 封項伯ᄒᆞ야 爲列侯ᄒᆞ다

楚地가다定호대홀로魯가下치안커늘漢王이屠코져ᄒᆞ더니그城下에至ᄒᆞ니오히려弦誦의聲이聞ᄒᆞ거늘이르되그禮義를守ᄒᆞ는國이主를爲ᄒᆞ야節에死ᄒᆞᆫ다ᄒᆞ고이에項王의頭를持ᄒᆞ야示ᄒᆞ니魯ㅣ이에降ᄒᆞᆫᄃᆡ漢이魯公에禮로써項王을葬ᄒᆞ고項伯을封ᄒᆞ야列侯를삼다

漢王이還至定陶ᄒᆞ야馳入齊王信壁ᄒᆞ야 奪其軍ᄒᆞ고春正月에更立齊王信ᄒᆞ야爲楚王ᄒᆞ고王淮北ᄒᆞ야都下邳ᄒᆞ고封魏相國彭越ᄒᆞ야 爲梁王ᄒᆞ고王魏故地ᄒᆞ야都定陶ᄒᆞ다

漢王이還ᄒᆞ야定陶에至ᄒᆞ야달녀齊王信의壁에入ᄒᆞ야그軍을奪ᄒᆞ고春正月에다

(就此)就成也成今日之功也

시齊王信을立ᄒᆞ야楚王을삼고淮北에王ᄒᆞ야下邳에都케ᄒᆞ고魏相國彭越을封ᄒᆞ야梁王을삼고魏의故地에王ᄒᆞ야定陶에都케ᄒᆞ다

韓信이至楚ᄒᆞ야召漂母賜千金ᄒᆞ고召辱己少年ᄒᆞ야以爲中尉ᄒᆞ고告諸將相曰此는壯士也라方辱我時에寧不能殺之耶아마는殺之無名故로忍而就此로라

韓信이楚에至ᄒᆞ야漂母를召ᄒᆞ야千金을賜ᄒᆞ고己를辱ᄒᆞ던少年을召ᄒᆞ야中尉를삼고諸將相에게告ᄒᆞ야曰이는壯士라바야흐로我를辱ᄒᆞ던時에엇지能히殺ᄒᆞ지아니ᄒᆞ엿스리오마는殺홈이名이無ᄒᆞᆫ故로忍ᄒᆞ야此에就ᄒᆞ얏노라

諸侯王이皆上疏ᄒᆞ야請漢王爲皇帝어늘二月甲午에王이卽皇帝位于汜水之陽ᄒᆞ다

諸侯王이다疏를上ᄒᆞ야漢王게皇帝됨을請ᄒᆞ거늘二月甲午에王이皇帝位를汜水의陽에서卽ᄒᆞ다

夏五月에帝ㅣ置酒洛陽南宮ᄒᆞ고(在洛州洛陽故城中)上이曰徹侯諸將아(徹音哲通也言其上通王室也)毋敢隱朕ᄒᆞ고皆言其情ᄒᆞ라吾所以有天下者는何며項氏

(高起)姓名也

(帷幄之中)如請借前箸爲漢王陳不可者八之類帷幄軍幕也

(給)供給之也

之所以失天下者는何오

夏五月에帝ㅣ酒를洛陽南宮에置ᄒᆞ고上이曰徹侯와諸將은敢히朕에게隱치말고다그情을言ᄒᆞ라吾ㅣ써天下를有ᄒᆞᆫ바ㅅ者는무엇이며項氏의써天下를失ᄒᆞᆫ밧者는무엇인고

高起王陵이對曰陛下는慢而侮人ᄒᆞ시고項羽는仁而愛人이나然이나陛下는攻城略地에因以與之ᄒᆞ사與天下同其利ᄒᆞ시고項羽는妬賢嫉能ᄒᆞ야有功者를害之ᄒᆞ고賢者을疑之ᄒᆞ니此其所以失天下也ㅣ니이다

高起와王陵이對ᄒᆞ야曰陛下는嫚ᄒᆞ야人을侮ᄒᆞ시고項羽는仁ᄒᆞ야人을愛ᄒᆞ나然이나陛下는城을攻ᄒᆞ고地를略ᄒᆞᆷ에因ᄒᆞ야써與ᄒᆞ샤天下로더브러그利를同히ᄒᆞ시고項羽는賢을妬ᄒᆞ고能을嫉ᄒᆞ야功이有ᄒᆞᆫ者를害ᄒᆞ고賢ᄒᆞᆫ者를疑ᄒᆞ니이는그써天下를失ᄒᆞᆫ바이니이다

上이曰公은知其一이오未知其二로다夫運籌帷幄之中ᄒᆞ야決勝千里之外는吾不如子房이오鎭國家撫百姓ᄒᆞ고給餉餽(餉音向饟通 餽音匱饋通)不

(田橫懼誅)齊王死子廣立田橫相之韓信虜齊王田廣田橫收散兵自立爲王與灌嬰戰敗而走彭越及羽滅而

絕糧道는吾不如蕭何오 連百萬之衆ᄒᆞ야 戰必勝攻必取는吾不如韓信이니三者는皆人傑이라吾能用之ᄒᆞ니 此ㅣ所以取天下者也오項羽는有一范增而不能用ᄒᆞ니此ㅣ所以爲我擒也니라 羣臣이悅服이러라

上이曰公은그一만知ᄒᆞ고二ᄂᆞᆫ知치못ᄒᆞᄂᆞᆫ도다무릇籌ᄅᆞᆯ帷幄의中에셔運ᄒᆞ야千里의外에勝을決ᄒᆞᆷ은吾ㅣ子房만갓지못ᄒᆞ고國家ᄅᆞᆯ鎭ᄒᆞ고百姓을撫ᄒᆞ고餉饋ᄅᆞᆯ給ᄒᆞ고糧道ᄅᆞᆯ絕치아니ᄒᆞᆷ은吾ㅣ蕭何만갓지못ᄒᆞ고百萬의衆을連ᄒᆞ야戰ᄒᆞ면반다시勝ᄒᆞ고攻ᄒᆞ면반다시取ᄒᆞᆷ은吾ㅣ韓信만갓지못ᄒᆞ니三者ᄂᆞᆫ다人傑이라吾ㅣ能히用ᄒᆞ얏ᄉᆞ니써天下ᄅᆞᆯ取ᄒᆞᆫ밧者ㅣ오項羽ᄂᆞᆫᄒᆞᆫ范增이有ᄒᆞ대能히用치못ᄒᆞ엿ᄉᆞ니이것이써我에게擒ᄒᆞᆫ바이니라羣臣이悅ᄒᆞ야服ᄒᆞ더라

項羽ㅣ已滅에 田橫이懼誅ᄒᆞ야 (齊王儋死橫自立爲齊王) 與其徒五百人으로入居海島中이러니 帝ㅣ恐其爲亂ᄒᆞ야乃使人으로赦橫罪而召之曰橫이來ᄒᆞ라 大者면王이오小者면侯ㅣ어니와不來면 且擧兵加誅ᄒᆞ리라 橫이乃與其客二人으로乘傳詣洛陽이러니 (傳音戰以木爲之長尺五寸書符其上又以一板僧封以御史印章所以爲信乘傳者依乘符傳而行若今使者持節耳古者以車謂之傳車其後

越爲漢梁王橫懼誅也(自殺)橫與徒入渤海渤海島半洋山中帝召中橫至洛陽謂客曰橫始興漢王俱南面稱孤今漢王爲天子而橫北面事之甚恥巳甚且烹人之兄而與其弟酈商同併肩事之乎縱彼不愠我不愧於心乎遂自頸

又置單馬謂之驛騎 未至三十里ᄒᆞ야自殺이어늘帝ㅣ拜其二客ᄒᆞ야爲都尉ᄒᆞ고以王禮로葬之ᄒᆞ다

項羽ㅣ임에滅ᄒᆞᆷ에田橫이誅를懼ᄒᆞ야그徒五百人으로더브러海島中에드러기居ᄒᆞ엿더니帝ㅣ그亂을ᄒᆞᆯ가恐ᄒᆞ야이에人으로하여곰橫의罪를赦ᄒᆞ고召ᄒᆞ야曰橫아來ᄒᆞ라大ᄒᆞᆫ者면王이오小ᄒᆞᆫ者면侯ㅣ어니와來치아니ᄒᆞ면ᄯᅩ兵을擧ᄒᆞ야誅를加ᄒᆞ리라橫이이에그客二人으로더브러傳을乘ᄒᆞ고洛陽에詣ᄒᆞ더니三十里를至치못ᄒᆞ야ᄉᆞᄉᆞ로殺ᄒᆞ거늘帝ㅣ그二客을拜ᄒᆞ야都尉를삼고王의禮로써葬ᄒᆞ다

橫을旣葬에二客이穿其冢(通塚)旁ᄒᆞ고皆自剄下從之어늘帝ㅣ聞之大驚ᄒᆞ야聞其餘尙五百人이在海中ᄒᆞ고使使召之러니至則聞橫死ᄒᆞ고亦皆自殺ᄒᆞ더라

橫을임의葬ᄒᆞᆷ이二客이그冢의旁을穿ᄒᆞ고다ᄉᆞᄉᆞ로剄ᄒᆞ야下ᄒᆞ야從ᄒᆞ니帝ㅣ聞ᄒᆞ고크게驚ᄒᆞ야그餘ㅣ오히려五百人이海中에在ᄒᆞ다ᄒᆞᆷ을聞ᄒᆞ고使를使ᄒᆞ야召ᄒᆞ엿더니至ᄒᆞᆫ則橫이死ᄒᆞᆷ은聞ᄒᆞ고ᄯᅩ다ᄉᆞᄉᆞ로殺ᄒᆞ더라

季布ㅣ爲項籍將ᄒᆞ야 數窘辱帝러니 項籍이 滅에 帝購布千金ᄒᆞ되 敢舍匿이면 罪三族ᄒᆞ리라 布ㅣ 乃髡鉗爲奴ᄒᆞ야(髡音坤鬍髮也鉗音謙以鐵束頸也) 自賣於魯朱家러니(魯人姓朱) 朱家ㅣ 心知其季布也ᄒᆞ고 賣置田舍ᄒᆞ고 身之洛陽ᄒᆞ야 見滕公ᄒᆞ고(夏侯嬰也) 說曰季布ᄂᆞᆫ 何罪오 臣各爲主用職耳라(爲臣職當然耳) 今上이 始得天下而以私怨으로 求一人ᄒᆞ시니 何示不廣也오 且以季布之賢으로 漢이 求之急ᄒᆞ니 此ㅣ 不北走胡면 南走越耳라 君은 何不從容爲上言之오

季布ㅣ項籍의將이되여자조군식히帝ᄅᆞᆯ辱ᄒᆞ엿더니項籍이滅ᄒᆞᆷ애帝ㅣ布ᄅᆞᆯ千金으로購호대敢히舍에匿ᄒᆞ면三族으로罪호리라布ㅣ이에髡ᄒᆞ고鉗ᄒᆞ야奴가되여스ᄉᆞ로魯朱家에賣ᄒᆞ얏더니朱家ㅣ心으로그季布인줄을아라셔田舍ᄅᆞᆯ買ᄒᆞ야置ᄒᆞ고身이洛陽에之ᄒᆞ야滕公을見ᄒᆞ고說ᄒᆞ야曰季布ᄂᆞᆫ무ᄉᆞᆫ罪이뇨臣이각々主ᄅᆞᆯ爲ᄒᆞ야職을用ᄒᆞᆷ이라이제上이비로서天下ᄅᆞᆯ得ᄒᆞ야私의怨으로써一人을求ᄒᆞ시니웃지廣치못ᄒᆞᆷ을示ᄒᆞ시ᄂᆞ뇨또季布의賢으로써漢이求ᄒᆞ기ᄅᆞᆯ急ᄒᆞ니此ㅣ北으로胡에走치아니ᄒᆞ면南으로越에走ᄒᆞᆯ지라君은웃지ᄒᆞ야從容히上을爲ᄒᆞ야

(兩賢)高祖自謂併與固也

(徇)行示也

言치안는고

滕公이 待問言於上호되 如朱家指호대 上이 乃赦布호고 召拜郎中호다

滕公이問을待호야上게言호되朱家의指홈과如히혼대上이이에布를赦호고召호야郎中을拜호다

布의 母弟(異父同母) 丁公이(名固薛人) 亦爲項羽將호야 逐窘帝彭城西호야 短兵接이어늘(短兵刀劍也言戎車相迫輪轂相錯長兵不施故用刀劍以相接擊也) 帝ㅣ 急호야 顧謂丁公曰兩賢이 豈相厄哉아 丁公이 引兵而還이러니 及項王이 滅에 丁公이 謁見이어늘 帝以丁公으로 徇軍中曰丁公이 爲項王臣不忠호야 使項王으로 失天下라호고 遂斬之曰使後爲人臣으로 無倣丁公也라호노라

布의母弟丁公이또혼項羽의將이되야쏘차帝를彭城西에서窘케호야短兵으로接호거늘帝ㅣ急호야도라보고丁公다려謂호여曰兩賢이웃지서로厄호랴丁公이兵을引호고還호엿더니밋項王이滅홈에丁公이謁호야見호거늘帝ㅣ丁公으로써軍中에徇호 야曰 丁公이 項王의臣 이되야忠치못호야項王으로호여곰天下를失케호엿다호고드대여斬 호야曰後 에人臣 이되 는이로 호여곰丁公을倣치 말게호

노라

齊人婁敬이 戍隴西過洛陽홀시 脫輓輅輓牽也輅音路輅者一木橫遮車前二人輓之一人推之所謂輓輅 衣羊裘ᄒᆞ고 因虞將軍ᄒᆞ야 見上曰陛下ㅣ 都洛陽ᄒᆞ시니 豈欲與周室로 比隆哉잇가 上이 曰然ᄒᆞ다 婁敬이 曰洛邑은 天下之中이라 有德則易以王이오 無德則易以亡이어니와 夫秦地는 被山帶河ᄒᆞ야 四塞以爲固ᄒᆞ니 卒然有急이라도 百萬之衆을 可具ㅣ니 此亦扼天下之吭而附其背也니이다 扼音厄捉持也吭音抗咽喉也拊擊也言關中如天下之咽喉

齊人婁敬이隴西에戍할새洛陽을過하다가輓輅를脫하고羊裘를衣하고虞將軍을因ᄒᆞ야上에게見ᄒᆞ고曰陛下ㅣ洛陽에都ᄒᆞ시니읏지周室로더부러隆을比코저ᄒᆞ시ᄂᆞ잇가上이曰然ᄒᆞ다婁敬이曰洛邑은天下의中이라德이有ᄒᆞᆫ則써王ᄒᆞ기易ᄒᆞ고德이無ᄒᆞᆫ則써亡ᄒᆞ기易ᄒᆞ거니와무릇秦地ᄂᆞᆫ山을被ᄒᆞ고河를帶ᄒᆞ야四로塞ᄒᆞ야써固ᄒᆞ니卒然이急홈이有ᄒᆞ더라도百萬의衆을可히具홀지니또ᄒᆞᆫ天下의吭을扼ᄒᆞ고그背를附홈이니이다

帝問羣臣ᄒᆞᆫ되 羣臣이 皆山東人이라 爭言周ᄂᆞᆫ 王數百年ᄒᆞ고 秦은 二世即亡이어니와 洛陽은 東有成皐ᄒᆞ고 西有殽澠ᄒᆞ고 背河向洛ᄒᆞ니 其固를 足恃也니이다

帝ㅣ 羣臣에게 問ᄒᆞᆫ되 羣臣이 다 山東人이라 닷토어 言ᄒᆞ대 周ᄂᆞᆫ 數百年을 王ᄒᆞ고 秦은 二世에 곳亡ᄒᆞ엿거니와 洛陽은 東으로 成皐가 有ᄒᆞ고 西으로 殽澠이 有ᄒᆞ고 河를 背ᄒᆞ고 洛을 向ᄒᆞ엿ᄉᆞ니 그 固를 足히 恃ᄒᆞᆯ지니이다

上이 問張良ᄒᆞᆫ되 良이 曰洛陽이 雖有此固나 四面受敵ᄒᆞ니 非用武之國也오 關中은 左殽函이오 (殽與嶠通 一名欽岑山 在洛州 函谷在陝西 有洪溜澗水 山形如函 故稱函關 路在谷口 故名函谷) 右隴蜀이오 沃野千里라 (沃灌沃也 言其土壤廣遠 有灌漑之利) 阻三面而固守ᄒᆞ고 獨以一面으로 東制諸侯니 此ᄂᆞᆫ 所謂金城千里오 天府之國이니 (財物所聚曰府 天府天所造也 言物産饒多 可備贍給也) 婁敬說이 是也니이다 上이 即日에 車駕ㅣ 西都長安ᄒᆞ야 號婁敬爲奉春君ᄒᆞ고 賜姓劉氏ᄒᆞ다

(奉春君) 春歲之始也 以婁敬首諫關中 故號奉春君

上이張良에게問ᄒᆞᆫ대良이曰洛陽이비록이固ᄒᆞᆷ이有ᄒᆞ나四面으로敵을受ᄒᆞ니武를用ᄒᆞᆯ國이아니오關中은左가殽函이오右가隴蜀이오沃ᄒᆞᆫ野가千里라三面으로阻ᄒᆞ야굿게守ᄒᆞ고ᄒᆞᆯ로一面으로써東으로諸侯를制ᄒᆞ니이는이른바金城千里오天府의國이니婁敬의說이是ᄒᆞ니이다上이곳날에車駕ㅣ西로長安에都ᄒᆞ야婁敬을號ᄒᆞ야奉春君을솜고姓을劉氏라賜ᄒᆞ다

張良이**素多病**이러니**從上入關**ᄒᆞ야**即道**音導**引**ᄒᆞ고**不食穀**(導氣令其和引體令其柔服辟穀藥而不食靜居行氣以學道○熊經鴟顧引接要體動諸關節以求難老)**曰家世相韓**이라가 **及韓滅**에 **不愛萬金之資**ᄒᆞ고**爲韓報讎彊秦**ᄒᆞ니**天下**ㅣ**振動**이라**今以三寸舌**로**爲帝者師**ᄒᆞ야 **封萬戶侯**ᄒᆞ니**此**는**布衣之極**이라**於良**에**足矣**니 **願棄人間事**ᄒᆞ고 **欲從赤松子遊耳**라ᄒᆞ더라

張良이본ᄃᆡ病이多ᄒᆞ더니上을從ᄒᆞ야關에入ᄒᆞ야곳道引ᄒᆞ고穀을食치아니ᄒᆞ고曰家가世로韓에相ᄒᆞ다가밋韓이滅ᄒᆞᆷ에萬金의資를愛치아니ᄒᆞ고韓을爲ᄒᆞ야讎를彊秦에報ᄒᆞ니天下ㅣ振動ᄒᆞᄂᆞᆫ지라今에三寸舌로써帝者師가되여萬戶侯를封ᄒᆞ니此는布衣의極ᄒᆞᆷ이라良에게足ᄒᆞ니願컨ᄃᆡ人間事를棄ᄒᆞ고赤松子를從ᄒᆞ야

(赤松子)神農時爲雨師常止西王母石室隨風雨上下炎帝少女追之亦得仙俱去

(第)但也

(郊迎謁)出其郊遠迎謁也

(狡兎)等六句黃石公之三略

遊코져ᄒᆞᆫ다ᄒᆞ더라

(庚子)六年이라楚王信이初之國ᄒᆞ야行縣邑ᄒᆞᆯ서陳兵出入ᄒᆞ니人有告信反者어늘帝問陳平ᄒᆞᆫᄃᆡ平이曰古者에天子ㅣ巡狩ᄒᆞ야會諸侯ᄒᆞ니陛下ㅣ第出ᄒᆞ야僞遊雲夢ᄒᆞ야會諸侯於陳이면信이聞天子ㅣ出遊ᄒᆞ고其勢ㅣ必郊迎謁ᄒᆞ리니而陛下ㅣ因擒之ᄒᆞ시면此特一力士之事耳니이다

六年이라楚王信이처음으로國에之ᄒᆞ야縣邑을行할새兵을陳하고出入하니人이信이反ᄒᆞ다고告ᄒᆞᄂᆞᆫ者ㅣ잇거ᄂᆞᆯ帝ㅣ陳平에게問한대平이曰古者에天子ㅣ巡狩ᄒᆞ야諸侯를會ᄒᆞ엿스니陛下ㅣ곳出ᄒᆞ야그짓雲夢에游하야諸侯를陳에셔會하면信이天子出游ᄒᆞᆷ을聞ᄒᆞ고그勢ㅣ반ᄃᆞ시郊에셔迎하야謁하리니陛下ㅣ因하야擒ᄒᆞ시면이ᄂᆞᆫᄃᆞᆨ히한力士의事니이다

帝ㅣ以爲然ᄒᆞ야乃會諸侯於陳ᄒᆞ니信이謁上이어늘上이令武士로縛信載後車ᄒᆞᆫᄃᆡ信이曰果若人言이로다狡兎ㅣ死에走狗ㅣ烹ᄒᆞ고高

中言也

(械繫)械者加以杻械繫者加以係索也

鳥ㅣ盡에良弓이藏하고 敵國이破에謀臣이亡이라ᄒᆞ더니 天下ㅣ已定에我固當烹이로다 上이曰人告公反이라ᄒᆞ고遂械繫信以歸ᄒᆞ다

帝ㅣ써然ᄒᆞ다ᄒᆞ야이에諸侯를陳에會ᄒᆞ니信이上게謁ᄒᆞ거늘上이武士로하여곰信을縛ᄒᆞ야後車에載ᄒᆞᆫ대信이曰果然人의言과갓도다狡兎ㅣ死ᄒᆞᆷ에走狗ㅣ烹ᄒᆞ고高鳥ㅣ盡ᄒᆞᆷ에良弓이藏ᄒᆞ고敵國이破ᄒᆞᆷ에謀臣이亾ᄒᆞᆫ다ᄒᆞ더니天下ㅣ임의定ᄒᆞᆷ에我ㅣ진실로烹ᄒᆞᆷ을당ᄒᆞ도다上이曰人이公이反ᄒᆞᆫ다告ᄒᆞ드라ᄒᆞ고드대여信을械繫ᄒᆞ야써歸ᄒᆞ다

田肯이賀上曰陛下ㅣ得韓信ᄒᆞ시고 又治秦中ᄒᆞ시니 謂定都關中也時山東人呼關中爲秦中 秦은 形勝之國이라 帶山河之險ᄒᆞ니 持戟百萬에 秦得百二焉이라 秦地 被山帶河得形勢之勝便地形險固故能勝人秦之二万人足當諸侯百萬人 地勢ㅣ便利ᄒᆞ야 以其下兵於諸侯ㅣ 譬猶居高屋之上ᄒᆞ야 建瓴水也 建音蹇覆也瓴盛水瓶也居高屋之上而翻瓴水譬其向下之勢易也 夫齊는 東有瑯琊卽墨之饒ᄒᆞ고 南有太山之固ᄒᆞ고 西有濁河之限ᄒᆞ고 濁河卽黃河齊西有平原郡河水東北過平原孟津而踰河卽爲趙故曰限 北有勃海之利ᄒᆞ니 勃通作渤旁跌也旁跌出者橫在濟北故因名勃海郡有魚鹽之利 持戟百萬에

齊ㅣ 得十二焉이라 二十萬人當百萬 故로 此ㅣ 東西秦也니 非親子弟면 莫可使王齊矣니이다 帝曰善타

田肯이上게賀ᄒᆞ야日陛下ㅣ韓信을得ᄒᆞ시고또秦中을治ᄒᆞ시니秦은形勝의國이라山河의險을帶ᄒᆞ니戟을持ᄒᆞ니가百萬에秦이百에二를得ᄒᆞᆫ지라地勢가便利ᄒᆞ야써그兵을諸侯에下ᄒᆞᆷ이譬컨ᄃᆡ高屋의上에居ᄒᆞ야瓴水를建ᄒᆞᆷ과갓고무릇齊ᄂᆞᆫ東으로瑯琊와即墨의饒가有ᄒᆞ고南으로太山의固가有ᄒᆞ고西으로濁河의限이有ᄒᆞ고北으로渤海의利가有ᄒᆞ니戟을持ᄒᆞ니가百萬에齊가十에二를得ᄒᆞᆫ지라故로此ㅣ東西秦이니親子弟가아니면可히 ᄒᆞ야금齊에 王치못ᄒᆞᆯ지니 이다帝ㅣ 曰善다

上이 還至洛陽ᄒᆞ야 赦韓信ᄒᆞ야 封爲淮陰侯ᄒᆞ니 信이 知漢王이 畏惡其能ᄒᆞ고 多稱病不朝ᄒᆞ고 羞與絳灌等으로 列ᄒᆞ더라

上이洛陽에還至ᄒᆞ야韓信을赦ᄒᆞ야封ᄒᆞ야淮陰侯를ᄉᆞᆷ으니信이漢王이그能ᄒᆞᆷ을畏ᄒᆞ고惡ᄒᆞᆷ을知ᄒᆞ고마니病을稱ᄒᆞ고朝치아니ᄒᆞ고絳灌의等으로더브러列ᄒᆞᆷ을羞ᄒᆞ더라

上이嘗從容與信오로言諸將에能將兵多少러니上이問曰如我는能將幾何오信이曰陛下는不過能將十萬이니이다上이曰於君엔何如오曰臣은多多益善耳니이다上이笑曰多多益善이면何爲爲我擒고信이曰陛下는不能將兵而將將ᄒᆞ시니此ㅣ信所以爲陛下擒也오且陛下는所謂天授오非人力也니이다

上이일즉從容이信으로더브러諸將에能히兵을多少나將ᄒᆞᆯ것을言ᄒᆞ더니上이問ᄒᆞ야曰我갓하서는能히얼마나將ᄒᆞᆯ고信이曰陛下는能히十萬을將ᄒᆞᆷ에지나지못ᄒᆞ니이다上이曰君에는웃더ᄒᆞᆫ고曰臣은만코만어도더욱좃소이다上이笑ᄒᆞ야曰만코만아도더욱조ᄒᆞ면웃지ᄒᆞ야我의게擒ᄒᆞᆷ이되엿ᄂᆞ뇨信이曰陛下는能히兵을將치못ᄒᆞ시나將을거나리시기ᄅᆞᆯ잘ᄒᆞ시니이ㅣ信이써陛下의게擒ᄒᆞᆫ비됨이오또陛下는일운바天이授ᄒᆞ심이오人力은아니니이다

始剖符ᄒᆞ야(與其符剖面分之授其半將以合也)封諸功臣ᄒᆞ야爲徹侯ᄒᆞ실시蕭何ㅣ封酇侯ᄒᆞ야(酇音贊屬)(荊州)所食邑이獨多어ᄒᆞᆯ功臣이皆曰臣等은身被堅執銳ᄒᆞ야多者는

(汗馬之勢)馳逐行陣 馬亦汗流

百餘戰이오 少者는 數十合이어늘 蕭何는 未嘗有汗馬之勞ᄒᆞ고 徒持文墨議論이라가 反居臣等上은 何也잇고 帝ㅣ 曰諸君은 知獵乎아 追殺獸兎者는 狗也而發縱指示獸處者는 人也라 縱史記作蹤發縱謂發其蹤指而示之也 今諸君은 徒能得走獸耳니 功이 狗也오 至於蕭何ᄒᆞ야는 發縱指示ᄒᆞ니 功이 人也라ᄒᆞᆫ디 群臣이 皆莫敢言이러라

비로소符를剖ᄒᆞ야모든功臣을封ᄒᆞ야徹侯를삼을시蕭何ㅣ酇侯를封ᄒᆞ야食ᄒᆞ는바邑이홀로多ᄒᆞ거늘功臣이다갈오ᄃᆡ臣等은몸소堅을被ᄒᆞ고銳를執ᄒᆞ야多ᄒᆞᆫ者는百餘戰이오少ᄒᆞᆫ者는數十合이어늘蕭何는일즉이馬를汗ᄒᆞᆫ勞도잇지안코ᄒᆞᆫ갓文墨議論을持ᄒᆞ다가도로혀臣等의上에居ᄒᆞᆷ은엇지ᄒᆞᆷ이니잇고帝ㅣ曰諸君은獵을知ᄒᆞ는가쫏쳐獸와兎를殺ᄒᆞ는者는狗ㅣ요縱을發ᄒᆞ야獸處를指ᄒᆞ야示ᄒᆞ는者는人이라今에諸君은ᄒᆞᆫ갓能히走ᄒᆞ는獸를得ᄒᆞᆷ이니功이狗오蕭何에至ᄒᆞ야는縱을發ᄒᆞ야指示ᄒᆞ엿으니功이人이라ᄒᆞᆫ대群臣이다敢히言치못ᄒᆞ더라

張良이 爲謀臣ᄒᆞ야 亦無戰鬪功이러니 帝ㅣ 使自擇齊三萬戶어늘 良이

(會留)留地名 (幸而時中)中去聲時中謂有時而中蓋謙辭也

曰臣이始起下邳ᄒᆞ야與上會留ᄒᆞ니此는天이以臣으로授陛下ㅣ라陛下ㅣ用臣計ᄒᆞ샤幸而時中ᄒᆞ시니臣은願封留ㅣ足矣오不敢當三萬戶ㅣ로소이다乃封張良ᄒᆞ야爲留侯ᄒᆞ다

張良이謀臣이되여ᄯᅩᄒᆞᆫ戰鬪功이無ᄒᆞ더니帝ㅣ하야곰스ᄉᆞ로齊三萬戶를擇케ᄒᆞ거늘良이曰臣이비로소下邳에起ᄒᆞ야上으로더브러留에셔會ᄒᆞ엿스니이는天이臣으로써陛下께授ᄒᆞ심이라陛下ㅣ臣의計를用ᄒᆞ샤幸히時에中ᄒᆞ시니臣은願컨ᄃᆡ留에封ᄒᆞᆷ이足ᄒᆞ고敢히三萬戶를當ᄒᆞᆯ슈업도소이다이에張良을封ᄒᆞ야留侯를숨다

封陳平ᄒᆞ야爲戶牖侯ᄒᆞ니(戶牖鄕名在陳留陽武縣)平이辭曰此는非臣之功也ㅣ니이다上이曰吾用先生謀計ᄒᆞ야戰勝克敵ᄒᆞ니非功而何오平이曰非魏無知면臣이安得進이리잇고上이曰若子는可謂不背本矣라ᄒᆞ고乃復賞魏無知ᄒᆞ다

陳平을封ᄒᆞ야戶牖侯를숨으니平이辭ᄒᆞ야曰이는臣의功이아니니이다上이曰吾

(從兄)兄弟之子相謂從父昆弟本同祖從父而別也(外婦之子)外婦謂與傍通者漢書高帝八子孫夫人生齊悼惠王肥(爲齊王)齊形勝次於秦中故以封子肥也(偶語)對語也

ㅣ先生의謀計를用ᄒᆞ야戰을勝ᄒᆞ고敵을克ᄒᆞ엿ᄉᆞ니功이아니고何인고平이曰魏無知가아니면臣이엇지進홈을得ᄒᆞ엿ᄉᆞ리잇고上이曰子ᄀᆞᆺᄒᆞ니는可히本을背치안는다謂ᄒᆞ겟도다ᄒᆞ고이에다시魏無知를賞ᄒᆞ다

帝以天下ㅣ初定으로子幼昆弟ㅣ少ᄒᆞ고懲秦孤立而亾이라ᄒᆞ야欲大封同姓ᄒᆞ야以鎭撫天下ᄒᆞ시니春에立從兄賈ᄒᆞ야爲荊王ᄒᆞ고弟交로爲楚王ᄒᆞ고兄喜로爲代王ᄒᆞ고微時外婦之子肥로爲齊王ᄒᆞ다

帝ㅣ天下ㅣ쳐음의定홈으로써子幼昆弟가少ᄒᆞ고秦이孤히立ᄒᆞ다가亾홈을懲ᄒᆞᆫ다ᄒᆞ야크게同姓을封ᄒᆞ야써天下를鎭撫코저ᄒᆞᆯ식春에從兄賈를立ᄒᆞ야荊王을삼고弟交로楚王을삼고兄喜로代王을삼고微ᄒᆞ엿든ᄯᅢ外婦의子肥로齊王을삼다

上이已封大功臣二十餘人ᄒᆞ고其餘는日夜爭功不決이러니上이在洛陽南宮ᄒᆞ야望見諸將이往往相與坐沙中偶語ᄒᆞ고上이曰此는何語오留侯ㅣ曰陛下ㅣ起布衣ᄒᆞ샤以此屬으로取天下ᄒᆞ시어늘今爲天子而所封은皆故人이오所誅는皆仇怨故로相聚謀反耳

(有故怨) 帝初起令雍齒守豐雍齒不欲屬帝即以豐降魏帝屢攻之後克也

니이다

上이임의大功臣二十餘人을封ᄒᆞ고그餘는日과夜로功을爭ᄒᆞ야决치못ᄒᆞ더니上이洛陽南宮에在ᄒᆞ야諸將이잇다감잇다감셔로더브러沙中에坐ᄒᆞ야偶語ᄒᆞᆷ을望見ᄒᆞ고上이日此는무슨말인고留侯ㅣ日陛下ㅣ布衣로起ᄒᆞ샤此屬으로써天下를取ᄒᆞ셧거늘이제天子가되야封ᄒᆞᆫ바는다故人이오誅ᄒᆞᆫ바는다仇怨인故로셔로聚ᄒᆞ야反을謀ᄒᆞᆷ이니이다

上이憂之曰爲之奈何오 留侯ㅣ曰上의平生所憎은 群臣의所共知라 誰最甚者잇고 上이曰雍齒ㅣ與我로有故怨ᄒᆞ야 數窘辱我ᄒᆞ니 欲殺之로ᄃᆡ爲其功多故로不忍이로라

上이憂ᄒᆞ야曰엇지ᄒᆞᆯ고留侯ㅣ曰上의平生에憎ᄒᆞ시는바는羣臣의한가지로知ᄒᆞ는바ㅣ라누가가장甚ᄒᆞᆫ者ㅣ니잇고上이曰雍齒ㅣ我로더브러故怨이有ᄒᆞ야자조군ᄉᆡᆨ히我를辱ᄒᆞ엿스니殺코져ᄒᆞ되그功이多ᄒᆞᆷ을爲ᄒᆞᆫ故로참아못ᄒᆞ엿노라

留侯ㅣ曰今에 急先封雍齒則群臣人人이 自堅矣리이다 於是에
上이乃置酒ᄒᆞ고封雍齒爲什方侯(什方一作計邡 廣漢郡屬縣名) 而急趣丞相御史ᄒᆞ야

定功行封ᄒᆞ니群臣이罷酒에 皆喜曰雍齒도尙爲侯ᄒᆞ니 我屬은 無患矣라ᄒᆞ더라

留侯ㅣ曰今에急히먼저雍齒를封ᄒᆞ신則群臣이人人이스ᄉᆞ로堅ᄒᆞ리이다이에上이이에酒를置ᄒᆞ고雍齒를封ᄒᆞ야什方侯를삼고急히丞相御史를趣ᄒᆞ야功을定ᄒᆞ고封을行ᄒᆞ니羣臣이酒를罷ᄒᆞᆷ에다喜ᄒᆞ야曰雍齒도오히려侯가되엿스니我屬은患이無ᄒᆞ다ᄒᆞ더라

列侯ㅣ畢已受封에詔定元功十八人位次ᄒᆞᆫ되 皆曰平陽侯曹參이身被七十創ᄒᆞ고攻城畧地에功最多ᄒᆞ니宜第一이니이다 鄂千秋ㅣ進曰群臣議ㅣ皆誤로소이다 夫曹參이雖有野戰畧地之功이나 此特一時之事어니와 上이與楚相距五歲에 失軍亾衆ᄒᆞ야 跳身遁者ㅣ數矣어늘(跳音調輕身走去也)蕭何ㅣ常從關中ᄒᆞ야 遣軍補其處ᄒᆞ고 又軍無見糧이어늘 蕭何ㅣ轉漕關中ᄒᆞ야給食不乏ᄒᆞ고 陛下ㅣ雖數亾山東이나 何ㅣ常全關中ᄒᆞ야以待陛下ᄒᆞ니 此는 萬世之功也라 今雖亡參等百

(帶劍履)古有君子必帶劍衛身且昭武備也秦法群臣上殿不得持尺寸之兵草

數나何缺於漢이완ᄃᆡ 奈何로 欲以一旦之功而加於萬世之功哉리잇고 蕭何ㅣ第一이오 曹參이次之니이다

列侯ㅣ다임의封을受홈에詔ᄒᆞ야元功十八人位次를定케ᄒᆞᆫᄃᆡ다ᄀᆞᆯ오ᄃᆡ平陽侯曹參이身으로七十創을被ᄒᆞ고城을攻ᄒᆞ고地를略홈에功이가장多ᄒᆞ니맛당이第一이니이다鄂千秋ㅣ進ᄒᆞ야日羣臣의議가다誤ᄒᆞ도소이다무릇曹參이비록野戰略地의功이有ᄒᆞ나이는特히一時의事어니와上이楚로더브러서로距ᄒᆞᆫ지五歲에軍을失ᄒᆞ고衆을亡ᄒᆞ야身을跳ᄒᆞ야遁ᄒᆞᆫ者ㅣ數이어ᄂᆞᆯ蕭何ㅣ일ᄌᆞᆨ이關中으로조차軍을遣ᄒᆞ야그處를補ᄒᆞ고ᄯᅩ軍이糧을見치못ᄒᆞ거ᄂᆞᆯ蕭何ㅣ關中에轉漕ᄒᆞ야給食을乏之치안코陛下ㅣ비록자ᄌᆞ山東을亡ᄒᆞ셧ᄉᆞ나何ㅣ일ᄌᆞᆨ이關中을全ᄒᆞ야써陛下를待ᄒᆞ엿ᄉᆞ니이ᄂᆞᆫ萬世의功이라이제비록參等은百數가업드라도무엇이漢에缺ᄒᆞᆫ관ᄃᆡ웃지ᄒᆞ야一旦의功으로써萬世의功을加코져ᄒᆞ시ᄂᆞ잇고蕭何ㅣ第一이오曹參이次이니이다

上이日善타於是에乃賜蕭何帶劍履上殿ᄒᆞ야入朝不趨ᄒᆞ고上이日吾ㅣ聞進賢에受上賞이라ᄒᆞ니蕭何ㅣ功雖高나得鄂君ᄒᆞ야乃益明이라ᄒᆞ고於是에封鄂千秋ᄒᆞ야爲安平侯ᄒᆞ다

曰屝麻曰屨皮曰履所以從軍容不入國政皆不許上殿又趨君前必崇敬故也今賜劒履上殿入朝不趨皆殊禮也

上이曰善다이에蕭何의게帶劒과履을賜ᄒᆞ야殿에上ᄒᆞ고朝에入홈에趨치안케ᄒᆞ고上이曰吾ㅣ드르니賢을進홈에上賞을受ᄒᆞᆫ다ᄒᆞ니蕭何功이비록高ᄒᆞ나鄂君을得ᄒᆞ야이에더옥明ᄒᆞ엿다ᄒᆞ고이에鄂千秋를封ᄒᆞ야安平侯를숨다

初에凶奴ㅣ畏秦ᄒᆞ야北徙十餘年이러니及秦滅에匈奴ㅣ稍南復渡러라單于(音蟬)頭曼(音蠻單于之名)이有太子ᄒᆞ니曰冒頓(音墨特)이라自立爲單于ᄒᆞ야遂滅東胡ᄒᆞ고走月氏ᄒᆞ고(音支月支西域國名大小兩種)侵燕代러니是時에漢楚ㅣ相距ᄒᆞ야中國이罷(音皮)於兵革이라以故로冒頓이得自強ᄒᆞ야控弦之士ㅣ三十餘萬이라(控引也謂能滿引弓弩者)圍韓王信於馬邑ᄒᆞᆫ대信이以馬邑으로降ᄒᆞ니匈奴冒頓이引兵南ᄒᆞ야踰句注攻太原ᄒᆞ야至晉陽ᄒᆞ다

初에匈奴ㅣ秦을畏ᄒᆞ야北으로徙ᄒᆞᆫ지十餘年을ᄒᆞ엿더니밋秦이滅홈에匈奴ㅣ다시졈〃南으로渡ᄒᆞ더라單于頭曼이太子가有ᄒᆞ니曰冒頓이라스스로立ᄒᆞ야單于가되여드듸여東胡를滅ᄒᆞ고月氏를走ᄒᆞ고燕代를侵ᄒᆞ더니이ᄯᅢ에漢과楚ㅣ서로距ᄒᆞ야中國이兵革에罷ᄒᆞᆫ지라이런故로冒頓이시러곰스스로強ᄒᆞ야弦을控ᄒᆞ는士ㅣ三十餘萬이라韓王信을馬邑에圍ᄒᆞᆫ듸信이馬邑으로써降ᄒᆞ니匈奴冒頓이

을引ᄒᆞ고南으로ᄒᆞ야句注를넘어太原을攻ᄒᆞ야晉陽에至ᄒᆞ다

帝ㅣ悉去秦苛儀法ᄒᆞ야爲簡易ᄒᆞ니羣臣이飮酒爭功ᄒᆞ야醉或妄呼ᄒᆞ고拔劒擊柱어ᄂᆞᆯ帝ㅣ益厭之러니叔孫通이說上曰儒者ᄂᆞᆫ難與進取오可與守成이니臣은願徵魯諸生ᄒᆞ야與臣子弟로共起朝儀ᄒᆞ리이다

帝ㅣ다秦의苛儀法을去ᄒᆞ야簡易ᄒᆞ게ᄒᆞ니羣臣이酒을飮ᄒᆞ고功을爭ᄒᆞ야醉ᄒᆞ면혹妄히呼ᄒᆞ야劍을拔ᄒᆞ야柱를擊ᄒᆞ거ᄂᆞᆯ帝ㅣ더욱厭ᄒᆞ더니叔孫通이上를說ᄒᆞ야曰儒라ᄒᆞᄂᆞᆫ者ᄂᆞᆫ더부러進取키難ᄒᆞ고可히더브러成을守ᄒᆞᆯ지니臣은願컨ᄃᆡ魯諸生을徵ᄒᆞ야臣의子弟로더브러ᄒᆞᆫ가지朝儀를起호리이다

帝ㅣ曰得無難乎아通이曰五帝ᄂᆞᆫ異樂ᄒᆞ고三王은不同禮ᄒᆞ니一者ᄂᆞᆫ因時世人情ᄒᆞ야爲之節文者也ㅣ라臣은願採古禮與秦儀ᄒᆞ야雜就之호리이다上이曰可ᄒᆞ다試爲之ᄒᆞ대令易知ᄒᆞ야度吾所能行爲之ᄒᆞ라

帝ㅣ曰시러곰難ᄒᆞᆷ이無ᄒᆞ랴通이曰五帝ᄂᆞᆫ樂을異ᄒᆞ고三王은禮를同히아니ᄒᆞ니二者ᄂᆞᆫ時世와人情을因ᄒᆞ야節文을ᄒᆞᄂᆞᆫ者라臣은願컨ᄃᆡ古禮와다못秦儀를採ᄒᆞ야雜ᄒᆞ야就호리이다上이曰可ᄒᆞ다시험ᄒᆞ야ᄒᆞ되ᄒᆞ여곰知키易케ᄒᆞ야吾ㅣ能히行ᄒᆞᆯ바를度ᄒᆞ야爲ᄒᆞ라

(可與也)言行德教百年然後可起禮樂

(左右)謂近臣

(爲學者)諸素有學術者

(冬十月)時尚以十月爲歲首

魯有兩生이不肯行曰今에天下ㅣ初定에死者ㅣ未葬ᄒᆞ고傷者ㅣ未起어늘又欲起禮樂ᄒᆞ니禮樂所由起는積德百年而後에可興也ㅣ라吾ㅣ不忍爲公所爲니公은往矣어다

魯에兩生이잇셔行키를肯치아니ᄒᆞ여曰今에天下ㅣ처음으로定ᄒᆞᆷ에死ᄒᆞᆫ者ㅣ葬치못ᄒᆞ고傷ᄒᆞᆫ者ㅣ起치못ᄒᆞ거늘또禮樂을起코져ᄒᆞ니禮樂의由ᄒᆞ야起ᄒᆞ는바는德을積ᄒᆞᆫ지百年인後에可히興ᄒᆞᆷ이라吾ㅣ참아公의爲ᄒᆞ는바를ᄒᆞ지못ᄒᆞ겟스니公은往ᄒᆞᆯ지어다

叔孫通이笑曰鄙儒ㅣ不知時變이라ᄒᆞ고遂與所徵三十人으로西ᄒᆞ야及上左右爲學者와與其弟子百餘人으로爲綿蕞ᄒᆞ야野外習之ᄒᆞ다

蕞音絕蕝同綿蕞表位標準也蓋立竹及茅索營之習禮於其中也 一說綿謂置設綿索爲習隸處蕞謂以茅剪植地爲蕞位尊卑之次

叔孫通이笑ᄒᆞ야曰鄙儒ㅣ時變을知치못ᄒᆞᆫ다ᄒᆞ고드대여徵ᄒᆞᆫ바三十人으로더브러西로ᄒᆞ여밋上의左右에셔學ᄒᆞ는者와다못그弟子百餘人으로綿蕞을ᄒᆞ야野外에셔習ᄒᆞ다

(辛丑)七年이라冬十月에長樂宮이成ᄒᆞ다諸侯羣臣이皆朝賀ᄒᆞᆯ서諸

故行朝賀之禮(上壽)壽者人之所欲故卑下奉觴進酒

侯王以下至吏六百石히莫不震恐肅敬ᄒ고禮畢에復置法酒ᄒ니(法酒猶言禮酌法者進止有禮也古人飮酒不過三爵君臣百拜終日宴不爲亂也)諸侍坐殿上이皆伏抑首ᄒ야以尊卑次로起上壽ᄒ고無敢讙譁失禮者러라於是에帝ㅣ曰吾ㅣ乃今日에知爲皇帝之貴也라ᄒ고乃拜叔孫通ᄒ야爲太常ᄒ다(百官志太常卿掌禮儀祭祀每祭祀先奏其禮儀及行事常贊天子)

七年이라冬十月에長樂宮이成ᄒ다諸侯羣臣이다朝賀홀시諸侯王써아릭吏六百石에至ᄒ기震恐肅敬치아니리업고禮를畢홈에다시法酒를置ᄒ니諸侍殿上에坐홈이가다伏ᄒ야首를抑ᄒ야尊卑의次로써起ᄒ야壽를上ᄒ고敢히讙譁ᄒ고失禮ᄒᄂᆞᆫ者ㅣ無ᄒ더라이에帝ㅣ曰吾ㅣ이예今日에皇帝의貴홈을知ᄒ엿다ᄒ고이에叔孫通을拜ᄒ야太常을삼다

初에秦有天下에悉內(音納)六國禮儀ᄒ야採其尊君抑臣者存之러니及通制禮ᄒ야大抵皆襲秦故러라(襲因也言因襲秦時故事)

初에秦이天下를둠에다六國禮儀를納ᄒ야그君을尊ᄒ고臣을抑ᄒᄂᆞᆫ者를採ᄒ야存ᄒ더니通이禮를制홈에及ᄒ야大抵다秦의故를襲ᄒ더라

韓王信上年以馬邑降匈奴也

上이 自將擊韓王信ᄒᆞ야 居晋陽이러니 聞冒頓이 居代谷ᄒᆞ고 欲擊之ᄒᆞ야 使人覘匈奴ᄒᆞᆫ대 (覘音尖窺也) 冒頓이 匿其壯士肥牛馬ᄒᆞ고 但見老弱及羸畜이어늘 (見音現露也 羸音离瘦也) 使者十輩ㅣ 來ᄒᆞ야 皆言匈奴를 可擊이라ᄒᆞᆫ대 上이 復使劉敬으로 往ᄒᆞ니 敬이 還曰兩國이 相擊에 此ㅣ 宜夸矜見所長이어늘 今臣이 往에 徒見羸瘠老弱ᄒᆞ니 此는 必欲見短ᄒᆞ고 伏奇兵以爭利니 愚는 以爲匈奴를 不可擊이라ᄒᆞ노이다

上이스ᄉᆞ로將ᄒᆞ야韓王信을擊ᄒᆞ야晋陽에居ᄒᆞ더니冒頓이代谷에居ᄒᆞᆷ을聞ᄒᆞ고擊코져ᄒᆞ야人으로하여곰匈奴를覘ᄒᆞᆫ대冒頓이그壯士와肥牛馬를匿ᄒᆞ고다만老弱과밋羸畜을見ᄒᆞ거늘使者十輩ㅣ來ᄒᆞ야다言호대匈奴를可히擊ᄒᆞᆯ것이니이다上이다시劉敬으로하여곰往케ᄒᆞ니敬이還ᄒᆞ야曰兩國이서로擊ᄒᆞᆷ에이맛당이夸矜ᄒᆞ야長ᄒᆞᆫ바를見ᄒᆞ겟거늘이제臣이往ᄒᆞᆷ에한갓羸瘠과老弱만見ᄒᆞ엿스니이는반다시短ᄒᆞᆷ을見ᄒᆞ고奇兵을伏ᄒᆞ야써利를爭코져ᄒᆞᆷ이니愚는써ᄒᆞ되匈奴를可히擊치못ᄒᆞᆫ다ᄒᆞ노이다

上이 怒罵敬曰齊虜ㅣ 以口舌로 得官ᄒᆞ야 (敬本齊人 故云齊虜) 今乃妄言沮吾

軍이라ᄒᆞ고 械繫敬廣武ᄒᆞ다 (代州縣名)

上이 怒하야 敬을 罵하야 曰 齊虜ㅣ 口舌로써 官을 得ᄒᆞ야 今에 이에 妄히 言ᄒᆞ야 吾軍을 沮ᄒᆞᆫ다ᄒᆞ고 이에 敬을 廣武에 械繫ᄒᆞ다

帝ㅣ 先至平城ᄒᆞ야 兵未盡到에 冒頓이 縱精兵四十萬騎ᄒᆞ야 圍帝於白登七日이러니 (平城東北有白登山及白登臺) 帝ㅣ 用陳平秘計ᄒᆞ야 厚遺閼氏ᄒᆞᆫ대 (音淵支匈奴皇后號平使畫工圖美女間遣人遺閼氏云漢有美人如此今皇帝困阨欲獻之閼氏畏奪己寵謂冒頓曰漢天子亦有神靈雖得其地不能有之於是匈奴開其一面得突出) 乃解圍어늘 上이 至廣武ᄒᆞ야 赦劉敬ᄒᆞ고 斬前使十輩ᄒᆞ고 封敬爲關內侯ᄒᆞ야 號爲建信侯라ᄒᆞ다

(關內侯) 秦制有侯號而居京畿無國邑至漢有食邑

帝ㅣ 먼저 平城에 至ᄒᆞ야 兵이 다 到치 못ᄒᆞᆷ에 冒頓이 精兵四十萬騎를 縱ᄒᆞ야 帝를 白登에서 七日을 圍ᄒᆞ엿더니 帝ㅣ 陳平의 秘計를 用ᄒᆞ야 厚히 閼氏에게 遺ᄒᆞᆫ대 이에 圍를 解ᄒᆞ거늘 上이 廣武에 至ᄒᆞ야 劉敬을 赦ᄒᆞ고 前使十輩를 斬ᄒᆞ고 敬을 封ᄒᆞ야 關內侯를 삼어 號를 建信侯라 ᄒᆞ다

帝ㅣ 南過曲逆曰 壯哉라 縣이여 吾行天下에 獨見洛陽與是耳라ᄒᆞ고 乃更封陳平ᄒᆞ야 爲曲逆侯ᄒᆞ다 (中山國縣名因濡水至城北曲而西流故名章帝醜其名改曰蒲陰)

帝ㅣ南으로曲逆을過ᄒᆞ다가曰壯ᄒᆞ다縣이여吾ㅣ天下에行ᄒᆞᆷ에홀로洛陽과다못
이것을見ᄒᆞ엿다ᄒᆞ고이에陳平을封ᄒᆞ야曲逆侯를ᄉᆞᆷ다

平이常從征伐ᄒᆞ야凡六出奇計라 (請捐金行反間一也以惡草具進楚使二也夜出女子二千人解滎陽圍三也躡足請封齊王信四也請僞遊雲夢縛信五也今解白登之圍六也) **輒益封邑이러라**

平이일즉征伐을從ᄒᆞ야무릇여ᄉᆞᆺ번奇計를出ᄒᆞᆫ지라믄득封ᄒᆞᆫ邑을더ᄒᆞ엿더라

上이至長安ᄒᆞ니蕭何ㅣ治未央宮이어늘 (取詩夜未央勤政之意也) **上이見其壯麗ᄒᆞ고甚怒ᄒᆞ야謂何曰天下ㅣ匈匈ᄒᆞ야** (擾也) **勞苦數歲에成敗를未可知어늘是何治宮室過度也오何ㅣ曰天下ㅣ方未定故로可因以就宮室이니이다且夫天子는以四海爲家ᄒᆞ니非壯麗면亾以重威오且亾令後世로有以加也ᄒᆞ노이다上이悅ᄒᆞ다**

上이長安에至ᄒᆞ니蕭何ㅣ未央宮을治ᄒᆞ거늘上이그壯麗ᄒᆞᆷ을見ᄒᆞ고甚히怒ᄒᆞ야
何다려謂ᄒᆞ여曰天下ㅣ匈々ᄒᆞ야勞苦ᄒᆞᆫ지數歲에成敗를可히知치못ᄒᆞ게거늘이
웃지ᄒᆞ야宮室에過度히治ᄒᆞ는고何ㅣ曰天下ㅣ바야흐로定치못ᄒᆞᆫ고로可히因ᄒᆞ
야써宮室을就ᄒᆞᆷ이니이다또ᄒᆞᆫ무릇天子는四海로써家를ᄒᆞ니壯麗가아니면써威

를重히홀슈업고또後世로하여곰써加홈이有치못ᄒᆞ게홈이니이다上이悅ᄒᆞ다

(妻群母)匈奴傳其俗父死妻其母兄弟死又娶其妻 (適)讀曰嫡 閼氏凶奴皇后名也

(壬辰)八年이라匈奴冒頓이數苦北邊ᄒᆞ니上이患之어늘劉敬이曰天下ㅣ初定에士卒이罷於兵ᄒᆞ니未可以武服也오冒頓이殺父代立ᄒᆞ야妻群母ᄒᆞ고(殺讀曰弑冒頓以鳴鏑射其父頭曼殺之遂妻其諸母)以力爲威ᄒᆞ니未可以仁義說也라誠能以適長公主로妻之면彼必慕以爲閼氏ᄒᆞ리니生子면必爲太子라冒頓이在에固爲子婿오死則外孫이爲單于니豈嘗聞外孫이敢與大夫로抗禮哉잇고리

八年이라凶奴冒頓이자조北邊을苦케ᄒᆞ니上이患ᄒᆞ거늘劉敬이曰天下ㅣ처음으로定홈에士卒이兵에罷ᄒᆞ니可히武로써服홀슈업고冒頓이父를殺ᄒᆞ고代ᄒᆞ야立ᄒᆞ야群母를妻ᄒᆞ고力으로써威를ᄒᆞ니可히仁義로써說홀슈업ᄂᆞᆫ지라진실로能히適長公主로써妻ᄒᆞ면제가반다시慕ᄒᆞ야써閼氏를숨으리니子를生ᄒᆞ면반다시太子ㅣ될지라冒頓이잇서서ᄂᆞᆫ진실로子婿가될것이오死ᄒᆞ죽外孫이單于가될것이니엇지일직이外孫이敢히大夫로더브러禮를抗홈을聞ᄒᆞ엿스리잇고

(癸卯)九年이라上이取家人子ᄒᆞ야(庶人家之女子)名爲長公主ᄒᆞ야以妻單于

(戚姬)戚姓姬官名位次在婕好下 (趙王如意)趙王敖廢爲宣平侯徙代王如意爲趙王 (期期)期必也朱子曰期極也極知其不可口吃故重言一字也

ᄒᆞ고使劉敬으로結和親約ᄒᆞ다

九年이라上이家人의子를取ᄒᆞ야名을長公主라ᄒᆞ야써單于에게妻ᄒᆞ고劉敬으로하여곰和親約을結케ᄒᆞ다

是歲에更以丞相何로爲相國ᄒᆞ다

이ᄒᆡ에다시丞相何로써相國을삼다

(甲辰)十年이라戚姬ㅣ有寵於上ᄒᆞ야生趙王如意러니上이以太子ㅣ仁弱이라ᄒᆞ야欲廢之而立趙王ᄒᆞ니大臣이爭之호ᄃᆡ皆莫能得이러니御史大夫周昌이廷爭之彊이어늘上이問其說호ᄃᆡ昌의爲人이吃이라(音訖言之難也)又盛怒曰臣이口不能言이나然이나臣이期期知其不可ᄒᆞ노니(期期者以其口吃故疊語)陛下ㅣ欲廢太子ㅣ면臣은期期不奉詔ᄒᆞ리이다上이欣然而笑ᄒᆞ다

十年이라戚姬ㅣ上에게寵홈이有ᄒᆞ야趙王如意를生ᄒᆞ엿더니上이太子로써仁弱ᄒᆞ다ᄒᆞ야廢ᄒᆞ고趙王을立코져ᄒᆞ니大臣이爭호ᄃᆡ다能히得지못ᄒᆞ더니御史大夫周昌이廷에셔爭ᄒᆞ기를彊히ᄒᆞ거늘上이그說을問혼ᄃᆡ昌의人됨이吃혼지라ᄯᅩ盛히怒ᄒᆞ야曰臣이口로能히言치못ᄒᆞ나그러나臣이긔약고긔약고그可치아니홈을知ᄒᆞ노니陛下ㅣ太子를廢코져ᄒᆞ실진ᄃᆡ臣은긔약고긔약고詔를奉치아니호리이

(辟)除也

(劫畧)不以道取曰略

다上이欣然이笑ᄒᆞ더라

初에上이以陽夏侯陳豨로(音喜)爲相國ᄒᆞ야監趙代邊兵이러니豨ㅣ過辭淮陰侯ᄒᆞᆫᄃᆡ淮陰侯ㅣ挈其手ᄒᆞ고辟左右嘆曰公所居는天下精兵處也오而公은陛下之信幸臣也라人言公叛이면陛下必不信이라가二至면必怒而自將ᄒᆞ리니吾ㅣ爲公從中起면天下를可圖ᄒᆞᆯ가ᄒᆞ노라

初에上이陽夏侯陳豨로써相國을ᄉᆞᆷ어趙代邊兵을監케ᄒᆞ엿더니豨ㅣ過ᄒᆞ야淮陰侯에게辭ᄒᆞᆫᄃᆡ淮陰侯ㅣ그手를挈ᄒᆞ고左右를辟ᄒᆞ고嘆ᄒᆞ야曰公의居ᄒᆞᆫ바는天下精兵의處이오公은陛下의信幸ᄒᆞᄂᆞᆫ臣이라人이公이叛ᄒᆞᆫ다言ᄒᆞ여陛下ㅣ반다시信치안타가세번至ᄒᆞ면반다시怒ᄒᆞ야ᄉᆞᄉᆞ로將ᄒᆞ리니吾ㅣ公을爲ᄒᆞ야中으로從ᄒᆞ야起ᄒᆞ면天下를可히圖ᄒᆞᆯ가ᄒᆞ노라

陳豨ㅣ曰謹奉敎ᄒᆞ리라九月에遂與王黃等으로反ᄒᆞ야自立爲代王ᄒᆞ고劫畧趙代어늘上이自擊之ᄒᆞ니라至邯鄲ᄒᆞ야喜曰豨ㅣ不南據邯鄲而阻漳水ᄒᆞ니(上漳)水名吾知其無能爲矣로다

陳豨ㅣ曰삼가敎를奉호리라九月에드대여王黃等으로더브러反ᄒᆞ야스ᄉᆞ로立ᄒᆞ야代王이되고趙代를劫略ᄒᆞ거ᄂᆞᆯ上이스ᄉᆞ로擊ᄒᆞ더니邯鄲에至ᄒᆞ야喜ᄒᆞ야曰豨ㅣ南으로邯鄲에據ᄒᆞ야漳水를阻치아니ᄒᆞ엿스니吾ㅣ그能히ᄒᆞᆯ것업슴을知ᄒᆞ엿도다

上이令周昌으로選趙壯士可令將者ᄒᆞ되白見四人이어ᄂᆞᆯ(告白於帝而召見之) 上이嫚罵曰豎子ㅣ能將乎아 四人이 慙ᄒᆞ야 皆伏地어ᄂᆞᆯ 封各千戶ᄒᆞ야 以爲將ᄒᆞ니 左右ㅣ諫曰今에 封此何功이니잇고 上이 曰非汝所知니라 陳豨ㅣ反ᄒᆞ야 趙代地ㅣ 皆豨有ᄒᆞ니 吾ㅣ 以羽檄으로 徵天下兵호되(以鳥羽插於檄示速疾也) 未有至者ㅣ니 今計ᄂᆞᆫ 惟獨邯鄲中兵耳라 吾何愛四千戶ᄒᆞ야 不以慰趙子弟리오 皆曰善타ᄒᆞ다

上이周昌으로하여곰趙壯士의可히하여곰將ᄒᆞᆯ者를選ᄒᆞ되白ᄒᆞ야四人을見ᄒᆞ거ᄂᆞᆯ上이嫚罵ᄒᆞ여曰豎子ㅣ能히將ᄒᆞᆯ가四人이慙ᄒᆞ야다地에伏ᄒᆞ거ᄂᆞᆯ各々千戶를封ᄒᆞ야써將을ᄉᆞᆷ으니左右ㅣ諫ᄒᆞ야曰今에此를封ᄒᆞᆷ은무ᄉᆞᆫ功이니잇고上이曰汝의知ᄒᆞᆯ바가아니니라陳豨ㅣ反ᄒᆞ야趙代의地가다豨에게有ᄒᆞ니吾ㅣ羽檄으로써天下兵을徵호되至ᄒᆞᄂᆞᆫ者ㅣ有치못ᄒᆞ니이제計ᄂᆞᆫ오작ᄒᆞᆯ노邯鄲中兵이라吾ㅣ웃

(上變告)言上告非常之事也

지四千戶를愛ᄒᆞ야써趙子弟를慰치아니ᄒᆞ리오다ᄀᆞᆯ오ᄃᆡ善타ᄒᆞ다

上이聞豨將이皆故賈人ᄒᆞ고曰吾知所以與之矣라ᄒᆞ고乃多以金으로購豨將ᄒᆞ니豨將이多降ᄒᆞ다

上이豨將이다故賈人임을聞ᄒᆞ고曰吾ㅣ써與ᄒᆞᆯ바를知ᄒᆞ엿다ᄒᆞ고이에多히金으로써豨의將을購ᄒᆞ니豨의將이降ᄒᆞᄂᆞᆫ이가多ᄒᆞ더라

(乙巳)十一年이라豨軍이遂敗ᄒᆞ다(十二年追斬之)淮陰侯信이稱病不從擊豨ᄒᆞ고陰使人으로至豨所ᄒᆞ야與通謀ᄒᆞ더니其舍人弟ㅣ(舍人親近左右之通稱其弟謝公者嘗得罪於韓信信欲殺之)上變告信이欲反이라ᄒᆞ야ᄂᆞᆯ呂后ㅣ與蕭相國으로謀ᄒᆞ야詐令人으로從上所來ᄒᆞ야言豨已得死라ᄒᆞ니列侯群臣이皆賀ᄒᆞ더니相國이紿信曰雖疾이나彊入賀ᄒᆞ라(紿欺言也)信이入이어ᄂᆞᆯ呂后ㅣ使武士로縛信斬之ᄒᆞᆫᄃᆡ信이方斬에曰吾ㅣ悔不用蒯徹之計ᄒᆞ야乃爲兒女子所詐ᄒᆞ니豈非天哉리오ᄒᆞ고遂夷信三族ᄒᆞ다

十一年이라豨軍이드듸여敗ᄒᆞ다淮陰侯信이病을稱ᄒᆞ고豨를擊ᄒᆞᆷ을從치아니ᄒᆞ

(跖)盜跖柳下惠之弟正義曰跖本黃帝時大盜名下惠弟爲天下大盜故亦號盜跖(置之)置捨也

고가마니人으로ᄒᆞ여곰豨所에至ᄒᆞ야더부러謀를通ᄒᆞ더니그舍人의弟ㅣ變을上ᄒᆞ야信이反코저ᄒᆞᆫ다告ᄒᆞ거늘呂后ㅣ蕭相國으로더부러謀ᄒᆞ야詐히人으로하여곰上의所로從ᄒᆞ야來ᄒᆞ야言호ᄃᆡ豨가님의시러곰死ᄒᆞ엿다ᄒᆞ니列侯羣臣이다賀ᄒᆞ더니相國이信을紿ᄒᆞ여曰비록疾이나彊히入ᄒᆞ야賀ᄒᆞ라信이入ᄒᆞ거늘呂后ㅣ武士로ᄒᆞ여곰信을縛ᄒᆞ야斬ᄒᆞᆫᄃᆡ信이바야흐로斬ᄒᆞᆷ에曰悔ᄒᆞ건ᄃᆡ蒯徹의計를用치못ᄒᆞ야이에兒女子의詐ᄒᆞᆫ바이되니읏지天이아니리오드ᄃᆡ여信의三族을夷ᄒᆞ다

上이還洛陽하야聞淮陰侯死ᄒᆞ고問呂后曰信이死에亦何言고后이曰信이言恨不用蒯徹之計라ᄒᆞ더이다上이詔齊捕之ᄒᆞᆫᄃᆡ蒯徹이至어늘上이曰若이敎淮陰侯反乎아對曰然이니다秦失其鹿에天下ㅣ共逐之ᄒᆞ야高材疾足者ㅣ先得焉이라跖犬이吠堯ᄒᆞ니堯非不仁이언마는狗固吠其非主니當是時ᄒᆞ야臣이惟知韓信이오非知陛下ㅣ니이다上이曰置之ᄒᆞ라

上이洛陽에還ᄒᆞ야淮陰侯죽음을聞ᄒᆞ고呂后다려問ᄒᆞ여曰信이死ᄒᆞᆷ에ᄯᅩᄒᆞᆫ무엇

(反形已具)扈輒勸反越不誅是反形也

이라言ᄒᆞ든고后ㅣ曰信이言ᄒᆞ되蒯徹의計를用치못ᄒᆞᆷ이恨이라ᄒᆞ더니다上이齊에詔ᄒᆞ야捕ᄒᆞᆫ대蒯徹이至ᄒᆞ거늘上이曰네가淮陰侯를敎ᄒᆞ야反ᄒᆞ라ᄒᆞ엿너냐對ᄒᆞ여曰然이니다秦이그鹿을失ᄒᆞᆷ의天下ㅣ共히逐ᄒᆞ야材가高ᄒᆞ고足히疾ᄒᆞᆫ者ㅣ먼져得ᄒᆞᆯ지라跖의犬이堯을吠ᄒᆞ니堯가仁치아니ᄒᆞᆷ이아니언만는狗가진실로그主가아님을吠ᄒᆞ니이ᄯᅢ를當ᄒᆞ야臣이오쟉韓信을知ᄒᆞ엿고陛下는知치못ᄒᆞ엿ᄂᆞ이다上이曰置ᄒᆞ라

初에上之擊陳豨也에徵兵於梁ᄒᆞᆫ디梁王이稱病ᄒᆞ고使將으로將兵詣邯鄲이어ᄂᆞᆯ上이怒ᄒᆞ야使人讓之ᄒᆞ니梁王이恐ᄒᆞ야欲自往謝ᄒᆞᆫ디其將扈輒이勸王反이어ᄂᆞᆯ梁王이不聽이러니梁太僕이得罪走漢ᄒᆞ야告梁王이與扈輒으로謀反이라ᄒᆞ야ᄂᆞᆯ於是에上이使使掩王ᄒᆞ야囚之洛陽ᄒᆞ야有司ㅣ治ᄒᆞ니反形이已具ㅣ라上이赦以爲庶人ᄒᆞ야傳處蜀青衣ᄒᆞ다(傳驛遞也謂轉轉相傳也青衣蜀郡名)

初에上이陳豨를擊ᄒᆞᆷ에兵을梁에徵ᄒᆞᆫ디梁王이病을稱ᄒᆞ고將으로하야곰兵을將ᄒᆞ야邯鄲에詣ᄒᆞ거늘上이怒ᄒᆞ야人으로하여곰讓ᄒᆞ니梁王이恐ᄒᆞ야스ᄉᆞ로往ᄒᆞ

야謝코져ᄒᆞᆫ대其將扈輒이王을勸ᄒᆞ야反ᄒᆞ라ᄒᆞ거늘梁王이聽치아니ᄒᆞ엿더니梁
太僕이罪을得ᄒᆞ고漢에走ᄒᆞ야梁王이扈輒으로더브러反을謀ᄒᆞᆫ다告ᄒᆞ거늘이에
上이使를부려王을掩ᄒᆞ야洛陽에囚ᄒᆞ야有司ㅣ治ᄒᆞ니反形이임의具ᄒᆞᆫ지라上이
赦ᄒᆞ야써庶人을ᄉᆞᆷ어傳ᄒᆞ야蜀靑衣에處케ᄒᆞ다

(昌邑)越故昌邑人

西逢呂后從長安來ᄒᆞ야彭王이爲呂后泣ᄒᆞ야自言無罪ᄒᆞ고願處
故昌邑이어늘呂后ㅣ許諾ᄒᆞ고與俱ᄒᆞ야東至洛陽ᄒᆞ야白上曰彭王은壯
士라今徙之蜀이면此는自遺患이니不如遂誅之라妾이謹與俱來ᄒᆞ이
다

西으로呂后ㅣ長安으로조차來ᄒᆞᆷ을逢ᄒᆞ야彭王이呂后를爲ᄒᆞ야泣ᄒᆞ고ᄉᆞᄉᆞ로無
罪ᄒᆞᆷ을言ᄒᆞ고故昌邑에處ᄒᆞ기를願ᄒᆞ거늘呂后ㅣ許諾ᄒᆞ고더브러俱ᄒᆞ야東으로
洛陽에至ᄒᆞ야上에게白ᄒᆞ여曰彭王은壯士라今에徙ᄒᆞ야蜀으로之ᄒᆞ면이는ᄉᆞᄉᆞ
로患을遺ᄒᆞᆷ이니드대여誅ᄒᆞᆷ만갓지못ᄒᆞᆫ지라妾이삼가더부러한가지來호이다

(舍人)越舍人也
(梟)懸也

呂后ㅣ乃令其舍人으로告彭越이復謀反이라ᄒᆞ야늘夷越三族ᄒᆞ고梟越
首洛陽ᄒᆞ고下詔有收視者어든輒捕之러니梁大夫欒布ㅣ使於齊

다가還奏事越頭下ᄒᆞ고祠而哭之ᄒᆞ니吏捕以聞ᄒᆞᆫ듸上이欲烹之어늘布ㅣ
曰願一言而死ᄒᆞ노이다上이曰何言고布ㅣ曰方上之困於彭城ᄒᆞ시고
敗滎陽成皐間에王이一顧與楚則漢破ᄒᆞ고與漢則楚破라天
下ㅣ已定에彭王이剖符受封ᄒᆞ야亦欲傳之萬世러니今陛下ㅣ一
徵兵에彭王이病不行이어늘而陛下ㅣ誅滅之ᄒᆞ시니臣은恐功臣이人
人이自危也ᄒᆞᆯ가ᄒᆞ노이다今彭王이已死ᄒᆞ니臣도生不如死라請就烹ᄒᆞ노이다
上이乃釋布罪ᄒᆞ고拜爲都尉ᄒᆞ다

呂后ㅣ이에그舍人으로ᄒᆞ여곰彭越이다시反을謀ᄒᆞᆫ다告ᄒᆞ거늘越의三族을夷ᄒᆞ
고越의首을洛陽에梟ᄒᆞ고詔를下ᄒᆞ야收視ᄒᆞ는者ㅣ有ᄒᆞ거던문득捕ᄒᆞ더니梁大
夫ㅣ欒布ㅣ齊에使ᄒᆞ엿다가還ᄒᆞ야事를越의頭下에奏ᄒᆞ고祠ᄒᆞ고哭ᄒᆞ니吏ㅣ捕
ᄒᆞ야써聞ᄒᆞᆫ듸上이烹코져ᄒᆞ거늘布ㅣ曰願컨듸한번말ᄒᆞ고死ᄒᆞ겟노이다上이曰
何言인고布ㅣ曰바야흐로上이彭城에셔困ᄒᆞ시고滎陽과成皐間에敗ᄒᆞᆷ에王이한
번顧ᄒᆞ야楚를與ᄒᆞᆫ則漢이破ᄒᆞ고漢을與ᄒᆞᆫ則楚ㅣ破ᄒᆞ엿슬지라天下ㅣ임의定ᄒᆞᆷ
애彭王이符을剖ᄒᆞ고封을受ᄒᆞ야또ᄒᆞᆫ萬世에傳코져ᄒᆞ더니이재陛下ㅣ한번兵을

(居馬上得之)言以戰鬪得天下也

徵ᄒᆞᆷ애彭王이病드러行치못ᄒᆞ엿거늘陛下ㅣ誅滅ᄒᆞ시니臣은恐컨ᄃᆡ功臣이人人이ᄉᆞᄉᆞ로危ᄒᆞᆯ가ᄒᆞ노이다이졔彭王이임의死ᄒᆞ엿시니臣도生ᄒᆞᆷ이死ᄒᆞᆷ만갓지못ᄒᆞᆫ지라請컨ᄃᆡ烹에就ᄒᆞ겟노이다上이이에布의罪를釋ᄒᆞ고拜ᄒᆞ야都尉를ᄉᆞᆷ다

陸賈ㅣ時時前說에稱詩書ᄒᆞᆫᄃᆡ帝ㅣ罵之曰乃公이居馬上得之ᄒᆞ니安事詩書리오賈ㅣ曰馬上得之시나寧可以馬上治之乎잇가且湯武ᄂᆞᆫ逆取而順守之ᄒᆞ시니文武並用이長久之術也니이다

陸賈ㅣ時々로前에셔說ᄒᆞᆷ에詩書를稱ᄒᆞᆫᄃᆡ帝ㅣ罵ᄒᆞ여曰乃公이馬上에居ᄒᆞ야得ᄒᆞ엿ᄉᆞ니읏지詩書를事ᄒᆞ리오賈ㅣ曰馬上에셔得ᄒᆞ엿ᄉᆞ나읏지可이ᄡᅥ馬上에셔治ᄒᆞ리잇가ᄯᅩᄒᆞᆫ湯武ᄂᆞᆫ逆으로取ᄒᆞ야順으로守ᄒᆞ시니文武를並用ᄒᆞᆷ이長久의術이니이다

帝ㅣ曰試爲我ᄒᆞ야著秦所以失天下와吾所以得之者와及古今成敗之國ᄒᆞ라陸生이乃粗述存亡之徵ᄒᆞ야凡著十二篇ᄒᆞ니每奏一篇에帝ㅣ未嘗不稱善ᄒᆞ고號其書曰新語ㅣ라ᄒᆞ다 以高祖素未嘗聞此言故曰新語

帝ㅣ曰試ᄒᆞ야我를爲ᄒᆞ야秦이ᄡᅥ天下를失ᄒᆞᆫ바와吾ㅣᄡᅥ得ᄒᆞᆫ바人者와밋古今成

(御史中中丞也)

敗의國을著ᄒᆞ라陸生이이에ᄃᆡ강存亾의徵을述ᄒᆞ야무릇十二篇을著ᄒᆞ니ᄆᆡ양一篇을奏ᄒᆞᆷ에帝ㅣ일즉이善타稱치아니치안코그書를號ᄒᆞ야日新語라ᄒᆞ다

漢書本紀에 日詔曰聞王者는 莫高於周文이오 覇者는 莫高於齊桓이니 皆待賢人而成名이라 賢士大夫ㅣ 有肯從我游者면 吾能尊顯之ᄒᆞ리니 御史中執法이 下郡守ᄒᆞ야 其有意稱明德者어든 必身勸爲之駕라ᄒᆞ (郡守必須身親往見勸勉之且爲其駕車而遣之也)

漢書本紀에曰詔ᄒᆞ야曰드르니王인者는周文만치高ᄒᆞ니가업고覇인者는齊桓만치高ᄒᆞ니가업ᄉᆞ니다賢人을待ᄒᆞ야名을成ᄒᆞᆫ지라賢士大夫ㅣ질겨我를從ᄒᆞ야游ᄒᆞᄂᆞᆫ者ㅣ有ᄒᆞ면吾ㅣ能히尊ᄒᆞ야顯ᄒᆞ리니御史中執法이郡守에게下ᄒᆞ야그意가明德을稱ᄒᆞᆯ者ㅣ有ᄒᆞ거든반다시몸소勸ᄒᆞ야駕케ᄒᆞ라

帝ㅣ 有疾臥禁中ᄒᆞ야 詔戶者無得入ᄒᆞ니 群臣絳灌等이 莫敢入十餘日이러니 樊噲ㅣ 排闥直入ᄒᆞᆫ대 (排推開也闥音達宮中小門) 大臣이 隨之ᄒᆞ니 上이 獨枕一宦者臥어늘 噲等이 見上流涕曰始陛下ㅣ 與臣等으로 起豊

沛定天下에何其壯也러니今天下ㅣ已定에又何憊也잇고(憊羸困也)且陛下는獨不見趙高之事乎잇가帝ㅣ笑而起ᄒᆞ다

帝ㅣ疾이有ᄒᆞ야禁中에臥ᄒᆞ야戶者에게詔ᄒᆞ야시러곰入치못ᄒᆞ게ᄒᆞ니羣臣絳灌等이入치못ᄒᆞᆫ지十餘日이러니樊噲ㅣ闥을排ᄒᆞ고곳入ᄒᆞᆫᄃᆡ大臣이隨ᄒᆞ니上이홀로一宦者를枕ᄒᆞ고臥ᄒᆞ엿거늘噲等이上을見ᄒᆞ고涕를流ᄒᆞ고曰비로소陛下ㅣ臣等으로더브러豊沛에起ᄒᆞ야天下를定ᄒᆞᆷ에웃지그壯ᄒᆞ더니이제天下ㅣ임의定ᄒᆞᆷ에또엇이憊ᄒᆞ니잇고또陛下는홀로趙高의事를見치못ᄒᆞ셧나잇가帝ㅣ笑ᄒᆞ고起ᄒᆞ다

初에淮陰侯ㅣ死에淮南王黥布ㅣ已心恐이러니及彭越이誅에醢其肉ᄒᆞ야以賜諸侯ᄒᆞ니布ㅣ大恐ᄒᆞ야發兵反이어늘上이召諸將問計ᄒᆞᆫ대皆曰豎子ㅣ何能爲乎리오汝陰侯滕公이召故楚令尹薛公ᄒᆞ야問之ᄒᆞᆫᄃᆡ令尹이曰是固當反이로다往年에殺彭越ᄒᆞ고前年에(亦往年也)殺韓信ᄒᆞ니此三人者는同功一體之人也라自疑禍及身故로反耳니라

(滕公)夏侯嬰也食邑汝陰縣諡文侯初爲滕公令奉車故號滕公

初에淮陰侯ㅣ死홈에淮南王黥布ㅣ임의心이恐ᄒᆞ엿더니밋彭越이誅홈의그肉을醢ᄒᆞ야써諸侯에게賜ᄒᆞ니布ㅣ크게恐ᄒᆞ야兵을發ᄒᆞ야反ᄒᆞ거늘上이諸將을召ᄒᆞ야計를問ᄒᆞᆫ디골오ᄃᆡ豎子ㅣ웃지能히ᄒᆞ리오汝陰侯滕公이故楚令尹薛公을召ᄒᆞ야問ᄒᆞᆫ디令尹이日이것이진실로反홈이맛당ᄒᆞ도다往年에彭越을殺ᄒᆞ고前年에韓信을殺ᄒᆞ니이세ᄉᆞ롬인者ᄂᆞᆫ功이同ᄒᆞ고體가一ᄒᆞᆫ人이라스ᄉᆞ로禍가身에及홀가疑ᄒᆞ고反ᄒᆞ엿ᄂᆞ니라

滕公이言之上ᄒᆞ니上이乃召薛公問之ᄒᆞᆫ디對曰使布로出於上計면山東은非漢之有也오出於中計면勝敗之數를未可知也오出於下計면陛下ㅣ安枕而臥矣리이다

滕公이上에게言ᄒᆞ니上이이에薛公을召ᄒᆞ야問ᄒᆞᆫ디對ᄒᆞ여日布로하여곰上計에出ᄒᆞ면山東은漢의有가못될것이오中計에出ᄒᆞ면勝敗의數를可히知치못홀것이오下計에出ᄒᆞ면陛下ㅣ枕을安히ᄒᆞ고臥ᄒᆞ리이다

上이曰何謂上計오對曰東取吳ᄒᆞ고西取楚ᄒᆞ고并齊取魯ᄒᆞ고傳檄燕趙ᄒᆞ야固守其所면山東은非漢有也리다何謂中計오東取吳ᄒᆞ고

(西取下蔡)西布都六而阻淮故策其東取吳西取下蔡以據全淮也(歸重於越)越在東南故策其歸於越(身歸長沙)布娶於長沙王故策其身歸長沙

西取楚ᄒᆞ고 幷韓取魏ᄒᆞ야 據敖倉之粟ᄒᆞ고 塞成皐之口면 勝敗之數를 未可知也리이다 何謂下計오 東取吳ᄒᆞ고 西取下蔡ᄒᆞ고 歸重於越ᄒᆞ고 (重輜重也歸之於越地也) 身歸長沙면 陛下ㅣ 安枕而臥ᄒᆞ야 漢無事矣리이다

上이曰무엇을謂호ᄃᆡ上計라ᄒᆞᄂᆞ뇨對ᄒᆞ야曰東으로吳를取ᄒᆞ고西으로楚를取ᄒᆞ고齊를幷ᄒᆞ고魯를取ᄒᆞ고檄을燕趙에傳ᄒᆞ야굿이그所를守ᄒᆞ면山東이漢의有가못되리이다무엇을이르되中計라ᄒᆞᄂᆞ뇨東으로吳를取ᄒᆞ고西으로楚를取ᄒᆞ고韓을並ᄒᆞ고魏를取ᄒᆞ야敖倉의粟을據ᄒᆞ고成皐의口를塞ᄒᆞ면勝敗의數를可히知치못ᄒᆞ리이다무엇을일으되下計라ᄒᆞᄂᆞ뇨東으로吳를取ᄒᆞ고西으로下蔡를取ᄒᆞ고重을越에歸ᄒᆞ고身이長沙로歸ᄒᆞ면陛下ㅣ枕을安히ᄒᆞ고臥ᄒᆞ야漢에事가無ᄒᆞ라이다

上이 曰是ㅣ 計將安出고 對曰出下計ᄒᆞ리이다 布는 故驪山之徒也라 致萬乘之主ㅣ니 皆爲身이오 不顧後爲百姓萬世慮者也라 故로 曰出下計ᄒᆞ노이다

(擊荊)荊王賈所封之地

(遇於蘄西)上望其置陣如項羽惡之問布曰何苦而反布曰欲爲帝耳

上이曰이ㅣ計가쟝ᄎᆞ어티도出홀고對ᄒᆞ야曰下計에出ᄒᆞ리이다布ᄂᆞᆫ故驪山의徒ㅣ라萬乘의主를致ᄒᆞ엿ᄉᆞ나다身을爲홈이오後로百姓을爲ᄒᆞ야萬世의慮를顧할者ㅣ아니라故로下計에出ᄒᆞ리라ᄒᆞ노이다

帝ㅣ曰善타ᄒᆞ고 封薛公千戶ᄒᆞ고 自將兵而東ᄒᆞ다

帝ㅣ曰善타ᄒᆞ고薛公을千戶로封ᄒᆞ고ᄉᆞᄉᆞ로兵을將ᄒᆞ고東으로ᄒᆞ다

布之初反에 謂其將曰上이老矣라 必不能來오 淮陰彭越이 皆死ᄒᆞ니 餘不足畏라ᄒᆞ고 遂反ᄒᆞ야 果如薛公之言ᄒᆞ야 擊荊擊楚ᄒᆞ고 引兵而西ᄒᆞ다

布가처음으로反홈에그將다려謂ᄒᆞ야曰上이老ᄒᆞᆫ지라반다시能히來치못홀것이오淮陰과彭越이다死ᄒᆞ니餘ᄂᆞᆫ足히畏홀것이업다ᄒᆞ고드대여反ᄒᆞ야파연薛公의言과如히ᄒᆞ야荊을擊ᄒᆞ고楚를擊ᄒᆞ고兵을引ᄒᆞ고西으로ᄒᆞ다

(丙午)十二年이라 冬十月에 上이 與布兵으로 遇於蘄西ᄒᆞ야 大戰ᄒᆞᆫ디 布軍이 敗走渡淮ᄒᆞ야 戰數不利ᄒᆞ야 與百餘人으로 走江南이어ᄂᆞᆯ 上이 令別將으로 追之러니 番陽人이 殺布玆鄉民田舍ᄒᆞ다

(太牢)凡用牲繫養曰牢牛曰大牢羊曰小牢將祭必先擇牲繫于牢牢閑也圈也防禁觸也

(湯沐)王制註浴用湯沐用潘潘淅汁彙洗身也沐濯髮也

十二年이라冬十月에上이布兵으로더브러蘄西에서遇ᄒᆞ야크게戰ᄒᆞᆫᄃᆡ布軍이敗ᄒᆞ야走ᄒᆞ야淮를渡ᄒᆞ야戰호ᄃᆡ자조利치못ᄒᆞ야百餘人으로더브러江南으로走ᄒᆞ거늘上이別將으로하여곰追ᄒᆞ엿더니番陽人이布를茲鄕民田舍에서殺ᄒᆞ다

十一月에過魯ᄒᆞ샤以太牢로祠孔子ᄒᆞ다

十一月에魯를過ᄒᆞ샤太牢로써孔子를祠ᄒᆞ다

上이還過沛宮ᄒᆞ샤置酒悉召故人父老ᄒᆞ고酒酣에上이自爲歌起舞ᄒᆞ고 本記에曰上이擊筑自歌할새曰大風起兮여雲飛揚이로다威加海內兮여歸故鄕이로다安得猛士兮여守四方고上이乃起舞러라 泣謂沛父兄曰游子ㅣ悲故鄕이라ᄒᆞ니朕이自沛公으로以誅暴逆ᄒᆞ야遂有天下ᄒᆞ니其以沛로爲朕湯沐邑ᄒᆞ라 以其賦稅供湯沐之具也

上이還ᄒᆞ야沛宮을過ᄒᆞ샤酒를置ᄒᆞ고다故人父老를召ᄒᆞ고酒가酣ᄒᆞᆷ에上이스ᄉᆞ로歌를ᄒᆞ고起ᄒᆞ야舞ᄒᆞ고울며沛父兄다려謂ᄒᆞ야曰游子ㅣ故鄕을悲ᄒᆞᆫ다ᄒᆞ니朕이沛公으로부터써暴逆을誅ᄒᆞ야드ᄃᆡ여天下를有ᄒᆞ니그沛로써朕의湯沐邑을솜으라

立兄子濞ᄒᆞ야爲吳王ᄒᆞ고王三郡五十三城ᄒᆞ다

兄子濞를立ᄒᆞ야吳王을삼고三郡五十三城에王케ᄒᆞ다

上이從破布歸ᄒᆞ야疾益甚ᄒᆞ야愈欲易太子어늘張良이諫ᄒᆞ대不聽이러니叔孫通이諫曰晉獻公이以驪姬之故로廢太子立奚齊ᄒᆞ야晉國亂者ㅣ數十年이오(獻公嬖驪姬愛奚齊欲廢太子申生而立之會申生薦祭母之胙於公驪姬預置毒胙中公欲享姬止之曰宜試之與犬犬死與小臣小臣死申生聞之懼奔新城公乃誅其傅申生自殺)秦이以不蚤(早同)定扶蘇ᄒᆞ고令趙高로得以詐立胡亥ᄒᆞ야自使滅祀ᄒᆞ니此는陛下所親見이라今太子仁孝를天下ㅣ皆聞之ᄒᆞ니陛下ㅣ必欲廢適(音的)而立少ᄒᆞᆫᄃᆡ臣은願先伏誅ᄒᆞ야以頸血로汚地ᄒᆞ리이다

上이布를破ᄒᆞ고歸ᄒᆞᆷ에從ᄒᆞ야疾이더욱甚ᄒᆞ야더옥太子를易코져ᄒᆞ거늘張良이諫ᄒᆞ되聽치안터니叔孫通이諫ᄒᆞ야曰晉獻公이驪姬의故로써太子를廢ᄒᆞ고奚齊를立ᄒᆞ야晉國의亂ᄒᆞᆫ者ㅣ數十年이오秦이일쪽이扶蘇를定치아니ᄒᆞᆷ으로써趙高로ᄒᆞ여곰詐로써胡亥를立ᄒᆞ야스ᄉᆞ로ᄒᆞ여곰祀를滅ᄒᆞ니이는陛下의親이見ᄒᆞ신바이라이제太子의仁孝를天下ㅣ聞ᄒᆞ엿스니陛下반다시適을廢ᄒᆞ고少를立코져ᄒᆞ실진ᄃᆡ臣은願컨ᄃᆡ먼저업ᄃᆡ여誅ᄒᆞ야頸血로써地를汚ᄒᆞ리이다

帝ㅣ曰吾直戲耳로라叔孫通이曰太子는天下本이라本이一搖ᄒᆞ면天下ㅣ震動ᄒᆞ리니奈何以天下로戲乎리잇고時에大臣이固爭者ㅣ多라上이知羣臣心이皆不附趙王ᄒᆞ고乃止不立ᄒᆞ다

帝ㅣ曰吾ㅣ곳戲ᄒᆞ엿노라叔孫通이曰太子는天下本이라本이ᄒᆞᆫ번搖ᄒᆞ면天下ㅣ震動ᄒᆞ리니엇지ᄒᆞ여天下로써戲ᄒᆞ리잇고時에大臣이굿이爭ᄒᆞ는者ㅣ多ᄒᆞᆫ지라上이群臣의心이다趙王에게附치아니홈을知ᄒᆞ고이에止ᄒᆞ고立치안타

張良傳에云呂后ㅣ使建成侯呂澤으로劫良爲我畫計라ᄒᆞ되良이曰此는難以口舌로爭也ㅣ니顧上所不能致者ㅣ四人이니(東園公姓唐字宣明居園中因號焉夏黃公姓崔名廣字少道齊人隱居夏里因居號焉角里先生河內軹人泰伯之後姓周名術字元道亦號霸上先生綺里季未詳四人同號商山四皓角音鹿)固請이면宜來리니令上見之則一助也라ᄒᆞ야늘呂澤이使人奉太子書ᄒᆞ야卑辭厚禮로迎此四人ᄒᆞ되四人이至ᄒᆞ야客建成侯所러니及宴置酒에太子ㅣ侍ᄒᆞ서四人者ㅣ從太子ᄒᆞ니年皆八十有餘오鬚眉皓白ᄒᆞ고衣冠이甚偉ᄒᆞ어늘上이恠問曰何爲者오四人이前對ᄒᆞ야各言其姓名ᄒᆞ니上이迺驚曰吾

(調護)調和平也護保安也

ㅣ求公ᄒᆞ대避逃我러니今公이何自從吾兒游乎아

張良傳에云ᄒᆞ되呂后ㅣ建成侯呂澤으로하여곰良을刼ᄒᆞ야我를爲ᄒᆞ야計를畫ᄒᆞ라ᄒᆞᆫᄃᆡ良이曰이는口舌로써爭키難ᄒᆞᆫ지라願컨ᄃᆡ上의能히致치못ᄒᆞᆫ바人者ㅣ四人이니굿게請ᄒᆞ면맛당이來ᄒᆞ리니上으로하여곰見케ᄒᆞᆫ則ᄒᆞᆫ助이리라ᄒᆞ야늘呂澤이人으로하여곰太子書를奉ᄒᆞ야辭를卑ᄒᆞ고禮를厚히ᄒᆞ야이四人을迎ᄒᆞᆫᄃᆡ四人이至ᄒᆞ야建成侯의所에客ᄒᆞ엿더니밋宴ᄒᆞ고酒를置ᄒᆞᆷ에太子ㅣ侍ᄒᆞᆯ시四人인者ㅣ太子를從ᄒᆞ니年이다八十有餘오鬚眉가皓白ᄒᆞ고衣冠이甚히偉ᄒᆞ거늘上이恠히예겨問ᄒᆞ야曰무엇ᄒᆞ는者인고四人이前으로對ᄒᆞ야각〻그姓名을言ᄒᆞ니上이이에驚ᄒᆞ야曰吾ㅣ公을求ᄒᆞᆫᄃᆡ避ᄒᆞ야我을逃ᄒᆞ더니今에公이웃지ᄒᆞ야스〻로吾兒를從ᄒᆞ야游ᄒᆞ는고

四人이曰陛下ㅣ輕士善罵ᄒᆞ시니臣等이義不辱故로恐而亡匿이러니今聞太子ㅣ仁孝恭敬愛士ᄒᆞ시니天下ㅣ莫不延頸ᄒᆞ야願爲太子死者故로臣等이來로소이다上이曰煩公ᄒᆞ노니幸卒調護太子ᄒᆞ라四人이爲壽已畢에趨去어늘上이目送之ᄒᆞ고召戚夫人指視曰我欲易之러니彼四人이爲之輔ᄒᆞ야羽翼이已成ᄒᆞ니難動矣라ᄒᆞ고上이罷酒ᄒᆞ니

(王衛尉)王姓也史失其名衛尉寺在宮中內掌宮門侍衛屯兵 (自媚)媚愛也

竟不易太子者ᄂᆞᆫ良이本招此四人之力也러라

四人이曰陛下ㅣ士를輕히ᄒᆞ고善히罵ᄒᆞ시니臣等이義에辱치아니ᄒᆞ랴ᄒᆞᆫ고로恐ᄒᆞ야亾匿ᄒᆞ엿더니이제드르니太子ㅣ仁ᄒᆞ고孝ᄒᆞ고恭ᄒᆞ고敬ᄒᆞ고士를愛ᄒᆞ시니天下ㅣ頸을延ᄒᆞ야太子를爲ᄒᆞ야死ᄒᆞ기를願치안ᄂᆞᆫ者ㅣ업ᄂᆞᆫ고로臣等이來ᄒᆞ엿노이다上이曰公의게煩ᄒᆞ노니다힝이맛도록太子를調護ᄒᆞ라四人이壽를ᄒᆞᆷ을임의畢ᄒᆞᆷ에趨ᄒᆞ야去ᄒᆞ거ᄂᆞᆯ上이目ᄒᆞ야送ᄒᆞ고戚夫人을召ᄒᆞ야指ᄒᆞ야視ᄒᆞ야曰我ㅣ易코져ᄒᆞ엿더니져四人이爲ᄒᆞ야輔ᄒᆞ야羽翼을임의成ᄒᆞ엿스니動키難ᄒᆞ다ᄒᆞ고上이酒를罷ᄒᆞ니맛ᄎᆞᆷᄂᆡ太子를易치아니ᄒᆞᆫ者ᄂᆞᆫ良이본시此四人을招ᄒᆞᆫ力이러라

相國何ㅣ以長安地陿ᄒᆞ고 上林中에多空地棄라ᄒᆞ야 願令民으로得入田ᄒᆞ고 毋爲槀ᄒᆞ야 爲禽獸食ᄒᆞ노이다 上이大怒曰相國이多受賈人財物ᄒᆞ야爲請吾苑이라ᄒᆞ고 下廷尉ᄒᆞ야 械繫之數日이러니 王衛尉ㅣ侍ᄒᆞ야(衛尉掌宮門衛屯兵史失其名)前問曰相國이胡大罪완ᄃᆡ 陛下ㅣ繫之暴也ㅣ시니잇고 上이曰受賈人金ᄒᆞ고請吾苑ᄒᆞ야以自媚於民故로繫治之로라

相國何ㅣ써長安의地가愜ᄒᆞ고上林中에空地棄ᄒᆞᆷ이多ᄒᆞ다ᄒᆞ야願컨ᄃᆡ民으로하
여곰시러곰入ᄒᆞ야田ᄒᆞ고稾를ᄒᆞ미毋ᄒᆞ야禽獸의食을ᄒᆞᆯ지니다上이크게怒ᄒᆞ야
曰相國이마니賈人의財物을受ᄒᆞ야吾의苑을請ᄒᆞᆫ다ᄒᆞ고廷尉에下ᄒᆞ야械에繫ᄒᆞᆫ
지數日이러니王衛尉ㅣ侍ᄒᆞ야前에서무러曰相國이무ᄉᆞᆫ큰罪완ᄃᆡ陛下ㅣ繫ᄒᆞ시
기를暴히ᄒᆞ시ᄂᆞ잇고曰賈豎의金을受ᄒᆞ고吾의苑을請ᄒᆞ야써ᄉᆞᄉᆞ로民의게媚ᄒᆞ
ᄂᆞᆫ故로繫ᄒᆞ야治ᄒᆞ노라

王衛尉ㅣ曰有便於民而請之ᄒᆞ니 眞宰相事ㅣ라 且陛下ㅣ距楚數歲에 陳豨黥布ㅣ反이어ᄂᆞᆯ 陛下ㅣ自將而往ᄒᆞ시니 當是之時ᄒᆞ야 相國이 守關中이라 關中이 搖足則關以西ᄂᆞᆫ 非陛下有也ㅣ어ᄂᆞᆯ 相國이 不以此時爲利ᄒᆞ니 今乃利賈人之金乎잇가

王衛尉ㅣ曰民의게便ᄒᆞᆷ이有ᄒᆞ야請ᄒᆞ니참宰相의事라또陛下ㅣ楚를距ᄒᆞᆫ지數歲
에陳豨와鯨布ㅣ反ᄒᆞ거ᄂᆞᆯ陛下ㅣᄉᆞᄉᆞ로將ᄒᆞ고往ᄒᆞ시니이ᄯᅢ를當ᄒᆞ야相國이關
中을守ᄒᆞᆫ지라關中이搖足ᄒᆞᆫ則關써西ᄂᆞᆫ陛下의有가아니어ᄂᆞᆯ相國이이ᄯᅢ로써利
ᄒᆞ지아니ᄒᆞ니이제이賈人의金을利ᄒᆞ리잇가

帝ㅣ不懌ᄒᆞ야是日에使使持節ᄒᆞ야赦出何ᄒᆞᆫ대何ㅣ入謝어늘帝ㅣ曰相國이爲民請苑이어늘吾ㅣ不許ᄒᆞ니我ㅣ不過爲桀紂主而相國이爲賢相이라吾ㅣ故繫相國ᄒᆞ야欲令百姓으로聞吾過호라

帝ㅣ懌치아니ᄒᆞ야이날에使를부려節을持ᄒᆞ야何를赦ᄒᆞ야出ᄒᆞᆫ디何ㅣ入ᄒᆞ야謝ᄒᆞ거늘帝ㅣ曰相國이民을爲ᄒᆞ야苑을請ᄒᆞ거늘吾ㅣ許치아니ᄒᆞ엿스니我는桀紂主됨에過치못ᄒᆞ고相國은賢相이된지라吾ㅣ짐짓相國을繫ᄒᆞ야百姓으로ᄒᆞ여곰吾의過를聞케ᄒᆞ고져홈이로라

上이擊布時에爲流矢所中ᄒᆞ야行道疾甚이어늘呂后ㅣ迎良醫入見ᄒᆞᆫ디上이嫚罵之曰吾ㅣ以布衣로持三尺(劍長三尺)ᄒᆞ야取天下ᄒᆞ니此非天命乎아命乃在天이어늘雖扁鵲인들(秦秋時良醫齊人姓秦名越人)何益이리오遂不使治疾ᄒᆞ다

上이布를擊홀時에流矢의中ᄒᆞᆫ바ㅣ되여道를行홈에疾이甚ᄒᆞ거늘呂后ㅣ良醫를迎ᄒᆞ야드러와見ᄒᆞᆫ디上이嫚罵ᄒᆞ여曰吾ㅣ布衣로써三尺을持ᄒᆞ고天下를取ᄒᆞ엿

ᄉᆞ니이거시天命이아니냐命이이에天에在ᄒᆞ거늘비록扁鵲인들무어시益ᄒᆞ리오
드대여疾을治치못ᄒᆞ게ᄒᆞ다

呂后ㅣ問曰陛下百歲後에 蕭相國이旣死어든 誰令代之잇고 上이曰曹參이可니라 問其次ᄒᆞᆫ대 曰王陵이可어니와 然이나 少戇ᄒᆞ니(戇音撞愚也) 陳平이可以助之오 陳平이 知有餘나 然이나 難獨任이라 周勃이 重厚少文이나然이나 安劉氏者는 必勃也ㅣ니 可令爲太尉니라 呂后ㅣ復問其次ᄒᆞᆫ대上이曰此後는 亦非乃所知也ㅣ니라

呂后ㅣ問ᄒᆞ야曰陛下百歲後에蕭相國이임의死ᄒᆞ거든누로하야곰代ᄒᆞ리잇고上이曰曹參이可ᄒᆞ니라그次를問ᄒᆞᆫ대曰王陵이可ᄒᆞ거니와然이나조곰戇ᄒᆞ니陳平이可히써助ᄒᆞᆯ거시오陳平이知가餘ᄒᆞᆷ이有ᄒᆞ나그러나獨任키難ᄒᆞᆫ지라周勃이重厚ᄒᆞ고文이小ᄒᆞ나그러나劉氏를安ᄒᆞᆯ者는반다시勃이니可히하여곰太尉를ᄉᆞᆷ을지니라呂后ㅣ다시그次를問ᄒᆞᆫ대上이曰이後는또ᄒᆞᆫ네知ᄒᆞᆯ바이아니니라

夏四月에 帝崩ᄒᆞ다

夏四月에帝ㅣ崩ᄒᆞ다

初에 高祖ㅣ不脩文學而性이 明達ᄒᆞ고 好謀能聽ᄒᆞ야 自監門戍卒

(知有餘)知讀作智

(非乃)乃汝也言自此之後汝亦終矣不須知之

(戍卒)謂婁敬

(如舊)謂一見之如舊相識

日不暇給給足也衆事煩多常汲汲也

(規摹)規正圓之器摹規倣也取喩摹規謂立制坐範也摹與模同

로見之如舊러라

初에高祖ㅣ文學을脩치아니ᄒᆞ고性이明達ᄒᆞ고謀를好ᄒᆞ되能히聽ᄒᆞ야監門戍卒로브터見ᄒᆞ기를舊와갓치ᄒᆞ더라

初順民心ᄒᆞ야作三章之約이러니天下ㅣ既定에命蕭何ᄒᆞ야次律令ᄒᆞ고 三章之法難以禦奸故命蕭何攈摭秦法作律九章次謂第其輕重 韓信으로申軍法ᄒᆞ고 申明約束 張倉으로定章程ᄒᆞ고 章歷數之章術程法式也謂權衡丈尺斛斗之平法 叔孫通으로制禮儀ᄒᆞ고又與功臣으로剖符作書ᄒᆞ야 剖折符竹使世襲其爵 丹書鐵券과 券符契也以朱書字以鐵鐫券 金匱石室로藏之宗廟ᄒᆞ니雖日不暇給이나規摹ㅣ弘遠矣러라

初에民心을順히ᄒᆞ야三章의約을作ᄒᆞ엿더니天下ㅣ임의定홈에蕭何를命ᄒᆞ야律令을次ᄒᆞ고韓信으로軍法을申ᄒᆞ고張倉으로章程을定ᄒᆞ고叔孫通으로禮儀를制ᄒᆞ고또功臣으로더부러符를剖ᄒᆞ고書를作ᄒᆞ야丹書鐵券과金匱石室로宗廟에藏ᄒᆞ니비록日로暇給지못ᄒᆞ나規摹ㅣ弘ᄒᆞ고遠ᄒᆞ더라

詳密註釋通鑑諺解卷二終

(温公)曰從衡說雖反覆百端然大要合從者六國之利也昔先王建萬國親諸侯使之朝聘以相交饗宴以相樂會盟以相結者無他欲其同心戮力以保家國也鄉使六國能以信義相親則秦雖彊暴安得而亡之哉夫三晉者齊楚之藩蔽齊楚者三晉之根柢形勢相資表裏相依故以三晉而攻齊楚自絕其根柢也以齊楚而攻三晉自撤其藩蔽也安有撤其藩蔽以媚盜曰盜將愛我而不攻豈不悖哉○戮并力也柢音低亦根也撤音徹去也　(此當在餓而死之下)

(温公)曰高祖起豐沛以來罔羅豪傑招亡納叛亦已多矣及即帝位而丁公獨以不忠受戮何哉夫進取之與守成其勢不同當群雄角逐之際民無定主來者受之固其宜也及貴爲天子四海之內無不爲臣苟不明禮義以示之使爲臣者人懷二心以徼大利則國家其能久安乎是故斷以大義使天下曉然皆知爲臣不忠者無所自容而懷私結恩者雖至於活己猶以義不與也戮一人而千萬人懼其慮事豈不深且遠哉子孫享有天祿四百餘年宜矣○徼求也　(此當在無傚丁公下)

(温公)曰夫生之有死譬猶夜旦之必然自古及今固未嘗有超然而獨存者也以子房之明辨達理足以知神仙之爲虛僞矣然其欲從赤松子遊者其智可知也夫功名之際人臣之所難處如高帝所稱者三傑而已淮陰誅夷蕭何繫獄非以履盛滿而不止耶故

子房託於神仙遺棄人間等功名於外物置榮利而不顧所謂明哲保身者子房有焉

(此當在從赤松子遊耳下)

(溫公)曰張良爲高帝謀臣委以心腹宜其知無不言安有聞諸將謀反必待高帝自見偶語然後乃言之邪盖以高帝初得天下數用愛憎行誅賞或時害至公羣臣往往有觖望自危之心故良因事納忠以變移帝意使上無阿私之失下無猜忌之謀國家無虞利及後世若良者可謂善諫矣○觖音缺觖望猶言怨望也一說觖者缺不滿所望而怨耳

(此當在我屬無患矣下)

(溫公)曰禮之爲物大矣用之於身則動靜有法而百行備焉用之於家則內外有別而九族睦焉用之於鄕則長幼有倫而俗化美焉用之於國則君臣有叙而政治成焉用之於天下則諸侯順服而紀綱正焉豈直几席之上戶庭之間得之而不亂哉夫以高祖之明達聞陸賈之言而稱善睹叔孫通之儀而歎息然所以不能肩於三代之王者病於不學而已當是之時得大儒而佐之與之以禮爲天下其功烈豈若是而止哉惜夫叔孫生之爲器小也徒竊禮之糠粃以依世諧俗取寵而已遂使先王之禮淪沒而不振以迄于今豈不痛甚哉　(此當在皆襲祭故下)

(溫公)曰王者以仁義爲麗道德爲威未聞以宮室鎭服天下也天下未定當克己節用

以趨民之急而顧以宮室爲先豈可謂之知所務哉昔禹卑宮室而桀爲瓊宮創業垂統之君躬行節儉以訓示子孫其末流猶入於浮靡況示之以侈乎乃云無令後世有以加豈不謬哉至於孝武卒以宮室罷敝天下必未不由酇侯啓之也　(此當在亡令後世有以加也上悅下)

(温公)曰建信侯謂冒頓殘賊不可以仁義說尊欲與爲婚姻何前後之相違也夫骨肉之恩而與之敘惟仁義之人爲能知之奈何欲以此服冒頓哉蓋上世帝王之御夷狄也服則懷之以德叛則震之以威未聞與爲婚姻也且冒頓視其父如禽獸而獵之奚有於婦翁建信侯之術固已踈矣況魯元已爲趙后又可奪乎(此當在使劉敬結和親約下)

(温公)曰世或以韓信爲首建大策與高祖起漢中定三秦分兵以北禽魏取代仆趙脅燕東擊齊而有之南滅楚垓下漢之所以得天下者大抵皆信之功也觀其距蒯徹之說逆高祖於陳豈有反心哉良由失職快快遂陷悖逆夫以盧綰里閭舊恩猶南面王燕信乃以列侯奉朝請豈非高祖亦有負於信哉臣以爲高祖用詐謀禽信於陳言負則有之雖然信亦有以取之也始漢與楚相距滎陽信滅齊不還報而自王其後漢追楚至固陵與信期共攻楚而信不至當是之時高祖固有取信之心矣顧力不能耳及天下已定則信復何恃哉夫乘時以徼利者市井之志也酬功而報德者士君子之心也信以市井之

志利其身而以士君子之心望於人不亦難哉是故太史公論之曰假令韓信學道謙讓不伐己功不矜其能則庶幾哉於漢家勳可以比周召太公之徒後世血食矣不務出此而天下已集乃謀叛逆夷滅宗族不亦宜乎（此當在夷信之族下）

詳密註釋 通鑑諺解

【卷三】

諡法柔質慈民曰惠也

惠帝之意蓋以謂身爲太后子而不能容父之寵姬是終不能治天下(淫樂)書罔淫于樂過也(新增)司

詳密註釋通鑑諺解卷三

漢紀

孝惠皇帝 名盈高祖長子 在位七年　壽二十四 是時海內得離戰爭之苦惠帝拱己而天下晏然可謂寬仁之主遭呂太后虧損至德悲夫

(丁未)元年이라太后ㅣ酖殺趙王ᄒᆞ고 酖音鴆々鳥以羽畫酒中飮之立死 遂斷戚夫人手足ᄒᆞ고去眼煇耳ᄒᆞ고 煇許云反以藥熏之令其聾 飮瘖藥ᄒᆞ야 瘖於今反不能言也 使居厠中ᄒᆞ고號曰人彘라ᄒᆞ더니居數日에乃召帝觀人彘ᄒᆞᆫ디帝ㅣ見問ᄒᆞ야知其爲戚夫人ᄒᆞ고乃大哭ᄒᆞ야因病歲餘에不能起ᄒᆞ고使人請太后曰此는非人所爲로소이다臣이爲太后子ᄒᆞ야終不能治天下ㅣ라ᄒᆞ고帝ㅣ以此로日飮爲淫樂ᄒᆞ야不聽政이러라 出史呂后紀

元年이라太后ㅣ酖으로趙王을殺ᄒᆞ고드듸여戚夫人의手足을斷ᄒᆞ고眼을去ᄒᆞ며耳를煇ᄒᆞ고瘖藥을飮ᄒᆞ야ᄒᆞ야곰厠中에居ᄒᆞ게ᄒᆞ고號ᄒᆞ야日人彘라ᄒᆞ더니居ᄒᆞᆫ

馬公曰爲人子者父母有過則諫々而不聽則號泣而隨之安有守高祖之業爲天下主之不忍母之殘酷遂棄國家而不恤縱酒色以傷生者若惠者可謂篤於小仁而未知大義也

(鄭文終侯)鄭縣名文終謚侯爵也

지數日에이에帝를召ᄒᆞ야人彘를觀케ᄒᆞᆫᄃᆡ帝ㅣ見ᄒᆞ고問ᄒᆞ야그戚夫人됨을알고이에크게哭ᄒᆞ야因ᄒᆞ야病ᄃᆞᆫ지歲餘에能히起치못ᄒᆞ고人으로ᄒᆞ야곰太后를請ᄒᆞ야曰이ᄂᆞᆫ人의ᄒᆞᆯ바이아니로소이다臣이太后의子가되야맛ᄎᆞᆷᄂᆡ能히天下를治ᄒᆞᆯ슈업다ᄒᆞ고帝ㅣ이로써日로飮ᄒᆞ고樂을淫히ᄒᆞ야政을聽치아니ᄒᆞ더라

(戊申)二年이라 **鄭文終侯蕭何**ㅣ **病**이어늘 **上**이 **親自臨視**ᄒᆞ고 **因問曰君即百歲後**에 **誰可代君者**오 **對曰知臣**은 **莫如主**ㅣ니이다 **帝曰曹參**이 **何如**오 **曰帝**ㅣ**得之矣**로소이다 **七月**에 **薨**ᄒᆞ다 **何**ㅣ **置田宅**에 **必居窮僻處**ᄒᆞ고 **爲家**에 **不治垣屋曰後世**ㅣ**賢**이면 **師吾儉**이오 **不賢**이라도 **毋爲勢家所奪**이라ᄒᆞ더라 (出蕭相國世家)

二年이라鄭文終侯蕭何ㅣ病드럿거늘上이親히ᄉᆞᄉᆞ로臨ᄒᆞ야視ᄒᆞ고因ᄒᆞ야무러曰君이곳百歲後에누가可히君을代ᄒᆞᆯ者인고對ᄒᆞ야曰臣을知ᄒᆞ기ᄂᆞᆫ主만갓ᄒᆞ니업ᄂᆞ이다帝ㅣ曰曹參이엇더ᄒᆞᆫ고曰帝ㅣ得ᄒᆞ얏ᄂᆞ이다七月에薨ᄒᆞ다何가田宅을置ᄒᆞᆷ이반다시窮僻ᄒᆞᆫ處에居ᄒᆞ고家를ᄒᆞᆷ이垣과屋을治치안코曰後世ㅣ賢ᄒᆞ면吾에儉을師ᄒᆞᆯ것이오賢치안터라도勢家의奪ᄒᆞᆯ바이毋ᄒᆞ다ᄒᆞ더라

(無何)猶言無幾謂小時也

(推賢)推擧以爲賢也

曹參이聞何薨ᄒᆞ고 告舍人ᄒᆞ되 趣治行ᄒᆞ라吾將入相ᄒᆞ리라ᄒᆞ더니 居無何에
使者ㅣ果召參이러라

曹參이何가薨ᄒᆞᆷ을듯고舍人에게告ᄒᆞᄃᆡᄲᆞᆯ니行을治ᄒᆞ라吾ㅣ장ᄎᆞᆺ드러가相ᄒᆞ리라ᄒᆞ더니얼마아니되야使者ㅣ과연參을召ᄒᆞ더라

始參이微時에與蕭何로善이라가及爲將相에有隙이러니 至何且死에
所推賢이唯參이라參이代何爲相ᄒᆞ야擧事를 無所變更ᄒᆞ야 擧凡也 更平聲改也 壹
遵何約束ᄒᆞ고 擇郡國吏ㅣ 訥於文辭 訥遲鈍也 重厚長者ᄒᆞ야 卽召除
爲丞相史ᄒᆞ고 吏之言文刻深ᄒᆞ야 言文刻深謂持文法務於刻剝而深峻者 欲務聲名者를 輒
斥去之ᄒᆞ고 見人有細過에 專掩匿覆蓋之ᄒᆞ니 府中이無事ᄒᆞ더라

비로소參이微ᄒᆞᆫ時에蕭何로더부러善ᄒᆞ다가밋將相이됨의隙이有ᄒᆞ더니何ㅣ且死ᄒᆞᆷ에至ᄒᆞ야賢을推ᄒᆞᆫ바이오즉參이라參이何을代ᄒᆞ야相이되야모든事를變更ᄒᆞᆫ바이無ᄒᆞ야壹히何의約束을遵ᄒᆞ고郡國吏의文辭에訥ᄒᆞ고重厚ᄒᆞᆫ長者를擇ᄒᆞ야곳불너丞相史를除授ᄒᆞ고吏의文을言ᄒᆞ야각박ᄒᆞ고심졀ᄒᆞ야聲名을務코져ᄒᆞᄂᆞᆫ者를문득斥ᄒᆞ야 去ᄒᆞ고人의細ᄒᆞᆫ過가有ᄒᆞᆷ을見ᄒᆞᆷ의젼혀가려숨기고덥허쥬니

(垂拱)垂衣拱手也

府中이無事ᄒᆞ더라

帝ㅣ怪相國이不治事ᄒᆞᆫ대參이曰陛下ㅣ自察聖武ㅣ孰與高帝잇니고上이曰朕이安敢望先帝오리又曰陛下ㅣ觀臣能이孰與蕭何賢이니잇고上이曰君이似不及也니라參이曰陛下ㅣ言之是也로소이다高帝ㅣ與蕭何로定天下ᄒᆞ샤法令이旣明ᄒᆞ니陛下ㅣ垂拱ᄒᆞ시고臣等이守職ᄒᆞ야遵而勿失이不亦可乎잇가帝ㅣ曰善다

帝ㅣ相國이事를治치아니홈을怪히역인ᄃᆡ參이曰陛下ㅣᄉᆞᄉᆞ로聖武ㅣ察할진댄누가高帝와갓습닛가上이曰朕이엇지敢히先帝를望ᄒᆞ리오ᄯᅩ曰階下ㅣ觀하건대臣의能이누가蕭何의賢홈과갓ᄒᆞ니잇고上이曰君이及지못할것갓트니라參이曰陛下의言이올소이다高帝ㅣ蕭何로더부러天下를定ᄒᆞ샤法令이旣明하니陛下ㅣ拱을垂ᄒᆞ시고參의等이職을守ᄒᆞ야遵ᄒᆞ야失치말미ᄯᅩᄒᆞᆫ可치안녀ᄒᆞ오니가帝曰善다

(乘)載也

參이爲相國三年에百姓이歌之曰蕭何ㅣ爲法에較若畫一ᄒᆞ더니 校漢書作講較音校畫直也又訓明也言法明直若畫一也師古云講和也畫一整齊也 曹參이代之에守而勿失ᄒᆞ고載其淸淨ᄒᆞ니

(公主)天子之女曰公主

(褻嫚)凶奴傳遺高后書陛下獨居孤獨居兩主亦不樂無以自娛願以所有易其所無

(歌吟未絕)天下歌曰平城

民以寧壹이라ᄒᆞ더라 出史曹相國世家

參이相國된지三年에百姓이歌ᄒᆞ야曰蕭何ㅣ法을ᄒᆞᆷ의較ᄒᆞᆷ이一을畫ᄒᆞᆷ갓더니曹參이代ᄒᆞᆷ에守ᄒᆞ고失치아니ᄒᆞ야그淸ᄒᆞ고淨ᄒᆞᆷ을載ᄒᆞ니民이써寧ᄒᆞ고壹ᄒᆞ다ᄒᆞ더라

(己酉)三年이라以宗室女로爲公主ᄒᆞ야嫁凶奴冒頓單于ᄒᆞ다

三年이라宗室女로써公主을솜어凶奴冒頓單에게于嫁ᄒᆞ다

是時에冒頓이方彊ᄒᆞ야爲書遺高后호ᄃᆡ辭極褻嫚이어ᄂᆞᆯ高后ㅣ大怒ᄒᆞ야議斬其使者ᄒᆞ고發兵擊之ᄒᆞᆫᄃᆡ樊噲ㅣ曰臣이願得十萬衆ᄒᆞ야橫行凶奴中호리이다

이때에冒頓이바야흐로彊ᄒᆞ야書를하야高后에게遺호ᄃᆡ辭가극히褻ᄒᆞ고嫚ᄒᆞ거ᄂᆞᆯ高后ㅣ크게怒ᄒᆞ야그使者를斬ᄒᆞ고兵을發ᄒᆞ야擊ᄒᆞ기를議ᄒᆞᆫᄃᆡ樊噲ㅣ曰臣이願컨ᄃᆡ十萬衆을得ᄒᆞ야匈奴中에橫行호리이다

季布ㅣ曰噲를可斬也ㅣ니이다前에凶奴ㅣ圍高帝於平城이어ᄂᆞᆯ漢兵이三十萬이로ᄃᆡ噲爲上將軍ᄒᆞ야不能解圍러니今에歌吟之聲이未絕ᄒᆞ고

之下亦謂苦七日不食不能彀弩

(挾書律) 挾藏也秦律挾書者族

傷夷者ㅣ甫起어늘 傷金創也 夷亦傷也 而噲ㅣ妄言以十萬衆으로 橫行이라ᄒᆞ니 是는 面謾也로소이다 謾欺詐也

季布ㅣ曰噲를可히斬ᄒᆞᆯ지니이다前에匈奴ㅣ高帝를平城에셔圍ᄒᆞ거늘漢兵이三十萬이로ᄃᆡ噲가上將軍이되야能히圍를解치못ᄒᆞ더니今에歌吟의聲이絕치안ᄒᆞ고傷夷ᄒᆞᆫ者ㅣ겨오起ᄒᆞ얏거늘噲ㅣ妄히言ᄒᆞ야十萬衆으로써橫行ᄒᆞᆫ다ᄒᆞ니是ᄂᆞᆫ面으로謾ᄒᆞᆷ이로소이다

且夷狄은 譬如禽獸라 得其善言이라도 不足喜오 惡言이라도 不足怒也ㅣ니이다 高后ㅣ曰善타ᄒᆞ고 報書호ᄃᆡ 深自謙遜以謝之ᄒᆞ니 冒頓이 復使使來謝ᄒᆞ고 因獻馬ᄒᆞ고 遂和親ᄒᆞ다 出漢書凶奴傳

ᄯᅩ夷狄은譬컨ᄃᆡ禽獸와갓흔지라그善言을得ᄒᆞ더라도足히喜ᄒᆞᆯ것이업고惡言이라도足히怒ᄒᆞᆯ것이업ᄂᆞ이다高后ㅣ曰善타ᄒᆞ고書를報호ᄃᆡ깁히ᄉᆞᄉᆞ로謙遜ᄒᆞ야써謝ᄒᆞ니冒頓이다시使를부려來ᄒᆞ야謝ᄒᆞ고因ᄒᆞ야馬를獻ᄒᆞ고드ᄃᆡ여和親ᄒᆞ다

(庚戌)四年이라 除挾書律ᄒᆞ다

四年이라挾書律를除ᄒᆞ다

(稱制)天子之言曰制太后行天子之事故曰稱制

(陳季雅)曰秦人重禁文學不得挾書無道極矣高祖入關約法三章悉除苛法而挾書之律獨承秦弊至惠帝始除是高祖惡聞詩書之習不減於秦也使入關之初或天下旣平之日能弛此禁則遺書散漫往往復出孔壁雖壞而全書不亾然則高帝不事詩書其害乃甚於秦之焚棄也

(辛亥)五年이라**秋**에**曹叅**이**薨**하다

五年이라秋에曹參이薨하다

(班固)贊曰蕭何曹參皆起秦刀筆吏當時碌碌未有奇節漢興依日月之末光何以謹信守管籥參與韓信俱征伐天下旣定因民之疾秦法順流與之更始二人同心遂安海內淮陰鯨布等已滅惟何參擅功名位冠羣后聲施後世爲一代之宗臣慶流苗裔盛矣哉

以王陵으로**爲右丞相**하고**陳平**으로**爲左丞相**하고**周勃**로**爲太尉**하다 出陳平周勃傳

王陵으로써右丞相을삼고陳平으로左丞相을삼고周勃로大尉를삼다

(新增)陳季雅曰此便是用高帝臨崩之言也○置二相自此始

(癸丑)七年이라**秋八月**에**帝**ㅣ**崩**하니**太后**ㅣ**臨朝稱制**하다 (班固贊曰)孝惠內修親外禮宰相優寵齊悼趙恩敬篤矣聞叔孫通之諫則懼然納曹相國之對而心悅可謂寬仁之主遭呂太后虧損至德悲夫

高皇后 姓呂氏名雉 臨朝八年 臨朝稱制幾危劉氏

(甲寅) 高皇后呂氏元年 冬에 太后ㅣ議欲立諸呂爲王ᄒᆞ야 問右丞相陵ᄒᆞᆫ대 陵이 曰高帝ㅣ刑白馬盟曰非劉氏而王이어든 天下ㅣ共擊之ᄒᆞ라ᄒᆞ시니 今王呂氏는 非約也로소이다 太后ㅣ不說ᄒᆞ야 問左丞相平과 太尉勃ᄒᆞᆫ대 對曰高帝ㅣ定天下ᄒᆞ시고 王子弟ᄒᆞ시니 今에 太后ㅣ稱制에 王諸呂ㅣ無所不可ㅣ니이다 太后ㅣ喜ᄒᆞ더라

冬에太后ㅣ諸呂를立ᄒᆞ야王을삼고져ᄒᆞ야右丞相陵에게問ᄒᆞᆫ딕陵이曰高帝ㅣ白馬를刑ᄒᆞ고盟ᄒᆞ야曰劉氏가아니고王ᄒᆞ거든天下ㅣ한가지擊ᄒᆞ라ᄒᆞ셧스니今에呂氏를王홈은約이아니로소이다太后ㅣ說치아니ᄒᆞ야左承相平과太尉勃에게問ᄒᆞᆫ딕對ᄒᆞ야曰高帝ㅣ天下를定ᄒᆞ시고子弟를王ᄒᆞ셧스니今에太后ㅣ制를稱ᄒᆞ심의諸呂를王ᄒᆞ심이可치아니ᄒᆞᆫ바이無ᄒᆞ니이다太后ㅣ喜ᄒᆞ더라

(新增)愚按綱目凡世統之年歲下大書非正統者兩行分與此固書法之正例也今呂氏臨朝天下亦合于一殆與東漢馬鄧無異初非戰國南北五代之比胡爲亦以分注書之尹氏曰嘗觀程子頤傳易於坤之六五有曰臣居尊位羿莽是也猶可言也婦居尊位

女媧氏武氏是也非常之變不可言也夫呂氏制朝雖取他人之子立之實非劉氏故綱目於此分注其年以著其實非正統且以示天下非常之變故特變例書之爲後世鑑爾凡此類皆綱目之大節書法之要旨君子之所當深察者也故剟於此書一遵于朱子之意而訂正之耳

罷朝에王陵이讓陳平絳侯曰始與高帝로唼血盟에諸君이不在邪아今高帝崩에太后ㅣ欲王呂氏어늘諸君이縱欲阿意나何面目으로見高帝於地下乎아陳平絳侯ㅣ曰於今에面折廷爭은臣不如君이오全社稷定劉氏後는君亦不如臣이니다陵이無以應이러라 出史記本紀

朝를罷홈의王陵이陳平과絳侯를讓ᄒᆞ야曰비로소高帝로더부러血을唼ᄒᆞ고盟홈의諸君이在치아니ᄒᆞ얏던가이제高帝ㅣ崩홈의太后ㅣ呂氏를王코자ᄒᆞ거늘諸君이비록意를阿코져ᄒᆞ나무슨面目으로高帝를地下에셔見ᄒᆞ랴陳平과絳侯ㅣ曰今에面으로折ᄒᆞ고廷에셔爭홈은臣이君만갓지못ᄒᆞ고社稷을全히ᄒᆞ고劉氏後를定홈은君이또臣만갓지못ᄒᆞ니라陵이써應홈이無더라

(胡氏)管見曰自己然論之王陵不如平勃固也使太后未崩而平勃先死則如此言何

(業已)已然曰業凡事已爲而未成曰業也

且平勃何以知己之死在太后之後而全社稷定劉氏之功可必也故愚亦謂其僥倖而己矣太后有議陵不可平又不可勃又不可將相大臣皆不可太后亦安能獨行其惠乎自是而後權歸呂氏地震山崩桃李冬華星辰晝見伊洛江漢洪水溢流萬數千計日食晝晦人謀不臧感動天地陰盛陽微漢祚幾易他日平勃安劉之功僅足以贖王諸呂之罪耳先賢論之云人臣之義當以王陵爲正至哉言乎

(庚申)高后七年 諸呂ㅣ 擅權用事ᄒᆞ니 朱虛侯章이 忿劉氏不得職이러니 嘗入侍燕飮ᄒᆞᆯ서 章이 自請曰臣은 將種也라 請得以軍法으로 行酒ᄒᆞ리이다 頃之에 諸呂에 有一人이 醉亡酒어ᄂᆞᆯ 章이 追拔劒斬之ᄒᆞᆫ대 太后ㅣ 業已許其軍法이라 無以罪也러니 自後로 諸呂ㅣ 憚朱虛侯ᄒᆞ고 劉氏爲益彊이러라 出史齊悼惠王世家

諸呂ㅣ權을擅히ᄒᆞ야事를用ᄒᆞ니朱虛侯章이劉氏가職을得치못홈을忿히여기더니일즉이드러가侍ᄒᆞ야燕에飮ᄒᆞᆯ서章이스ᄉᆞ로請ᄒᆞ야曰臣은將種이라청컨ᄃᆡ시러곰軍法으로써酒를行호리이다얼마잇다가諸呂에一人이醉ᄒᆞ야酒에亡ᄒᆞ는이가有ᄒᆞ거ᄂᆞᆯ章이追ᄒᆞ야劒을拔ᄒᆞ야斬ᄒᆞᆫᄃᆡ太后ㅣ발셔임의그軍法을許ᄒᆞᆫ지라써

(深念)以國家不安故靜居獨念其方策

驩與歡通

(太后崩)初太后還過軹道見物如鬼打腋卜之云趙王如意爲祟因遂病腋傷病甚乃戒呂祿呂産曰我崩大臣爲變據兵權不爲人所制於是崩

罪홈이無ᄒᆞ더니後로부터諸呂ㅣ朱虛侯를憚ᄒᆞ고劉氏ㅣ더욱彊ᄒᆞ더라

陳平이患諸呂를力不能制ᄒᆞ고恐禍及己ᄒᆞ야嘗燕居深念이더니陸賈ㅣ往ᄒᆞ야直入坐曰天下ㅣ安이면注意相이오天下ㅣ危면注意將ᄒᆞᄂᆞ니將相이和調則士ㅣ豫附ᄒᆞ고(豫素也)士ㅣ豫附則天下ㅣ雖有變이나權不分이니君은何不交驩太尉오平이用其計ᄒᆞ야兩人이深相結ᄒᆞ니呂氏謀ㅣ益衰러라

陳平이諸呂를力으로能히制치못홈을患ᄒᆞ고禍가己에及홀가恐ᄒᆞ야일즉이燕居ᄒᆞ야깁히念ᄒᆞ더니陸賈ㅣ往ᄒᆞ야곳入坐ᄒᆞ야曰天下ㅣ安이면意를相에게注ᄒᆞ고天下ㅣ危면意를將에게注ᄒᆞᄂᆞ니將과相이和調ᄒᆞᆫ則士ㅣ본대附ᄒᆞ고士ㅣ본대附ᄒᆞᆫ則天下ㅣ비록變이有ᄒᆞ나權이分치안ᄂᆞ니君은엇지ᄒᆞ야太尉로交驩치안ᄂᆞ고平이그計를用ᄒᆞ야兩人이깁히서로結ᄒᆞ니呂氏의謀ㅣ더욱衰ᄒᆞ더라

(辛酉)高后八年**秋七月에太后ㅣ崩**ᄒᆞ다(班固)贊曰孝惠高后時海內得離戰爭之苦君臣俱欲無爲故惠帝拱己高后女主制政不出房闥而天下晏然刑罰罕用民務稼穡衣食滋殖

秋七月에太后ㅣ崩ᄒᆞ다

(呂祿呂產)皆后兄子

(袒)偏脫衣袖也

(給說)呂祿平勃使人說祿曰高帝與呂后共定天下劉氏所立九主呂氏所立三王今太后崩帝少而足下不急之國乃將兵留此爲人所疑祿然其計從之

少帝弘梁王太淮陽武恒山朝

呂祿呂產이 欲作亂ᄒᆞ대 憚絳侯朱虛等ᄒᆞ야 猶豫未決이러니 絳侯ㅣ 使酈寄로 給說呂祿ᄒᆞ야 以兵으로 屬太尉ᄒᆞᆫ대(酈音歷) 太尉ㅣ 入軍門ᄒᆞ야 行令曰 爲呂氏어든 右袒ᄒᆞ고 爲劉氏어든 左袒ᄒᆞ라 軍中이 皆左袒이어늘 太尉ㅣ 遂將北軍分部ᄒᆞ고 悉捕諸呂ᄒᆞ야 男女를 無少長히 皆斬之ᄒᆞ다(出史記呂后紀)

呂祿과 呂產이 亂을 作코져 ᄒᆞ대 絳侯와 朱虛의 等을 憚ᄒᆞ야 猶豫ᄒᆞ고 決치 못ᄒᆞ더니 絳侯ㅣ 酈寄로 ᄒᆞ야곰 給ᄒᆞ야 呂祿을 說ᄒᆞ야 兵으로써 太尉에게 屬ᄒᆞᆫ대 太尉ㅣ 軍門에 入ᄒᆞ야 令을 行ᄒᆞ야 曰 呂氏를 爲ᄒᆞ거든 右로 袒ᄒᆞ고 劉氏를 爲ᄒᆞ거든 左로 袒ᄒᆞ라 軍中이 다 左로 袒ᄒᆞ거늘 太尉ㅣ 드듸여 北軍을 將ᄒᆞ야 部를 分ᄒᆞ고 다 諸呂를 捕ᄒᆞ야 男女를 少와 長이 업시 다 斬ᄒᆞ다

(胡氏)管見曰太尉此問非也有如軍士不應或皆右袒或參半焉則如之何故先賢謂是時直當輸以大義率而用之爾況太尉已得北軍士卒固惟舊將之聽非惟不當問蓋亦不必問也○(新增養心吳氏)曰勃令軍中左右袒設使右袒其可已乎伊川先生以爲此屬盡爲身謀非眞爲國家也

諸大臣이 相與謀曰 少帝及梁淮陽恒山王이 皆非眞孝惠子라ᄒᆞ야 乃使人으로 迎代王ᄒᆞᆫ대 張武等議ㅣ 皆曰 漢大臣이 皆故高

(宋昌)宋義之子也

(磐石)彙大石也

帝時將으로習兵事ᄒᆞ고多謀詐라今已誅諸呂ᄒᆞ고以迎大王으로爲名ᄒᆞ나實不可信이니願稱疾無往ᄒᆞ야以觀其變ᄒᆞ소서

諸大臣이서로더부러謀ᄒᆞ야曰少帝와밋梁과淮陽과恒山王이다참으로孝惠의子가아니라ᄒᆞ야이에人으로ᄒᆞ야곰代王을迎ᄒᆞᆫᄃᆡ張武等의議ㅣ다ᄀᆞᆯ오ᄃᆡ漢大臣이다옛高帝의將으로兵事에習ᄒᆞ고謀詐가多ᄒᆞᆫ지라今에임의諸呂를誅ᄒᆞ고써大王을迎ᄒᆞᆷ으로名을ᄒᆞ나실상은可히信ᄒᆞᆯ슈업스니願컨ᄃᆡ疾을稱ᄒᆞ고往치마라써그變을觀ᄒᆞ쇼서

中尉宋昌이進曰夫秦失其政에豪傑이並起ᄒᆞ야人人이自以爲得之者ㅣ以萬數ㅣ나然ㅣ나卒踐天子位者ᄂᆞᆫ劉氏也ㅣ니天下ㅣ絶望이一矣오高帝ㅣ王子弟ᄒᆞ야地ㅣ犬牙相制ᄒᆞ니(犬牙相制言封子弟其境土交接者犬牙不正相當而相銜入也)所謂磐石之宗也라(磐石之宗此語見太公六韜又荀子國富篇曰國安于磐石注磐固也國之安彊如磐踞之大石不可拔也)天下ㅣ服其疆이二矣오漢興에除秦煩苛ᄒᆞ고約法令施德惠ᄒᆞ야人人이自安ᄒᆞ니難動搖ㅣ三矣라夫以呂太后之嚴으로擅權專制나然而太尉ㅣ

以一節로入北軍一呼에士皆左袒ᄒᆞ야爲劉氏畔諸呂ᄒᆞ야卒以滅之ᄒᆞ니此乃天授오非人力也ㅣ니라

中尉宋昌이進ᄒᆞ야曰무릇秦이그政을失ᄒᆞᆷ의豪傑이並起ᄒᆞ야人人이스ᄉᆞ로써得ᄒᆞᆫ다ᄒᆞᆫ者ㅣ萬으로써數ᄒᆞ나然이나맛ᄎᆞᆷ내天子의位를踐ᄒᆞᆫ者는劉氏니天下ㅣ絕望ᄒᆞᆷ이一이오高帝ㅣ子弟를王ᄒᆞ야地가犬牙와相制ᄒᆞ니謂ᄒᆞᆫ바磐石의宗이라天下ㅣ그彊을服ᄒᆞᆷ이二오漢興에秦의煩苛를除ᄒᆞ고法令을約ᄒᆞ고德惠를施ᄒᆞ야人人이스ᄉᆞ로安ᄒᆞ니動搖키難ᄒᆞᆷ이三이라무릇呂太后의嚴으로써權을擅ᄒᆞ고制를專ᄒᆞ얏스나그러나太尉ㅣ一節로써北軍에入ᄒᆞ야한번呼ᄒᆞᆷ의士가다左로袒ᄒᆞ야劉氏를爲ᄒᆞ고諸呂를畔ᄒᆞ야맛ᄎᆞᆷ내써滅ᄒᆞ얏스니이는이天이授ᄒᆞᆷ이오人의力은아니니이니다

大王의賢聖仁孝ㅣ聞於天下故로大臣이因天下之心而迎立大王ᄒᆞ니、大王은勿疑也ᄒᆞ소서代王이至長安ᄒᆞ니太尉勃이請間이어는(索隱註間音閑言欲向空閑處語)宋昌이曰所言이公인ᄃᆡ公言之ᄒᆞ고所言이私ㅣᆫ댄王者는無私ㅣ니라

(西鄉讓三)賓主位東西面君臣位南面北面王入代邸群臣繼至王以賓主禮接之(南向讓再)群臣進王正南面之位又再讓

諡法慈惠愛民曰文

大王의賢聖과仁孝ㅣ天下에聞ᄒᆞᆫ고로大臣이天下의心을因ᄒᆞ야大王을迎立ᄒᆞ나니大王은疑치마르소서代王이長安에至ᄒᆞ니太尉勃이間을請ᄒᆞ거ᄂᆞᆯ宋昌이曰言ᄒᆞᆯ바이公인ᄃᆡ公으로言ᄒᆞ고言ᄒᆞᆯ바이私인ᄃᆡ王인者는私가無ᄒᆞ니라

太尉ㅣ乃跪上天子璽符어ᄂᆞᆯ代王이西鄉讓者ㅣ三이오南鄉讓者ㅣ再ㅣ라遂卽天子位ᄒᆞ고夜拜宋昌ᄒᆞ야爲衛將軍ᄒᆞ야領南北軍ᄒᆞ고以張武로爲郞中令ᄒᆞ야行殿中ᄒᆞ다 (出漢書文帝紀)

太尉ㅣ이에跪ᄒᆞ야天子의璽符를上ᄒᆞ거ᄂᆞᆯ代王이西으로鄉ᄒᆞ야讓ᄒᆞᆫ者ㅣ三이오南으로鄉ᄒᆞ야讓ᄒᆞᆫ者ㅣ再라드ᄃᆡ여天子位에卽ᄒᆞ고夜에宋昌을拜ᄒᆞ야衛將軍을삼어南北軍을領ᄒᆞ고張武로ᄡᅥ郞中令을삼어殿中에行케ᄒᆞ다

漢 紀

太宗孝文皇帝上 (名恒高祖中子) 在位二十三年 壽四十六 (漢興掃除煩苛與民休息至於孝文加之以恭儉專務以德化民是以海內富庶興於禮義斷獄數百幾致刑措至於制度禮樂則謙讓而未遑)

(壬辰)元年이라 有司ㅣ 請蚤建太子曰豫建太子는所以重宗廟社稷ᄒᆞ고不忘天下也ㅣ라古者에殷周ㅣ有國에治安이皆千餘

(鰥寡)老而無妻曰鰥老而無夫曰寡
阽與墊通
(振貸)振起也振救振贍義皆同今俗爲賑非也

歲는用此道也ㅣ니이다 今子啓ㅣ 最長ᄒ고純厚慈仁ᄒ니 請建以爲太子ᄒ노이다乃許之ᄒ다 本紀

元年이라有司ㅣ일즉이太子를建ᄒ기를請ᄒ야曰미리太子를建홈은써宗廟와社稷을重히ᄒ고天下를忘치안는바이라古者에殷周ㅣ國을有홈이治ᄒ야安홈이다千餘歲는이道를用홈이니이다今에子啓ㅣ가장長ᄒ고純厚ᄒ고慈仁ᄒ니建ᄒ야써太子숨기를請ᄒ노이다이에許ᄒ다

(新增東萊)曰按景帝紀註景帝年三十一即位然則文帝之元年景帝方十歲而平勃所以亟請建太子懲惠帝繼嗣不明之過也文帝所以固讓者蓋踐阼之始懼不克勝所言皆發於中心非好名也

漢書本紀에曰三月에 詔曰方春和時에 草木羣生之物이 皆有以自樂호되而吾百姓鰥寡孤獨困窮之人은或阽音坫於危亡
王氏曰阽音反阽之阽一云音屋檐之檐阽近邊欲墮意案檐字今俗作簷
而莫之省憂ᄒ니 爲民父母ㅣ 將何如오 其議所以振貸之ᄒ라

漢書本紀에曰三月에詔ᄒ야曰바야흐로봄和ᄒ時에草木羣生의物이다스스로樂

(存問)存省視之也

絮綿也

(吉行)如巡狩封禪之類師行征伐之行也

홈이 잇되吾百姓의鰥寡와孤獨困窮호人은或危亡에阽호야憂를省할리업스니民의父母ㅣ되야장찻엇더호리오그써振貸홀바를議호라

又曰老者는非帛不暖이며非肉不飽ㅣ니今歲首ㅣ니今歲首句絕春者歲之首 不時使人으로存問長老호대言不即於此歲首時遣使者存問年長老人 八十已上은賜米肉호고九十已上은賜帛各二疋絮三斤호고盡除收孥相坐律호라收孥注見周赧王十年

또갈오대老호者는帛이아니면暖치안호며肉이아니면飽치안느니이제歲首ㅣ니不時로人으로호야곰長老를存問호되八十已上은米肉을賜호고九十已上은帛各二疋과絮三斤을賜호고다收孥相坐호는律을除호라

時에有獻千里馬者어늘帝ㅣ曰鸞旗는在前호고師古曰編以羽毛列繫幢旁載於車上謂之鸞旗車駕出則陳於道而先行鸞通作鑾說文人君乘車駟馬鑣八鑾鈴象鸞鳥聲馬動則鑾鳴以應行節崔氏云五路衡上金雀者朱鳥也口啣鈴謂之鑾衡 屬車는在後호야王氏曰古者諸侯貳車九乘秦滅九國兼其車服故大駕屬車八十乘法駕半之屬車皂蓋赤裏木幡戈矛弩箙尚書御史所載最後一車縣豹尾屬相連屬也 吉行은日五十里오師行은三十里니朕乘千里馬호고獨先安之리오호고下詔不受호다出賈捐之傳

時에千里馬를獻호는者ㅣ有호거놀帝ㅣ曰鸞旗는前에在호고屬車는後에在호야吉行은日에五十里오師行은三十里니朕이千里馬를乘호고홀로먼저어듸로가리

(明習)精明鍊習也
(朝而問之)臨朝而問之也
(治粟內史)秦官名掌穀貨

오ᄒᆞ고詔를下ᄒᆞ야受치아니ᄒᆞ다

帝益明習國家事ᄒᆞ야朝而問右丞相勃曰天下一歲에決獄이幾何오勃이謝不知어늘又問一歲에錢穀出入이幾何오勃이又謝不知ᄒᆞ고汗出沾背어늘上이問左丞相平ᄒᆞᆫ되平이曰有主者ᄒᆞ니陛下ㅣ卽問決獄인되責廷尉ᄒᆞ시고問錢穀인되責治粟內史ᄒᆞ소셔

帝ㅣ더더욱밝히國家의事를習ᄒᆞ야朝에丞相勃다려問ᄒᆞ야曰天下ㅣ一歲에獄을決ᄒᆞᆷ이얼마인고勃이아지못ᄒᆞᆫ다謝ᄒᆞ거늘또묻되一歲에錢穀出入이얼마인고勃이또아지못ᄒᆞᆫ다謝ᄒᆞ고汗이出ᄒᆞ야背에沾ᄒᆞ거늘上이左丞相平다려問ᄒᆞᆫ되平이曰主ᄒᆞᄂᆞᆫ者ㅣ有ᄒᆞ니陛下ㅣ곳決獄을問ᄒᆞᆯ실진대廷尉를責ᄒᆞ시고錢穀을問ᄒᆞ실진대治粟內史를責ᄒᆞ소셔

上이曰君所主者ᄂᆞᆫ何事也오平이謝曰宰相은上佐天子ᄒᆞ야理陰陽順四時ᄒᆞ야下遂萬物之宜ᄒᆞ고外鎭撫四夷諸侯ᄒᆞ고內親附百姓ᄒᆞ야使卿大夫로各得任其職焉이니이다帝ㅣ稱善ᄒᆞ니於是에絳侯

惠帝五年始置二相至是只置一相

(改正朔易服色)夏建寅爲正平明爲朔商建丑爲正鷄鳴爲朔周建子爲正夜半爲朔至

ㅣ自知其能이 不如平ᄒᆞ고 乃謝病請歸相印이어늘 上이 許之ᄒᆞ니 平이 專爲丞相ᄒᆞ다 出史陳丞相世家帝稱善下參用漢書文自此只置一相

上이曰君의主ᄒᆞᄂᆞᆫ바ᄂᆞᆫ무ᄉᆞᆫ일인고平이謝ᄒᆞ야曰宰相은上으로天子를佐ᄒᆞ야陰陽을理ᄒᆞ고四時를順ᄒᆞ야下로萬物의宜를遂ᄒᆞ고外로四夷와諸侯를鎭撫ᄒᆞ고內로百姓을親附ᄒᆞ야卿大夫로ᄒᆞ야곰각각시러곰그職을任케ᄒᆞᆷ이니이다帝ㅣ善타稱ᄒᆞ니이에絳侯ㅣᄉᆞᄉᆞ로그能이平갓지못ᄒᆞᆷ을知ᄒᆞ고이에病을謝ᄒᆞ고相印을歸ᄒᆞ기를請ᄒᆞ거ᄂᆞᆯ上이許ᄒᆞ니平이오로지丞相이되다

上이 聞河南守吳公이 治平이 爲天下第一ᄒᆞ고 吳姓史失其名故稱公治平言其政治均平 召以爲廷尉러니 吳公이 薦洛陽人賈誼어늘 帝ㅣ 召以爲博士ᄒᆞ니 是時에 賈生의 年이 二十餘ㅣ라 帝ㅣ 愛其辭博ᄒᆞ야 一歲中에 超遷至太中大夫ᄒᆞ니 賈生이 請改正朔易服色定官名興禮樂ᄒᆞ야 以立漢制ᄒᆞ고 更秦法ᄒᆞ니 帝ㅣ 謙讓未遑也러라 出史紀傳

上이河南守吳公이治平ᄒᆞᆷ이天下에第一됨을聞ᄒᆞ고召ᄒᆞ야써廷尉를숨엇더니吳公이洛陽人賈誼를薦ᄒᆞ거ᄂᆞᆯ帝ㅣ召ᄒᆞ야써博士를숨으니이ᄯᅢ에賈生의年이二十

秦始改用十月爲正亥時爲朔服如青有虞氏深衣而養老而禹氏燕衣而養老殷人縞衣而養老周公玄衣而養老色如夏尙黑殷尙白周尙赤秦尙黑禮樂大抵因舊秦制 (逮)及也 不逮意慮之不及也

餘ㅣ라帝ㅣ그辭가博홈을愛ᄒᆞ야 一歲의中에뒤여옴겨太中大夫에至ᄒᆞ니賈生이正朔을改ᄒᆞ고服色을易ᄒᆞ고官名을定ᄒᆞ고禮樂을興ᄒᆞ야써漢制를立ᄒᆞ고秦法을更홈을請ᄒᆞ니帝ㅣ遑치못홈으로謙讓ᄒᆞ더라

(癸亥)二年이라 冬十一月癸卯晦에 日有食之어늘 王氏曰曆家之說謂日光以望時遙奪月光故月食日月同會月奄日故日食食有上下者行其高下月光輪存而中食者相奄密故日光溢出也然聖人不言月食而以日食爲文闕於所不見 詔羣臣ᄒᆞ야 悉思朕之過失ᄒᆞ야 以啓告朕ᄒᆞ고 及擧賢良方正能直言極諫者ᄒᆞ야 以匡朕之不逮ᄒᆞ라ᄒᆞ다 出漢書本紀

二年이라冬十一月癸卯晦에日이食홈이有ᄒᆞ거늘羣臣에게詔ᄒᆞ야다朕의過失를思ᄒᆞ야써啓ᄒᆞ야朕에게告ᄒᆞ고밋賢良ᄒᆞ고方正ᄒᆞ고能히直言으로極諫ᄒᆞᄂᆞᆫ者를擧ᄒᆞ야써朕의逮치못홈을匡ᄒᆞ라ᄒᆞ다

賈山이 上書言治亂之道ᄒᆞᆯ서 借秦爲喩ᄒᆞ니 名曰至言이라 其辭에 曰臣은 聞雷霆之所擊에 無不摧折者오 萬鈞之所壓에 無不糜滅者라ᄒᆞ니 今人主之威는 非特雷霆也오 勢重이 非特萬鈞也ㅣ라

賈山이書를上ᄒᆞ야治亂의道를言ᄒᆞᆯ시秦을借ᄒᆞ야喩를ᄒᆞ니名ᄒᆞ야曰至言이라그

(千八百國)凡九州千七百七十三國曰千八百國者擧成

辭에曰臣은드르니雷霆의擊ᄒᆞᄂᆞᆫ바에摧折치안ᄂᆞᆫ者ㅣ업고萬鈞의壓ᄒᆞᄂᆞᆫ바에糜滅치안ᄂᆞᆫ者ㅣ업다ᄒᆞ니이제人主의威ᄂᆞᆫ特히雷霆ᄲᅮᆫ아니오勢의重홈이特히萬鈞ᄲᅮᆫ아니라

開道而求諫ᄒᆞ고和顔色而受之ᄒᆞ야用其言而顯其身이라도士ㅣ猶恐懼而不敢自盡이어든 又況於縱欲恣暴ᄒᆞ야 惡聞其過乎잇가 震之以威ᄒᆞ고壓之以重이면雖有堯舜之智와 孟賁(音奔)之勇이나豈有不摧折者哉잇가如此면人主ㅣ不得聞其過ᄒᆞ고社稷이危矣리이다

道를開ᄒᆞ야諫을求ᄒᆞ고顔色을和히ᄒᆞ야受ᄒᆞ야그言을用ᄒᆞ고그身을顯ᄒᆞ더라도士ㅣ오히려恐懼ᄒᆞ야敢히ᄉᆞᄉᆞ로盡치못ᄒᆞ거든ᄯᅩ하물며欲을縱ᄒᆞ고暴를恣ᄒᆞ야그허물듯기를惡홈이리잇가威로써震ᄒᆞ고重으로써壓ᄒᆞ면비록堯舜의智와孟賁의勇이有ᄒᆞ나엇지摧折치안을者ㅣ有ᄒᆞ리잇가이갓ᄒᆞ면人主ㅣ시러곰그過를聞치못ᄒᆞ고社稷이危ᄒᆞ리이다

昔者에 周蓋千八百國이니 以九州之民으로 養千八百國之君호되 君有餘財ᄒᆞ고民有餘力而頌聲이作이러니 秦皇帝ㅣ 以千八百國

數也

(罷)讀曰疲

(訢)古欣字

之民으로自養호ᄃᆡ 力罷不能勝其役ᄒᆞ고 財盡不能勝其求ᄒᆞ야 其所
自養者ᄂᆞᆫ 馳騁弋獵之娛ㅣ니 天下ㅣ 弗能供也ㅣ니이다
昔者에周ㅣ되ᄆᆡ千八百國이니九州의民으로써千八百國의君을養호ᄃᆡ君은餘財
가有ᄒᆞ고民은餘力이有ᄒᆞ야頌ᄒᆞᄂᆞᆫ聲이作ᄒᆞ더니秦皇帝ᄂᆞᆫ千八百國의民으로써
ᄉᆞᄉᆞ로養호ᄃᆡ力이罷ᄒᆞ야能히그役을勝치못ᄒᆞ고財가盡ᄒᆞ야能히그求를勝치못
ᄒᆞ야그ᄉᆞᄉᆞ로養ᄒᆞᄂᆞᆫ바ㅅ者ᄂᆞᆫ馳騁弋獵의娛ㅣ니天下ㅣ能히供치못ᄒᆞ얏ᄂᆞ이다
今陛下ㅣ 使天下로 擧賢良方正之士ᄒᆞ시니 天下ㅣ 皆訢訢然曰
將興堯舜之道와 三王之功矣라ᄒᆞ야 天下之士ㅣ 莫不精白ᄒᆞ야 以
承休德이어ᄂᆞᆯ 厲精而爲潔白以奉承此休美之德 今에 選其賢者ᄒᆞ야 與之馳驅 射獵ᄒᆞ야 一日에
再三出ᄒᆞ시니 臣은 恐朝廷之懈弛也ᄒᆞᆯ가ᄒᆞᄂᆞ이다
이제陛下ㅣ天下로하야곰賢良方正의士를擧ᄒᆞ시니天下ㅣ다訢訢然ᄒᆞ야曰장찻
堯舜의道와三王의功을興ᄒᆞ리라ᄒᆞ야天下의士ㅣ精ᄒᆞ고白ᄒᆞ지안ᄒᆞ리업서써休
ᄒᆞᆫ德을承ᄒᆞ거ᄂᆞᆯ今에그賢ᄒᆞᆫ者를選ᄒᆞ야더부러馳ᄒᆞ고驅ᄒᆞ고射ᄒᆞ고獵ᄒᆞ야一日
에두세번出ᄒᆞ시니臣은두려ᄒᆞ건대朝廷이懈弛ᄒᆞᆯ가ᄒᆞᄂᆞ이다

(癃)疾也 (愍)痛也

陛下ㅣ即位에 親自勉以厚天下ᄒᆞ시고 節用愛民ᄒᆞ사 本傳無此句 平獄緩刑ᄒᆞ시니 天下ㅣ莫不說喜ᄒᆞ니다 臣은 聞山東吏ㅣ布詔令에 民雖老羸癃疾이나 扶杖而往聽之ᄒᆞ고 願少須臾毋死ᄒᆞ야 思見德化之成也라ᄒᆞ니 今에 豪俊之臣과 方正之士로 直與之日日獵射ᄒᆞ야 擊兎伐狐ᄒᆞ야 以傷大業ᄒᆞ야 絕天下之望ᄒᆞ시니 臣切悼之ᄒᆞ노이다 夫士ㅣ 修之於家而壞之於天子之庭ᄒᆞ니 臣切愍之ᄒᆞ노이다 上이 嘉納其言ᄒᆞ다

陛下ㅣ位에即ᄒᆞ심의親히ᄉᆞᄉᆞ로勉ᄒᆞ야써天下를厚ᄒᆞ시고用을節히ᄒᆞ고民을愛ᄒᆞ사獄을平히ᄒᆞ고刑을緩히ᄒᆞ시니天下ㅣ說喜치안ᄒᆞ리업ᄂᆞ이다臣은드르니山東吏ㅣ詔令을布홈의民이비록老羸ᄒᆞ고癃疾ᄒᆞ나杖을扶ᄒᆞ고往ᄒᆞ야聽ᄒᆞ고願컨대져이잠간이라도死치마라德化의成을見키를思ᄒᆞᆫ다ᄒᆞ니今에豪俊의臣과方正의士로곳더부러日日히獵射ᄒᆞ야兎를擊하고狐를伐ᄒᆞ야써大業을傷ᄒᆞ야天下의望을絕ᄒᆞ시니臣은잔절이悼ᄒᆞ노이다무릇士ㅣ家에셔修ᄒᆞ야天子의庭에셔壞ᄒᆞ니臣은잔절이愍ᄒᆞ노이다上이嘉히그言을納ᄒᆞ다

上이 每朝에 郎從官이 上書疏에 未嘗不止輦受其言ᄒᆞ야 言不可

(阪)山脇也

(幸)寵幸也

(却)退而卑之也時盎爲中郞將天子幸署預設供張待之故得却愼夫人也

綱目無夫

用어면 置之ᄒᆞ고 言可用이면 采之러라

上이 ᄆᆡ양 아ᄎᆞᆷ에 郞從官이 書疏를 上ᄒᆞᆷ의 未嘗不輦을 止ᄒᆞ고 그 言을 受ᄒᆞ야 言이 可히 用치 못ᄒᆞᆯ 것이면 置ᄒᆞ고 言이 可히 用ᄒᆞᆯ 것이면 采ᄒᆞ더라

帝從霸陵上ᄒᆞ야 地志霸陵故芷陽也在雍州萬年東北二十五里秦穆公更名霸城漢文帝於此因名其邑曰霸陵其城東南云陵一十五里 欲西馳下峻阪이어ᄂᆞᆯ 袁盎이 曰馬驚車敗면 陛下ㅣ縱自輕이나 奈高廟太后에 何오 上이 乃止ᄒᆞ다

帝ㅣ霸陵上으로 從ᄒᆞ야 西로 馳ᄒᆞ야 峻阪을 下코져 ᄒᆞ거ᄂᆞᆯ 袁盎이 曰 馬가 驚ᄒᆞ고 車가 敗ᄒᆞ면 陛下ㅣ 비록 스ᄉᆞ로 輕히 ᄒᆞ시나 高廟와 太后에 엇지 ᄒᆞ시려 ᄒᆞᄂᆞ잇고 上이 이에 止ᄒᆞ다

上의 所幸愼夫人이 在禁中ᄒᆞ야 嘗與皇后로 同席坐어ᄂᆞᆯ 袁盎이 引郤愼夫人ᄒᆞᆫ뒤 引郤謂盎牽引其帝郤退 夫人이 怒ᄒᆞ고 上亦怒어ᄂᆞᆯ 盎이 曰臣은 聞尊卑ㅣ有序則上下ㅣ和라ᄒᆞ니 今에 既已立后ᄒᆞ시니 愼夫人은 乃妾耳라 豈可同坐리잇고 陛下ᄂᆞᆫ 獨不見人彘乎잇가 人彘戚夫人事在惠帝元年 上이 說하야 乃召語

人二字而帝賜盎也

(管子管仲也穰豐也

愼夫人ᄒᆞᆫ대夫人이賜盎金五十斤ᄒᆞ다 出史紀袁盎傳

上의幸ᄒᆞᆫ바愼夫人이禁中에在ᄒᆞ야일즉이皇后로더부러席을同히ᄒᆞ고坐ᄒᆞ거ᄂᆞᆯ袁盎이引ᄒᆞ야愼夫人을却ᄒᆞᆫ듸夫人이怒ᄒᆞ고上이ᄯᅩ怒ᄒᆞ거ᄂᆞᆯ盎이曰臣은드르니尊과卑가序가有ᄒᆞᆫ즉上下가和ᄒᆞᆫ다ᄒᆞ니今에임의后를立ᄒᆞ시니愼夫人은이에妾이라엇지가히ᄒᆞᆫ가지坐ᄒᆞ리잇고陛下ᄂᆞᆫ홀로人彘를보지못ᄒᆞ셧ᄂᆞ잇가上이說ᄒᆞ야이에愼夫人을불너語ᄒᆞᆫ대夫人이盎의게金五十斤을賜ᄒᆞ다

賈誼ㅣ說上曰管子ㅣ曰倉廩이實而知禮節ᄒᆞ고衣食이足而知榮辱이라ᄒᆞ니民不足而可治者ᄂᆞᆫ自古及今에未之嘗聞이케다漢之爲漢이幾四十年이로되公私之積이猶可哀痛ᄒᆞ니世之有饑穰은天之行也라禹湯도被之矣시나即不幸ᄒᆞ야有方二三千里之旱이면國胡以相恤이며卒然邊境에有急이면數十百萬之衆을國胡以餽之리잇고

賈誼ㅣ上에게說ᄒᆞ야曰管子ㅣ曰倉廩이實ᄒᆞ여야禮節을知ᄒᆞ고衣食이足ᄒᆞ여야榮辱을知ᄒᆞᆫ다ᄒᆞ니民이足지못ᄒᆞ고可히治ᄒᆞᄂᆞᆫ者ᄂᆞᆫ古로브터今에及ᄒᆞ기일즉

聞치못케이다漢의漢됨이거의四十年이로되公私의積이오히려可히哀痛ᄒᆞ니世의饑와穰이有홈은天의行이라禹湯도被ᄒᆞ셧스니곳不幸ᄒᆞ야方二三千里의旱이有ᄒᆞ면國이엇지써서로恤ᄒᆞ며卒然히邊境에急이有ᄒᆞ면數十百萬의衆을國이엇지써餽ᄒᆞ리잇고

夫積貯者는天下之大命也라苟粟多而財有餘면何爲而不成이오以攻則取ᄒᆞ고以守則固ᄒᆞ고以戰則勝이니懷敵附遠이면何招而不至리잇고

무릇積貯라ᄒᆞᆫ者ᄂᆞᆫ天下의큰命이라진실로粟이多ᄒᆞ고財가餘홈이有ᄒᆞ면무엇을ᄒᆞ면成치아ᄒᆞ리오써攻ᄒᆞᆫ則取ᄒᆞ고써守ᄒᆞᆫ則固ᄒᆞ고써戰ᄒᆞᆫ則勝ᄒᆞᆯ지니敵을懷ᄒᆞ고遠을附ᄒᆞ면무엇을招ᄒᆞ야至치아ᄒᆞ리잇고

今에毆民而歸之農ᄒᆞ야 (毆與驅同毆逐也) 使天下로各食其力ᄒᆞ고 (食其力言各以力耕待食是即食己之力也) 末技游食之民을轉而緣南畮則蓄積이足而人樂其所矣리이다

今에民을毆ᄒᆞ야農에歸ᄒᆞ야天下로ᄒᆞ야금각각그力을食ᄒᆞ고末技游食의民을轉

호야南晦에緣호則蓄積이足호고人이그所를樂호리이다

上이感誼言호야 春正月丁亥에詔開籍田호고 上이親耕호야 以率天下之民호다 出漢書食貨志上感誼言以下參用本紀文小異籍與籍耤通史記注古者天子耕耤田千畝爲天下先籍者帝王典籍之常韋昭曰籍借也借民力以治之以奉宗廟粢盛且以勸率天下使務農也瓚曰景帝詔曰朕親耕后親桑爲天下先本以躬親爲喜不得以假借爲說籍蹈籍也言親自蹈復于田而耕之記月令孟春天子親載耒耜措之於參保介之御間師三公九卿諸侯大夫躬耕帝籍天子三推三公五推卿諸侯九推反執爵于大寢王公九卿諸侯大夫皆御命曰勞酒此親耕禮也推音出錐反又吐回反謂代也

上이誼의言을感호야春正月丁亥에詔호야籍田을開호고上이親히耕호야써天下의民을率호다

五月에詔曰古之治天下에朝有進善之旌과 應氏曰旌旛也堯設之五達之道令民進善也如淳曰欲有進善者立於旌下言之 誹謗之木은 謗木服虔曰堯作之橋梁交午柱頭應氏曰橋梁邊板所以書政治之愆失今宮外橋梁頭四柱木是案尸子云堯立誹謗之木韋氏曰慮政有闕失使言事者書之於木 所以通治道而來諫也니라今法에有誹謗妖言之罪호니 妖與訞同 是는使衆臣으로不敢盡情而上無由聞過失也라將何以來遠方之賢良이리오其除之호라

五月에詔호야曰古의天下를治홈의朝에進善의旌과誹謗의木이有홈은써治道를

通ᄒᆞ고諫ᄒᆞᆷ을來케ᄒᆞᆷ이러니今法에誹謗妖言의罪가有ᄒᆞ니이ᄂᆞᆫ衆臣으로ᄒᆞ야곰敢히情을盡치못ᄒᆞ게ᄒᆞ고上이말미암아過失을듯지못ᄒᆞ게ᄒᆞᆷ이라장ᄎᆞᆺ엇지써遠方의賢良을來케ᄒᆞ리오그除ᄒᆞ라

(致堂)管見曰賈誼論秦曰忠諫者謂之誹謗深計者謂之妖言夫旣以忠言深計爲誹謗爲妖言則爭爲諛言以自售如指鹿爲馬指野鳥爲鸞指茵爲芝指氛祲爲慶雲指雹爲非災指彗曰所以除舊布新也蝗生則曰不食嘉穀也日蝕則曰陰雲蔽之也地震則曰官府無傷也霖雨則曰秋稼自茂也水湧泛濫則曰民無流離也歲饑則曰未有餓者也凡賢否是非治亂得失一切反理詭道倒言而逆說之以欺惑世主使淪於危亡其罪豈特誹謗之比其爲妖言不大乎文帝除此令其享國長世也宜哉

九月에詔曰農者ᄂᆞᆫ天下之大本也ㅣ라民所恃以生也어ᄂᆞᆯ而民이或不務本而事末故로生不遂ᄒᆞ니今玆親率羣臣ᄒᆞ야農以勸之ᄒᆞ노니其賜民今年田租之半ᄒᆞ라

九月에詔ᄒᆞ야曰農이란者ᄂᆞᆫ天下의大本이라民이恃ᄒᆞ야써生ᄒᆞᄂᆞᆫ바어ᄂᆞᆯ民이或本을務치아니ᄒᆞ고末을事ᄒᆞᄂᆞᆫ故로生을遂치못ᄒᆞ니今에이親히羣臣을率ᄒᆞ야農으로써勸ᄒᆞ노니그民에게今年田租의半을賜ᄒᆞ라

(騎郞)官名有三郞曰車郞騎郞戶郞

(上林尉)有令丞尉之簿書也

(捷給)捷速也給辨又給而捷也

(甲子)三年이라初에南陽張釋之ㅣ爲騎郞十年에不得調ᄒᆞ야 調遷也 欲免歸어ᄂᆞᆯ袁盎이知其賢而薦之ᄒᆞᆫ대爲謁者僕射ᄒᆞ다 史記漢書並云袁盎知其賢惜其失乃請徙釋之補謁者釋之既朝因言便宜帝曰予之無甚高論令今可行也於是釋之言秦漢間事帝稱善拜爲謁者僕射百官志謁者僕射一人爲謁者臺率天子出奉引古重習武有主射以督錄之故曰僕射 釋之ㅣ從行ᄒᆞ야 從去聲隨從主上行也 登虎圈ᄒᆞᆯ서 養獸之所 上이問上林尉諸禽獸簿ᄒᆞᆫ디尉ㅣ左右視不能對ᄒᆞ고虎圈嗇夫ㅣ 王氏曰嗇夫是聽訟於虎圈者百官表有鄕大夫此其類也 從旁代尉ᄒᆞ야對甚悉이어ᄂᆞᆯ帝ㅣ曰吏ㅣ不當이若是耶아ᄒᆞ고拜嗇夫ᄒᆞ야爲上林令ᄒᆞᆫ디

三年이라初에南陽張釋之ㅣ騎郞이된지十年에調를得치못ᄒᆞ야免ᄒᆞ고歸코져ᄒᆞ거ᄂᆞᆯ袁盎이그賢ᄒᆞᆷ을知ᄒᆞ고薦ᄒᆞᆫ대謁者僕射를ᄉᆞᆷ다釋之ㅣ從行ᄒᆞ야虎圈에登ᄒᆞᆯ시上이上林尉에게모든禽獸의簿를問ᄒᆞᆫ디尉ㅣ左右로視ᄒᆞ고能히對치못ᄒᆞ고虎圈嗇夫ㅣ旁으로從ᄒᆞ야尉를代ᄒᆞ야對ᄒᆞᆷ이심히悉ᄒᆞ거ᄂᆞᆯ帝ㅣ曰吏가當치안ᄒᆞᆷ이갓ᄒᆞ랴ᄒᆞ고嗇夫를拜ᄒᆞ야上林令을ᄉᆞᆷ은ᄃᆡ

釋之ㅣ曰周勃張相如ᄂᆞᆫ稱爲長者ᄒᆞᆫ디兩人이言事에曾不出口ᄒᆞ니豈效此嗇夫의喋喋利口捷給哉리오 喋音牒喋喋多言貌也利口多言少實也 以嗇夫口辯

(從橋走)資治橋下有下字
(奏當)處斷人罪曰當言使法相當也

而超遷之면恐天下ㅣ隨風而靡ᄒᆞ야爭爲口辯而無其實ᄒᆞᆯ가ᄒᆞ노이다
帝曰善ᄒᆞ다ᄒᆞ고乃不拜嗇夫ᄒᆞ다 出史記本傳
釋之ㅣ曰周勃과張相如ᄂᆞᆫ長者ㅣ라稱ᄒᆞ되兩人이事ᄅᆞᆯ言ᄒᆞᆷ이일즉이口에出치아니ᄒᆞ얏ᄉᆞ니엇지이嗇夫의喋喋ᄒᆞᆫ利口에捷給ᄒᆞᆷ을效ᄒᆞ리잇고嗇夫의口辯으로써超ᄒᆞ야遷ᄒᆞ면두렵건ᄃᆡ天下ㅣ風을隨ᄒᆞ야靡ᄒᆞ야ᄃᆞ토아口辯을爲ᄒᆞ고그實이無ᄒᆞᆯ가ᄒᆞ노이다帝ㅣ曰善타ᄒᆞ고이에嗇夫를拜치아니ᄒᆞ다

釋之ㅣ爲廷尉에上이行出中渭橋ᄒᆞᆯ서 索隱曰咸陽宮在渭北長樂宮在渭南秦昭王欲通貳宮之閒造橫長橋於渭水上長參百八拾步今渭橋有參所其壹在長安城西北咸陽路曰西渭橋壹在城東北高陵路曰東渭橋其中渭橋在故城北參里今車駕之行出右橋路 有一人이從橋走ᄒᆞ야乘輿馬ㅣ驚이어ᄂᆞᆯ於是에使騎捕之ᄒᆞ야屬廷尉ᄒᆞᆫ대釋之ㅣ奏當ᄒᆞ되此人이犯蹕ᄒᆞ니當罰金이로소이다 如淳曰乙令云蹕先至而犯者罰金四兩也師古曰天子出則稱警示戒肅也入則言蹕所以止行人淸道也
釋之ㅣ廷尉가됨의上이行ᄒᆞ야中渭橋ᄅᆞᆯ出ᄒᆞᆯ시一人이有ᄒᆞ야橋로從ᄒᆞ야走ᄒᆞ야乘輿馬ㅣ驚ᄒᆞ거ᄂᆞᆯ이에騎로ᄒᆞ야곰捕ᄒᆞ야廷尉에屬ᄒᆞᆫ대釋之ㅣ奏當ᄒᆞᄃᆡ이ᄉᆞᄅᆞᆷ이蹕을犯ᄒᆞ얏ᄉᆞ니맛당이金으로罰ᄒᆞ겟ᄂᆞ이다

上이怒曰此人이親驚吾馬ᄒᆞ니馬賴和柔ᄒᆞ라令他馬던들固不敗傷

(公共公不私也共與衆同也

我乎아而廷尉乃當之罰金이오녀釋之ㅣ曰法者ᄂᆞᆫ天下公共也라今法이如是어ᄂᆞᆯ更重之ᄒᆞ면是ᄂᆞᆫ法不信於民也라且方其時ᄒᆞ야上이使使誅之則己어니와今己下廷尉ᄒᆞ시니廷尉ᄂᆞᆫ天下之平也라(王氏曰平其不平曰平宣帝置廷尉平漢書注平音病)壹傾이면天下用法을皆爲之輕重ᄒᆞ리니民이安所錯其手足이리잇고上이曰廷尉當이是也로다

上이怒ᄒᆞ야曰此人이親히吾의馬를驚ᄒᆞ얏스니馬의柔和ᄒᆞᆷ을賴ᄒᆞᆫ지라만일他馬일넌들진실로我를敗傷치아니ᄒᆞ얏스랴廷尉ㅣ이에罰金으로當ᄒᆞ고녀釋之ㅣ曰法이란者ᄂᆞᆫ天下의公共ᄒᆞᆷ이라이제法이이와갓거ᄂᆞᆯ다시重케ᄒᆞ시면이ᄂᆞᆫ法이民에게밋업지못ᄒᆞᆷ이라또그時를方ᄒᆞ야上이使를부려셔誅ᄒᆞ셧스면ᄒᆞᆯ일업거니와이제임의廷尉에게下ᄒᆞ시니廷尉ᄂᆞᆫ天下의平이라ᄒᆞᆫ번傾ᄒᆞ면天下ㅣ法을用ᄒᆞᆷ을다輕重을ᄒᆞᆯ것이니民이엇지그手足을錯ᄒᆞᆯ바리잇고上이曰廷尉當이是ᄒᆞ도다

其後에人이有盜高廟坐前玉環이어ᄂᆞᆯ得ᄒᆞ야(得爲句謂吏捕而獲之也)下廷尉治ᄒᆞ며釋之ㅣ奏ᄒᆞᄃᆡ當棄市니이다上이大怒曰人이無道ᄒᆞ야盜先帝器ᄒᆞ니吾欲致之族而君이以法奏之ᄒᆞ니非吾所以共承宗廟意也로다(共與恭通)

(太后)帝母薄氏

그後에人이高廟坐前의玉環을盜홈이有ᄒᆞ거ᄂᆞᆯ得ᄒᆞ야廷尉에게下ᄒᆞ야治ᄒᆞᆫ대釋之ㅣ奏ᄒᆞᄃᆡ맛당이市에棄ᄒᆞᆯ지니이다上이크게怒ᄒᆞ야曰人이無道ᄒᆞ야先帝의器를盜ᄒᆞ니吾ㅣ族을致코ᄌᆞᄒᆞ거ᄂᆞᆯ君이法으로써奏ᄒᆞ니吾ㅣ써宗廟를恭承ᄒᆞᄂᆞᆫ바意가아니로다

釋之ㅣ免冠頓首謝曰法如是足也ㅣ니이다 今에 盜宗廟器而族之ᄒᆞᆫ딘 假令愚民이 取長陵一抔土ᄒᆞ면 (抔手掬之也高帝墓曰長陵在渭水北去長安城三十五里張氏曰不忍斥言毁撤山陵故以取土爲譬) 陛下ㅣ且何以加其法乎잇가 帝ㅣ乃白太后ᄒᆞ고許之ᄒᆞ다 (出漢書本傳)

釋之ㅣ冠을免ᄒᆞ고首를頓ᄒᆞ고謝ᄒᆞ야曰法이이갓ᄒᆞ면足ᄒᆞ니이다今에宗廟器를盜ᄒᆞ야族ᄒᆞᆯ진ᄃᆡ假令愚民이長陵의一抔土를取ᄒᆞ면陛下ㅣ또엇지써그法을加ᄒᆞ리잇가帝ㅣ이에太后에게白ᄒᆞ고許ᄒᆞ다

(新增楊氏)曰釋之々論犯蹕其意善矣然曰方其時上使人誅之則已則是開人主妄殺人之端也旣曰法者天子所與天下公共則犯法者天子必付之有司以法論之安得越法而擅誅乎

(乙丑)四年이라 上이 召河東守季布ᄒᆞ야 欲以爲御史大夫ㅣ러니 有言其勇ᄒᆞ고 使酒難近者ㅣ어ᄂᆞᆯ (王氏曰因酒縱性曰使酒卽酒也難近者謂不可與之相親近也) 至ᄒᆞ야 (至爲句) 留邸一

月에見罷ᄒᆞ니 王氏曰邸舍也郡國朝宿之舍在京師者率名曰邸邸至也言所歸至也近世爲逆旅之稱 季布ㅣ因進曰이臣이無功
ᄒᆞ야待罪河東이러니 陛下ㅣ無故召臣ᄒᆞ시니 此ᄂᆞᆫ人必有以臣으로欺陛
下者오今臣이至에無所受事ᄒᆞ고罷去ᄒᆞ니 此ᄂᆞᆫ人必有毁臣者ㅣ라陛
下ㅣ以一人之譽而召臣ᄒᆞ시고 以一人之毁而去臣ᄒᆞ시니 臣은恐
天下ㅣ有以闚陛下之淺深也ᄒᆞ노이다 史記漢書並無淺深二字此參用注文 上이良久에曰河
東은吾股肱郡故로特召君耳라 出本傳
四年이라上이河東守季布를召ᄒᆞ야써御史大夫를삼고ᄌᆞᄒᆞ더니言호ᄃᆡ그勇ᄒᆞ고
酒를使ᄒᆞ야近키難ᄒᆞ다ᄒᆞᄂᆞᆫ者ㅣ有ᄒᆞ거ᄂᆞᆯ至ᄒᆞ야邸에留ᄒᆞᆫ지一月에罷ᄒᆞᆷ을見ᄒᆞ
니季布ㅣ因ᄒᆞ야進ᄒᆞ야曰臣이功이無ᄒᆞ야罪를河東에待ᄒᆞ얏더니陛下ㅣ故가無
히臣을召ᄒᆞ시니이ᄂᆞᆫ人이반다시臣으로써陛下께欺ᄒᆞᆫ者ㅣ有ᄒᆞᆷ이오今에臣이至
ᄒᆞᆷ이受ᄒᆞᆫ바事가無ᄒᆞ고罷去ᄒᆞ니이ᄂᆞᆫ人이반다시臣을毁ᄒᆞᆫ者ㅣ잇슴이라陛下ㅣ
一人의譽로써臣을召ᄒᆞ시고一人의毁로써臣을去ᄒᆞ시니臣은恐컨ᄃᆡ天下ㅣ써陛
下의淺深을闚ᄒᆞ리가有ᄒᆞᆯ가ᄒᆞ노이다上이良久에曰河東은吾의股肱郡인고로特
히君을召ᄒᆞ얏노라
上이議以賈誼로任公卿之位러니 大臣이多短之 漢書云絳灌之屬害之 曰洛

(釐 福也)(宣室)未央宮前正室也齋則居

陽之人이 年少初學으로 專欲擅權ᄒᆞ야 紛亂諸事ᄒᆞᆫ듸라 於是에 天子ㅣ後亦疏之ᄒᆞ야 不用其議ᄒᆞ고 以爲長沙王太傅러니 後에 帝ㅣ 思誼ᄒᆞ야 召至入見ᄒᆞᆯ서 上이 方受釐音僖 坐宣室이라가 因感鬼神事而問鬼神之本ᄒᆞᆫ듸 誼ㅣ 具道其所以然之故ᄒᆞ야 至夜半이어늘 帝ㅣ 前席이러니 旣罷ᄒᆞ야 曰吾ㅣ 久不見賈生이라 自以爲過之러니 今不及也라ᄒᆞ고 乃拜爲梁太傅ᄒᆞ다 出漢書本傳

上이賈誼로써公卿의位에任ᄒᆞ기를議ᄒᆞ더니大臣이短ᄒᆞ는이가多ᄒᆞ야曰洛陽의人이年少ᄒᆞᆫ初學으로專히權을擅코져ᄒᆞ야諸事를紛亂ᄒᆞᆫ다ᄒᆞᆫ듸이에天子ㅣ後에ᄯᅩ疏ᄒᆞ야그議를用치아니ᄒᆞ고써長沙王太傅를숨앗더니後에帝ㅣ誼를思ᄒᆞ야召ᄒᆞ야至ᄒᆞ야入見ᄒᆞᆯ시上이바야흐로釐를受ᄒᆞ고宣室에坐ᄒᆞ얏다가因ᄒᆞ야鬼神의事를感ᄒᆞ야鬼神의本을問ᄒᆞᆫ듸誼가갓초어그써그러ᄒᆞᆫ바故를道ᄒᆞ야夜半에至ᄒᆞ거ᄂᆞᆯ帝ㅣ席에前ᄒᆞ얏더니님의罷ᄒᆞ야曰吾ㅣ久히賈生을見치못ᄒᆞᆫ지라스ᄉᆞ로써過라ᄒᆞ얏더니今에及지못ᄒᆞ얏다ᄒᆞ고이에拜ᄒᆞ야梁太傅를숨다

絳侯周勃이 就國ᄒᆞ야 每河東守尉ㅣ 行縣至絳에 勃이 自畏恐誅

二十四銖爲兩

ᄒᆞ야常被甲ᄒᆞ고令家人으로持兵以見之ᄒᆞ더니人이有上書告勃이欲反이어ᄂᆞᆯ下廷尉ᄒᆞ야逮捕勃治之ᄒᆞᆫᄃᆡ 逮及邑辭之所及者則追捕之故謂之逮 薄太后ㅣ曰絳侯ㅣ始誅諸呂ᄒᆞ고綰皇帝璽ᄒᆞ야將兵於北軍ᄒᆞ니不以此時反ᄒᆞ고今居一小縣ᄒᆞ야顧欲反邪아 王氏曰綰繫也璽即高帝傳璽北軍宿衛宮門內於周垣下而區盧勃持一節入北軍而遂將之以誅諸呂廢少帝手綰璽時帝未即位勃於此時不反今更有異乎 帝ㅣ乃使使持節ᄒᆞ야赦絳侯復爵邑ᄒᆞ다 出本傳

絳侯周勃이國에就ᄒᆞ야미양河東守尉ㅣ縣에行ᄒᆞ야絳에至ᄒᆞᆷ의勃이ᄉᆞᄉᆞ로誅ᄒᆞᆯ가畏恐ᄒᆞ야항상甲을被ᄒᆞ고家人으로ᄒᆞ야곰兵을持ᄒᆞ고ᄡᅥ見ᄒᆞ더니人이書를上하야勃이反코져ᄒᆞᆫ다告하ᄂᆞᆫ이가有하거ᄂᆞᆯ廷尉에게下ᄒᆞ야勃을逮捕ᄒᆞ야ᄡᅥ治ᄒᆞᆫᄃᆡ薄太后ㅣ曰絳侯ㅣ비로소諸呂를誅ᄒᆞ고皇帝璽를綰ᄒᆞ야兵을北軍에셔將ᄒᆞ얏ᄉᆞ니이ᄯᅢ로ᄡᅥ反치안코이제ᄒᆞᆫ小ᄒᆞᆫ縣에居ᄒᆞ야ᄯᅩ로혀反코져ᄒᆞ랴帝ㅣ이에使를부려節을持ᄒᆞ야絳侯를赦ᄒᆞ고爵邑을復ᄒᆞ다

(丙寅)五年이라初에秦이用半兩錢이러니高祖ㅣ嫌其重難用ᄒᆞ야更鑄莢錢ᄒᆞ니 莢錢即五分錢民間名曰楡莢錢言如楡葉之薄 於是에物價ㅣ騰踊ᄒᆞ야米至石萬錢이어ᄂᆞᆯ夏四月에更造四銖錢ᄒᆞ고 四銖其文爲半兩十黍爲絫十絫爲銖 除盜鑄錢令ᄒᆞ야使民

（殽之甚微）微細也言奸吏殽雜鉛鐵其所費甚微而得利甚厚也 一說微爲精微也言殽雜鉛鐵其術極妙精妙不可覺知而得利甚厚也

得自鑄어늘賈誼ㅣ諫曰法에使天下로公得雇租ᄒᆞ야鑄銅錫爲錢ᄒᆞ되敢雜以鉛鐵ᄒᆞ야爲他巧者는其罪ㅣ黥이라然이나鑄錢之情이非殽雜爲巧則不可得嬴이니(音盈有餘也 嬴餘利也) 而殽之甚微나爲利甚厚라夫事有召禍而法有起姦이어늘今令細民으로人操造幣之勢ᄒᆞ야各隱屛(王氏曰隱屛言者隱身屛跡而鑄鐵) 而鑄作ᄒᆞ고因欲禁其厚利微姦ᄒᆞ니雖黥罪ㅣ日報ㅣ나其勢ㅣ不止라故로不如收之니이다(收謂收之於官官自鑄也)

五年이라初에秦이半兩錢을用ᄒᆞ더니高祖ㅣ그重ᄒᆞ야用키難홈을嫌ᄒᆞ야다시莢錢을鑄ᄒᆞ니이에物價ㅣ騰踊ᄒᆞ야米가石에萬錢에至ᄒᆞ거ᄂᆞᆯ夏四月에다시四銖錢을造ᄒᆞ고盜鑄錢ᄒᆞᄂᆞᆫ令을除ᄒᆞ야民으로하야곰시러곰스ᄉᆞ로鑄케ᄒᆞ거ᄂᆞᆯ賈誼ㅣ諫ᄒᆞ야曰法에天下로ᄒᆞ야곰公으로雇租를得ᄒᆞ야銅鐵을鑄ᄒᆞ야錢을호ᄃᆡ敢히鉛鐵로써雜ᄒᆞ야他巧를ᄒᆞᄂᆞᆫ者ᄂᆞᆫ그罪가黥이라然이나鑄錢의情이殽雜ᄒᆞ야巧ᄒᆞ지아니ᄒᆞᆫ則가히嬴을得치못ᄒᆞᆯ지니殽ᄒᆞ기ᄂᆞᆫ甚히微ᄒᆞ나利ᄒᆞ기ᄂᆞᆫ甚히厚ᄒᆞᆫ지라무릇事ᄂᆞᆫ禍를召홈이有ᄒᆞ고法은姦을起케홈이有ᄒᆞ거ᄂᆞᆯ이제細民으로하야곰人이造幣ᄒᆞᄂᆞᆫ勢를操ᄒᆞ야各各隱屛ᄒᆞ야鑄作ᄒᆞ고인ᄒᆞ야그厚利와微姦을禁코져ᄒᆞ니비록黥罪가日로報ᄒᆞ나그勢ㅣ止치못ᄒᆞᆯ지라故로收홈만如치못ᄒᆞ니이다

(亡用之器)言飢不可食寒不可衣也

(不可長)長謂蓄養也言此事宜速禁絕不可蓄養也

賈山이 亦上書諫ᄒᆞ야 以爲錢者ᄂᆞᆫ 亡用之器也로ᄃᆡ (亡讀作無) 而可以易富貴ㅣ니 富貴者ᄂᆞᆫ 人主之操柄也라 今民이 爲之면 是ᄂᆞᆫ 與人主로 共操柄이니 不可長也ㅣ니이다 上이 不聽ᄒᆞ다 (出漢書食貨志及賈山傳)

賈山이 ᄯᅩ 書를 上ᄒᆞ야 諫ᄒᆞ야 ᄡᅥ ᄒᆞ되 錢이란 者ᄂᆞᆫ 쓸ᄃᆡ 업ᄂᆞᆫ 器나 可히 ᄡᅥ 富貴를 易할자니 富貴라 ᄒᆞᄂᆞᆫ 者ᄂᆞᆫ 人主의 操柄이라 이제 民이 ᄒᆞ면 이ᄂᆞᆫ 人主로 더브러 操柄을 共ᄒᆞᆷ이니 可히 長치 말지니이다 上이 聽치 안타

(丁卯)六年이라 淮南厲王長이 謀反이어ᄂᆞᆯ 廢處蜀郡ᄒᆞᆫᄃᆡ 憤恚不食死ᄒᆞ다 (本傳云民有作歌歌之曰一尺布尚可縫一斗粟尚可舂兄弟二人不相容)

六年이라 淮南厲王長이 反을 謀ᄒᆞ거ᄂᆞᆯ 廢ᄒᆞ야 蜀郡에 處ᄒᆞᆫᄃᆡ 憤恚ᄒᆞ야 食치 안코 死ᄒᆞ다

梁太傅賈誼ㅣ 上疏曰 (本傳云是時匈奴强侵邊諸侯王僭擬淮南濟北皆以逆誅誼乃上疏曰) 臣은 竊惟今之事勢ᄒᆞ니 可爲痛哭者ㅣ 一이오 可爲流涕者ㅣ 二오 可爲長太息者ㅣ 六이로소니 若其他背理而傷道者ᄂᆞᆫ 難徧以疏擧로소이다

梁太傅賈誼ㅣ 疏를 上ᄒᆞ야 曰臣은 竊히 今의 事勢를 惟호니 可히 痛哭ᄒᆞᆯ 者ㅣ 一이오

可히流涕할者ㅣ二오可히長太息할者ㅣ六이오其他에理를背하고道를傷하는것
갓흔者는두루疏로써擧키難하도소이다

進言者ㅣ皆曰天下ㅣ已安已治矣라ᄒᆞ대 臣은獨以爲未也라ᄒᆞ노이다

言을進하는者ㅣ다갈오대天下ㅣ임의安하고임의治하얏다ᄒᆞ대臣은홀로써하되
안이라하노이다

夫抱火厝之積薪之下而寢其上ᄒᆞ야 (厝置也) 火未及然에 因謂之
安이라ᄒᆞ나니 方今之勢ㅣ何以異此리잇고 陛下ㅣ何不壹令臣으로得熟數
之於前ᄒᆞ시고 因陳治安之策ᄒᆞ야 試詳擇焉이니잇고

무릇火를抱ᄒᆞ야積薪의下에厝ᄒᆞ고그上에寢ᄒᆞ야火가밋쳐然치아니홈의因ᄒᆞ야
謂ᄒᆞ되安ᄒᆞ다ᄒᆞ니方今의勢ㅣ엇지써此와異ᄒᆞ리잇고陛下ㅣ엇지ᄒᆞ야ᄒᆞᆫ번臣으
로ᄒᆞ야곰시러곰前에셔熟數케ᄒᆞ시고因ᄒᆞ야治安의策을陳ᄒᆞ야試ᄒᆞ야詳히擇치
아니ᄒᆞ시ᄂᆞ잇고

夫建久安之勢ᄒᆞ고 成長治之策ᄒᆞ야 以幸天下ᄒᆞ고 以育羣生ᄒᆞ야 立
經陳紀ᄒᆞ야 輕重同得이면 後可以爲萬世法程이 至明也ㅣ니이다 以

(樹)立也

(鼎盛)鼎方也出賈誼傳天子春秋鼎盛

(行義)行去聲

(莫大)文章正宗註師古曰最大也

莫又讀暮

陛下之明達로 因使少知治體者로 得佐下風이면 致此非難也ㅣ니이다

무릇久安의勢를建ᄒᆞ고長治의策을成ᄒᆞ야써天下를幸ᄒᆞ고써羣生을育ᄒᆞ야經을立ᄒᆞ고紀를陳ᄒᆞ야輕과重를同히得ᄒᆞ면後에可히써萬世의法程됨이至明ᄒᆞ니이다陛下의明達로써因ᄒᆞ야져ㄱ어治體를知ᄒᆞᄂᆞᆫ者로ᄒᆞ야곰시러곰下風을佐ᄒᆞ면此를致ᄒᆞ기難치아니ᄒᆞ니이다

夫樹國은 固必相疑之勢니 (師古曰立國泰大其勢必固相疑) 甚非所以安上而全下也ㅣ라 今或親弟ㅣ 謀爲東帝ᄒᆞ고 (淮南王反誅) 親兄之子ㅣ 西鄕而擊ᄒᆞ고 (謂齊悼惠王子興居因濟北王反欲擊取滎陽也) 今吳ㅣ 又見告矣라 (時吳王不遵漢法有告之者) 天子ㅣ 春秋鼎盛ᄒᆞ샤 行義未過ᄒᆞ시고 德澤이 有加焉이사도 猶尙如此어든 況莫大諸侯權力이 且十此者乎잇가

무릇國을樹ᄒᆞᆷ은진실로반다시셔로疑ᄒᆞᄂᆞᆫ勢니甚히써上을安ᄒᆞ고下를全ᄒᆞᄂᆞᆫ바ㅣ아니라今에或親弟가東帝되기를謀ᄒᆞ며親兄의子ㅣ西로鄕ᄒᆞ야擊ᄒᆞ며今에吳ㅣ또告ᄒᆞᆷ을見ᄒᆞᆫ지라天子ㅣ春秋가鼎盛ᄒᆞ사行義가過치안ᄒᆞ시고德澤이加ᄒᆞᆷ이

(嬰 繞也) 加也

有ᄒᆞ사도오작오히려어갓거든하믈며莫大에諸侯의權力이또이에十이나될者ㅣ리잇가

屠牛坦이一朝에解十二牛而芒刃이不鈍者는其排擊剝割이皆衆理解也오至於髖髀之所ᄒᆞ야는非斤則斧니夫仁義恩厚는人主之芒刃也오權勢法制는人主之斤斧也라今諸侯王은皆衆髖髀也어ᄂᆞᆯ釋斤斧之用而欲嬰以芒刃ᄒᆞ니臣은以爲不缺則折이라ᄒᆞ노이다

髖音寬髀音陛股骨也言骨大故須用斤斧也

屠牛坦이一朝에十二牛를解호ᄃᆡ芒刃이鈍치안흔者는그排擊ᄒᆞ고剝割ᄒᆞᆷ이다衆理로解ᄒᆞᆷ이오髖髀의所에至ᄒᆞ야는斤이아니면즉斧ㅣ니무릇仁義와恩厚는人主의芒刃이오權勢와法制는人主의斤斧라今諸侯王은다衆髖髀어ᄂᆞᆯ斤斧의用을釋ᄒᆞ고芒刃으로써嬰코자ᄒᆞ니臣은써ᄒᆞ되缺치아니ᄒᆞᆫ則折ᄒᆞ다ᄒᆞ노이다

欲天下之治安인ᄃᆡ莫若衆建諸侯而少其力이라力少則易使以義오國小則亡邪心이니令海內之勢로如身之使臂와臂之使指ᄒᆞ야莫不制從이면諸侯之君이莫敢有異心ᄒᆞ야輻湊並進而

(赤子)嬰兒體色赤故赤子韵書胸前謂之嬰置之胷前故曰嬰兒

(植遺腹)植音値置也

(委裘)天子未擧朝事先帝委衣

歸命天子ᄒᆞ리니 輻輳也凡輪有三十輻共輳於一轂以喩四方皆來 割地定制ᄒᆞ야 地制 一定이면 宗室子孫이 莫慮不王이라

天下의安을治코져ᄒᆞᆯ진ᄃᆡ諸侯를衆建ᄒᆞ야그力을少케ᄒᆞᆷ만갓지아는지라力이少ᄒᆞᆫ則義로써使ᄒᆞ기易ᄒᆞ고國이少ᄒᆞᆫ則邪心이亡ᄒᆞ니海內의勢로ᄒᆞ야곰身이臂을使ᄒᆞ고臂가指를使ᄒᆞᆷ과如ᄒᆞ야制從치아니ᄒᆞ리가업스면諸侯의君이敢히異心을두지못ᄒᆞ야輻湊로並進ᄒᆞ야命을天子게歸ᄒᆞ리니地를割ᄒᆞ고制를定ᄒᆞ야地制가一定ᄒᆞ면宗室子孫이王치아니ᄒᆞᆯ慮가업슬지라

下無背畔之心ᄒᆞ고 上無誅伐之志ᄒᆞ야 法立而不犯ᄒᆞ고 令行而不逆ᄒᆞ야 臥赤子天下之上而安ᄒᆞ고 植遺腹朝委裘而天下ㅣ不亂ᄒᆞ리니 陛下ㅣ誰憚而久不爲此시니잇고

下로背畔의心이無ᄒᆞ고上으로誅伐의志가無ᄒᆞ야法이立ᄒᆞ야犯치아니ᄒᆞ고令이行ᄒᆞ야逆치아니ᄒᆞ야赤子를天下의上에臥호ᄃᆡ安ᄒᆞ고遺腹을植ᄒᆞ고委裘에朝호ᄃᆡ天下ㅣ亂치아니ᄒᆞ리니陛下ㅣ誰를憚ᄒᆞ야久히此를爲치아니ᄒᆞ시닛고

天下之勢ㅣ 方病大瘇ᄒᆞ야 足腫病也 一脛之大ㅣ 幾如腰ᄒᆞ고 一指之大

(痼疾)堅久之病(扁鵲)春秋時良醫也姓秦名越人與軒轅時扁鵲相類故因號扁鵲又家於盧國故因名盧醫(不能爲)爲治也

ㅣ幾如股ᄒᆞ야平居에不可屈伸ᄒᆞ니失今不治면必爲痼疾이다後雖有扁鵲이나不能爲己니可爲痛哭者ㅣ此也로소이다

天下의勢ㅣ바야흐로大瘇을病ᄒᆞ야一脛의大홈이거의腰와갓고一指의大홈이거의股와갓허平居에可히屈ᄒᆞ고伸ᄒᆞ지못ᄒᆞ니今을失ᄒᆞ고治치아니ᄒᆞ면반다시痼疾이될지라後에비록扁鵲이有ᄒᆞ나能히爲치못ᄒᆞ고말니니可히痛哭ᄒᆞᆯ者ㅣ此로소이다

天下之勢ㅣ方倒懸ᄒᆞ니天子者ᄂᆞᆫ天下之首ㅣ니何也오上也오蠻夷者ᄂᆞᆫ天下之足이니何也오下也라今에匈奴ㅣ嫚侮侵掠ᄒᆞ야至不敬也어ᄂᆞᆯ而漢이歲致金絮采繒以奉之ᄒᆞ니足反居上이오首顧居下ㅣ라倒懸이如此ᄒᆞ되莫之能解ᄒᆞ니猶爲國有人乎잇가可爲流涕者ㅣ此也로소이다

天下의勢ㅣ바야흐로겨구로달녓ᄉᆞ니天子라ᄒᆞᄂᆞᆫ者ᄂᆞᆫ天下의首ㅣ니何인고上이오蠻夷라ᄒᆞᄂᆞᆫ者ᄂᆞᆫ天下의足이니何인고下ㅣ라今에匈奴ㅣ嫚侮ᄒᆞ고侵掠ᄒᆞ야지극히不敬ᄒᆞ거ᄂᆞᆯ漢이歲로金絮采繒을致ᄒᆞ야써奉ᄒᆞ니足이도로혀上에居ᄒᆞ고首

(屬國)領外夷之官也

(中行說)行胡剛反說音悅中行複姓說名也本漢人匈奴老上單于請和許之遂遣宗室女翁主爲單于閼氏使宦者中行說傳翁主不肯行強使之說至降單于甚親幸細條漢事爲害至大

가도로혀下에居ᄒᆞᆫ지라倒懸ᄒᆞᆷ이이와갓되能히解ᄒᆞ리가업ᄉᆞ니오히려國에人이有ᄒᆞ다ᄒᆞ리잇가可히涕를流ᄒᆯ者ㅣ此로소이다

臣은竊料匈奴之衆이不過漢一大縣이어늘以天下之大로困於一縣之衆ᄒᆞ니甚爲執事者羞之ᄒᆞ노이다陛下ㅣ何不試以臣으로爲屬國之官而主匈奴시니잇고行臣之計ㄴᄃᆡ請必繫單于之頸而制其命ᄒᆞ고伏中行說而笞其背ᄒᆞ고(中行說降匈奴常爲漢患)擧匈奴之衆ᄒᆞ야唯上所令호리이다

臣은잔절이料컨ᄃᆡ匈奴의衆이漢의一大縣에過치안커늘天下의大ᄒᆞᆷ으로써一縣의衆에困ᄒᆞ니甚히執事ᄒᆞᆫ者를爲ᄒᆞ야羞ᄒᆞ노이다陛下ㅣ엇지ᄒᆞ야試ᄒᆞ야臣으로써屬國의官을삼아匈奴를主케아니ᄒᆞ시ᄂᆞ잇고臣의計를行ᄒᆯ진ᄃᆡ請컨ᄃᆡ반다시單于의頸을繫ᄒᆞ야그命을制ᄒᆞ고中行說을伏ᄒᆞ야其背를笞ᄒᆞ고匈奴의衆을擧ᄒᆞ야上의令ᄒᆞ논바와갓게ᄒᆞ리이다

令에不獵猛獸而獵田彘ᄒᆞ고不搏反寇而搏畜兎ᄒᆞ야翫細娛而不圖大患ᄒᆞ야德可遠施오威可遠加로ᄃᆡ而直數百里外에威令이

(以緣)緣音硯衣緣衣純也比之衣加純緣也

(舛)錯亂也

(衣)着衣也

不伸하니 可爲流涕者ㅣ 此也로소이다

今에 猛獸을 獵치아니하고 田彘를 獵하고 反寇를 搏치아니하고 畜兎를 搏하야 細娛를 翫하고 大患을 圖치아니하야 德이 可히 遠에 施하고 威가 可히 遠에 加호되 곳 數百里外에 威와 令이 伸치못하니 可히 流涕할 者ㅣ 此로소이다

今에 庶人屋壁은 得爲帝服하고 倡優下賤은 得爲后飾하고 且帝之身은 自衣皂綈어눌(綈厚繒也) 而富民牆屋은 被紋綉하고 天子之后는 以緣其領이어눌 庶人孼妾은 以緣其履하니 此는 臣所謂舛也ㅣ니이다

今에 庶人屋壁은 帝服을 엇어하고 倡優下賤은 后飾을 엇어하고 또 帝의 身은 스스로 皂綈를 衣하거눌 富民牆屋은 紋綉를 被하고 天子의 后는 써 그 領을 緣하거눌 庶人孼妾은 써 그 履를 緣하니 이는 臣의 일운바 舛이니이다

夫百人이 作之에 不能衣一人이면 欲天下亡寒이나 胡可得也며 一人이 耕之에 十人이 聚而食之면 欲天下亡飢나 不可得也라 飢寒이 切於民之肌膚면 欲其亡爲姦邪나 不可得也ㅣ니 可爲長太息者ㅣ 此也ㅣ로소이다

(與公)婦謂舅曰公與公並倨無禮之甚也
(慈子耆利)謂秦人不知孝義但知愛子貪利而己

무못百人이作홈의能히 一人을衣치못ᄒᆞ면天下ㅣ寒이亡코져ᄒᆞ나엇지可히得ᄒᆞ
여一人이耕홈의十人이聚ᄒᆞ야食ᄒᆞ면天下가飢홈이亾코져ᄒᆞ나可히得치못홀지
라飢寒이民의肌膚에切ᄒᆞ면그姦邪홈이亡코져ᄒᆞ나可히得치못홀지니可히長太
息홀者ㅣ此로소이다

商君이 **遺禮義棄仁恩**ᄒᆞ고 (商君公孫鞅也事見周顯王十年) **幷心於進取**ᄒᆞ니 **行之二歲**에 **秦俗**이 **日敗**라 **故**로 **秦人**이 **家富子壯則出分**ᄒᆞ고 **家貧子壯則出贅**ᄒᆞ야 (謂之贅婿言不當出妻家猶人身有疣贅) **借父耰鉏**에 **慮有德色**ᄒᆞ고 (耰音憂摩田器也王氏曰慮疑也謂疑其容色自矜爲恩德也) **母取箕箒**에 **立而誶語**ᄒᆞ고 (誶音碎詬責也) **抱哺其子**에 **與公倂倨**ᄒᆞ고 (謂公對敵而相拒也) **婦姑**ㅣ **不相說則反唇而相稽**ᄒᆞ니 (反唇謂口也相稽謂相與計校也) **其慈子耆利**ㅣ **不同禽獸者**ㅣ **亡幾矣**라

商君이禮義를遺ᄒᆞ고仁恩을棄ᄒᆞ고心을進取홈의並ᄒᆞ니行혼지二歲에秦俗이日
로敗혼지라故로秦人이家가富ᄒᆞ고子가壯혼則出分ᄒᆞ고家가貧ᄒᆞ고子가壯혼則
出贅ᄒᆞ야父에게耰鉏를借홈의德色이有홈을慮ᄒᆞ고母가箕箒를取홈의立ᄒᆞ야誶
ᄒᆞ야語ᄒᆞ고其子를抱哺홈의公으로더부러倂倨ᄒᆞ고婦와姑ㅣ서로說치아니혼則
唇을反ᄒᆞ고서로稽ᄒᆞ니그子를慈ᄒᆞ고利를耆홈이禽獸와同치아혼者ㅣ얼마아니

(剟)割取也寢謂陵寢搴取也

(大故)大故言公卿大臣特以簿書期會爲急不知正俗厲行義也是時張倉爲漢宰相倉故秦吏故所知止此

되얏는지라

今其遺風餘俗이 猶尙未改ᄒᆞ야 棄禮義捐廉耻ㅣ 日甚ᄒᆞ니 可謂月異而歲不同矣라 今之盜者ㅣ 剟寢戶之簾ᄒᆞ고 搴兩廟之器ᄒᆞ고 白晝大都之中에 剽吏而奪之金ᄒᆞ니 此其無行義之尤至者也어ᄂᆞᆯ 而大臣이 特以簿書不報期會之間으로 以爲大故ᄒᆞ라고 至於俗流失世壞敗ᄒᆞ야ᄂᆞᆫ 因恬而不知怪ᄒᆞ야 慮不動於耳目ᄒᆞ야 以爲是適然耳라ᄒᆞ니 夫移風易俗ᄒᆞ야 使天下로 回心而鄕道類ᄂᆞᆫ 非俗吏之所能爲也ㅣ라 俗吏之所務ᄂᆞᆫ 在於刀筆筐篋(所以盛文書)而不知大體ᄒᆞ니 竊爲陛下惜之ᄒᆞ노이다

今에 그 遺風과 餘俗이 오히려 改치 못ᄒᆞ야 禮義를 棄ᄒᆞ고 廉耻를 捐ᄒᆞᆷ이 日로 甚ᄒᆞ니 可히 이르되 月로 異ᄒᆞ고 歲로 同치 아ᄒᆞᆫ지라 今에 盜者ㅣ 寢戶의 簾을 剟ᄒᆞ고 兩廟의 器를 搴ᄒᆞ고 白晝 大都의 中에 吏를 剽ᄒᆞ야 金을 奪ᄒᆞ니 이것이 그 行義가 無ᄒᆞᆷ의 더욱 至ᄒᆞᆫ 者어ᄂᆞᆯ 大臣이 特히 簿書를 期會의 間에 報치 아니ᄒᆞᆷ으로써 大故가 된다ᄒᆞ고 俗이 流失ᄒᆞ고 世가 壞敗ᄒᆞᆷ의 至ᄒᆞ야ᄂᆞᆫ 因ᄒᆞ야 恬ᄒᆞ고 怪ᄒᆞᆷ을 아지 못ᄒᆞ야 慮가 耳目에

(四維)維紀綱也

(寒心)凡人寒甚心戰恐懼亦戰以懼比寒也

(經制)經常也

(六親)父母兄弟妻子也

(循持)執持而順行之也

動치아니ᄒᆞ야써ᄒᆞ되이適然ᄒᆞ다ᄒᆞ니무릇風를移ᄒᆞ고俗을易ᄒᆞ야天下로ᄒᆞ야곰心을回ᄒᆞ고道로鄕ᄒᆞᄂᆞᆫ類ᄂᆞᆫ俗吏의能히ᄒᆞᆯ바ㅣ아니라俗吏의務ᄒᆞᄂᆞᆫ바ᄂᆞᆫ刀筆과筐篋에在ᄒᆞ고大體를知치못ᄒᆞ니竊히陛下를爲ᄒᆞ야惜ᄒᆞ노이다

筦子ㅣ曰 筦與管同管仲所著書名管子 禮義廉耻ᄂᆞᆫ是謂四維니 四維ㅣ不張이면 國乃滅亡ᄒᆞ니이라 使筦子로 愚人也則可커니와 筦子而小知治體則是豈可不爲寒心哉잇가

筦子ㅣ曰禮義와廉耻ᄂᆞᆫ이이르되四維니四維ㅣ張치못ᄒᆞ면國이이에滅亡ᄒᆞᆫ다ᄒᆞ니筦子로ᄒᆞ야곰愚人이라ᄒᆞᆫ則可ᄒᆞ거니와筦子로治體를小知ᄒᆞᆫ다ᄒᆞᆫ則이엇지可히寒心ᄒᆞ지아ᄒᆞ리잇가

今四維ㅣ猶未備也어ᄂᆞᆯ 豈如今에 定經制ᄒᆞ야 令君君臣臣ᄒᆞ야 上下有差ᄒᆞ고 父子六親이 各得其宜ᄒᆞ리잇고 此業이 壹定이면 世世常安而後有所持循矣리이다 若夫經制不定이면 是ᄂᆞᆫ 猶渡江河亡維楫이라 王氏曰亡失也維所以繫舟楫所以進舟也 中流而遇風波면 船必覆矣리니 可謂長太息者ㅣ此也로소이다

(暴)疾也急也

今에四維ㅣ오히려備치못ᄒᆞᆫ지라엇지如今에經制를定ᄒᆞ야ᄒᆞ야곰君을君ᄒᆞ고臣을臣ᄒᆞ야上下ㅣ差가有ᄒᆞ고父子六親이각각그宜를得ᄒᆞ리잇고이業이한번定ᄒᆞ면世世가常安ᄒᆞ야後에持循ᄒᆞᆯ바가有ᄒᆞ리이다만일무릇經制를定치못ᄒᆞ면이ᄂᆞᆫ江河를渡ᄒᆞ되維楫을亡ᄒᆞᆷ과갓ᄒᆞᆫ지라中流에서風波를遇ᄒᆞ면船이반다시覆ᄒᆞ리니可히일으되長히太息ᄒᆞᆯ者ㅣ此로소이다

夏殷周ᄂᆞᆫ爲天子에皆數十世ᄒᆞ고秦은爲天子에二世而亡ᄒᆞ니人性이不甚相遠也로ᄃᆡ何三代之君은有道之長而秦은無道之暴也오其故를可知也ㅣ라

夏殷周ᄂᆞᆫ天子ㅣ됨이다數十世를ᄒᆞ고秦은天子ㅣ됨이二世에亡ᄒᆞ얏스니人性이甚이서로遠치아니호대엇지ᄒᆞ야三代의君은道가有ᄒᆞᆷ이長ᄒᆞ고秦은道가無ᄒᆞᆷ이暴ᄒᆞ뇨그故를可히知ᄒᆞᆯ지라

(端冕)端玄衣也端正無殺曰端冕冠名玄冕也(見之南郊)以太子見于天也

古之王者ㅣ太子ㅣ乃生에(乃始也下同)固擧以禮ᄒᆞ야有司ㅣ齊肅端冕ᄒᆞ야(齊讀作齋戒潔也)見之南郊ᄒᆞ고(言以太子見于天也見胡電反)過闕則下ᄒᆞ고過廟則趨ㅣ라故로自爲赤子로而敎固已行矣라

古의王者ㅣ太子ㅣ비로소生ᄒᆞᆷ이진실로禮로써擧ᄒᆞ야有司ㅣ齊肅端冕ᄒᆞ야南郊

(以道)道與導同也

에見ᄒᆞ고闕을過ᄒᆞᆫ則下ᄒᆞ고廟를過ᄒᆞᆫ則趨ᄒᆞᄂᆞᆫ지라故로赤子됨으로브터敎가짐
짓임의行ᄒᆞᆫ지라

孩提ㅣ有識이어든 三公三少ㅣ固明孝仁禮義ᄒᆞ야 以道習之ᄒᆞ고 逐去邪人ᄒᆞ야 不使見惡行이라 於是에 皆選天下之端士孝悌博聞有道術者ᄒᆞ야 以衞翼之ᄒᆞ야 使與太子로 居處出入故로 太子ㅣ乃生에 而見正事ᄒᆞ며 聞正言ᄒᆞ며 行正道ᄒᆞ야 左右前後ㅣ皆正人也ㅣ라

孩提ㅣ識ᄒᆞᆷ이有ᄒᆞ거든三公과三少ㅣ진실로孝仁禮義를明ᄒᆞ야써道ᄒᆞ고習ᄒᆞ고邪人을逐去ᄒᆞ야ᄒᆞ야곰惡行을見치못ᄒᆞ게ᄒᆞᄂᆞᆫ지라이에다天下의端士에孝ᄒᆞ고悌ᄒᆞ고聞ᄒᆞᆷ이博ᄒᆞ고道術이有ᄒᆞᆫ者를選ᄒᆞ야써衞ᄒᆞ고翼ᄒᆞ야ᄒᆞ야곰太子로더부러居ᄒᆞ고處ᄒᆞ고出ᄒᆞ고入케ᄒᆞᄂᆞᆫ故로太子ㅣ이에生ᄒᆞᆷ이正事를見ᄒᆞ며正言을聞ᄒᆞ며正道를行ᄒᆞ야左右와前後ㅣ다正人이라

夫三代之所以長久者ᄂᆞᆫ 以其輔翼太子ᄒᆞ야 有此具也니라 及秦則不然ᄒᆞ야 使趙高로 傅胡亥而教之獄ᄒᆞ야 所習者ㅣ 非斬劓 (劓割鼻也) 人則夷人之三族也라 故로 胡亥ㅣ 今日卽位而明日射人ᄒᆞ야

忠諫者를謂之誹謗이라ᄒᆞ고深計者를謂之妖言이라ᄒᆞ야其視殺人을若艾草菅然ᄒᆞ니豈惟胡亥之性이惡哉잇가（艾讀曰刈菅音奸菅似茅而滑澤）彼其所以道之者ㅣ非其理故也니이다

무릇三代의써長久ᄒᆞᆫ밧者ᄂᆞᆫ써그太子를輔翼ᄒᆞ야이具가有ᄒᆞ엿더니秦에及ᄒᆞ얀則然치아니ᄒᆞ야趙高로ᄒᆞ여곰胡亥를傳ᄒᆞ야獄으로敎ᄒᆞ야習ᄒᆞᆫ밧者ㅣ人을斬劓치아니ᄒᆞᆫ즉人의三族를夷ᄒᆞᄂᆞᆫ지라故로胡亥ㅣ오날날位에即ᄒᆞᆷ에밝ᄂᆞᆫ날人을射ᄒᆞ야忠諫ᄒᆞᄂᆞᆫ者를誹謗이라謂ᄒᆞ고深計ᄒᆞᄂᆞᆫ者를妖言이라謂ᄒᆞ야그殺人ᄒᆞᆷ을視ᄒᆞ기를草菅을艾ᄒᆞ듯ᄒᆞ니읏지오즉胡亥의性이惡ᄒᆞᆷ이리잇가져그써道ᄒᆞᄂᆞᆫ밧者ㅣ그理가아닌故ㅣ니이다

凡人之智ᄂᆞᆫ能見已然이오不能見將然이라夫禮者ᄂᆞᆫ禁於將然之前而法者ᄂᆞᆫ禁於已然之後ᄒᆞᄂᆞ니是故로法之所爲用은易見而禮之所爲生은難知也ㅣ니이다

무릇人의智ᄂᆞᆫ能히已然을見ᄒᆞ고能히將然을見치못ᄒᆞᄂᆞᆫ지라무릇禮라ᄒᆞᄂᆞᆫ者ᄂᆞᆫ將然의前에셔禁ᄒᆞ고法이라ᄒᆞᄂᆞᆫ者ᄂᆞᆫ已然의後에셔禁ᄒᆞᄂᆞ니이러ᄒᆞᆫ故로法의用

(眇)細小

ᄒᆞ는바는見키易ᄒᆞ고禮의生ᄒᆞ는바는知키難ᄒᆞ니이다

若夫慶賞以勸善ᄒᆞ며 刑罰以懲惡은 先王이 執此之政을 堅如金石ᄒᆞ고 行此之令을 信如四時ᄒᆞ고 據此之公을 無私如天地ᄒᆞ니 豈顧不用哉잇가 然而曰禮云禮云者ᄂᆞᆫ 貴絕惡於未萌而起教於微眇ᄒᆞ야 使民으로 日遷善遠辠而不自知也ㅣ니이다

만일慶賞을勸善으로써ᄒᆞ고刑罰을懲惡으로써홈은先王이이의政을執ᄒᆞ기를金石과갓치堅히ᄒᆞ고이의令을行ᄒᆞ기를四時와갓치信히ᄒᆞ고此의公을據ᄒᆞ기를天地와갓치私가無ᄒᆞ니읏지도로혀用치아느릿가然이나禮云禮云이라ᄂᆞᆫ者ᄂᆞᆫ惡을未萌에絕ᄒᆞ고教를微眇에起ᄒᆞ야民으로ᄒᆞ여곰日로善에遷ᄒᆞ고辠를遠히ᄒᆞ야스ᄉᆞ로知치못ᄒᆞ게홈을貴히홈이니라

孔子ㅣ曰聽訟이 吾猶人也ㅣ나 必也使無訟乎ㄴ뎌ᄒᆞ시니 爲人主計者ㅣ 莫如先審取舍ㅣ니 取舍之極이 定於內면 而安危之萌이 應於外矣니이라

孔子ㅣ曰訟을聽홈이吾ㅣ人과猶ᄒᆞ나반다시ᄒᆞ여곰訟이無케홀진뎌ᄒᆞ시니人主

를爲ᄒᆞ야計ᄒᆞᄂᆞᆫ者ㅣ먼져取舍를審ᄒᆞᆷ갓ᄒᆞᆷ이업스니取舍의極이內에서定ᄒᆞ면安危의萌이外에應ᄒᆞᄂᆞ니이다

秦王之欲尊宗廟而安子孫이與湯武로同이나然而湯武ᄂᆞᆫ廣大其德ᄒᆞ샤行六七百歲而弗失ᄒᆞ시고秦王은治天下十餘歲에則大敗ᄒᆞ니此ᄂᆞᆫ亡他故矣라湯武之定取舍ᄂᆞᆫ審而秦王之定取舍ᄂᆞᆫ不審矣니이다

秦王이宗廟를尊ᄒᆞ고子孫을安코져ᄒᆞᆷ이湯武로더브러同ᄒᆞ나그러나湯武ᄂᆞᆫ그德을廣大히ᄒᆞ샤六七百歲를行호ᄃᆡ失치아니ᄒᆞ시고秦王은天下를治ᄒᆞᆫ지十餘歲에곳大敗ᄒᆞ얏스니이ᄂᆞᆫ다른故가업슴이라湯武의取舍를定ᄒᆞᆷ은審ᄒᆞ고秦王의取舍를定ᄒᆞᆷ은審치아니ᄒᆞᆷ이니이다

夫天下ᄂᆞᆫ大器也라今人之置器에置諸安處則安ᄒᆞ고置諸危處則危ᄒᆞ니天下之情이與器로無以異ᄒᆞ야在天子之所置之니이다

무릇天下ᄂᆞᆫ큰그릇이라이제人이器를置ᄒᆞᆷ이安ᄒᆞᆫ處에置ᄒᆞᆫ則安ᄒᆞ고危ᄒᆞᆫ處에置ᄒᆞᆫ則危ᄒᆞᄂᆞ니天下의情이器로더브러써異ᄒᆞᆷ이無ᄒᆞ야天子의置ᄒᆞᆯ바에잇다ᄒᆞᄂᆞ니다

旣古禍字

(九級)九等也天子之堂九尺諸侯七尺大夫五尺士三尺

湯武는 置天下於仁義禮樂ᄒᆞ야 累子孫數十世ᄒᆞ니 此는 天下之所共聞也오 秦王은 置天下於法令刑罰ᄒᆞ야 旣幾及身ᄒᆞ고 子孫이 誅絶ᄒᆞ니 此는 天下之所共見也라 是ㅣ 非其明效大驗邪잇가

湯武ᄂᆞᆫ天下를仁義禮樂에置ᄒᆞ야子孫이數十世를累ᄒᆞ니此ᄂᆞᆫ天下에ᄒᆞᆫ가지聞ᄒᆞᆫ바이오秦王은天下를法令과刑罰에置ᄒᆞ야禍가거의身에及ᄒᆞ고子孫이誅絶ᄒᆞ니此ᄂᆞᆫ天下의ᄒᆞᆫ가지見ᄒᆞᆫ바이라이것이그明效와大驗이아니리잇가

人之言에 曰聽言之道는 必以其事로 觀之則言者ㅣ 莫敢妄言이라ᄒᆞ니 今或言禮義之不如法令ᄒᆞ며 敎化之不如刑罰이어든 人主ㅣ胡不引殷周秦事以觀之也ㅣ잇고

人의言에曰言을聽ᄒᆞᄂᆞᆫ道ᄂᆞᆫ반다시그事로써觀ᄒᆞᆫ則言ᄒᆞᆫ者ㅣ敢히妄言치못ᄒᆞᆫ다ᄒᆞ니今에혹禮義가法令과갓지못ᄒᆞ며敎化가刑罰만갓지못홈을言ᄒᆞ거든人主ㅣ엇지ᄒᆞ야殷周秦事를引ᄒᆞ야써觀치아니ᄒᆞᄂᆞ잇고

人主之尊은 譬如堂ᄒᆞ고 羣臣은 如陛ᄒᆞ고 衆庶는 如地라 故로 陛九級上에 廉遠地則堂高ᄒᆞ고 陛無級ᄒᆞ야 廉近地則堂卑ᄒᆞ니

王氏曰書顧命夾兩階戺注堂廉曰戺廉

(易陵)陵乘也

稜也顔師古漢書注廉側隅也孫氏曰切詳顔注廉側偶也以廉近地對廉遠地而言之則廉隅無所謂上下矣當讀陛九級上爲句近歳大學出上廉遠地則堂高賦豈一時未加討論歟蘇文曰奥廉遠則堂陛峻林越漢雋亦曰廉遠地則堂高而並不言上廉

高者는 難攀이오 卑者는 易陵이니 理勢ㅣ 然也라 故로 古者에 聖王이 制爲等列ᄒᆞ야 內有公卿大夫士ᄒᆞ고 外有公侯伯子男然後에 有官師小吏ᄒᆞ고 延及庶人ᄒᆞ야 等級이 分明而天子ㅣ 加焉이라 故로 其尊을 不可及也ㅣ니이다

人主의 尊은 譬컨대 堂과 如ᄒᆞ고 群臣은 陛와 如ᄒᆞ고 衆庶는 地와 如ᄒᆞᆫ지라 故로 陛九級上에 廉遠地ㅣ則堂이 高ᄒᆞ고 陛에 級이 無ᄒᆞ야 廉近地ㅣ則堂이 卑ᄒᆞ니 高ᄒᆞᆫ者는 攀키 難ᄒᆞ고 卑ᄒᆞᆫ者는 陵키 易ᄒᆞ니 理勢가 그런지라 故로 古者에 聖王이 制ᄒᆞ야 等列을 ᄒᆞ야 內로 公卿과 大夫와 士가 有ᄒᆞ고 外로 公과 侯와 伯과 子와 男이 有ᄒᆞᆫ 然後에 官師와 小吏가 有ᄒᆞ고 延ᄒᆞ야 庶人에 及ᄒᆞ야 等級이 分明ᄒᆞ야 天子ㅣ 加ᄒᆞ는지라 故로 그 尊을 可히 及치 못ᄒᆞᄂᆞ이다

里諺에 曰 欲投鼠而忌器라ᄒᆞ니 此는 善諭也라 鼠近於器라도 尙憚不投는 恐傷其器어든 況於貴臣之近主乎잇가 廉恥節禮로 以治君子故로 有賜死而亡戮辱ᄒᆞ니 是以로 黥劓之辠ㅣ 不及大夫

(苴)履中之草

(罵詈)正斥曰罵傍及曰詈 (榜)音彭

는以其離主上不遠也ㅣ니이다 王氏曰鯨文面也劓割鼻也記曲禮刑不上大夫注不與賢者犯法其犯法則在八議輕重不在刑書與晉預大戴禮冉有問於孔子曰先王制法刑不上於大夫然則大夫犯罪不可以加刑乎子曰不然凡治君子以禮節其心所以厲之以廉耻之節也故古之大夫其有坐不廉汙穢而退放之者不謂之不廉汚穢則曰簠簋不飾有坐淫亂男女無別者不謂之淫亂男女無別則曰帷薄不脩有坐罔上不忠者不謂之罔上不忠則曰臣節未著有坐罷軟不勝任者不謂之罷軟不勝任則曰下官不職有坐于國之紀者不謂之干國之紀則曰行事不請此五者所以愧耻之也又見家語五刑篇

里諺에曰鼠를投코져ᄒᆞ나器를忌ᄒᆞᆫ다ᄒᆞ니此는善ᄒᆞᆫ諭라鼠가器에近ᄒᆞ드라도오히려憚ᄒᆞ야投치아니ᄒᆞᆷ은그器를傷ᄒᆞᆯ가恐ᄒᆞ거든況貴臣이主에近ᄒᆞᆷ이릿가廉耻와節禮로ᄡᅥ君子를治ᄒᆞ는故로死를賜ᄒᆞᆷ은有ᄒᆞ되戮ᄒᆞ고辱ᄒᆞᆷ이亡ᄒᆞ니이로ᄡᅥ黥과劓의辜ㅣ大夫에게及치아니ᄒᆞᆷ은ᄡᅥ그主上을離ᄒᆞᆷ이遠치아니ᄒᆞᆷ이니다

臣은聞之ᄒᆞ니履雖鮮이나不加於枕ᄒᆞ고冠雖敝ㅣ나不以苴履ㅣ라ᄒᆞ니夫嘗己在貴寵之位ᄒᆞ야天子ㅣ改容而體貌之矣오吏民이嘗俯伏以敬畏之矣니今而有過어든帝令廢之ㅣ可也며賜之死ㅣ可也며滅之ㅣ可也어늘若夫束縛之ᄒᆞ며係緤緤ᄒᆞ야 緤通作紲謂以長繩連係之也 輸之司寇ᄒᆞ며 司寇二歲刑輸作司寇因名焉或作輸之司空百官表宗正屬官有左右都司空上林有水司空皆主囚都官 編之徒官ᄒᆞ야 徒謂以罪輸贖而役作者編謂列次名籍也 司寇小吏ㅣ罵詈而榜笞之ᄒᆞ니殆非所以令衆庶見也ㅣ니이다

(一旦)有一旦之刑

臣은드르니履가비록鮮ᄒᆞ나枕의加치아니ᄒᆞ고冠이비록敝ᄒᆞ나써履에苴치안는다ᄒᆞ니무릇일즉임의貴寵의位에在ᄒᆞ야天子ㅣ容을改ᄒᆞ야體貌로ᄒᆞ고吏民이일즉이俯伏ᄒᆞ야써敬畏ᄒᆞ얏시니今에過가有ᄒᆞ거든帝ㅣᄒᆞ야곰廢ᄒᆞᆷ이可ᄒᆞ며退ᄒᆞᆷ이可ᄒᆞ며死를賜ᄒᆞᆷ이可ᄒᆞ며滅ᄒᆞᆷ이可ᄒᆞ거늘만일에束縛ᄒᆞ며係緤ᄒᆞ야司寇에輸ᄒᆞ며徒官에編ᄒᆞ야司寇와小吏ㅣ詈罵ᄒᆞ고榜笞ᄒᆞ니자못써衆庶로ᄒᆞ야곰見ᄒᆞᆯ바이아니니이다

夫卑賤者ㅣ習知尊貴者之一旦에吾亦乃可以加此也ㅣ라ᄒᆞᄂᆞ니非所以尊尊貴貴之化也ㅣ니이다

무릇卑賤ᄒᆞᆫ者ㅣ익히尊貴ᄒᆞᆫ者를知ᄒᆞ기를一旦에吾도ᄯᅩ이에可히써此에加ᄒᆞᆫ다ᄒᆞᄂᆞ니써尊을尊히ᄒᆞ고貴를貴히ᄒᆞᄂᆞᆫ바化가아니니이다

古者에大臣이有坐不廉而廢者를不曰不廉이라ᄒᆞ고曰簠簋不飾이라ᄒᆞ고(簠簋皆禮器簠外方內圓以盛稻粱簋外圓內方以盛黍稷並有蓋形象龜黨簋音甫軌飾整齊也)坐汙穢淫亂ᄒᆞ야男女ㅣ無別者를不曰汙穢라ᄒᆞ고曰帷薄不修라ᄒᆞ고(帷幔也薄一作箔簾也風俗通曰鄉大夫帷士以箔所以自障蔽循理也)坐罷軟不勝任者를不曰罷軟이라ᄒᆞ고曰下官不職이라ᄒᆞ니(罷讀曰疲)故로貴大臣이定有

(不御之權)忘家可托權柄不須復制御之

其辜矣라도猶未斥然正以呼之也ㅣ니이다

古者에大臣이不廉에坐ᄒᆞᆷ이有ᄒᆞ야廢ᄒᆞᆯ者ᄅᆞᆯᄀᆞᆯ오ᄃᆡ不廉이라아니ᄒᆞ고ᄀᆞᆯ오ᄃᆡ簠簋ᄅᆞᆯ飾지아니ᄒᆞ얏다ᄒᆞ고汙穢ᄒᆞ고淫亂ᄒᆞᆷ에坐ᄒᆞ야男女ㅣ別이無ᄒᆞᆫ者ᄅᆞᆯᄀᆞᆯ오ᄃᆡ汙穢라아니ᄒᆞ고ᄀᆞᆯ오ᄃᆡ帷와薄을修치아니ᄒᆞ얏다ᄒᆞ고罷軟에坐ᄒᆞ야任을勝치못ᄒᆞᄂᆞᆫ者ᄅᆞᆯᄀᆞᆯ오ᄃᆡ罷軟이라아니ᄒᆞ고ᄀᆞᆯ오ᄃᆡ下官이職치아니ᄒᆞᆫ다ᄒᆞ니故로貴大臣이定히 그辜ㅣ有ᄒᆞ더라도오히려斥然히바로써呼치안ᄂᆞ니이다

上設廉耻禮義ᄒᆞ야以遇其臣而臣不以節行으로報其上者ᄂᆞᆫ則非人類也라 故로 化成俗定則爲人臣者ㅣ 皆顧行而忘利ᄒᆞ고守節而仗義故로可以託不御之權ᄒᆞ며可以寄六尺之孤ㅣ니此ᄂᆞᆫ厲廉耻行禮義之所致也어ᄂᆞᆯ此之不爲而顧彼之久行ᄒᆞ니(顧猶反也) 故로曰可爲長太息者ㅣ此也ㅣ로소이다 (東萊曰可爲痛哭者一謂諸侯强大也可爲流涕者二謂何言不爲投羅不可之法而反久行彼無人行之事如甸嫚侮有可制之策而不用也可爲長太息者有六見於史者有三變風俗也敎太子也體貌大臣也)

上이廉恥와禮義ᄅᆞᆯ設ᄒᆞ야써 그臣을遇ᄒᆞᄃᆡ臣이節行으로써 그上을報치안ᄂᆞᆫ者ᄂᆞᆫ곳人類가아니라故로化ㅣ成ᄒᆞ야俗이定ᄒᆞᆫ則人君되ᄂᆞᆫ者ㅣ다行을顧ᄒᆞ고利ᄅᆞᆯ忘

ᄒᆞ고節을守ᄒᆞ고義를仗ᄒᆞᄂᆞᆫ故로可히써不御의權을託ᄒᆞ며可히써六尺의孤를寄홀지니이ᄂᆞᆫ廉耻를厲ᄒᆞ고禮義를行ᄒᆞᄂᆞᆫ所致어ᄂᆞᆯ이를爲치안코도로혀彼를久히行ᄒᆞ니故로曰可히長히太息홀者ㅣ此로소이다

誼ㅣ以絳侯ㅣ前逮繫獄에卒無事實故로以此譏上이러니上이深納其言ᄒᆞ야養臣下有節ᄒᆞ니是後대大臣이有罪면皆自殺ᄒᆞ고不受刑ᄒᆞ더라 (出賈誼傳)

誼ㅣ絳侯ㅣ前에獄에逮繫홈이맛ᄎᆞᆷ事實이無ᄒᆞᆫ故로써이로써上을譏ᄒᆞ얏더니上이深히그言을納ᄒᆞ야臣下를養ᄒᆞ기를節이有ᄒᆞ니이後에大臣이罪가有ᄒᆞ면다ᄉᆞᄉᆞ로殺ᄒᆞ고刑을受치안터라

班固贊曰劉向稱賈誼言三代與秦治乱之意其論甚美通達國體雖古之伊管未能遠過也使時見用功化必盛爲庸臣所害甚可悼痛追觀孝文玄默躬行以移風俗誼之所陳畧施行矣及欲改定制度以漢爲土德色上黃數用五又欲試屬國施五餌三表以係單于其術已踈矣誼以天年早終雖不至公卿未爲不遇也○新增養心吳氏曰按誼傳後爲梁王太傅王墜馬死誼自傷爲傅無狀常哭泣後歲餘亦死王安石詩曰懷王自墜馬賈傅至死悲古人事一職豈敢苟然爲哭死非爲生吾心良不歇滔滔聲利間絳灌復何爲東坡曰若賈生者非漢文之不用生生中能用於漢文也夫絳灌君臣相得之分豈

(引分)引刀也言引決令自殺也

(往哭)以示其不死也

特父子骨肉手足哉賈生洛陽之年少欲使一朝之間盡棄其舊而謂其新亦已難矣爲賈生者上得其君下得其大臣如絳灌之屬優游浸漬而深交之然後唯吾之所欲爲安有立談之間而遽爲人痛哭哉及其過湘爲賦以吊屈原趯然有遠去之志其後卒以自傷哭泣至於死絶是以不善處窮者也嗚呼賈生志大而量小學有餘而識不足也東萊先生謂合王蘇二說觀之則生之醇疵可見也

(辛未)十年이라將軍薄昭ㅣ殺漢使者어ᄂᆯ帝ㅣ不忍如誅ᄒᆞ고使公卿으로從之飮酒ᄒᆞ고欲令自引分이러니昭ㅣ不肯이어ᄂᆯ使羣臣으로喪服往哭之ᄒᆞ니乃自殺ᄒᆞ다 出太后傳

十年이라將軍薄昭ㅣ漢使者를殺ᄒᆞ거ᄂᆯ帝ㅣ참아誅를加치못ᄒᆞ고公卿으로ᄒᆞ야곰從ᄒᆞ야酒를飮ᄒᆞ고ᄒᆞ야곰ᄉᆞᄉᆞ로引分케ᄒᆞ고ᄌᆞᄒᆞ얏더니昭ㅣ肯치안커ᄂᆯ羣臣으로ᄒᆞ야곰喪服ᄒᆞ고往ᄒᆞ야哭ᄒᆞ니이에ᄉᆞᄉᆞ로殺ᄒᆞ다

温公曰李德裕以爲漢文帝誅薄昭斷則明矣於義則未安也秦康送晉文興如存之感況太后尚存唯一弟薄昭斷之不疑非所以慰母氏之心也臣愚以爲法者天下之公器惟善持法者親疎如一無所不行則人莫敢有所恃而犯之也夫昭雖素稱長者文帝不爲置賢師傅而用之典兵驕而犯上至於殺漢使者非有恃而然乎又若從而赦之則與成哀之世何異哉魏文帝嘗稱漢文帝之美而不取其殺昭曰舅后之家但當養有以恩

(卒服)服亦習也
(予)與同

而不當假借以權旣觸罪法又不得不害譏文帝之始不防閑昭也斯言得之美然則欲
慰母心者將謀之於始乎

漢紀

太宗孝文皇帝下

(壬申)十一年이라匈奴ㅣ數爲邊患이어늘 數色角反 鼂錯ㅣ上言兵事 鼂錯音朝厝史記錯又如字讀 曰臣은聞用兵臨戰에合刃之急이有三ᄒᆞ니一曰得地形이오二曰卒服習이오三曰器用利라故로兵法에器械ㅣ不利면以其卒로予敵也오卒不可用이면以其將으로予敵也오將不知兵이면以其主로予敵也오君不擇將이면以其國으로予敵也ㅣ라ᄒᆞ니四者는兵之至要也ㅣ라

十一年이라匈奴ㅣ자조邊患이되거늘鼂錯ㅣ兵事를올녀말ᄒᆞ야曰臣은드르니兵을用ᄒᆞ야戰에臨ᄒᆞᆷ의刃을合ᄒᆞ는急이三이有ᄒᆞ니一은曰地形을得ᄒᆞᆷ이오二는曰卒이服習ᄒᆞᆷ이오三은曰器用이利ᄒᆞᆷ이라故로兵法에器械가利치못ᄒᆞ면그卒로써敵을予ᄒᆞᆷ이오卒을可히用치못ᄒᆞ면그將으로써敵을予ᄒᆞᆷ이오將이兵을知치못ᄒᆞ

(與弗)不如也

(什伍)伍人爲伍二伍爲什 (材官)有力者

면그主로써敵을予홈이오君이將을擇치못ᄒᆞ면그國으로써敵을予홈이라ᄒᆞ니四
者ᄂᆞᆫ兵의至要라

臣은又聞以蠻夷로攻蠻夷ᄂᆞᆫ中國之形也ㅣ라ᄒᆞ니今에凶奴ㅣ地形技藝ㅣ與中國으로異ᄒᆞ니上下山阪ᄒᆞ며出入溪澗者ᄂᆞᆫ中國之馬ㅣ弗與也오險道傾仄에且馳且射ᄂᆞᆫ中國之騎ㅣ弗與也오風雨罷勞에飢渴不困은中國之人이弗與也ㅣ니此ᄂᆞᆫ凶奴之長技也오

臣은또드르니蠻夷로써蠻夷를攻홈은中國의形이라ᄒᆞ니今에匈奴ㅣ地形과技藝가中國으로더브러異ᄒᆞ니山阪을上下ᄒᆞ며溪澗을出入ᄒᆞᄂᆞᆫ者ᄂᆞᆫ中國의馬ㅣ與치못ᄒᆞ고險道가傾仄홈의또ᄒᆞᆫ馳ᄒᆞ고또ᄒᆞᆫ射홈은中國의騎가與치못ᄒᆞ고風雨에罷勞홈의飢渴에困치아니홈은中國의人이與치못ᄒᆞ니이ᄂᆞᆫ匈奴의長技오

若夫平原易地에輕車突騎則凶奴之衆이易撓亂也오勁弩長戟으로射疏及遠(王氏曰長戟恐誤或者勁弩如今九牛大弩以槍爲矢故可射疏及遠然戟有鉤叉不可射疏與踈通)則凶奴之弓이弗能格也오堅甲利刃으로長短相雜ᄒᆞ며遊弩往來ᄒᆞ야什伍俱前則凶奴之兵이弗能當也오材官騶發에矢道同的則凶奴之

(革笥)以皮作如鐙者被之 (木薦)以木板作如楯 (薄)迫也

革笥木薦이 弗能支也오 下馬地鬪에 釼戟이 相接ᄒᆞ야 去就相薄則凶奴之足이 弗能給也ㅣ니 此ᄂᆞᆫ 中國之長技也ㅣ라

만일무릇平原易地에輕車와突騎인則凶奴의衆이撓亂키易ᄒᆞ고勁弩와長戟으로疏를射ᄒᆞ야遠에及ᄒᆞᆷ인則凶奴의弓이能히格치못ᄒᆞ고堅ᄒᆞᆫ甲과利ᄒᆞᆫ끼으로長短이서로雜ᄒᆞ며遊弩가往來ᄒᆞ야什伍가前를俱히ᄒᆞᆫ則匈奴의兵이能히當치못ᄒᆞ고材官이騶發ᄒᆞᆷ의矢의道가的을同히ᄒᆞᆫ則匈奴의革笥와木薦이能히支치못ᄒᆞ고馬에下ᄒᆞ야地에서鬪ᄒᆞᆷ의劍戟이서로接ᄒᆞ야去就가서로薄ᄒᆞᆫ則匈奴의足이能히給치못ᄒᆞ니此ᄂᆞᆫ中國의長技라

以此觀之컨ᄃᆡ 凶奴之長技ᄂᆞᆫ 三이오 中國之長技ᄂᆞᆫ 五ㅣ라 帝王之道ㅣ 出於萬全ᄒᆞᄂᆞ니 今에 降胡義渠ㅣ (括地志今寧涇慶三州本義渠地也) 來歸義者ㅣ 數千이라 長技ㅣ 與凶奴同ᄒᆞ니 可賜之堅甲利兵ᄒᆞ고 益以邊郡之良騎ᄒᆞ야 平地通道어든 則以輕車材官으로 制之ᄒᆞ야 兩軍이 相爲表裏면 此ᄂᆞᆫ 萬全之術이니이다 帝嘉之ᄒᆞ야 賜書寵答焉ᄒᆞ다

이로써觀컨ᄃᆡ匈奴의長技ᄂᆞᆫ三이오中國의長技ᄂᆞᆫ五ㅣ라帝王의道ㅣ萬全에出ᄒᆞ

(楊粤)楊州之南粤

(復)除也謂有罪者免之無罪者拜爵以勸其從民之欲往者除其家征役

느니今에降胡義渠ㅣ來ᄒᆞ야義에歸ᄒᆞᆫ者ㅣ數千이라長技가凶奴로더브러同ᄒᆞ니可히堅甲과利兵을賜ᄒᆞ고邊郡의良騎로써益ᄒᆞ야平地에서로通ᄒᆞ거든곳輕車와材官으로써制ᄒᆞ야兩軍이서로表裏가되면이ᄂᆞᆫ萬全의術이니이다帝ㅣ嘉히여겨書ᄅᆞᆯ賜ᄒᆞ야寵ᄒᆞ야答ᄒᆞ다

錯ㅣ又上言曰胡貉之人은其性이耐寒ᄒᆞ고楊粤之人은其性이耐暑ᄒᆞ고秦之戍卒은不耐其水土ᄒᆞ야(耐漢書並作能字注讀曰耐)戍者ㅣ死於邊ᄒᆞ고輸者ㅣ僨於道ᄒᆞ니秦民이見行을如往棄市라

錯ㅣ또言을上ᄒᆞ야曰胡貉의人은그性이寒을耐ᄒᆞ고楊粤의人은그性이暑ᄅᆞᆯ耐ᄒᆞ고秦의戍卒은그水土ᄅᆞᆯ耐치못ᄒᆞ야戍者ㅣ邊에서死ᄒᆞ고輸者ㅣ道에서僨ᄒᆞ니秦民이行을見ᄒᆞᆷ을往ᄒᆞ야市에棄ᄒᆞᆷ과如히ᄒᆞᄂᆞᆫ지라

陳勝이先倡에天下ㅣ從之者ᄂᆞᆫ秦이以威劫而行之之敝也라不如選常居者ᄒᆞ야爲室屋且田器ᄒᆞ고乃募民ᄒᆞ야免罪拜爵ᄒᆞ야復其家ᄒᆞ고予冬夏衣廩호ᄃᆡ(古者給人以食取諸倉廩故稱廩給廩食)胡人이入驅어든而能止所驅者ᄅᆞᆯ以其半으로予之ᄒᆞ니如是則邑里ㅣ相救助ᄒᆞ야赴胡不避死ᄒᆞ리니

(非以德上)言非以欲立德義於君上也

非以德上也라欲全親戚而利其財也니此ᄂᆞᆫ與東方之戍卒의不習地勢而心畏胡者로功相萬也ㅣ니이다上이從其言ᄒᆞ야募民徙塞下ᄒᆞ다 出錯本傳

陳勝이먼져倡홈의天下ㅣ從ᄒᆞᆫ者ᄂᆞᆫ秦이威刼으로써行캐ᄒᆞᆫ敝이라常居ᄒᆞᄂᆞᆫ者를選ᄒᆞ야室屋을ᄒᆞ야田器를具ᄒᆞ고이에民을募ᄒᆞ야罪를免ᄒᆞ고爵을拜ᄒᆞ야그家를復ᄒᆞ고冬夏에衣廩을予호ᄃᆡ胡人이入驅ᄒᆞ거든能히驅ᄒᆞᄂᆞᆫ바를止ᄒᆞᄂᆞᆫ者를그半으로써予홈만갓지못ᄒᆞ니이갓ᄒᆞᆫ則邑里가서로救助ᄒᆞ야胡에赴호ᄃᆡ死를避치아니ᄒᆞ리니써上에德홈이아니라親戚을全ᄒᆞ고그財를利코져홈이니東方의戍卒이地勢에不習ᄒᆞ야心으로胡를畏ᄒᆞᄂᆞᆫ者로더브러功이서로萬이나되ᄂᆞ이다上이그言을從ᄒᆞ야民을募ᄒᆞ야塞下로徙ᄒᆞ다

(癸酉)十二年이라錯ㅣ復言於上曰堯有九年之水ᄒᆞ고湯有七年之旱而國無捐瘠者ᄂᆞᆫ以蓄積이多而備先具也라今海內爲一ᄒᆞ야土地人民之衆이不減湯禹ᄒᆞ고加以無天災數年之水旱而蓄積이未及者ᄂᆞᆫ何也오地有遺利ᄒᆞ고民有餘力ᄒᆞ야生穀之土를未盡墾ᄒᆞ고山澤之利를未盡出ᄒᆞ고游食之民을未盡歸農也ㅣ니이다

十二年이라錯ㅣ다시上에게言ᄒᆞ야曰堯ㅣ九年의水가有ᄒᆞ고湯이七年의旱이有ᄒᆞ되國에損瘠이無ᄒᆞᆫ者ᄂᆞᆫ蓄積이多ᄒᆞ고備ᄒᆞᆷ이먼져具ᄒᆞᆷ으로써ᄒᆞᆷ이라이제海內ㅣ一이되야土地人民의衆이湯禹에減치안코더써天災와數年의水旱이無호되蓄積이及치못ᄒᆞᄂᆞᆫ者ᄂᆞᆫ何인고地에遺ᄒᆞᆫ利가有ᄒᆞ고民에餘ᄒᆞᆫ力이有ᄒᆞ야生穀ᄒᆞᄂᆞᆫ土를다墾치못ᄒᆞ고山澤의利를다出치못ᄒᆞ고游食의民을다農에歸치아니ᄒᆞᆷ이니이다

夫寒之於衣에不待輕暖ᄒᆞ고飢之於食에不待甘旨니飢寒이至身ᄒᆞ면不顧廉耻라人情이一日不再食則飢ᄒᆞ고終歲不製衣則寒ᄒᆞᄂᆞ니夫腹飢不得食ᄒᆞ며膚寒不得衣면雖慈父라도不能保其子어든君이安能以有其民哉리고

무릇寒에衣ᄒᆞᆷ은輕暖을待치아니ᄒᆞ고飢에食ᄒᆞᆷ은甘旨를待치안나니飢와寒이身에至ᄒᆞ면廉耻를顧치안ᄂᆞᆫ지라人情이一日에再食치못ᄒᆞᆫ즉飢ᄒᆞ고終歲토록衣를製치못ᄒᆞᆫ則寒ᄒᆞᄂᆞ니무릇腹이飢ᄒᆞ되食을得치못ᄒᆞ며膚가寒호되衣를得치못ᄒᆞ면비록慈父라도能히그子를保치못ᄒᆞ거든君이엇지能히써그民을有ᄒᆞ리잇고

是故로明君은貴五穀而賤金玉ᄒᆞᄂᆞ니方今之務ㅣ莫若使民으로務

農而已라 欲民務農인대 在於貴粟이오 貴粟之道ᄂᆞᆫ 在於使民으로 以粟爲賞罰이니 今에 募天下ᄒᆞ야 入粟縣官ᄒᆞ야 得以拜爵ᄒᆞ고 得以除罪ᄒᆞ소셔 如此면 富人이 有爵ᄒᆞ고 農民이 有錢ᄒᆞ고 粟有所渫이리이다 私列反 散也 爵者ᄂᆞᆫ 上之所擅이라 出於口而无窮이오 粟者ᄂᆞᆫ 民之所種이라 生於地而不乏ᄒᆞᄂᆞ니 夫得高爵與免罪ᄂᆞᆫ 人之所甚欲也ㅣ라 使天下之人으로 入粟於邊ᄒᆞ야 以受爵免罪ㅣ면 不過三歲에 塞下之粟이 必多矣리이다

이런고로明君은五穀을貴히ᄒᆞ고金玉을賤히ᄒᆞᄂᆞ니方今의務ㅣ民으로ᄒᆞ야곰農을務홈만ᄀᆞᆺ지못ᄒᆞᆫ지라民으로農을務케ᄒᆞ고ᄌᆞᄒᆞᆯ진ᄃᆡ粟을貴히ᄒᆞᄂᆞᆫᄃᆡ在ᄒᆞ고粟을貴히ᄒᆞᄂᆞᆫ道ᄂᆞᆫ民으로ᄒᆞ야곰粟으로ᄡᅥ賞罰ᄒᆞᄂᆞᆫᄃᆡ在ᄒᆞ니今에天下를募ᄒᆞ야粟을縣官에入ᄒᆞ야시러곰ᄡᅥ爵을拜ᄒᆞ고시러곰ᄡᅥ罪를除ᄒᆞ소셔이ᄀᆞᆺᄒᆞ면富人이爵이有ᄒᆞ고農民이錢이有ᄒᆞ고粟이渫ᄒᆞᄂᆞᆫ바이有ᄒᆞ리이다爵이란者ᄂᆞᆫ上의擅ᄒᆞᄂᆞᆫ바라口에셔出ᄒᆞ야窮홈이無ᄒᆞ고粟이란者ᄂᆞᆫ民의種ᄒᆞᄂᆞᆫ바이라地에셔生ᄒᆞ야乏지안ᄂᆞ니무릇高爵과다못免罪를得홈은人의甚히欲ᄒᆞᄂᆞᆫ바이라天下의人으로ᄒᆞ야곰粟을邊에入ᄒᆞ야ᄡᅥ爵을受ᄒᆞ고罪를免ᄒᆞ면三歲를過치못ᄒᆞ야塞下의粟이반

時錯爲太子家令

다시多ᄒᆞ리이다

帝ㅣ從之ᄒᆞ야令民으로入粟邊拜爵호ᄃᆡ各以多少級數로爲差ᄒᆞ다

帝ㅣ從ᄒᆞ야民으로ᄒᆞ야곰粟을邊에入ᄒᆞ야爵을拜호ᄃᆡ각々多少級數로써差ᄅᆞᆯᄒᆞ다

錯ㅣ復奏호ᄃᆡ陛下ㅣ幸使天下로入粟以拜爵ᄒᆞ시니甚大惠也ㅣ라邊食이足以支五歲어든可令入粟郡縣ᄒᆞ고郡縣이足支一歲以上이어든可時赦ᄒᆞ야勿收農民租ᄒᆞ소셔如此면德澤이加於萬民ᄒᆞ고民愈勤農ᄒᆞ야大富樂矣리이다上이復從其言ᄒᆞ야詔賜農民今年租稅之半ᄒᆞ다(出食貨志)

錯ㅣ다시奏호ᄃᆡ陛下ㅣ다ᄒᆡᆼ이天下로ᄒᆞ야곰粟을入ᄒᆞ야써爵을拜ᄒᆞ시니심히大ᄒᆞᆫ惠라邊食이足히써五歲ᄅᆞᆯ支ᄒᆞ거든可히ᄒᆞ야곰粟을郡縣에入ᄒᆞ고郡縣이足히一歲以上을支ᄒᆞ거든可히時로赦ᄒᆞ고農民의租ᄅᆞᆯ收치마소셔이갓ᄒᆞ면德澤이萬民에加ᄒᆞ고民이더욱農을勤ᄒᆞ야크게富ᄒᆞ고樂ᄒᆞ리이다上이다시그言을從ᄒᆞ야詔ᄒᆞ야農民에게今年租稅의半을賜ᄒᆞ다

錯의爲人이峭直刻深ᄒᆞ야(峭本作陗謂峭直峻陿也)以其辨으로得幸ᄒᆞ니太子ㅣ號曰智

(淳于)復姓
(詔獄)有詔繫獄也
(逮)及也辭之所及者則推捕之故曰逮
(繇)由通
(少女)淳于意無子而有六女故縈上書也

囊이라하다 出錯本傳王氏曰智囊言一身所有皆是智算若囊橐之盛物然

錯의人됨이峭直ᄒᆞ고刻深ᄒᆞ야그辨으로써幸홈을得ᄒᆞ니太子ㅣ號ᄒᆞ야曰智囊이라ᄒᆞ다

齊太倉令淳于意ㅣ有罪當刑이어늘 詔獄ᄒᆞ야 逮繫長安이러니 其少女緹縈이 上書 緹縈少女名也緹音帝 曰妾父ㅣ爲吏에 齊中이 皆稱其廉平이러니 今에 坐法當刑ᄒᆞ니 妾이 傷夫死者ᄂᆞᆫ 不可復生이오 刑者ᄂᆞᆫ 不可復屬이라 屬之欲反聯也 雖後欲改過自新이나 其道ㅣ無繇也ㅣ니 妾이 願沒入爲官婢ᄒᆞ야 以贖父刑罪ᄒᆞ야 使得自新ᄒᆞ노이다 天子ㅣ 憐悲其意ᄒᆞ야 詔除肉刑ᄒᆞ다 肉刑者墨劓臏宮大辟也除者有以易之也鄭氏云皐陶改臏爲剕呂刑有剕周改爲刖本記詔曰今法有肉刑三注高帝約法三章無肉刑文帝則有肉刑孟曰黥劓三左右趾合一凡三也索隱曰斷趾黥劓之屬漢律序云文帝除肉刑而宮不易張斐曰以淫亂人族類故不易之也

齊太倉令淳于意ㅣ罪가有ᄒᆞ야當히刑ᄒᆞ겟거ᄂᆞᆯ獄에詔ᄒᆞ야長安에逮繫ᄒᆞ얏더니그少女緹縈이書를上ᄒᆞ야曰妾의父ㅣ吏가됨의齊中이다그廉平홈을稱ᄒᆞ더니今에法에坐ᄒᆞ야刑을當ᄒᆞ니妾이傷컨ᄃᆡ死ᄒᆞᆫ者ᄂᆞᆫ可히다시生치못ᄒᆞ고刑ᄒᆞᆫ者ᄂᆞᆫ可

(玄)深也微妙之極致也道德經玄之又玄衆妙之門

히다시屬치못ᄒᆞᄂᆞᆫ지라비록後에過를改ᄒᆞ고스ᄉᆞ로新코져ᄒᆞ나그道ㅣ繇ㅣ업스니妾이원컨ᄃᆡ沒入ᄒᆞ야官婢가되야써父의刑罪를贖ᄒᆞ야ᄒᆞ야곰시러곰스ᄉᆞ로新케ᄒᆞ겟노이다天子ㅣ그意를憐悲히ᄒᆞ야詔ᄒᆞ야肉刑을除ᄒᆞ다

陳季雅曰古人肉刑之法所以使民易避而難犯也故人人自愛而重犯法夫以古人用法之意若此而文帝乃以爲可畏易之以笞法殊不知此法一易上之人輕用之下之人輕犯之按刑法志文帝肉刑之除乃在於刑措之後自是而下以致人輕冒法而文書盈於几閣不足以勝姦矣

上이 既躬修玄默而將相이 皆舊功臣이라 少文多質ᄒᆞ야 懲惡亡秦之政ᄒᆞ야 論議ㅣ 務在寬厚ᄒᆞ고 恥言人之過失ᄒᆞ니 化行天下ᄒᆞ야 告訐之俗이 易ᄒᆞ고(訐面相斥罪也) 吏安其官ᄒᆞ고 民樂其業ᄒᆞ야 畜積이 歲增ᄒᆞ고 戶口ㅣ 寢息ᄒᆞ고 風流ㅣ 篤厚ᄒᆞ고 禁罔이 疏闊ᄒᆞ야(罔與網通疏疎通言禁防如網之疎闊也) 罪疑者를 予民ᄒᆞ니 是以로 刑罰이 大省ᄒᆞ야 至於斷獄四百호ᄃᆡ 有刑錯之風焉이러라(出刑法志錯置也古者民不犯法錯而不用今錯未及於古亦庶幾有古人之遺風)

上이임의몸소玄默을修홈의將과相이다예젼功臣이라文히少ᄒᆞ고質이多ᄒᆞ야亡

(老上)匈奴號也

(固要)謂力止之也

秦의政을懲ᄒᆞ고惡ᄒᆞ야論議를힘써寬厚홈의두고人의過失을言ᄒᆞ기恥ᄒᆞ니化가天下에行ᄒᆞ야告訐의俗이易ᄒᆞ고吏가그官을安ᄒᆞ고民이그業을樂ᄒᆞ야畜積이歲로增ᄒᆞ고戶口ㅣ寖息ᄒᆞ고風流ㅣ篤厚ᄒᆞ고禁罔이疏闊ᄒᆞ야罪疑ᄒᆞᆫ者를民에予ᄒᆞ니이로써刑罰이크게省ᄒᆞ야斷獄홈이四百에至ᄒᆞ되刑錯의風이有ᄒᆞ더라

六月에詔曰農은天下之本이라務莫大焉이어ᄂᆞᆯ今勤身從事ᄒᆞ되而有租稅之賦ᄒᆞ니是爲本末者ㅣ無以異也ㅣ라(本農也末賈也言農與賈俱出租無異也故除田租)其於勸農之道에未備ᄒᆞ니其除田之租稅ᄒᆞ라(出本紀)

六月에詔ᄒᆞ야曰農은天下의大本이라務홈이莫大ᄒᆞ거ᄂᆞᆯ今에身을勤히ᄒᆞ야事를從ᄒᆞ되租稅의賦가有ᄒᆞ니이本과末되ᄂᆞᆫ者ㅣ써異홈이無ᄒᆞᆫ지라그農을勸ᄒᆞᄂᆞᆫ道에備치못ᄒᆞ니그田의租稅를除ᄒᆞ라

(乙亥)十四年이라冬에凶奴老上單于ㅣ十四萬騎로入朝那蕭關ᄒᆞ야(朝那縣名屬河西安定郡朝直遙反又奴字那奴何反括地志故城在原州百泉縣西七十里蕭關秦北關也在上郡北括地志今靈武即古蕭關也)殺北地都尉ᄒᆞ고(北郡本春秋義渠戎國秦致北地郡屬雍州今寧涇慶三州皆北地也都尉佐郡守典武職甲卒按史都尉姓孫名卬)遂至彭陽이어ᄂᆞᆯ上이親勞軍ᄒᆞ고自欲征凶奴러니皇太后ㅣ固要ᄒᆞᆫ듸乃止ᄒᆞ고(固要心不得自征也)於是에以張相如

(昔有爲我言)上居代時尚食高祛之言也每食

도爲大將軍ᄒᆞ야擊之ᄒᆞ니逐出塞ᄒᆞ고卽還ᄒᆞ다

十四年이라冬에匈奴老上單于ㅣ十四萬騎로朝那蕭關에入ᄒᆞ야北地都尉를殺ᄒᆞ고드듸여彭陽에至ᄒᆞ거ᄂᆞᆯ上이親히軍를勞ᄒᆞ고ᄉᆞᄉᆞ로凶奴를征코져ᄒᆞ더니皇太后ㅣ굿이要ᄒᆞᆫ듸이에止ᄒᆞ고이에張相如로써大將軍을삼아擊ᄒᆞ니ᄶᅩᆺ차塞에出ᄒᆞ고곳還ᄒᆞ다

朱黼曰文帝於備邊一事未嘗少忽雖沉靜玄默而躬騎射之習雖慈祥淡泊而甘遊田之娛雖尊禮大臣而方正常侍之士日與馳逐雖勤恤民隱而六郡良家之子悉皆調集雖愛惜財用而繕修城堡未嘗靳費衛軍罷矣而廣武之兵猶聚也苑囿弛矣而上林之射不怠也高祛一言李賢之賢每飯不忘馮唐一論頗牧之善拊髀稱歎晁錯一奏邊事璽書褒美請徙民守塞則募徙民請入粟實邊則詔入粟凡二十三年之間其商略區畫捨農桑外所深注意者獨邊事而已然其卑辭屈己歲致金繒與犬羊結好者豈得已哉帝亦度凶奴桀驁之勢未可以遽服而猾夷甫定之民未可以遽用故雖外爲和親之禮而實在內未嘗輕棄自治之策帝於是憤怒激烈銳志雪恥屯兵三郡親御六飛勞軍勒兵申敎令賜士卒必欲躬自北伐雖羣臣之諫不聽豈非仁者之勇哉

上이輦過郞署ᄒᆞᆯᄉᆡ(輦輓車也駕人以行曰輦郞官有議郞中郞侍郞中署府署也文帝乘輦經過郞署時馮唐爲郞中署長)問馮唐曰父家ㅣ安在오對曰臣大父ᄂᆞᆫ趙人이니이다上이曰昔에有爲我言趙將李

時未嘗不在鉅鹿念高未嘗言

(拊髀)拊之者有所激然耳

齊之賢호ᄃᆡ戰於鉅鹿下ㅣ러니 今吾ㅣ 每飯에 (餐食也馮唐傳作每飮食) 意未嘗不在鉅鹿也ㅣ라도 唐이 對曰尙不如廉頗李牧之爲將也ㅣ니이다 上이 拊髀(拊搏也髀部禮反) 曰嗟呼ㅣ라 吾獨不得廉頗李牧ᄒᆞ야 爲將호서 吾ㅣ 豈憂凶奴哉리오

上이輦으로郞署를過ᄒᆞ실ᄉᆡ馮唐다려問ᄒᆞ야曰父의家ㅣ어ᄃᆡ在ᄒᆞ뇨對ᄒᆞ야曰臣大父ᄂᆞᆫ趙人이니이다上이曰昔에我를爲ᄒᆞ야趙將李齊의賢을言ᄒᆞᄂᆞᆫ이가有호ᄃᆡ鉅鹿下에셔戰ᄒᆞ얏다ᄒᆞ니今에吾ㅣ미양飯ᄒᆞᆯ의意ㅣ일쥭이鉅鹿에在치아니치안노라唐이對ᄒᆞ야曰오히려廉頗와李牧의將됨만갓지못ᄒᆞ니이다上이髀를拊ᄒᆞ고曰嗟홉다吾ㅣ홀로廉頗와李牧을엇어將을솜지못ᄒᆞᆷ일ᄉᆡ吾ㅣ엇지凶奴를憂ᄒᆞ리오

唐이 曰陛下ㅣ 雖得廉頗李牧이라도 弗能用也ㅣ시리이다 上이 怒ᄒᆞ야 讓唐ᄒᆞᆫᄃᆡ 唐이 曰上古王者之遣將也에 跪而推轂曰(推轂言擧薦人如推車轂之傳運也) 閫以內ᄂᆞᆫ(閫義與闑同馮唐作闑韋昭曰門中橛俗言門限也以內謂郭門地闑魚列反) 寡人이 制之ᄒᆞ고 閫以外ᄂᆞᆫ 將軍이 制之ᄒᆞ다ᄒᆞ고 軍功爵賞을 皆決於外라 李牧이 是以로 北逐單于ᄒᆞ고 破東胡ᄒᆞ고

滅澹林ᄒᆞ고西抑强秦ᄒᆞ고南支韓魏어니와

唐이曰陛下ㅣ비록廉頗李牧을得하시더라도能히用치못ᄒᆞ시리이다上이怒ᄒᆞ야唐을讓ᄒᆞᆫ딕唐이曰上古에王者가將을遣ᄒᆞᆷ의跪ᄒᆞ야轂을推ᄒᆞ고曰閫써內ᄂᆞᆫ寡人이制ᄒᆞ고閫써外ᄂᆞᆫ將軍이制ᄒᆞ라ᄒᆞ고軍功爵賞을다外에서決ᄒᆞᄂᆞᆫ지라李牧이이로써北으로單于를逐ᄒᆞ고東胡를破ᄒᆞ고澹林을滅ᄒᆞ고西으로强秦을抑ᄒᆞ고南으로韓魏를支ᄒᆞ얏거니와

今魏尙은爲雲中守ᄒᆞ야其軍市租를 案車市謂軍人貨易之地也市有稅稅即租也 盡以饗士卒ᄒᆞ니凶奴ㅣ遠避ᄒᆞ야不敢近塞ᄒᆞ고 虜曾一入에 尙이 率車騎擊之ᄒᆞ야所殺이甚衆이로딕 上功幕府에 師出無常處所在張幕居之故曰幕府上功謂尺籍所下斬首捕虜之數也尺籍者謂書其斬捕之功於一尺之版幕府者以軍幕爲義古者出征以幕帳爲府署也 一言이不相應이라ᄒᆞ야 謂斬捕之數不同也 文吏ㅣ以法繩之ᄒᆞ고 繩索也所以彈畫而取直者言文法之吏正治其事亦猶繩也 其賞이不行ᄒᆞ니陛下ㅣ賞太輕ᄒᆞ고罰太重이라

今에魏尙은雲中守가되야그軍市의租를다써士卒에게饗ᄒᆞ니匈奴ㅣ遠히避ᄒᆞ야敢히塞에近치못ᄒᆞ고虜ㅣ일즉이한번入ᄒᆞᆷ의尙히車騎를率ᄒᆞ고擊ᄒᆞ야殺ᄒᆞᆫ반이심이만ᄒᆞ되功을幕府에上ᄒᆞᆷ의一言이서로應치안ᄂᆞᆫ다ᄒᆞ야文吏ㅣ法으로써繩ᄒᆞ고그賞이行치못ᄒᆞ니陛下ㅣ賞이너무輕ᄒᆞ고罰이너무重ᄒᆞᆫ지라

魏尙이 坐上功首虜差六級이어늘 (秦法以斬敵一首拜爵一級故因爲一首爲一級今魏尙差上首虜六級而坐以罪) 陛下ㅣ下之吏ᄒᆞ샤 削其爵ᄒᆞ고 罰及之ᄒᆞ니 由此言之컨댄 陛下ㅣ雖得廉頗李牧이나 弗能用也ㅣ시리이다 上이 說ᄒᆞ야 是日에 令唐으로 持節赦魏尙ᄒᆞ야 復以爲雲中守ᄒᆞ고 而拜唐ᄒᆞ야 爲車騎都尉ᄒᆞ다 (出本傳)

魏尙이首虜의功을上ᄒᆞᆯ식六級이差홈의坐ᄒᆞ거ᄂᆞᆯ陛下ㅣ吏에下ᄒᆞ샤그爵을削ᄒᆞ고罰이及ᄒᆞ니이로由ᄒᆞ야言컨ᄃᆡ陛下ㅣ비록廉頗와李牧을得ᄒᆞ나能히用치못ᄒᆞ시리이다上이說ᄒᆞ야이ᄂᆞᆯ에唐으로ᄒᆞ야곰節을持ᄒᆞ고魏尙을赦ᄒᆞ야다시써雲中守를삼고唐을拜ᄒᆞ야車騎都尉를삼다

春에 詔ᄒᆞ야 廣增諸祀壇場珪幣ᄒᆞ고 (珪幣謂祭神之玉帛) 且曰吾ㅣ 聞祠官이 祝釐에 (祠官謂攝行祀事者釐音喜福也) 皆歸福於朕躬ᄒᆞ고 不爲百姓이라ᄒᆞ니 朕甚愧之ᄒᆞ노라 夫以朕之不德으로 而專饗獨美其福ᄒᆞ고 百姓은 不與焉ᄒᆞ니 是ᄂᆞᆫ 重吾不德也ㅣ라 其令祠官으로 致敬ᄒᆞ고 無有所祈ᄒᆞ라 (出本紀)

春에詔ᄒᆞ야廣히諸祀의壇場과珪幣를增ᄒᆞ고또曰吾ㅣ드르니祠官이釐를祝ᄒᆞᆷ의다福을朕의躬에歸ᄒᆞ고百姓은爲치아니ᄒᆞᆫ다ᄒᆞ니朕이심히愧ᄒᆞ노라무릇朕의不

(登)豊也

德으로써專혀饗ᄒᆞ야ᄒᆞᆯ로그福을美ᄒᆞ고百官은與치안ᄒᆞᄂᆞ니이ᄂᆞᆫ吾의不德을거듭ᄒᆞᆷ이라그祠官으로ᄒᆞ야곰敬을致ᄒᆞ고祈ᄒᆞᆯ바이잇지말게ᄒᆞ라

(丁丑)十六年이라 得玉杯ᄒᆞ고 於是에 始更以十七年으로 爲元年ᄒᆞ다

出本記及郊祀志新垣平使人持玉杯上書闕下獻之平言上曰闕下有寶玉氣來者已視之果有獻玉杯者刻曰人主延壽明年人有告平所言皆詐也下吏治垣平

十六年이라玉杯를得ᄒᆞ고이에비로소고쳐十七年으로써元年을삼다

(戊寅)後元年이라 詔曰間者에 數年不登ᄒᆞ고 又有水旱疾疫之災ᄒᆞ니 朕甚憂之호ᄃᆡ 愚而不明ᄒᆞ야 未達其咎ᄒᆞ노니 意者컨ᄃᆡ 朕之政이 有所失而行有過與아 (與音歟下同) 乃天道ㅣ 有不順ᄒᆞ며 地理ㅣ 或不得ᄒᆞ며 人事ㅣ 多失和ᄒᆞ며 鬼神이 廢大享與아 何以致此오 將百官之奉養이 或廢ᄒᆞ고 無用之事ㅣ 或多與아 何其民食之寡乏也오

後元年이라詔ᄒᆞ야曰間者에數年이나登치아니ᄒᆞ고ᄯᅩ水旱과疾疫의災가有ᄒᆞ니朕이심히憂호ᄃᆡ愚ᄒᆞ고明치못ᄒᆞ야그咎를達치못ᄒᆞ노니意컨ᄃᆡ朕의政이失ᄒᆞᆫ바이有ᄒᆞ고行이過ᄒᆞᆷ이有ᄒᆞᆫ가이에天道ㅣ不順ᄒᆞ며地理ㅣ或得치못ᄒᆞ며人事ㅣ失和ᄒᆞᆷ이多ᄒᆞ며鬼神이廢ᄒᆞ야享치아니ᄒᆞᆷ이有ᄒᆞᆫ가엇지써此를致ᄒᆞ얏ᄂᆞᆫ고百官을

(六畜)牛馬羊鷄犬豕也

(率意)任意也

將ᄒᆞᄂᆞᆫ奉養이혹廢ᄒᆞ고無用의事가或多ᄒᆞᆫ가엇지ᄒᆞ야그民食의寡乏ᄒᆞᆫ고

夫度田에非益寡오(度計料也言頃畝之數如故未嘗加少)而計民에未加益이라以口量地ᄒᆞ니其於古에猶有餘로ᄃᆡ而食之甚不足者ᄂᆞᆫ其咎ㅣ安在오 無乃百姓之從事於末ᄒᆞ야 以害農者ㅣ蕃ᄒᆞ고爲酒醪ᄒᆞ야 以靡穀者ㅣ 多ᄒᆞ며(靡散也)六畜之食焉者ㅣ衆與아 細大之義를吾未得其中이로니 其與丞相列侯吏二千石博士로議之ᄒᆞ야有可以佐百姓者ㅣ어든 率意遠思ᄒᆞ야無有所隱ᄒᆞ라(出漢書及本紀)

무릇田을度ᄒᆞᆷ이益寡치안코民을計ᄒᆞᆷ이加益지못ᄒᆞᆫ지라口로써地를量ᄒᆞ니그古에오히려餘ᄒᆞᆷ이有호ᄃᆡ食이심히不足ᄒᆞᆫ者ᄂᆞᆫ그咎ㅣ어ᄃᆡ在ᄒᆞᆫ요이에百姓이末에從事ᄒᆞ야써農을害ᄒᆞᄂᆞᆫ者ㅣ蕃ᄒᆞ고酒醪를ᄒᆞ야써穀을靡ᄒᆞᄂᆞᆫ者ㅣ多ᄒᆞ며六畜의食ᄒᆞᄂᆞᆫ者ㅣ衆ᄒᆞᆷ이안인가細大의義를吾ㅣ그中을得치못ᄒᆞ겟노니그丞相列侯와吏二千石과博士로더브러議ᄒᆞ야可히ᄡᅧ百姓을佐ᄒᆞᆯ者ㅣ有ᄒᆞ거든意를率ᄒᆞ고思을遠히ᄒᆞ야隱ᄒᆞᄂᆞᆫ바이잇지말게ᄒᆞ라

本紀에曰二年에凶奴ㅣ和親ᄂᆞᆫ이어

(申屠)複姓嘉名也

(寵幸)幸愛也

本記에曰二年에凶奴ㅣ和親ᄒᆞ거ᄂᆞᆯ

詔曰朕이旣不明ᄒᆞ야不能遠德ᄒᆞ고使方外之國으로或不寧息ᄒᆞ야憂苦萬民이라爲之惻怛不安故로遣使者ᄒᆞ야冠盖ㅣ相望에結轍於道ᄒᆞ야以諭朕志於單于러니今單于ㅣ新與朕으로俱棄細過ᄒᆞ고偕之大道ᄒᆞ야以全天下元元之民ᄒᆞ니和親已定을始於今年ᄒᆞ노라

詔ᄒᆞ야曰朕이임의明치못ᄒᆞ야能히德을遠히ᄒᆞ지못ᄒᆞ고方外의國으로ᄒᆞ야곰或寧息지못ᄒᆞ야萬民을憂苦케ᄒᆞᆫ지라爲ᄒᆞ야惻怛ᄒᆞ고不安ᄒᆞᆫ故로使者를遣ᄒᆞ야冠盖ㅣ서로望ᄒᆞᆷ의轍을道에結ᄒᆞ야써朕의志를單于에게諭ᄒᆞ얏더니今에單于ㅣ시로朕으로더브러ᄒᆞᆫ가지細過를棄ᄒᆞ고大道를偕ᄒᆞ야써天下元元의民을全ᄒᆞ니和親의임의定ᄒᆞᆷ을今年에始ᄒᆞ노라

(己卯)二年이라帝ㅣ以皇后弟竇廣國이賢有行이라ᄒᆞ야欲相之라가曰恐天下ㅣ以吾로私廣國이라ᄒᆞ고久念不可ᄒᆞ야乃以申屠嘉로爲相ᄒᆞ니嘉의爲人이廉直ᄒᆞ야門不受私謁이라是時에鄧通이方愛幸ᄒᆞ야賞賜累鉅萬이오寵幸이無比니라嘉ㅣ嘗入朝而通이居上旁ᄒᆞ야有怠

慢之禮어늘 嘉ㅣ 奏事畢에 因言曰陛下ㅣ 愛幸群臣則富貴之어니와 至於朝廷之禮ᄒᆞ야ᄂᆞᆫ 不可以不肅이니이다

二年이라帝ㅣ써皇后의弟竇廣國이賢ᄒᆞ고行이有ᄒᆞ다ᄒᆞ야相코자ᄒᆞ다가曰天下ㅣ吾로써廣國의게私ᄒᆞᆫ다ᄒᆞᆯ가恐ᄒᆞ다ᄒᆞ고久히念ᄒᆞ야可치아니ᄒᆞ야이에申屠嘉로써相을삼으니嘉의人됨이廉直ᄒᆞ야門에私로謁ᄒᆞᆷ을受치안ᄂᆞᆫ지라이ᄯᅢ에鄧通이바야흐로愛幸ᄒᆞ야賞賜가累鉅萬이오寵幸이比ᄒᆞᆯᄃᆡ無ᄒᆞ더니嘉ㅣ일죽이朝에入ᄒᆞᆷ의通이上旁에居ᄒᆞ야怠慢의禮가有ᄒᆞ거ᄂᆞᆯ嘉ㅣ事를奏ᄒᆞ기畢ᄒᆞᆷ의因ᄒᆞ야言ᄒᆞ야曰陛下ㅣ群臣을愛幸ᄒᆞ신則富貴캐ᄂᆞᆫᄒᆞ시려니와朝廷의禮에至ᄒᆞ야ᄂᆞᆫ可히써肅치아니치못ᄒᆞᆯ지니이다

罷朝에 嘉ㅣ 坐府中ᄒᆞ야 爲檄召通호ᄃᆡ 詣丞相府ᄒᆞ라 不來면 且斬ᄒᆞ리라 通이 恐ᄒᆞ야 言上ᄒᆞᆫ대 上曰汝ㅣ第往ᄒᆞ라 通이 詣丞相府ᄒᆞ야 免冠徒跣ᄒᆞ고 頓首謝어늘 嘉ㅣ 坐自如ᄒᆞ야 弗爲禮ᄒᆞ고 責曰夫朝廷者ᄂᆞᆫ 高帝之朝廷也어늘 通은 小臣으로 戲殿上ᄒᆞ니 大不敬이라 當斬이니 吏令行斬之ᄒᆞ라

罷朝에嘉ㅣ府中에坐ᄒᆞ야檄을ᄒᆞ야通을召ᄒᆞ되丞相府에詣ᄒᆞ라來치아니ᄒᆞ면ᄯᅩ斬ᄒᆞ리라通이恐ᄒᆞ야上에게言ᄒᆞᆫᄃᆡ上이曰汝ᄂᆞᆫ앙거ᄂᆞ往ᄒᆞ라通이丞相府에詣ᄒᆞ

야冠을免ᄒᆞ고徒跣ᄒᆞ고首를頓ᄒᆞ고謝ᄒᆞ거놀嘉ㅣ坐ᄒᆞ기를自如히ᄒᆞ야禮ᄒᆞ지아니ᄒᆞ고責ᄒᆞ야日무릇朝廷이란者는高帝의朝廷이어놀通은小臣으로殿上에셔戲ᄒᆞ니크게不敬이라맛당이斬ᄒᆞᆯ지니吏ㅣᄒᆞ야곰行斬ᄒᆞ라

朱黼曰人主不能行法於天下能容臣子之守法而後人主之執尊人臣奉法於天子能不容人主之撓法而後人主之法信文帝寬厚仁恕非有震世之威坦夷平易非有絶物之執柔巽謙抑非有獨運之權然權不求重而人莫之褻威不求震而人莫之抗執不求尊而人莫之並者何也以其能容臣下守法而不撓也夫太中大夫中二千石至貴也一戲殿上則丞相得以檄召而議斬非至於困辱則不之召而且遣使以謝丞相太子君之貳藩王帝之愛子也一不下司馬門則六百石之公車令得以劾奏而遮留非太后之詔則不得赦而且謝敎子之不謹郎中令小臣也得以妃妾之分而徹夫人之坐席軍門都尉冗官也得以將軍之令而遏天子之乘輿人臣執法不以天子之故而喪其所守人主徇法不以臣下之微而撓其所執此漢室之所以興隆而文帝之柔道所以能致治安歟

通이頓首出血ᄒᆞ되不解라上이度丞相이已困通ᄒᆞ고使使持節ᄒᆞ야召通而謝丞相曰此는吾弄臣이니(弄戲也謂狎褻無關大體)君은釋之ᄒᆞ라鄧通이既至에爲上泣曰丞相이幾殺臣이러이다(出嘉本傳)

通이首를頓ᄒᆞ야血을出ᄒᆞ되解치안는지라上이丞相이임의通을困히홈을度ᄒᆞ고

使를부려節를持ᄒᆞ야通을召ᄒᆞ고丞相에게謝ᄒᆞ야曰이ᄂᆞᆫ吾의弄臣이니君은釋ᄒᆞ라鄧通이엄의至ᄒᆞᆷ이上을爲ᄒᆞ야泣ᄒᆞ야曰丞相이거의臣을殺ᄒᆞ려ᄒᆞ더니다

(甘泉)山名在雲陽甘泉宮因山名宮

(亞夫)勃之子也

(次細柳)一宿曰宿再宿曰信過信曰次

(癸未)六年이라冬에 凶奴三萬騎ᄂᆞᆫ 入上郡ᄒᆞ고 三萬騎ᄂᆞᆫ 入雲中ᄒᆞ니 烽火ㅣ 通於甘泉長安이어ᄂᆞᆯ 以周亞夫로 爲將軍ᄒᆞ야 次細柳ᄒᆞ고 (細柳在直城門外阿房宮西北維括地志細柳倉在雍州咸陽縣西南) 劉禮로 爲將軍ᄒᆞ야 次霸上ᄒᆞ고 (霸水之上地名在長安東三十里三秦記霸水古藍水也出雍州藍田谷北入渭水) 徐厲로 爲將軍ᄒᆞ야 次棘門ᄒᆞ야 以備胡ᄒᆞ다 (棘門在長安北秦宮門也括地志棘門在橫門之外三輔黃圖長安城北出西頭第一門曰橫門橫音光)

六年이라冬에凶奴三萬騎ᄂᆞᆫ上郡의入ᄒᆞ고三萬騎ᄂᆞᆫ雲中에入ᄒᆞ니烽火ㅣ甘泉과長安에通ᄒᆞ거ᄂᆞᆯ周亞夫로ᄡᅥ將軍을삼아細柳에次ᄒᆞ고劉禮로將軍을삼아霸上에次ᄒᆞ고徐厲로將軍을삼아棘門에次ᄒᆞ야ᄡᅥ胡를備ᄒᆞ다

上이 自勞軍ᄒᆞᆯ서 至霸上及棘門軍ᄒᆞ야 直馳入ᄒᆞ니 將以下ㅣ 騎送迎이러니 已而오 之細柳軍ᄒᆞ니 軍士吏ㅣ 被甲銳兵刃ᄒᆞ고 彀弩持滿ᄒᆞ야 (彀張也持滿者但引滿而不發) 天子先驅ㅣ 至不得入이라 (先驅即前導也在前引導車駕者猶唐之武候隊)

上이스ᄉᆞ로軍을위로ᄒᆞᆯ시霸上과밋棘門軍에至ᄒᆞ야곳馳ᄒᆞ야入ᄒᆞ니將써아래가

騎ㅣ送ᄒᆞ고迎ᄒᆞ더니己而오細柳軍에之ᄒᆞ니軍士와吏ㅣ甲을被ᄒᆞ고兵刃을銳ᄒᆞ고弩를彀ᄒᆞ야持ᄒᆞ야滿히ᄒᆞ야天子의先驅ㅣ至ᄒᆞ야시러곰入치못ᄒᆞ는지라

先驅ㅣ曰天子ㅣ且至라ᄒᆞ디軍門都尉ㅣ曰將軍이令曰軍中에聞將軍令이오不聞天子詔이라ᄒᆞ다 六韜云軍中之事不聞君命又管子司馬兵法曰將在外君命有所不受

先驅ㅣ曰天子ㅣ또至ᄒᆞ신다ᄒᆞ디軍門都尉ㅣ曰將軍이令ᄒᆞ야曰軍中에將軍의令을聞ᄒᆞ고天子의詔를聞치말나호이다

上이至ᄒᆞ야又不得入이라於是에上이使使持節ᄒᆞ야詔將軍호디吾欲入營勞軍ᄒᆞ노라 此用史紀句 亞夫ㅣ乃傳言開壁門ᄒᆞ니壁門士ㅣ請車騎曰 此用漢書句 將軍이約호디軍中에不得馳驅이라ᄒᆞ다

上이至ᄒᆞ야시러곰入치못ᄒᆞᆫ지라이에上이使를부려節을持ᄒᆞ야將軍에게詔호디吾ㅣ營에入ᄒᆞ야軍을勞코져ᄒᆞ노라亞夫ㅣ이에言을傳ᄒᆞ야壁門을開ᄒᆞ니壁門士ㅣ車騎에게請ᄒᆞ야曰將軍이約호디軍中에馳驅ᄒᆞᆷ을得치못ᄒᆞᆫ다호이다

於是에天子ㅣ乃按轡徐至營ᄒᆞ니將軍亞夫ㅣ持兵揖曰介冑之士는不拜ᄒᆞ니請以軍禮로見ᄒᆞ노이다 介甲也冑兜鍪也記曲禮介冑則有不可犯之色又曰介者不拜爲其拜而蓌拜注蓌則失容節蓌猶詐也音挫又

晉作朱氏曰蓌猶言有所枝注不利屈伸也

이에天子ㅣ이에轡를按ᄒᆞ고徐히行ᄒᆞ야營에至ᄒᆞ니將軍亞夫ㅣ兵을持ᄒᆞ고揖ᄒᆞ
야曰介冑의士는拜치안는다ᄒᆞ니請컨ᄃᆡ軍禮로써見ᄒᆞ노이다

天子ㅣ改容式車ᄒᆞ고 使人稱謝호ᄃᆡ(凡言式車者謂俛身撫式以禮待人) 皇帝ㅣ 敬勞將軍이라ᄒᆞ고
成禮而去ᄒᆞ니 旣出軍門에 群臣이 皆驚이어ᄂᆞᆯ 上曰嗟乎ㅣ라 此ㅣ 眞
將軍矣로다 曩者에 霸上棘門軍은 若兒戲爾라 其將은 固可襲而
虜也어니와 至於亞夫ᄒᆞ야는 可得而犯耶아 稱善者ㅣ 久之러니 月餘에
漢兵이 至邊ᄒᆞ니 凶奴ㅣ 亦遠塞어ᄂᆞᆯ(遠塞出塞遠去也) 漢兵이 亦罷ᄒᆞ니(此用凶奴傳文) 乃拜周
亞夫ᄒᆞ야 爲中尉ᄒᆞ다(出史紀本紀周勃世家及凶奴傳漢書同中尉掌徼循京常武帝更名號金吾)

天子ㅣ容을改ᄒᆞ야車에式ᄒᆞ고人으로ᄒᆞ야곰謝를稱호ᄃᆡ皇帝ㅣ將軍을敬勞ᄒᆞ얏
다ᄒᆞ고禮를成ᄒᆞ고去ᄒᆞ니임의軍門에出홈의羣臣이다驚ᄒᆞ거ᄂᆞᆯ上이曰嗟홉다此
가춤將軍이로다曩者에霸上과棘門의軍은兒戲와갓ᄒᆞᆫ지라그將은진실로可히襲
ᄒᆞ야虜ᄒᆞ겟거니와亞夫에至ᄒᆞ야는可히시러곰犯ᄒᆞ랴善타稱ᄒᆞᆫ者ㅣ久ᄒᆞ더니月
餘에漢兵이邊에至ᄒᆞ니凶奴ㅣ또ᄒᆞᆫ塞을遠히ᄒᆞ거ᄂᆞᆯ漢兵이또ᄒᆞᆫ罷ᄒᆞ니이에周亞

布義行剛曰景

夫를拜ᄒᆞ야中尉를삼다

班固贊曰文帝即位二十三年宮室苑囿車騎服御無所增益有不便輒弛以利民嘗欲作露臺召匠計之直百金上曰百金中人十家之產也吾奉先帝宮室常恐羞之何以臺爲身衣弋綈所幸愼夫人衣不曳地帷帳無文繡以示敦朴爲天下先治覇陵皆瓦器不以金銀銅錫爲飾因其山不起墳南越尉佗自立爲帝召尉佗兄弟以德懷之佗遂稱臣與凶奴結和親後而背約入盜令邊備守不發兵深入恐煩百姓吳王不朝賜以几杖羣臣袁盎等諫說雖切常假借納用焉張武受賂金錢覺更加賜以愧其心專務以德化民是以海內富庶興禮於義斷獄數百幾致刑措嗚呼仁哉

(甲申)七年이라夏六月에帝ㅣ崩ᄒᆞ다

七年이라夏六月에帝가崩ᄒᆞ다

孝景皇帝 名啓文帝之子 在位十六年壽四十八 遵孝文之業五六十載之間至於移風易俗黎民醇厚周云成康漢言文景美矣然稽古禮文之事猶多闕焉

(乙酉)元年이라五月에復收民田半租ᄒᆞ대三十而稅一 出食貨志ᄒᆞ다

元年이라五月에다시民田半租를收호ᄃᆡ三十에一을稅ᄒᆞ다

初에文帝ㅣ除肉刑ᄒᆞ니外有輕刑之名이나內室殺人이라斬右趾者

(重罪)死刑也

(不可爲人)不能起居也

ㅣ又當死ᄒᆞ고斬左趾者를笞五百ᄒᆞ고當劓者를笞三百ᄒᆞ니率多死ㅣ라

是歲에下詔曰加笞는重罪로無異라幸而不死라도不可爲人이니

其定律ᄒᆞ야笞五百曰三百이라ᄒᆞ고三百曰二百이라ᄒᆞ라出刑法志

初에文帝ㅣ肉刑을除ᄒᆞ니外로輕刑의名이有ᄒᆞ나內는실상人을殺ᄒᆞᆷ이라右趾를斬ᄒᆞᆯ者ㅣ또死를當ᄒᆞ고左趾를斬ᄒᆞᆯ者를笞五百ᄒᆞ고劓를當ᄒᆞᆯ者를笞三百ᄒᆞ니더저死가多ᄒᆞᆫ지라이에詔를下ᄒᆞ야曰笞를加ᄒᆞᆷ은重罪로異ᄒᆞᆷ이無ᄒᆞᆫ지라幸히死치안터라도可히人이되지못ᄒᆞᆯ지니그律을定ᄒᆞ야笞五百은曰三百이라ᄒᆞ고三百은曰二百이라ᄒᆞ라

秋에與凶奴로和親ᄒᆞ다出本紀

秋에凶奴로더브러和親ᄒᆞ다

梁孝王이以竇太后幼子故로有寵ᄒᆞ야王四十餘城ᄒᆞ야居天下膏腴地ᄒᆞ고腹之下肥曰腴改取以下肥饒之地賞賜는不可勝紀러라

梁孝王이竇太后의幼子인故로써寵이有ᄒᆞ야四十餘城에王ᄒᆞ야天下膏腴의地에居ᄒᆞ고賞賜ᄒᆞᆷ은可히이여紀치못ᄒᆞ겟더라

梁孝王景帝同母弟
(詹事)詹省也供也皇后太子各置詹事隨其所在以名官秩二千石
(竇嬰)太后從兄子也

(博)圍碁也

(丁亥)三年이라梁孝王이來朝ᄒᆞ다時에上이未置太子ㅣ러니與王宴飮이라가從容言曰千秋萬歲後에傳於王호리라王이辭謝ᄒᆞ고雖知非至言이나然이나心內喜ᄒᆞ고太后ㅣ亦然之러니詹事竇嬰이引卮酒進曰天下者ᄂᆞᆫ高祖之天下오父子相傳은漢之約也ㅣ어ᄂᆞᆯ上이何以得傳梁王이시리잇고太后ㅣ由此로憎嬰ᄒᆞ니王이以此益驕러라

三年이라梁孝王이와셔朝ᄒᆞ다時에上이太子를置치못ᄒᆞ얏더니王으로더브러宴飮ᄒᆞ다가從容이言ᄒᆞ야曰千秋萬歲後에王에게傳호리라王이辭謝ᄒᆞ고비록至言이아님을知ᄒᆞᄂᆞ그러나心內로喜ᄒᆞ고太后ㅣ또ᄒᆞᆫ그러이ᄒᆞ더니詹事竇嬰이卮酒를引ᄒᆞ고進ᄒᆞ야曰天下者ᄂᆞᆫ高祖의天下오父子ㅣ서로傳ᄒᆞᆷ은漢의約이어ᄂᆞᆯ上이엇지ᄒᆞ야써시러곰梁王에게傳ᄒᆞ시리잇고太后ㅣ此로由ᄒᆞ야嬰을憎ᄒᆞ니王이此로써더욱驕ᄒᆞ더라

初에孝文時에吳太子ㅣ入見에得侍皇太子ᄒᆞ야飮博ᄒᆞᆯ서(伯各反)吳太子ㅣ博이라가爭道不恭이어ᄂᆞᆯ(爭道謂行碁之路)皇太子ㅣ引博局ᄒᆞ야提(碁盤)殺之ᄒᆞ니(徐廣曰提徒計反史記周勃世家太后以冒絮提文帝索隱曰提音弟或音啼非也蕭該音底是擲也按蕭音爲是)吳王이由此로稍失藩臣之禮ᄒᆞ야稱

(吳王)名濞高祖兄仲之子

(几杖)几所以凭坐杖所以倚行賜之所以養其身體

(銅鹽爲資)吳有銅山招致天下亡命以爲鑄錢煑海水爲鹽故無賦而國用足

(公共)公顯然也共皆也

疾不朝京師ᄒᆞ고 始有反謀어ᄂᆞᆯ 文帝丨 賜吳王几杖ᄒᆞ고 老不朝라ᄒᆞ니 吳丨 得釋其罪ᄒᆞ고 謀亦益解ᄂᆞ 然이나 其居國에 以銅鹽爲資故로 百姓이 無佗賦ᄒᆞ고 郡國吏丨 欲來捕亡人者를(捕亡人謂避禍而逃亡者討捕之也) 公共禁弗予ᄒᆞ니(史記吳王濞傳公作訟注如淳曰訟公也正義曰訟者容言其相容禁止不與也) 如此者丨 四十餘年이러라

初에 孝文時에 吳太子丨 入見ᄒᆞᆷ의 皇太子에게 得侍ᄒᆞ야 飮ᄒᆞ고 博ᄒᆞᆯᄉᆡ 吳太子丨 博ᄒᆞ다가 道를 爭ᄒᆞ야 恭치안커ᄂᆞᆯ 皇太子丨 博局을 引ᄒᆞ야 提ᄒᆞ야 殺ᄒᆞ니 吳王이 此로 由ᄒᆞ야 점점 藩臣의 禮를 失ᄒᆞ야 疾을 稱ᄒᆞ고 京師에 朝치아니ᄒᆞ고 비로소 反ᄒᆞᆯ 謀丨 有ᄒᆞ거ᄂᆞᆯ 文帝丨 吳王에게 几杖을 賜ᄒᆞ고 老ᄒᆞ야 朝치안는다ᄒᆞ니 吳丨 그 罪를 釋ᄒᆞᆷ을 得ᄒᆞ고 謀丨 ᄯᅩᄒᆞᆫ 더욱 解ᄒᆞ나 그러나 그 國에 居ᄒᆞ야 銅鹽으로써 資를ᄒᆞᄂᆞᆫ 故로 百姓이 佗賦가 無ᄒᆞ고 郡國吏가 來ᄒᆞ야 亡人을 捕코져ᄒᆞᄂᆞᆫ 者를 公으로ᄒᆞᆫ가지 禁ᄒᆞ야 予치안ᄒᆞ니 이와갓ᄒᆞᆫ 者丨 四十餘年이러라

鼂錯丨 數上書言吳過可削이라호ᄃᆡ 文帝丨 寬不忍罰ᄒᆞ니 以此로 吳丨 日益橫이러라

鼂錯丨 자조 書를 上ᄒᆞ야 吳過를 言ᄒᆞ고 可히 削ᄒᆞᆯ지라 호ᄃᆡ 文帝丨 寬ᄒᆞ야 ᄎᆞᆷ아 罰치 아니ᄒᆞ니 此로써 吳丨 日로 益히 橫ᄒᆞ더라

(郤)隙也

及帝ㅣ即位에錯ㅣ說上曰昔에高帝ㅣ初定天下에昆弟ㅣ少ᄒᆞ고諸子ㅣ弱이라ᄒᆞ사大封同姓ᄒᆞ시니齊는七十餘城이오楚는四十餘城이오吳는五十餘城이다封三庶孼ᄒᆞ사分天下半이러시니 正長曰嫡其餘曰庶孼隷之子曰孼孼之言蘖也有罪之女沒廢役之而己得幸於君有所生若未旣伐而生枿也枿與蘖通也

밋帝ㅣ位에即ᄒᆞᆷ의錯ㅣ上을說ᄒᆞ야曰昔에高帝ㅣ처음으로天下를定ᄒᆞᆷ의昆弟가少ᄒᆞ고諸子가弱ᄒᆞ다ᄒᆞ사크게同姓을封ᄒᆞ시니齊는七十餘城이오楚는四十餘城이오吳는五十餘城이라三庶孼을封ᄒᆞ샤天下半을分ᄒᆞ셧더니

今吳王이前有太子之郤이라ᄒᆞ야詐稱病不朝ᄒᆞ니於古法에當誅ㅣ로되文帝ㅣ不忍ᄒᆞ샤因賜几杖ᄒᆞ시니德이至厚也라當改過自新이어늘反益驕溢ᄒᆞ야即山鑄錢ᄒᆞ며煑海爲鹽ᄒᆞ고誘天下亡人ᄒᆞ야謀作亂ᄒᆞ니今에削之라도亦反이오不削이라도亦反이어니와削之면反亟禍小ᄒᆞ고不削이면反遲禍大ᄒᆞ리이다 以上出史記吳王濞傳 上이令公卿列侯宗室雜議ᄒᆞ니莫敢難이러라 出錯本傳

이제吳王이前에太子의郤이有ᄒᆞ다ᄒᆞ야그짓病을稱ᄒᆞ고朝치아니ᄒᆞ니古法에맛

당이誅ᄒᆞᆯ것이로ᄃᆡ文帝ㅣᄎᆞᆷ아못ᄒᆞ샤因ᄒᆞ야几杖을賜ᄒᆞ시니德이至厚ᄒᆞᆫ지라맛당이過를改ᄒᆞ고ᄉᆞᄉᆞ로新ᄒᆞᆯ것이어ᄂᆞᆯ도로여더욱驕溢ᄒᆞ야山에即ᄒᆞ야錢을鑄ᄒᆞ며海를煮ᄒᆞ야鹽을ᄒᆞ고天下의亡人을誘ᄒᆞ야亂짓기를謀ᄒᆞ니今에削ᄒᆞ야도ᄯᅩᄒᆞᆫ反ᄒᆞᆯ것이오削지아니ᄒᆞ더라도ᄯᅩᄒᆞᆫ反ᄒᆞᆯ것이어니와削ᄒᆞ면反이亟ᄒᆞ나禍ㅣ小ᄒᆞ고削치아니ᄒᆞ면反이大ᄒᆞ나禍ㅣ遲ᄒᆞ리이다上이公卿列侯宗室로ᄒᆞ야곰雜議케ᄒᆞ니敢히難ᄒᆞ리업더라

初에楚元王이好書ᄒᆞ야與魯申公 申公魯人史記云言詩於魯則申培公韋昭曰培申公之名 穆生白生으로 俱受詩於浮丘伯이러니 浮丘伯齊人浮丘複姓也伯名也紹隱曰呂后時浮丘伯在長安申公與元王子劉郢俱卒學 及王楚에以三人으로爲中大夫ᄒᆞ다

初에楚元王이書를好ᄒᆞ야魯申公과穆生과白生으로더브러ᄒᆞᆫ가지詩를浮丘伯에게受ᄒᆞ얏더니맛楚에王ᄒᆞᆷ의三人으로ᄡᅥ中大夫를숨다

穆生어不嗜酒어늘元王이每置酒에常爲穆生設醴ᄒᆞ고 及子夷王孫王戊ㅣ卽位ᄒᆞ야도常設이러니 後乃忘設焉이어늘 穆生이退曰可以逝矣로다醴酒를不設ᄒᆞ니王之意ㅣ怠라不去면 楚人이 將鉗我於市

(私奸服)爲奸於服舍也服舍喪服之次

라ᄒᆞ고 遂謝病去ᄒᆞ니 出漢書楚元王交傳

穆生이酒를嗜치안커ᄂᆞᆯ元王이미양酒를置홈의상항穆生을爲ᄒᆞ야醴를設ᄒᆞ고子夷王과孫王戊ㅣ卽位홈에及ᄒᆞ야도常히設ᄒᆞ더니後에이에設을忘ᄒᆞ거ᄂᆞᆯ穆生이退ᄒᆞ야日可히써逝홀지로다醴酒를設치아니ᄒᆞ니王의意가怠ᄒᆞᆫ지라去치아니ᄒᆞ면楚人이장ᄎᆞᆺ我를市에鉗ᄒᆞ리라ᄒᆞ고드대여病을謝ᄒᆞ고去ᄒᆞ다

楚王戊ㅣ來朝어ᄂᆞᆯ 楚王戊高帝弟楚王交孫嗣二十一年反都彭城

楚王戊ㅣ와셔朝ᄒᆞ거ᄂᆞᆯ

錯ㅣ因言ᄒᆞᆫ대戊ㅣ往年에爲薄太后服ᄒᆞᆯ서私奸服舍라ᄒᆞ야削東海郡ᄒᆞ고前年에趙王이有罪라ᄒᆞ야削其常山郡ᄒᆞ고 趙王名遂高帝孫幽王友子嗣二十六年反都邯鄲 膠西王卬이以賣爵事로有奸이라ᄒᆞ야削其六縣ᄒᆞ고 卬高帝孫齊悼惠王子故昌侯十年反都密州高密縣按高密今屬菑州膠州理膠西縣 廷臣이方議削吳러니吳王이恐削地無已ᄒᆞ야因發謀擧事ᄒᆞᆯ서說膠西王ᄒᆞ야約齊菑川 菑川王名賢高帝孫齊悼惠王子故武成侯立十一年反都劇按劇縣屬菑州菑州隋置淄州今淄陽是括地志故劇城在靑州壽光南三十里 膠東 膠東王雄渠高帝孫齊悼惠王子故白石侯五十一年反都即墨括地志即墨故城在今登州膠水縣東六十里故曰膠東 濟南ᄒᆞ니 齊南王辟光高帝孫齊悼惠王子故扐侯立十一年反都濟南括地志濟南故城在淄州長止縣西北三十里 楚趙ㅣ皆反이라發使遺諸侯書ᄒᆞᆫ대罪狀鼂錯ᄒᆞ야 狀容之也其書形狀鼂錯之罪獨莊子之自狀其過

(太尉)掌武事自上安下曰尉武官悉以爲稱

欲合兵誅之러라 出漢書吳王濞傳無此三句

錯ㅣ因ᄒᆞ야言호ᄃᆡ戊ㅣ往年에薄太后를爲ᄒᆞ야服을호ᄃᆡ私로服절ᄎᆞ에奸ᄒᆞ얏다ᄒᆞ야東海郡을削ᄒᆞ고前年에趙王이罪가有ᄒᆞ다ᄒᆞ야그常山郡을削ᄒᆞ고膠西王卬이爵을賣ᄒᆞᆫ事로ᄡᅥ奸이有ᄒᆞ다ᄒᆞ야그六縣을削ᄒᆞ고廷臣이바야흐로吳를削ᄒᆞ기를議ᄒᆞ더니吳王이地를削ᄒᆞᆷ을말미업슬줄恐ᄒᆞ야因ᄒᆞ야謀를發ᄒᆞ야事를擧ᄒᆞᆯᄉᆡ膠西王을說ᄒᆞ야齊菑川과膠東과濟南과約ᄒᆞ니楚趙ㅣ다反ᄒᆞᆫ지라使를發ᄒᆞ야諸侯에게書를遺호ᄃᆡ鼂錯를罪로狀ᄒᆞ야兵을合ᄒᆞ야誅코져ᄒᆞ더라

初에文帝ㅣ且崩에戒太子曰即有緩急이어든周亞夫는眞可任將兵이라ᄒᆞ더니及七國反書ㅣ聞에上이乃拜中尉周亞夫ᄒᆞ야爲太尉ᄒᆞ야將三十六將軍ᄒᆞ야往擊吳楚ᄒᆞ고遣酈寄擊趙ᄒᆞ고欒布로擊齊ᄒᆞ다

初에文帝ㅣ또ᄒᆞᆫ崩ᄒᆞᆷ의太子를戒ᄒᆞ야曰곳緩急이有ᄒᆞ거든周亞夫는참미히將兵을任ᄒᆞᆯ만ᄒᆞ다ᄒᆞ더니밋七國의反書ㅣ聞ᄒᆞᆷ의上이이에中尉周亞夫를拜ᄒᆞ야太尉를ᄉᆞᆷ어三十六將軍을將ᄒᆞ야往ᄒᆞ야吳楚를擊ᄒᆞ고酈寄를遣ᄒᆞ야趙를擊ᄒᆞ고欒布로齊를擊ᄒᆞ다

錯ㅣ素與吳相袁盎으로不善이러니盎이夜見竇嬰ᄒᆞ고爲言吳所以

(調)計也 謂計發兵食也

(卒問)卒覺也 適讀曰謫責也

反ᄒᆞ고 願至上前ᄒᆞ야 口對狀이어ᄂᆞᆯ 言不用奏章願至主上前口對說也 嬰이 入言ᄒᆞᆫ대 上이 乃召盎ᄒᆞ니 盎이 入見이어ᄂᆞᆯ 上이 方與錯로 調兵食이라가 上이 問盎호ᄃᆡ 今吳楚ㅣ 反ᄒᆞ니 於公意에 何如오 對曰願屛左右ᄒᆞ소셔

錯ㅣ 본대 吳相袁盎으로더브러善치못ᄒᆞ더니盎이夜에竇嬰을見ᄒᆞ고吳의써反ᄒᆞᆫ바를言ᄒᆞ고上前에至ᄒᆞ야口로狀을對ᄒᆞ기願ᄒᆞ거ᄂᆞᆯ嬰이入ᄒᆞ야言ᄒᆞᆫ대上이이에盎을召ᄒᆞ니盎이入ᄒᆞ야見ᄒᆞ거ᄂᆞᆯ上이바야흐로錯로더브러兵食을調ᄒᆞ다가上이盎다려問호ᄃᆡ今에吳와楚가反ᄒᆞ니公의意에엇더ᄒᆞᆫ고對ᄒᆞ야曰願컨ᄃᆡ左右를屛ᄒᆞ소셔

錯ㅣ 趨避東箱ᄒᆞ야 甚恨이러니 上이 卒問盎ᄒᆞᆫᄃᆡ 對曰吳楚ㅣ 相遺書ᄒᆞ야 言高帝ㅣ 王子弟에 各有分地어ᄂᆞᆯ 今賊臣鼂錯ㅣ 擅適諸侯ᄒᆞ야 削奪其地ᄒᆞ니 以故로 反ᄒᆞ야 欲共誅錯ᄒᆞ고 復故地而罷ᄒᆞ리니 方今計ᄂᆞᆫ 獨有斬錯ᄒᆞ고 發使赦七國ᄒᆞ야 復其故地면 則兵可毋血及而俱罷ᄒᆞ리이다

錯ㅣ 趨ᄒᆞ야 東箱에 避ᄒᆞ야 심히 恨ᄒᆞ더니 上이 卒然이 盎에게 무른ᄃᆡ 對ᄒᆞ야 曰吳楚

(朝衣)朝服

射音夜

ㅣ셔로書를遺ᄒᆞ야言호ᄃᆡ高帝ㅣ子弟를王ᄒᆞᆷ의각각分地가有ᄒᆞ거ᄂᆞᆯ今에賊臣鼂錯ㅣ擅히諸侯를適ᄒᆞ야그地를削ᄒᆞ고奪ᄒᆞ니以故로反ᄒᆞ야한가지錯를誅ᄒᆞ야故地를復ᄒᆞ고罷코져ᄒᆞᆫ다ᄒᆞ니方今의計ᄂᆞᆫ홀로斬錯ᄒᆞᆷ의有ᄒᆞ고使를發ᄒᆞ야七國을赦ᄒᆞ야그故地를復ᄒᆞ면곳兵이可히刃에血치아코한가지罷ᄒᆞ리이다

上이默然良久에曰顧誠何如오吾ㅣ不愛一人ᄒᆞ야以謝天下아錯ㅣ殊不知러라

上이默然良久에曰顧컨ᄃᆡ진실로엇더ᄒᆞᆫ고吾ㅣ一人을愛ᄒᆞ야써天下를謝치아니ᄒᆞ랴錯ㅣ자못知치못ᄒᆞ더라

上이使中尉로召錯ᄒᆞ야紿載行市ᄒᆞ니錯ㅣ衣朝衣ᄒᆞ고斬東市ᄒᆞ다

上이中尉로ᄒᆞ야곰錯를召ᄒᆞ야속여셔載ᄒᆞ고市에行ᄒᆞ니錯ㅣ朝衣를衣ᄒᆞ고東市에斬ᄒᆞ다

謁者僕射鄧公이 漢書作鄧先孔文祥曰姓鄧名先 **上書言軍事曰吳ㅣ爲反計ㅣ數十歲矣라發怒削地ᄒᆞ야以誅錯爲名이나其意ᄂᆞᆫ不在錯也니이다**

謁者僕射鄧公이書를上ᄒᆞ야軍事를言ᄒᆞ야曰吳ㅣ反計를ᄒᆞᆷ이數十歲라地를削ᄒᆞᆷ이怒를發ᄒᆞ야錯를誅ᄒᆞᆷ으로써名을ᄒᆞ나그意ᄂᆞᆫ錯에在치아니ᄒᆞ니이다

夫鼂錯ㅣ患諸侯 彊大ᄒᆞ야不可制故로請削之ᄒᆞ야以尊京師ᄒᆞ니萬世之利也어늘計畫이始行에卒受大戮ᄒᆞ야內杜忠臣之口ᄒᆞ고外爲諸侯報仇ᄒᆞ니臣은竊爲陛下不取也ᄒᆞ노이다 帝ㅣ喟然曰吾亦賢之ᄒᆞ노라

出鼂錯傳永嘉陳氏曰吳王招納亡叛反形已具漢固不可不爲之慮也其他若楚趙常山膠西之徒初曷嘗有反謀者哉向使錯之議止於削吳則其所反也獨一吳耳今也則地之令未加之謀反之吳而先加之未反之國使吳王得以藉口誘諸侯爲左右手幾於危劉氏之社稷然則揚子雲以錯爲愚誠可謂愚矣

무릇鼂錯ㅣ諸侯ㅣ彊大ᄒᆞ야可히制치못홈을患ᄒᆞᆫ故로請ᄒᆞ야削ᄒᆞ야써京師를尊ᄒᆞ니萬世의利어늘計畫이비로소行홈의맛참ᄂᆡ大戮을受ᄒᆞ야內로忠臣의口를杜ᄒᆞ고外로諸侯를爲ᄒᆞ야仇를報ᄒᆞ니臣은간졀이陛下를爲ᄒᆞ야取치안노이다帝ㅣ喟然ᄒᆞ고曰吾도ᄯᅩᄒᆞᆫ賢히ᄒᆞ노라

亞夫ㅣ言於上曰楚兵이剽輕ᄒᆞ니 難與爭鋒이라 願以梁으로 委之ᄒᆞ야絕其食道라야乃可制也ㅣ리이다 上이許之ᄒᆞ다

亞夫ㅣ上게言ᄒᆞ야曰楚兵이剽ᄒᆞ고輕ᄒᆞ니더부러鋒을爭키難ᄒᆞᆫ지라원컨ᄃᆡ梁으로써委ᄒᆞ야그食道를絕ᄒᆞ여야이에可히制ᄒᆞ리이다上이許ᄒᆞ다

亞夫ㅣ乘傳ᄒᆞ고(乘傳註見高帝五年)將會兵滎陽ᄒᆞᆯ서發至霸上ᄒᆞ니 趙涉이遮說亞

夫曰吳王이知將軍且行이면必置人於殽澠之間ᄒᆞ리니 殽山名今陝縣是也東崤至西崤二十五里在秦關之東漢關之西殽通作崤括地志洛州永甯西北二十里古殽道也澠屬弘農禹貢注屬河西郡澠當作黽俗作澠音彌兗反 且兵事는尙神密이니將軍은何不右去ᄒᆞ야走藍田 藍田接漢地志京兆有藍田縣括地志云藍田山三皇舊居在雍州東南八十里從藍田關西入縣 出武關 武關秦之南關也通南陽地括志故關在商州商洛東春秋時少習也ㅣ 抵洛陽ᄒᆞ야直入武庫오 武庫在未央宮蕭何造以藏兵器 諸侯ㅣ聞之면以爲將軍이從天而下也라ᄒᆞ리이다

亞夫ㅣ傳을乘ᄒᆞ고장ᄎᆞᆺ兵을滎陽에會ᄒᆞᆯ시發ᄒᆞ야霸上에至ᄒᆞ니趙涉이遮ᄒᆞ고亞夫를說ᄒᆞ야曰吳王이將軍이ᄯᅩᄒᆞᆫ行ᄒᆞᆷ을知ᄒᆞ면반다시人을殽澠의間에置ᄒᆞ리니ᄯᅩ兵事ᄂᆞᆫ神密을尙ᄒᆞ니將軍은엇지ᄒᆞ야右로去ᄒᆞ야藍田으로走ᄒᆞ야武關을出ᄒᆞ고洛陽에抵ᄒᆞ야곳武庫로入치안ᄂᆞᆫ고諸侯ㅣ聞ᄒᆞ면써ᄒᆞ되將軍이天으로從ᄒᆞ야下ᄒᆞ얏다ᄒᆞ리이다

太尉ㅣ如其計ᄒᆞ야至洛陽ᄒᆞ야喜曰今吾ㅣ據滎陽ᄒᆞ니滎陽以東은無足憂者다ᄒᆞ고使使搜殽澠間ᄒᆞ야果得吳伏兵ᄒᆞ다

太尉ㅣ그計와갓치ᄒᆞ야洛陽에至ᄒᆞ야喜ᄒᆞ야曰이제吾ㅣ滎陽에據ᄒᆞ니滎陽써東은足히憂ᄒᆞᆯ者ㅣ無ᄒᆞ다ᄒᆞ고使를부려殽澠間을搜ᄒᆞ야과연吳의伏兵를得ᄒᆞ다

吳攻梁急이어ᄂᆞᆯ 亞夫ㅣ 堅壁不出ᄒᆞ고 使輕騎로 出淮泗口ᄒᆞ야 淮泗口在今淮安州北水經注淮水在山陽北五里淮水之會即城角也左右兩川夾翼二水以入即泗口也自鼈山北縈廻楚城東入于海 絕吳楚兵後ᄒᆞ고 塞其饟道ᄒᆞ니 饟古餉字 吳ㅣ 糧絕卒飢ᄒᆞ야 數挑戰ᄒᆞ되 終不出ᄒᆞ다

吳ㅣ 梁을 攻ᄒᆞ기 急히 ᄒᆞ거ᄂᆞᆯ 亞夫ㅣ 壁을 堅히 ᄒᆞ고 出치 아니ᄒᆞ고 輕騎로ᄒᆞ야곰 淮泗口에 出ᄒᆞ야 吳楚兵의 後를 絕ᄒᆞ고 그 饟道를 塞ᄒᆞ니 吳ㅣ 糧이 絕ᄒᆞ고 卒이 飢ᄒᆞ야 자조 戰을 挑호ᄃᆡ 종시 出치 아니ᄒᆞ다

條侯軍中이 夜驚ᄒᆞ야 條侯亞夫也 內相攻擊ᄒᆞ야 擾亂至帳下어ᄂᆞᆯ 亞夫ㅣ 堅臥不起더니 頃之오 復定ᄒᆞ다

條侯의 軍中이 夜에 驚ᄒᆞ야 內로 서로 攻擊ᄒᆞ야 擾亂이 帳下에 至ᄒᆞ거ᄂᆞᆯ 亞夫ㅣ 堅히 臥ᄒᆞ야 起치 아니ᄒᆞ얏더니 얼마 잇다가 다시 定ᄒᆞ다

吳ㅣ 犇壁東南陬어ᄂᆞᆯ 亞夫ㅣ 使備西北이더니 已而오 果犇西北이라가 不得入이라 吳楚士卒이 多飢死叛散ᄒᆞ야 乃引去어ᄂᆞᆯ 亞夫ㅣ 出精兵ᄒᆞ야 追擊大破之ᄒᆞ니 吳王이 棄軍走度淮ᄒᆞ야 度與渡通濟也風俗通云淮廟在唐州東二十里廟前槐樹下有一泉眼淮水出焉其原甚窄可驀而踰流至楊徐間始大禹貢案傳曰淮水出南陽平氏縣昭簪山北過桐栢山東南入海今唐州有桐柏縣疾趨也 保東越이어ᄂᆞᆯ 東越이 殺之ᄒᆞ다

吳ㅣ犇ᄒᆞ야東南陬에壁ᄒᆞ거ᄂᆞᆯ亞夫ㅣᄒᆞ야곰西北을備ᄒᆞ라ᄒᆞ얏더니얼마잇다가과연西北으로犇ᄒᆞ다가入ᄒᆞᆷ을得치못ᄒᆞᆫ지라吳楚士卒이飢死ᄒᆞ고叛散ᄒᆞᆷ이多ᄒᆞ야이에引ᄒᆞ고去ᄒᆞ거ᄂᆞᆯ亞夫ㅣ精兵을出ᄒᆞ야追擊ᄒᆞ야크게破ᄒᆞ니吳王이軍를棄ᄒᆞ고走ᄒᆞ야淮를度ᄒᆞ야東越을保ᄒᆞ거ᄂᆞᆯ東越이殺ᄒᆞ다

楚王은自殺ᄒᆞ고齊王은飮藥死ᄒᆞ고膠西王은自殺ᄒᆞ고膠東菑川濟南王은皆伏誅ᄒᆞ다 出亞夫傳

楚王은自殺ᄒᆞ고齊王은藥을飮ᄒᆞ고死ᄒᆞ고膠西王은自殺ᄒᆞ고膠東과菑川과濟南王은다伏誅ᄒᆞ다

(辛卯)七年이라廢太子榮ᄒᆞ야爲臨江王ᄒᆞ다

七年이라太子榮을廢ᄒᆞ야臨江王을삼다

立膠東王徹ᄒᆞ야爲皇太子ᄒᆞ다 出本紀

膠東王徹을立ᄒᆞ야皇太子를삼다

(丁酉)中六年이라上이旣減笞法ᄒᆞᆫ대笞者猶ㅣ不全이어ᄂᆞᆯ乃更減ᄒᆞ야笞三百曰二百이오笞二百曰一百이라ᄒᆞ고又定箠令ᄒᆞ니自是로笞者ㅣ

笞長五尺其本大六寸竹也末薄半寸皆平其節

得全이나然이나死刑이既重而生刑이又輕ᄒᆞ야民易犯之러라 出漢書刑法志

中六年이라上이임의笞法을減ᄒᆞ얏스되笞者ㅣ오히려全치못ᄒᆞ거ᄂᆞᆯ이에다시減ᄒᆞ야笞三百을曰二百이오笞二百을曰一百이라ᄒᆞ고ᄯᅩ箠令을定ᄒᆞ니이로브터笞者ㅣ全을得ᄒᆞ나然이나死刑이임의重ᄒᆞ고生刑이ᄯᅩᄒᆞᆫ輕ᄒᆞ야民이犯키易ᄒᆞ더라

(戊戌)後元年이라直不疑로爲御史大夫ᄒᆞ다初에不疑ㅣ爲郎에同舍에有告歸ᄒᆞ야誤持其同舍郎金去러니已而오同舍郎이覺亡ᄒᆞ고意不疑어ᄂᆞᆯ不疑ㅣ謝有之ᄒᆞ고買金償이러니後에告歸者ㅣ至而歸金이어ᄂᆞᆯ亡金郎이大慙이라以此로稱爲長者ㅣ러라 出漢書本傳

後元年이라直不疑로御史大夫를삼다初에不疑ㅣ郎이됨이同舍에歸를告ᄒᆞᄂᆞᆫ이가有ᄒᆞ야誤히그同舍郎의金을持ᄒᆞ고去ᄒᆞ얏더니而己오同舍郎이亾홈을覺ᄒᆞ고不疑ᄅᆞᆯ意ᄒᆞ거ᄂᆞᆯ不疑ㅣ有ᄒᆞ다謝ᄒᆞ고金을買ᄒᆞ야償ᄒᆞ얏더니後에歸를告ᄒᆞ던者ㅣ至ᄒᆞ야金을歸ᄒᆞ거ᄂᆞᆯ亾金郎이크게慙ᄒᆞᄂᆞᆫ지라이로써長者라稱ᄒᆞ더라

(庚子)三年이라十二月에帝ㅣ崩ᄒᆞ고太子ㅣ卽皇帝位ᄒᆞ니年이十六이러라 出本紀

三年이라十二月에帝ㅣ崩ᄒᆞ고太子ㅣ皇帝位에即ᄒᆞ니年이十六이러라

漢書에曰漢興에接秦之弊ᄒᆞ야自天子로不得具鈞駟ᄒᆞ고(天子駕駟馬其色宜齊同言當時國家貧天子不能具鈞色之駟馬漢書作醇與純同一色也)而將相이或乘牛車ᄒᆞ고齊民이無蓋藏이러니(齊等無有貴賤故曰齊民若今言平民也記王制曰古者公田籍而不稅其法言口授出初無貧富不均之患故曰齊民言民業均齊也無蓋藏謂無物可蓋藏也月令孟冬命百官謹蓋藏註府庫囷倉有藏物也藏才浪反又如字蓋胡臘反)天下ㅣ已平에高祖ㅣ乃令賈人으로不得衣絲乘車ᄒᆞ고重租稅ᄒᆞ야以困辱之러니孝惠高后時에爲天下初定이라ᄒᆞ야復弛商賈之律이나然이나市井之子孫이亦不得仕宦爲吏ᄒᆞ고量吏祿度官用ᄒᆞ야以賦於民ᄒᆞ고而山川園池市井租稅之入을自天子로以至于奉君湯沐邑히皆各爲私奉養焉ᄒᆞ야不領於天下之經費ᄒᆞ고漕轉山東粟ᄒᆞ야以給中都官ᄒᆞ되歲不過數十萬石이러니

漢書에曰漢興에秦의弊를接ᄒᆞ야天子로브터시러곰鈞駟를具치못ᄒᆞ고將相이或牛車를乘ᄒᆞ고齊民이蓋藏이無ᄒᆞ더니天下ㅣ임의平홈이高祖ㅣ이에賈人으로ᄒᆞ야곰絲를衣ᄒᆞ고車를乘홈을得지못ᄒᆞ게ᄒᆞ고租稅를重히ᄒᆞ야써困辱ᄒᆞ더니孝惠

(露稱)積音恣儲蓄也凡指所聚之物而言之則去聲聚物則稱累之則入聲也 (粱)米之精也

高后의時에天下ㅣ처음으로定ᄒᆞ얏다ᄒᆞ야다시商賈의律을弛ᄒᆞ나그러나市井의子孫이ᄯᅩᄒᆞᆫ仕宦ᄒᆞ야吏됨을得치못ᄒᆞ고吏祿을量ᄒᆞ고官用을度ᄒᆞ야써民에賦ᄒᆞ고山川園池市井租稅의入을天子로브터써封君湯沐邑에至ᄒᆞ기다각〻스ᄉᆞ로奉養ᄒᆞ야天下의經費에領치안코山東粟을轉漕ᄒᆞ야써中都官을給호ᄃᆡ歲에數十萬石에過치안터니

繼以孝文孝景。이 淸淨恭儉ᄒᆞ야 安養天下ᄒᆞ니 七十餘年之間에 國家ㅣ無事ᄒᆞ고 非遇水旱之災ᄒᆞ야 民則家給人足ᄒᆞ고 都鄙廩庾ㅣ皆滿而府庫에 餘貨財ᄒᆞ고 京師之錢。이 累巨萬이라 貫朽而不可校ᄒᆞ고 太倉之粟。이 陳陳相因ᄒᆞ야 充溢露積於外ᄒᆞ야 至腐敗不可食ᄒᆞ고 衆庶ㅣ街巷有馬而阡陌之間에 成羣ᄒᆞ고 乘字牝者를 擯而不得聚會ᄒᆞ고 (字牝畜母也漢書音義曰皆乘父馬有牝馬間其間則相踶齧故斥不得聚會) 守閭閻者ㅣ 食粱肉ᄒᆞ고 爲吏者ㅣ 長子孫ᄒᆞ고 (時無事吏不數遷至於子孫長大而不轉職任) 居官者ㅣ 以爲姓號ㅣ라 (謂以官名爲姓氏如淳曰倉氏庾氏則倉庫之後) 故로 人人이 自愛而重犯法ᄒᆞ야 (重難也) 先行義而後絀辱焉이러라

繼ᄒᆞ야써孝文孝景이淸淨ᄒᆞ고恭儉ᄒᆞ야天下를安養ᄒᆞ니七十餘年의間에國家ㅣ

(有土 宗室受封邑有地者)

事가無ᄒᆞ고水旱의災를遇치아니ᄒᆞ야民인則家가給ᄒᆞ고人이足ᄒᆞ고都鄙의廩庾ㅣ다滿ᄒᆞ고府庫에貨財가餘ᄒᆞ고京師의錢이累巨萬이라貫이朽ᄒᆞ야可히校치못ᄒᆞ고太倉의粟이陳々ᄒᆞ야서로因ᄒᆞ야充溢ᄒᆞ야積이外에露ᄒᆞ야腐敗케이르러可히食치못ᄒᆞ고衆庶ㅣ街巷에馬가有ᄒᆞ야阡陌의間에群을成ᄒᆞ고字牝을乘ᄒᆞᆫ者ᄂᆞᆫ擯ᄒᆞ야聚會ᄒᆞᆷ을得지못ᄒᆞ게ᄒᆞ고閭閻을受ᄒᆞᄂᆞᆫ者ᄂᆞᆫ粱肉을食ᄒᆞ고吏된者ᄂᆞᆫ子孫을長ᄒᆞ고官에居ᄒᆞᆫ者ᄂᆞᆫ써姓號를삼으니故로人人이스사로愛ᄒᆞ야法에犯ᄒᆞ기를重히ᄒᆞ야먼져義를行ᄒᆞ고後에詘辱ᄒᆞ더라

當此之時ᄒᆞ야罔疏而民富ᄒᆞ고役財ㅣ驕溢ᄒᆞ야或至兼幷ᄒᆞ며豪黨之徒ㅣ以武斷於鄉曲ᄒᆞ고(鄉曲豪富無官位而以威勢主斷曲直故曰武斷秦國策注曲者里之一曲如韋曲杜曲)宗室有土와公卿大夫以下ㅣ爭事奢侈ᄒᆞ야室廬輿服이僭于上ᄒᆞ야無限度ᄒᆞ니物盛而衰ᄂᆞᆫ固其變也ㅣ니自是之後로孝武ㅣ內窮侈靡ᄒᆞ고外攘夷狄ᄒᆞ니天下ㅣ蕭然ᄒᆞ야財力이耗矣러라

이ᄯᅢ를當ᄒᆞ야罔이疏ᄒᆞ고民이富ᄒᆞ고役財ㅣ驕溢ᄒᆞ야或兼並에至ᄒᆞ며豪黨의徒ㅣ써鄉曲에武斷ᄒᆞ고宗室이土가有ᄒᆞᆫ이와公卿大夫以下ㅣ다토아奢侈를事ᄒᆞ야

室廬와輿服이上에僭ᄒᆞ야限度가無ᄒᆞ니物이盛ᄒᆞ면衰ᄒᆞᄂᆞᆫ것은진실로그變홈이라이後로브터孝武ㅣ內로侈靡를窮히ᄒᆞ고外로夷狄을攘ᄒᆞ니天下ㅣ蕭然ᄒᆞ야財力이耗ᄒᆞ더라

(班固)贊曰孔子稱斯民也三代之所以直道而行也信哉周秦之弊罔密文峻而姦軌不勝漢興掃除煩苛與民休息至於孝文加之以恭儉孝景遵業五六十載之間至於移風易俗黎民醇厚周云成康漢言文景美矣

威彊叡德曰武

(知)智通

漢紀

世宗孝武皇帝 名徹景帝之子 在位五十四年 壽七十 征伐四夷海內罷耗末年不免輪臺之悔如武帝之雄才大畧使其不改文景之恭儉以濟斯民雖詩書所稱何以加焉

(辛丑)建元元年이라 自古帝王未有年號始起於此 冬十月에 詔擧賢良方正直言極諫之士ᄒᆞᆯ서 本紀云丞相奏所擧賢良或治申商韓非蘇秦張儀之言亂國政請皆罷奏可 上이 親策問以古今治道ᄒᆞ니 廣川董仲舒ㅣ 對曰臣은 觀天人相與之際ᄒᆞ니 甚可畏也ㅣ라 自非太亡道之世면 天이 盡欲扶持全安之ᄒᆞ나니 事在彊勉而已니다 彊勉學問則聞見博而知益明ᄒᆞ고 彊勉行道則德日起而大有功ᄒᆞ리이다

建元元年이라 冬十月에 詔ᄒᆞ야 賢良方正ᄒᆞ고 直言極諫의 士를 擧ᄒᆞᆯ시 上이 親히 策ᄒᆞ야 古今治道로써 問ᄒᆞ니 廣州董仲舒ㅣ 對ᄒᆞ야 曰臣은 天과 人의 相與ᄒᆞᄂᆞᆫ 際를 觀ᄒᆞ니 심히 可히 畏ᄒᆞᆫ지라 스ᄉᆞ로 너무 道가 업지 아니ᄒᆞᆫ 世이면 天이 다 扶持ᄒᆞ야 全安케ᄒᆞ고저ᄒᆞ시나니 事가 彊勉홈에 在ᄒᆞᆯ 다름이니다 彊勉ᄒᆞ야 學問ᄒᆞᆫ則 聞見이 博ᄒᆞ고 知가 더욱 明ᄒᆞ고 彊勉ᄒᆞ야 道를 行ᄒᆞᆫ則 德이 日로 起ᄒᆞ야 크게 功이 有ᄒᆞ리이다

適往也

道者ᄂᆞᆫ所由適於治之路也ㅣ니仁義禮樂이皆其具也라故로聖王이已沒而子孫이長久ᄒᆞ야安寧數百歲ᄒᆞ니此ᄂᆞᆫ皆禮樂教化之功也ㅣ니이다

道라ᄒᆞᄂᆞᆫ者ᄂᆞᆫ治ᄒᆞᄂᆞᆫ路에말미암아가ᄂᆞᆫ바ㅣ니仁義와禮樂이다그具ᄒᆞᆷ이라故로聖王이임의沒ᄒᆞᆷ의子孫이長久ᄒᆞ야數百歲를安寧ᄒᆞ니此ᄂᆞᆫ다禮樂教化의功이니이다

夫周道ㅣ衰於幽厲ᄂᆞᆫ非道亡也라幽厲ㅣ不由也ㅣ니至於宣王ᄒᆞ야思昔先王之德ᄒᆞ야興滯補弊ᄒᆞ야明文武之功業ᄒᆞ니周道ㅣ粲然復興이라此ᄂᆞᆫ夙夜不懈ᄒᆞ야行善之所致也ㅣ니이다

뎌져周道ㅣ幽厲에衰ᄒᆞᆷ은道가亡ᄒᆞᆷ이아니라幽厲ㅣ繇치아니ᄒᆞᆷ이니宣王에至ᄒᆞ야昔先王의德을思ᄒᆞ야滯를興ᄒᆞ고敝를補ᄒᆞ야文武의功業을明ᄒᆞ니周道ㅣ粲然히다시興ᄒᆞᆫ지라此ᄂᆞᆫ夙夜에懈치아니ᄒᆞ야行善ᄒᆞᆫ所致니이다

爲人君子ㅣ正心ᄒᆞ야以正朝廷ᄒᆞ고正朝廷ᄒᆞ야以正百官ᄒᆞ고正百官ᄒᆞ야以正萬民ᄒᆞ고正萬民ᄒᆞ야以正四方이니四方이正ᄒᆞ면遠近이莫敢不

殖生也

壹於正而亡有邪氣奸其間者ㅣᄒᆞ리니 奸音干犯也 是以로 陰陽이 調而風雨時ᄒᆞ며 羣臣이 和而萬物이 殖ᄒᆞ야 諸福之物可致之祥이 莫不畢至而王道ㅣ 終矣리이다

人君된者ㅣ心을正ᄒᆞ야써朝廷을正ᄒᆞ고朝廷을正ᄒᆞ야써百官을正ᄒᆞ고百官을正ᄒᆞ야써萬民을正ᄒᆞ고萬民을正ᄒᆞ야써四方을正ᄒᆞᄂᆞ니四方이正ᄒᆞ면遠近이敢히正에壹치안ᄒᆞ리업고邪氣가그間에奸ᄒᆞᆯ者ㅣ잇지안ᄒᆞ리니이로써陰陽이調ᄒᆞ고風雨가時ᄒᆞ며羣生이和ᄒᆞ고萬物이殖ᄒᆞ야諸福의物可致ᄒᆞᆫ祥이畢至치안이홈이업고王道ㅣ終ᄒᆞ리이다

今陛下ㅣ 貴爲天子ᄒᆞ시고 富有四海ᄒᆞ시며 居得致之位ᄒᆞ샤 操可致之勢ᄒᆞ시고 又有能致之資ᄒᆞ시며 行高而恩厚ᄒᆞ시고 知明而意美ᄒᆞ시며 愛民而好士ᄒᆞ시니 可謂誼主矣로더 然而天地ㅣ 未應而美祥이 莫至者ᄂᆞᆫ 何也오 凡以敎化ㅣ 不立而萬民이 不正也ㅣ서니이다

今에陛下ㅣ貴ᄂᆞᆫ天子가되시고富ᄂᆞᆫ四海를有ᄒᆞ시며得致의位에居ᄒᆞ샤可致의勢를操ᄒᆞ시고또能致의資가有ᄒᆞ시며行이高ᄒᆞ고恩이厚ᄒᆞ시고知가明ᄒᆞ고意가美

며民을愛ᄒᆞ시고士를好ᄒᆞ시니可히誼主라謂ᄒᆞ겟스되그러나天地ㅣ應치아니ᄒᆞ고美祥이至치안는者는何인고무릇써敎化ㅣ立치못ᄒᆞ고萬民이正치못ᄒᆞᆷ이니이다

夫萬物之趨利也ㅣ如水之走下ᄒᆞ야不以敎化로隄防之면不能止也ㅣ라古之王者ㅣ明於此故로南面而治天下에莫不以敎化로爲大務ᄒᆞ야立大學ᄒᆞ야以敎於國ᄒᆞ고設庠序ᄒᆞ야以化於邑ᄒᆞ야漸民以仁ᄒᆞ며摩民以誼ᄒᆞ며節民以禮라故로其刑罰이輕而禁不犯者는敎化ㅣ行而習俗이美也ㅣ니이다

무릇萬民이利에趨ᄒᆞᆷ이水가下에走ᄒᆞᆷ과如ᄒᆞ야敎化로써隄防치안니ᄒᆞ면能히止치못ᄒᆞ는지라古의王者ㅣ此에明ᄒᆞᆫ故로南面ᄒᆞ고天下를治ᄒᆞᆷ의敎化로써大務를삼지안는이가업스니大學을立ᄒᆞ야써國에敎ᄒᆞ고庠序를設ᄒᆞ야써邑에化ᄒᆞ야民을仁으로써漸ᄒᆞ며民을誼로써摩ᄒᆞ며民을禮로써節ᄒᆞ는지라故로그刑罰이輕ᄒᆞ고禁에不犯ᄒᆞ는者는敎化ㅣ行ᄒᆞ고習俗이美ᄒᆞᆷ이니이다

聖王之繼亂世也에掃除其迹而悉去之ᄒᆞᄂᆞ니竊譬之컨ᄃᆡ琴瑟이

不調甚者는必解而更張之라야乃可皷也오爲政而不行甚者는必變而更化之라야乃可理也ㅣ니故로漢이得天下以來로常欲治而至今不可善治者는失之於當更化而不更化也ㅣ니다

聖王이亂世를繼홈의그迹을掃除ᄒᆞ야다去ᄒᆞᄂᆞ니竊히譬컨ᄃᆡ琴瑟이調치안홈이甚ᄒᆞᆫ者ᄂᆞᆫ반다시푸러다시張ᄒᆞ여야可히두드리며政을ᄒᆞ되行치못홈이甚ᄒᆞᆫ者ᄂᆞᆫ반다시變ᄒᆞ야다시化ᄒᆞ여야이에可히理홀지니고로漢이天下를得ᄒᆞ야써옴으로常히治코져ᄒᆞᄃᆡ今에이르기에可히善治치못ᄒᆞᆫ者ᄂᆞᆫ맛당이更化홀ᄃᆡ失ᄒᆞ고更化치못홈이니다

古人이有言曰臨淵羨魚는不如退而結網이라ᄒᆞ니今臨政願治는不如退而更化ㅣ다更化則可善治오善治則災害ㅣ日去ᄒᆞ고福祿이日來ᄒᆞ리이다 養心吳氏曰此第一篇策也帝凡三策仲舒通鑑只混載

古人이言이有ᄒᆞ야曰淵을臨ᄒᆞ야魚를羨홈은退ᄒᆞ야網을結홈만갓지못ᄒᆞ다ᄒᆞ니今에政을臨ᄒᆞ야治를願홈은退ᄒᆞ야更化홈만갓지못ᄒᆞᆫ지라更化ᄒᆞᆫ則可히善治홀것이요善治ᄒᆞᆫ則災害가日로去ᄒᆞ고福祿이日로來ᄒᆞ리이라

臣은聞聖王之治天下也에爵祿以養其德ᄒᆞ고刑罰以威其惡이라故로民이曉於禮義而耻犯其上ᄒᆞᄂᆞ니武王이行大誼平殘賊ᄒᆞ시고周公이作禮樂以文之ᄒᆞ시니至於成康之隆ᄒᆞ야囹圄ㅣ空虛四十餘年ᄒᆞ니此教化之漸而仁義之流也ㅣ니이다

臣은드르니聖王이天下를治홈의爵祿으로써그德을養ᄒᆞ고刑罰로써그惡을威ᄒᆞᄂᆞᆫ지라고로民이禮義에曉ᄒᆞ야그上을犯키耻ᄒᆞᄂᆞ니武王이大誼를行ᄒᆞ야殘賊을平ᄒᆞ시고周公이禮樂을作ᄒᆞ야써文ᄒᆞ시더니成康의隆에至ᄒᆞ야囹圄ㅣ四十餘年을空虛ᄒᆞ니이ᄯᅩᄒᆞᆫ教化의漸이오仁義의流ㅣ나다

今陛下ㅣ幷有天下而功不加於百姓者ᄂᆞᆫ殆王心이未加焉이로소이다曾子ㅣ曰尊其所聞則高明矣오行其所知則光大矣라ᄒᆞ시니高明光大ㅣ不在乎他오在乎加之意而已니願陛下ᄂᆞᆫ設誠於內而致行之則三王이何異哉리잇고

今에陛下ㅣ天下를並有홈이功이百姓에加치안ᄒᆞᆫ者ᄂᆞᆫ자못王心이加치아니홈이로소이다曾子ㅣ曰그聞ᄒᆞᆫ바를尊ᄒᆞᆫ則高明ᄒᆞ고그知ᄒᆞᄂᆞᆫ바를行ᄒᆞᆫ則光大ᄒᆞ다ᄒᆞ

(天不變道不變) 中庸天命之謂性率性之謂道 道出於性 性出于天

시니高明과光大ㅣ他에在치안코意를加홈에在홀다름이니원컨ᄃᆡ陛下ᄂᆞᆫ誠을內에設ᄒᆞ고行을致ᄒᆞᆫ則三王이무엇이異ᄒᆞ리잇고

夫不素養士而欲求賢이면譬猶不琢玉而求文采也ㅣ라養士之大者ᄂᆞᆫ莫大虖太學者ㅣ니太學者ᄂᆞᆫ賢士之所關也ㅣ라數考問ᄒᆞ야以盡其材則英俊을宜可得矣니徧得天下之賢人則三王之盛을易爲而堯舜之名을可及也ㅣ리이다 養心吳氏曰 此第二篇也

무릇본ᄃᆡ士를養치아니ᄒᆞ고賢을求코져홈이비컨ᄃᆡ玉을琢치아니ᄒᆞ고文采를求홈과ᄀᆞᆺᄒᆞᆫ지라養士의大홀者ᄂᆞᆫ太學만콤大홈이無ᄒᆞ니太學이란者ᄂᆞᆫ賢者의關ᄒᆞᆫ바ㅣ라자조考問ᄒᆞ야써그材를盡ᄒᆞᆫ則英俊을맛당이가히得ᄒᆞ리니두루天下의賢人을得ᄒᆞᆫ則三王의盛을爲ᄒᆞ기易ᄒᆞ고堯舜의名을可히及ᄒᆞ리이다

道者ᄂᆞᆫ萬世亡弊ᄒᆞ니弊者ᄂᆞᆫ道之失也ㅣ라夏上忠ᄒᆞ고殷上敬ᄒᆞ고周上文者ᄂᆞᆫ所繼之捄ㅣ當用此也ㅣ라道之大原이出于天ᄒᆞ니天不變이면道亦不變ᄒᆞᄂᆞ니是以로禹繼舜ᄒᆞ시고舜繼堯ᄒᆞ샤三聖이相授而守一道ᄒᆞ야亡救弊之政이라故로不言其所損益也ㅣ니繇是觀之컨ᄃᆡ

仲舒此言卽中庸之意也周文不可盡變故宜小損之夏忠則當極其用故致也

(六藝)禮樂射御書數也

繼治世者는 其道ㅣ同ᄒᆞ고 繼亂世者는 其道ㅣ變ᄒᆞᄂᆞ니 今漢이 繼大亂之後ᄒᆞ야 若宜少損周之文ᄒᆞ고 致用夏之忠者ㅣ니이다

道라ᄂᆞᆫ者ᄂᆞᆫ萬世에敝홈이업ᄂᆞ니敝ᄒᆞᄂᆞᆫ者ᄂᆞᆫ道의失홈이라夏ᄂᆞᆫ忠을上ᄒᆞ고殷은敬을上ᄒᆞ고周ᄂᆞᆫ文을上ᄒᆞᆫ者ᄂᆞᆫ繼ᄒᆞᆫ바捄ㅣ맛당아此를用홈이라道의大原이天에出ᄒᆞ니天이變치아니ᄒᆞ면道도ᄯᅩᄒᆞᆫ變치안나니이로써禹ㅣ舜을繼ᄒᆞ시고舜이堯를繼ᄒᆞ샤三聖이서로授ᄒᆞ야一道를守ᄒᆞ야捄를救ᄒᆞᄂᆞᆫ政이亡ᄒᆞᆫ지라고로그損ᄒᆞ고益ᄒᆞᆫ바를言치아니ᄒᆞ니이도繇ᄒᆞ야觀컨ᄃᆡ治世를繼ᄒᆞᄂᆞᆫ者ᄂᆞᆫ그道ㅣ同ᄒᆞ고亂世를繼ᄒᆞᄂᆞᆫ者ᄂᆞᆫ그道ㅣ變ᄒᆞᄂᆞ니이제漢이大亂의後를繼ᄒᆞ야져이周의文을損ᄒᆞ고夏의忠을用ᄒᆞᆯ者를致홈이宜ᄒᆞᆯ것갓ᄒᆞ니라

春秋大一統者는 (公羊傳隱公元年春王正月何言乎王春正月大一統也注統始也王者始受命改制以統天下令萬物無不壹々先奉承之以爲始故言大壹統) 天地之常經이오 古今之通誼也어ᄂᆞᆯ 今에 師異道ᄒᆞ고 人異論ᄒᆞ야 百家殊方ᄒᆞ야 指意不同ᄒᆞ니 是以로 上無以持一統이라 臣愚는 以爲諸不在六藝之科와 孔子之術者를 皆絶其道ᄒᆞ야 勿使並進然後에 統紀ㅣ可一而法度ㅣ可明ᄒᆞ야 民知所從矣리이다

(易王)易音亦名非武帝兄謚法好改更舊曰易

(粤)越通(種蠡)文種范蠡也

春秋에大一統이란者는天地의常經이오古今의通誼어놀今에師ㅣ道가異ㅎ고人이論이異ㅎ야百家ㅣ方이殊ㅎ야指意ㅣ同치안ㅎ니이로써上이써一統을持치못함이라臣愚는써ㅎ되六藝의科와孔子의術에在치아니ㅎ者를다그道를絕ㅎ야ㅎ곰並並進치말게ㅎ然後에야統紀가可히一ㅎ고法度ㅣ可히明ㅎ야民이從홀바를知ㅎ리니다

及爲江都相ㅎ야事易王ㅎ니王은帝兄이라素驕好勇이러니仲舒ㅣ以禮匡正ㅎ니王이敬重焉이러라

밋江都相이되야易王을事ㅎ니王은帝의兄이라본대驕ㅎ고勇을好ㅎ더니仲舒ㅣ禮로써匡正ㅎ니王이敬ㅎ고重히여기더라

嘗問之曰粵王句踐이與大夫泄庸種蠡로伐吳滅之ㅎ니라寡人이以爲越有三仁이라ㅎ노니何如오仲舒ㅣ對曰夫仁人者는正其誼ㅎ고不謀其利ㅎ며明其道ㅎ고不計其功ㅎ노니是以로仲尼之門에五尺之童이라도羞稱五伯는爲其先詐力而後仁義也ㅣ니繇此言之則粵未嘗有一仁也ㅣ니이다

일즉이問ᄒᆞ야曰粤王句踐이大夫泄庸과種蠡로더브러吳를伐ᄒᆞ야滅ᄒᆞ얏다ᄒᆞ니寡人이써ᄒᆞ되越에三仁이잇다ᄒᆞ노니엇더ᄒᆞ고仲舒ㅣ對ᄒᆞ야曰무릇仁人인者ᄂᆞᆫ그誼를正ᄒᆞ고그利를謀치아니ᄒᆞ며그道를明히ᄒᆞ고功을計치아니ᄒᆞᄂᆞ니이로써仲尼외門에五尺외童이라도五伯을稱ᄒᆞ기를羞ᄒᆞᆷ은그詐力을先히ᄒᆞ고仁義를後히ᄒᆞᆷ이니此로繇ᄒᆞ야言ᄒᆞᆫ則粤에일즉이一仁도有치아니ᄒᆞ니이다

上이雅向儒術ᄒᆞ니丞相竇嬰과太尉田蚡이俱好儒術ᄒᆞ야推轂趙綰爲御史大夫ᄒᆞ고(推轂言薦擧人如車轂之推轉)**王臧으로爲郎中令ᄒᆞ다**

上이儒術을雅向ᄒᆞ니丞相竇嬰과太尉田蚡이ᄒᆞᆫ가지儒學을好ᄒᆞ야趙綰을推轂ᄒᆞ야御史大夫를삼고王臧으로郎中令을삼다

(新增)程子曰仁人者正其誼不謀其利明其道不計其功此董子所以卓越諸子也歟又曰漢之諸儒唯董子有儒者氣像○(尹氏起莘)曰三代之興哲王世有然始終全德表裏在人者亦未易多得禹湯文武皆創業之君至其子孫不過啓少庚太甲盤庚武丁成康宣王此數君而已太甲初年顚覆典刑宣王未免詩人之刺三代千八百年賢君僅止若此况後世耶漢世開基再傳而有文景文帝固盛德之主至景帝已有慚德武帝繼之傑然有立觀其即位之始他務未遑首擧賢良方正親策於廷又得一代大儒爲之擧首於是罷出百家俾世之學者知尊孔氏此皆漢世之所未發明者方是時也如水未波

如鑑未塵使帝每事若此其盛德可少訾哉夫何數年之後遊宴奢慾宮室神仙聚斂征伐之事紛紛交興漢之不爲秦者幸爾觀其初年所書淸淨簡寡與後來擾擾多事相去遠甚然後知人主資稟之高者未必不有進銳退速之患而始終全德之君在三代而下益不易得也詩曰靡不有初鮮克有終觀此而謹終如始云

綰이 請立明堂ᄒᆞ야 以朝諸侯ᄒᆞ고 夏曰世室商曰重屋周曰明堂後世皆因之明堂者所以明諸侯之尊卑制禮作樂頒度量而天下服此古制也三輔黃圖云明堂者大道之堂所以順四時行月令宗祀元王祭五帝也 孝經援神契曰布致之宮在國之陽上圓下方八牕法八風四闥法四時九室法九州十二重法十二月三十六戶法三十六兩七十二牖法七十二候元封二年公玉帶上黃帝時明堂圖胡氏管見曰其制作之詳不可得而聞矣孝經以爲宗祀之所孟子以爲王政之堂然則是天子之外朝猶後世大朝會之正衙也 且薦其師申公ᄒᆞ니 天子ㅣ 使使束帛加璧ᄒᆞ고 束帛加璧尊德也謂下設束帛上加以璧鄭玄曰貢亭所執致命者君子於玉比德焉尚書玉帛圖璧五也肉倍於好其形圜其中虛束帛者十端帛也言者制帛其丈長八其十束端或素或玄纁 其色不同韓詩外傳謂卷五匹遂見十两也羅璧議遺曰大祀用幣皆一丈八尺爲度案一象陽八象陰寓陰陽不側也禮膾采帛用一丈爲端則寓偶數色尚玄纁玄天色纁地色天地偶合也 安車駟馬로 一本作安車蒲輪王氏曰用蒲裹車輪取其安也索隱曰以蒲裹輪恐傷草木也忌蒲是草之差者故禮有蒲蓋或繢畫之以爲榮飾 以迎申公ᄒᆞ야 既至에 天子ㅣ 問治亂之事ᄒᆞ니 申公이 年八十餘라 對曰爲治者는 不在多言이오 顧力行何如耳니이다 顧念也力行謂勉力而行也 是時에 天子ㅣ 方好文詞러니 見申公對ᄒᆞ고 默然이나 然이나 已招致라 則以爲太中大夫ᄒᆞ야

(不言而躬行)初景帝以石奮及奮子

舍魯邸ᄒᆞ고議明堂巡狩改歷服色事ᄒᆞ다 (出史紀武帝紀及申公傳)

綰이請ᄒᆞ야明堂을立ᄒᆞ야써諸侯를朝ᄒᆞ고또그師申公을薦ᄒᆞ니天子ㅣ使를부려帛을束ᄒᆞ고璧을加ᄒᆞ고安車와駟馬로써申公을迎ᄒᆞ야임의至ᄒᆞᆷ의天子ㅣ治亂의事를問ᄒᆞ니申公이年이八十餘라對ᄒᆞ야曰治ᄒᆞᄂᆞᆫ者ᄂᆞᆫ多言에在치아니ᄒᆞ고顧컨ᄃᆡ力行何如ᄒᆞᆷ이니이다이ᄯᅢ에天子ㅣ바야흐로文詞를好ᄒᆞ더니申公의對ᄒᆞᆷ을見ᄒᆞ고默然이나然이나임의招致ᄒᆞᆫ지라곳써太中大夫를삼아魯邸에舍ᄒᆞ고明堂과巡狩와改歷과服色의事를議ᄒᆞ다

新增胡氏曰申公之言當矣第未知所謂力行者何事耳申公開端而未告武帝弗意而不問惜哉然明堂巡狩改歷服色豈力行之急務對旣不合又留不去其不逮穆公又可見矣

(壬寅)二年이라太皇竇太后ㅣ好黃老言ᄒᆞ고不悅儒術ᄒᆞ니趙綰王臧이以文學으로獲罪ᄒᆞ다

二年이라太皇竇太后ㅣ黃老言을好ᄒᆞ고儒術을悅치아니ᄒᆞ니趙綰과王臧이文學으로써罪를獲ᄒᆞ다

竇太后ㅣ以爲儒者ᄂᆞᆫ文多質少어ᄂᆞᆯ今萬石君家ㅣ不言而躬

四人皆二千石故號奮爲萬石不識文字恭謹無與比子孫爲小吏來故謁必朝服見之不言有過失不責讓爲便坐對案然後諸子相責肉祖謝罪改之乃許故太后貴其家行以奮之子建慶爲郎

(眩)與衒通

行이라ᄒᆞ더라 一門有五人二千石故號爲萬石君 乃以其長子建으로爲郞中令ᄒᆞ고少子慶으로爲內史ᄒᆞ다

竇太后ㅣ써ᄒᆞ되儒란者ᄂᆞᆫ文이多ᄒᆞ고質이少ᄒᆞ거ᄂᆞᆯ今萬石君家ㅣ言치안코躬行ᄒᆞᆫ다ᄒᆞ야이에그長子建으로써郞中令을삼고少子慶으로內史를삼다

(癸卯)三年이라上이自初即位로招選天下文學材智之士ᄒᆞ야待以不次之位ᄒᆞ니四方에上書言得失自眩鬻者ㅣ以千數러라

三年이라上이처음으로位에卽ᄒᆞᆷ으로부터天下文學材智의士를招選ᄒᆞ야不次의位로써待ᄒᆞ니四方에셔書를上ᄒᆞ야得失을言ᄒᆞ고스ᄉᆞ로眩鬻ᄒᆞᄂᆞᆫ者ㅣ千으로써數ᄒᆞ겟더라

上이簡拔其俊異者ᄒᆞ야寵用之ᄒᆞ니莊助ㅣ最先進ᄒᆞ고 莊助漢書作嚴助避明帝諱 後에又得吳人朱買臣과趙人吾丘壽王과 吾丘或作虞丘複姓也名壽王字子贛 蜀人司馬相如와平原東方朔과吳人枚皐와濟南終軍等ᄒᆞ야並在左右ᄒᆞ야每令與大臣으로辨論ᄒᆞ야中外ㅣ相應以義理之文ᄒᆞ니大臣이數屈

(俳優)俳雜戲也伎樂曰倡諧戲曰優所謂伎樂作舞之家也

爲이러다 然이나 相如ᄂᆞᆫ 特以辭賦로 得幸ᄒᆞ고 朔臯ᄂᆞᆫ 不根持論ᄒᆞ고 (不根猶不經也枚臯傳作不通經術) 好詼諧ᄒᆞ니 (詼譏戲也諧和韻之言) 上이 以俳優畜之ᄒᆞ야 (俳戲也優倡也齊秦宮中之樂俳優侏儒戲於前孔子曰匹夫熒惑諸侯罪應誅) 雖數賞賜나 終不任以事也ᄒᆞ고 朔ㅣ 亦觀上顔色ᄒᆞ야 時時直諫ᄒᆞ니 有所補益이러라

上이그俊異ᄒᆞᆫ者ᄅᆞᆯ簡拔ᄒᆞ야寵用ᄒᆞ니莊助ㅣ가장먼져進ᄒᆞ고後에ᄯᅩ吳人朱買臣과趙人吾丘壽王과蜀人司馬相如와平原東方朔과吳人枚臯와濟南終軍等ᄋᆞᆯ得ᄒᆞ야並히左右에두어미양ᄒᆞ야곰大臣으로더브러辨論ᄒᆞ야中과外ㅣ義理와文으로써서로應ᄒᆞ니大臣이자ᄌᆞ屈ᄒᆞ더라 그러나相如ᄂᆞᆫ特히辭賦로써幸ᄋᆞᆯ得ᄒᆞ고朔臯ᄂᆞᆫ持論ᄋᆞᆯ根치아니ᄒᆞ고詼諧ᄅᆞᆯ好ᄒᆞ니上이俳優로써畜ᄒᆞ야비록자ᄌᆞ賞賜ᄒᆞ나ᄆᆞᆺᄎᆞᆷ내事로써任치아니ᄒᆞ고朔이ᄯᅩ上의顔色ᄋᆞᆯ觀ᄒᆞ야時々로直諫ᄒᆞ니補益ᄒᆞᆫ바ㅣ有ᄒᆞ더라

(丙午)六年이라 武安侯田蚡이 爲丞相ᄒᆞ다 蚡이 驕侈ᄒᆞ야 治宅이 甲諸第ᄒᆞ야 田園이 極膏腴ᄒᆞ고 市買郡縣物ᄒᆞ야 相屬於道ᄒᆞ고 多受四方賂遺ᄒᆞ니 其家金玉婦女狗馬聲樂玩好ㅣ 不可勝數러라

六年이라武安侯田蚡이丞相이되다蚡이驕侈ᄒᆞ야治宅이諸第에甲ᄒᆞ야田園이極

(移日)日影移也

(除吏)除者除去官故就新官也

(武庫)以藏兵器也

히膏腴ᄒᆞ고市에郡縣物을買ᄒᆞ야서로道에屬ᄒᆞ고四方에賂遺ᄅᆞᆯ多受ᄒᆞ니그家에金玉과婦女와狗馬와聲樂과玩好ㅣ可히이긔여數ᄒᆞᆯ슈업더라

每入奏事에坐語移日ᄒᆞ고所言皆聽ᄒᆞ니薦人에幾起家至二千石ᄒᆞ니權移主上이라上이乃曰君이除吏盡未아吾亦欲除吏ᄒᆞ노라

ᄆᆡ양入ᄒᆞ야事를奏ᄒᆞᆷ에坐ᄒᆞ야語ᄒᆞ야日을移ᄒᆞ고言ᄒᆞ는바를다聽ᄒᆞ니人을薦ᄒᆞᆷ에거의家에起ᄒᆞ야二千石에至ᄒᆞ니權이主上을移ᄒᆞᆫ지라上이이에曰君이吏除ᄒᆞ기를다ᄒᆞ얏느냐아니냐吾도ᄯᅩ吏를除코져ᄒᆞ노라

嘗請考工地益宅이어늘 考工少府官屬也百官表少府有考工室工作器械之所 **上이怒曰君은何不遂取武庫오是後에乃稍退ᄒᆞ다** 出史田蚡本傳

일즉이考工의地에宅을益ᄒᆞ기請ᄒᆞ거늘上이怒ᄒᆞ야曰君은엇지ᄒᆞ야드듸여武庫를取치아니ᄒᆞ는고이後에이에점점退ᄒᆞ다

陳季雅曰政權不可一日不在朝廷不在朝廷則在臺閣不在臺閣則在宮闈在朝廷則治在臺閣則亂在宮闈則亡國家之興亡治亂皆本諸此田蚡招徠賓客薦進人才起家至二千石在當時固不充專權之失使武帝以蚡所用所用多非其人則選擇一相委任責成亦奚不可乃何帝不能堪欲攬威福之權歸之一己然聰明有所不逮則耳目必有所寄故置加官及尙書之屬自此己後薦引人物盡在左右侍從之人儻靑幸則薦主父

(主爵都尉掌列侯後更名右扶風)

(比)近也言屋相近故連延而燒也

(矯)托也托天子詔制漢律矯制之罪論責棄市

偃嚴助幸則薦朱買臣楊得意幸則薦司馬相如與其假借左右孰若與宰相同之也大抵天下之事制之在始政權最不可下移一移之後所失當愈下是故元成以後政歸閹孺而宰相之權愈輕未必不自武帝始也

東海太守汲黯이爲主爵都尉ᄒᆞ다(東海古徐州分今海州是也太守掌治其郡) 始黯이爲謁者ᄒᆞ야以嚴見憚이러니河內失火ᄒᆞ야延燒千餘家어ᄂᆞᆯ上이使黯往視之ᄒᆞᆫᄃᆡ還報曰家人이失火ᄒᆞ야屋比延燒ᄂᆞᆫ不足憂也(比頻寐反)어니와臣이過河南ᄒᆞ니貧人이傷水旱ᄒᆞ야萬餘家ㅣ或父子相食이라臣이謹以便宜로持節ᄒᆞ고發倉粟ᄒᆞ야以振貧民ᄒᆞ니請歸節ᄒᆞ고伏矯制之罪ᄒᆞ노이다上이賢而釋之ᄒᆞ다

東海太守汲黯이主爵都尉가되다비로소黯이謁者가되여嚴으로써憚을見ᄒᆞ더니河內ㅣ火를失ᄒᆞ야千餘家를延燒ᄒᆞ거늘上이黯으로ᄒᆞ여곰往ᄒᆞ야視ᄒᆞᆫᄃᆡ還報에曰家人이火를失ᄒᆞ야屋이서로延燒ᄒᆞᆷ은足히憂ᄒᆞᆯ것이아니어니와臣이河南을過ᄒᆞ니貧人이水旱에傷ᄒᆞ야萬餘家ㅣᄒᆞᆨ父子ㅣ서로食ᄒᆞᄂᆞᆫ지라臣이ᄉᆞᆷ가便宜로써節을持ᄒᆞ고倉粟을發ᄒᆞ야써貧民을振ᄒᆞ니請컨ᄃᆡ節을歸ᄒᆞ고制를矯ᄒᆞᆫ罪에伏ᄒᆞ노이다上이賢히ᄒᆞ야釋ᄒᆞ다

(贛)愚也

其在東海에治官理民을好淸靜ᄒᆞ야 淸淨者老氏無爲之學也 其治ㅣ務在無爲ᄒᆞ고引大體ᄒᆞ야不拘文法이러라

그東海에在ᄒᆞᆷ의官을治ᄒᆞ고民을理ᄒᆞᆷ을淸靜을好ᄒᆞ야그治ㅣ힘써無爲에在ᄒᆞ고大體를引ᄒᆞ야文法을拘치안더라

黯의爲人이性倨少禮ᄒᆞ고面折不能容人之過ㅣ러니時에天子ㅣ方招文學儒者ᄒᆞᆯ서上曰吾欲云云ᄒᆞ노라 云云者猶言如此如此史略其辭耳張晏曰所言欲施仁義也

黯의人됨이性이倨ᄒᆞ고禮가少ᄒᆞ고面으로折ᄒᆞ야能히人의過를容치아니ᄒᆞ더니씨에天子ㅣ바야흐로文學儒者를招ᄒᆞᆯ시上이曰吾도云云코져ᄒᆞ노라

黯이對曰陛下ㅣ內多欲而外施仁義ᄒᆞ시니奈何로欲效唐虞之治乎잇가上이默然怒變色而罷朝ᄒᆞ니公卿이皆爲黯懼ㅣ러니上이退謂左右曰甚矣라汲黯之贛也여

黯이對曰陛下ㅣ內로欲이多ᄒᆞ고外로仁義를施ᄒᆞ시니엇지唐虞의治를效코져ᄒᆞ나잇가上이默然ᄒᆞ고怒ᄒᆞ야色을變ᄒᆞ고朝를罷ᄒᆞ니公卿이다黯을爲ᄒᆞ야懼ᄒᆞ더니上이退ᄒᆞ야左右다려謂ᄒᆞ야曰심ᄒᆞ다汲黯의贛ᄒᆞᆷ이여

(數 責也

(寧 佮)寧 願辭也言 寧可如此 也

羣臣이或數黯ᄒᆞᆫ딕黯이曰天子ㅣ置公卿輔弼之臣ᄒᆞ시니寧人從諛承意ᄒᆞ야陷主於不義乎아且已在其位ᄒᆞ니縱愛身이나奈辱朝廷에何오

羣臣이혹黯을數ᄒᆞᆫ딕黯이曰天子ㅣ公卿輔弼의臣을置ᄒᆞ시니엇지하여곰人을從ᄒᆞ고意를承ᄒᆞ야主를不義에陷ᄒᆞ랴ᄯᅩ己가그位에在ᄒᆞ니비록身을愛ᄒᆞ나이朝廷을辱홈에엇지ᄒᆞᆯ고

黯이多病이라莊助ㅣ爲請告ᄒᆞᆫ딕 孟康曰古者名吏休暇曰告師古曰告者請謁之言謂請休耳漢諸書云謝病皆同義初學記漢律吏二千石有予告賜告予告者在官有切最法所當度者也賜告病滿三月當免天子優賜其告使得印綬將官屬歸家理疾成帝時二千石賜告不得歸家和帝時予賜皆絕 上曰汲黯은何如人哉오助ㅣ曰使黯으로任職居官이면無以踰人이어니와 踰勝也 然이나至其輔少主ᄒᆞ야守成深堅ᄒᆞ야 深堅謂志操深遠堅固不可奪也 招之不來오麾之不去ᄒᆞ리니雖自謂賁育이라도亦不能奪之矣리이다 孟賁夏育古之勇士皆衛人賁能生枝牛角育力擧千鈞 上曰然ᄒᆞ다古有社稷之臣이러니至如黯ᄒᆞ야近之矣로다 出黯本傳

黯이病이多ᄒᆞᆫ지라莊助ㅣ爲ᄒᆞ야告를請ᄒᆞᆫ딕上이曰汲黯은엇더ᄒᆞᆫ人인고助ㅣ曰黯으로하여곰職을任ᄒᆞ야官에居ᄒᆞ면써人에踰ᄒᆞᆯ것이無ᄒᆞ거니와그러나少主를

(廉)淸廉也

輔홈에至ᄒᆞ야는守成홈을深堅케ᄒᆞ야招ᄒᆞ야도來치안코麾ᄒᆞ야도去치아느리니
비록스ᄉᆞ로賁育이라謂홀지라도ᄯᅩᄒᆞᆫ能히奪치못ᄒᆞ리이다上이日然ᄒᆞ다古에社
稷의臣이有ᄒᆞ더니黯갓흔데至ᄒᆞ야近ᄒᆞ도다

(丁未)元光元年이라冬十一月初에令郡國으로擧孝廉各一人ᄒᆞ니從董仲舒之言也ㅣ러라 出本紀

元光元年이라冬十一月初에郡國으로하여곰孝廉을각각一人식擧ᄒᆞ니董仲舒의
言을從홈이러라

(戊申)二年이라李少君이以祠竈却老方으로見上이어늘 祠竈可以致福按禮竈者老婦之祭盛於盆尊於瓶說文周禮以竈祀祝融淮南子曰炎帝作火官死爲今之竈神正義曰夏祀竈從熱類也祀竈之禮先廟於門之奧東西設主於竈陘 上이尊之더니少君이言祠竈則致物이오 物藥物也 而丹砂를可化爲黃金이니壽可益이오 丹砂玉石部藥名也抱朴子云夫作金皆任神仙集漢淮南王抄出以作鴻寶枕中維有其文然皆秘其要其所用藥物復多改其本名不可按之便用也 蓬萊仙者를可見이니見之ᄒᆞ고以封禪則不死ㅣ리이다

二年이라李少君이祠竈却老方으로써上을見ᄒᆞ거늘上이尊ᄒᆞ더니少君이言ᄒᆞ되
祠竈인則物을致ᄒᆞ고丹砂를可히化ᄒᆞ야黃金을홀지니壽가可히益홀것이오蓬萊
仙者를可히見홀지니見ᄒᆞ고써禪을封ᄒᆞᆫ則死치아니ᄒᆞ리이다

(毫聶壹)毫貨財武功推於鄕曲也

(大行)掌諸侯歸義蠻夷故因之也

於是에天子ㅣ始親祠竈ᄒᆞ고遣方士入海ᄒᆞ야求蓬萊安期生之屬ᄒᆞ니 列仙傳云安期生琅琊阜鄕亭人賣藥東海邊時人皆言千歲公始皇與語三夜出於阜鄕亭皆置去留書以赤玉寫一重爲報曰後十歲求我於蓬萊山下後求之於蓬萊山輒風波而還遂立祠於阜鄕之阜鄕亭 海上燕齊迂怪之士ㅣ多更來言神仙矣러라

이에天子ㅣ비로소親히竈에祠ᄒᆞ고方士를遣ᄒᆞ야海에入ᄒᆞ야蓬萊安期生의屬을求ᄒᆞ니海上燕齊의迂怪의士ㅣ다시와서神仙을言ᄒᆞ는者ㅣ多ᄒᆞ더라

鴈門馬邑 搜神記云昔秦人築城於武州塞城將成而崩者數矣忽有鳥馳走周旋父老異之因依而築焉乃不崩故名馬邑括地志在雁門郡今朔州城是也 毫聶壹이 毫師也史記作聶翁一師古曰一名也老故稱翁義或然也 因大行王恢ᄒᆞ야言匈奴ㅣ初和親ᄒᆞ야親信邊ᄒᆞ니可誘以利致之ㅣ니伏兵襲擊이면必破之道ㅣ니이다上이召問公卿ᄒᆞ신ᄃᆡ韓安國이曰臣은聞高帝ㅣ嘗圍於平城ᄒᆞ야七日不食이러시니及解圍ᄒᆞ안及位而無忿怒之心ᄒᆞ시니夫聖人은以天下로爲度者也라不以己私怒로傷天下之功 宋祁曰別本功或作父 故로遣劉敬ᄒᆞ야結和親ᄒᆞ야至今爲五世利ᄒᆞ니臣은竊以爲勿擊이便아라ᄒᆞ노이다

鴈門馬邑毫聶壹이大行王恢를因ᄒᆞ야言호ᄃᆡ匈奴ㅣ처음으로和親ᄒᆞ야邊을親信

ᄒᆞ니可히誘ᄒᆞ야利로써致홀지니兵을伏ᄒᆞ야襲擊ᄒᆞ면반다시破홀道니이다上이公卿에게間ᄒᆞᆫ대韓安國이曰臣은드르니高帝ㅣ일즉이平城에圍ᄒᆞ야七日을食지못ᄒᆞ더시니圍를解ᄒᆞᆷ에及ᄒᆞ야는位에及ᄒᆞ야忿怒의心이無ᄒᆞ시니무릇聖人은天下로써度ᄒᆞ는者ㅣ라己의私怒로써天下의功을傷치안는고로劉敬을遣ᄒᆞ야和親을結ᄒᆞ야今에至ᄒᆞ기五世의利가되니臣은그윽이써ᄒᆞ되擊치말미便ᄒᆞ다ᄒᆞ노이다

恢ㅣ曰不然ᄒᆞ다高帝ㅣ身被堅執銳ᄒᆞ야行幾十年ᄒᆞ시니所以不報平城之怒者는非力不能이라所以休天下之心也ㅣ니今에邊境이數驚ᄒᆞ고士卒이傷死ᄒᆞ니此는仁人之所隱也라 隱猶痛也 故로曰擊之便이라ᄒᆞ노이다

恢ㅣ曰然치안타高帝ㅣ身으로堅을被ᄒᆞ고銳를執ᄒᆞ야行ᄒᆞᆫ지幾十年에써平城의怒를報치못ᄒᆞᆫ者는力이能치못ᄒᆞᆷ이아니라써天下의心을休ᄒᆞ신바이니今에邊境이자조驚ᄒᆞ고士卒이傷ᄒᆞ고死ᄒᆞ니이는仁人의隱히ᄒᆞ는바이라고로曰擊ᄒᆞᆷ이便ᄒᆞ다ᄒᆞ노이다

上이從恢議ᄒᆞ야使韓安國李廣公孫賀王恢李息으로將車騎材官三十餘萬ᄒᆞ야匿馬邑旁谷中ᄒᆞ고陰使聶壹로爲間ᄒᆞ야 間諜也 亡入

匈奴ᄒ야謂單于曰吾能斬馬邑令丞ᄒ고以城降ᄒ리니財物을可盡
得ᄒ리다單于ㅣ以爲然而許之어늘
上이恢의議를從ᄒ야韓安國과李廣과公孫賀와王恢와李息으로ᄒ야곰車騎材官
三十餘萬을將ᄒ야馬邑旁谷中에匿ᄒ고가마니聶壹로ᄒ야곰間을ᄒ야亡ᄒ야匈
奴에게入ᄒ야單于다려謂ᄒ야曰吾ㅣ能히馬邑令丞을斬ᄒ고城으로써降ᄒ리니
財物을可히다得ᄒ리라單于ㅣ써然타ᄒ야許ᄒ거늘
聶壹이乃詐斬死罪囚ᄒ야縣其首馬邑城下ᄒ야示單于使者ᄒ야
爲信ᄒᆫ대於是에單于ㅣ穿塞將十萬騎ᄒ고入武州塞ᄒ야(武州塞屬鳥門崔浩曰在平城縣西百里)
得鴈門尉史ᄒ야欲殺之어늘尉史ㅣ乃告單于漢兵所居ᄒ니單于ㅣ
大驚ᄒ야引兵還이라漢兵이追至塞ᄒ야度不及ᄒ고乃皆罷兵ᄒ니上이怒
ᄒ야下恢廷尉ᄒᆫ대自殺ᄒ다
聶壹이이에詐히死罪囚를斬ᄒ야그頭를馬邑城下에縣ᄒ고單于의使者에게示ᄒ
야信을ᄒᆫ대이에單于ㅣ塞를穿ᄒ야十萬騎를將ᄒ고武州塞에入ᄒ야鴈門尉史를
得ᄒ야殺코져ᄒ거늘尉史ㅣ이에單于에게漢兵의居ᄒᆫ바를告ᄒ니單于ㅣ크게驚
ᄒ야兵을引ᄒ고還ᄒ는지라漢兵이또ᄒᆫ塞에至ᄒ야及치못ᄒᆯ줄度ᄒ고이에다兵
을罷ᄒ니上이怒ᄒ야恢를廷尉에下ᄒᆫ대스ᄉ로殺ᄒ다

(東甌)閩中地

(兩越)閩越南越也

(罷)疲也

(穢貊)在朝鮮地

自是로匈奴ㅣ絕和親ᄒ나然이나尙貪樂關市ᄒ야嗜漢財物이라漢이亦關市不絕ᄒ야以中其意ᄒ다 出漢書凶奴傳及韓安國傳

이로브터匈奴ㅣ和親을絕ᄒ나然이나오히려關市을貪樂ᄒ야漢의財物을嗜ᄒᄂ지라漢이또關市를絕치아니ᄒ야써그意를中ᄒ다

食貨志에云帝ㅣ承文景之蓄ᄒ고憤胡粵之害ᄒ야即位數年에用嚴助朱買臣等ᄒ야招東甌ᄒ며事兩越ᄒ니江淮之間이蕭然煩費ᄒ고唐蒙司馬相如ㅣ開西南夷ᄒ야鑿山通道千餘里ᄒ야以廣巴蜀ᄒ니巴蜀之民이罷焉ᄒ고彭吳ㅣ穿穢貊朝鮮ᄒ야置滄海郡ᄒ니燕齊之間이靡然騷動ᄒ더니

食貨志에이르되帝ㅣ文景의蓄을承ᄒ고胡粤의害를憤ᄒ야位에即ᄒᆫ지數年에嚴助와朱買臣等을用ᄒ야東甌를招ᄒ고兩越을事ᄒ니江淮의間이蕭然이煩費ᄒ고唐蒙과司馬相如ㅣ西南夷를開ᄒ야山을鑿ᄒ고道를通ᄒ기千餘里를ᄒ야써巴蜀을廣ᄒ니巴蜀의民이罷ᄒ고彭吳ㅣ穢貊朝鮮을穿ᄒ야滄海郡을置ᄒ니燕과齊의間이靡然히騷動ᄒ더니

(傳)上下互相伺察也

及王恢ㅣ謀馬邑에凶奴ㅣ絕和親ᄒᆞ고侵擾北邊ᄒᆞ니兵連而不解라天下ㅣ共其勞ᄒᆞ고干戈ㅣ日滋ᄒᆞ야行者ㅣ齎ᄒᆞ고居者ㅣ送ᄒᆞ고中外ㅣ騷然ᄒᆞ야百姓이刓敝ᄒᆞ고財力이衰耗라法嚴令具ᄒᆞ야興利之臣이自此而始ᄒᆞ니라

밋王恢ㅣ馬邑을謀ᄒᆞᆷ의匈奴ㅣ和親을絕ᄒᆞ고北邊을侵擾ᄒᆞ니兵이連ᄒᆞ야解치안ᄂᆞᆫ지라天下ㅣ그勞를共히ᄒᆞ고干戈ㅣ日로滋ᄒᆞ야行者ㅣ齎ᄒᆞ고居者ㅣ送ᄒᆞ고中外가騷然ᄒᆞ야百姓이刓敝ᄒᆞ고財力이衰耗ᄒᆞᆫ지라法이嚴ᄒᆞ고令이具ᄒᆞ야興利의臣이此로自ᄒᆞ야始ᄒᆞ니라

(己酉)三年이라上이以張湯으로爲太中大夫ᄒᆞ야與趙禹로共定諸律令ᄒᆞ니務在深文이라拘守職之吏ᄒᆞ고(張湯傳註謂拘刻於因循守職無所改作之)作見知法ᄒᆞ야(吏見知人犯法不擧告是爲故縱則以其罪罪之)吏ㅣ傳相監司ᄒᆞ니用法益刻이自此始라(出趙禹張湯傳)

三年이라上이張湯으로써太中大夫를삼아서趙禹로더부러한가지모든律令를定ᄒᆞ니務가深文에在ᄒᆞᆫ지라守職의吏을拘ᄒᆞ고見知法을作ᄒᆞ야吏가傳ᄒᆞ야서로監司ᄒᆞ니法用ᄒᆞᆷ을더욱刻히ᄒᆞᆷ이此로브터始ᄒᆞ더라

是歲에 徵吏民에 有明當世之務ᄒᆞ며 習先聖之術者ᄒᆞ야 縣次續食ᄒᆞ야 (所徵吏民詣京師者令各縣依次第接續供給飮食也按續食當音祥吏反禮夏官懷方氏掌來遠方之民治其官舍飮食註云續食其往來也續食音嗣) 令與計偕ᄒᆞ다 (令平聲計者上計簿使也郡國每歲遣詣京師上之偕俱也令所徵者與上計使者偕來也)

이해에 吏民이 當世의 務에 明ᄒᆞ며 先聖의 術을 習홈이 有ᄒᆞᆫ 者를 徵ᄒᆞ야 縣에 次로 食을 續ᄒᆞ야 ᄒᆞ야곰 더부러 計를 偕ᄒᆞ게 ᄒᆞ다

菑川人公孫弘이 對策曰臣은 聞上古堯舜之時에 不貴爵賞而民勸善ᄒᆞ며 不重刑罰而民不犯은 躬率以正而遇民信也니라 末世에 貴爵厚賞而民不勸ᄒᆞ며 深刑重罰而姦不止는 其上이 不正ᄒᆞ야 遇民不信也니 夫厚賞重罰이 未足以勸善而禁非라 必信而已矣니이다

菑川人公孫弘이 策을 對ᄒᆞ야 曰臣은 드르니 上古堯舜의 時에 爵賞을 貴치 아니호ᄃᆡ 民이 善을 勸ᄒᆞ며 刑罰을 重히 아니호ᄃᆡ 民이 犯치 아니홈은 몸소 正으로써 率ᄒᆞ고 民을 遇ᄒᆞ기 信케 홈이러니 末世에 爵을 貴히 ᄒᆞ고 賞을 厚히 ᄒᆞ되 民이 勸치 아니ᄒᆞ며 刑을 深히 ᄒᆞ고 罰을 重히 호ᄃᆡ 姦이 止치 아니홈은 그 上이 正치 못ᄒᆞ야 民을 遇ᄒᆞ기 不信

케ᄒᆞᆷ이니무ᄅᆞᆺ厚賞과重罰이足히써善ᄋᆞᆯ勸ᄒᆞ고非ᄅᆞᆯ禁ᄒᆞᆯ슈업ᄂᆞᆫ지라반다시信ᄒᆞᆯ
다ᄅᆞᆷ이니이다이

是故로因能任官則分職이治ᄒᆞ고(任而今反分扶問反記王制任官然后爵之) 去無用之言則事情이得ᄒᆞ고不作無用之器則賦斂이省ᄒᆞ고不奪民時ᄒᆞ며不妨民力則百姓이富ᄒᆞ고有德者ㅣ進ᄒᆞ며無德者ㅣ退則朝廷이尊ᄒᆞ고有功者ㅣ上ᄒᆞ고無功者ㅣ下則羣臣이逡ᄒᆞ고(有次第也) 罰當罪則姦邪止ᄒᆞ며賞當賢則臣下ㅣ勸ᄒᆞ리니 凡此八者ᄂᆞᆫ治之本也ㅣ라故로民者ᄂᆞᆫ業之則不爭ᄒᆞ고理得則不怨ᄒᆞ고有禮則不暴ᄒᆞ고愛之則親上ᄒᆞᄂᆞ니此ㅣ有天下之急者也ㅣ니이다

이런고로能ᄋᆞᆯ因ᄒᆞ야官ᄋᆞᆯ任ᄒᆞᆫ則分職이治ᄒᆞ고無用의言ᄋᆞᆯ去ᄒᆞᆫ則事情이得ᄒᆞ고無用의器ᄅᆞᆯ作치아니ᄒᆞᆫ則賦斂이省ᄒᆞ고民의時ᄅᆞᆯ奪치아니ᄒᆞ며民의力ᄋᆞᆯ妨치아니ᄒᆞᆫ則百姓이富ᄒᆞ고有德者ㅣ進ᄒᆞ며無德者ㅣ退ᄒᆞᆫ則朝廷이尊ᄒᆞ고功이有ᄒᆞᆫ者ㅣ上ᄒᆞ고功이無ᄒᆞᆫ者ㅣ下ᄒᆞᆫ則群臣이逡ᄒᆞ고罰ᄋᆞᆯ맛당이罪에ᄒᆞᆫ則姦邪ㅣ止ᄒᆞ며賞ᄋᆞᆯ맛당이賢에ᄒᆞᆫ則臣下ㅣ勸ᄒᆞ리니무ᄅᆞᆺ이八者ᄂᆞᆫ治의本이라故로民인者ᄂᆞᆫ業

케ᄒᆞᆫ則爭치안코理를得ᄒᆞᆫ則怨치안코禮가有ᄒᆞᆫ則暴치안코愛ᄒᆞᆫ則上을親ᄒᆞ나니
이것이天下의急ᄒᆞᆷ이有ᄒᆞᆫ者ㅣ니이다

禮義者ᄂᆞᆫ民之所服也라而賞罰이順之則民不犯禁矣니故로晝衣冠異章服而民不禁者ᄂᆞᆫ此道ㅣ素行也ㅣ니이다

禮義란者ᄂᆞᆫ民의服ᄒᆞᄂᆞᆫ바이라賞罰이順ᄒᆞᆫ則民이禁을犯치아니ᄒᆞᄂᆞ니故로衣冠을晝ᄒᆞ고章服을異ᄒᆞ되民이犯치아니ᄒᆞᄂᆞᆫ者ᄂᆞᆫ이道ㅣ본대行ᄒᆞᆷ이니이다

臣은聞之ᄒᆞ니氣同則從ᄒᆞ고聲比則應이라ᄒᆞ니今之主ㅣ和德於上ᄒᆞ시면百姓이和合於下ᄒᆞ리니故로心和則氣和ᄒᆞ고氣和則形和ᄒᆞ고形和則聲和ᄒᆞ고聲和則天地之和ㅣ應矣라故로陰陽이和ᄒᆞ고風雨時ᄒᆞ고甘露ㅣ降ᄒᆞ고五穀이登ᄒᆞ고六畜이蕃ᄒᆞ고嘉禾ㅣ興ᄒᆞ고朱草ㅣ生ᄒᆞ고山不童ᄒᆞ고澤不涸ᄒᆞᄂᆞ니 (水渴曰涸) 此ᄂᆞᆫ和之至也ㅣ니이다

臣은드르니氣가同ᄒᆞᆫ則役ᄒᆞ고聲이比ᄒᆞᆫ則應ᄒᆞᆫ다ᄒᆞ니今에人主ㅣ上에和德ᄒᆞ시면百姓이下에和合ᄒᆞ리니故로心이和ᄒᆞᆫ則氣가和ᄒᆞ고氣가和ᄒᆞᆫ則形이和ᄒᆞ고形이和ᄒᆞᆫ則聲이和ᄒᆞ고聲이和ᄒᆞᆫ則天地의和ㅣ應ᄒᆞᄂᆞᆫ지라고로陰陽이和ᄒᆞ고風雨

(朱草)德至則生日生一葉至十五日巳後日落一葉周而復始

(童)無草木也

ㅣ時ᄒᆞ고甘露ㅣ降ᄒᆞ고五穀이登ᄒᆞ고六畜이蕃ᄒᆞ고嘉禾ㅣ興ᄒᆞ고朱草ㅣ生ᄒᆞ고山이童치안코澤이涸치안ᄂᆞ니이ᄂᆞᆫ和의至니이다

臣은聞之ᄒᆞ니堯遭洪水ᄒᆞ야使禹治之오未聞禹之有水也ㅣ며若湯之旱則桀之餘烈也라桀紂ᄂᆞᆫ行惡ᄒᆞ야受天之罰ᄒᆞ고禹湯은積德ᄒᆞ야以王天下ᄒᆞ시니由此觀之컨ᄃᆡ天德이無私親ᄒᆞ야順之면和起ᄒᆞ고逆之면害生ᄒᆞᄂᆞ니此ᄂᆞᆫ天文地理人事之紀也ㅣ니이다

臣은드르니堯ㅣ洪水를遭ᄒᆞ야禹로ᄒᆞ야곰治홈이오禹가水ㅣ有다홈은聞치못ᄒᆞ얏스며湯의旱과갓흔則桀의餘烈이라桀과紂ᄂᆞᆫ惡을行ᄒᆞ야天의罰을受ᄒᆞ고禹와湯은德을積ᄒᆞ야써天下에王ᄒᆞ시니此로由ᄒᆞ야觀컨ᄃᆡ天德이私親이無ᄒᆞ야順ᄒᆞ면和가起ᄒᆞ고逆ᄒᆞ면害가生ᄒᆞᄂᆞ니이ᄂᆞᆫ天文地理人事의紀ㅣ니이다

時에對者ㅣ百餘人이라太常이奏弘第居下러니策奏에天子ㅣ擢弘對爲第一ᄒᆞ야拜爲博士ᄒᆞ고待詔金馬門ᄒᆞ다 時以才技徵召之人未有正官故稱待詔東方朔所謂避世金馬門是也金馬門者官署門也時有善相馬者東門京鑄司馬法獻之詔立馬於魯般門故更名金馬門

ᄯᅢ에對者ㅣ百餘人이라太常이弘의第를奏ᄒᆞ야下에居ᄒᆞ얏더니策을奏홈의天子

ㅣ弘의對ᄒᆞᆷ을써여서第一을삼아서拜ᄒᆞ야博士를삼고詔를金馬門에서待케ᄒᆞ다

齊人轅固ㅣ年이九十餘라亦以賢良으로徵이러니公孫弘이反目而事固어늘固ㅣ曰公孫子는務正學以言ᄒᆞ고無曲學以阿世ㅣ라ᄒᆞ니諸儒ㅣ多疾毁固者ㅣ어늘固ㅣ遂以老로罷歸ᄒᆞ다 出儒林傳

齊人轅固ㅣ年이九十餘라또ᄒᆞᆫ賢良으로써徵ᄒᆞ얏더니公孫弘이目을反ᄒᆞ고固를事ᄒᆞ거늘固ㅣ曰公孫子는正學으로써言ᄒᆞᆷ을務ᄒᆞ고曲學으로써阿世ᄒᆞᆷ이無ᄒᆞ라ᄒᆞ나諸儒ㅣ固를毁ᄒᆞ고疾ᄒᆞ는者ㅣ多ᄒᆞᆫ지라固ㅣ드듸여老로써罷ᄒᆞ고歸ᄒᆞ다

弘이每朝會議에開陳其端ᄒᆞ야使人主自擇ᄒᆞ고不肯面折廷諍ᄒᆞ니於是에上이察其行이愼厚ᄒᆞ고辯論有餘ᄒᆞ고習文法吏事ᄒᆞ고緣飾以儒術ᄒᆞ고大說之ᄒᆞ야 緣愈絹反 一歲中에遷至左內史ᄒᆞ다

弘이미양朝에會議ᄒᆞᆷ의그端을開陳ᄒᆞ야人主로ᄒᆞ야곰스ᄉᆞ로擇케ᄒᆞ고面으로折ᄒᆞ고廷에서諍ᄒᆞ기를肯치아니ᄒᆞ니이에上이그行이愼厚ᄒᆞ고辯論이餘가有ᄒᆞ고文法吏事를習ᄒᆞ고儒術로써緣飾ᄒᆞᆷ을察ᄒᆞ고크게說ᄒᆞ야一歲中에遷ᄒᆞ야左內史에至ᄒᆞ다

弘이奏事에有不可不廷辯어면 常與汲黯오로 請間ᄒᆞ야 黯이 先發之어든 弘이 隨其後ᄒᆞ니 天子ㅣ常說ᄒᆞ야所言을 皆聽ᄒᆞ고 以此로 益親貴러라

弘이事를奏ᄒᆞᆷ의不可不廷에서辯ᄒᆞᆯ것이有ᄒᆞ면일즉이汲黯으로더부러間을請ᄒᆞ야黯이먼져發ᄒᆞ거던弘이其後를隨ᄒᆞ니天子ㅣ常히說ᄒᆞ야言ᄒᆞ는바를다聽ᄒᆞ고이로써더욱親貴ᄒᆞ더라

弘이嘗與公卿으로約議ᄒᆞ고 至上前ᄒᆞ야 皆倍其約ᄒᆞ고 以順上旨어늘 汲黯이廷詰弘曰齊人이 多詐而無情實이니다 始與臣等으로 建此議ᄒᆞ고今皆倍之하니不忠이니이다

弘이일즉이公卿으로더부러議를約ᄒᆞ고上前에至ᄒᆞ야다그約을倍ᄒᆞ고써上의旨를順ᄒᆞ거늘汲黯이廷에서弘을詰ᄒᆞ야曰齊人이詐가多ᄒᆞ고情實이無ᄒᆞ니다비로소臣等으로더부러此議를建ᄒᆞ고今에다倍ᄒᆞ니忠치아니ᄒᆞ니이다

上이問弘ᄒᆞᆫ듸 弘이謝曰夫知臣者는 以臣爲忠이오 不知臣者는 以臣爲不忠이니이다 上이 然弘言ᄒᆞ야 益厚遇之러라 出史弘本傳

上이弘에게問ᄒᆞᆫ듸弘이謝ᄒᆞ야曰무릇臣을知ᄒᆞ는者는臣으로써忠이라ᄒᆞ고臣을

知치못ᄒᆞᄂᆞᆫ者ᄂᆞᆫ臣으로써忠치안타ᄒᆞ리이다上이弘의言을然히ᄒᆞ야더욱厚히遇ᄒᆞ더라

(壬子)六年이라冬에初筭商車ᄒᆞ다出本紀 陳季雅曰治財有道惟寬而大者爲能知之朝更夕變歲鍛月鍊用力於一時而計功於尺寸者足以敗天下之財而己矣漢武帝商功計利不遺錙銖而大司農每每告匱文帝躬行淵默無所更爲而腐紅貧朽波及於後世夫何其工者反拙而無所事事者顧收其效耶凶奴ㅣ入上谷ᄒᆞ야殺略吏民이어ᄂᆞᆯ遣將軍衛靑ᄒᆞ야出上谷ᄒᆞ고公孫敖ᄂᆞᆫ出代ᄒᆞ고公孫賀ᄂᆞᆫ出雲中ᄒᆞ고李廣은出鴈門ᄒᆞ야各萬騎로擊胡ᄒᆞ다

六年이라初에商車를筭ᄒᆞ다匈奴ㅣ上谷에入ᄒᆞ야吏民을殺略ᄒᆞ거ᄂᆞᆯ將軍衛靑을遣ᄒᆞ야上谷으로出ᄒᆞ고公孫敖ᄂᆞᆫ代로出ᄒᆞ고公孫賀ᄂᆞᆫ雲中으로出ᄒᆞ고李廣은鴈門으로出ᄒᆞ야각각萬騎로胡를擊ᄒᆞ다

衛靑은至龍城ᄒᆞ야得胡首虜七百人ᄒᆞ고公孫賀ᄂᆞᆫ無所得ᄒᆞ고公孫敖李廣은皆爲胡所敗ㅣ어ᄂᆞᆯ唯靑을賜爵關內侯ᄒᆞ다以上出本紀及衛靑傳

衛靑은龍城에至ᄒᆞ야胡首虜七百人을得ᄒᆞ고公孫賀ᄂᆞᆫ得ᄒᆞᆫ바ㅣ無ᄒᆞ고公孫敖와李廣은다胡에게敗ᄒᆞᆫ바이되거ᄂᆞᆯ오직靑을爵關內侯를賜ᄒᆞ다

靑이雖出於奴虜ㅣ나然이나善騎射ᄒᆞ고材力이過人ᄒᆞ고遇士大夫以

(休)美也 緖業也 言紹先聖之休緖

(究)竟也

(當以不敬論)謂其不勤求士輔國二千石當率身化下令親宰牧無之賢人爲察勝任也不與廉待有輕重

禮ᄒᆞ고 與士卒有恩ᄒᆞ니 衆樂爲用ᄒᆞ고 有將帥材故로 每出에 輒有功ᄒᆞ니 天下ㅣ 由此로 服上之知人이러라

靑이비록虜奴에出ᄒᆞ나그러나騎射를善히ᄒᆞ고材力이人에過ᄒᆞ고士大夫를禮로써遇ᄒᆞ고士卒로더부러恩이有ᄒᆞ니衆이用됨을樂ᄒᆞ고將帥의材가有ᄒᆞᆫ故로每양出ᄒᆞᆷ의문득功이有ᄒᆞ니天下ㅣ此로由ᄒᆞ야上의知人ᄒᆞᆷ을服ᄒᆞ더라

(癸丑)元朔元年이라 冬에 詔曰朕이 深詔執事ᄒᆞ야 興廉擧孝ᄒᆞ야 庶幾成風ᄒᆞ야 紹休聖緖ᄒᆞ노니 夫十室之邑에 必有忠信이어ᄂᆞᆯ 今或至闔郡而不薦一人ᄒᆞ니 是ᄂᆞᆫ 化不下究而積行之君子ㅣ 壅於上聞也ㅣ라 且進賢에 受上賞ᄒᆞ고 蔽賢에 蒙顯戮은 古之道也ㅣ니 其議二千石이 不擧者를 罪ᄒᆞ라 有司ㅣ 奏호ᄃᆡ 不擧孝ᄂᆞᆫ 不奉詔ㅣ니 當以不敬으로 論ᄒᆞ고 不察廉은 不勝任이니 當免이니이다 奏에 可타ᄒᆞ다 (出本紀)

元朔元年이라冬에詔ᄒᆞ야曰朕이깁히執事에게詔ᄒᆞ야廉을興ᄒᆞ고孝를擧ᄒᆞ야거의風을成ᄒᆞ야聖緖를아름답게ᄒᆞ노니무릇十室의邑에도반다시忠信이有ᄒᆞ거ᄂᆞᆯ今에ᄒᆞᆨ郡을闔ᄒᆞ야一人도薦치아니ᄒᆞᆷ에至ᄒᆞ니이ᄂᆞᆫ化가下로究치못ᄒᆞ고行을

免罷其職
也

積ᄒᆞᆫ君子ㅣ上聞에壅ᄒᆞᆷ이라ᄯᅩ賢을進ᄒᆞᆷ에上賞을受ᄒᆞ고賢을蔽ᄒᆞᆷ에顯戮을蒙ᄒᆞᆷ은古의道ㅣ니그議ᄒᆞ야二千石이擧치안는者를罪ᄒᆞ라有司奏호ᄃᆡ孝를擧치아니ᄒᆞᆷ은詔를奉치아니ᄒᆞᆷ이니맛당이不敬으로써論ᄒᆞ고廉을察치아니ᄒᆞᆷ은任을勝치못ᄒᆞᆷ이니맛당이免ᄒᆞ겟나이다奏에可라ᄒᆞ다

李廣을召拜爲右北平太守ᄒᆞ니凶奴ㅣ號曰漢之飛將軍이라ᄒᆞ고避之數歲에不敢入右北平이러라 出史記本傳

李廣을召ᄒᆞ야右北平太守를拜ᄒᆞ니凶奴ㅣ號ᄒᆞ야曰漢의飛將軍이라ᄒᆞ고避ᄒᆞᆫ지두어ᄒᆡ에감히右北平에入치못ᄒᆞ더라

臨淄人主父偃 主父複姓父音甫 嚴安과無終人徐樂이 無終燕郡邑在蔚州盩狐縣北七里本春秋山戎國名徐樂姓名索隱曰樂音岳 皆上書言事ᄒᆞ다

臨淄人主父偃과嚴安과無終人徐樂이다書를上ᄒᆞ야事를言ᄒᆞ다

始에偃이遊齊燕趙ᄒᆞ니皆莫能厚遇ᄒᆞ고諸生이相與排擯不容ᄒᆞ대家貧ᄒᆞ야假貸를無所得이라乃西入關ᄒᆞ야上書闕下ᄒᆞ야朝奏暮召入ᄒᆞ니所言九事에其八事는爲律令이오一事는諫伐匈奴ㅣ러라

（邊境之事）七國

始에偃이齊와燕과趙에遊ᄒᆞ니다能히厚히遇ᄒᆞᄂᆞ니가업고諸生이셔로더부러排擯ᄒᆞ고容치아니ᄒᆞᆫ대家가貧ᄒᆞ야假ᄒᆞ고貸홈을得ᄒᆞᆯ바가無ᄒᆞᆫ지라이에西으로關에入ᄒᆞ야書를闕下에上ᄒᆞ야朝에奏홈의暮에召ᄒᆞ야入ᄒᆞ니言ᄒᆞᆫ바九事에그八事ᄂᆞᆫ律令이되고一事ᄂᆞᆫ匈奴를伐홈을諫홈이러라

嚴安이上書言ᄒᆞᄃᆡ今天下人民이用財侈靡ᄒᆞ고又今에徇南夷ᄒᆞ고朝夜郎ᄒᆞ고（夜郎國來朝）降羌僰ᄒᆞ고（蒲北反僰假國在馬胡江武帝使唐蒙鑿石開道以通南中置犍爲郡羌與僰並西南夷皆來降服羌三苗羌姓之別裔）略歲州ᄒᆞ야（歲古穢字貉也本朝鮮之地武帝滅之置滄海郡凡言略地謂行而取之也歲州是地名）建城邑ᄒᆞ고深入匈奴ᄒᆞ야燔其龍城ᄒᆞ니（燔燒也西胡皆事龍神故名大會處爲龍神在上谷郡北）此ᄂᆞᆫ人臣之和오非天下之長策也ㅣ니다

嚴安이書를上ᄒᆞ야言호ᄃᆡ이제天下人民이財를用ᄒᆞᆷ이侈靡ᄒᆞ고ᄯᅩ이제南夷를徇ᄒᆞ고夜郎을朝ᄒᆞ고羌僰을降ᄒᆞ고歲州를略ᄒᆞ야城邑을建ᄒᆞ고깁히匈奴에入ᄒᆞ야그龍城을燔ᄒᆞ니이ᄂᆞᆫ人臣의和오天下에長策이아니니이다

徐樂이上書言ᄒᆞᄃᆡ天下之患이在於土崩ᄒᆞ니秦之末世ㅣ是也ㅣ라間者에關東이不登ᄒᆞ야民多窮困ᄒᆞ고重之以邊境之事ᄒᆞ니推數循

反亂而境外無助是爲瓦解

理而觀之컨ᄃᆡ民不安者ᄂᆞᆫ土崩之勢也ㅣ라故로賢主ㅣ獨觀萬化之原ᄒᆞ고明於安危之機ᄒᆞ야循之廟堂之上而銷未形之患也ᄒᆞᄂᆞ니其要ᄂᆞᆫ期使天下로無土崩之勢而已矣ㅣ니이다 以上出漢書本傳

徐樂이書를上ᄒᆞ야言호ᄃᆡ天下의患이土崩에在ᄒᆞ니秦의末世가是라間者에關東이登치못ᄒᆞ야民이窮困홈이多ᄒᆞ고邊境의事로써重ᄒᆞ니數를推ᄒᆞ고理를循ᄒᆞ야觀컨ᄃᆡ民이安치못ᄒᆞᆫ者ᄂᆞᆫ土崩의勢라故로賢主ㅣ홀로萬化의原을觀ᄒᆞ고安危의機에明ᄒᆞ야廟堂의上에循ᄒᆞ야未形의患을銷ᄒᆞᄂᆞ니그要ᄂᆞᆫ天下로ᄒᆞ야곰土崩의勢가無홈을期홀다름이니이다

書奏에天子ㅣ召見三人ᄒᆞ시고謂曰公等은安在완ᄃᆡ何相見之晚也오皆拜爲郞中ᄒᆞ다

書를奏홈의天子ㅣ召ᄒᆞ야三人을見ᄒᆞ시고일너曰公等은어ᄃᆡ잇셧관ᄃᆡ엇지셔로見홈이晚ᄒᆞᆫ고다拜ᄒᆞ야郞中를ᄉᆞᆷ다

主父偃이尤親幸ᄒᆞ야一歲中에凡四遷ᄒᆞ야爲中大夫ᄒᆞ니大臣이畏其口ᄒᆞ야賂遺ㅣ累千金이러라 以上出史記本傳文小異

主父偃이더옥親幸ᄒᆞ야一歲中에무릇四遷ᄒᆞ야中大夫가되니大臣이그口를畏ᄒᆞ야賂遺ㅣ累千金이러라

詳密註釋通鑑諺解卷之三 終

詳密註釋 通鑑諺解

【卷四】

(阻其彊) 阻恃也

詳密註釋通鑑諺解卷之四

漢紀

世宗孝武皇帝中

(甲寅)二年이라主父偃이說上曰古者에諸侯ㅣ不過百里라強弱之形을易制니라今諸侯ㅣ或連城數十ᄒᆞ야地方千里라緩則驕奢ᄒᆞ야易爲淫亂이오急則阻其彊而合從ᄒᆞ야以逆京師ᄒᆞ고以法割削之則逆節이萌起ᄒᆞ니前日鼂錯ㅣ是也ㅣ니이다今諸侯子弟ㅣ或十數而適嗣代立ᄒᆞ고(適讀曰嫡)餘無尺地之封ᄒᆞ니則仁孝之道ㅣ不宣이라願陛下는令諸侯로得推恩分子弟ᄒᆞ야以地侯之면彼人人이喜得所願ᄒᆞ리니上以德施나實分其國이니不削而稍弱矣리이다上이從之ᄒᆞ다(出史記本傳)

二年이라主父偃이上을說ᄒᆞ야曰古者에諸侯ㅣ百里에過치아는지라強弱의形을

制ᄒᆞ기易ᄒᆞ더니이제諸侯ㅣ혹城數十을連ᄒᆞ야地方이千里라緩히ᄒᆞᆫ則驕ᄒᆞ고奢ᄒᆞ야淫亂ᄒᆞ기易ᄒᆞ고急히ᄒᆞᆫ則그疆을阻ᄒᆞ고合從ᄒᆞ야써京師를逆ᄒᆞ고法으로써割ᄒᆞ고削ᄒᆞᆫ則逆節이萌ᄒᆞ야起ᄒᆞ니前日鼂錯ㅣ是니이다이제諸侯子弟ㅣ或十으로數호ᄃᆡ適嗣ㅣ代ᄒᆞ야立ᄒᆞ고餘ᄂᆞᆫ尺地의封이無ᄒᆞ니곳仁孝의道ㅣ宣치못ᄒᆞᆫ지라원컨ᄃᆡ陛下ᄂᆞᆫ諸侯로ᄒᆞ여곰시러곰恩을推ᄒᆞ야子弟를分ᄒᆞ야地로써侯ᄒᆞ시면저人人이喜ᄒᆞ야所願을得ᄒᆞ리니上은德으로써施ᄒᆞ나實은그國을分ᄒᆞᆷ이니削지아니ᄒᆞ야도점점弱ᄒᆞ리이다上이從ᄒᆞ다

春正月에詔曰諸侯王이或欲推私恩ᄒᆞ야分子弟邑이어든令各條上ᄒᆞ라朕이且臨定號名ᄒᆞ리라於是에藩國이始分而子弟畢侯矣러라 出漢書本紀

春正月에詔ᄒᆞ야曰諸侯王이或私恩을推ᄒᆞ야子弟에게邑을分ᄒᆞ거든ᄒᆞ여곰각々條ᄒᆞ야上ᄒᆞ라朕이또臨ᄒᆞ야號名을定호리라이에藩國이비로소分ᄒᆞ고子弟ㅣ다侯ᄒᆞ더라

軹人郭解ᄂᆞᆫ關東大俠也라 軹音只(釋義)軹河內邑郭解字翁伯解音蟹 **平生睚眦ᄒᆞ야** 睚五解反眦佳此反

(陵夷)夷平也言頹替若丘陵之漸平也

(賓禮)賓敬也

(釋義)王氏曰睚眦相嗔怒而見齒也又漢杜藁傳報睚眦怨註睚音崖擧目也眦即眥字目睚也言擧目相忤者亦報之 殺人이甚衆이어늘上이聞之ᄒᆞ고下吏捕治ᄒᆞ야遂族解ᄒᆞ다

軹人郭解는關東大俠이라平生에睚眦ᄒᆞ야人을殺ᄒᆞᆷ이심히衆ᄒᆞ거늘上이聞ᄒᆞ고吏에게下ᄒᆞ야捕ᄒᆞ야治ᄒᆞ야드듸여解를族ᄒᆞ다

(漢書遊俠傳序)에曰周室이旣微에桓文之後로大夫ㅣ世權ᄒᆞ고陪臣이執命ᄒᆞ나 (釋義)記曲禮列國之大夫自稱曰陪臣某註陪重也 陵夷至於戰國ᄒᆞ야合從連衡ᄒᆞ니由是로列國公子에魏有信陵ᄒᆞ고 (釋義)魏安釐王異母弟公子無忌封信陵君按地志無信陵或是鄉邑之名 趙有平原ᄒᆞ고 (釋義)趙惠文王弟趙勝封平原君括地志平原故城在德州平原縣東南 齊有孟嘗ᄒᆞ고 (釋義)孟嘗田文也父嬰封於薛文襲父封而號曰孟嘗或云諡非也嘗邑在薛城之南 楚有春申ᄒᆞ니 (釋義)春申黃歇也 皆藉王公之勢ᄒᆞ야競爲游俠ᄒᆞ야鷄鳴狗盜ㅣ無不賓禮 (釋義 王氏曰孟嘗入秦秦昭王欲殺之孟嘗使人抵昭王幸姬求解姬願得狐白裘時止一裘己獻昭王有客乃夜爲狗入秦藏中盜裘以獻獲免即馳去夜半至函谷關關法鷄鳴而出客孟嘗恐昭王悔而追至有客作鷄鳴而鷄盡鳴得亾出關 而趙相虞卿은棄國捐君ᄒᆞ야以周窮交魏齊之厄ᄒᆞ고 (釋義)虞卿史失其名趙孝成王以爲上卿故號焉索隱曰趙之虞在河東今河中府虞卿縣是也魏齊虞卿之交也將爲范雎所殺卿周庇之事在綱目周赧王

五十六年 信陵無忌ᄂᆞᆫ 竊符矯命ᄒᆞ야 戮將專師ᄒᆞ야 以赴平原之急ᄒᆞ니 (釋義) 秦兵圍趙趙相平原君告急於無忌無忌因如姬以竊兵符矯魏王之命而令朱亥殺晉鄙奪其兵救趙秦兵以卻而趙得全事在周赧王五十七年 皆以取重諸侯ᄒᆞ고 顯名天下ᄒᆞ야 搤腕而游談者ㅣ 以四豪로 爲稱首ㅣ라 搤音厄腕烏慣反(釋義)王氏曰搤與扼通腕與捥通游俠傳作搤擥封禪書搤腕自言四豪即信陵平原孟嘗春申也

漢書遊俠傳序에 曰周室이 임의 微ᄒᆞᆷ에 桓文의 後로 大夫ㅣ 世로 權ᄒᆞ고 陪臣이 命을 執ᄒᆞ야 陵夷ᄒᆞᆷ이 戰國에 至ᄒᆞ야 從을 合ᄒᆞ고 衡을 連ᄒᆞ니 是로 由ᄒᆞ야 列國公子에 魏에 信陵이 잇고 趙에 平原이 잇고 齊에 孟嘗이 잇고 楚에 春申이 잇스니 다 王公의 勢를 藉ᄒᆞ야 ᄃᆞᆺ토어 遊俠을 ᄒᆞ야 鷄鳴과 狗盜ㅣ 禮로 賓치 아니ᄒᆞᆷ이 無ᄒᆞ고 趙相虞卿은 國을 棄ᄒᆞ고 君을 捐ᄒᆞ야 ᄡᅥ 窮交魏齊의 厄을 周ᄒᆞ고 信陵無忌ᄂᆞᆫ 符를 竊ᄒᆞ고 命을 矯ᄒᆞ야 將을 戮ᄒᆞ고 師를 專ᄒᆞ야 ᄡᅥ 平原의 急에 赴ᄒᆞ니 다 ᄡᅥ 重을 諸侯에게 取ᄒᆞ고 名을 天下에 顯ᄒᆞ야 腕을 搤ᄒᆞ고 遊ᄒᆞ야 談ᄒᆞᄂᆞᆫ 者ㅣ 四豪로 ᄡᅥ 首라 稱ᄒᆞᄂᆞᆫ지라

於是에 背公死黨之議ㅣ 成ᄒᆞ고 守職奉上之義ㅣ 廢矣러니 及至漢興에 禁網이 疏闊ᄒᆞ야 未知匡改也라 是故로 代相陳豨ᄂᆞᆫ (釋義)王氏曰代國相也豨許

(馳騖)直聘曰馳也乱馳曰騖也 (覬以)覬音記希幸之也

豈反 從車千乘而吳濞 (釋義)高帝兄喜之子名濞封吳王 淮南이 (釋義)淮南高帝孫淮南王安也淮南王厲之長子 皆招賓客以千數오 外戚大臣에 魏其 (釋義)王氏曰孝文皇后從兄子竇嬰封魏其侯 武安 (釋義)孝景皇后同母弟田蚡封武安侯 之屬이 競逐於京師ᄒᆞ고 布衣游俠에 劇孟郭解之徒ㅣ (釋義)劇孟姓名洛陽人亦以俠顯 馳騖於閭閻ᄒᆞ야 權行州城ᄒᆞ고 力折公侯ᄒᆞ니 衆庶ㅣ 榮其名迹ᄒᆞ야 覬而慕之ᄒᆞ야 雖陷於刑辟이나 自與殺身成名을 若季路仇牧이 死而不悔라 (釋義)王氏曰衛有蒯聵之亂季路聞之故入仇牧聞之趨至手劍而叱赴難見孟黶石乞以戈擊之斷纓宋萬殺閔公之萬臂擊仇牧碎首齒 故로 曾子ㅣ 曰上失其道ᄒᆞ야 民散이 久矣라ᄒᆞ시니 非明王이 在上ᄒᆞ야 示之以好惡ᄒᆞ고 齊之以禮法이면 民이 曷自知禁而反正乎리오

이에公을背ᄒᆞ고黨에死ᄒᆞ는議ㅣ成ᄒᆞ고職을守ᄒᆞ고上을奉ᄒᆞ는義ㅣ廢ᄒᆞ더니밋漢興에至ᄒᆞᆷ에禁網이疏濶ᄒᆞ야匡改ᄒᆞᆷ을知치못ᄒᆞᆫ지라이런故로代相陳豨는從車ㅣ千乘이오吳濞와淮南이다賓客을千數로써招ᄒᆞ고外戚大臣에魏其와武安의屬이닷토어京師에逐ᄒᆞ고布衣遊俠에劇孟과郭解의徒ㅣ閭閻에馳騖ᄒᆞ야權이州城에行ᄒᆞ고力이公侯를折ᄒᆞ니衆庶ㅣ그名迹을榮ᄒᆞ야覬ᄒᆞ고慕ᄒᆞ야비록刑辟에陷

(難以)難去聲弘不得一以弘之才非不能得一不敢逆上也

(不重肉)不兼重肉味

호나스스로더브러身을殺호고名을成홈을季路와仇牧이死호여도悔치아니홈과갓치호는지라故로曾子ㅣ曰上이그道를失호야民散이久호다호시니明王이上에在호야好惡로써示호며禮法으로써齊호지아니호면民이읏지스스로禁을知호고正에反호리오

(乙卯)三年이라 公孫弘으로 爲御史大夫호다 是時애 方通西南夷호고 東置蒼海호고 北築朔方之郡호되 弘이 數諫願罷之어늘 天子ㅣ使朱買臣으로 難以置朔方之便호야 發十策호되 弘이 不得一이라 弘이 乃謝曰山東鄙人이 不知其便이 若是라호더라

三年이라公孫弘으로御史大夫를삼다이떡에바야흐로西南夷를通호고東으로蒼海를置호고北으로朔方의郡을築호되弘이자조諫호야罷키를願호거늘天子ㅣ朱買臣으로호여곰朔方을置호는便으로써難호야十策을發호되弘이一도得치못혼지라弘이이에謝호야曰山東鄙人이그便이이와갓홈을知치못호엿다호더라

弘이 爲布被호고 不重肉이러니 汲黯이 曰弘이 位在三公호야 奉祿이 甚多로되 然爲布被호니 此는 詐也ㅣ니이다 上이 問弘호되 弘이 謝曰有之호니이다 夫

以三公으로爲布被ᄒᆞ니 誠飾詐以釣名이어니와 且無汲黯忠이면 陛下ㅣ安得聞此言이시리잇고 天子ㅣ以爲謙讓이라ᄒᆞ야 愈益厚之러라 出史本傳

弘이布被를ᄒᆞ고重肉을아니ᄒᆞ더니汲黯이曰弘이位가三公에在ᄒᆞ야奉祿이심히多ᄒᆞ되그러나布被를ᄒᆞ니이는詐로소이다上이弘다려問ᄒᆞᆫ되弘이謝ᄒᆞ야曰有ᄒᆞ니이다무릇三公으로써布被를ᄒᆞ니진실로詐를飾ᄒᆞ야써名을釣ᄒᆞᆷ이어니와또汲黯의忠이無ᄒᆞ면陛下ㅣ웃지시러곰이말을드르셧스리잇고天子ㅣ써謙讓ᄒᆞᆫ다ᄒᆞ야더욱더욱厚히ᄒᆞ더라

是歲에 張湯이 爲廷尉ᄒᆞ다 湯의 爲人이 多詐ᄒᆞ야 舞智以御人이러니 汲黯이 數質責湯於上前 (釋義)質職日反正也正責之 曰公이 爲正卿ᄒᆞ야 上不能褒先帝之功業ᄒᆞ고 下不能抑天下之邪心ᄒᆞ고 何空取高皇帝約束ᄒᆞ야 紛更之爲오 (釋義)紛更之爲言何爲紛亂更改也 黯이 時에 與湯으로 論議ᄒᆞᆯ서 湯辯이 常在文深小苛라 黯이 伉厲守高ᄒᆞ되 不能屈ᄒᆞ야 忿發에 (釋義)伉口浪反健也厲力制反嚴也 罵曰天下ㅣ謂刀筆吏를 不可以爲公卿이라ᄒᆞ더니 果然必湯也로다 今天下ㅣ

重足而立ᄒᆞ야 (釋義)王氏曰重足而立謂重累其足跡不亂行言畏謹之甚也 **側目而視矣**라ᄒᆞ더라 出史記本傳

이해에張湯이廷尉가되다湯의人됨이詐가多ᄒᆞ야智를舞ᄒᆞ야써人을御ᄒᆞ더니汲黯이자조湯을上前에셔質責ᄒᆞ여曰公이正卿이되여上으로能히先帝의功業을褒치못ᄒᆞ고下로能히天下의邪心을抑치못ᄒᆞ고읏지부지럽시高皇帝의約束을取ᄒᆞ야紛ᄒᆞ고更ᄒᆞᄂᆞ뇨黯이時에湯으로더부러議를論ᄒᆞᆯ식湯의辯이常해文深小苛에在ᄒᆞᆫ지라黯이伉厲ᄒᆞ야高를守호ᄃᆡ能히屈치아니ᄒᆞ야忿이發ᄒᆞᆷ에罵ᄒᆞ여曰天下ㅣ刀筆吏를可히써公卿을ᄉᆞᆷ지못ᄒᆞᆫ다謂ᄒᆞ더니果然반다시湯이로다이졔天下ㅣ足을重히ᄒᆞ고立ᄒᆞ야目을側ᄒᆞ고視ᄒᆞᆫ다ᄒᆞ더라

(丙辰)四年이라**匈奴**ㅣ**入代郡定襄上郡**ᄒᆞ야**各三萬騎**로 **殺略數千人**ᄒᆞ다

四年이라凶奴ㅣ代郡定襄上郡에入ᄒᆞ야各三萬騎로數千人을殺略ᄒᆞ다

(丁巳)五年이라**公孫弘**오로**爲丞相**ᄒᆞ야 **封平津侯**ᄒᆞ니 (釋義)平津鄕名在南郡南成縣正義曰弘所封平津在滄州鹽山縣南 **丞相封侯**ㅣ **自弘**으로**始**러라**時**에**上**이**方興功業**이라**弘**이**於是**에**開東閤**ᄒᆞ야 **以延賢人**ᄒᆞ야 **與參謀議**ᄒᆞ다 (釋義)閤小門也東向開之避當庭門而引接賓客以別於掾吏官屬 **弘**이**性**이

膠西王景帝子也

意忌ᄒᆞ고外寬內深ᄒᆞ야 (釋義)外寬內深言其中心刻剝意多忌害人也王氏曰按杜周外寬內深次骨注次至其也用法深刻至骨也 諸常與弘오로有隙에無近遠히雖陽與善이나 (釋義)陽與佯通詐也 後에竟報其過러라出弘本傳 董仲舒의爲人이廉直ᄒᆞ야以弘으로爲從諛라ᄒᆞ니弘이嫉之라가膠西王端이驕恣ᄒᆞ야數犯法ᄒᆞ고所殺傷二千石이甚衆이어놀弘이乃薦仲舒ᄒᆞ야爲膠西相ᄒᆞ니仲舒ㅣ以病으로免ᄒᆞ다出仲舒本傳

(班固)贊曰劉向稱董仲舒有王佐之材雖伊呂亡以及之如管晏之屬伯者之佐殆不及也至向子歆以爲伊呂聖人之耦王者不得則不興故顏淵死孔子曰噫天喪予唯此一人爲能當之自宰我子貢子游子夏不與焉仲舒遭漢承秦滅之後六經離析下帷發憤潛心大業令後學者有所統一爲羣儒首然考其師友淵源所漸猶未及乎游夏而管晏不及伊呂不加過矣至向曾孫龔篤論君子也以歆之言爲然

五年이라公孫弘으로丞相을ᄉᆞᆷ어平津侯를封ᄒᆞ니丞相으로侯에封홈이弘으로브터始ᄒᆞ엿더라上이바야흐로功業을興ᄒᆞ니弘이이에東閤을開ᄒᆞ고ᄡᅥ賢人을延ᄒᆞ야더브러議를參謀ᄒᆞ더라弘이性이意로忌ᄒᆞ고外로寬ᄒᆞ고內로深ᄒᆞ야모든일죽弘으로더브러隙이有홈에近遠이업시비록그짓더브러善ᄒᆞ나後에竟히그過를報ᄒᆞ더라仲董舒의人됨이廉直ᄒᆞ야弘으로ᄡᅥ諛를從ᄒᆞᆫ다ᄒᆞ니弘이嫉ᄒᆞ다가膠西王端이驕恣ᄒᆞ야자로法을犯ᄒᆞ고殺傷ᄒᆞᆫ바二千石이심히만커늘弘이이에仲舒를薦ᄒᆞ야膠西相을ᄉᆞᆷ으니仲舒ㅣ病으로ᄡᅥ免ᄒᆞ다

(欲誅之以事)以事致其罪誅之也

右賢王凶奴官號也有左有右左賢王以次爲單于

汲黯이常毁儒ᄒᆞ야面觸弘ᄒᆞᆫ대弘이欲誅之以事ᄒᆞ야乃言上曰右內史(釋義)地志秦京師爲史師古曰秦幷天下改立郡縣而京畿所統時號內史言在內以別於諸郡守也百官表內史掌京師景帝分置左右武帝更名京兆尹右內史更名左馮翊主爵中尉掌列侯武帝更名右扶風治內史右地與左馮翊京兆尹是爲三輔 界部中에多貴人宗室ᄒᆞ니難治라非素重臣이면不能任이니請徙黯爲右內史ᄒᆞ소서上이從之ᄒᆞ다(出黯本傳)

汲黯이일즉儒를毁ᄒᆞ야面으로弘을觸ᄒᆞᆫ대弘이事로써誅코져ᄒᆞ야이에上에게言ᄒᆞ야曰右內史界部中에貴人宗室이多ᄒᆞ니治키難ᄒᆞᆫ지라본ᄃᆡ重臣이아니면能히任ᄒᆞᆯ슈업ᄉᆞ니請컨ᄃᆡ黯을從ᄒᆞ야右內史를ᄉᆞᆷ으소서上이從ᄒᆞ다

凶奴右賢王이數侵擾朔方이어ᄂᆞᆯ天子ㅣ令將軍衛靑等으로出右北平擊之ᄒᆞ야得右賢裨王十餘衆과(釋義)師古曰裨王小王也若裨王然索隱曰裨頻彌反王之偏副也 男女萬五千餘人과畜數十百萬ᄒᆞ야引還至塞어ᄂᆞᆯ天子ㅣ使使者ᄒᆞ야持大將軍印ᄒᆞ고卽軍中ᄒᆞ야拜衛靑爲大將軍ᄒᆞ고諸將을皆屬焉ᄒᆞ니尊寵이於羣臣에無二ㅣ라(釋義)王氏曰言群臣止一人耳 公卿以下ㅣ皆卑奉之ᄒᆞ되獨汲黯이與亢禮어ᄂᆞᆯ(亢音抗) 人或說黯曰大將軍이尊重ᄒᆞ니君은不可以不

(有揖客)言能降貴以禮士反最爲重也

拜黯이니라 曰以大將軍으로有揖客ᄒᆞ니反不重耶아 大將軍이聞ᄒᆞ고 愈賢黯ᄒᆞ야 數請問國家朝廷所疑ᄒᆞ고 遇黯을 加於平日이러라

匈奴右賢王이자조朔方을侵ᄒᆞ야擾ᄒᆞ거늘天子ㅣ將軍衛青等으로하여곰右北平에出ᄒᆞ야擊ᄒᆞ야右賢裨王十餘衆과男女萬五千餘人과畜數十百萬을得ᄒᆞ야引ᄒᆞ야還ᄒᆞ야塞에至ᄒᆞ거늘天子ㅣ使者를부려大將軍印을持ᄒᆞ고軍中에나아가衛青을拜ᄒᆞ야大將軍을삼고諸將을다屬ᄒᆞ니尊寵이羣臣에二가無ᄒᆞᆫ지라公卿써下ㅣ다卑ᄒᆞ야奉호되홀노汲黯이더부러禮를亢ᄒᆞ거늘人이혹黯을說ᄒᆞ여曰大將軍이尊重ᄒᆞ니君은可히拜치아니치못ᄒᆞᆯ지니라黯이曰大將軍으로써揖客이有ᄒᆞ니도로혀重치아느나大將軍이聞ᄒᆞ고더욱黯을賢히ᄒᆞ야자조請ᄒᆞ야國家朝廷의疑ᄒᆞᆫ바를問ᄒᆞ고黯을遇ᄒᆞ기를平日보다더ᄒᆞ더라

(新增東萊呂氏)曰伏節死義之士何世無之顧上之所以養之何如耳高祖之初丁公不忠於項羽則戮之以徇彔韓信自稱其壯士則貸之以激世田橫不肯歸漢而自殺則壯其節而爲之流涕魯不下漢則嘆其守禮義之國而不忍屠之以兵所以培養氣節自守不爲一時氣焰之所屈不疑之不肯解劒貢禹之不肯脫冠不受卒徒唾背如田延年不聽兩吏挾持如蕭望之不拜大將軍如汲長孺不屈節於單于如蘇子卿其凜凜英風使人激懦而增氣以至田甲賈人也責張湯行義有烈士之風樓護俠徒也譏論常依名節而聽之者皆竦則其人可知也惟漢世之君陰有以養其氣不沮不挫而戶有以銷其犯上難制之銳故其人亦不以所長自矜而無矯激之名忠而不訐剛而不暴有伏節死義之士而後世獨以節義之名歸之東京者蓋東京以節義爲尙故也要之東漢尙節義不若西漢蓋其實有而名亡也

(燕見)燕安也謂閑燕之時也

大將軍青이 雖貴나 有時侍中에 上이 踞厠而視之ᄒᆞ고 (釋義)王氏曰厠音側謂床邊側耳或云溷厠非也胡氏曰亦猶文帝臨厠謂山岸以是故也仲馮曰古者見大臣則御坐爲起然則踞厠者輕之也 丞相弘이 燕見에 上이 或時不冠ᄒᆞ되 至如汲黯見ᄒᆞ야는 上이 不冠不見也러라 上이 嘗坐武帳中이러니 (釋義)帳織爲武士之象也一云置兵闌五兵於帳中 黯이 前奏事어ᄂᆞᆯ 上이 不冠이라가 望見黯ᄒᆞ고 避帷中ᄒᆞ야 使人可其奏라ᄒᆞ니 其見敬禮ㅣ 如此러라 出衛青汲黯傳

大將軍青이비록貴ᄒᆞ나有時로侍中ᄒᆞᆷ에上이踞厠ᄒᆞ야視ᄒᆞ고丞相弘이燕見ᄒᆞᆷ에上이혹ᄯᅢ에冠치아니호ᄃᆡ汲黯을見ᄒᆞᆷ갓ᄒᆞᆷ에至ᄒᆞ야는上이冠치아니ᄒᆞ면見치못ᄒᆞ더다上이일즉이武帳中에坐ᄒᆞ엿더니黯이압헤셔事를奏ᄒᆞ거늘上이冠치아니ᄒᆞ엿다가黯을望見ᄒᆞ고帷中에避ᄒᆞ야人으로하여곰그奏를可ᄒᆞ다ᄒᆞ니그보미敬ᄒᆞ고禮ᄒᆞᆷ이이와갓더라

(東萊呂氏)曰漢武帝踞厠見衛青不冠見公孫弘惟於汲黯不冠則不敢見其胸中涇渭亦明矣然其所尊非所任所任非所尊有尊賢之名而無尊賢之效也人之常情愈敬則愈踈愈狎則愈親武帝之於君子外合而中離武帝之於小人外薄而中厚世反謂武帝能尊汲黯而賤弘青亦過矣雖然君子之交淡若水始雖踈而終必親小人之交甘若醴始雖親而終必踈小人之事君未言而唯唯旣言而諾諾固足以深結人主之驩然權利相激情見詐卯其不爲人君所窺者鮮矣君子正言格論初若落落而難合至於臨大節蒙大難終始不渝然後人主始知其可親也武帝腹心帷幄之臣未可一二數及論社稷臣獨許汲黯而不許弘青翟豈非厭諂諛之容悅而悟純朴之士終可信歟使其天假之年吾知周公之圖不以賜霍光而賜汲黯矣

夏六月에詔曰蓋聞導民以禮ᄒᆞ고風之以樂이라ᄒᆞ니 (釋義)王氏曰風如字風諷也敎也風以勸之敎以化之是也今禮壞樂崩ᄒᆞ니朕甚閔焉ᄒᆞ노니其令禮官으로勸學興禮ᄒᆞ야以爲天下先ᄒᆞ라於是에丞相弘等이奏請ᄒᆞ되爲博士官ᄒᆞ야置弟子五十人ᄒᆞ야復其身ᄒᆞ고太常이擇民年十八已上에儀狀端正者ᄒᆞ야補博士弟子ᄒᆞ고詣大常受業ᄒᆞ되能通一藝以上이어든補文學掌故ᄒᆞ고 (釋義)掌故治禮之官主故事者以有文學習禮儀者爲之故曰文學掌故 卽有秀才異等이어든輒以名聞ᄒᆞ노이다上이從之ᄒᆞ니自此로公卿大夫士吏ㅣ彬彬多文學之士矣러라 出儒林傳序

夏六月에詔ᄒᆞ야曰되마드르니民을導호대禮로써ᄒᆞ고風ᄒᆞ기를樂으로써ᄒᆞᆫ다ᄒᆞ니今에禮가壞ᄒᆞ고樂이崩ᄒᆞ니朕이심히閔ᄒᆞ노니그禮官으로하여곰學을勸ᄒᆞ고禮를興ᄒᆞ야써天下를爲ᄒᆞ야先히ᄒᆞ라이에丞相弘等이奏請ᄒᆞ되博士官을ᄒᆞ야弟子五十人을置ᄒᆞ야그身을復ᄒᆞ고太常이民年十八已上에儀狀이端正ᄒᆞᆫ者를擇ᄒᆞ야博士弟子를補ᄒᆞ고太常에詣ᄒᆞ야業을受호대能히一藝以上을通ᄒᆞ거든文學掌故를補ᄒᆞ고곳秀才異等이有ᄒᆞ거든믄득名으로써聞ᄒᆞ겟노이다上이從ᄒᆞ니此로自ᄒᆞ야公卿大夫士吏ㅣ彬彬ᄒᆞ야文學의士가多ᄒᆞ더라

(六將軍)公孫敖公孫賀趙信蘇建李廣利

(戊午)六年이라夏에衛靑이復將六將軍ᄒᆞ고出定襄ᄒᆞ야 (釋義)幷州定襄郡隋置忻州有定襄縣故城在朔州善陽北三百里 擊匈奴ᄒᆞ야斬首虜萬餘人ᄒᆞ다 出匈奴傳

六年이라夏에衛靑이다시六將軍을將ᄒᆞ고定襄을出ᄒᆞ야匈奴를擊ᄒᆞ야首虜萬餘人을斬ᄒᆞ다

是時에漢이比歲發十餘萬衆ᄒᆞ야擊胡ᄒᆞ니斬捕首虜之士ㅣ受賜黃金二十餘萬斤而漢軍士馬死者十餘萬이오兵甲轉漕之費ᄂᆞᆫ不與焉이라於是에大司農이經用이竭ᄒᆞ야 (釋義)經常也謂常用之錢竭盡 不足以奉戰士라六月에詔令民으로得賣爵及贖禁錮ᄒᆞ고免贓罪置賞官ᄒᆞ야名曰武功爵이라ᄒᆞ니 (釋義)王氏曰瓚曰茂陵中書有武功爵十一級一造士二閑輿衛三良士四元戎士五官首六書鐸七千夫八樂卿九執戈十攻戾庶長十一軍衛 吏道ㅣ雜而多端이라官職이耗食貨志註耗音帽亂也廢矣러라 出漢書食貨志

이ᄯᅢ에漢이比歲로十餘萬衆을發ᄒᆞ야胡를擊ᄒᆞ니首虜를斬捕ᄒᆞᆫ士ㅣ黃金을受賜ᄒᆞᆷ이二十餘萬斤이고漢軍士馬死ᄒᆞᆫ者ㅣ十餘萬이오兵甲轉漕의費ᄂᆞᆫ與치아ᄂᆞᆫ지라이에大司農의經用이竭ᄒᆞ야足히ᄡᅥ戰士를奉치못ᄒᆞᄂᆞᆫ지라六月에詔ᄒᆞ야民으로하여곰시러곰爵을賣ᄒᆞ며밋禁錮를贖ᄒᆞ고贓罪를免ᄒᆞ며賞官을置ᄒᆞ야名ᄒᆞ야

淮南王安 高帝子淮南厲王之長子

(伍被)楚人伍子胥之後爲淮南中郎將

衡山王名賜淮南厲王之子

日武功爵이라ᄒᆞ니吏道ㅣ雜ᄒᆞ고端이多ᄒᆞᆫ지라官職이耗廢ᄒᆞ더라

(己未)元狩元年이라淮南王安이謀反ᄒᆞᆯ시且曰漢廷大臣에獨汲黯이好直諫ᄒᆞ고守節死義ᄒᆞ니難惑以非어니와至於說丞相弘等ᄒᆞ야는如發蒙振落爾라ᄒᆞ더라(王氏曰發蒙振落韋昭云發去物之蒙振落樹上之葉言直取之易也)會에伍被ㅣ詣吏ᄒᆞ야自告與淮南王으로謀反이어늘上이下公卿治ᄒᆞᆫᄃᆡ十一月에安이自殺ᄒᆞ고衡山王이亦自剄死ᄒᆞ다

元狩元年이라淮南王安이反을謀ᄒᆞᆯ시且曰漢廷大臣에ᄒᆞᆯ로汲黯이直諫을好ᄒᆞ고節을守ᄒᆞ고義에死ᄒᆞ니非로써惑기難ᄒᆞ거니와丞相弘等을說ᄒᆞᆷ에至ᄒᆞ야는蒙을發ᄒᆞ야振落ᄒᆞᆷ과如ᄒᆞ다ᄒᆞ더라會에伍被ㅣ吏에詣ᄒᆞ야스ᄉᆞ로淮南王으로더브러謀反ᄒᆞᆷ을告ᄒᆞ거늘上이公卿에下ᄒᆞ야治ᄒᆞᆫ대十一月에安이自殺ᄒᆞ고衡山王이ᄯᅩ스ᄉᆞ로剄ᄒᆞ야死ᄒᆞ다

五月에匈奴萬人이入上谷ᄒᆞ야殺數百人ᄒᆞ다

五月에匈奴萬人이上谷에入ᄒᆞ야數百人을殺ᄒᆞ다

張騫이自月氏(音支匈奴號)歸ᄒᆞ야言西域諸國風俗호ᄃᆡ大宛에多善馬ᄒᆞ고

(復事)謂經畧通之專以爲事也武帝元朔二年嘗破西域故曰復事

大夏에 邛竹杖이오 王氏曰山海經邛峽山出邛竹瓚曰邛山之竹節高中實可作杖蜀記云張騫奉使尋河源得高節竹植於邛山堪爲杖 大夏安息之屬이 皆大國이라 多奇物이라ᄒᆞᆫᄃᆡ 天子ㅣ 欣然ᄒᆞ야 以騫言爲然ᄒᆞ야 乃復事西南夷ᄒᆞ다 出騫傳及西南夷傳

張騫이月氏로브터歸ᄒᆞ야西域諸國風俗을言ᄒᆞᄃᆡ大宛에善馬가多ᄒᆞ고大夏에邛竹杖이오大夏安息의屬이다大國이라奇物이多ᄒᆞ다ᄒᆞᆫᄃᆡ天子ㅣ欣然ᄒᆞ야騫의言으로써然다ᄒᆞ야이에다시西南夷를事ᄒᆞ다

秋에 匈奴渾邪王이 降이어늘 渾下昆反邪時遮反匈奴之屬爲王者之號 漢이 發車二萬乘ᄒᆞ야 以迎之ᄒᆞᆯ서 縣官이 無錢ᄒᆞ야 從民貰馬ᄒᆞ니 貰時夜反又音世賖貸也 民이 或匿馬ᄒᆞ야 馬不具어늘 上이 怒ᄒᆞ야 欲斬長安令ᄒᆞᆫᄃᆡ 右內史汲黯이 曰長安令은 無罪ᄒᆞ니 獨斬臣黯이라야 民이 乃肯出馬ᄒᆞ리이다 且匈奴ㅣ 畔其主而降漢ᄒᆞ니 何至罷敝中國ᄒᆞ야 以事夷狄之人乎잇가 上이 默然曰吾ㅣ 久不聞汲黯之言이러니 今又復妄發矣로다 出汲黯傳此用史記句漢書作甘心夷狄 居頃之애 乃命徙降者邊五郡ᄒᆞ고 邊近也隴西北地上郡朔方雲中此五郡也 因其故俗ᄒᆞ야 爲五屬國ᄒᆞ다 以上略見本紀

(黃門)屬小府賤任親近天子以供給百物在焉休屠國作金人祭天上賜日磾姓金氏

秋에匈奴渾邪王이降ᄒᆞ거늘漢이車二萬乘을發ᄒᆞ야써迎ᄒᆞᆯᄉᆡ縣官이錢이無ᄒᆞ야民을從ᄒᆞ야馬를貰ᄒᆞ니民이或馬를匿ᄒᆞ야馬ㅣ具치안는지라上이怒ᄒᆞ야長安令을斬코져ᄒᆞᆫᄃᆡ右內史汲黯이曰長安令이罪가無ᄒᆞ니ᄒᆞᆯ로臣黯을斬ᄒᆞ여야民이이에肯ᄒᆞ야馬를出ᄒᆞ리이다또ᄒᆞᆫ匈奴ㅣ그主를畔ᄒᆞ고漢에降ᄒᆞ니何로中國을罷敝ᄒᆞ야써夷狄의人을事ᄒᆞᆷ에至ᄒᆞ리잇고上이默然ᄒᆞ다가曰吾ㅣ久히汲黯의言을聞치못ᄒᆞ얏더니이제또다시妄發ᄒᆞ엿도다이욱고이에命ᄒᆞ야降者를邊五郡에徙ᄒᆞ고그故俗을因ᄒᆞ야五屬國을ᄒᆞ다

養心吳氏曰因其故俗爲屬國猶未與中國雜處也後漢書曰武帝置屬國都尉主蠻夷降者師古曰存其國號而屬漢故曰屬國(林之奇)曰武帝從事四夷以糜費中國不獨其征伐而然也如東夷穢貊等降而燕齊之間爲之騷動匈奴渾邪王降而府庫爲之一空夫王者之於夷狄不誘其來不追其往使中國自爲中國夷狄自爲夷狄則吾民可以無事苟其來則誘之去則追之則是中國之擾無時而已也然則光武閉玉門以謝西域之質豈不爲長策乎

休屠王太子日磾ㅣ 休許虬反屠音儲匈奴所封王地也後降漢爲開國縣屬武威郡磾丁奚反 **沒入官ᄒᆞ야輸黃門ᄒᆞ야養馬久之러니日磾ㅣ牽馬過殿下ᄒᆞᆯᄉᆡ容貌甚嚴이어늘上이奇焉ᄒᆞ야卽日에拜爲侍中ᄒᆞ고甚信愛之ᄒᆞ야賜姓金氏ᄒᆞ다** 出日磾傳

休屠王太子日磾ㅣ沒ᄒᆞ야官에入ᄒᆞ야黃門에輸ᄒᆞ야馬를養ᄒᆞ기를久히ᄒᆞ더니日磾ㅣ馬를牽ᄒᆞ고殿下에過ᄒᆞᆯᄉᆡ容貌ㅣ甚히嚴ᄒᆞ거늘上이奇히녀겨卽日에拜ᄒᆞ야

侍中올숨고甚히信ᄒᆞ고愛ᄒᆞ야姓金氏를賜ᄒᆞ다

(辛酉)三年이라得神馬於渥洼水中ᄒᆞ고 王氏曰渥洼水在敦煌郡李斐曰初南陽新野人暴利長武帝時遭刑屯田于郡界數於此水旁見羣野馬中有奇者與凡馬異來飮此水利長先作土人持勒靽立水旁後馬玩習久之乃代土人持勒靽收得其馬獻之欲神異此馬故云從水中出師古曰渥音握洼於佳反一音烏花反 次以爲歌ᄒᆞ고 王氏曰次撰述也次以爲太一之歌按其歌曲曰太一貢兮天馬下霑赤汗兮沫流赭騁容與兮跇萬里今安匹兮龍與友 上이方立樂府ᄒᆞ야使司馬相如等으로造爲詩賦ᄒᆞ고以宦者李延年으로爲協律都尉ᄒᆞᆫ디汲黯이曰凡王者ㅣ作樂에上以承祖宗ᄒᆞ고下以化兆民이어눌今陛下ㅣ得馬ᄒᆞ야詩以爲歌ᄒᆞ야協於宗廟ᄒᆞ시니先帝百姓이豈能知其音邪잇가上이默然不說이러라 出史記樂書

三年이라神馬를渥洼水中에서得ᄒᆞ고次에써歌를ᄒᆞ고上이바야흐로樂府를立ᄒᆞ야司馬相如等으로ᄒᆞ여곰詩賦를造ᄒᆞ고宦者李延年으로써協律都尉를숨은디汲黯이曰무릇王인者ㅣ樂을作ᄒᆞᆷ에上으로써祖宗을承ᄒᆞ고下로써兆民을化ᄒᆞ거놀今에陛下ㅣ馬를得ᄒᆞ야詩로써歌를ᄒᆞ야宗廟에協ᄒᆞ시니先帝百姓이웃지能히그音을知ᄒᆞ리잇가上이默然ᄒᆞ고說치아니ᄒᆞ더라

上이招延士大夫호대常如不足이나然이나性이嚴峻ᄒᆞ야羣臣을雖素愛

信者ㅣ나 或小有犯法ᄒᆞ며 或欺罔이면 輒按誅어늘 汲黯이 諫曰陛下ㅣ求賢甚勞ᄒᆞ샤 未盡其用에 輒以殺之ᄒᆞ야 以有限之士로 恣無已之誅ᄒᆞ시니 臣은 恐天下賢材ㅣ 將盡일가ᄒᆞ노니 陛下ㅣ 誰與共爲治乎잇고 上이 曰所謂賢者ᄂᆞᆫ 猶有用之器也라 有才不肯盡用ᄒᆞ면 與無才同ᄒᆞ니 不殺何施오 (出荀悅紀)

上이士大夫를招延호ᄃᆡ常히足지못홈갓치ᄒᆞ나然이나性이嚴峻ᄒᆞ야羣臣을비록본ᄃᆡ愛信ᄒᆞ든者ㅣ나或小히法을犯ᄒᆞ며或欺罔ᄒᆞᄂᆞᆫ이가有ᄒᆞ면믄득誅에按ᄒᆞ거늘汲黯이諫ᄒᆞ야曰陛下ㅣ賢을求ᄒᆞ심을심히勞ᄒᆞ샤그用을盡치못홈에믄득써殺ᄒᆞ야有限의士로써無已의誅를恣ᄒᆞ시니臣은恐컨ᄃᆡ天下의賢材ㅣ장ᄎᆞᆺ盡홀가ᄒᆞ노니陛下ㅣ誰로더부러ᄒᆞᆫ가지治ᄒᆞ시리잇고上이曰일운바賢인者ᄂᆞᆫ有用의器와猶ᄒᆞᆫ지라才가有ᄒᆞ고질겨盡用치못ᄒᆞ면無才로더부러同ᄒᆞ니殺치안코何를施ᄒᆞ리오

(壬戌)四年이라 有司言縣官用度ㅣ 大空(空苦貢反欽也) 而富商大賈ㅣ 治鑄煑鹽ᄒᆞ야 財或絫萬金이로ᄃᆡ(絫古累字) 不佐國家之急ᄒᆞ니 請更錢造幣ᄒᆞ야

東郭複姓咸陽名也

以贍用ᄒᆞ노이다 於是에 以東郭咸陽과 孔僅으로 爲大農丞ᄒᆞ야 領鹽鐵事ᄒᆞ고 桑弘羊으로 以計筭ᄒᆞ니 三人이 言利事에 析秋毫矣러라 應劭曰百物毫芒至秋皆美細今謂三人言利事纖悉皆能分析其秋毫也 公卿이 又請筭及民車船ᄒᆞ니 其法이 皆出張湯이라 百姓이 不安其生ᄒᆞ야 咸指怨湯ᄒᆞ더라 出史記平準書自公卿又請以下文不同

四年이라有司ㅣ言ᄒᆞ되縣官用度ㅣ大空ᄒᆞ고富商大賈ㅣ冶鑄ᄒᆞ고煮鹽ᄒᆞ야財가혹累萬金이로ᄃᆡ國家의急을佐치아니ᄒᆞ니請컨ᄃᆡ錢을更ᄒᆞ고幣를造ᄒᆞ야써用을贍케ᄒᆞ게노이다이에東郭咸陽과孔僅으로써大農丞을삼어鹽鐵事를領케ᄒᆞ고桑弘羊으로써筭을計케ᄒᆞ니三人이利事를言홈에秋毫를析ᄒᆞ더라公卿이또民의車船을筭及ᄒᆞ기를請ᄒᆞ니그法이다張湯에서出ᄒᆞᆫ지라百姓이그生을安치못ᄒᆞ야다指ᄒᆞ야湯을怨ᄒᆞ더라

(陳季雅)曰自古爲國將厚歛以取民必以嚴刑峻法爲先所以然者蓋衣食生民之命賦歛繁多怨讟將興物議將騰若非峻法以鉗天下之口使之俛首喪氣於下則法無緣可行武帝之興外事四夷內興工役財用不繼始取文景賦歛之法一切變易增加初來未理會財賦只於刑法上加工招進張湯杜周之屬爲廷尉作見知故縱監臨部主廢格沮誹之獄上自公卿大臣下至百姓皆畏法鉗口而不敢議而後桑弘羊孔僅之徒得以行其策太史公識得此意故不與桑弘羊孔僅作傳却於張湯傳見之不於刑法志說張湯杜周變法之因却於食貨志言之如所謂法嚴令具興利之臣自此而始則其意可知矣

初에 河南人卜式이 數請輸財縣官ᄒᆞ야 以助邊이어ᄂᆞᆯ 天子ㅣ 使使ᄒᆞ야

問式欲官乎아 曰不願也니이다 有寃欲言乎아 曰無所欲言也이로다 天子ㅣ誅匈奴ᄒᆞ시니 愚ᄂᆞᆫ 以爲賢者ᄂᆞᆫ 宜死節於邊ᄒᆞ고 有財者ᄂᆞᆫ 宜輸委니 如此면 而匈奴를 可滅也리이다 上이 由是로 賢之ᄒᆞ야 欲尊以風(音諷)百姓ᄒᆞ야 乃召拜式爲中郎ᄒᆞ고 賜田十頃ᄒᆞ야 布告天下ᄒᆞ야 使明知之러니 未幾에 又擢式爲齊太傅ᄒᆞ다

初에河南人卜式이자조財를縣官에輸ᄒᆞ야써邊을助ᄒᆞ기를請ᄒᆞ거늘天子ㅣ使를부려式에게問호ᄃᆡ官코저ᄒᆞᄂᆞᆫ고曰願치안ᄂᆞ이다寃이有ᄒᆞ야言코저ᄒᆞᄂᆞᆫ뇨曰言코저ᄒᆞᄂᆞᆫ바이無호이다天子ㅣ匈奴를誅ᄒᆞ시니愚ᄂᆞᆫ써ᄒᆞ되賢者ᄂᆞᆫ맛당이邊에셔死節ᄒᆞ고財가有ᄒᆞᆫ者ᄂᆞᆫ맛당이輸委ᄒᆞᆯ지니이와갓ᄒᆞ면匈奴를可히滅ᄒᆞ리이다上이이로由ᄒᆞ야賢히여겨尊ᄒᆞ야써百姓을風코저ᄒᆞ야이에式을召ᄒᆞ야拜ᄒᆞ야中郎을ᄉᆞᆷ고田十頃을賜ᄒᆞ야天下에布告ᄒᆞ야ᄒᆞ여곰明히知케ᄒᆞ더니未幾에ᄯᅩ式을擢ᄒᆞ야齊太傅를ᄉᆞᆷ다

上이 與諸將議曰翕侯趙信이 爲單于畫計ᄒᆞ야 常以爲漢兵이 不能度幕輕留ᄒᆞ라니(謂度沙漠輕入而久留也) 今大發士卒이면 其勢ㅣ 必得所欲이라ᄒᆞ고 乃粟馬十萬ᄒᆞ고 令大將軍靑과 票騎將軍去病으로(票頻妙反勁疾貌) 各將五

兩軍大將靑軍票騎將軍去病

姑衍山名

(物故)謂死也言其同於鬼物而故也一說不欲斥言死但云其所用之物故云也

萬騎ᄒᆞ니 大將軍은 出塞千餘里ᄒᆞ야 度幕ᄒᆞ야 捕斬首虜萬九千級ᄒᆞ고 遂至窴顏山(窴徒賢反) 趙信城ᄒᆞ야 得匈奴積粟ᄒᆞ야 食軍留一日ᄒᆞ고 悉燒其城餘粟而歸ᄒᆞ고 票騎將軍은 出代右北平二千餘里ᄒᆞ야 封狼居胥山ᄒᆞ고(狼居胥山居匈奴中) 禪於姑衍ᄒᆞ며(姑衍在匈奴中封禪書註山阪曰衍) 登臨翰海ᄒᆞ야(登海邊山以望海也如淳曰北海名在沙漠北王氏曰按翰海自是一大海名羣鳥解羽伏乳於此因名焉) 鹵獲七萬四百四十三級ᄒᆞ니 兩軍之出塞에 塞閱官及私馬ᄒᆞ니 凡十四萬匹而後入塞者ㅣ 不滿三萬匹이라 乃益置大司馬位ᄒᆞ야 大將軍과 票騎將軍이 皆爲大司馬ᄒᆞ다(以上霍去病傳) 是時에 漢所殺虜匈奴ㅣ 合八九萬이오 而漢士卒의 物故ㅣ 亦數萬이라 是後에 匈奴遠遁而幕南에 無王庭이라(王氏曰匈奴穹廬若庭故云王庭也) 漢이 度河ᄒᆞ야 自朔方以西로 至令居히(令音零地志按有令居縣音連) 往往通渠ᄒᆞ고 置田官ᄒᆞ고 吏卒五六萬人이 稍蠶食匈奴以北이나 然이나 亦以馬少로 不復大出擊匈奴矣리러(以上出匈奴傳及衛靑傳)

(隱之)秘誅文成之

上이諸將으로더부러議ᄒᆞ야曰翕侯趙信이單于를爲ᄒᆞ야計를畫ᄒᆞ야항상써ᄒᆞ되漢兵이能히幕을度ᄒᆞ야輕히留치못ᄒᆞᆫ다ᄒᆞ니今에크게士卒을發ᄒᆞ면그勢ㅣ반다시欲ᄒᆞᆯ바를得ᄒᆞ리라ᄒᆞ고이에馬十萬을粟ᄒᆞ고大將軍靑과票騎將軍去病으로ᄒᆞ여곰각々五萬騎를將케ᄒᆞ니大將軍은塞千餘里를出ᄒᆞ야幕을度ᄒᆞ야首虜萬九千級을捕斬ᄒᆞ고드ᄃᆡ여窴顔山趙信城에至ᄒᆞ야匈奴의積粟을得ᄒᆞ야軍을食ᄒᆞ야一日을留ᄒᆞ고다그城의餘粟을燒ᄒᆞ고歸ᄒᆞ고票騎將軍은代右北平二千餘里를出ᄒᆞ야狼居胥山에封ᄒᆞ고姑衍에禪ᄒᆞ며翰海에登臨ᄒᆞ야七萬四百四十三級을鹵獲ᄒᆞ니兩軍이塞에出ᄒᆞᆷ에塞에官과밋私馬를閱ᄒᆞ니므릇十四萬匹이러니後에塞에入ᄒᆞᆫ者ㅣ三萬匹에滿치안터라이에더욱大司馬位를置ᄒᆞ야大將軍과票騎將軍이다大司馬가되다이ᄯᅢ에漢이殺ᄒᆞ고虜ᄒᆞᆫ바匈奴ㅣ合八九萬이오漢士卒의物故ㅣᄯᅩ數萬이라이后에匈奴ㅣ遠히遁ᄒᆞ고幕南에王庭이無ᄒᆞᆫ지라漢이河를度ᄒᆞ야朔方써西로브터令居에至ᄒᆞ기往々渠를通ᄒᆞ고田官을置ᄒᆞ고吏卒五六萬人이稍히匈奴以北을蠶食ᄒᆞ나그러나ᄯᅩ馬가少ᄒᆞᆷ으로써다시크게出ᄒᆞ야匈奴를擊치못ᄒᆞ더라

齊人少翁이以鬼神方으로見上이어늘上이拜爲文成將軍이러니歲餘에其方이益衰ᄒᆞ고神不至어늘於是에誅文成將軍而隱之ᄒᆞ다 出史記平準書

事而不令人知之也

顧反也

齊人少翁이鬼神의方으로써上게見ᄒᆞ거늘上이拜ᄒᆞ야文成將軍을숨엇더니歲餘에其方이더욱衰ᄒᆞ고神이至치안커늘이에文成將軍을誅ᄒᆞ고隱ᄒᆞ다

(癸亥)五年이라上이召拜汲黯ᄒᆞ야爲淮陽太守ᄒᆞ니黯이曰臣이常有狗馬之心이러니(思報效也)今에病ᄒᆞ야力不能任郡事ᄒᆞ니(力甚也)臣은願爲中郞ᄒᆞ야出入禁闥ᄒᆞ야補過拾遺ㅣ臣之願也니이다上이曰君이薄淮陽邪아吾今召君矣리라(今猶言卽今謂今日後卽召君來也)顧淮陽吏民이不相得일서吾徒得君之重ᄒᆞ야臥而治之ᄒᆞ노라居淮陽十載而卒ᄒᆞ다(出史汲黯傳)

五年이라上이汲黯을召拜ᄒᆞ야淮陽太守를숨으니黯이曰臣이常히狗馬의心이有ᄒᆞ더니今에病ᄒᆞ야力이能히郡事를任치못ᄒᆞ겟스니臣은원컨ᄃᆡ中郞이되여禁闥에出入ᄒᆞ야過를補ᄒᆞ고遺를拾홈이臣의願이로소이다上이曰君이淮陽이薄ᄒᆞ냐吾가今에君을召ᄒᆞ리라顧컨ᄃᆡ淮陽吏民이相得지못홀시吾ㅣ徒히君의重을得ᄒᆞ야臥ᄒᆞ야治ᄒᆞ려ᄒᆞ노라淮陽에居ᄒᆞᆫ지十載에卒ᄒᆞ다

(甲子)六年이라是歲에大農令顏異ㅣ誅ᄒᆞ다初에異ㅣ以廉直으로稍遷至九卿이러니張湯이與異로有郤이라人有告異以他事어늘下湯

治異ᄒᆞᆫ대 異ㅣ與客語ᄒᆞᆯ서 初令下에 有不便者ㅣ어늘 異不應ᄒᆞ고 微反脣이러니 湯이 奏當ᄒᆞ되 異ㅣ九卿으로 見令不便ᄒᆞ고 不入言而腹誹ᄒᆞ니 論死니이다 誹讀曰非 自是之後로 有腹誹之法比ᄒᆞ야 比毗至反則例也 而公卿大夫ㅣ多諂諛取容矣러라 出史記平準書

六年이라 是歲에 大農令顔異ㅣ誅ᄒᆞ다 初에 異ㅣ廉直으로써 稍로 遷ᄒᆞ야 九卿에 至ᄒᆞ니 張湯이 異로 더부러 郤이 有ᄒᆞᆫ지라 人이 잇서 異를 他事로써 告ᄒᆞ거늘 湯에게 下ᄒᆞ야 異를 治케 ᄒᆞᆫ되 異ㅣ客으로 더브러 語ᄒᆞᆯ식 初로 令을 下ᄒᆞᆷ에 不便ᄒᆞᆫ者ㅣ有ᄒᆞ거늘 異ㅣ應치 안코 微히 脣을 反ᄒᆞ엿더니 湯이 奏當ᄒᆞ되 異ㅣ九卿으로 令의 不便ᄒᆞᆷ을 見ᄒᆞ고 入言치 아니ᄒᆞ고 腹으로 誹ᄒᆞ니 死로 論ᄒᆞᆯ지니이다 이후로브터 腹誹의 法比가 有ᄒᆞ야 公卿大夫ㅣ諂諛로 取容ᄒᆞᆷ이 多ᄒᆞ더라

(丙寅)元鼎二年이라 冬十月에 張湯이 有罪自殺ᄒᆞ다 出本紀

元鼎二年이라 冬十月에 張湯이 罪가 有ᄒᆞ야 自殺ᄒᆞ다

春에 起柏梁臺ᄒᆞ고 臺在長安城北關內三輔云用舍柏爲𣝣梁香聞十里中初太后迎神君祠之宮中神君求出乃營臺舍之 作承露盤ᄒᆞ니 三輔黃圖云建章宮神明臺上有銅仙人舒手掌捧銅盤玉杯以承雲表之淸露 高ㅣ二十丈이라 以銅爲之ᄒᆞ고 有仙人掌ᄒᆞ야 以

承露ᄒᆞ야和玉屑飮之ᄒᆞ면云可以長生이라ᄒᆞ니(見郊祀志)宮室之修ㅣ自此日盛이러라(出食貨志及郊祀志)

春에栢梁臺를起ᄒᆞ고承露盤을作ᄒᆞ니高ㅣ二十丈이라銅으로써ᄒᆞ고仙人掌이有ᄒᆞ야써露를承ᄒᆞ야玉屑을和ᄒᆞ야飮ᄒᆞ면云ᄒᆞ되可히써長生ᄒᆞᆫ다ᄒᆞ니宮室의脩ㅣ此로自ᄒᆞ야日로盛ᄒᆞ더라

渾邪王이既降漢에自鹽澤以東으로空無匈奴ᄒᆞ니西域道를可通이라於是에張騫이建言ᄒᆞ대厚幣招烏孫ᄒᆞ야以斷匈奴右臂ᄒᆞ소서既連烏孫ᄒᆞ면自其西로大夏之屬을皆可招來리이다天子ㅣ以爲然ᄒᆞ야使騫으로使烏孫ᄒᆞ고因分遣副使ᄒᆞ야使大宛大夏諸旁國ᄒᆞ니於是에西域이始通於漢矣러라

渾邪王이임의漢에降홈에鹽澤써東으로브터匈奴가空無ᄒᆞ니西域道를可히通ᄒᆞᆯ지라이에張騫이言을建호대厚幣로烏孫를招ᄒᆞ야써匈奴의右臂를斷ᄒᆞ소서임의烏孫을連ᄒᆞ면그西로브터大夏의屬을다可히招來홀지니이다天子ㅣ써然히여겨騫으로하여곰烏孫에使ᄒᆞ고因ᄒᆞ야副使를分遣ᄒᆞ야大宛大夏諸旁國에使ᄒᆞ니

(禁方)諱人之方

이에西域이비로소漢을通ᄒᆞ더라

(戊辰)四年이라丁義ㅣ薦方士欒大ᄒᆞ야 云與文成將軍으로同師라ᄒᆞᆫ대上이方悔誅文成이러니得欒大大說ᄒᆞ야拜爲五利將軍ᄒᆞ니貴震天下라於是에海上燕齊之間이莫不搤腕ᄒᆞ야自言有禁方能神仙矣러라 搤與扼通腕與掔捥通 後에竟坐誣罔腰斬ᄒᆞ다 出封禪書

四年이라丁義ㅣ方士欒大를薦ᄒᆞ야云ᄒᆞᄃᆡ文成將軍으로더브러同師라ᄒᆞᆫ대上이바야흐로文成을誅ᄒᆞᆷ을悔ᄒᆞ더니欒大를得ᄒᆞ고大說ᄒᆞ야拜ᄒᆞ야五利將軍을삼으니貴가天下에震ᄒᆞᆫ지라이에海上燕齊의間이腕을搤지아니리업서스ᄉᆞ로言ᄒᆞᄃᆡ禁方이有ᄒᆞ고神仙을能ᄒᆞᆫ다ᄒᆞ더라後에맛ᄎᆞᆷᄂᆡ誣罔에坐ᄒᆞ야要를斬ᄒᆞ다

(永嘉陳氏)曰天下之士巧於中人主之欲者國家之所宜戒也是故欲開其貪也則以利試欲開其淫也則以慾試欲開其怠也則以游試欲開其忍也則以殺試欲開其驕也則以諂試欲開其侈也則以土木試欲開其競也則以兵革試欲開其誕也則以鬼神試欲開其夸也則以祥瑞試數者雜集以幸其一中一說之中則人主墮吾術中矣以武帝之窮兵中於嚴助之一試而其事仙中於李少君之一試其後文成以致鬼中五利以鬪碁中公孫卿以仙迹中珠厓之建瑇瑁中之也牂柯越巂之開拘醬竹杖中之也大宛安息之通天馬葡萄中之也數者交中武帝之志荒矣豈非多慾之爲累哉

是時에吏治ㅣ皆以慘刻相尙ᄒᆞ되獨左內史兒寬이 兒寬姓名兒研奚反儒林傳作倪 勸

農桑ᄒᆞ며緩刑罰ᄒᆞ며理獄訟ᄒᆞ야務在得人心ᄒᆞ고擇用仁厚士ᄒᆞ야推情與下ᄒᆞ고不求名聲ᄒᆞ니吏民이大信愛之러라收租稅를時裁闊狹ᄒᆞ야與民相假貸ᄒᆞ니以故로租多不入이라後有軍發에左內史ㅣ以負租로課殿當免이러니(漢書課殿最註課試也殿丁練反上功曰最下功曰殿)民이聞當免ᄒᆞ고皆恐失之ᄒᆞ야大家는牛車오小家는擔負ᄒᆞ야輸租ㅣ繈屬不絕ᄒᆞ니(繈擧兩反屬之欲反繈索也屬聯也若繩索之相屬)課更以最라(上功曰最)上이由此로愈奇寬이러라(出寬本傳)

이ᄯᅢ에吏治ㅣ다慘刻으로ᄡᅥ相尙ᄒᆞ되獨히左內史兒寬이農桑을勸ᄒᆞ며刑罰을緩ᄒᆞ며獄訟을理ᄒᆞ야務가人心을得홈에在ᄒᆞ고仁厚士를擇用ᄒᆞ야情을推ᄒᆞ야下를與ᄒᆞ고名聲을求치아니ᄒᆞ니吏民이크게信愛ᄒᆞ더라收租稅를時로闊狹을裁ᄒᆞ야民으로더부러서로假貸ᄒᆞ니以故로租가不入이多ᄒᆞᆫ지라後에軍發이有홈에左內史ㅣ負租로ᄡᅥ課가殿ᄒᆞ야免을當ᄒᆞ엿더니民이免을當홈을듯고다失ᄒᆞᆯ가恐ᄒᆞ야大家는牛車오小家는擔負ᄒᆞ야輸租ㅣ繈屬ᄒᆞ야絕치아니ᄒᆞ니課가更히ᄡᅥ最ᄒᆞ지라上이此로由ᄒᆞ야더욱寬을奇히ᄒᆞ더라

記에曰六月에得寶鼎后土祠旁ᄒᆞ고秋에馬生渥洼水中이어늘

石慶万石君子

作寶鼎天馬之歌ᄒᆞ다 元封元年에詔曰甘泉宮內에産芝九莖連葉ᄒᆞ야作芝房之歌ᄒᆞ고太始三年二月에幸東海ᄒᆞ야獲赤鴈ᄒᆞ고作朱鴈之歌ᄒᆞ다

本記에曰六月에寶鼎을后土祠旁에셔得ᄒᆞ고秋에馬가渥洼水中에셔生ᄒᆞ거ᄂᆞᆯ寶鼎과天馬의歌를作ᄒᆞ다元封元年에詔ᄒᆞ야曰甘泉宮內에芝가産ᄒᆞᆷ에九莖에葉이連ᄒᆞ얏다ᄒᆞ야芝房의歌를作ᄒᆞ고太始三年二月에東海에幸ᄒᆞ야赤鴈을獲ᄒᆞ고朱鴈의歌를作ᄒᆞ다

(己巳)五年이라以御史大夫石慶으로爲丞相ᄒᆞ다 時에國家ㅣ多事ᄒᆞ야桑弘羊等은 致利ᄒᆞ고王溫舒之屬은 峻法ᄒᆞ고兒寬等은推文學ᄒᆞ야皆爲九卿ᄒᆞ야更進用事ᄒᆞ니 事不關決於丞相이라 丞相慶은醇謹而已러라 (出史 齊傳)

五年이라御史大夫石慶으로써丞相을삼다時에國家ㅣ事가多ᄒᆞ야桑弘羊等은利를致ᄒᆞ고王溫舒의屬은法을峻ᄒᆞ고兒寬等은文學을推ᄒᆞ야다九卿이되여다시進ᄒᆞ야事를用ᄒᆞ니事가丞相에게決ᄒᆞᆷ을關치안는지라丞相慶은醇謹ᄒᆞᆯ다름이러

라

(庚午)六年이라南越이平이어늘以其地로爲南海珠厓等九郡ᄒᆞ고南故秦海郡也今廣州是也珠厓地在大海中厓岸之邊出珠因以名郡遂平南夷ᄒᆞ고以其地로爲牂柯郡ᄒᆞ다

六年이라南越이平ᄒᆞ거늘그地로써南海珠厓等九郡을ᄒᆞ고드듸여南夷를平ᄒᆞ고그地로써牂柯郡을ᄒᆞ다

是歲에齊相卜式이爲御史大夫ᄒᆞ야乃言ᄒᆞ듸郡國이多不便ᄒᆞ야縣官이作鹽鐵에苦惡價貴어늘王氏曰鹽言既苦而鐵器又惡故買價貴也苦又音古言鐵器苦窳不好凡病之器曰苦窳音瘐如字讀亦通或强令民으로買之ᄒᆞ고而船에有筭ᄒᆞ니商者ㅣ少ᄒᆞ고物貴라ᄒᆞ야늘上이由是로不悅卜式이러라出史平準書

이해에齊相卜式이御史大夫가되여이에言호듸郡國이不便홈이多ᄒᆞ야縣官이鹽鐵을作ᄒᆞ야苦惡ᄒᆞ고價가貴ᄒᆞ거늘或强히民으로ᄒᆞ여곰買케ᄒᆞ고船에筭이有ᄒᆞ니商者ㅣ少ᄒᆞ고物이貴ᄒᆞ다ᄒᆞ거늘上이이로由ᄒᆞ야卜式을悅치안더라

(新增胡氏)曰武帝好武功而用不足式以此兩端中上意官既尊矣乃始正言以邀名然其言則天下之公論擧朝不言而式獨言之聽者姑取節焉可也

以卜式이不習文章으로貶秩爲太子太傅ᄒᆞ고以兒寬으로代爲御

史大夫ᄒᆞ다 以上出漢書本傳

卜式이文章을習치못ᄒᆞᆷ으로써秩을貶ᄒᆞ야太子太傅를ᄉᆞᆷ고兒寬으로써代ᄒᆞ야御史大夫를삼다

贊曰公孫弘卜式兒寬皆以鴻漸之翼困於燕爵遠迹羊豕之間非遇其時焉能致此位乎是時漢興六十餘歲海內乂安府庫充實而四夷未賓制度多闕上方欲用文武求之如弗及始以蒲輪迎枚生見主父而歎息羣士慕嚮異人並出卜式拔於芻牧弘羊擢於賈豎衛靑奮於奴僕日磾出於降虜斯亦可曰版築飯牛之朋已漢之得人於玆爲盛儒雅則公孫弘董仲舒兒寬篤行則石建石慶質直則汲黯卜式推賢則韓安國鄭當時定公則趙禹張湯文章則司馬遷相如滑稽則東方朔枚皐應對則嚴助朱買臣曆數則唐都洛下閎叶律則李延年運籌則桑弘羊奉使則張騫蘇武將帥則衛靑霍去病受遺則霍光金日磾其餘不可勝紀是以興造功業制度遺文後世莫及

初에司馬相如ㅣ病且死에有遺書ᄒᆞ야頌功德ᄒᆞ고言符瑞ᄒᆞ야勸上封泰山이어ᄂᆞᆯ 泰山在泰安州北三里一曰代宗東岳也在兖州博城西北三十里郭璞云從山下至山顚百四十八里三百步 上이感其言ᄒᆞ야令諸儒로草封禪儀ᄒᆞ니 服虔曰封增土之高歸功于天禪闢廣土地也張晏曰天高不及故爲封禪而祭冀近神靈也瓚曰積土謂負封土於泰山上爲壇而祭之除地爲墠祭於梁父后改爲禪神之也祭尙玄酒而俎魚墠皆廣長十二丈壇高三尺階三等而樹石泰山之上高二丈一尺廣三尺 數年을不成이어ᄂᆞᆯ

初에司馬相如ㅣ病ᄒᆞ고또死ᄒᆞᆷ에遺書가有ᄒᆞ야功德을頌ᄒᆞ고符瑞를言ᄒᆞ야上게勸ᄒᆞ야泰山에封ᄒᆞ라ᄒᆞ엿거ᄂᆞᆯ上이그言을感ᄒᆞ야諸儒로ᄒᆞ여곰封禪의儀를草케ᄒᆞ엿더니數年을成치못ᄒᆞ거ᄂᆞᆯ

以玉爲信曰瑞

上이以問左內史兒寬ᄒᆞᆫ대對曰封泰山禪梁父ᄒᆞ야 梁父泰山下小山名也因以名縣屬泰山郡一曰梁父在袞州泗水縣北八十里父音甫 昭姓考瑞ᄂᆞᆫ 王氏曰昭姓謂昭顯其姓氏也古者必建同姓以明賢賢瑞玉也即其符合言之曰瑞考瑞謂考校其瑞信即書所謂輯五瑞也按輯五瑞詳見書舜典篇蔡氏傳 帝王之盛節也라 臣은以爲封禪告成ᄒᆞ야 合祛於天地神祇ᄒᆞ니 唯聖王의所由制定其當이오 非羣臣之所能列이라 今將擧大事ᄒᆞᆫ대 優游數年ᄒᆞ야 使羣臣으로 得人人自盡ᄒᆞ니 終莫能成이라 唯天子ᄂᆞᆫ建中和之極ᄒᆞ샤 兼總條貫ᄒᆞ야 金聲而玉振之ᄒᆞ시니 王氏曰言振揚德音如金玉之聲也孟子云孔子之謂集大成集大成也者金聲而玉振之也金聲也者始條理也玉振之也者終條理也朱子註金鐘屬聲宣也如聲罪致討之聲玉磬屬振收也如振河海而不洩之振樂有八音金石爲重特爲衆音之紀綱又金始振而玉終詘然也故並奏八音則於其未作而先擊鎛鐘以宣其聲俟其既闋而後擊特磬以收其韻 以順成天慶ᄒᆞ야 垂萬世之基ᄒᆞ소셔 上이乃自制儀ᄒᆞᆫ대 頗采儒術以文之ᄒᆞ다 出寬本傳

上이써左內史兒寬다려問ᄒᆞᆫ딕對ᄒᆞ야曰泰山에封ᄒᆞ며梁父에禪ᄒᆞ야姓을昭ᄒᆞ고瑞를考ᄒᆞᆷ은帝王의盛節이라臣은써ᄒᆞ되禪을封ᄒᆞ고成을告ᄒᆞ야祛를天地神祇에合ᄒᆞ니오직聖王이말미암어그當을制定ᄒᆞᆫ바이오羣臣의能히列ᄒᆞᆫ바이아니라이제장ᄎᆞᆺ大事를擧ᄒᆞ딕數年을優游ᄒᆞ야群臣으로하여곰人人이스ᄉᆞ로盡ᄒᆞᆷ을得

(輯)和也

(振)整也

(讋)失氣也

ᄒᆞ니終에能히成치못ᄒᆞᆯ지라오작天子는中和의極을建ᄒᆞ샤兼ᄒᆞ야條貫을總ᄒᆞ야金으로聲ᄒᆞ고玉으로振ᄒᆞ시니써天慶을順成ᄒᆞ야萬世의基를垂ᄒᆞ소셔上이이에ᄉᆞᄉᆞ로儀를制ᄒᆞ되자못儒術을采ᄒᆞ야써文ᄒᆞ다

漢紀

世宗孝武皇帝下

(辛未)元封元年이라 詔曰南越東甌ㅣ咸伏其辜ᄒᆞ되西蠻北夷ㅣ頗未輯睦ᄒᆞ니朕이將巡邊陲ᄒᆞ야擇兵振旅ᄒᆞ야躬秉武節ᄒᆞ야置十二部將軍ᄒᆞ고(句絕)親帥師焉ᄒᆞ리라乃行自雲陽으로北歷上郡西河五原ᄒᆞ야(括地志勝州連谷縣本秦九原郡漢更名五原)北登單于臺ᄒᆞ고至朔方臨北河ᄒᆞ야勒兵十八萬騎ᄒᆞ니旌旗ㅣ經千餘里라威振凶奴ㅣ러라遣使告單于曰南越王頭를已懸於漢北闕矣니單于ㅣ能戰이어든天子ㅣ自將待邊이요不能이어든亟來臣服ᄒᆞ라何但亾匿幕北寒苦之地爲오凶奴ㅣ讋ᄒᆞ야終不敢出이어늘上이乃還ᄒᆞ다(出本紀)東越王餘善이反이어늘漢兵이擊

之혼대東越이殺餘善호야以其衆降호다上이以閩地險阻호야數反覆호니終爲後世患이라호야乃徙其民於江淮之間호고遂虛其地호다

元封元年이라詔호야日南越과東甌ㅣ다그辜에伏호ᄃᆡ西蠻과北夷ㅣ자못輯睦지안으니朕이장ᄎᆞᆺ邊陲에巡호야兵을擇호고旅를振호야몸소武節을秉호야十二部將軍을置호고親히師를帥호리라호고이에行호야雲陽으로브터北으로上郡西河五原을歷호야北으로單于臺에登호고朔方에至호야北河를臨호야兵十八萬騎를勒호니旌旗ㅣ千餘里에經호지라威가匈奴에振호더라使를遣호야單于에게告호야日南越王頭를임의漢北闕에懸호엿스니單于ㅣ能히戰호랴거든天子ㅣᄉᆞᄉᆞ로將호고邊에待홀것이오能치못호거든亟히來호야臣服호라웃지다만幕北寒苦혼地에ᄯᅳᆷ匿만호나뇨匈奴ㅣ讋호야終히敢히出치못호니上이이에還호다東越王餘善이反호거늘漢兵이擊호ᄃᆡ東越이餘善을殺호고그衆으로써降호다上이써閩地가險阻호야자조反覆호니終에後世患이되겟다호야이에그民을江淮의間에徙호고드듸여그地를虛호다

正月에上이行幸緱氏호야(緱工侯反)禮祭中嶽太室홀서(中岳嵩高山在潁川陽城縣禹貢爲外方蔡氏傳曰地志潁川嵩高縣有嵩高山古文以爲外方山在今西京登封縣括地志嵩高山一名太室山在陽城西北廿三里)從官이在山下호야聞若有言萬歲

者ㅣ二三이라ᄒᆞ야ᄂᆞᆯ 詔加增太室祠ᄒᆞ다 二句參用本紀文 上이 遂東巡海上ᄒᆞ야 行禮祠八神ᄒᆞᆯᄉᆡ 八神即封禪書所設一天主祠天齊二地主祠泰山梁父三兵主祠蚩尤四陰主祠三山五陽主祠之罘六月主祠之萊七日主祠成山八四時主祠琅琊 公孫卿이 見大人迹甚大ᄒᆞ고 羣臣이 言見一老夫牽狗ㅣ라가 忽不見이어ᄂᆞᆯ 上이 以爲仙人也ㅣ라ᄒᆞ야 宿留海上ᄒᆞ고 宿先就反留力就反謂有所須待也 還封禪ᄒᆞ니 其封禪祠에 夜若有光ᄒᆞ고 晝有白雲이 出封中이러다 封用五色土蓋雜封之白雲出其中此瑞也 天子ㅣ 還이어ᄂᆞᆯ 羣臣이 上壽ᄒᆞ야 頌功德ᄒᆞ다 天子ㅣ 旣已封泰山ᄒᆞ니 無風雨ㅣ라 而方士ㅣ 更言蓬萊諸神을 若將可得이어ᄂᆞᆯ 於是에 上이 欣然庶幾遇之ᄒᆞ야 復至海上ᄒᆞ야 望焉이러라 出史記封禪書

正月에 上이 緱氏에 行幸ᄒᆞ야 中嶽太室에 禮祭ᄒᆞᆯᄉᆡ 從官이 山下에 在ᄒᆞ야 萬歲를 言ᄒᆞᄂᆞᆫ者ㅣ 세 번이 有ᄒᆞᆷ갓ᄒᆞᆷ을 聞ᄒᆞ엿다ᄒᆞ거ᄂᆞᆯ 詔ᄒᆞ야 太室祠를 加增ᄒᆞ다 上이 드듸여 東으로 海上에 巡ᄒᆞ야 禮로 八神에 祠ᄒᆞᆷ을 行ᄒᆞᆯᄉᆡ 公孫卿이 大人의 迹이 심히 大ᄒᆞᆷ을 見ᄒᆞ고 群臣이 言ᄒᆞ되 一老夫ㅣ 狗를 牽ᄒᆞᆷ을 見ᄒᆞ엿다가 忽히 見치 안는다ᄒᆞ거ᄂᆞᆯ 上이 써 ᄒᆞ되 仙人이라ᄒᆞ야 海上에 宿留ᄒᆞ고 還ᄒᆞ야 禪을 封ᄒᆞ니 그 封禪ᄒᆞᆫ 祠에 夜에 光이 有ᄒᆞᆷ갓고 晝에 白雲이 有ᄒᆞ야 封中에 出ᄒᆞ더라 天子ㅣ 還ᄒᆞ거ᄂᆞᆯ 羣臣이 壽를 上

ᄒᆞ야功德을頌ᄒᆞ다天子ㅣ임의泰山을封ᄒᆞ니風雨ㅣ無ᄒᆞᆫ지라方士ㅣ다시말ᄒᆞ되蓬萊諸神을장ᄎᆞᆺ可히得ᄒᆞᆯ것갓다ᄒᆞ거ᄂᆞᆯ이에上이欣然히거의遇ᄒᆞᆯ가ᄒᆞ야다시海上에至ᄒᆞ야望ᄒᆞ더라

上이欲自浮海ᄒᆞ야求蓬萊어ᄂᆞᆯ東方朔이曰陛下ㅣ第還宮ᄒᆞ샤靜處以須之ᄒᆞ시면仙人이將自至ᄒᆞ리이다乃止ᄒᆞ고遂去並海上ᄒᆞ야北至碣石ᄒᆞ고巡自遼西ᄒᆞ야歷北邊至九原ᄒᆞ고五月에至甘泉ᄒᆞ니凡周行이萬八千里云이러라

上이스ᄉᆞ로海에浮ᄒᆞ야蓬萊를求코져ᄒᆞ거ᄂᆞᆯ東方朔이曰陛下ㅣ곳宮에還ᄒᆞ샤靜處ᄒᆞ야써須ᄒᆞ시면仙人이장ᄎᆞᆺ스ᄉᆞ로至ᄒᆞ리이다이에止ᄒᆞ고드듸여去ᄒᆞ야海上을並ᄒᆞ야北으로碣石에至ᄒᆞ고巡ᄒᆞ야遼西로自ᄒᆞ야北邊을歷ᄒᆞ야九原에至ᄒᆞ고五月에甘泉에至ᄒᆞ니무릇周行이万八千里라云ᄒᆞ더리

先是에桑弘羊이領大農ᄒᆞ야盡管天下鹽鐵ᄒᆞ야作平準之法ᄒᆞᆯ서令遠方으로各以其物로如異時商賈所轉販者ᄒᆞ야爲賦而相灌輸ᄒᆞ고(相灌輸謂以其土地所有者轉輸於所無之地互相灌注互相輸送輸者旣便而官有利)置平準于京師ᄒᆞ야(平準官名也屬大農有令丞)都受天下委輸ᄒᆞ고(委輸並去聲委積輸轉也謂輸送委積者)盡籠天下之貨物ᄒᆞ야貴卽賣之ᄒᆞ고賤則買

之ᄒᆞ야欲使富商大賈로無所牟大利而萬物이不得騰踊이러니至是에天子ㅣ巡狩郡縣ᄒᆞᆯ시所過에賞賜用帛이百餘萬匹이요錢金이以巨萬計로ᄃᆡ皆取足大農이러라

先是에桑弘羊이大農을領ᄒᆞ야다天下鹽鐵을管ᄒᆞ야平準의法을作ᄒᆞᆯ시遠方으로ᄒᆞ여곰각각그物로써異時商賈의轉販ᄒᆞᆫ밧者와如히ᄒᆞ야賦를ᄒᆞ고서로灌輸ᄒᆞ고平準을京師에置ᄒᆞ야모다天下의委輸를受ᄒᆞ야다天下의貨物을籠ᄒᆞ야貴ᄒᆞᆫ즉賣ᄒᆞ고賤ᄒᆞᆫ則買ᄒᆞ야富商과大賈로ᄒᆞ야곰大利를牟ᄒᆞᆯ바이업게ᄒᆞ고万物로시러곰騰踊치못ᄒᆞ게ᄒᆞ고저ᄒᆞ더니是에至ᄒᆞ야天子ㅣ郡縣에巡狩ᄒᆞᆯ시過ᄒᆞ는바에賞賜ᄒᆞᆫ用帛이百餘万匹이오錢金이巨萬으로써計호ᄃᆡ다大農에取ᄒᆞ야足ᄒᆞ더라

弘羊이又請令吏로得入粟補官ᄒᆞ고及罪人은贖罪ᄒᆞ니山東漕粟이益歲六百萬石이라一歲之中에太倉甘泉倉이滿ᄒᆞ고邊餘穀ᄒᆞ며諸物均輸帛이五百萬匹이라民不益賦而天下用饒어늘於是에弘羊을賜爵左庶長ᄒᆞ다是時에小旱이어늘上이令官求雨ᄒᆞᆫᄃᆡ卜式이言曰縣官이當食租衣稅而已어늘今弘羊이令吏로坐市列肆ᄒᆞ야

販物求利하니 烹弘羊이라야 天이 乃雨하리이다 出史平準書

弘羊이또請하야吏로하여곰시러곰粟을入하야官을補하고및罪人은罪를贖하니山東漕粟이歲에六百萬石이益하야一歲의中에太倉과甘泉倉이滿하고邊에穀이餘하며諸物均輸帛이五百萬匹이라民이賦를益치아니호되天下ㅣ用이饒하거늘이에弘羊을爵左庶長을賜하다이때에小히旱하거늘上이官으로하여곰雨를求한대卜式이言하여曰縣官이맛당이租를食하고稅를衣할다름이거늘今에弘羊이吏로하여곰市에坐하야肆를列하고物을販하야利를求하니弘羊을烹하여야天이이에雨하리이다

(新增尹氏)曰弘羊一賈人子爾以言利得幸至於賜爵豈非以其善理財歟然弘羊非能取其家之貲以助國也又非能神運鬼輸以生財也不過假權勢以漁奪民財而已善乎我朝司馬公光對神祖之言曰天之所生財貨百物止有此數不在民則在官譬如雨澤夏澇則秋旱不加賦而上用足不過設法陰奪民利其害甚於加賦此桑弘羊欺武帝之言太史書之以見武帝之不明爾至其末年盜賊蜂起幾至於亂若武帝不悔昭帝不變法則漢幾亾嗚呼此言眞萬世之藥石也故愚因賜爵之事備載司馬公言爲萬世法

(壬申)二年이라 上이 以旱爲憂어늘 公孫卿이 曰黃帝時에 封則天旱하야 乾封三年하니이다 上이 乃下詔曰天旱은 意乾封乎ㄴ뎌 出封禪書蘇林曰天旱之意其欲新封之土乾燥乎

二年이라上이旱으로써憂를ᄒᆞ니公孫卿이曰黃帝時에封ᄒᆞᆫ則天이旱ᄒᆞ야封을三年을乾ᄒᆞ엿ᄂᆞ니이다上이이에詔를下ᄒᆞ야曰天이旱ᄒᆞᆷ은意컨ᄃᆡ封을乾ᄒᆞᆷ인져

(癸酉)三年이라將軍趙破奴ㅣ擊車師ᄒᆞ고因擧兵威ᄒᆞ야以困烏孫大宛之屬ᄒᆞ니於是에酒泉에列亭障ᄒᆞ야至玉門矣러라(障之向反)

三年이라將軍趙破奴ㅣ車師를擊ᄒᆞ고因ᄒᆞ야兵威를擧ᄒᆞ야써烏孫과大宛의屬을困케ᄒᆞ니이에酒泉에亭障을列ᄒᆞ야玉門에至ᄒᆞ엿더라

(乙亥)五年이라上이旣攘卻胡越ᄒᆞ고開地斥境ᄒᆞ야乃置交趾朔方之州와及冀幽幷兗徐靑楊荊豫益涼等州凡十三部ᄒᆞ고皆置刺史焉ᄒᆞ다(出地理志)上이以名臣文武ㅣ欲盡이라ᄒᆞ야乃下詔曰蓋有非常之功인ᄃᆡ必待非常之人이라故로馬有奔踶而致千里ᄒᆞ며(王氏曰踶徒計反蹋也乘之則奔立則踶人或可日行千里不可以小疵棄之)士或有負俗之累而立功名ᄒᆞ니(王氏曰負俗被世譏論也或可與共立功名不可以微累舍之)夫泛駕之馬와(泛方男反覆也字本作覂顔延年之賦馬無覂駕之軼師古曰言馬有逸氣而不循軌轍)跅弛之士도(跅士各反弛式爾反跅者跅落無檢局弛者弛廢不遵禮度)亦在御之而已라其令州郡으로察吏民有茂材異等

ᄒᆞ야 可爲將相과 及使絶國者ᄒᆞ라【出本紀】

五年이라 上이 임의 胡越을 攘郤ᄒᆞ고 地를 開ᄒᆞ고 境을 斥ᄒᆞ야 이에 交趾 朔方의 州와 밋 冀 幽 幷 兗 徐 靑 楊 荊 豫 益 凉 等州 凡 十三部를 置ᄒᆞ고 다 刺史를 두다 上이 써 名臣 文武ㅣ 盡코져 ᄒᆞᆫ다 ᄒᆞ야 이에 詔를 下ᄒᆞ야 日 되 개 非常의 功이 有ᄒᆞ면 반다시 非常의 人을 待ᄒᆞᄂᆞᆫ지라 故로 馬가 或 奔踶호ᄃᆡ 千里를 致ᄒᆞ며 士가 或 負俗의 累가 有호ᄃᆡ 功名을 立ᄒᆞᄂᆞ니 무릇 泛駕의 馬와 跅弛의 士ㅣ라도 ᄯᅩ 御ᄒᆞᆷ에 在ᄒᆞᆯ ᄯᆞ름이라 그 州郡으로 하여곰 吏民의 茂材 異等이 有ᄒᆞ야 可히 將相과 밋 絶國에 使ᄒᆞᆯ 者됨을 察ᄒᆞ라

(丁丑)太初元年이라 太中大夫公孫卿과 壺遂와 太史令司馬遷等이 言曆紀壞廢ᄒᆞ니 宜改正朔이니이다 上이 詔兒寬ᄒᆞ야 與博士賜等으로 共議ᄒᆞ니 以爲宜用夏正이어늘【王氏曰語云行夏之時朱子註曰夏時謂以斗杓初昏建寅之月爲歲首也云云盖取其時之正與其令之善也】夏五月에 詔卿遂遷等ᄒᆞ야 共造漢太初曆ᄒᆞ야【出律曆志】以正月로 爲歲首ᄒᆞ고 色上黃ᄒᆞ고 數用五ᄒᆞ고【五土數也漢據土德故用五嫺土眞子曰漢武造太初曆數用五注數用五謂印文也若丞相曰丞相之印章諸卿及守相印文不足五字者皆以之字足之】定官名ᄒᆞ고 協音律ᄒᆞ다【出本紀】

太初元年이라太中大夫公孫卿과壺遂와太史令司馬遷等이言ᄒᆞ되曆紀가壞廢ᄒᆞ니宜히正朔을改ᄒᆞᆯ지니이다上이兒寬에게詔ᄒᆞ야博士賜等으로더부러共議ᄒᆞ니써ᄒᆞ되夏正을用ᄒᆞᆷ이宜ᄒᆞ다하거ᄂᆞᆯ夏五月에卿과遂와遷等에게詔ᄒᆞ야共히漢太初曆을造ᄒᆞ야正月로써歲首를삼고色은黃을上ᄒᆞ고數ᄂᆞᆫ五를用ᄒᆞ고官名을定ᄒᆞ고音律을協ᄒᆞ다

(新增尹氏)曰聖門四代禮樂必以夏時爲先此固百世不可易之法也自秦人始用十月漢興因而不改甚失建正之義至是治曆明時始正月爲歲首然後百年之繆一旦始革武帝紛紛制作獨此最爲有得也

漢使ㅣ入西域言ᄒᆞ대 宛有善馬ᄒᆞ야 在貳師城ᄒᆞ되 (貳師城在大宛國其地多善馬) 匿不肯與漢이라ᄒᆞ야ᄂᆞᆯ 天子ㅣ欲侯寵姬李氏ᄒᆞ야 乃拜李夫人兄廣利ᄒᆞ야 爲貳師將軍ᄒᆞ야 以伐宛ᄒᆞ니 期至貳師城ᄒᆞ야 取善馬故로 號를 貳師將軍라ᄒᆞ다

漢使ㅣ西域에入ᄒᆞ야言호ᄃᆡ宛에善馬ㅣ有ᄒᆞ야貳師城에在호ᄃᆡ匿ᄒᆞ고漢에與키肯치안ᄂᆞᆫ다ᄒᆞ거ᄂᆞᆯ天子ㅣ寵姬李氏를侯코져ᄒᆞ야이에李夫人兄廣利를拜ᄒᆞ야貳師將軍을삼어써宛을伐ᄒᆞ니貳師城에至ᄒᆞ야善馬를取ᄒᆞᆷ을期ᄒᆞᆫ故로號를貳師將軍이라ᄒᆞ다

(司馬溫公)曰武帝欲侯寵姬而使廣利將意以爲非有功不侯不欲負高帝之約也然軍旅大事國之安危民之死生繫焉苟爲不擇賢愚而授之欲徼幸咫尺之功藉以爲名而私其所愛蓋有見於封國無見於置將謂之能守

(比)頻也

(戊寅)二年이라 太傅公孫賀로爲丞相ᄒᆞ다時에朝廷이多事ᄒᆞ야督責大臣ᄒᆞ니自公孫弘後로丞相이比坐事死ᄒᆞ고石慶이雖以謹으로得終이나然이나數被譴이라賀ㅣ引拜에不受印綬ᄒᆞ고頓首涕泣ᄒᆞ야不肯起어늘上이乃起去ᄒᆞ니賀ㅣ不得已ᄒᆞ야拜出曰我ㅣ從是殆矣라ᄒᆞ더라 出本傳

二年이라太傅公孫賀로丞相이ᄉᆞᆷ다時에朝廷이事가多ᄒᆞ야大臣을督責ᄒᆞ니公孫弘後로브터丞相이ᄌᆞ조事에坐ᄒᆞ야死ᄒᆞ고石慶이비록謹으로써終을得ᄒᆞ엿스나然이나자조譴을被ᄒᆞ엿더라賀을引ᄒᆞ야拜ᄒᆞᆷ에印綬를受치안코首를頓ᄒᆞ고涕泣ᄒᆞ야肯ᄒᆞ야起치안커ᄂᆞᆯ上이이에起去ᄒᆞ니賀ㅣ不得已ᄒᆞ야拜ᄒᆞ고出ᄒᆞ야曰我ㅣ是로從 야殆ᄒᆞ겟다ᄒᆞ더라

先帝之約過矣

(己卯)三年이라睢陽侯睢音雖張昌이坐爲太常乏祠ᄒᆞ야國除ᄒᆞ다初에高祖ㅣ封功臣ᄒᆞ야爲列侯ㅣ百四十有三人이러니時에兵革之餘라大城名都에民人이散亾ᄒᆞ야戶口ㅣ裁什에二三이라大侯는不過萬

(毋寡)宛王名

家오小者은五六百戶러라 其封爵之誓에曰使黃河로如帶ᄒ고泰山이若礪로록國以永存ᄒ야爰及苗裔라ᄒ더니 逮文景世ᄒ야流民이既歸ᄒ고戶口ㅣ亦息ᄒ니列侯大者는至三四萬戶ᄒ고小國은自倍ᄒ야富厚如之ᄒ니子孫이驕逸ᄒ야多抵法禁ᄒ야隕身失國ᄒ니至是에見侯ㅣ纔四人이오罔亦少密焉이러라

出漢書高惠功臣表罔亦少密言禁防如罔之密

三年이라睢陽侯服昌이太常이되여乏祠홈에坐ᄒ야國을除ᄒ다初에高祖ㅣ功臣을封ᄒ야列侯를숨음이百四十三人이러니時가兵革의餘라大城名都에民人이散亾ᄒ야戶口ㅣ什에二三을裁ᄒ는지라大侯는萬家에過치안코小ᄒᆫ者는五六百戶러라그封爵의誓에曰黃河로하여곰帶와갓고泰山이숫돌갓도록國이써永히存ᄒ야이에苗裔에及호다ᄒ더니文景世에逮ᄒ야流民이임의歸ᄒ고戶口ㅣ또息ᄒ니列侯大ᄒᆫ者는三四萬戶에至ᄒ고小國은스ᄉ로倍ᄒ야富厚ㅣ如ᄒ니子孫이驕逸ᄒ야多히法禁에抵ᄒ야身을隕ᄒ고國을失ᄒ니是에至ᄒ야見侯ㅣ겨우四人이오罔이또적이密ᄒ더라

貳師ㅣ西行至宛ᄒ야圍其城ᄒ니宛貴人이持王毋寡頭ᄒ고出善馬

令漢自擇이어늘 乃下詔ᄒᆞ야 封李廣利爲海西侯ᄒᆞ다 出李廣利傳

貳師ㅣ西으로行ᄒᆞ야宛에至ᄒᆞ야 그城을圍ᄒᆞᆫ대 宛貴人이王毋寡頭를持ᄒᆞ고善馬를出ᄒᆞ야漢으로하여곰스ᄉᆞ로擇게ᄒᆞ거ᄂᆞᆯ이에詔를下ᄒᆞ야李廣利를封ᄒᆞ야海西侯를ᄉᆞᆷ다

自大宛破後로 西域이 震懼ᄒᆞ야 漢使ㅣ入西域者ㅣ 益得職이라 於是에 自燉煌으로 西至鹽澤에 往往起亭而輪臺渠犁에 皆有田卒數百人ᄒᆞ고 置使者校尉ᄒᆞ야 領護ᄒᆞ다 出西域傳

大宛破ᄒᆞᆫ後로브터西域이震ᄒᆞ고懼ᄒᆞ야漢使ㅣ西域에入ᄒᆞᄂᆞᆫ者ㅣ더욱職을得ᄒᆞ더라이에燉煌으로부터西으로鹽澤에至ᄒᆞ기往々히亭을起ᄒᆞ고輪臺와渠犁에다田卒數百人을두고使者와校尉를置ᄒᆞ야領護ᄒᆞ다

天子ㅣ因伐宛之威ᄒᆞ야 欲遂困胡ᄒᆞ야 下詔曰高帝ㅣ 遺朕平城之憂ᄒᆞ시고 高帝七年擊匈奴初圍平城 高后時에 單于ㅣ書絕悖逆이라 昔에 齊襄公이 復九世之讎ᄒᆞ니 春秋에 大之ᄒᆞ니라 公羊傳莊四年齊襄公滅紀復讎也何讎爾遠祖也哀公亨乎周紀侯譖之以襄公之爲於此焉者事祖禰之心盡矣遠祖者幾世乎九世矣九世猶可以復讎乎雖百世可也先君之耻猶今君之耻也 時에 單于ㅣ初立이라 恐漢襲之ᄒᆞ야 乃曰我

ᄂᆞᆫ兒子ㅣ니 安敢望漢天子리오 漢天子ᄂᆞᆫ 我丈人行也ㅣ라ᄒᆞ고 (丈人尊老之稱行胡浪反輩行也) 因盡歸路充國等ᄒᆞ고 遣使來獻ᄒᆞ다 (出匈奴傳)

天子ㅣ宛을伐ᄒᆞᆫ威를因ᄒᆞ야드대여胡를困케ᄒᆞ고져ᄒᆞ야詔를下ᄒᆞ야曰高帝ㅣ朕에게平城의憂를遺ᄒᆞ시고高后時에單于ㅣ書가絕히悖逆ᄒᆞᆫ지라昔에齊襄公이九世의讎를復ᄒᆞ니春秋에大라ᄒᆞ니라時에單于ㅣ初로立ᄒᆞᆫ지라漢이襲ᄒᆞᆯ가恐ᄒᆞ야이에曰我ᄂᆞᆫ兒子ㅣ니읏지敢히漢天子를望ᄒᆞ리오漢天子ᄂᆞᆫ我의丈人行이라ᄒᆞ고因ᄒᆞ야路充國等을盡歸ᄒᆞ고使를遣ᄒᆞ야와셔獻ᄒᆞ다

(辛巳)天漢元年이라 遣中郎將蘇武張勝常惠ᄒᆞ야 使匈奴ᄒᆞ다 單于ㅣ使衛律로 召武欲降之어늘 (衛所者漢人因使匈奴遂降) 律이 謂武曰律이 前에 負漢歸匈奴러니 幸蒙大恩ᄒᆞ야 賜號稱王ᄒᆞ니 擁衆이 數萬이오 馬畜이 彌山ᄒᆞ야 四貴ㅣ如此라 蘇君이 今日降이면 明日에 復然이니 空以身으로 膏草野면 誰復知之리오

天漢元年이라中郎將蘇武와張勝常惠를遣ᄒᆞ야匈奴에게使ᄒᆞ다單于ㅣ衛律로ᄒᆞ여곰武를召ᄒᆞ야降케ᄒᆞ고져ᄒᆞ거늘律이武ᄃᆞ려謂ᄒᆞ야曰律이前에漢을負ᄒᆞ고匈

奴에게歸ᄒᆞ엿더니幸히大恩을蒙ᄒᆞ야號를賜ᄒᆞ야王이라稱ᄒᆞ니擁ᄒᆞᆫ衆이數万이오馬畜이山에彌ᄒᆞ야富貴ᄒᆞᆷ이이갓ᄒᆞᆫ지라蘇君이오날降ᄒᆞ면明日에다시그러ᄒᆞ리니空히身으로써草野에膏ᄒᆞ면누가다시知ᄒᆞ리오

武不應이어늘律이曰不聽吾計면後雖欲復見我나尙可得乎아武ㅣ罵律曰汝ㅣ爲人臣子ᄒᆞ야不顧恩義ᄒᆞ고畔主背親ᄒᆞ야爲降虜於蠻夷ᄒᆞ니何以汝로爲見이리오律이知武終不可脅ᄒᆞ고白單于ᄒᆞᆫ대單于ㅣ乃幽武置大窖中ᄒᆞ고(窖江孝反藏也王氏曰大窖謂舊米粟之地藏而空也)絶不飮食이러니(飮於禁反食音嗣)天이雨雪에武臥齧雪(齧魚結反)與旃毛ᄒᆞ야幷咽之ᄒᆞ니(咽音宴呑也)數日不死라匈奴ㅣ以爲神이라ᄒᆞ야乃徙武北海上ᄒᆞ고(北海即上海也匈奴中地)使牧羝(丁奚反牡羊也)曰羝乳라야乃得歸라ᄒᆞ고(王氏曰乳去聲育也羝不當乳而云乳言其必無歸日也戰國燕太子丹質於秦言烏頭白馬生角乃得歸即此)別其官屬常惠等ᄒᆞ야各置他所ᄒᆞ다

武ㅣ應치아니ᄒᆞ니律이曰吾計를聽치아니ᄒᆞ면비록다시我를見코져ᄒᆞ나오히려可히得ᄒᆞ랴武ㅣ律을罵ᄒᆞ여曰汝ㅣ人의臣子가되여恩과義를顧치안코主를畔ᄒᆞ고親을背ᄒᆞ야蠻夷에게降虜ㅣ되엿스니엇지汝를見ᄒᆞ리오律이武를終히可히脅

(李廣)廣利弟也

(軍侯管敢)凡領軍皆有部曲部有校尉部下有曲曲有軍侯一人管敢姓名

치못홀줄知ᄒᆞ고單于에게白ᄒᆞᆫ대單于ㅣ이에武를幽ᄒᆞ야大窖中에置ᄒᆞ고絕코飮食치아니ᄒᆞ엿더니天이雨雪홈에武ㅣ臥ᄒᆞ야雪과다못旃毛를齧ᄒᆞ야並히咽ᄒᆞ니數日을死치안은지라匈奴ㅣ써神ᄒᆞ다ᄒᆞ야이에武를北海上에徙ᄒᆞ고ᄒᆞ여곰羝를牧케ᄒᆞ야曰羝가乳ᄒᆞ여야이에歸홈을得ᄒᆞ리라ᄒᆞ고그官屬常惠의等을別ᄒᆞ야各히他所에置ᄒᆞ다

(壬午)二年이라初에李廣이有孫陵ᄒᆞ야爲侍中ᄒᆞ니善騎射ᄒᆞ고愛人下士라帝ㅣ以爲有廣之風이라ᄒᆞ야拜騎都尉러니貳師ㅣ擊凶奴에陵이自請曰臣의所將屯邊者는皆荊楚勇士奇材劒客也라力扼虎射命中ᄒᆞ니願凶自當一隊ᄒᆞ야以少擊衆ᄒᆞ리이다上이壯而許之ᄒᆞ니於是에將其步卒五千人ᄒᆞ고至浚稽山ᄒᆞ야與單于로相擊殺數千人ᄒᆞᆫ딕單于ㅣ大驚不利ᄒᆞ야欲去러니會에陵의軍候管敢이爲校尉所辱ᄒᆞ야以降凶奴ᄒᆞ야具言陵軍이無後救ᄒᆞ고射矢且盡이라ᄒᆞᆫ딕單于ㅣ得敢大喜ᄒᆞ야使騎로並攻漢軍ᄒᆞ고疾呼曰李陵韓延年은趣降

ᄒᆞ라遂遮道急攻陵ᄒᆞ니陵은居谷中ᄒᆞ고虜ᄂᆞᆫ在山上이라四面射矢ㅣ如雨下ᄒᆞ니韓延年이戰死어ᄂᆞᆯ陵이曰無面目報陛下라ᄒᆞ고遂降ᄒᆞ니邊塞ㅣ以聞이어ᄂᆞᆯ

二年이라初에李廣이孫陵이잇셔侍中이되니騎射를善히ᄒᆞ고人을愛ᄒᆞ고士를下ᄒᆞᄂᆞᆫ지라帝ㅣ써ᄒᆞ되廣의風이잇다ᄒᆞ야騎都尉를拜ᄒᆞ엿더니貳師ㅣ匈奴를擊ᄒᆞᆯᄉᆡ陵이自請ᄒᆞ야曰臣의屯邊에將ᄒᆞᆫ바人者ᄂᆞᆫ다荊楚의勇士奇材劒客이라力이虎를扼ᄒᆞ고命中을射ᄒᆞ니願컨ᄃᆡ시러곰ᄉᆞᄉᆞ로一隊를當ᄒᆞ야少로써衆을擊ᄒᆞ겟노이다上이壯타ᄒᆞ야許ᄒᆞ니이에그步卒五千人을將ᄒᆞ고浚稽山에至ᄒᆞ야單于로더브러相擊ᄒᆞ야數千人을殺ᄒᆞᆫ대單于ㅣ크게놀나利치못ᄒᆞ야去코져ᄒᆞ더니會에陵의軍候管敢이校尉에게辱ᄒᆞᆫ바가되여亡ᄒᆞ야匈奴에게降ᄒᆞ야갓초어言호대陵軍이後救가업고射矢가또다ᄒᆞ엿다ᄒᆞᆫ대單于ㅣ敢을得ᄒᆞ고크게喜ᄒᆞ야騎로하여곰竝ᄒᆞ여漢軍을攻ᄒᆞ고疾呼ᄒᆞ여曰李陵과韓延年은ᄲᆞᆯ니降ᄒᆞ라ᄃᆞ대여道를遮ᄒᆞ고急히陵을攻ᄒᆞ니陵은谷中에居ᄒᆞ고虜ᄂᆞᆫ山上에在ᄒᆞᆫ지라四面에射ᄒᆞᄂᆞᆫ矢가雨갓치下ᄒᆞ니韓延年이戰死ᄒᆞ거ᄂᆞᆯ陵이曰陛下에게報ᄒᆞᆯ面目이업다ᄒᆞ고ᄃᆞ대여降ᄒᆞ니邊塞ㅣ써聞ᄒᆞ거ᄂᆞᆯ

上이怒ᄒᆞ야問太史令司馬遷ᄒᆞᆫ대遷이盛言陵이事親孝ᄒᆞ고與士信ᄒᆞ고常奮不顧身ᄒᆞ야以徇國家之急이其素所蓄積也라有國士之風이러니今擧事一不幸에全軀保妻子之臣이隨而媒孽其短ᄒᆞ니(媒猶敎蘖麯也喩釀成其罪也)誠可痛也라且陵이提步卒이不滿五千이로대深蹂戎馬之地ᄒᆞ야(蹂人久反)却數萬之師ᄒᆞ니虜ㅣ救死扶傷을不暇ᄒᆞ야悉擧引弓之民ᄒᆞ야共攻圍之어늘轉鬪千里에矢盡道窮ᄒᆞ되士張空拳ᄒᆞ고(拳丘權反背陵時矢盡故張弩之空弓漢書作拳蓋拳則屈指不當言張)冒白刃ᄒᆞ야北首爭死敵ᄒᆞ니(首去聲向也謂北向爭致死命於敵也)得人之死力은雖古名將이라도不過也라身雖陷敗나然이나其所摧敗ㅣ亦足暴於天下ㅣ니(王氏曰暴音僕言己足以暴露其功於天下也)彼之不死는宜欲得當以報漢也ㅣ니다(言彼之所以不盡死節而降匈奴者意欲立功以報漢受其罪也)上이以遷爲誣罔ᄒᆞ야欲沮貳師ᄒᆞ고爲陵游說이라ᄒᆞ야下遷腐刑ᄒᆞ다(出陵本傳)

上이怒ᄒᆞ야太史令司馬遷에게問ᄒᆞᆫ대遷이盛이言ᄒᆞ되陵이親을事ᄒᆞ기孝ᄒᆞ고士로더브러信ᄒᆞ고일즉奮ᄒᆞ야身을顧치아니ᄒᆞ야써國家의急을徇ᄒᆞᆷ이그본대蓄積

ᄒᆞᆫ바라國士의風이有ᄒᆞ더니이제事를擧ᄒᆞ야한번幸치못ᄒᆞᆷ의軀를全ᄒᆞ고妻子를保ᄒᆞᆯ臣이隨ᄒᆞ야그短을媒孽ᄒᆞ니진실로可히痛ᄒᆞ노이다ᄯᅩ陵이提ᄒᆞᆫ步卒이五千에滿치못ᄒᆞ되深히戎馬의地를蹂ᄒᆞ야數萬의師를却ᄒᆞ니虜ㅣ死를救ᄒᆞ고傷을扶ᄒᆞᆷ을暇치못ᄒᆞ야다弓을引ᄒᆞᆫ民을擧ᄒᆞ야共히攻圍ᄒᆞ거늘轉ᄒᆞ야千里에鬪ᄒᆞᆷ에矢가盡ᄒᆞ고道가窮ᄒᆞ되士가空弮을張ᄒᆞ고白刃을冒ᄒᆞ야北으로首ᄒᆞ야닷토어敵에死ᄒᆞ니人의死力을得ᄒᆞᆷ은비록古의名將이라도過치안을지라身이비록陷敗ᄒᆞ엿스나그摧敗ᄒᆞᆫ바ㅣᄯᅩ足히天下에暴ᄒᆞᆯ만ᄒᆞ니彼의死치아님은맛당히當을得ᄒᆞ야써漢을報코져ᄒᆞᆷ이니이다上이遷으로써誣罔ᄒᆞ야貳師를沮ᄒᆞ고陵을위ᄒᆞ야游說코져ᄒᆞᆫ다ᄒᆞ야遷을下ᄒᆞ야腐刑ᄒᆞ다

(司馬遷傳)曰初遷父談爲太史公卒遷爲太史令十年遭李陵之禍乃述陶唐以來迄于麟止變春秋編年爲本紀爲表爲八書爲世家爲列傳自黃帝始遷死後其書始出宣帝時其 書遂宣布焉○(班固)贊曰自古書契之作而有史官其載籍博矣故司馬遷據左氏國語采世本戰國策述楚漢春秋接其後事迄于天漢 其言秦漢詳矣至於采經摭傳分散數家之事甚多疏畧或有牴牾亦其涉獵者廣博貫穿經傳馳騁古今上下數 千載間斯以勤矣又其是非頗謬於聖人論大道則先黃老而後六經序遊俠則退處士而進奸 雄述貨殖則崇勢利而羞貧賤此其所蔽也然自劉向楊雄博極羣書皆稱遷有良史之材服其善序事理辯而不 華質而不俚其文直事核不羨美不隱惡故謂之實錄嗚呼以遷之博物治聞而不能以知自全既陷極刑幽而發憤書亦信矣迹其所自傷悼小雅巷伯之倫夫惟大雅既明且哲以保其身難矣哉

上이 以法制御下ᄒᆞ야 好尊用酷吏ᄒᆞ니 而郡國二千石爲治者ㅣ大抵多酷暴吏라 民益輕犯法ᄒᆞ고 東方에 盜賊이 滋起ᄒᆞ야 大羣은

暴姓也公子字也

攻城邑ᄒᆞ고小羣은掠鄕里어늘上이乃使范昆張德等으로衣繡衣持節虎符ᄒᆞ고發兵以擊斬ᄒᆞ야或至萬餘級ᄒᆞ대散亡이聚黨ᄒᆞ야無可奈何라於是에作沈命法ᄒᆞ야(沈藏匿命亡兆服虔曰沈匿不發覺之法也韋昭曰沈沒也敢蔽匿盜賊者沒其命)曰群盜ㅣ起에不發覺이어나發覺而捕不滿品者는二千石以下로至小吏히主者ㅣ皆死라ᄒᆞ니其後에小吏ㅣ畏誅ᄒᆞ야雖有盜ㅣ나不敢發ᄒᆞ고上下ㅣ相匿ᄒᆞ야以文辭로避法焉이러라(酷吏傳文小異詐爲虛文云無盜賊)

上이法制로써下를御ᄒᆞ야酷吏를尊用ᄒᆞ니郡國二千石治ᄒᆞᄂᆞᆫ者ㅣ大抵酷暴ᄒᆞᆫ吏가多ᄒᆞᆫ지라民이더욱輕히法을犯ᄒᆞ고東方에盜賊이滋起ᄒᆞ야大羣은城邑을攻ᄒᆞ고小羣은鄕里를掠ᄒᆞ거ᄂᆞᆯ上이이에范昆과張德의等으로하여곰繡衣를衣ᄒᆞ고節과虎符를持ᄒᆞ고兵을發ᄒᆞ야써擊斬ᄒᆞ야或萬餘級에至ᄒᆞᆫ대散亡이聚黨ᄒᆞ야可히웃지ᄒᆞᆯ슈업ᄂᆞᆫ지라이에沈命法을作ᄒᆞ야曰羣盜ㅣ起에發覺치아니ᄒᆞ거나發覺ᄒᆞ고捕가品에不滿ᄒᆞᆫ者ᄂᆞᆫ二千石以下로小吏에至히主者ㅣ다死라ᄒᆞ니其後에小吏ㅣ誅를畏ᄒᆞ야비록盜가有ᄒᆞ나敢히發치못ᄒᆞ고上下ㅣ相匿ᄒᆞ야文辭로써法을避ᄒᆞ더라

是時에暴勝之ㅣ爲直指使者ᄒᆞ야所誅殺二千石以下ㅣ尤多라

威振州郡이러니 至渤海ᄒᆞ야 聞郡人雋不疑賢ᄒᆞ고(雋字兗反) 請與相見ᄒᆞᆫ대 不疑ㅣ 曰竊伏海瀕ᄒᆞ야(瀕音頻) 聞暴公子ㅣ 久矣러니 今乃承顔接辭로다 凡爲吏에 太剛則折ᄒᆞ고 太柔則廢ᄒᆞᄂᆞ니 威行이어든 施之以恩然後에 樹功揚名ᄒᆞ야 永終天祿ᄒᆞ리라 勝之深納其戒러니 及還에 表薦不疑어ᄂᆞᆯ 上이 召拜不疑ᄒᆞ야 爲靑州刺史ᄒᆞ다 (出不疑本傳)

이ᄯᅢ에暴勝之ㅣ直指使者가되야誅殺ᄒᆞᆫ바二千石以下ㅣ더욱多ᄒᆞᆫ지라威가州郡에振ᄒᆞ더니勃海에至ᄒᆞ야郡人雋不疑의賢ᄒᆞᆷ을듯고더부러서로見ᄒᆞᆷ을請ᄒᆞᆫᄃᆡ不疑ㅣ曰竊히海瀕에伏ᄒᆞ야暴公子를듯기舊ᄒᆞ엿더니今에이에顔을承ᄒᆞ고辭를接ᄒᆞ엿도다무릇吏가되여太剛ᄒᆞᆫ則折ᄒᆞ고太柔ᄒᆞᆫ則廢ᄒᆞᄂᆞ니威가行ᄒᆞ어든恩으로써施ᄒᆞᆫ然後에功을樹ᄒᆞ고名을揚ᄒᆞ야永히天祿을終ᄒᆞ리라勝之ㅣ深히그戒를納ᄒᆞ더니還을及ᄒᆞᆷ에不疑를薦ᄒᆞ거ᄂᆞᆯ上이불너不疑를拜ᄒᆞ야靑州刺史를ᄉᆞᆷ다

王賀ㅣ 亦爲繡衣御史ᄒᆞ야 逐捕魏郡羣盜ᄒᆞ야 多所縱捨라 以奉使不稱으로 免이어늘 歎曰吾ㅣ 聞活千人이면 子孫이 有封이라ᄒᆞ니 吾所活者는 萬餘人이라 後世에 其興乎인뎌

王賀ㅣ또繡衣御史가되여魏郡의羣盜를逐捕ᄒᆞ야縱捨ᄒᆞᆫ바ㅣ多ᄒᆞᆫ지라使를奉ᄒᆞ야不稱ᄒᆞᆷ으로써免ᄒᆞ거늘歎ᄒᆞ야曰吾ㅣ聞ᄒᆞ니千人을活ᄒᆞ면子孫이封이有ᄒᆞ다ᄒᆞ니吾의活ᄒᆞᆫ바者는萬餘人이라後世에그興ᄒᆞᆯ진져

(癸未)三年이라初榷酒酤ᄒᆞ다 王氏曰榷音角水上橫所以渡人者爾雅謂之石杠今略彴是也禁閉其事總利入官而下無由得有若渡水之榷因名焉如淳曰榷音校韋昭曰以木渡水曰榷謂禁民酤釀官自開置如通路設木爲榷獨取利也師古曰如音韋說俱是但校字去入聲皆有此可疑愚謂榷字去聲句不收當是音覺酤工護反

三年이라처음으로酒酤를榷ᄒᆞ다

(丁亥)太始三年이라皇太子弗陵이生ᄒᆞ다弗陵母는曰河間趙倢伃니 倢音妾伃音予或從女倢伃婦官名師古曰倢言接幸於上伃美稱也 居鉤弋宮ᄒᆞ야 趙倢伃手可反屈如鉤故以名宮列仙傳云發手得一玉鉤故號焉三輔黃圖云宮在城外 任身十四月에生ᄒᆞ니 任平聲孕也詩大明篇大任有身註身重也箋云重謂懷孕也 上이曰聞昔에堯ㅣ十四月而生이러니今鉤弋이亦然이라ᄒᆞ고乃命其所生門曰堯母門이라ᄒᆞ다

太始三年이라皇太子弗陵이生ᄒᆞ다弗陵母는曰河間趙倢伃ㅣ니鉤弋宮에居ᄒᆞ야任身ᄒᆞᆫ지十四月에生ᄒᆞ니上이曰드르니昔에堯가十四月에生ᄒᆞ엿다ᄒᆞ더니今에鉤弋이또그러타ᄒᆞ고이에그生ᄒᆞᆫ바門을命ᄒᆞ야曰堯母門이라ᄒᆞ다

(溫公)曰爲人君者動靜擧措不可不愼也有中必形於外天下無不知之當是時也皇后太子皆無恙而命鉤弋之門曰堯母非名也是以姦臣逆探上意知其奇愛少子欲以爲嗣進有危皇后太子之心卒成巫蠱之禍悲夫

敬肅王名彭祖景帝子

趙人江充이初爲趙敬肅王客ᄒᆞ야得罪於太子丹ᄒᆞ고亾逃詣闕ᄒᆞ야告趙太子陰事ᄒᆞ니(陰謀之事) 太子ㅣ坐廢라上ㅣ召充入與語ᄒᆞ고大悅ᄒᆞ야拜爲直指繡衣使者ᄒᆞ야使督察貴戚近臣ᄒᆞ다(出江充傳)

趙人江充이初에趙敬肅王客이되여罪를太子丹에게得ᄒᆞ고亡逃ᄒᆞ야闕에詣ᄒᆞ야趙太子의陰事를告ᄒᆞ니太子ㅣ廢에坐ᄒᆞ다上이充을불너드러더브러語ᄒᆞ고크게悅ᄒᆞ야拜ᄒᆞ야直指繡衣使者를삼어하여곰貴戚大臣을督察케ᄒᆞ다

(庚寅)征和二年이라初에上이年二十九에乃生戾太子ᄒᆞ야(戾郎計反宣帝時追謚曰戾史記謚法解曰不悔前過曰戾) 甚愛之러니及長에性이仁恕溫謹이라上이嫌其才能이少不類己ᄒᆞ니皇后太子ㅣ寵이寖衰ᄒᆞ야常有不自安之意어늘上이覺之ᄒᆞ고謂大將軍靑曰漢家庶事ㅣ草創ᄒᆞ고加四夷ㅣ侵陵中國ᄒᆞ니朕이不變更制度면後世ㅣ無法이오不出師征伐이면天下不安이니爲此者는不得不勞民이어니와若後世에又加朕所爲면是는襲亾秦之迹也라太子ㅣ敦重好靜ᄒᆞ니必能安天下ᄒᆞ리니欲求守文之

戾太子名據衛皇后生之

(守文之主)文猶法也言尊守故不用武功也

主ㅣ댄安有賢於太子者乎리오聞皇后ㅣ與太子로有不安之意ᄒᆞ라니可以意曉之ᄒᆞ라大將軍이頓首謝러라

征和二年이라初에上이年二十九에이에戾太子를生ᄒᆞ야甚히愛ᄒᆞ더니밋長ᄒᆞᆷ에性이仁恕ᄒᆞ고溫謹ᄒᆞᆫ지라上이그才能이져이己와갓지못ᄒᆞᆷ을嫌ᄒᆞ니皇后와太子ㅣ寵이점々衰ᄒᆞ야일즉ᄉᆞᄉᆞ로安치못ᄒᆞᆫ意가有ᄒᆞ거늘上이覺ᄒᆞ고大將軍青다려謂ᄒᆞ야曰漢家의庶事ㅣ草創ᄒᆞ고더四夷ㅣ中國을侵陵ᄒᆞ니朕이制度를變更치아니ᄒᆞ면後世ㅣ法이無ᄒᆞᆯ것이오師를出ᄒᆞ야征伐치아니ᄒᆞ면天下ㅣ安치못ᄒᆞ리니此를ᄒᆞᄂᆞᆫ者ᄂᆞᆫ시러곰民을勞치아니치못ᄒᆞ려니와만일後世ㅣ또ᄒᆞᆫ朕의ᄒᆞᄂᆞᆫ바갓ᄒᆞ면是ᄂᆞᆫ亾秦의迹을襲ᄒᆞᆷ이라太子敦重好靜ᄒᆞ니반다시能히天下를安ᄒᆞ리니守文의主를求ᄒᆞ고져ᄒᆞᆯ진ᄃᆡ엇지太子보다賢ᄒᆞᆯ者ㅣ有ᄒᆞ리오聞ᄒᆞ니皇后ㅣ太子로더브러不安의意가有ᄒᆞ다ᄒᆞ니可히意로써曉ᄒᆞ라大將軍이首를頓ᄒᆞ고謝ᄒᆞ더라

太子ㅣ每諫征伐四夷어늘上이笑曰吾當其勞ᄒᆞ고以逸遺汝ㅣ不亦可乎아上이用法嚴多ᄒᆞ야任深刻吏호대太子ㅣ寬厚ᄒᆞ야多所平反ᄒᆞ니 音翻謂錄囚覆奏使從輕也平反反罪人辭使從輕而出也毛氏曰平反理正幽枉也 雖得百姓心이나而用法大臣이皆不悅이라是時에方士及諸神巫ㅣ多聚京師ᄒᆞ야率皆左道로惑衆

(左道)挾異端邪道以罔惑于人地道尊右右爲貴故漢書云右貴左愚右責左賤正道爲右不正道爲左

(美人)婦官名

變幻ᄒᆞ고女巫ㅣ往來宮中ᄒᆞ야敎美人度厄ᄒᆞ야每屋에輒埋木人祭祀之러니因妬忌恚罵ᄒᆞ야(恚於避反)更相告訐ᄒᆞ야以爲祝詛上無道ᄒᆞ니(祝職救反)(詛側慮反)上이怒ᄒᆞ야所殺이數百人이라上이心旣以爲疑러니

太子ㅣ미양四夷를征伐ᄒᆞᆷ을諫ᄒᆞ거늘上이笑ᄒᆞ야曰吾ㅣ그勞를當ᄒᆞ고逸로써汝에遺ᄒᆞ리니ᄯᅩᄒᆞᆫ可치아ᄂᆞ랴上이用法ᄒᆞᆷ을嚴히ᄒᆞ야深刻吏에게任ᄒᆞᆷ을多히ᄒᆞ고太子ᄂᆞᆫ寬厚ᄒᆞ야平反ᄒᆞᄂᆞᆫ바ㅣ多ᄒᆞ니비록百姓心을得ᄒᆞ나法을用ᄒᆞᄂᆞᆫ大臣은다悅치안터라이ᄯᅢ에方士와밋諸神巫ㅣ마니京師에聚ᄒᆞ야다左道로衆을惑ᄒᆞ야變幻ᄒᆞ고女巫ㅣ宮中에往來ᄒᆞ야美人으로하여곰厄을度ᄒᆞᆫ다ᄒᆞ야每屋에믄득木人을埋ᄒᆞ고祭祀ᄒᆞ더니因ᄒᆞ야妬忌ᄒᆞ고恚罵ᄒᆞ야다시셔로訐을告ᄒᆞ야써上의無道를祝詛ᄒᆞᆫ다ᄒᆞ니上이怒ᄒᆞ야殺ᄒᆞᆫ바ㅣ數百人이라上의心이임의써疑ᄒᆞ더니

嘗晝寢ᄒᆞᆯ새夢에木人數千이持杖欲擊上이어늘上이驚寤ᄒᆞ야因是體不平이라니江充이自以與太子及衛氏로有隙이라니見上年老ᄒᆞ고恐晏駕後에爲太子所誅ᄒᆞ야因言上疾祟ㅣ在巫蠱ㅣ라ᄒᆞᆫ대(祟音粹說文神禍也)

일즉이晝에寢ᄒᆞᆯ시夢에木人數千이杖을持ᄒᆞ고上을擊코져ᄒᆞ거늘上이驚寤ᄒᆞ야

(持太子)執太子也

(乃國)汝國也

是로因ᄒᆞ야體가不平ᄒᆞᆫ지라江充이스ᄉᆞ로써太子와밋衛氏로더부러隙이有ᄒᆞᆫ지라上의年이老ᄒᆞᆷ을見ᄒᆞ고晏駕ᄒᆞᆫ後에太子에게誅ᄒᆞᆯ바이될가恐ᄒᆞ야因ᄒᆞ야言ᄒᆞ되上의疾祟가巫蠱에在ᄒᆞ다ᄒᆞᆫ듸

於是에上이以充으로爲使者ᄒᆞ야治巫蠱獄ᄒᆞ니充이云ᄒᆞ대於太子宮에得木人이尤多ᄒᆞ고又有帛書ᄒᆞ야所言이不道ᄒᆞ니當奏聞이라ᄒᆞ고江充이持太子甚急이어늘太子ㅣ計不知所出이러니從其少傅石德計ᄒᆞ야收捕充等ᄒᆞ야太子ㅣ自臨斬充ᄒᆞᆯ서罵曰趙虜아(王氏曰初江充爲趙王客得罪亡詣闕告趙太子陰事太子坐廢故)(下文云前亂乃國王父子)前亂乃國王父子ㅣ不足耶아乃復亂吾父子也오(以上文多不同)(間見充傳)太子ㅣ出武庫兵ᄒᆞ고發長樂宮衛卒ᄒᆞᆫ대長安이擾亂ᄒᆞ야言太子ㅣ反이어늘帝ㅣ在甘泉ᄒᆞ야詔捕斬反者ᄒᆞ니太子ㅣ兵敗南犇ᄒᆞ다

이에上이充으로써使者를삼어巫蠱獄을治케ᄒᆞ니充이云호듸太子宮에서木人을得ᄒᆞᆷ이더욱多ᄒᆞ고ᄯᅩ帛書가有ᄒᆞ야所言이不道ᄒᆞ니當히奏聞ᄒᆞᆫ다ᄒᆞ고江充이太子를持ᄒᆞ기甚히急히ᄒᆞ거늘太子ㅣ計가出ᄒᆞᆯ바를知치못ᄒᆞ더니그少傅石德의計를從ᄒᆞ야充等을收捕ᄒᆞ야太子ㅣㅣ스ᄉᆞ로臨ᄒᆞ야充을斬ᄒᆞᆯ서罵ᄒᆞ야曰趙虜아前에

乃國王의父子를亂ᄒᆞᆷ이足지못ᄒᆞ나이에다시吾의父子를亂ᄒᆞ고녀太子ㅣ武庫兵을出ᄒᆞ고長樂宮衛卒을發ᄒᆞᄃᆡ長安이擾亂ᄒᆞ야言ᄒᆞ되太子ㅣ反ᄒᆞᆫ다ᄒᆞ거ᄂᆞᆯ帝ㅣ甘泉에在ᄒᆞ야詔ᄒᆞ야反者를捕斬ᄒᆞ라ᄒᆞ니太子ㅣ兵이敗ᄒᆞ야南으로犇ᄒᆞ다

上이怒甚이러니壺關三老茂ㅣ(壺關縣屬上黨茂三老名也失其姓按百官表秦法十里一亭一鄉鄉置有秩三老一人掌敎化又擇鄉三老一人爲縣三老)上書曰皇太子ㅣ承萬世之業ᄒᆞ니親則皇帝之宗子也어늘江充은閭閻之隸臣으로銜至尊之命ᄒᆞ야迫蹴(子六反)太子ᄒᆞ고造飾姦詐ᄒᆞ니太子ㅣ進不得見上ᄒᆞ고退困於亂臣ᄒᆞ야寃結無告ᄒᆞ야不忍忿忿之心ᄒᆞ야起而殺充ᄒᆞ니子盜父兵ᄒᆞ야以救難自免耳니臣은竊以爲無邪心이라ᄒᆞ노이다書奏에天子ㅣ感寤ᄒᆞ다然이나尙未顯言赦之也라太子ㅣ自度不得脫ᄒᆞ고即自經ᄒᆞ다初에上이爲太子ᄒᆞ야立博望苑ᄒᆞ고(博望苑義取廣博親望也)使通賓客ᄒᆞ야從其所好故로賓客이多以異端進者러라(出戾太子傳)

溫公曰古之明王敎養太子爲之擇方正敦良之士以爲保傅師友使朝夕與之游處左右前後無非正人出入起居無非正道然猶有淫放邪僻而陷於禍敗者焉今乃使太子自通賓客從其好夫正直難親諂諛易合此固中人之常情宜太子之不終也

上이怒ᄒᆞ기를甚히ᄒᆞ엿더니壺關三老茂ㅣ書를上ᄒᆞ야曰皇太子ㅣ萬世의業을承ᄒᆞ니親인則皇帝의宗子어늘江充은閭閻의隷臣으로至尊의命을銜ᄒᆞ야太子를迫蹴ᄒᆞ고姦詐를造飾ᄒᆞ니太子ㅣ進ᄒᆞ야시러곰上게見치못ᄒᆞ고退ᄒᆞ야亂臣에게困ᄒᆞ야寃結을告치못ᄒᆞ야忿々의心을忍치못ᄒᆞ야起ᄒᆞ야充을殺ᄒᆞ니子ㅣ父의兵을盜ᄒᆞ야써難을救ᄒᆞ고ᄉᆞᄉᆞ로免홈이니臣은그윽이써ᄒᆞ되邪心이無ᄒᆞ다ᄒᆞ노이다書를奏홈에天子ㅣ感ᄒᆞ야寤ᄒᆞ나然이나오히려言을顯ᄒᆞ야赦치안는지라太子ㅣᄉᆞᄉᆞ로脫을得지못홀줄로度ᄒᆞ고곳ᄉᆞᄉᆞ로經ᄒᆞ다初에上이太子를爲ᄒᆞ야博望苑을立ᄒᆞ야ᄒᆞ여곰賓客을通ᄒᆞ야그好ᄒᆞ는바를從케ᄒᆞᆫ고로賓客이異端으로써進ᄒᆞ는者ㅣ多ᄒᆞ더라

吏民이以巫蠱로相告言者을案驗ᄒᆞ니多不實이라上이頗知太子ㅣ惶恐無它意러니會에高寢郞田千秋ㅣ上急變ᄒᆞ야訟太子寃曰子弄父兵이罪當笞니天子之子ㅣ過誤殺人인들當何罪哉오上이乃大感寤ᄒᆞ야召見千秋ᄒᆞ고謂曰父子之間은人所難言也어늘公이獨明其不然ᄒᆞ니此는高廟神靈이使公敎我로다公은當遂爲吾輔佐ᄒᆞ라ᄒᆞ고立拜千秋爲大鴻臚ᄒᆞ고(出田千秋本傳臚陵如反武帝置此名鴻聲也臚傳也所以聲傳贊導九賓)而族滅

江充家다ᄒᆞ 上이 憐太子無辜ᄒᆞ야 乃作思子宮ᄒᆞ고 爲歸來望思之臺於湖하니 歸來望思之臺言已望而思之庶幾太子之魂歸來也 天下ㅣ聞而悲之러라 出戾太子傳

吏民이巫蠱로써서로言을告ᄒᆞᄂᆞᆫ者를案驗ᄒᆞ니不實ᄒᆞᆷ이多ᄒᆞᆫ지라上이자못太子ㅣ惶恐ᄒᆞ야它意가無ᄒᆞᆫ줄로知ᄒᆞ엿더니會에高寢郞田千秋ㅣ急變을上ᄒᆞ야太子의寃을訟ᄒᆞ야曰子ㅣ父兵을弄ᄒᆞᆷ이罪ㅣ맛당이笞니天子의子ㅣ過誤로人을殺ᄒᆞᆫ들맛당이무ᄉᆞᆷ罪리오上이이에크게感寤ᄒᆞ야千秋를召見ᄒᆞ고謂ᄒᆞ야曰父子의間은人의言키難ᄒᆞᆫ바이어ᄂᆞᆯ公이홀노그然치아님을明ᄒᆞ니此ᄂᆞᆫ高廟의神靈이公으로ᄒᆞ여곰我를敎ᄒᆞᆷ이로다公은맛당이吾를爲ᄒᆞ야輔佐ᄒᆞ라ᄒᆞ고곳千秋를拜ᄒᆞ야大鴻臚를삼고江充의家를族滅ᄒᆞ다上이太子ㅣ辜업ᄉᆞᆷ을憐히ᄒᆞ야이에思子宮을作ᄒᆞ고歸來望思의臺를湖에ᄒᆞ니天下ㅣ聞ᄒᆞ고悲ᄒᆞ더라

(壬辰)四年이라 上이 乃言曰朕이 卽位以來로 所爲狂悖ᄒᆞ야 使天下로 愁苦ᄒᆞ니 不可追悔라 今事有傷害百姓ᄒᆞ고 靡費天下者는 悉罷之ᄒᆞ라 田千秋ㅣ曰方士言神仙者ㅣ 甚衆而無顯功ᄒᆞ니 臣은 請皆罷斥遣之ᄒᆞ노이다 上이 曰鴻臚言이 是也ㅣ라ᄒᆞ고 於是에 悉罷方士候

神人者ᄒᆞ다(神人泰仙人之屬) 是後에 上이 每對羣臣ᄒᆞ야 自歎ᄒᆞ대 曏時에 愚惑ᄒᆞ야 爲方士所欺라 天下에 豈有仙人이리오 盡妖妄耳라 節食服藥이면 差可少病而已라ᄒᆞ더라

四年이라上이이에言ᄒᆞ야曰朕이位에即ᄒᆞᆫ以來로爲ᄒᆞᆫ바이狂悖ᄒᆞ야天下로ᄒᆞ야곰愁苦케ᄒᆞ엿스니可 悔를追치못ᄒᆞᆯ지라今에事가百姓을傷害ᄒᆞ고天下를糜費ᄒᆞᄂᆞᆫ者ᄂᆞᆫ다罷ᄒᆞ라田千秋ㅣ曰方士ㅣ神仙을言ᄒᆞᄂᆞᆫ者ㅣ심히衆ᄒᆞ나顯功이無ᄒᆞ니臣은請컨ᄃᆡ다罷ᄒᆞ야斥遣ᄒᆞ겟노이다上이曰鴻臚의言이是라ᄒᆞ고이에다方士와候神人ᄒᆞᄂᆞᆫ者를罷ᄒᆞ다이後에上이每樣群臣을對ᄒᆞ야스ᄉᆞ로嘆ᄒᆞ되曏時에愚惑ᄒᆞ야方士에게欺ᄒᆞᆫ바되엿도다天下에엇지仙人이有ᄒᆞ리오다妖妄이라節食ᄒᆞ고服藥ᄒᆞ면거의可히病이少ᄒᆞᆯ다름이라ᄒᆞ더라

六月에 以大鴻臚田千秋로 爲丞相ᄒᆞ야 封富民侯ᄒᆞ다 千秋ㅣ無他材能術學ᄒᆞ고 又無伐閱功勞ᄒᆞ대(伐積功也閱經歷也今人以家世門戶爲閥閱誤矣伐通作閥) 特以一言으로 竊意ᄒᆞ야 數月에 取宰相封侯ᄒᆞ니 世未嘗有也러라(出史千秋傳數月漢書作旬月)

六月에大鴻臚田千秋로써丞相을삼어富民侯를封ᄒᆞ다千秋ㅣ다른材能과術學이無ᄒᆞ고또伐閱과功勞ㅣ無ᄒᆞ되特히一言으로써意를竊ᄒᆞ야數月에宰相을取ᄒᆞ야

侯를封ᄒᆞ니世에일직이有치못ᄒᆞ더라

上이乃下詔ᄒᆞ야深陳既往之悔曰有司ㅣ奏請遠田輪臺ᄒᆞ고欲起亭隧ᄒᆞ니是는擾勞天下오非所以安民也라朕不忍聞ᄒᆞ노라當今에務在禁苛暴止擅賦ᄒᆞ고擅賦非常賦也力本農ᄒᆞ고修馬復令ᄒᆞ야修馬復令爲句復音福除也七制解馬復者因養馬以除免徭賦也以補缺ᄒᆞ야七制解云但以補滿缺處毋乏武備而已라ᄒᆞ고由是로不復出軍而封田千秋爲富民侯ᄒᆞ니以明休息富養民也러라出西域傳又以趙過로爲搜粟都尉ᄒᆞ니過ㅣ能爲代田이라其耕耘田器ㅣ皆有便巧ᄒᆞ야以教民ᄒᆞ니用力少而得穀多ㅣ라民皆便之러라出食貨志無民皆便之一句

上이이에詔를下ᄒᆞ야深히既往의悔를陳ᄒᆞ야曰有司ㅣ奏請호ᄃᆡ遠히輪臺에田ᄒᆞ고亭隧를起코져ᄒᆞ니是는天下를擾勞ᄒᆞᆷ이오써民을安ᄒᆞ는바ㅣ아니라朕이참아聞치못ᄒᆞ겟노라當今에務는苛暴를禁ᄒᆞ고擅賦를止ᄒᆞ고本農를力ᄒᆞ고馬復令을修ᄒᆞ야써缺을補ᄒᆞ야武備를ᄭᅳᆫ치말다름이라ᄒᆞ고是로由ᄒᆞ야다시軍을出치아니ᄒᆞ고田千秋를封ᄒᆞ야富民侯를삼으니써休息을明ᄒᆞ야富히民을養ᄒᆞᆷ이러라ᄯᅩ趙過로써搜粟都尉를삼으니過ㅣ能히代田을ᄒᆞ는지라그耕耘田器ㅣ다便巧ᄒᆞᆷ이有

(霍光)去病之弟

ᄒᆞ야써民을敎ᄒᆞ니力을用ᄒᆞᆷ이少ᄒᆞ고穀을得ᄒᆞᆷ이多ᄒᆞᆫ지라民이다便ᄒᆞ더라

(癸巳)後元元年이라時에鉤弋夫人之子弗陵이年數歲에形體壯大ᄒᆞ고多知ᄒᆞ니上이奇愛之ᄒᆞ야心欲立焉호대以其年稚母少로猶與久之러니(猶與並去聲猶與註見第四卷漢高祖四年猶豫)察羣臣ᄒᆞ니唯奉車都尉霍光이忠厚ᄒᆞ야可任大事라上이乃使黃門으로畫周公이負成王朝諸侯ᄒᆞ야(黃門職任親近以供天子百物在焉故有畫工)以賜光ᄒᆞ다(出霍光傳)

後元元年이라時에鉤弋夫人의子弗陵이年이數歲에形體가壯大ᄒᆞ고知가多ᄒᆞ니上이奇愛ᄒᆞ야心으로立코져호ᄃᆡ그年이稚ᄒᆞ고母ㅣ少ᄒᆞᆷ으로써猶與ᄒᆞ기久ᄒᆞ더니羣臣을察ᄒᆞ니오쟉奉車都尉霍光이忠厚ᄒᆞ야可히大事를任ᄒᆞ겟ᄂᆞᆫ지라上이이에黃門으로ᄒᆞ여곰周公이成王을負ᄒᆞ고諸侯를朝ᄒᆞᆷ을畫ᄒᆞ야써光을쥬다

(甲午)二年이라春正月에上이病篤이어늘霍光이涕泣問曰如有不諱ㅣ되(死者人之所不能避故云如有不諱)誰能嗣者잇고上이曰君은未諭前畫意耶아(前畫意謂去年使黃門圖畫周公負成王朝諸侯以賜霍光)立小子ᄒᆞ고君이行周公之事ᄒᆞ라光이頓首讓曰臣이不

如金日磾니이다 丁奚反 日磾ㅣ 亦曰臣은 外國人이라 不如光이오 且使匈奴로 輕漢矣리이다 乙丑에 詔立弗陵ᄒᆞ야 爲皇太子ᄒᆞ니 時年이 八歲라 丙寅에 以光으로 爲大司馬大將軍ᄒᆞ고 日磾로 爲車騎將軍ᄒᆞ고 太僕上官桀로 爲左將軍ᄒᆞ야 受遺詔輔少主ᄒᆞ다 光이 出入禁闥 天子所居門閣有禁非侍御之臣不得妄入行道豹尾中故曰禁中門曰黃闥 二十餘年에 出則奉車ᄒᆞ고 入侍左右ᄒᆞ야 小心謹愼ᄒᆞ야 未嘗有過라 爲人이 沈靜詳審ᄒᆞ야 每出入下殿門에 進止ㅣ 有常處라 郞僕射ㅣ 竊識視之ᄒᆞ니 識式志反記也郎與僕射皆官名謂郎僕射皆私竊識見光之進止處 不失尺寸이러라 出光傳 日磾ㅣ 在上左右ᄒᆞ야 目不忤視者ㅣ 數十年이오 賜出宮女ᄒᆞ대 不敢近ᄒᆞ고 上이 欲內其女後宮ᄒᆞ대 不肯ᄒᆞ니 其篤愼이 如此라 上이 尤奇異之러라 出日磾傳

二年이라 春正月에 上이 病이 篤ᄒᆞ거ᄂᆞᆯ 霍光이 涕泣ᄒᆞ며 問ᄒᆞ야 曰 만일 不諱ᄒᆞᆷ이 有ᄒᆞᆯ진ᄃᆡ 誰ㅣ 能히 嗣ᄒᆞᆯ者ㅣ니잇고 上이 曰 君은 前의 畵意를 諭치 못ᄒᆞᄂᆞᆫ가 少子를 立ᄒᆞ고 君이 周公의 事를 行ᄒᆞ라 光이 首를 頓ᄒᆞ고 讓ᄒᆞ여 曰 臣이 金日磾만 如치 못ᄒᆞ니

이다日磾ㅣ또日臣은外國人이라光만如치못ᄒᆞ고또匈奴로ᄒᆞ야곰漢을輕ᄒᆞᆯ가ᄒᆞ노이다乙丑에詔ᄒᆞ야弗陵을立ᄒᆞ야皇太子를삼으니時에年이八歲라丙寅에光으로써大司馬大將軍을삼고日磾로車騎將軍을삼고太僕上官桀로左將軍을삼어遺詔를受ᄒᆞ고少主를輔ᄒᆞ다光이禁闥에出入ᄒᆞᆫ지二十餘年에出ᄒᆞᆫ則車를奉ᄒᆞ고入ᄒᆞᆫ則左右를侍ᄒᆞ야小心ᄒᆞ고謹愼ᄒᆞ야일즉過가잇지안터라人됨이沈靜詳審ᄒᆞ야미양出入ᄒᆞ야殿門에下ᄒᆞᆷ에進止ㅣ常處가有ᄒᆞᆫ지라郎僕射ㅣ竊識ᄒᆞ야視ᄒᆞ니尺寸을失치안터라日磾ㅣ上의左右에在ᄒᆞ야目으로忤視치아는者ㅣ數十年이오賜出ᄒᆞᆫ宮女을敢히近치아니ᄒᆞ고上이그女를後宮에內코자ᄒᆞ되肯치아니ᄒᆞ니그篤愼ᄒᆞᆷ이이와갓ᄒᆞᆫ지라上이더욱奇異히여기더라

丁卯에 **帝崩于五柞宮**이어늘 (柞材各反五柞官漢离宮也取五柞木爲之故以名宮在扶風或云宮中有五柞樹因名焉) **太子**ㅣ**卽位**ᄒᆞ고**霍光**이**輔幼主**ᄒᆞ야**政自己出**ᄒᆞ니**天下**ㅣ**想聞其風采**러라 (出本傳)

丁卯에帝ㅣ五柞宮에셔崩ᄒᆞ거늘太子ㅣ位에即ᄒᆞ고霍光이幼主를輔ᄒᆞ야政이己로브터出ᄒᆞ니天下ㅣ그風采를想聞ᄒᆞ더라

孝昭皇帝 (名弗陵武帝之子也) **在位十三年 壽二十一** (以童稚之年辨霍光之忠何天資之明也享國不永惜哉)

(己亥)元始五年이라 **有男子**ㅣ**乘黃犢車**ᄒᆞ고**詣北闕**ᄒᆞ야**自謂衛太**

(男子)成方遂也

子어늘 詔使公卿將軍二千石으로雜識視ᄒᆞ니 至者ㅣ 莫敢發言이러니 京兆尹雋不疑ㅣ後到ᄒᆞ야 叱從吏收縛曰(叱尺栗反)昔에蒯聵出奔에(蒯聵衛靈公世子之名與靈公夫人南子有惡欲殺南子靈公怒蒯聵懼而奔宋蒯苦怪反聵五怪反) 輒이 距而不納ᄒᆞ니(輒蒯聵之子名也蒯聵奔宋己而之晉衛人立輒爲君是爲出公晉大夫趙鞅送蒯聵入衛衛距之不得入) 春秋에 是之라 衛太子ㅣ得罪先帝ᄒᆞ야亾不卽死ᄒᆞ고(以罪去國曰亡謂旣亾去何不卽就死地)今來自詣ᄒᆞ니 此ᄂᆞᆫ罪人也라 遂送詔獄ᄒᆞ니 天子ㅣ 與大將軍霍光으로 聞而嘉之曰公卿大臣은當用有經術ᄒᆞ야明於大誼者라ᄒᆞ니 繇是로 不疑名聲이 重於朝廷ᄒᆞ야在位者ㅣ皆自以爲不及也러라 廷尉ㅣ驗治ᄒᆞ야竟得奸詐라 坐誣罔不道ᄒᆞ야要斬ᄒᆞ라(出雋不疑傳)

新增 程子曰雋不疑說春秋非是然其處事應機則不異於古人矣○胡氏曰蒯聵衛靈公之世子也出犇於宋靈公未嘗有命廢之而立他子也靈公卒蒯聵之子輒遂自立以拒蒯聵亦未嘗有靈公之命也蒯聵叛父殺母當黜何疑然輒拒之則失人子之道矣故春秋於趙鞅納蒯聵書曰世子明其位之未絕也於石曼姑圍戚書齊國夏爲首惡其黨輒也然則謂春秋是之者非經旨矣彼據也稱兵闕下與父兵戰正使不死而父宥之其位亦不得有矣果來自詣但當以此下令叱吏收縛亦足以成獄而議刑矣不必引春秋也霍光不學故不能辨然其謂公卿當用有經術明大誼者則格言也

始元五年이라男子ㅣ黃犢車를乘ᄒᆞ고北闕에詣ᄒᆞ야ᄉᆞᄉᆞ로衛太子라謂ᄒᆞᄂᆞᆫ이有ᄒᆞ거늘詔ᄒᆞ야公卿과將軍中二千石으로ᄒᆞ야곰雜識ᄒᆞ야視케ᄒᆞ니至者ㅣ敢히言

(中二千石)中滿也郡二千石正卿及列卿皆中二千石

을發치못ᄒᆞ더니京兆尹雋不疑ㅣ後에到ᄒᆞ야從吏를叱ᄒᆞ야收縛ᄒᆞ야曰昔에蒯聵이出奔ᄒᆞ거늘輒이距ᄒᆞ고納지아니ᄒᆞᆫᄃᆡ春秋에是다ᄒᆞᆫ지라衛太子ㅣ先帝게罪를得ᄒᆞ야亾ᄒᆞ야即死안코今에來ᄒᆞ야스ᄉᆞ로詣ᄒᆞ니此ᄂᆞᆫ罪人이라ᄒᆞ고遂히送ᄒᆞ야獄에詔ᄒᆞᆫᄃᆡ天子ㅣ大將軍霍光으로더부러聞ᄒᆞ고嘉ᄒᆞ야曰公卿大臣은맛당이經術이有ᄒᆞ야大誼에明ᄒᆞᆫ者를用ᄒᆞᆯ지라ᄒᆞ니이로말ᄆᆡ암어不疑의名聲이朝廷에重ᄒᆞ야位에在ᄒᆞᆫ者ㅣ다ᄉᆞᄉᆞ로써及지못ᄒᆞᆫ다ᄒᆞ더라廷尉ㅣ驗治ᄒᆞ야맛ᄎᆞᆷᄂᆡ奸詐를得ᄒᆞᆫ지라誣罔不道에坐ᄒᆞ야要를斬ᄒᆞ다

諫大夫杜延年이見國家承武帝奢侈師旅之後ᄒᆞ고數為大將軍光ᄒᆞ야言年歲ㅣ比不登ᄒᆞ고流民이未盡還ᄒᆞ니宜修孝文時政ᄒᆞ야示以儉約寬和ᄒᆞ야順天心悅民意면年歲宜應이라ᄒᆞᆫᄃᆡ光이納其言ᄒᆞ다 (出延年傳)

諫大夫杜延年이國家ㅣ武帝의奢侈師旅ᄒᆞᆫ後를承ᄒᆞᆷ을見ᄒᆞ고자조大將軍光을為ᄒᆞ야言호ᄃᆡ年歲ㅣ견주어登치못ᄒᆞ고流民이다還치못ᄒᆞ얏스니맛당이孝文時의政을修ᄒᆞ야儉約寬和로써示ᄒᆞ야天心을順히ᄒᆞ고民意를悅케ᄒᆞ면年歲ㅣ맛당이應ᄒᆞᆫ다ᄒᆞᆫᄃᆡ光이그言을納ᄒᆞ다

(庚子)六年이라 春二月에 詔有司ᄒᆞ야 問郡國所擧賢良文學民所疾苦와 敎化之要ᄒᆞᆫ대 皆對願罷鹽鐵酒榷均輸官ᄒᆞ야 榷音角水上橫木所以渡人者 毋與天下爭利ᄒᆞ야 示以儉節然後에 敎化可興이리이다 桑弘羊이 難以爲此ᄂᆞᆫ 國家大業이라 所以制四夷ᄒᆞ며 安邊足用之本이니 不可廢也라ᄒᆞᆫ대 於是에 鹽鐵之議ㅣ 起焉ᄒᆞ다 出田千秋傳

謂禁閉其事總利入官下無由得有若渡水之榷因名焉○百官表武帝時有均輸令丞官云諸州郡所當輸於官者皆令輸其土地所饒平其所在時價官自轉遷於所無之地賣之輸者旣便而註有利故曰均輸

六年이라春二月에有司에게詔ᄒᆞ야郡國의擧ᄒᆞᆫ바賢良文學에게民의疾苦ᄒᆞᄂᆞᆫ바와敎化의要를問ᄒᆞᆫᄃᆡ다對ᄒᆞ되願컨ᄃᆡ鹽鐵酒榷均輸官을罷ᄒᆞ야天下로더브러利를爭치말아儉節로ᄡᅥ示ᄒᆞᆫ然後에敎化를可히興ᄒᆞᆯ지니이다桑弘羊이難ᄒᆞ야ᄡᅥᄒᆞㅣ此ᄂᆞᆫ國家의大業이라ᄡᅥ四夷를制ᄒᆞ며邊을安ᄒᆞ고用을足케ᄒᆞᄂᆞᆫ本이니可히廢치못ᄒᆞᆯ지라ᄒᆞᆫᄃᆡ이에鹽鐵의議ㅣ起ᄒᆞ다

初에 蘇武ㅣ 旣徙北海上ᄒᆞ야 杖漢節牧羊ᄒᆞ고 臥起에 操持ᄒᆞ니 節旄ㅣ 盡落이라 及壺衍鞮單于ㅣ 立에 國內ㅣ 乖離ᄒᆞ니 於是에 衛律이

謀與漢和親이어늘 漢使ㅣ至ᄒᆞ야 求武等ᄒᆞᆫ대 匈奴ㅣ詭言호대 武死어늘 惠ㅣ私教使者ᄒᆞ야謂單于言호대天子ㅣ射上林中이라가 得鴈ᄒᆞ니足有繫帛書ᄒᆞ야言武等이 在某澤中이라ᄒᆞᆫ대 使者ㅣ如惠語ᄒᆞ야以讓單于ᄒᆞ니單于ㅣ驚謝ᄒᆞ고乃歸武ᄒᆞ다 武ㅣ留匈奴ㅣ 凡十九歲라 始以彊壯으로 出이러니 及還에 鬚髮이 盡白이러라 出本紀

初에蘇武ㅣ임의北海上에徙ᄒᆞ야漢節을杖ᄒᆞ고羊을牧ᄒᆞ고臥ᄒᆞ고起홈에操ᄒᆞ고持ᄒᆞ니節과旄ㅣ다落ᄒᆞ얏더라밋壺衍鞮單于ㅣ立홈에國內가乖離ᄒᆞ니이에衛律이漢으로더부러和親ᄒᆞ기를謀ᄒᆞ거늘漢使ㅣ至ᄒᆞ야武等을求ᄒᆞᆫᄃᆡ匈奴ㅣ詭言호ᄃᆡ武ㅣ死ᄒᆞ얏다ᄒᆞ거늘常惠ㅣ私로使者를敎ᄒᆞ야單于다려謂ᄒᆞ야言호ᄃᆡ天子ㅣ上林中에射ᄒᆞ다가鴈을得ᄒᆞ니足에繫ᄒᆞᆫ帛書가有ᄒᆞ야言호ᄃᆡ武의等이某澤中에在ᄒᆞ다ᄒᆞᆫᄃᆡ使者ㅣ惠의語와如히ᄒᆞ야써單于를讓ᄒᆞᆫᄃᆡ單于ㅣ驚謝ᄒᆞ고이에武를歸ᄒᆞ다武ㅣ匈奴에留ᄒᆞᆫ지凡十九歲라始에彊壯으로써出ᄒᆞ얏더니밋還홈에鬚髮이다白ᄒᆞ얏더라

秋에 罷榷酤官ᄒᆞ니 酤工護反賣酒也 從賢良文學之議也러라 武帝之末에 海

內虛耗ᄒᆞ야 戶口減半이어늘 霍光이 知時務之要ᄒᆞ야 輕徭薄賦ᄒᆞ야 與民休息ᄒᆞ니 至是ᄒᆞ야 匈奴ㅣ 和親ᄒᆞ고 百姓이 充實ᄒᆞ야 稍復文景之業焉ᄒᆞ다 出本紀

秋에權酤官을罷ᄒᆞ니賢良文學의議를從ᄒᆞᆷ이러라武帝의末에海內虛耗ᄒᆞ야戶口ㅣ半이減ᄒᆞ얏거ᄂᆞᆯ霍光이時務의要를知ᄒᆞ야徭를輕히ᄒᆞ고賦를薄히ᄒᆞ야民으로더브러休息ᄒᆞ니是에至ᄒᆞ야匈奴ㅣ和親ᄒᆞ고百姓이充實ᄒᆞ야稍히文景의業을復ᄒᆞ다

(辛丑)元鳳元年이라 上官桀之子安이 有女ᄒᆞ니 卽霍光의 外孫이라 安이 因光欲內之어ᄂᆞᆯ 光이 以其幼로 不聽ᄒᆞᆫ대 安이 遂因帝姊蓋長公主ᄒᆞ야 內入宮爲婕妤라가 月餘에 立爲皇后ᄒᆞ니 年甫六歲라 於是에 桀安이 深怨光而德蓋主러라 知燕王旦ㅣ 以帝兄으로 不得立ᄒᆞ야 亦怨望ᄒᆞ고 乃令人으로 詐爲燕王上書ᄒᆞ야 欲共執退光이러니 書奏에 光이 聞之不入ᄒᆞᆫ대 上이 問大將軍은 安在오 桀이 對以燕王이 告其

(蓋長公主)武帝女爲蓋侯妻

罪로不敢入이니이다 有詔召大將軍ᄒᆞᆫ대光이入ᄒᆞ야 免冠頓首어늘上이曰將軍은冠ᄒᆞ라朕이知是書ㅣ詐也로다將軍은無罪ᄒᆞ니라 將軍이調校尉未十日에燕王이何以知之리오是時에帝ㅣ年이十四라尙書左右ㅣ皆驚而上書者ㅣ果亡이러라 後에桀黨與ㅣ有譖光者면上이輒怒曰大將軍은忠臣이라先帝ㅣ所屬以輔朕身이니有毁者면坐之ᄒᆞ리라 自是로桀等이不敢復言이러라 出光本傳

李德裕論曰人君之德莫大於至明明以照姦則邪不能蔽矣漢昭帝是也周成王有慚德矣高祖 文景俱不如也成王聞管蔡流言遂使周公狼跋而東漢高聞陳平去魏背楚欲捨腹心臣漢文惑季布使酒難近 罷歸股肱郡疑賈生擅權紛亂復疎十士景帝信誅晁錯兵解遂戮三公所謂執狐疑之心來讒賊之口使昭帝得伊呂之佐則成康不足侔矣

元鳳元年이라上官桀의子安이女ㅣ有ᄒᆞ니即霍光의外孫이라安이光를因ᄒᆞ야內ᄒᆞ코자ᄒᆞ거ᄂᆞᆯ光이그幼로써聽치안이ᄒᆞᆫᄃᆡ安이드ᄃᆡ여帝姊蓋長公主를因ᄒᆞ야內ᄒᆞ야宮에入ᄒᆞ야婕妤를ᄉᆞᆷ엇다가月餘에立ᄒᆞ야皇后를ᄉᆞᆷ으니年이겨우六歲라이에桀과安이深히光을怨ᄒᆞ고蓋主를德ᄒᆞ더라燕王旦ㅣ帝의兄으로써시러곰立치못ᄒᆞ야또怨望ᄒᆞᆷ을知ᄒᆞ고이에人으로ᄒᆞ여곰詐히燕王上書를ᄒᆞ야共히執ᄒᆞ야光을退코자ᄒᆞ더니書를奏ᄒᆞᆷ에光이聞ᄒᆞ고入치안이ᄒᆞᆫᄃᆡ上이問호ᄃᆡ大將軍은어ᄃᆡ在

ᄒᆞᆫ고桀이對ᄒᆞ되燕王이그罪를告ᄒᆞᆷ으로써敢히入치못ᄒᆞᄂᆞ이다詔ㅣ有ᄒᆞ야大將軍을召ᄒᆞᆫᄃᆡ光이入ᄒᆞ야冠을免ᄒᆞ고首를頓ᄒᆞ거ᄂᆞᆯ上이曰將軍은冠ᄒᆞ라朕이是書가詐인줄知ᄒᆞ노라將軍은罪가無ᄒᆞ니라將軍이校尉를調ᄒᆞᆫ지十日이못되야燕王이엇지써知ᄒᆞ리오이ᄯᅢ에帝年이十四라尙書와左右ㅣ다驚ᄒᆞ고上書ᄒᆞᆫ者ㅣ果然亾ᄒᆞ다後에桀의黨與ㅣ光을讚ᄒᆞᄂᆞᆫ者ㅣ有ᄒᆞ면上이문득怒ᄒᆞ야曰大將軍은忠臣이라先帝ㅣ屬ᄒᆞ야써朕의身을輔ᄒᆞ신바ㅣ니毀ᄒᆞᄂᆞᆫ者ㅣ有ᄒᆞ면坐ᄒᆞ리라ᄒᆞ니是로自ᄒᆞ야桀等이敢히다시言치못ᄒᆞ더라

上官桀等이謀令長公主로置酒請光ᄒᆞ야伏兵格殺之ᄒᆞ고因廢帝ᄒᆞ야迎立燕王爲天子ᄒᆞ고安이又謀誘燕王ᄒᆞ야至而誅之ᄒᆞ고因廢帝立桀이러니會에蓋主舍人이知其謀ᄒᆞ고以告ᄒᆞᆫ대詔捕桀安等宗族ᄒᆞ야悉誅之ᄒᆞ니蓋主ᄂᆞᆫ自殺ᄒᆞ고燕王은自絞死ᄒᆞ고(絞古巧反) **皇后ᄂᆞᆫ以年少로不與謀ᄒᆞ고亦霍光의外孫故로得不廢ᄒᆞ다**(出外戚上官皇后傳)

上官桀等이謀ᄒᆞ야長公主로ᄒᆞ야곰酒를置ᄒᆞ고光을請ᄒᆞ야兵을伏ᄒᆞ야格殺ᄒᆞ고因ᄒᆞ야帝를廢ᄒᆞ야燕王을迎立ᄒᆞ야天子를삼고安이ᄯᅩ謀ᄒᆞ야燕王을誘ᄒᆞ야至ᄒᆞ거든誅ᄒᆞ고因ᄒᆞ야帝를廢ᄒᆞ고桀을立ᄒᆞ려ᄒᆞ엿더니會에蓋主舍人이그謀를知ᄒᆞ

(傳)姓介子名

고써告ᄒᆞᆫ대詔ᄒᆞ야桀安等宗族을捕ᄒᆞ야다誅ᄒᆞ니蓋主ᄂᆞᆫ스ᄉᆞ로絞死ᄒᆞ고皇后ᄂᆞᆫ年少로써더부러謀치아니ᄒᆞ엿고ᄯᅩ霍光의外孫인故로시러곰廢치안타

(甲辰)四年이라樓蘭國이最在東垂近漢이라當白龍堆ᄒᆞ야數遮殺漢使러니傅介子ㅣ使大宛ᄒᆞ야詔因令責樓蘭龜(音丘)茲(音慈)ᄒᆞ니其王이皆謝服이러라介子ㅣ還ᄒᆞ야謂大將軍霍光曰樓蘭龜茲ㅣ數反覆ᄒᆞ니不誅면無所懲艾라願往刺之ᄒᆞ야以威로示諸國ᄒᆞ리이다大將軍이於是에白遣之러니介子ㅣ與士卒로俱齎金幣ᄒᆞ야以賜外國爲名ᄒᆞ니王이貪漢物ᄒᆞ야來見使者어늘介子ㅣ使壯士로刺死之ᄒᆞ고諭以王이負漢罪ᄒᆞ고更立王弟尉屠耆ᄒᆞ야爲王ᄒᆞ고(耆音祈)更名其國ᄒᆞ야爲鄯善ᄒᆞ고封傅介子ᄒᆞ야爲義陽侯ᄒᆞ다(出西域傳及介子傳)

四年이라樓蘭國이가장東垂에在ᄒᆞ야漢에近ᄒᆞᆫ지라白龍堆를當ᄒᆞ야자조漢使를遮殺ᄒᆞ더니傅介子ㅣ大宛에使ᄒᆞ야詔로因ᄒᆞ야하여곰樓蘭龜茲를責ᄒᆞ니그王이다謝服ᄒᆞ더라介子ㅣ還ᄒᆞ야大將軍霍光다려謂ᄒᆞ여曰樓蘭龜茲ㅣ자조反覆ᄒᆞ니

誅치아니ᄒᆞ면懲艾ᄒᆞᆯ바ㅣ無ᄒᆞᆯ지라願컨ᄃᆡ往ᄒᆞ야刺ᄒᆞ야威로써諸大國에示ᄒᆞ리이다大將軍이이에白ᄒᆞ고遣ᄒᆞᆫ대介子ㅣ士卒로더브러한가지金幣를齎ᄒᆞ야써外國에賜ᄒᆞᆷ으로名을ᄒᆞ니王이漢物을貪ᄒᆞ야來ᄒᆞ야使者를見ᄒᆞ거ᄂᆞᆯ介子ㅣ壯士로하여곰刺ᄒᆞ야死ᄒᆞ고王이漢을負ᄒᆞᆫ罪로써諭ᄒᆞ고다시王弟尉屠耆를立ᄒᆞ야王을ᄉᆞᆷ고다시그國을名ᄒᆞ야鄯善이라ᄒᆞ고傳介子를封ᄒᆞ야義陽侯를ᄉᆞᆷ다

(哀王武帝子)

(丁未)元平元年이라 **四月**에 **帝崩**ᄒᆞ니 **無嗣**라 **大將軍光**이 **與群臣**으로 **議迎昌邑王賀**ᄒᆞ니 **賀**ᄂᆞᆫ **哀王之子**라 **在國**에 **素狂縱**ᄒᆞ야 **動作無節**ᄒᆞ야 **嘗遊方與**ᄒᆞᆯ서(音房預) **不半日**에 **馳二百里**어ᄂᆞᆯ **中尉王吉**이 **上疏諫曰** **夫廣廈之下**와 **細旃之上**에 **明師**ㅣ **居前**ᄒᆞ고 **勸誦**이 **在後**ᄒᆞ야 **上論唐虞之際**ᄒᆞ고 **下及殷周之盛**ᄒᆞ야 **考仁聖之風**ᄒᆞ며 **習治國之道**면 **於以養生**에 **豈不長哉**잇가 **王**이 **終不改節**이러니 **六月**에 **王**이 **受皇帝璽綬**ᄒᆞ고 **襲尊號**ᄒᆞ다 (出王吉及昌邑王傳)

元平元年이라四月에帝ㅣ崩ᄒᆞ니嗣ㅣ無ᄒᆞᆫ지라大將軍光이羣臣으로더브러議ᄒᆞ야昌邑王賀를迎ᄒᆞ니賀ᄂᆞᆫ哀王의子ㅣ라國에在ᄒᆞ야본ᄃᆡ狂縱ᄒᆞ야動作이節이無

(旃)席也

ᄒᆞ야일즉이方輿에遊ᄒᆞ실식半日이못되여二百里를馳ᄒᆞ거늘中尉王吉이疏를上ᄒᆞ야諫ᄒᆞ여日무릇廣廈의下와細旃의上에明師ㅣ前에居ᄒᆞ고勸誦이後에在ᄒᆞ야上으로唐虞의際를論ᄒᆞ고下로殷周의盛을及ᄒᆞ야仁聖의風을考ᄒᆞ며治國의道를習ᄒᆞ면써生을養홈이웃지長치아니리잇고王이終히節을改치안터니六月에王이皇帝璽綬를受ᄒᆞ고尊號를襲ᄒᆞ다

昌邑王이**旣立**에**淫戲無度**ᄒᆞ야**諫多不聽**이어늘**光**이**憂懣**ᄒᆞ야**問所親故吏田延年**ᄒᆞᆫ디**延年**이**曰將軍**이**爲國柱石**ᄒᆞ니**審此人不可**딘**何不建白太后**ᄒᆞ야**更選賢而立之**오**光**이**曰於古**에**有此不**아**延年**이**曰伊尹**이**相殷**에**廢太甲**ᄒᆞ야**以安宗廟**ᄒᆞ니**後世**에**稱其忠**이라**將軍**이**若能行此**면**亦漢之伊尹也**니라**光**이**乃陰與張安世**로**圖計**ᄒᆞ다 (出霍光傳)

昌邑王이임의立홈에淫戲ᄒᆞ고度가無ᄒᆞ야諫을不聽홈이多ᄒᆞ거늘光이憂懣ᄒᆞ야親ᄒᆞᆫ바故吏田延年에게問ᄒᆞᆫ대延年이曰將軍이國의柱石이되엿스니此人이不可ᄒᆞᆫ줄審ᄒᆞᆯ진대웃지太后에게建白ᄒᆞ야다시賢을選ᄒᆞ야立지안는고光이曰古에此가有ᄒᆞᆫ가不ᄒᆞᆫ가延年이曰伊尹이殷에相홈에太甲을廢ᄒᆞ야써宗廟를安ᄒᆞ니後世

에그忠을稱ᄒᆞᆫ지라將軍이만일능히此를行ᄒᆞ면또ᄒᆞᆫ漢의伊尹이니라光이이에감
안이張安世로더부러計를圖ᄒᆞ다

王이出遊어늘光祿大夫夏侯勝이當乘輿前ᄒᆞ야諫曰天이久陰不雨ᄒᆞ니臣下ㅣ有謀上者어늘陛下ㅣ出欲何之잇고王이怒ᄒᆞ야謂勝이爲妖言이라ᄒᆞ야縛以屬吏ᄒᆞ다光이乃召問勝ᄒᆞᆫ되勝이對言ᄒᆞ되在鴻範傳에曰皇之不極이면厥罰常陰이라時則下人이有伐上者라ᄒᆞᆫ되 鴻與洪通凡書非正經者謂之傳此三句洪範傳之言也 光安世ㅣ大驚ᄒᆞ야以此로益重經術士러라 出勝本傳

王이出遊ᄒᆞ거늘光祿大夫夏侯勝이乘輿前에當ᄒᆞ야諫ᄒᆞ여曰天이久히陰ᄒᆞ고雨
치아니ᄒᆞ니臣下ㅣ上을謀ᄒᆞ는者잇거늘陛下ㅣ出ᄒᆞ야어듸로가고져ᄒᆞ시느잇고
王이怒ᄒᆞ야勝이妖言을ᄒᆞᆫ다謂ᄒᆞ야縛ᄒᆞ야써吏에屬ᄒᆞ다光이이에勝을召ᄒᆞ야問
ᄒᆞᆫ대勝이對ᄒᆞ야言ᄒᆞ되鴻範傳에在ᄒᆞ니曰皇이極치못ᄒᆞ면그罰이常히陰ᄒᆞ는지
라시時ㅣ니則下人이上을伐ᄒᆞ는者ㅣ有ᄒᆞ다ᄒᆞᆫ대光과安世ㅣ크게驚ᄒᆞ야此로써더
욱經術士를重히ᄒᆞ더라

光安世ㅣ旣定議ᄒᆞ고乃使田延年으로報丞相楊敞ᄒᆞᆫ되敞이驚懼ᄒᆞ야不

知所言ᄒᆞ야汗出沾背ᄒᆞ고 徒唯唯音韋而已라光이 卽與群臣으로 俱見白太后ᄒᆞ고 見形電反白奏也見太后而奏之 具陳昌邑王이不可以承宗廟로狀ᄒᆞᆫᄃᆡ皇太后ㅣ詔昌邑王ᄒᆞ야伏前聽詔ᄒᆞ니光이令王으로起拜受詔ᄒᆞ고光이持其手ᄒᆞ야解脫其璽組ᄒᆞ고 則古反 扶王下殿ᄒᆞ야 送至昌邑邸ᄒᆞ다 出霍光傳

光과安世ㅣ임의議를定ᄒᆞ고이에田延年으로ᄒᆞ여곰丞相楊敞에게報ᄒᆞᆫ대敞이驚懼ᄒᆞ야言ᄒᆞᆯ바를知치못ᄒᆞ야汗이나셔背에沾ᄒᆞ고ᄒᆞᆫ갓唯唯ᄒᆞᆯ다름이러라光이곳羣臣으로더부러ᄒᆞᆫ가지太后긔見白ᄒᆞ야갓초어昌邑王이可히써宗廟를承치못ᄒᆞᆯ狀을陳ᄒᆞᆫ대皇太后ㅣ昌邑王에게詔ᄒᆞ야前에伏ᄒᆞ야詔를聽케ᄒᆞ니光이王으로ᄒᆞ여곰起ᄒᆞ야拜ᄒᆞ고詔를受케ᄒᆞ고光이그手를持ᄒᆞ야그璽組를解脫ᄒᆞ고王을扶ᄒᆞ고殿에下ᄒᆞ야昌邑邸로送ᄒᆞ야至ᄒᆞ다

初에衛太子之子史皇孫이 以外家姓稱之曰史 生子病已ᄒᆞ니 己止也夙遭屯難而多病苦故名病已欲速差也后改名詢之 號를皇曾孫이라ᄒᆞ니皇曾孫이生數月에遭巫蠱事ᄒᆞ야 太子男女妻妾이皆遇害호ᄃᆡ獨皇曾孫이在ᄒᆞ야亦坐收繫獄이러니丙吉이受詔治巫蠱獄ᄒᆞᆯ시吉이心知太子無事ᄒᆞ고重哀皇曾孫無辜ᄒᆞ야擇謹厚女

徒ᄒᆞ야 令乳養曾孫ᄒᆞ야 置閑燥러니 閒讀曰閑 燥先到反 曾孫이 高材好學이나 然이나 亦
喜游俠ᄒᆞ니 游俠謂輕死重氣如荊軻豫讓之輩游從也行也俠扶也持也言能相從游行俠輔之事也 以是로 具知閭里姦邪吏治
得失이러라 出宣帝紀 及昌邑王이 廢에 霍光이 與張安世諸大臣으로 議所立
未定이러니 丙吉이 奏記光曰武帝曾孫名病己者ㅣ 至今十八
九矣라 通經術有美材ᄒᆞ고 行安而節和ᄒᆞ니 願將軍은 定大策ᄒᆞ소서 出丙吉傳

初에衛太子의子史皇孫이子病己를生ᄒᆞ니號를皇曾孫이라皇曾孫이生ᄒᆞᆫ지數月
에巫蠱事를遭ᄒᆞ야太子男女妻妾이다害를遇ᄒᆞ고ᄒᆞᆯ로皇曾孫이在ᄒᆞ야ᄯᅩ收에坐
ᄒᆞ야獄에繫ᄒᆞ엿더니丙吉이詔를受ᄒᆞ야巫蠱獄을治ᄒᆞᆯ식吉이心으로太子ㅣ無事
ᄒᆞᆷ을知ᄒᆞ고거듭皇曾孫이辜가無ᄒᆞᆷ을哀ᄒᆞ야謹厚ᄒᆞᆫ女徒를擇ᄒᆞ야ᄒᆞ여곰乳ᄒᆞ야
曾孫을養ᄒᆞ야閑燥에置ᄒᆞ엿더니曾孫이材가高ᄒᆞ고學을好ᄒᆞ나그러나ᄯᅩ遊俠을
喜ᄒᆞ니是로써갓초어閭里姦邪와吏治得失을知ᄒᆞ더라昌邑王이廢ᄒᆞᆷ에霍光이張
安世와諸大臣으로더브러立ᄒᆞᆯ바를議ᄒᆞ고定치못ᄒᆞ엿더니丙吉이光에게奏記ᄒᆞ
여日武帝曾孫名病己者ㅣ至今十八九라經術을通ᄒᆞ고美材가有ᄒᆞ고行이安ᄒᆞ고
節이和ᄒᆞ니원컨ᄃᆡ將軍은大策을定ᄒᆞ소서

光이 與丞相敞으로 上奏曰武帝曾孫病己ㅣ 年十八에 師受詩

論語孝經ᄒᆞ고躬行節儉ᄒᆞ고慈仁愛人ᄒᆞ니可以嗣孝昭皇帝後ㅣ이니다
皇太后ㅣ詔曰可迎曾孫ᄒᆞ야卽皇帝位ᄒᆞ라(出霍光傳)侍御史嚴延年이
劾奏ᄒᆞ되大將軍光이擅廢立主ᄒᆞ니無人臣禮라不道ㅣ이니다 奏雖寢
然이나朝廷이肅然敬憚之러라

光이丞相敞으로더부러上奏ᄒᆞ여曰武帝曾孫病已ㅣ年이十八에詩와論語와孝經을師受ᄒᆞ야躬으로節儉을行ᄒᆞ고慈仁ᄒᆞ고人을愛ᄒᆞ니可히써孝昭皇帝后를嗣ᄒᆞᆯ지이니다皇太后ㅣ詔ᄒᆞ여曰可히曾孫을迎ᄒᆞ야皇帝位에即케ᄒᆞ라侍御史嚴延年이劾奏ᄒᆞ대大將軍光이擅히廢ᄒᆞ고主를立ᄒᆞ니人臣의禮가無ᄒᆞᆫ지라道가아니니이다奏ㅣ비록寢然ᄒᆞ나朝廷이肅然히敬ᄒᆞ고憚ᄒᆞ더라

漢紀

中宗孝宣皇帝上(初名病已後改詢名武帝曾孫衛太子孫史皇孫子) 在位二十五年 壽四十一(信賞必罰吏稱民安可謂中興侔德商周然刑名繩下德敎不純漢家之元氣索矣)

(戊申)本始元年이라 大將軍光이 稽首歸政ᄒᆞ니 上이 謙讓不受ᄒᆞ고
諸事를 皆先關白光然後에 奏御ᄒᆞ다 自昭帝時로 光黨親이 連

(關白)關由也如行者之有其關鍵也

體根據於朝廷이러니 及昌邑王이廢에 光權이益重이라每朝見에上
이虛己斂容ᄒᆞ야禮下之已甚이러라 出霍光本傳

本始元年이라大將軍光이首를稽ᄒᆞ고政을歸ᄒᆞ거늘上이謙讓ᄒᆞ야受치안코諸事
를다먼져光에게關ᄒᆞ야白ᄒᆞᆫ然後에御에奏ᄒᆞ다昭帝時로브터光의黨親이體를連
ᄒᆞ야朝廷에根據ᄒᆞ더니밋昌邑王이廢ᄒᆞᆷ에光의權이더옥重ᄒᆞᆫ지라미양朝見ᄒᆞᆷ에
上이己를虛ᄒᆞ고容을斂ᄒᆞ야禮로下ᄒᆞ기를임의甚히ᄒᆞ더라

初에上官桀이與霍光으로爭權이러니 光이旣誅桀에 遂遵武帝法
度ᄒᆞ야以刑罰로痛繩羣下ᄒᆞ니 痛切也繩治也如繩約物然不使跌宕也羣下即百司庶府 由是로俗吏ㅣ皆尙
嚴酷으로以爲能而河南太守丞黃霸ㅣ獨用寬和로爲名이라上
이在民間時에知百姓이苦吏急迫이러니聞霸ㅣ持法平ᄒᆞ고乃召爲
廷尉正ᄒᆞ야 正長官也 數決疑獄ᄒᆞ니庭中이稱平이러라 出黃霸本傳庭中廷尉之中也稱平謂稱美其持法輕重適中

初에上官桀이霍光으로더브러權을爭ᄒᆞ더니光이임의桀을誅ᄒᆞᆷ에드듸여武帝의
法度를遵ᄒᆞ야刑罰로써群下ᄅᆞᆯ痛繩ᄒᆞ니是로由ᄒᆞ야俗吏ㅣ다嚴酷을尙ᄒᆞ야써能
을ᄒᆞ되河南太守丞黃霸ㅣᄒᆞᆯ로寬和를用ᄒᆞᆷ으로名을ᄒᆞ니上이民間에在ᄒᆞᆫ時에

百姓이吏의急迫을苦ᄒᆞᆷ을知ᄒᆞᆫ지라霸가持法을平히ᄒᆞᆷ을聞ᄒᆞ고이에召ᄒᆞ야廷尉正을솜어자조疑獄을決ᄒᆞ니庭中이平ᄒᆞ다稱ᄒᆞ더라

(己酉)二年이라夏에 詔曰孝武皇帝ㅣ躬仁誼厲威武ᄒᆞ샤 功德이茂盛而廟樂을 未稱ᄒᆞ니 朕甚悼焉ᄒᆞ노 其與列侯二千石博士로議ᄒᆞ라羣臣이 皆曰如詔ᄒᆞ라대 獨夏侯勝이 曰武帝ㅣ雖有攘四夷廣土境之功이나 然이나 多殺士衆ᄒᆞ고 竭民財力ᄒᆞ야 奢泰無度ᄒᆞ야 無德澤於民ᄒᆞ니 不宜爲立廟樂이니이다 於是에 丞相御史ㅣ 劾奏ᄒᆞ되 勝이 非議詔書ᄒᆞ고 毁先帝ᄒᆞ니 不道오 爲句及丞相長史黃霸ㅣ 阿縱勝ᄒᆞ야 不擧劾이라ᄒᆞ야 俱下獄ᄒᆞ고 有司ㅣ 遂請尊孝武帝廟ᄒᆞ야 爲世宗廟ᄒᆞ다

二年이라夏에詔ᄒᆞ야 曰孝武皇帝ㅣ仁誼을躬ᄒᆞ고武威를厲ᄒᆞ샤功德이茂盛ᄒᆞᄃᆡ廟樂을稱치못ᄒᆞ니朕이甚히悼ᄒᆞ노니그列侯二千石博士로더브러議ᄒᆞ라群臣이다가로ᄃᆡ詔와如히ᄒᆞ다ᄒᆞᄃᆡᄒᆞᆯ노夏侯勝이曰武帝ㅣ비록四夷를攘ᄒᆞ고土境을廣ᄒᆞᆫ功이잇스나그러나士衆을多殺ᄒᆞ고民의財力을竭ᄒᆞ야奢泰ᄒᆞᆷ이度가업서德澤이民에업스니廟樂을立ᄒᆞᆷ이宜치아느니이다이에丞相御史ㅣ劾奏ᄒᆞᄃᆡ勝이詔書

(更)歷也

를非議ᄒᆞ고先帝를毁ᄒᆞ니道가아니오밋丞相의長史黃霸ㅣ勝을阿縱ᄒᆞ야드러劾치아니ᄒᆞ엿다ᄒᆞ야다獄에下ᄒᆞ고有司ㅣ드듸여請ᄒᆞ야孝武帝의廟를尊ᄒᆞ야世宗廟라ᄒᆞ다

夏侯勝黃霸ㅣ既久繫에霸ㅣ欲從勝受尙書여늘勝이辭以罪死ᄒᆞᆫᄃᆡ霸ㅣ日朝聞道면夕死라도可矣ㅣ라ᄒᆞᆫᄃᆡ勝이賢其言ᄒᆞ야遂授之ᄒᆞ고繫再更冬호ᄃᆡ講論不怠러라 出夏侯勝傳

夏侯勝과黃霸ㅣ임의오ᄅᆡ繫ᄒᆞᆷ에霸ㅣ勝을從ᄒᆞ야尙書를受코져ᄒᆞ거늘勝이罪死로써辭ᄒᆞᆫᄃᆡ霸ㅣ日朝에道를聞ᄒᆞ면夕에死ᄒᆞ드라도可ᄒᆞ다ᄒᆞᆫᄃᆡ勝이그言을賢히여겨드듸여授ᄒᆞ고繫ᄒᆞ야두변冬을更호ᄃᆡ講論ᄒᆞᆷ을怠치안더라

(庚戌)三年이라霍光의夫人顯이欲貴其小女成君이러니會에許后ㅣ當娠病이라女醫淳于衍者는霍氏의所愛라嘗入宮侍疾이어늘顯이使衍으로因投毒藥ᄒᆞ야以飮皇后러니有頃에遂加煩懣崩ᄒᆞ다 出許皇后傳

三年이라霍光의夫人顯이그小女成君을貴코져ᄒᆞ더니會에許后ㅣ娠을當ᄒᆞ야病이든지라女醫淳于衍인者는霍氏의愛ᄒᆞ는바ㅣ라일ᄌᆞᆨ이宮에入ᄒᆞ야疾을侍ᄒᆞ거늘顯이衍으로하여곰因ᄒᆞ야毒藥을投ᄒᆞ야써皇后를飮케ᄒᆞ엿더니얼마잇다가

드듸여煩懣을加ᄒᆞ야崩ᄒᆞ다

冬에匈奴單于ㅣ自將數萬騎ᄒᆞ고擊烏孫ᄒᆞ야頗得老弱欲還이러니會에天이大雨雪ᄒᆞ야一日에深丈餘라人民畜産이凍死ᄒᆞ고還者ㅣ不能什一이라於是에丁令은(音令丁零北狄種名在康居北去匈奴庭接習水七千里)乘弱攻其北ᄒᆞ고烏桓은入其東ᄒᆞ고(烏桓其先東胡也續漢書曰漢初匈奴冒頓破東胡其餘衆退保烏桓山因爲號焉其俗無常居男女悉髠頭爲輕便)烏孫은擊其西ᄒᆞ니凡三國所殺이數萬級이오馬數萬匹이오牛羊이甚衆이라匈奴ㅣ大虛弱이러니其後에漢이出三千餘騎ᄒᆞ야爲三道ᄒᆞ야並入匈奴ᄒᆞ야捕虜得數千人還ᄒᆞ니匈奴ㅣ終不敢取當ᄒᆞ야滋欲鄕和親(滋益也鄕讀曰嚮)而邊境이少事矣러라(出匈奴傳)

冬에匈奴單于ㅣᄉᆞᄉᆞ로數萬騎를將ᄒᆞ고烏孫을擊ᄒᆞ야頗히老弱을得ᄒᆞ야還코져ᄒᆞ더니會에天히大히雨雪ᄒᆞ야一日에深이丈餘ㅣ라人民畜産이凍死ᄒᆞ고還ᄒᆞᆫ者能히十에一이못되더라이에丁令은弱을乘ᄒᆞ야그北을攻ᄒᆞ고烏桓은그東으로入ᄒᆞ고烏孫은그西를擊ᄒᆞ니무릇三國의殺ᄒᆞᆫ바ㅣ數萬級이오馬ㅣ數萬匹이오牛羊이심히衆ᄒᆞᆫ지라匈奴ㅣ크게虛弱ᄒᆞ엿더니그後에漢이三千餘騎를出ᄒᆞ야三道를

하야並히匈奴에入하야捕虜하야數千人을得하야還하니匈奴ㅣ終내敢히取當치못하야더욱鄕하야和親코져하고邊境이事가少하더라

是歲에潁川太守趙廣漢이爲京兆尹하다潁川俗에豪傑이相朋黨이어늘廣漢이爲缿筩하야(缿音項筩音同缿若今盛錢藏甁爲小孔可入而不可出筩斷竹也如今官受密事筩也或缿或筩皆爲此制而用受書)受吏民投書하야使相告訐호디(居謁反)於是에更相怨咎하야姦黨이散落하고盜賊이不得發이라尤善爲鉤距하야(鉤致也距閉也使對者無疑若不問而自知衆莫覺所由以閉其術爲鉤距也毛氏曰鉤距如釣鉤之有距呑之則順吐之則逆使人入其術中而不能出以鉤索其隱情也)以得事情하야閭里銖兩之姦을皆知之러라長安少年數人이會窮里空舍하야謀共劫人이라가坐語未訖에廣漢이使吏로捕治具服하니其發姦擿伏이如神이라(擿他歷反發謂動發之也姦宄也擿挑伏隱也謂爲姦而隱匿者必爲擿發之也)京兆政淸하니吏民이稱之不容口하고長老는傳以爲自漢興으로治京兆者ㅣ莫能及이라하더라

이해에潁川太守趙廣漢이京兆尹이되다潁川俗에豪傑이서로朋黨하거늘廣漢이缿筩을하야吏民의投書를受하야하여곰서로訐을告한디이에다시서로怨咎하야

姦黨이散落ᄒᆞ고盜賊이시러곰發치못ᄒᆞᄂᆞᆫ지라더욱鉤鉅를善히ᄒᆞ야써事情을得ᄒᆞ야閭里銖兩의姦을다知ᄒᆞ더라長安少年數人이窮里空舍에會ᄒᆞ야共히劫人키를謀ᄒᆞ다가坐ᄒᆞ야語ᄒᆞᆷ을訖치못ᄒᆞ야廣漢이吏로ᄒᆞ여곰捕治ᄒᆞ야具服ᄒᆞ니그姦을發ᄒᆞ고伏을摘ᄒᆞᆷ이神갓더라京兆ㅣ政이淸ᄒᆞ니吏民이稱ᄒᆞ되口를容치못ᄒᆞ고長老ᄂᆞᆫ傳ᄒᆞ야써ᄒᆞ되漢興으로브터京兆를治ᄒᆞᆫ者ㅣ能히及지못ᄒᆞᆫ다ᄒᆞ더라

(辛亥)四年이라春에立霍光女ᄒᆞ야爲皇后ᄒᆞ다

四年이라春에霍光의女를立ᄒᆞ야皇后를삼다

(壬子)地節元年이라于定國이爲廷尉ᄒᆞ다定國이決疑平法ᄒᆞ야務在哀鰥寡ᄒᆞ고罪疑란從輕ᄒᆞ야加審愼之心ᄒᆞ니朝廷이稱之曰張釋之ㅣ爲廷尉에天下ㅣ無冤民이러니于定國이爲廷尉에民이自以不冤이라ᄒᆞ더라 出本傳

地節元年이라于定國이廷尉ㅣ되다定國이疑를決ᄒᆞ고法을平히ᄒᆞ야務가鰥寡를哀ᄒᆞᆷ에在ᄒᆞ고罪가疑ᄒᆞ야란輕을從ᄒᆞ야審愼의心을加ᄒᆞ니朝廷이稱ᄒᆞ야曰張釋之ㅣ廷尉ㅣ됨에天下ㅣ冤民이無ᄒᆞ더니于定國이廷尉됨에民이스ᄉᆞ로써冤치안

논다ᄒᆞ더라

(癸丑)二年이라春에霍光이薨ᄒᆞ다

二年이라春에霍光이薨ᄒᆞ다

上이思報大將軍德ᄒᆞ야乃封光兄孫山ᄒᆞ야爲樂平侯ᄒᆞ야使以奉車都尉로領尙書事ᄒᆞ니魏相이奏封事言ᄒᆞ대(爲句漢舊儀密奏皂囊封板故曰封事)春秋에譏世卿ᄒᆞ고(王氏曰公卒傳隱三年尹氏羊尹氏者何天子之大夫也其稱尹氏何譏世卿世卿非禮也註云世卿者父死子繼也貶去名而氏者起其世也若曰世世尹氏也禮公卿大夫士皆選賢而用之不當世爲其秉政久必奪君之威權)惡宋三世爲大夫ᄒᆞ니(王氏曰公羊傳僖二十五年宋殺其大夫可以不名宋三世無大夫三世內娶也註云三世謂慈父主臣處臼也內娶大夫女也言無大夫者禮不臣妻之父母國內皆臣無娶道宋以內娶故公族以弱妃黨益强卒生簒弑故君子疾惡之)今光이死에子ㅣ復爲右將軍ᄒᆞ고兄子ㅣ秉樞機ᄒᆞ고昆弟諸壻ㅣ據權勢ᄒᆞ야在兵官ᄒᆞ야驕奢放縱ᄒᆞ니宜有以損奪其權ᄒᆞ고破散陰謀ᄒᆞ야以全功臣之世ᄒᆞ소서又故事에諸上書者ㅣ皆爲二封ᄒᆞ야署其一曰副어든領尙書者ㅣ先發副封ᄒᆞ야所言이不善이면屛去不奏ᄒᆞ더니相이復因許伯ᄒᆞ야白去副封ᄒᆞ야(伯謂魏相許伯卽許)

廣漢按魏相先嘗因許伯奏封事今又因以建白上前而除其副本 以防壅蔽ᄒᆞᆫᄃᆡ帝ㅣ善之ᄒᆞ야詔相給事中ᄒᆞ고皆從其議ᄒᆞ다 出本傳

上이大將軍의德을報키思ᄒᆞ야이에光의兄孫山을封ᄒᆞ야樂平侯를삼어ᄒᆞ여곰奉車都尉로써尙書事를領케ᄒᆞ니魏相이封事를奏ᄒᆞ야言ᄒᆞ되春秋에世卿을譏ᄒᆞ고宋에三世ᄅᆞᆯ大夫됨을惡ᄒᆞ니今光이死ᄒᆞᆷ에子ㅣ다시右將軍이되고兄子ㅣ樞機를秉ᄒᆞ고昆弟諸壻ㅣ權勢를據ᄒᆞ야兵官에在ᄒᆞ야驕奢ᄒᆞ고放縱ᄒᆞ니맛당이써그權을損奪ᄒᆞ고陰謀를破散ᄒᆞ야써功臣의世를全케ᄒᆞ소서또故事에모든上書ᄒᆞᄂᆞᆫ者ㅣ다一封을ᄒᆞ야그一을署ᄒᆞ야曰副라ᄒᆞ거든尙書를領ᄒᆞᆫ者ㅣ먼저副封을發ᄒᆞ야言ᄒᆞᆫ바이善치안으면屛去ᄒᆞ고奏치안터니相이다시許伯을因ᄒᆞ야白ᄒᆞ고副封을去ᄒᆞ야써壅蔽를防ᄒᆞᆫᄃᆡ帝ㅣ善히여겨相에게詔ᄒᆞ야事中을給ᄒᆞ고다그議를從ᄒᆞ다

帝ㅣ興于閭閻ᄒᆞ야知民事之艱難이러니霍光이旣薨에始親政事ᄒᆞ야厲精爲治ᄒᆞ샤五日에一聽事ᄒᆞ니自丞相以下로各奉職奏事ᄒᆞ야敷奏其言이어든考試功能ᄒᆞ고侍中尙書ㅣ功勞當遷과及有異善이어든

厚加賞賜ᄒᆞ야 至于子孫히(王氏曰謂賞賜逮及子孫耳非謂侍中尙書至子孫不改易) 終不改易ᄒᆞ니 樞機周密ᄒᆞ고 品式이 備具ᄒᆞ야 上下相安ᄒᆞ야 莫有苟且之意러라(出本傳)

帝ㅣ閭閻에興ᄒᆞ야民事의艱難을知ᄒᆞ더니霍光이임의薨ᄒᆞᆷ에비로소政事를親ᄒᆞ야精을厲ᄒᆞ야治를ᄒᆞᆯ시五日에한번식事를聽ᄒᆞ니丞相以下로브러각々職을奉ᄒᆞ고事를奏ᄒᆞ야 그言을敷奏ᄒᆞ거든功能을考試ᄒᆞ고侍中尙書ㅣ功勞ㅣ맛당이遷ᄒᆞᆯ것과밋異善이有ᄒᆞ거든厚히賞賜를加ᄒᆞ야子孫에至ᄒᆞ기終토록改易치아니ᄒᆞ니樞機가周密ᄒᆞ고品式이備具ᄒᆞ야上下ㅣ相安ᄒᆞ야苟且의意가잇지안터라

及拜刺史守相에 輒親見問ᄒᆞ야 觀其所由ᄒᆞ고 退而考察所行ᄒᆞ야 以質其言ᄒᆞ야 有名實이 不相應이어든 必知其所以然이러라 嘗稱曰 庶民所以安其田里而亡歎息愁恨之心者는 政平訟理也ㅣ니 與我共此者는 其惟良二千石乎ㅣ뎌(良循良也二千石謂郡守諸侯王相漢官儀云二千石俸月百二十斛又有眞二千石月百五十斛如淳曰律二千石俸月萬六千眞二千石月二萬按是二萬眞則是眞二千石也) 以爲太守는 吏民之本이라 數變易則下不安ᄒᆞ고 民知其將久면 不可欺罔ᄒᆞ야 乃服從其教化故로二

千石이有治理效ㅣ면輒以璽書로勉勵ᄒᆞ야增秩賜金ᄒᆞ고或爵至關內侯가라公卿이缺則選諸所表ᄒᆞ야以次用之ᄒᆞ니(選用嘗蒙增秩賜金進爵所旌表者)是故로漢世良吏ㅣ於是爲盛ᄒᆞ야稱中興焉이러라(出循吏傳)

新增唐仲友曰時雖有循吏酷吏亦不少循吏只是數人皆緣宣帝德意薄故名歸良吏若文帝時豈可勝紀正如詩之風雅又曰緣帝長於民間故知民疾苦緣在民間故知官吏欺弊賞罰不明綜核名實信賞必罰緣知民間愁歎由吏不良故選良二千石

미刺史守相을拜ᄒᆞᆷ에문득親히見問ᄒᆞ야그由ᄒᆞᄂᆞᆫ바를觀ᄒᆞ고退ᄒᆞ야行ᄒᆞᄂᆞᆫ바를考察ᄒᆞ야써그言을質ᄒᆞ야名實이서로應치안커든반다시그써然ᄒᆞᆫ바를知ᄒᆞ더라일쥭이稱ᄒᆞ야曰庶民이써그田里를安ᄒᆞ고歎息愁恨의心이亡ᄒᆞᆫ밧者ᄂᆞᆫ政이平ᄒᆞ고訟이理ᄒᆞᆷ이니我로더브러此를共히ᄒᆞᆯ者ᄂᆞᆫ그오쥭良二千石인뎌써ᄒᆞ되太守ᄂᆞᆫ吏民의本이라자주變易ᄒᆞᆫ즉下ㅣ安치못ᄒᆞ고民이그將久ᄒᆞᆷ을知ᄒᆞ면可히欺罔치못ᄒᆞ야이에그敎化를服從ᄒᆞᆯ지라故로二千石이治理의效가잇스면문득璽書로써勉勵ᄒᆞ야秩을增ᄒᆞ고金을賜ᄒᆞ고혹爵이關內侯에至ᄒᆞ다가公卿이缺ᄒᆞᆫ則모든所表ᄒᆞᆷ을選ᄒᆞ야次로써用ᄒᆞ니이런고로漢世의良吏이에盛ᄒᆞ야中興이라稱ᄒᆞ더라

(甲寅)三年이라春에詔曰有功不賞ᄒᆞ고有罪不誅ᄒᆞ면雖唐虞ㅣ라도不

(勞來)勉其勤曰勞慰其至曰來

能以化天下라今膠東相王成이勞來不怠ᄒᆞ야(勞來並去聲謂慰勉而招延之)流民自占이八萬餘口오(占去聲韻會載隱度戶口來附本業曰自占漢書註自隱度口數而着名籍也)治有異等之效ᄒᆞ니其賜成爵關內侯ᄒᆞ고秩中二千石ᄒᆞ라(中滿也漢制九卿已上秩一歲滿二千斛漢官儀云中二千石俸月百八十斛)未及徵用ᄒᆞ야會病卒官이러니後에詔使丞相御史로問郡國上計長史守丞以政令得失ᄒᆞᆫ대(王氏曰郡使守丞國使長史皆一物也故總言國上計長史守丞凡郡國皆掌治民常以春行所主縣勸民農桑振救乏絶秋冬遣無害吏案訊諸囚論課殿最歲盡遣詣京師主計上計者奉上戶口錢穀之數也上時掌反)或對言前膠東相成이僞自增加ᄒᆞ야以蒙顯賞이라ᄒᆞ니其後에俗吏ㅣ多爲虛名云이러라(出成本傳)

三年이라春에詔ᄒᆞ야曰功이잇고賞치아니ᄒᆞ며罪가잇고誅치아니ᄒᆞ면비록唐虞라도能히써天下를化치못ᄒᆞᆯ지라今에膠東相王成이勞來ᄒᆞᆷ를怠치아니ᄒᆞ야流民이ᄉᆞᄉᆞ로占ᄒᆞᆷ이八萬餘口오治에異等의效가有ᄒᆞ니그成에게爵關內侯를賜ᄒᆞ고秩二千石을中ᄒᆞ라밋처徵用치못ᄒᆞ야맛ᄎᆞᆷ病ᄒᆞ야官에卒ᄒᆞ엿더니後에詔ᄒᆞ야丞相御史로ᄒᆞ야곰郡國上計長史守丞에게政令得失을問ᄒᆞᆫᄃᆡ或對ᄒᆞ야言ᄒᆞ되膠東相成이그짓ᄉᆞᄉᆞ로增加ᄒᆞ야써顯賞을蒙ᄒᆞ엿다ᄒᆞ니그後에俗吏ㅣ虛名이多ᄒᆞ다云ᄒᆞ더라

丞相韋賢이以老病으로乞骸骨이어늘賜黃金百斤과安車駟馬ᄒᆞ야罷就第ᄒᆞ니丞相致仕ㅣ自賢始라以魏相으로爲丞相ᄒᆞ다 出本傳

丞相韋賢이老病으로써骸骨을乞ᄒᆞ거ᄂᆞᆯ黃金百斤과安車駟馬를賜ᄒᆞ야罷ᄒᆞ야第에就ᄒᆞ니丞相의致仕ᄒᆞᆷ이賢으로브터始ᄒᆞ다魏相으로써丞相을삼다

霍氏驕侈縱橫이어ᄂᆞᆯ 縱子用反放縱也橫胡孟反恣橫也 上이頗聞霍氏ㅣ毒殺許后而未察이러니 乃徙光諸壻ᄒᆞ야收其印綬ᄒᆞ고諸領羽林及兩宮衛將屯兵을悉易ᄒᆞ야以所親許史子弟로代之ᄒᆞ다 出霍光傳

霍氏ㅣ驕侈ᄒᆞ고縱橫ᄒᆞ거ᄂᆞᆯ上이자못霍氏가許后를毒殺ᄒᆞᆷ을聞ᄒᆞ고察치못ᄒᆞ엿더니이에光의諸壻를徙ᄒᆞ야그印綬를收ᄒᆞ고諸領의羽林과밋兩宮衛將屯兵을다易ᄒᆞ야所親許史子弟로써代ᄒᆞ다

初에孝武之世에徵發이煩數ᄒᆞ니百姓이貧耗ᄒᆞ고窮民이犯法ᄒᆞ야姦軌不勝이라於是의使張湯趙禹之屬으로條定法令ᄒᆞᆯ서作見知故縱監臨部主之法ᄒᆞ야 人有犯法或見或知而不擧告爲故縱而所監臨部主亦有罪幷連坐也 緩深故之罪ᄒᆞ고 時武帝欲急刑吏深害及故人人罪者寬緩之 急縱出之誅ᄒᆞ니其後에姦猾이巧法ᄒᆞ야轉相比況ᄒᆞ야 比例也況譬疑也記

王制篇疑獄比以成之註云己行故事曰比比音必利反 禁罔이寖密ᄒᆞ고律令이煩苛ᄒᆞ야文書ㅣ盈於几閣ᄒᆞ니典者ㅣ不能徧睹라是以로郡國承用者ㅣ駁ᄒᆞ야或罪同而論異ᄒᆞ고姦吏因緣爲市ᄒᆞ야王氏曰姦詐之吏旁緣弄法受財若市賈交易 所欲活則傅音附生議ᄒᆞ고所欲陷則予死比ᄒᆞ니與死例相比況也 議者ㅣ咸冤傷之러라出刑法志

初에孝武의世에徵發이煩數ᄒᆞ니百姓이貧耗ᄒᆞ고窮民이犯法ᄒᆞ야姦軌를勝치못ᄒᆞᆯ지라이에張湯과趙禹의屬으로하야곰法令을條定ᄒᆞᆯ시見知故縱監臨部主의法을作ᄒᆞ야深故의罪를緩히ᄒᆞ고縱出의誅를急히ᄒᆞ니그後에姦猾이法을巧히ᄒᆞ야轉ᄒᆞ야서로比況ᄒᆞ야禁罔이寖密ᄒᆞ고律令이煩苛ᄒᆞ야文書ㅣ几閣에盈ᄒᆞ니典者ㅣ能히두루睹치못ᄒᆞᄂᆞᆫ지라是以로郡國承用者ㅣ駁ᄒᆞ야或罪가同호ᄃᆡ論이異ᄒᆞ고姦吏ㅣ因緣ᄒᆞ야市를ᄒᆞ야活코져ᄒᆞᆫ바인則生議를傅ᄒᆞ고陷코져ᄒᆞᄂᆞᆫ바인則死比를予ᄒᆞ니議ᄒᆞᄂᆞᆫ者ㅣ다冤ᄒᆞ고傷ᄒᆞ더라

廷尉史路溫舒ㅣ上書曰陛下ㅣ初登至尊ᄒᆞ시니宜改前世之失ᄒᆞ시고正始受命之統ᄒᆞ샤滌煩文除民疾ᄒᆞ야以應天意ᄒᆞ소서臣은聞秦有十失에王氏曰十失謂一差文傳二好武勇三賤仁義四貴獄五罪誹謗六禁妖言七盛服先王不用於世八忠良切言皆鬱於胸九喜虛譽十蒙實禍 其一이尙

存ᄒᆞ니治獄之吏ㅣ是也라 夫獄者는 天下之大命也라 死者는不可復生이오絶者는不可復屬이니 書에曰與其殺不辜로寧失不經이라ᄒᆞ니今治獄吏則不然ᄒᆞ야上下ㅣ相敺ᄒᆞ야(敺與驅同)以刻爲明ᄒᆞ니(王氏曰言上而朝廷下而郡縣上而官長下而僚屬皆相敺迫以苛刻從事) 深者는獲公名ᄒᆞ고(王氏曰言深文者得奉公之名稱) 平者는多後患이라(王氏曰言持法平者厥後反多患害) 故로 治獄之吏ㅣ皆欲人死는非憎人也라 自安之道ㅣ在人之死ᄒᆞ니 太平之未治ㅣ凡以此也니이다 俗語에曰畫地爲獄이라도議不入ᄒᆞ고(王氏曰言指畫地爲獄戶雖知非眞獄人且擬議而不願入也)刻木爲吏라도期不對라ᄒᆞ니(王氏曰言彫刻木偶爲吏人雖識非眞吏且期望而不對也路溫舒傳註期猶必也) 此는 皆疾吏之風이오 悲痛之辭也라 惟陛下는 省法制寬刑罰則太平之風을可興於世ᄒᆞ리이다 上이善其言ᄒᆞ다(出溫舒本傳)

廷尉史路溫舒ㅣ書를上ᄒᆞ야曰陛下ㅣ初로至尊에登ᄒᆞ시니맛당이前世의失을改ᄒᆞ시고비로소命을受ᄒᆞᆫ統을正ᄒᆞ샤煩文을滌ᄒᆞ고民疾을除ᄒᆞ야써天意를應ᄒᆞ소서臣은드르니秦에十失이有ᄒᆞᆷ에其一이오히려存ᄒᆞ니獄을治ᄒᆞ는吏ㅣ是이라무릇獄이란者는天下의大命이라死ᄒᆞᆫ者는可히다시生치못ᄒᆞ고絶ᄒᆞᆫ者는可히다시

屬치못ᄒᆞᄂᆞ니書에曰그不辜를殺ᄒᆞᆷ으로더브러셔론차라리失ᄒᆞ야經치안는것이낫다ᄒᆞ니今에獄을治ᄒᆞᄂᆞᆫ吏ㅣ則不然ᄒᆞ야上下ㅣ서로敺ᄒᆞ야刻으로써明을ᄒᆞ니深ᄒᆞᆫ者ᄂᆞᆫ公名을獲ᄒᆞ고平ᄒᆞᆫ者ᄂᆞᆫ後患이多ᄒᆞᆫ지라故로治獄의吏ㅣ다人이死코져ᄒᆞᄂᆞᆫ人을憎ᄒᆞᆷ이아니라自安ᄒᆞᄂᆞᆫ道ㅣ人의死ᄒᆞᆷ에在ᄒᆞ니太平의治치못ᄒᆞᆷ이무릇此로써ᄒᆞᆷ이니다俗語에曰地를畫ᄒᆞ야獄을ᄒᆞ드라도入치안키를議ᄒᆞ고木을刻ᄒᆞ야吏를삼드라도對치안키를期ᄒᆞᆫ다ᄒᆞ니此ᄂᆞᆫ다吏를疾ᄒᆞᄂᆞᆫ風이오悲痛의辭ㅣ라오직陛下ᄂᆞᆫ法制를省ᄒᆞ고刑罰을寬히ᄒᆞ신즉太平의風을可히世에興ᄒᆞ리이다上이그言을善히여기다

十二月에詔曰間者에吏ㅣ用法巧ᄒᆞ고文寢深ᄒᆞ야使不辜로蒙戮ᄒᆞ니朕甚傷之ᄒᆞ노라今遣廷史ᄒᆞ야與郡鞫獄호ᄃᆡ(鞠音菊推窮也)任輕祿薄ᄒᆞ니其爲置廷尉平ᄒᆞ야(漢書註平音疾平其不平也)秩六百石ᄒᆞ고員四人ᄒᆞ야其務平之ᄒᆞ야以稱朕意ᄒᆞ라於是에每季秋後에請讞ᄒᆞ다(讞魚蹇反平議也讞魚列反議罪也用季秋議罪順時殺之氣也)時에上이常幸宣室ᄒᆞ야齋居而决事ᄒᆞ니獄刑을號爲平矣러라

十二月에詔ᄒᆞ야曰間者에吏ㅣ法을用ᄒᆞ기巧히ᄒᆞ고文이寢深ᄒᆞ야不辜로ᄒᆞ야곰戮을蒙ᄒᆞ니朕이심히傷ᄒᆞ노라今에廷史를遣ᄒᆞ야郡鞫獄을與호ᄃᆡ任이輕ᄒᆞ고祿

이薄ᄒᆞ니그廷尉平을置ᄒᆞ야秩을六百石으로ᄒᆞ고四人을員ᄒᆞ야그務을平히ᄒᆞ야써朕의意를稱ᄒᆞ라이에每季秋後에讞을請ᄒᆞ다時에上이상항宣室에幸ᄒᆞ야齋에居ᄒᆞ야事를決ᄒᆞ니獄刑을平ᄒᆞ다號ᄒᆞ더라

涿郡太守鄭昌이上疏言호대今明主ㅣ躬垂明聽ᄒᆞ시니雖不置廷平이나獄將自正이어니와若開後嗣ㄴ된不若刪定律令이니律令이一定이면愚民이知所避ᄒᆞ고姦吏ㅣ無所弄矣리이다今不正其本而置廷平ᄒᆞ야以理其末ᄒᆞ니政衰聽怠則廷平이將招權而爲亂首矣리이다 (出刑法志)

涿郡太守鄭昌이疏를上ᄒᆞ야言ᄒᆞ되今에明主ㅣ躬으로明聽을垂ᄒᆞ시니비록廷平을置치안으라도獄이장ᄎᆞᆺ스ᄉᆞ로正ᄒᆞ려니와만일後嗣를開ᄒᆞᆯ진ᄃᆡ律令을刪定ᄒᆞᆷ만갓지못ᄒᆞ니律令이한번定ᄒᆞ면愚民이避ᄒᆞᆯ바를知ᄒᆞ고姦吏ㅣ弄ᄒᆞᆯ바이無ᄒᆞ리이다今에그本을正치안코廷平을置ᄒᆞ야써그末을理ᄒᆞ니政이衰ᄒᆞ고聽이怠ᄒᆞᆫ則廷平이이장ᄎᆞᆺ權을招ᄒᆞ야亂首ㅣ되리이다

(乙卯)四年이라霍顯及禹山雲이自見日侵削ᄒᆞ고數相對啼泣自怨ᄒᆞ야謀廢天子라가事ㅣ發覺ᄒᆞ야雲山은自殺ᄒᆞ고禹는要斬ᄒᆞ고顯及

(顯)光之妻光子禹兄孫雲雲弟山

諸女昆弟는 皆棄市ᄒᆞ고 皇后霍氏는 廢ᄒᆞ다

四年이라霍顯과밋禹山雲이스ᄉᆞ로日로侵削ᄒᆞᆷ을見ᄒᆞ고죠자셔로對ᄒᆞ야啼泣ᄒᆞ고自怨ᄒᆞ야天子를廢키謀ᄒᆞ다가事가發覺ᄒᆞ야雲山은自殺ᄒᆞ고禹는腰를斬ᄒᆞ고顯과밋諸女昆弟는다市에棄ᄒᆞ고皇后霍氏는廢ᄒᆞ다

初에 霍氏奢侈ᄒᆞ니 茂陵徐生이 上疏言호ᄃᆡ 宜以時抑制러니 其後에 霍氏誅滅而告者ㅣ 皆封이어늘 (告霍氏反者皆封) 人爲徐生上書 (人謂當時有人也爲去聲助也徐生卽徐禮) 曰 臣은 聞客有過主人者ㅣ 見其竈ㅣ 直突ᄒᆞ고 (突陀沒反竈牕也) 傍有積薪ᄒᆞ고 客謂主人호ᄃᆡ 更爲曲突ᄒᆞ고 (更平聲改也曲則不直而火勢慢也) 遠徙其薪ᄒᆞ라 不者면 (爲句不俯九反猶言否則也) 且有火患ᄒᆞ리라 主人이 不應ᄒᆞ더니 俄而오 家果失火어늘 隣里ㅣ 共救之ᄒᆞ야 幸而得息이라 於是에 殺牛置酒ᄒᆞ고 謝其鄰人ᄒᆞᆯ시 灼爛者ㅣ 在於上行ᄒᆞ고 (行胡郎反行列也救火而被燒灸者坐於上列) 餘各以功次坐而不錄言曲突者어늘 人謂主人曰 鄕使聽客之言이런들 (鄕音向下同) 不費牛酒ᄒᆞ고 終亾火患이어늘 (亾與無通) 今論功而請賓에 曲突徙薪은 無恩澤ᄒᆞ고 燋頭爛額이 爲上客耶아

主人이乃寤而請之라ᄒ니 燋則消反傷火也 今茂陵徐福이數上書言ᄒ되霍氏且有變ᄒ니宜防絶之라ᄒ니鄕使福說로得行則國無裂土出爵之費ᄒ고臣無逆亂誅滅之敗라往事는既已어니와而福이獨不蒙其功ᄒ니唯陛下는察之ᄒ샤貴徙薪曲突之策ᄒ야使居焦髮灼爛之右ᄒ소서上이乃賜福帛十匹ᄒ고後遷爲郎ᄒ다 出霍光傳百官表郎掌守門戶出充車騎

初에霍氏ㅣ奢侈ᄒ거늘茂陵徐生이疏를上ᄒ야言ᄒ되써時에抑制홈이宜ᄒ다ᄒ엿더니그後에霍氏ㅣ誅滅ᄒ고告ᄒᆫ者ㅣ皆封ᄒ거늘人이徐生을爲ᄒ야書를上ᄒ야曰臣은드르니客이主人에게過ᄒᆫ者ㅣ有ᄒ야셔그竈가直突이오傍에積ᄒᆫ薪이有홈을見ᄒ고客이主人다려謂호되다시曲突을ᄒ고遠히그薪을徙ᄒ라아니면또ᄒᆫ火患이잇스리라主人이應치아니ᄒ엿더니俄이오家가果연火를失ᄒ거늘鄰里ㅣ共히救ᄒ야幸히息을得ᄒᆫ지라이에牛를殺ᄒ고酒를置ᄒ고그隣人에게謝홀ᄉᆡ灼爛者ㅣ上行에在ᄒ고餘는各々功次로써坐호되曲突을言ᄒ는者는錄치안커늘人이主人다려謂ᄒ야曰鄕에하야곰客의言을聽ᄒ엿더면牛와酒를費치안코終에火患이亡ᄒ엿마거늘今에功을論ᄒ고賓을請홈에曲突徙薪ᄒ라는이는恩澤이無ᄒ고燋頭ᄒ고爛額ᄒᆫ이가上客이되는가主人이이에寤ᄒ고請ᄒ엿다ᄒ니이제茂

陵徐福이자조書를上ᄒᆞ야言ᄒᆞ되霍氏ᄯᅩᄒᆞᆫ變이有ᄒᆞᆯ지니宜히防絶ᄒᆞ라ᄒᆞ니鄕에福의說로ᄒᆞ야곰시러곰行ᄒᆞ엿던들곳國에土를裂ᄒᆞ고爵을出ᄒᆞᆯ費가無ᄒᆞ고臣에逆亂ᄒᆞ고誅滅ᄒᆞᄂᆞᆫ敗가無ᄒᆞ엿슬지니往事ᄂᆞᆫ임의말녀니와福이ᄒᆞᆯ로그功을蒙치못ᄒᆞ엿스니오작陛下ᄂᆞᆫ察ᄒᆞ샤徙薪曲突의策을貴히ᄒᆞ야ᄒᆞ야곰焦髮灼爛의右에居케ᄒᆞ소서上시이에福에게帛十四을賜ᄒᆞ고後에遷ᄒᆞ야郞을숨다

帝ㅣ初立에謁見高廟ᄒᆞ실ᄉᆡ大將軍光이驂乘ᄒᆞ니上이內嚴憚之ᄒᆞ야若有芒刺在背ᄒᆞ고(芒草耑也刺七賜反如棘刺其背)後에車騎將軍張安世ㅣ代光驂乘ᄒᆞ니天子ㅣ從容肆體ᄒᆞ야甚安近焉이라(從七恭反從容謂從任其容止不矜莊也肆體謂身體舒放也)及光이身死而宗族이竟誅故로俗傳에霍氏之禍ㅣ萌於驂乘이라ᄒᆞ더라(出光本傳)

帝ㅣ初에立ᄒᆞᆷ에高廟에謁見ᄒᆞ실ᄉᆡ大將軍光이驂乘ᄒᆞ니上이內로嚴憚ᄒᆞ야芒刺가잇서背ㅣ在ᄒᆞᆷ갓고後에車騎將軍張安世ㅣ光을代ᄒᆞ야驂乘ᄒᆞ니天子ㅣ從容히體를肆ᄒᆞ야심히安近ᄒᆞᆫ지라밋光이身이死ᄒᆞ고宗族이맛침ᄂᆡ誅ᄒᆞᆫ고로俗傳에霍氏의禍가驂乘에서萌ᄒᆞ엿다ᄒᆞ더라

北海太守朱邑이以治行第一로入爲大司農ᄒᆞ다

北海太守朱邑이治行이第一됨으로써入ᄒᆞ야大司農이되다

渤海太守龔遂ㅣ入爲水衡都尉ᄒᆞ다 先是에 渤海左右郡이 歲飢ᄒᆞ야 盜賊이 並起ᄒᆞ니 二千石이 不能擒制어ᄂᆞᆯ 上이 選能治者ᄒᆞᆯ시 丞相御史ㅣ擧遂어ᄂᆞᆯ 上이 拜爲渤海太守ᄒᆞ고 召見問何以治渤海ᄒᆞ야 息其盜賊고 對曰海瀕이 (瀕音頻) 遐遠ᄒᆞ야 不霑聖化ᄒᆞ니 其民이 困於飢寒而吏不恤故로 使陛下赤子로 盜弄陛下之兵於潢池中耳니 今欲使臣

潢音黃潢池者泥汙行潦之水池也言如小兒戲弄兵器於潢池之中平之不難也唐宣宗時鷄山羣盜起詔討之崔鉉曰此皆陛下赤子迫於飢寒盜弄兵於谿谷間不足辱大軍也亦倣此說

으로 勝之耶잇가 將安之也잇가

渤海太守龔遂ㅣ入ᄒᆞ야水衡都尉가되다먼저이에渤海左右郡이歲로飢ᄒᆞ야盜賊이並起ᄒᆞ니二千石이能히擒制치못ᄒᆞ거ᄂᆞᆯ上이能히治ᄒᆞᆫ者를選ᄒᆞᆯ식丞相御史ㅣ遂를擧ᄒᆞ거ᄂᆞᆯ上이拜ᄒᆞ야渤海太守를ᄉᆞᆷ고召見ᄒᆞ고問ᄒᆞᄃᆡ웃지써渤海를治ᄒᆞ야그盜賊을息ᄒᆞᆯ고對ᄒᆞ야曰海瀕이遐遠ᄒᆞ야聖化에霑치못ᄒᆞ엿ᄉᆞ니그民이飢寒에困ᄒᆞ야吏가恤치안는故로陛下의赤子로ᄒᆞ야곰陛下의兵을潢池中에盜弄ᄒᆞ게ᄒᆞᆷ이니이제臣으로ᄒᆞ야곰勝케ᄒᆞ고져ᄒᆞᄂᆞ잇가將히安케ᄒᆞ릿가

上이 曰選用賢良는 固欲安之也ㅣ니라 遂ㅣ曰治亂民은 猶治亂

繩不可急也라 惟緩之然後에 可治니 臣은 願丞相御史ㅣ 且無拘臣以文法ᄒᆞ고 得一切便宜從事ᄒᆞ노이다 上이 許焉ᄒᆞ고 加賜黃金ᄒᆞ야 乘傳至渤海界ᄒᆞᆫ디(傳張戀反) 郡이 聞新太守至ᄒᆞ고 發兵以迎이어늘 遂ㅣ 皆遣還ᄒᆞ고 移書敕屬縣ᄒᆞ야 悉罷逐捕盜賊吏ᄒᆞ고 諸持鉏鉤田器者는(鉏將魚反 鉤古侯反 鉏或作鋤 鉤鎌也) 皆爲良民이니 吏毋得問이오 持兵者는 乃爲賊이라ᄒᆞ고 遂ㅣ 單車로 獨行至府ᄒᆞ니 盜賊이 聞遂敎令ᄒᆞ고 卽時解散ᄒᆞ야 棄其兵弩而持鉤鉏ᄒᆞ니 於是에 悉平ᄒᆞ다

上이 曰賢良을 選用ᄒᆞᆷ은 진실로 安케ᄒᆞ고져 ᄒᆞᆷ이니라 遂ㅣ 曰亂民을 治ᄒᆞᆷ이 亂繩을 治ᄒᆞᆷ과 如ᄒᆞ니 可히 急히 ᄒᆞᆯ슈업ᄂᆞᆫ지라 오작 緩케ᄒᆞᆫ 然後에 可히 治ᄒᆞᆯ지니 臣은 願컨딘 丞相御史ㅣ 또ᄒᆞᆫ 臣을 文法으로ᄡᅥ 拘치 말고 시러곰 一切를 便宜히 從事ᄒᆞ게ᄒᆞ노이다 上이 許ᄒᆞ고 더 黃金을 賜ᄒᆞ야 傳을 乘ᄒᆞ고 渤海界에 至ᄒᆞᆫ디 郡이 新太守ㅣ 至ᄒᆞᆷ을 듯고 兵을 發ᄒᆞ야ᄡᅥ 迎ᄒᆞ거늘 遂ㅣ 다 遣ᄒᆞ야 還ᄒᆞ고 書를 移ᄒᆞ야 屬縣에 敕ᄒᆞ야 다 盜賊逐捕ᄒᆞᄂᆞᆫ 吏를 罷ᄒᆞ고 모다 鉏鉤田器를 持ᄒᆞᆫ 者ᄂᆞᆫ 다 良民이 되니 吏ㅣ 시러곰 問치 말고 兵을 持ᄒᆞᆫ 者ᄂᆞᆫ 이에 賊이라ᄒᆞ고 遂ㅣ 單車로 獨行ᄒᆞ야 府에 至ᄒᆞ니 盜賊이 遂의

敎令을聞ᄒᆞ고即時解散ᄒᆞ야그兵弩를棄ᄒᆞ고鉤鉏를持ᄒᆞ니이에다平ᄒᆞ다

遂ㅣ乃開倉廩ᄒᆞ야假貧民ᄒᆞ고選用良吏ᄒᆞ야慰安牧養焉ᄒᆞ라 遂ㅣ見齊俗이奢侈ᄒᆞ야好末技不田作ᄒᆞ고乃躬率以儉約ᄒᆞ야勸民農桑ᄒᆞ고民有帶持刀劒者어든使賣劒買牛ᄒᆞ고賣刀買犢曰何爲帶牛佩犢고 勞來循行ᄒᆞ니郡中이皆有畜積ᄒᆞ고獄訟이止息이러라 (出遂本傳)

遂ㅣ이에倉廩을開ᄒᆞ야貧民에게假ᄒᆞ고良吏를選用ᄒᆞ야慰安ᄒᆞ고牧養ᄒᆞ다遂ㅣ齊俗이奢侈ᄒᆞ야末技를好ᄒᆞ고田作을아니홈을見ᄒᆞ고이에몸소率ᄒᆞ야써儉約ᄒᆞ야民에게農桑을勸ᄒᆞ고民이刀劒을帶持ᄒᆞᆫ者ㅣ有ᄒᆞ거든하여곰劒을賣ᄒᆞ야牛를買ᄒᆞ고刀를賣ᄒᆞ야犢을買ᄒᆞ게ᄒᆞ야曰웃지ᄒᆞ야牛를帶ᄒᆞ고犢을佩ᄒᆞ는고勞來ᄒᆞ야循行ᄒᆞ니郡中이다蓄積이有ᄒᆞ고獄訟이止息ᄒᆞ더라

(丙辰)元康元年이라 趙廣漢이好用世吏子孫新進年少者ᄒᆞ니專厲彊壯蠭氣ᄒᆞ야 (蠭讀如鋒言鋒銳之氣難犯也) 見事風生ᄒᆞ야 (言其見事疾速不可當也) 無所回避ᄒᆞ야 (言不畏避也) 率多果敢之計ᄒᆞ야莫爲持難이라終以此敗ᄒᆞ니라 廣漢이以私怨으로論殺男子榮畜이어늘 (榮畜人姓名也) 人이上書言之ᄒᆞᆫᄃᆡ 事下丞相御史ᄒᆞ야 按

(夫人殺侍婢)侍婢有罪自殺廣漢疑夫人妬殺之

驗이러니廣漢이疑丞相夫人이殺侍婢ᄒᆞ야欲以此로脅丞相ᄒᆞ니帝ㅣ惡之ᄒᆞ야下廣漢廷尉ᄒᆞ니吏民이守闕號泣者ㅣ數萬人이라(守去聲詣也)或言臣生無益縣官ᄒᆞ니願代趙京兆死ᄒᆞ야使牧養小民ᄒᆞ노이다廣漢이竟坐要斬ᄒᆞ다廣漢이爲京兆尹ᄒᆞ야廉明ᄒᆞ야威制豪彊ᄒᆞ니小民이得職이라百姓이追思歌之러라(出廣漢本傳)

元康元年이라趙廣漢이世吏子孫의新進年少ᄒᆞᆫ者를好用ᄒᆞ니專혀彊壯蠭氣ᄒᆞᆷ을厲ᄒᆞ야事를見ᄒᆞ고風이生ᄒᆞ야回避ᄒᆞᆯ바이無ᄒᆞ야率히果敢의計가多ᄒᆞ야難을持ᄒᆞ지못ᄒᆞᄂᆞᆫ지라終에此로써敗ᄒᆞ니라廣漢이私怨으로써論ᄒᆞ야男子榮畜을殺ᄒᆞ거늘人이書를上ᄒᆞ야言ᄒᆞᆫᄃᆡ事를丞相御史에게下ᄒᆞ야按驗케ᄒᆞ엿더니廣漢이丞相夫人이侍婢殺ᄒᆞᆷ을疑ᄒᆞ야此로써丞相을脅코져ᄒᆞ니帝ㅣ惡ᄒᆞ야廣漢을廷尉에下ᄒᆞ니吏民이闕을守ᄒᆞ고號泣ᄒᆞᄂᆞᆫ者ㅣ數万人이라或言ᄒᆞᄃᆡ臣이生ᄒᆞ야縣官에益이無ᄒᆞ니願컨ᄃᆡ趙京兆를代ᄒᆞ야死ᄒᆞ야하야곰小民을牧養ᄒᆞ겟노이다廣漢이맛ᄎᆞᆷ내腰斬에坐ᄒᆞ다廣漢이京兆尹이되여廉ᄒᆞ고明ᄒᆞ야威로豪彊을制ᄒᆞ니小民이職을得ᄒᆞᆫ지라百姓이追思ᄒᆞ야歌ᄒᆞ더라

上이選博士諫大夫通政事者ᄒᆞ야補郡國守相ᄒᆞᆯ새以蕭望之로

爲平原太守ᄒᆞ니望之上疏曰陛下ㅣ哀愍百姓ᄒᆞ샤恐德化之不究ᄒᆞ야悉出諫官ᄒᆞ야以補郡吏ᄒᆞ시니朝無爭臣則不知過ᄒᆞᄂᆞ니所謂憂其末而忘其本者也ㅣ로소이다上이乃徵望之ᄒᆞ야入守少府ᄒᆞ다 出本傳

上이博士諫大夫通政事者를選ᄒᆞ야郡國守相을補ᄒᆞᆯᄉᆡ蕭望之로ᄡᅥ平原太守를合은ᄃᆡ望之ㅣ疏를上ᄒᆞ야曰陛下ㅣ百姓을哀愍ᄒᆞ샤德化의究치못ᄒᆞᆷ을恐ᄒᆞ야다諫官을出ᄒᆞ야ᄡᅥ郡吏를補ᄒᆞ시니朝에爭臣이無ᄒᆞᆫ則過를知치못ᄒᆞᄂᆞ니일운바그末을憂ᄒᆞ고그本을忘ᄒᆞᆫ者ㅣ로소이다上이이에望之를徵ᄒᆞ야入ᄒᆞ야少府를守케ᄒᆞ다

東海太守尹翁歸ㅣ以治郡高第로入爲右扶風ᄒᆞ다 入內地作扶風郡太守也 翁歸의爲人이公廉明察ᄒᆞ야郡中吏民賢不肖及姦邪罪名을盡知之ᄒᆞ야各有記籍ᄒᆞ야披籍取人ᄒᆞ야以一警百ᄒᆞ니吏民이皆服恐懼ᄒᆞ고改行自新이러라其爲扶風에選用廉平疾姦邪ᄒᆞ야以爲右職ᄒᆞ야 漢法地道尊右故高職曰右職 接待以禮ᄒᆞ야好惡相同之ᄒᆞ고其負翁歸에罰亦必行이니

然이나 溫良謙退ᄒᆞ야 不以行能驕人故로 得名譽於朝廷이러라 (出本傳)

東海太守尹翁歸ㅣ 治郡홈이 高第로써 入ᄒᆞ야 右扶風이 되다 翁歸의 人됨이 公廉明察ᄒᆞ야 郡中吏民의 賢不肖와 밋 奸邪罪名을 다 知ᄒᆞ야 각々 記籍이 잇셔 籍을 按ᄒᆞ야 人을 取ᄒᆞ야 一로써 百을 警ᄒᆞ니 吏民이 다 服ᄒᆞ고 恐懼ᄒᆞ야 改行ᄒᆞ야 ᄉᆞ々로 新히 ᄒᆞ더라 그 扶風이 됨의 廉平ᄒᆞ고 疾奸ᄒᆞᄂᆞᆫ 吏를 選用ᄒᆞ야 써 右職을 삼어 接待를 禮로써 ᄒᆞ야 好惡를 서로 同히 ᄒᆞ고 그 翁歸를 負홈에 罰을 또 반다시 行ᄒᆞ나 然이나 溫良ᄒᆞ고 謙退ᄒᆞ야 써 能을 行ᄒᆞ고 人을 驕치 안ᄂᆞᆫ 故로 名譽를 朝廷에 得ᄒᆞ엿더라

馮奉世ㅣ 使西域이러니 會에 莎車王弟呼屠徵이 自立爲王ᄒᆞ야 畔漢이어ᄂᆞᆯ 奉世ㅣ 遂以節로 發諸國兵ᄒᆞ야 擊斬之ᄒᆞᆫ대 上이 甚悅ᄒᆞ야 議封奉世어ᄂᆞᆯ 蕭望之ㅣ 曰奉世ㅣ 矯制發兵ᄒᆞ야 要功萬里之外ᄒᆞ야 爲國家生事於夷狄ᄒᆞ니 漸不可長이라 奉世ㅣ 不宜受封이니이다 上이 善望之議ᄒᆞ야 以奉世로 爲光祿大夫ᄒᆞ다 (出望之傳)

馮奉世ㅣ 西域에 使ᄒᆞ엿더니 會에 莎車王의 弟呼屠徵이 ᄉᆞ々로 立ᄒᆞ야 王이 되여 漢을 畔ᄒᆞ거ᄂᆞᆯ 奉世ㅣ 드듸여 節로써 諸國兵을 發ᄒᆞ야 擊ᄒᆞ야 斬ᄒᆞᆫ듸 上이 심히 悅ᄒᆞ야 奉世를 封키 議ᄒᆞ거ᄂᆞᆯ 蕭望之ㅣ 曰奉世ㅣ 制를 矯ᄒᆞ고 兵을 發ᄒᆞ야 功을 万里의 外에

要ᄒᆞ야國家를爲ᄒᆞ야事를夷狄에게生ᄒᆞ니漸이可히長치못ᄒᆞᆯ지니奉世ㅣ封을受ᄒᆞᆷ이宜치아ᄂᆞ니이다上이望之의議를善히ᄒᆞ야奉世로써光祿大夫를ᄉᆞᆷ다

(丁巳)二年이라上이與趙充國等으로議欲因匈奴衰弱ᄒᆞ야出兵擊其右地ᄒᆞ야使不敢復擾西域이어늘魏相이上書諫曰救亂誅暴를謂之義兵이니兵義者ᄂᆞᆫ王ᄒᆞ고敵加於己ᄒᆞ야不得已而起者를謂之應兵이니兵應者ᄂᆞᆫ勝ᄒᆞ고爭恨小故ᄒᆞ야不忍憤怒者를謂之忿兵이니兵忿者ᄂᆞᆫ敗ᄒᆞ고利人土地貨寶者를謂之貪兵이니兵貪者ᄂᆞᆫ破ᄒᆞ고恃國家之大ᄒᆞ고矜民人之衆ᄒᆞ야欲見威於敵者를(見音現顯示之也)謂之驕兵이니兵驕者ᄂᆞᆫ滅이라間者에凶奴ㅣ未有犯於邊境이어늘今聞欲興兵ᄒᆞ야入其地ᄒᆞ니臣愚ᄂᆞᆫ不知此兵이何名者也ㅣ니이라今年에計子弟殺父兄妻殺夫者ᄒᆞ니凡二百二十二人이라臣愚ᄂᆞᆫ以爲此非小變也라ᄒᆞ노이다今左右ㅣ不憂此ᄒᆞ고乃欲發兵ᄒᆞ야報纖介之忿於遠夷ᄒᆞ니殆孔子所謂吾恐季孫之憂ㅣ不在顓臾而在蕭墻之

內也ㅣ니이다 顓臾魯附庸國季氏恐爲子孫憂欲伐之孔子說所憂者不在彼而在此言恐內變將作也其後家臣陽虎果囚季桓子鄭氏曰蕭之言肅也墻屛也人臣至此加肅敬焉 上이從相言ᄒᆞ다 出魏相傳

新增胡氏曰魏相此疏止無名之師弭連兵之禍恐傷陰陽之和以生蕭墻之憂眞經國之遠猷宰相之能事其尤可服者不隱風俗薄惡子弟殺父兄妻殺夫之變宜以告君則賢者或猶以爲難也人之常情喜聞美事而惡聞災禍姦臣事君凡天地變異夷狄盜賊危亡之形一切隱諱不以實告而草妖木恠雲物霏動悉指爲祥瑞以眩君心非惟慰悅爲忠因以自見輔佐之應前右一律其視魏相爲如何焉風俗薄惡宰相之責也而相不欺嗚呼賢矣哉

二年이라上이趙充國等으로더브러議ᄒᆞ야匈奴의衰弱ᄒᆞᆷ을因ᄒᆞ야兵을出ᄒᆞ야그右地를擊ᄒᆞ야하여곰敢히다시西域을擾치못ᄒᆞ게ᄒᆞ고져ᄒᆞ거ᄂᆞᆯ魏相이書를上ᄒᆞ야諫ᄒᆞ여曰亂을救ᄒᆞ고暴를誅ᄒᆞᆷ을義兵이라謂ᄒᆞᄂᆞ니兵이義ㄴ者ᄂᆞᆫ王ᄒᆞ고敵이己에加ᄒᆞ야不得已ᄒᆞ야起ᄒᆞᆫ者를謂ᄒᆞ되應兵이니兵이應ᄒᆞᆫ者ᄂᆞᆫ勝ᄒᆞ고小故를爭恨ᄒᆞ야憤怒를忍치못ᄒᆞᄂᆞᆫ者를謂ᄒᆞ되忿兵이니兵이忿ᄒᆞᆫ者ᄂᆞᆫ敗ᄒᆞ고人의土地와貨寶를利ᄒᆞᄂᆞᆫ者를謂ᄒᆞ되貪兵이니兵이貪ᄒᆞᄂᆞᆫ者ᄂᆞᆫ破ᄒᆞ고國家의大ᄒᆞᆷ을恃ᄒᆞ며民人의衆을矜ᄒᆞ야威를敵에게見코져ᄒᆞᄂᆞᆫ者를謂ᄒᆞ되驕兵이니兵이驕ᄒᆞᆫ者ᄂᆞᆫ滅ᄒᆞᄂᆞᆫ지라間者에匈奴ㅣ邊境에犯ᄒᆞᆷ이有치안커ᄂᆞᆯ今에聞ᄒᆞ니兵을興ᄒᆞ야그地에入코져ᄒᆞ니臣愚ᄂᆞᆫ此兵이무슨名인者를知치못ᄒᆞ겟ᄂᆞ이다今年에子弟ㅣ父兄을殺ᄒᆞ며妻가夫를殺ᄒᆞᆫ者를計ᄒᆞ니무릇二百二十二人이라臣愚ᄂᆞᆫ써ᄒᆞ되此가小變이아니라ᄒᆞ노이다今에左右ㅣ此를憂치안코이에兵을發ᄒᆞ야纖介의忿을遠夷에게報코져ᄒᆞ니자못孔子의謂ᄒᆞ신바吾ㅣ恐컨ᄃᆡ季孫의憂ㅣ顓臾에在치안코蕭墻

의內에잇다ᄒᆞ노이다上이相의言을從ᄒᆞ다

魏相이好觀漢故事及便宜章奏ᄒᆞ야(句絕) 數條漢興已來로國家便宜行事와(數條屬此句數音朔頻也凡言條者一一而疏擧之若木條焉)及賢臣賈誼鼂錯董仲舒等所言ᄒᆞ야奏請施行之ᄒᆞ고相이敕掾吏ᄒᆞ야按事郡國及休告ᄒᆞ고(休謂之名吉曰告凶曰寧師古曰古者名吏休假曰告謂請休耳)從家還至府ᄒᆞ야輒白四方異聞ᄒᆞ니或有逆賊風雨災變이로대郡이未上이면相이輒奏言之ᄒᆞ고與御史大夫丙吉로同心輔政ᄒᆞ니上이皆重之러라(出相本傳)

魏相이漢의故事와밋便宜章奏를觀키好ᄒᆞ야자조漢興以來로國家의便宜行事와밋賢臣賈誼鼂錯董仲舒等의言ᄒᆞᆫ바를條ᄒᆞ야奏請ᄒᆞ야施行ᄒᆞ고相이掾吏에敕ᄒᆞ야郡國과밋休告를按事ᄒᆞ고家로從ᄒᆞ야還ᄒᆞ야府에至ᄒᆞ야믄득四方의異聞을白ᄒᆞ니ᄒᆞᆨ逆賊과風雨와災變이有ᄒᆞᆫ대郡이上치못ᄒᆞ면相이믄득奏ᄒᆞ야言ᄒᆞ고御史大夫丙吉로더브러心을同히ᄒᆞ고政을輔ᄒᆞ니上이다重히여기더라

丙吉의爲人이深厚不伐善ᄒᆞ야自曾孫遭遇로(王氏曰宣帝武帝之曾孫也征和二年遭巫蠱事繫獄時丙吉治獄武帝以獄中有天子氣遣使欲殺之丙吉閉門不納獲免故云遭遇)吉이絕口不道前恩이러니會에掖庭宮婢ㅣ自

陳嘗有阿保之功ᄒᆞ고 有阿依保護之恩 辭引使者丙吉知狀ᄒᆞᆫ대 知狀句絶謂丙吉知此情狀 上이 親見問然後에 知吉이 有舊恩而終不言ᄒᆞ고 上이 大賢之러라

新增胡氏曰淺夫薄子於人主曾微犬馬之力覊紲之奉尙欲因緣攀附以希富貴若誠有素分鮮不嘵嘵自明惟恐祿之不及也此曹遇魯朱家猶不足充役其視丙吉爲何如人哉

丙吉의 人됨이 深厚ᄒᆞ고 善을 伐치 아니ᄒᆞ야 曾孫이 遭遇ᄒᆞᆷ으로브터 吉이 口를 絶ᄒᆞ고 前恩을 道치 아니ᄒᆞ엿더니 會에 掖庭宮婢ㅣ 스ᄉᆞ로 일즉이 阿保의 功이 有ᄒᆞᆷ을 陳ᄒᆞ고 使者를 辭引ᄒᆞ야 丙吉이 狀을 知ᄒᆞᆫ다 ᄒᆞᆫᄃᆡ 上이 親히 見ᄒᆞ고 問ᄒᆞᆫ 然後에 吉이 舊恩이 有ᄒᆞᄃᆡ 終히 言치 아님을 知ᄒᆞ고 上이 大히 賢ᄒᆞ더라

帝ㅣ 以蕭望之ㅣ 經明持重ᄒᆞ고 論議有餘로 材任宰相이라ᄒᆞ야 欲詳試其政事ᄒᆞ야 復以爲左馮翊ᄒᆞ니 作左馮翊郡太守 望之ㅣ 從少府出ᄒᆞ야 爲左遷이라 諸侯王表左官之律韋昭以爲左猶下也漢法地道尊右故謂貶秩爲左遷 恐有不合意ᄒᆞ야 卽稱病이어ᄂᆞᆯ 上이 聞之ᄒᆞ고 使侍中金安世로 諭意曰所用이 皆更에 治民以考功이니 君이 前爲平原太守日淺故로 復試之於三輔오 非有所聞也니라 望之ㅣ 卽起視事ᄒᆞ다

帝ㅣ蕭望之ㅣ經明持重ᄒᆞ고論議有餘홈으로써材ㅣ宰相을任홀만ᄒᆞ다ᄒᆞ야詳히
그政事를試코져ᄒᆞ야다시써左馮翊을삼으니望之ㅣ少府로從ᄒᆞ야出ᄒᆞ야左遷이
된지라意에不合홈이잇슬가恐ᄒᆞ야곳病을稱ᄒᆞ거늘上이聞ᄒᆞ고侍中金安世로ᄒᆞ
야곰意를諭ᄒᆞ야曰所用이다更홈에民을治ᄒᆞ야써功을考홀지니君이前에平原太
守됨이日이淺ᄒᆞᆫ고로다시三輔에試홈이오聞ᄒᆞᆫ바이有홈은아이니라望之ㅣ곳起
ᄒᆞ야事를視ᄒᆞ다

(戊午)三年이라張安世ㅣ以爲父子ㅣ封侯ᄒᆞ니在位大盛이라ᄒᆞ야乃辭
祿이어늘詔都內別藏ᄒᆞ니張氏無名錢이以百萬數ㅣ라安世ㅣ謹愼
周密ᄒᆞ고每定大政ᄒᆞ야已決에輒移病出이라가聞有詔令ᄒᆞ고乃驚ᄒᆞ야使
吏之丞相府問焉ᄒᆞ니自朝廷大臣오로莫知其與議也러라嘗有所
薦이러니其人이來謝어늘安世ㅣ大恨ᄒᆞ야以爲擧賢達能에豈有私謝
邪아ᄒᆞ고絶弗復與通이러라有郞이功高不調ᄒᆞ야自言安世어늘安世ㅣ
應曰君之功高ᄂᆞᆫ明主所知라人臣執事를何長短而自言乎
ㅣ리요絶不許러니己而오郞이果遷ᄒᆞ다

三年이라張安世ㅣ써ᄒᆞ되父子ㅣ侯를封ᄒᆞ니位에在ᄒᆞᆷ이크게盛ᄒᆞ다ᄒᆞ야이에祿을辭ᄒᆞ거ᄂᆞᆯ都內別藏에게詔ᄒᆞ니張氏의無名錢이百萬으로써數ᄒᆞ더라安世ㅣ謹愼ᄒᆞ고周密ᄒᆞ야每양大政을定ᄒᆞ고임의決ᄒᆞᆷ에믄득病을移ᄒᆞ고出ᄒᆞ다가詔令이有ᄒᆞᆷ을듯고이에놀나吏로하야곰丞相府에之ᄒᆞ야問ᄒᆞ니朝廷大臣으로브터그與議ᄒᆞᆷ을知치못ᄒᆞ더라일ᄌᆞᆨ薦ᄒᆞᆫ바이有ᄒᆞ더니그ᄉᆞ롬이來ᄒᆞ야謝ᄒᆞ거ᄂᆞᆯ安世ㅣ크게恨ᄒᆞ야써ᄒᆞ되賢을擧ᄒᆞ고能을達ᄒᆞᆷ에엇지私謝가有ᄒᆞ랴ᄒᆞ고絕코다시더브러通치안터라郎이有ᄒᆞ야功이高ᄒᆞ되調치못ᄒᆞ야ᄉᆞᄉᆞ로安世에게言ᄒᆞ거ᄂᆞᆯ安世ㅣ應ᄒᆞ야曰君의功이高ᄒᆞᆷ은明主의知ᄒᆞ시ᄂᆞᆫ비라人臣의執事를何히長短으로自言ᄒᆞ리오絕코許치아니ᄒᆞ엿더니己而오郎이과연遷ᄒᆞ다

皇太子ㅣ年十二에通論語孝經이어ᄂᆞᆯ太傅疏廣이謂少傅受曰吾ㅣ聞知足不辱ᄒᆞ고知止不殆라ᄒᆞ니今仕宦이至二千石ᄒᆞ야宦成名立ᄒᆞ니如此不去면懼有後悔라ᄒᆞ고卽日에父子ㅣ俱移病ᄒᆞ고上疏乞骸骨ᄒᆞᆫ대上이皆許之ᄒᆞ고加賜黃金二十斤ᄒᆞ고皇太子ㅣ贈五十斤ᄒᆞ다公卿故人이設祖道供張東都門外ᄒᆞ니(張竹亮反五經要義曰祖道行祭爲道路祈也師古曰黃帝子名累祖好

遠遊而死於道故後人以爲行神出行者祭之因饗飮焉左傳祖而舍軷飮酒於其側曰餞重始有事於其道也朱子語錄云祖道之祭作一土堆置犬羊其上祭畢而以車碾從上過象行者險阻之患如周禮祀郊是也供居恭反供張謂供具張設也 送者ㅣ車ㅣ數百兩이라 道路觀者ㅣ皆曰賢哉라 二大夫여ᄒᆞ고 或歎息爲之下泣이러라

皇太子ㅣ年이十二에論語와孝經을通ᄒᆞ거늘太傅疏廣이少傅受다려일너曰吾ㅣ聞ᄒᆞ니足을知ᄒᆞ면辱지안코止를知ᄒᆞ면殆치안는다ᄒᆞ니今에仕宦이二千石에至ᄒᆞ야宦을成ᄒᆞ고名을立ᄒᆞ니이갓고去치아니ᄒᆞ면後悔가有ᄒᆞᆯ가두렵다ᄒᆞ고即日에父子ㅣ俱히病을移ᄒᆞ고疏를上ᄒᆞ야骸骨을乞ᄒᆞ거늘上이다許ᄒᆞ야더黃金二十斤을賜ᄒᆞ고皇太子ㅣ五十斤을贈ᄒᆞ다公卿과故人이祖道를設ᄒᆞ야東都門外에供張ᄒᆞ니送ᄒᆞ는者ㅣ車가數百兩이라道路에서觀ᄒᆞ는者ㅣ다갈오ᄃᆡ賢ᄒᆞ다二大夫여ᄒᆞ고或歎息ᄒᆞ야爲ᄒᆞ야泣을下ᄒᆞ더라

廣受ㅣ歸鄕里ᄒᆞ야 賣金請族人故舊賓客ᄒᆞ야 與相娛樂이러니 或이勸廣ᄒᆞ야 以其金으로 爲子孫ᄒᆞ야 頗立產業者어ᄂᆞᆯ 廣이 曰吾豈老誖ᄒᆞ야 誖佈內反 不念子孫哉아 顧自有舊田廬ᄒᆞ니 令子孫으로 勤力其中이면 足以共衣食ᄒᆞ야 與凡人齊니 今復增益之ᄒᆞ야 以爲贏餘면 贏音盈餘也 但敎子

孫怠惰耳라 賢而多財則損其志ᄒᆞ고 愚而多財則益其過ᄒᆞᄂᆞ니 且富者ᄂᆞᆫ 衆之怨也라 吾旣無以敎化子孫ᄒᆞ니 不欲益其過而生怨이로라 又此金者ᄂᆞᆫ 聖主所以惠養老臣故로 樂與鄕黨宗族ᄒᆞ야 共饗其賜ᄒᆞ야 以盡吾餘日이 不亦可乎아 於是에 族人이 悅服이러라 出疏廣傳

新增氏曰以官成名立爲榮而求免於危辱此非君子之高致而疏廣甘以自居何也曰此廣所以加人數等而古今未之知也太子年旣十二其姿質志趣己可槪見觀其親政之年二十七而猶不省召致廷尉爲下獄以至再屈師傅於牢獄而牽殺之則其憒憒有素疏廣矙之己熟知其不可扶持而敎詔也審矣是以決意去之觀其語曰不去懼有後悔則其徵意可見矣易曰君子見幾而作疏廣有焉

廣과 受ㅣ 鄕里에 歸ᄒᆞ야 金을 賣ᄒᆞ야 族人과 故舊賓客을 請ᄒᆞ야 더브러 서로 娛樂ᄒᆞ더니 或이 廣을 勸ᄒᆞ야 그 金으로써 子孫을 爲ᄒᆞ야 자못 產業을 立ᄒᆞ라 ᄒᆞᄂᆞᆫ 者ㅣ 잇거늘 廣이 曰 吾ㅣ 웃지 老誖ᄒᆞ야 子孫을 念치 아니ᄒᆞ랴 顧컨ᄃᆡ 스ᄉᆞ로 舊田廬가 有ᄒᆞ니 子孫으로 ᄒᆞ야곰 그 中에 勤力ᄒᆞ면 足히 써 衣食을 共ᄒᆞ야 凡人으로 더브러 齊ᄒᆞ리니 今에 다시 더 益ᄒᆞ야 써 贏餘를 ᄒᆞ면 但히 子孫을 敎ᄒᆞ야 怠惰케 홈이라 賢ᄒᆞ고 財가 多ᄒᆞᆫ則 그 志를 損ᄒᆞ고 愚ᄒᆞ고 財가 多ᄒᆞᆫ則 그 過를 더ᄒᆞᄂᆞ니 ᄯᅩ 富란 者ᄂᆞᆫ 衆의 怨이라 吾ㅣ 임의 써 子孫을 敎化치 못ᄒᆞ얏스니 그 過를 益ᄒᆞ야 怨을 生케 ᄒᆞ고져 아니ᄒᆞ노라 ᄯᅩ

이金인者는聖主ㅣ옵셔써老臣에게惠養ᄒᆞ신바인고로鄕黨宗族으로더브러樂ᄒᆞ야共히그賜ᄒᆞ심을饗ᄒᆞ야써吾의餘日을盡홈이또ᄒᆞᆫ可치아니랴이에族人이悅服ᄒᆞ더라

潁川太守黃霸ㅣ力行敎化而後에誅罰ᄒᆞ야務在成就全安之러니長吏許丞이老病聾이어늘督郵ㅣ白欲逐之ᄒᆞᆫᄃᆡ霸ㅣ曰許丞은廉吏라雖老나尙能拜起送迎ᄒᆞ니重聽이何傷고或이問其故ᄒᆞᆫᄃᆡ霸曰數易長吏면送故迎新之費와及姦吏因緣絕簿書盜財物ᄒᆞ야(姦欺之吏因交代之際棄匿簿書盜去官物)公私費耗ㅣ甚多ᄒᆞ니皆出於民ᄒᆞ고所易新吏ㅣ又未必賢이라或不如其故면徒相益爲亂이니凡治道는去其泰甚者耳라霸以外寬內明으로得吏民心ᄒᆞ니戶口ㅣ歲增ᄒᆞ야治爲天下第一이라徵守京兆尹ᄒᆞ다(出本傳)

潁川太守黃霸ㅣ敎化를力行ᄒᆞᆫ後에誅罰ᄒᆞ야務가成就全安홈에在ᄒᆞ더니長吏許丞이老ᄒᆞ야病ᄒᆞ고聾ᄒᆞ거늘督郵ㅣ白ᄒᆞ야逐코져ᄒᆞᆫ대霸ㅣ曰許丞은廉吏라비록老ᄒᆞ엿스나尙히능히拜起ᄒᆞ고送迎ᄒᆞ니重聽홈이무엇이傷ᄒᆞ뇨或이그故를問ᄒᆞᆫ

대霸ㅣ曰자조長吏를易ᄒᆞ면送故迎新의費와밋姦吏ㅣ因緣ᄒᆞ야簿書를絶ᄒᆞ고財物을盜ᄒᆞ야公私費耗ㅣ甚히多ᄒᆞ니다民에게셔出ᄒᆞ고易ᄒᆞᆫ바新吏ㅣ또반다시賢ᄒᆞᆯ지모를지라혹그故만不如ᄒᆞ면ᄒᆞᆫ갓서로더亂이될지니무릇治道ᄂᆞᆫ그泰甚ᄒᆞᆫ者를去ᄒᆞᆯ거시니라霸ㅣ外寬ᄒᆞ고內明ᄒᆞᆷ으로ᄡᅥ吏民의心을得ᄒᆞ니戶口ㅣ歲로增ᄒᆞ야治가天下第一이된지라徵ᄒᆞ야京兆尹을守ᄒᆞ다

(庚申)神爵元年이라(前年神爵集長樂宮故今改元神爵神爵大如鷃爵色有五彩) 春正月에 上이始行幸甘泉ᄒᆞ야郊泰畤ᄒᆞ고(音止祭處曰畤) 幸河東ᄒᆞ야祠后土ᄒᆞ야頗脩武帝故事ᄒᆞ야謹齋祀之禮ᄒᆞ고以方士言으로增置神祠ᄒᆞ다(此句文不同) 聞益州에有金馬碧鷄之神ᄒᆞ야可醮祭而致라ᄒᆞ고(金形如馬碧形似鷄其神之祠在益州金馬坊杜甫詩云時出碧鷄坊西郊向草堂) 於是에遣諫大夫蜀郡王褒ᄒᆞ야使持節求之ᄒᆞ다(出郊祀志)

新增尹氏曰祠祀神仙武帝之過擧也孝宣中興胡爲踵而行之然郊泰畤祠后土猶有可諉者至遣諫大夫而求金馬碧鷄之神則求非所求失尤甚矣

神爵元年이라春正月에上이비로소甘泉에行幸ᄒᆞ야泰畤에郊ᄒᆞ고河東에幸ᄒᆞ야后土에祠ᄒᆞ야자못武帝의故事를脩ᄒᆞ야齋祀의禮를謹히ᄒᆞ고方士의言으로ᄡᅥ神祠를增置ᄒᆞ다益州에金馬碧鷄의神이有ᄒᆞ야可히醮祭ᄒᆞ야致ᄒᆞᆫ다ᄒᆞᆷ을聞ᄒᆞ고이에諫大夫蜀郡王褒를遣ᄒᆞ야하야곰節을持ᄒᆞ고求케ᄒᆞ다

(碧鷄)石之靑美者

離與罹同

初에上이聞褒有俊才ᄒᆞ고召見使爲聖主得賢臣頌ᄒᆞ니其辭에曰夫賢者ᄂᆞᆫ國家之器用也라故로君人者ᄂᆞᆫ勤於求賢而逸於得人ᄒᆞᄂᆞ니昔에賢者之未遭遇也에圖事揆策則君不用其謀ᄒᆞ고陳見悃誠(悃苦本反)則上不然其信이라是故로伊尹은勤於鼎俎ᄒᆞ고太公은困於鼓刀ᄒᆞ고百里ᄂᆞᆫ自鬻ᄒᆞ고甯子ᄂᆞᆫ飯牛ᄒᆞ야離此患也러니及其遇明君遭聖主也ᄒᆞ야ᄂᆞᆫ運籌合上意ᄒᆞ고諫諍卽見聽ᄒᆞ고進退에得關其忠ᄒᆞ며任職得行其術故로世必有聖知之君而後에有賢明之臣故로虎嘯而風冽ᄒᆞ고(冽音列寒也)龍興而致雲ᄒᆞ고蟋蟀은俟秋唫ᄒᆞ고(唫古吟字喩賢人待明君而仕也詩傳曰蟋蟀似蝗而小一名促織九月在堂故曰俟秋唫)蜉蝤ᄂᆞᆫ出以陰ᄒᆞᄂᆞ니(蜉蝤音浮油蝤通作蝣詩傳曰蜉蝣翼似蛣蜣爾雅云蜉蝣出有時故曰出以陰)

初에上이褒ㅣ俊才잇슴을聞ᄒᆞ고召ᄒᆞ야見ᄒᆞ고ᄒᆞ여곰聖主ㅣ賢을得ᄒᆞᆫ頌을ᄒᆞ게ᄒᆞ니그辭에曰무릇賢者ᄂᆞᆫ國家의器用이라故로君人인者ᄂᆞᆫ求賢ᄒᆞᆷ에勤ᄒᆞ고得人ᄒᆞᆷ에逸ᄒᆞᄂᆞ니昔에賢者가遭遇치못ᄒᆞᆷ에事를圖ᄒᆞ고策을揆ᄒᆞᆫ則君이그謀를用치안코見을陳ᄒᆞ고誠을悃ᄒᆞᆫ則上이그信을然치안ᄂᆞᆫ지라故로伊伊은鼎俎에勤ᄒᆞ고

太公은鼓刀에困ᄒᆞ고百里는스ᄉᆞ로鬻ᄒᆞ고甯子는牛를飯ᄒᆞ야此患에離ᄒᆞ엿더니그明君을遇ᄒᆞ고聖主를遭ᄒᆞᆷ에及ᄒᆞ얀籌를運ᄒᆞᆷ에上意에合ᄒᆞ고諫諍을곳聽ᄒᆞᆷ을見ᄒᆞ고進退에시러곰그忠을竭ᄒᆞ고職을任ᄒᆞᆷ에시러곰그術을行ᄒᆞᄂᆞᆫ고로世에반다시聖知의君이有ᄒᆞᆫ後에賢明의臣이有ᄒᆞᆫ지라故로虎가嘯ᄒᆞᆷ에風이冽ᄒᆞ고龍이興ᄒᆞᆷ에雲을致ᄒᆞ고蟋蟀은秋를俟ᄒᆞ야唫ᄒᆞ고蜉蝣는陰으로써出ᄒᆞᄂᆞ니

易에曰飛龍在天에利見大人이라ᄒᆞ고詩에曰思皇多士ㅣ生此王國이라ᄒᆞ니故로世平主聖이면俊艾ㅣ(音乂)將自至ᄒᆞ야明明在朝ᄒᆞ고穆穆布列ᄒᆞ야聚精會神ᄒᆞ야相得益章이면雖伯牙ㅣ操遞鍾ᄒᆞ고逢門子ㅣ彎烏號라도猶未足以喩其意也라故로聖主는必待賢臣ᄒᆞ야而弘功業ᄒᆞ고俊士도亦俟明王ᄒᆞ야以顯其德ᄒᆞᄂᆞ니上下俱欲ᄒᆞ야驩然交欣이면翼乎如鴻毛ㅣ遇順風ᄒᆞ고沛乎如巨魚ㅣ縱大壑ᄒᆞ야休徵이自至ᄒᆞ고(休徵美行之驗也)壽考ㅣ無疆ᄒᆞ리니何必偃仰屈伸을若彭祖ᄒᆞ고(彭祖姓錢名鏗至殷商之時已七百餘歲王以爲大夫稱疾不與政)呴噓呼吸을如喬松哉아(許子反喬謂王喬松謂赤松子皆古仙人也列仙傳云赤松子神農時爲雨師服水土能入火自燒至崑山上常止西王母石室隨風雨上下炎帝少女追之亦得仙俱去王喬周靈王太子晋也喬好吹笙作鳳鳴遇浮丘公接之去仙)是時에上이頗好神僊故로

(思皇)思語辭皇美也

(遞鍾)遞音支琴名鍾音忠樂器也

褒對及之러라 出王褒傳

易에曰飛龍이天에在홈에大人에見홈이利ᄒᆞ다ᄒᆞ고詩에曰皇ᄒᆞᆫ多士ㅣ이王國에生ᄒᆞᆫ다ᄒᆞ니故로世가平ᄒᆞ고主가聖ᄒᆞ면俊艾ㅣ장ᄎᆞᆺ스ᄉᆞ로至ᄒᆞ야明々홈이朝에在ᄒᆞ고穆々홈이布列ᄒᆞ야精을聚ᄒᆞ고神을會ᄒᆞ야서로得ᄒᆞ야더욱章ᄒᆞ면비록伯牙ㅣ遞鍾을操ᄒᆞ며逢門子ㅣ烏號를彎ᄒᆞ드라도오히려足히써그意를喩치못ᄒᆞᆯ저라故로聖主는반다시賢臣을待ᄒᆞ야功業을弘히ᄒᆞ고俊士도ᄯᅩ明王을俟ᄒᆞ야써그德을顯ᄒᆞᄂᆞ니上下ㅣ한가지欲ᄒᆞ야驩然히交ᄒᆞ야欣ᄒᆞ면翼홈이여鴻毛ㅣ順風을遇홈갓고沛홈이여巨魚ㅣ大壑에縱홈갓하야休徵이스ᄉᆞ로至ᄒᆞ고壽考ㅣ彊홈이無ᄒᆞ리니읏지반다시偃仰屈伸을彭祖와갓치ᄒᆞ며呴噓呼吸을喬松과갓치ᄒᆞ리잇가이ᄯᅢ에上이자못神仙을好ᄒᆞᄂᆞᆫ故로褒의對ㅣ及ᄒᆞ더라

京兆尹張敞이亦上疏諫曰願明主는時忘車馬之好ᄒᆞ시고斥遠方士之虛語ᄒᆞ시며游心帝王之術이면太平을庶幾可興也리이다上이由是로悉罷尙方待詔ᄒᆞ다 出郊祀志

京兆尹張敞이ᄯᅩ疏를上ᄒᆞ야諫ᄒᆞ야曰원컨듸明主는時로車馬의好홈을忘ᄒᆞ시고方士의虛語를斥遠ᄒᆞ시며帝王의術에游心ᄒᆞ시면太平을거의可히興ᄒᆞ리이다上

이是로由ᄒᆞ야다尙方待詔를罷ᄒᆞ다

初에趙廣漢이死後에爲京兆尹者ㅣ皆不稱職이되惟敞이能繼其迹ᄒᆞ니其方略耳目은不及廣漢이나然이나頗以經術儒雅로文之더라 出本傳

初에趙廣漢이死ᄒᆞᆫ後에京兆尹된者다職을稱치못ᄒᆞ되오쟉敞이能히그迹을繼ᄒᆞ니그方略과耳目은廣漢에及지못ᄒᆞ나然이나자못經術儒雅로써文ᄒᆞ더라

上이頗脩飾宮室車服ᄒᆞ야盛於昭帝時ᄒᆞ고外戚許史王氏ㅣ貴寵이어늘王吉이上疏曰陛下ㅣ躬聖質總萬方ᄒᆞ사惟思世務ᄒᆞ야將興太平ᄒᆞ시니詔書每下에民이欣然若更生ᄒᆞ니臣은伏而思之ᄒᆞ니可謂至恩이오未可謂本務也라欲治之主는不世出ᄒᆞ니公卿이幸得遭遇其時ᄒᆞ야言聽諫從이나然이나未有建萬世之長策ᄒᆞ야擧明主於三代之隆也오其務ㅣ在於期會簿書와(期會猶程限也簿書即簿籍文書也)斷獄聽訟而已니此非太平之基也ㅣ니이다臣은願陛下ㅣ承天心發大

業ᄒᆞ야與公卿大臣으로延及儒生히述舊禮明王制ᄒᆞ야敺一世之民ᄒᆞ야躋之仁壽之域이면則俗何以不若成康이며(按史記周紀成康之際俗有士君子之行天下安寧刑措四十餘年不用)壽何以不若高宗이리잇고(按通鑑外紀武丁殷之賢王也號爲高宗在位五十有九年而崩註不具壽年)上이以其言으로爲迂闊이라ᄒᆞ야不甚寵異也ᄒᆞ니吉이謝病歸ᄒᆞ다(出吉本傳)

上이자못宮室과車服을脩飾하야昭帝時보다盛히하고外戚許史王氏ㅣ貴寵하거늘王吉이疏를上하야曰陛下ㅣ聖質을躬하야萬方을總하사오즉世務를思하야將히太平을興하시니詔書ㅣ매양下함에民이欣然하야更生함갓치하나니臣은伏하야思호니可히至恩이라謂하겟고可히本務이라謂치못할지라治코저하는主는世로出치안나니公卿이幸히시러곰그時를遭遇하야言을聽하고諫을從하나然이나萬世의長策을建하야明主를三代의隆에奉하리有치안코그務ㅣ期會簿書와斷獄聽訟함에在할ᄯᅡ름이니太平의基가아니니이다臣은願컨대陛下는天心을承하고大業을發하야公卿大臣으로延하야儒生에及하기舊禮를述하고王制를明하야一世의民을敺하야仁壽의域에躋하면곳俗이읏지써成康갓지아느며壽가읏지써高宗갓지안으리잇고上이그言으로써迂闊하다하야甚히寵異치아니하니吉이病을謝하고歸하다

先零이(音憐羌種名) 與諸羌으로 劫略小種ᄒᆞ야 皆畔이어늘 時에 趙充國이 年이 七
十餘라 上이 老之ᄒᆞ야 使丙吉로 問誰可將者오 充國이 對曰無踰
於老臣者矣니이다 復問將軍이 度羌虜何如며 當用幾人고 充國
이 曰兵難遙度ᄒᆞ니(度計料也 侍洛反) 願至金城ᄒᆞ야 圖上方略이리다 乃大發兵ᄒᆞ야
詣金城ᄒᆞ다 充國이 常以遠斥堠로 爲務ᄒᆞ고 行必爲戰備ᄒᆞ며 止必堅
營壁ᄒᆞ고 尤能持重愛士卒ᄒᆞ야 先計而後戰이러라 遂西至西部都
尉府ᄒᆞ야 日饗軍士ᄒᆞ니 士皆欲爲用ᄒᆞ고 虜數挑戰호ᄃᆡ 充國이 欲以威
信으로 招降罕幵(罕羌旱反 幵口堅反 罕俗作罕 幵音牽 皆西羌種 漢武滅之 置罕幵縣 屬天水郡) 及劫略者ᄒᆞ야 解散虜謀ᄒᆞ고
徼(徼工堯反)其疲劇ᄒᆞ야 乃擊之니라 酒泉太守辛武賢이 奏以七月로 出
兵擊罕幵이어늘 充國이 以爲先零이 首爲畔逆ᄒᆞ니 先誅先零已則
罕幵之屬은 不煩兵而服矣리이다 璽書報從充國計焉이러니 後에
罕幵은 竟不煩兵而下ᄒᆞ다

(斥堠)斥度堠望ㅣ也所以撿行險阻伺候盜賊也

先零이諸羌으로더브러小種을劫略ᄒᆞ야다畔ᄒᆞ거늘時에趙充國이年이七十餘라上이老히여겨丙吉로ᄒᆞ야곰問호대誰가可히將ᄒᆞᆯ者인고充國이對ᄒᆞ야曰老臣보마踰ᄒᆞᆯ리가업ᄂᆞ이다다시뭇되將軍이羌虜를何如ᄒᆞ다度ᄒᆞ며맛당이幾人을用ᄒᆞᆯ고充國이日兵은遙度키難ᄒᆞ니願컨ᄃᆡ金城에至ᄒᆞ야方畧을圖上ᄒᆞ리이다이에크게兵을發ᄒᆞ야金城에詣ᄒᆞ다充國이常히斥堠를遠히ᄒᆞᆷ으로써務를ᄒᆞ고行ᄒᆞᆷ에반ᄃᆞ시戰備를ᄒᆞ며止ᄒᆞᆷ에반ᄃᆞ시營壁을堅히ᄒᆞ고더욱能히重을持ᄒᆞ고士卒을愛ᄒᆞ야先히計ᄒᆞ고後에戰ᄒᆞ더라드ᄃᆡ여西으로西部都尉府에至ᄒᆞ야日로軍士를饗ᄒᆞ니士ㅣ다用ᄒᆞ고져ᄒᆞ더라虜ㅣ자조戰를挑호ᄃᆡ充國이威信으로써罕幵과밋劫畧者를招降ᄒᆞ야虜의謀를解散ᄒᆞ고그疲劇을徼ᄒᆞ야이에擊코져ᄒᆞ엿더니酒泉太守辛武賢이七月로써兵을出ᄒᆞ야罕幵을擊ᄒᆞ겟다奏ᄒᆞ거늘充國이써ᄒᆞ되先零이首로畔逆을ᄒᆞ엿ᄉᆞ니먼져先零을誅ᄒᆞ야말면곳罕幵의屬은兵을煩치안코服ᄒᆞ리이다璽書ㅣ告ᄒᆞ야充國의計를從ᄒᆞ엿더니後에罕幵은맛ᄎᆞᆷᄂᆡ兵을煩치안코下ᄒᆞ다

上이詔進擊先零ᄒᆞ니時에羌降者ㅣ萬餘人矣라充國이度其必壞ᄒᆞ고欲罷騎兵屯田ᄒᆞ야以待其弊러니作奏未上에會得進兵璽書ᄒᆞ니充國子이使客으로諫令出兵이어늘充國이歎曰本用吾言이런뎔羌虜ㅣ得至是아耶往者金城湟中에穀斛八錢이라吾謂耿中

丞호ᄃᆡ 糴三百萬斛穀이면 謂司農中丞耿壽昌也 羌人이 不敢動矣라ᄒᆞᄃᆡ 耿中丞이 請糴百萬斛ᄒᆞ야 乃得四十萬斛耳러니 義渠ㅣ 再使에 且費其半ᄒᆞ니 失此二策ᄒᆞ야 羌人이 故敢爲逆이로다

上이詔ᄒᆞ야先零을進擊ᄒᆞ라ᄒᆞ니時에羌이降ᄒᆞᆫ者ㅣ萬餘人이라充國이그반다시壞ᄒᆞᆯ줄度ᄒᆞ고騎兵屯田을罷ᄒᆞ야써그敝ᄅᆞᆯ待코져ᄒᆞ더니奏ᄅᆞᆯ作ᄒᆞ야上치못ᄒᆞ야會에進兵璽書ᄅᆞᆯ得ᄒᆞ니充國의子ㅣ客으로ᄒᆞ야곰諫ᄒᆞ야하야곰兵을出ᄒᆞ라ᄒᆞ거ᄂᆞᆯ充國이歎曰本히吾의言을用ᄒᆞ엿던들羌虜ㅣ시러곰是에至ᄒᆞ엿스랴往者에金城湟中에穀이斛에八錢이라吾ㅣ耿中丞에게謂호대三百萬斛穀을糴ᄒᆞ면羌人이敢히動치아니ᄒᆞ리라ᄒᆞᆫ대耿中丞이百萬斛을請糴ᄒᆞ야이에四十萬斛을得ᄒᆞ엿더니義渠ㅣ두번使ᄒᆞᆷ에또그半을費ᄒᆞ니이二策을失ᄒᆞ야羌人이짐짓敢히逆ᄒᆞᄂᆞᆫ도다

遂上屯田奏曰臣의 所將吏士馬牛食所用糧穀茭藁ㅣ 茭肴居反 藁古者反 調度甚廣ᄒᆞ니 徭役不息이면 恐生它變이오 且茭은 易以計破오 難用兵碎也라 故로 臣愚ᄂᆞᆫ 以爲擊之不便이라ᄒᆞ노이다 計道臨羌으로 按地志金城有臨羌縣 東至浩亹히 浩音告亹音門水出塞外東至允吾入湟水浩水名亹者水流峽山間兩岸深若門焉俗呼閤門疾言訛轉耳 羌虜故田及公

田을民所未墾이可二千頃以上이니臣은願罷騎兵ᄒᆞ고留步兵萬二百八十一人ᄒᆞ야分屯要害處ᄒᆞ야(爲句)浚溝渠ᄒᆞ고(爲句)人二十晦면(爲句謂人出營田也)省大費ᄒᆞ리이다帝ㅣ報曰卽如將軍計면虜ㅣ當何時伏誅오熟計復奏ᄒᆞ라

드대여屯田의奏를上ᄒᆞ야曰臣이將ᄒᆞᆫ바吏士馬牛食에用ᄒᆞᆫ바糧穀芻藁ㅣ調度ㅣ심히廣ᄒᆞ니徭役이息치아니ᄒᆞ면他變이生ᄒᆞᆯ가恐ᄒᆞᆷ이오또羌은計로써破키는易ᄒᆞ고兵을用ᄒᆞ야碎키는難ᄒᆞᆫ지라고로臣愚는써ᄒᆞ되擊ᄒᆞᆷ이不便ᄒᆞ다ᄒᆞ노이다臨羌으로東으로浩亹에至ᄒᆞ기羌虜故田과밋公田을民의墾치못ᄒᆞᆫ바를計度ᄒᆞ니可히二千頃以上이니臣은願컨ᄃᆡ騎兵을罷ᄒᆞ고步兵萬二百八十一人을留ᄒᆞ야要害處에分屯ᄒᆞ야溝渠를浚ᄒᆞ고人이二十晦를ᄒᆞ면大費를省ᄒᆞ리이다帝ㅣ報ᄒᆞ야曰곳將軍의計갓ᄒᆞ면虜ㅣ맛당이何時에伏誅ᄒᆞᆯ고熟히計ᄒᆞ야다시奏ᄒᆞ라

充國이上狀曰臣은聞帝王之兵은以全取勝이라是以로貴謀而賤戰ᄒᆞᄂᆞ니百戰而百勝이라도非計之善者也라故로先爲不可勝ᄒᆞ야以待敵之可勝이라ᄒᆞ고謹條不出兵留田便宜十二事ᄒᆞ노이다奏每

(屯田)屯兵而田

上에輒下公卿ᄒᆞ니議臣이初에是充國計者ㅣ什에三이오中은什에五오最後는什에八이라有詔詰前言不便者ᄒᆞ니皆頓首服이러라魏相이曰臣愚는不習兵事利害어니와後將軍이數畫軍策에其言이常是ᄒᆞ니臣은任其計면可必用也라ᄒᆞ노이다上이於是에報充國嘉納之ᄒᆞ고留屯田ᄒᆞ다

充國이狀을上ᄒᆞ야曰臣은드르니帝王의兵은全으로써勝을取ᄒᆞ는지라이로써謀를貴히ᄒᆞ고戰을賤히ᄒᆞ느니百번戰ᄒᆞ야百번勝ᄒᆞ드라도計의善ᄒᆞᆫ者ㅣ아니라고로먼져不可勝을ᄒᆞ야써敵의可勝을待ᄒᆞᆫ다ᄒᆞ고謹히不出兵ᄒᆞ고留田便宜十二事를條ᄒᆞ노이다奏을每양上ᄒᆞᆷ에문득公卿에게下ᄒᆞ니議臣이初에充國의計를是라ᄒᆞᆫ者ㅣ什에三이오中은什에五오最後는什에八이라詔ㅣ有ᄒᆞ야前言不便ᄒᆞᆫ者를詰ᄒᆞ니다首를頓ᄒᆞ고服ᄒᆞ더라魏相이曰臣愚는兵事의利害를習치못ᄒᆞ엿거니와後將軍이자조軍策을畫ᄒᆞᆷ에그言이常해是ᄒᆞ니臣은그計를任ᄒᆞ면可히반다시用ᄒᆞᆯ지라ᄒᆞ노이다上이이에充國에報ᄒᆞ야嘉納ᄒᆞ고留ᄒᆞ야屯田케ᄒᆞ다

詳密註釋通鑑諺解卷之四 終

詳密註釋 通鑑諺解

【卷五】

(湟)水名入河

(振旅)振止也戰能止其衆而入也又整也出曰治兵入曰振旅

(屬國)不改何國之俗而屬於漢故屬國也

(封事)漢儀密奏皂

詳密註釋 通鑑諺解卷之五

漢紀

中宗孝宣皇帝下

(辛酉)二年이라夏에充國이奏言호대羌이本可五萬人이러니已降幷斬首級溺河湟飢餓死者ㅣ四萬有餘ㅣ니請罷屯兵호노이다奏를可라호니充國이振旅而還호다秋에羌人이降이어늘漢이初置金城屬國호야以處降羌호다 出充國本傳

二年이라夏에充國이言을奏호되羌이본디可히五萬人이러니임의降호고幷히首級를斬호고河湟에溺호고飢餓호야死혼者ㅣ四萬有餘ㅣ니屯兵을罷키請호노이다奏를可라호니充國이旅를振호고還호다秋에羌人이降호거늘漢이처음으로金城屬國을置호야써降羌을處케호다

司隷校尉蓋寬饒ㅣ 蓋公盍反 剛直公淸호야數千犯上意러니時에上이方用刑法호야任中書官이어늘 王氏曰本作任中書宦官故下文云以刑餘爲周召 寬饒ㅣ奏封事曰

囊封板故曰封事
(浸)漸也

(自到)寬饒奏封事金吾議以寬饒意求禪大逆不道上怒以爲寬饒怨謗

方今에 聖道ㅣ浸微ᄒᆞ고 儒術이 不行ᄒᆞ야 以刑餘로 爲周召ᄒᆞ고 宦官刀鋸之餘也今以宦官居周公召公之位故云然 以法律로 爲詩書라ᄒᆞ고 又引易傳言ᄒᆞ대 五帝ᄂᆞᆫ 官天下ᄒᆞ고 三王은 家天下ᄒᆞ니 家以傳子孫이오 官以傳賢聖이니이다 本傳無子孫賢聖句

司隷校尉ㅣ蓋寬饒ㅣ剛直ᄒᆞ고公淸ᄒᆞ야자조上의意ᄅᆞᆯ干犯ᄒᆞ더니時에上이바야흐로刑法을用ᄒᆞ야中書官을任ᄒᆞ거ᄂᆞᆯ寬饒一封事ᄅᆞᆯ奏ᄒᆞ야曰方今에聖道ㅣ浸微ᄒᆞ고儒術이行치못ᄒᆞ야刑餘로ᄡᅥ周召ᄅᆞᆯᄉᆞᆷ고法律로ᄡᅥ詩書ᄅᆞᆯᄉᆞᆷᄂᆞᆫ다ᄒᆞ고ᄯᅩ易傳을引ᄒᆞ야言ᄒᆞ되五帝ᄂᆞᆫ天下ᄅᆞᆯ官ᄒᆞ고三王은天下ᄅᆞᆯ家ᄒᆞ니家ᄂᆞᆫᄡᅥ子孫에게傳ᄒᆞᆷ이오官은ᄡᅥ賢聖에게傳ᄒᆞᆷ이니이다

書奏에 上이 以爲寬饒ㅣ怨謗이라ᄒᆞ야 九月에 下寬饒吏ᄒᆞᆫ대 寬饒ㅣ引佩刀ᄒᆞ고 自剄北闕下ᄒᆞ니 衆이 莫不憐之러라 出本傳

書ᄅᆞᆯ奏ᄒᆞᆷ에上이ᄡᅥᄒᆞ되寬饒ㅣ怨謗ᄒᆞ다ᄒᆞ야九月에寬饒ᄅᆞᆯ吏에下ᄒᆞᆫ대寬饒ㅣ佩刀ᄅᆞᆯ引ᄒᆞ고ᄉᆞᄉᆞ로北闕下에剄ᄒᆞ니衆이憐치아니ᄒᆞ리업더라

日逐王이 即如休屠王渾邪王之稱 素與握衍朐鞮 朐音劬鞮丁奚反朐奴單于號 單于로 有隙이라

率其衆降漢이어ᄂᆞᆯ 出匈奴傳 騎都尉鄭吉이 發渠犂龜玆 音丘慈西域國 諸國

(都護)都猶大也總也

(上寬大)上與尙通下上禮義同

錢帛曰俸米粟曰祿

五萬人ᄒᆞ야 迎日逐王ᄒᆞ야 將詣京師ᄒᆞᆫ대 漢이 封日逐王ᄒᆞ야 爲歸德侯ᄒᆞ다

日逐王이 본ᄃᆡ 握衍朐鞮單于로더브러 隙이 有ᄒᆞᆫ지라 그衆을 率ᄒᆞ고 漢에 降ᄒᆞ거늘 騎都尉鄭吉이 渠犂龜玆諸國五萬人을 發ᄒᆞ야 日逐王을 迎ᄒᆞ야 將ᄒᆞ야 京師에 詣ᄒᆞᆫᄃᆡ 漢이 日逐王을 封ᄒᆞ야 歸德侯를 삼다

吉이 既破車師ᄒᆞ고 降日逐ᄒᆞ니 威振西域이라 并護車師以西北道故로 號를 都護라ᄒᆞ니 都護之置ㅣ 自吉로 始焉이러라 以上畧見西域傳

吉이 임의 車師를 破ᄒᆞ고 日逐을 降ᄒᆞ니 威가 西域에 振ᄒᆞᆫ지라 車師ㅣ 써 西北道를 并護ᄒᆞᆫ 고로 號를 都護라ᄒᆞ니 都護의 置홈이 吉로브터 始ᄒᆞ엿더라

(壬戌)三年이라 春에 魏相이 薨ᄒᆞ고 丙吉이 爲丞相ᄒᆞ다 吉이 上寬大好禮讓ᄒᆞ고 不親小事ᄒᆞ니 時人이 以爲知大體라ᄒᆞ더라 出本傳

三年이라 春에 魏相이 薨ᄒᆞ고 丙吉이 丞相이 되다 吉이 寬大를 上ᄒᆞ고 禮讓을 好ᄒᆞ고 小事를 親치 아니ᄒᆞ니 時人이 써ᄒᆞ되 大體를 知ᄒᆞᆫ다ᄒᆞ더라

八月에 詔曰吏不廉平則治道ㅣ 衰ᄒᆞᄂᆞ니 今小吏ㅣ 皆勤事而俸

(十五)若食一斛則益五斗說文十斗爲斛

祿이薄ᄒᆞ니欲無侵漁百姓이나難矣라侵漁猶掊克 其益吏百石己下俸十五ᄒᆞ라出本紀

八月에詔ᄒᆞ야曰吏가廉平치못ᄒᆞᆫ則治道ㅣ衰ᄒᆞᄂᆞ니今에小吏ㅣ다事ᄅᆞᆯ勤호ᄃᆡ俸祿이薄ᄒᆞ니百姓을侵漁ᄒᆞᆷ이無코져ᄒᆞ나難ᄒᆞᆫ지라그吏百石己下에게俸十五ᄅᆞᆯ더ᄒᆞ라

(搆會)搆結也患其俗多朋黨故搆會吏民令相告許故多怨讐

是歲에東郡太守韓延壽ㅣ爲左馮翊ᄒᆞ다始에延壽ㅣ爲潁川太守ᄒᆞ니潁川이承趙廣漢搆會吏民之後ᄒᆞ야俗多怨讎어ᄂᆞᆯ延壽ㅣ改更ᄒᆞ야教以禮讓이러니黃霸ㅣ代延壽居潁川에霸ㅣ因其迹而大治ᄒᆞ니라

이해에東郡太守韓延壽ㅣ左馮翊이되다始에延壽ㅣ潁川太守가되니潁川이趙廣漢의搆會吏民ᄒᆞᆫ後ᄅᆞᆯ承ᄒᆞ야俗이怨讎ㅣ多ᄒᆞ거ᄂᆞᆯ延壽ㅣ改更ᄒᆞ야禮讓으로써教ᄒᆞ엿더니黃霸ㅣ延壽ᄅᆞᆯ代ᄒᆞ야潁川에居ᄒᆞᆷ에霸ㅣ그迹을因ᄒᆞ야크게治ᄒᆞ니라

(何以至此)豈我

延壽ㅣ爲吏에上禮義ᄒᆞ고好古教ᄒᆞ며接待下吏에恩施甚厚而約誓ㅣ明이라或欺負之者어든延壽ㅣ痛自刻責曰豈其負之아何以

負之邪其人何以至此事(令行禁止)令之必行禁之必止

(移)猶傳也兄弟相讓故曰相移

至此ᄒᆞ오니 吏聞者ㅣ 自傷悔ᄒᆞ야 至自刺自剄이러라 其在東郡三歲에 令行禁止ᄒᆞ고 斷獄이 大減이러라 由是로 入爲馮翊ᄒᆞ다

延壽ㅣ吏가됨에禮義를上ᄒᆞ고古敎를好ᄒᆞ며下吏를接待ᄒᆞᆷ에恩을施ᄒᆞ기심히厚히ᄒᆞ고約誓ㅣ明ᄒᆞᆫ지라或欺負ᄒᆞᄂᆞᆫ者ㅣ면延壽ㅣ痛ᄒᆞ야스ᄉᆞ로刻責ᄒᆞ야曰웃지그負ᄒᆞᆫ가웃지써此에至ᄒᆞ엿ᄂᆞ뇨ᄒᆞ니吏ㅣ聞ᄒᆞᆫ者ㅣ스ᄉᆞ로傷悔ᄒᆞ야自刺ᄒᆞ고自剄ᄒᆞᆷ에至ᄒᆞ더라그東郡에在ᄒᆞᆫ지三歲에令이行ᄒᆞ고禁이止ᄒᆞ고斷獄이大減ᄒᆞᆫ지라이로由ᄒᆞ야馮翊이되다

延壽ㅣ 出行縣至高陵이러니 民有昆弟ㅣ 相與訟田自言이어ᄂᆞᆯ 延壽ㅣ 大傷之曰幸得備位ᄒᆞ야 爲郡表率에 不能宣明敎化ᄒᆞ야 至令民으로 有骨肉爭訟ᄒᆞ니 既傷風化라 咎在馮翊이라ᄒᆞ고 因閉閤思過ᄒᆞ니 於是에 訟者ㅣ 自悔ᄒᆞ야 願以田相移ᄒᆞ고 終死不敢復爭ᄒᆞ니 郡中이 翕然盛也相敕厲ᄒᆞ야 不敢犯이러라

延壽ㅣ出ᄒᆞ야縣에行ᄒᆞ야高陵에至ᄒᆞ엿더니民에昆弟잇서서로더브러田을訟ᄒᆞ야스ᄉᆞ로言ᄒᆞ거ᄂᆞᆯ延壽ㅣ大히傷ᄒᆞ야曰幸히備位를得ᄒᆞ야郡의表率이됨에能히

(二十四縣)目馮翊所統也

敎化를宣明치못ᄒᆞ고民으로ᄒᆞ야곰骨肉이爭訟홈에至ᄒᆞ니임의風化를傷ᄒᆞᆫ지라咎가馮翊에在ᄒᆞ다ᄒᆞ고因ᄒᆞ야閤을閉ᄒᆞ고過를思ᄒᆞ니이에訟ᄒᆞ던者ㅣᄉᆞᄉᆞ로悔ᄒᆞ야田으로써서로移ᄒᆞ기願ᄒᆞ고終死토록敢히다시爭치아니ᄒᆞ니郡中이翕然ᄒᆞ야서로敕ᄒᆞ고厲ᄒᆞ야敢히犯치아니ᄒᆞ더라

延壽恩信이周偏二十四縣ᄒᆞ야莫復以辭訟으로自言者ㅣ라推其至誠ᄒᆞ야吏民이不忍欺紿러라 紿音殆欺也 出韓延壽傳

延壽의恩信이二十四縣에周偏ᄒᆞ야다시辭訟으로써自言ᄒᆞᄂᆞᆫ者ㅣ업ᄂᆞᆫ지라그至誠을推ᄒᆞ야吏民이ᄎᆞᆷ아欺紿치못ᄒᆞ더라

(癸亥)四年이라潁川太守黃霸ㅣ在郡前後八年에政事ㅣ愈治라是時에鳳凰神爵이數集郡國ᄒᆞᄃᆡ潁川이尤多어늘詔賜爵關內侯러니數月에徵霸爲太子太傅ᄒᆞ다 出黃霸傳

四年이라潁川太守黃霸ㅣ郡에在ᄒᆞᆫ지前後八年에政事ㅣ더욱治ᄒᆞᆫ지라이ᄯᅢ에鳳凰神爵이자조郡國에集호ᄃᆡ潁川이더욱多ᄒᆞ거ᄂᆞᆯ詔ᄒᆞ야爵關內侯를賜ᄒᆞ엿더니數月에霸를徵ᄒᆞ야太子太傅를삼다

時에河南太守嚴延年이爲治에陰鷙酷烈ᄒᆞ야 鷙脂利反擊也凡鳥之勇獸之猛皆曰鷙酷烈謂刑罰烈也

(人不可獨殺) 多殺人者己亦當死也

素輕黃霸爲人이러니 及比郡爲守에 褒賞이 反在己前ᄒᆞ니 心內不服이러라 河南界中에 又有蝗蟲이어늘 府丞義ㅣ 出行蝗ᄒᆞ고 (義府丞之名也失其姓行下孟反巡行捕蝗也) 還見延年ᄒᆞᆫ대 延年이 曰此蝗이 豈鳳凰食耶아 義ㅣ 年老ㅣ라 素畏延年이러니 恐見中傷ᄒᆞ야 (中竹仲反陰中害之也) 上書言延年罪ᄒᆞ야 驗得怨望誹謗數事ᄒᆞ니 延年이 坐不道棄市ᄒᆞ다

時에河南太守嚴延年이治ᄅᆞᆯᄒᆞᆷ에陰鷙ᄒᆞ고酷烈ᄒᆞ야본ᄃᆡ黃霸의人됨을輕히ᄒᆞ더니밋郡을比ᄒᆞ야守가됨에褒賞이反히己前에在ᄒᆞ니心內에服치안터라河南界中에ᄯᅩ蝗蟲이有ᄒᆞ거늘府丞義ㅣ出ᄒᆞ야蝗을行ᄒᆞ고還ᄒᆞ야延年을見ᄒᆞᆫᄃᆡ延年이曰이蝗이엇지鳳凰의食이리오義ㅣ年이老ᄒᆞᆫ지라본ᄃᆡ延年을畏ᄒᆞ더니傷에中ᄒᆞᆷ을見ᄒᆞᆯ가恐ᄒᆞ야書를上ᄒᆞ야延年의罪를言ᄒᆞ야驗ᄒᆞ야怨望誹謗ᄒᆞᆫ數事를得ᄒᆞ니延年이不道에坐ᄒᆞ야市에棄ᄒᆞ다

初에 延年母ㅣ 從東海來ᄒᆞ야 欲從延年이러니 臘到洛陽ᄒᆞ야 適見報囚ᄒᆞ고 (論囚曰報說文云當罪人也) 母ㅣ 大驚ᄒᆞ야 謂延年曰天道ㅣ 神明ᄒᆞ니 人不可獨殺이라 我ㅣ 不意當老ᄒᆞ야 見壯子ㅣ 被刑戮也라ᄒᆞ고 行矣어다 去汝東歸ᄒᆞ야

(掃除墓地)註言待其喪至也

掃除墓地耳라ᄒᆞ고 遂去歸郡이러니 後歲餘에 果敗ᄒᆞ니 東海ㅣ莫不賢智其母러라 (出嚴延年傳)

初에延年의母ㅣ東海로조쳐와셔延年을從코져ᄒᆞ더니臘에洛陽에到ᄒᆞ야맛춤報囚를見ᄒᆞ고母ㅣ크게놀나延年다려謂ᄒᆞ야曰天道ㅣ神明ᄒᆞ니人을可히홀로殺치못ᄒᆞᆯ지라我ㅣ老를當ᄒᆞ야壯子ㅣ刑戮에被ᄒᆞᆷ을見키意치못ᄒᆞ엿노라行ᄒᆞᆯ지어다汝를去ᄒᆞ고東으로歸ᄒᆞ야墓地를掃除ᄒᆞ겟다ᄒᆞ고드ᄃᆡ여去ᄒᆞ고郡에歸ᄒᆞ엿더니後歲餘에과연敗ᄒᆞ니東海ㅣ그母를賢智ᄒᆞ다아니ᄒᆞ리업더라

(甲子)五鳳元年이라 韓延壽ㅣ 代蕭望之ᄒᆞ야 爲馮翊ᄒᆞ다 望之ㅣ聞延壽ㅣ在東郡時에 放散官錢千餘萬ᄒᆞ고 使御史案之ᄒᆞᆫᄃᆡ 延壽ㅣ聞之ᄒᆞ고 卽部吏ᄒᆞ야 案校望之ㅣ 在馮翊時에 廩犧官錢放散百餘萬이어늘 (廩犧內史屬官有廩犧令丞尉廩主藏穀犧主養牲所以供祭祀) 望之ㅣ自奏ᄒᆞᆫᄃᆡ 職在總領天下라 聞事에 不敢不問이러니 而爲延壽의 所拘持로소이다 上이 由是로 不直延壽ᄒᆞ야 各令窮考ᄒᆞ니 望之ᄂᆞᆫ 卒無事實ᄒᆞ고 而延壽ᄂᆞᆫ 以在東郡에 奢

(尙方)註少府之屬官掌工作御刀鉅諸好器物也

僭愈制ᄒᆞ고鑄刀效尙方等事로竟坐棄市ᄒᆞ니百姓이莫不流涕러라

五鳳元年이라韓延壽ㅣ蕭望之를代ᄒᆞ야馮翊이되다望之ㅣ延壽가東郡에잇든時에官錢千餘萬을放散홈을聞ᄒᆞ고御史로ᄒᆞ여곰案ᄒᆞᆫᄃᆡ延壽ㅣ聞ᄒᆞ고部吏에卽ᄒᆞ야望之ㅣ馮翊에在ᄒᆞᆫ時에廩犧官錢百餘萬을放散홈을案校ᄒᆞ거늘望之ㅣ自奏ᄒᆞᄃᆡ職이天下를總領홈에在ᄒᆞᆫ지라事를聞ᄒᆞ고敢히問치아니치못ᄒᆞ겟더니延壽에게拘持ᄒᆞᆫ바ㅣ되엿소이다上이是로由ᄒᆞ야延壽를直치아니ᄒᆞ야각각ᄒᆞ여곰窮考ᄒᆞ니望之는맛참내事實이업고延壽는써東郡에在홈에奢僭홈이制를逾ᄒᆞ고刀를鑄ᄒᆞ고尙方等事를效홈으로맛참ᄂᆡ棄市홈에坐ᄒᆞ니百姓이涕를流치아느리업더라

(丙寅)三年이라春에丙吉이薨ᄒᆞ다

三年이라春에丙吉이죽다

贊曰古之制名必由象類遠取諸物近取諸身故經謂君爲元首臣爲股肱明其一體相待而成也是故君臣相配古今常道自然之勢也近觀漢相高祖開基蕭曹爲冠孝宣中興丙魏有聲是時黜陟有序衆職修理公卿多稱其位海內興於禮讓覽其行事豈虛乎哉

(尙方)註 少府之屬官掌工作御刀鉅諸好器物也

黃霸ㅣ爲丞相ᄒᆞ다霸材ㅣ長於治民이러니及爲丞相ᄒᆞ야功名이損於治郡時러라京兆尹張敞舍鶡雀이飛集丞相府어늘(鶡音芥(釋義)芥本作鴇雀大而色青出羌中今俗謂鶡鴒者是)霸ㅣ以爲神爵이라ᄒᆞ야議欲以聞이러니後에知從敞舍來ᄒᆞ고乃止ᄒᆞ나然이나自漢興으로言治民吏면以霸爲首러라(出霸本傳)

黃霸ㅣ丞相이되다霸의材ㅣ治民에長ᄒᆞ더니밋丞相이되얀功名이治郡時보다損ᄒᆞ엿더라京兆尹張敞의舍의鶡雀이飛ᄒᆞ야丞相府에集ᄒᆞ거늘霸ㅣ써ᄒᆞ되神爵이라ᄒᆞ야議ᄒᆞ야써聞코져ᄒᆞ더니後에敞의舍로從ᄒᆞ야來ᄒᆞᆷ을知ᄒᆞ고이에止ᄒᆞ엿스나그러나漢興으로브터治民吏를言ᄒᆞ면霸로써首를숨더라

戴溪曰漢宣帝綜核名實惡臣下欺己而衷攷其行事有名亡實尤甚卒不免爲臣下所欺何哉夫人主嗜好不可偏也發於心術甚微而趍和意旨以相彌縫者多矣宣帝酷好祥瑞幾成僻矣少府宋疇坐議鳳凰不下京師左遷他日鳳凰往往皆集京師矣神爵鳳凰芝草甘露紛紜何多也意者天不愛道地不愛寶乎今宣帝之時逆賊風雨災變擾擾不已符瑞何從來哉吾觀黃霸鶡雀事知神爵五鳳黃龍間曰祥瑞云者大抵皆鶡雀之類也

(丁卯)四年이라大司農丞耿壽昌이奏言ᄒᆞ되歲數豊穰ᄒᆞ야穀賤ᄒᆞ니(釋義)糴入常切豊也)農人이少利라故事에歲漕關東穀四百萬斛ᄒᆞ야以給京師ᄒᆞ되用卒六萬人ᄒᆞ니宜糴三輔弘農河東上黨太原郡穀이면足

(妖惡言
長樂上書
曰惲語臣

供京師오可以省關東漕卒過半이리이다 上이從其計ᄒᆞ니 壽昌이 又白令邊郡으로皆築倉ᄒᆞ야以穀賤으로增其賈而糴以利農ᄒᆞ고 賈讀曰價 穀貴時에減賈而糶ᄒᆞ야 釋義糶也吊反出穀也 名曰常平倉이라ᄒᆞ니 民이便之어늘 上이乃詔賜壽昌爵關內侯ᄒᆞ다 出食貨志

四年이라大司農丞耿壽昌이言을奏호대歲가자조豐穰ᄒᆞ야穀이賤ᄒᆞ니農人이利가少ᄒᆞᆫ지라故事에歲로關東穀四百萬斛을漕ᄒᆞ야써京師를給호ᄃᆡ卒六萬人을用ᄒᆞ니맛당이三輔와弘農과河東과上黨과大原郡穀을糴ᄒᆞ면足히京師를供ᄒᆞᆯ것이오可히關東漕卒過半을省ᄒᆞ리이다上이그計를從ᄒᆞ니壽昌이또白ᄒᆞ야邊郡으로ᄒᆞ여곰다倉을築ᄒᆞ야穀이賤ᄒᆞᆷ으로써그賈를增ᄒᆞ야糴ᄒᆞ야써農을利ᄒᆞ고穀이貴ᄒᆞᆫ時에賈를減ᄒᆞ야糶ᄒᆞ야名ᄒᆞ야日常平倉이라ᄒᆞ니民이便히여기거늘上이이에詔ᄒᆞ야壽昌에게爵關內侯를賜ᄒᆞ다

光祿勳楊惲이 惲欣粉反 廉潔無私ᄒᆞ나 然이나 伐其行能ᄒᆞ고 又性이刻害ᄒᆞ야 好發人陰伏ᄒᆞ니 由是로多怨於朝廷이러라 與太僕戴長樂으로相失이러니 長樂이 上書告惲罪ᄒᆞᄃᆡ 怨望爲妖惡言이라ᄒᆞᆫᄃᆡ 上이不忍加誅ᄒᆞ야

日正月以來天陰不雨此春秋所記夏侯君所言以主上爲戲言無消奏之

(宰相子)註楊敞之子

免爲庶人ᄒᆞ다

光祿勳楊惲이廉潔ᄒᆞ고私가無ᄒᆞ나然이나그行能을伐ᄒᆞ고ᄯᅩ性이刻害ᄒᆞ야人의陰伏을發ᄒᆞ기好ᄒᆞ니是로由ᄒᆞ야怨이朝廷에多ᄒᆞ더라太僕戴長樂으로더브러셔로失ᄒᆞ엿더니長樂이書를上ᄒᆞ야惲의罪를告호ᄃᆡ怨望ᄒᆞ고妖惡ᄒᆞᆫ言을ᄒᆞᆫ다ᄒᆞᆫᄃᆡ上이ᄎᆞᆷ아誅를加치못ᄒᆞ야免ᄒᆞ야庶人을삼다

惲이既失爵位ᄒᆞ고家居治產業ᄒᆞ야以財自娛ᄒᆞ더니其友安定太守孫會宗이與惲書諫戒之ᄒᆞ야爲言大臣이廢에當闔門惶懼오不當治產業通賓客ᄒᆞ야有稱譽니라惲이宰相子로有材能ᄒᆞ야少顯朝廷이라가一朝에以晻昧(晻與暗同)語言으로見廢ᄒᆞ고內懷不服이라

惲이임의爵位를失ᄒᆞ고家에居ᄒᆞ야產業을治ᄒᆞ야財로ᄡᅥ스ᄉᆞ로娛ᄒᆞ거ᄂᆞᆯ그友安定太守孫會宗이惲에게書를與ᄒᆞ야諫戒ᄒᆞ야言호ᄃᆡ大臣이廢ᄒᆞᆷ에맛당이門을闔ᄒᆞ고惶懼ᄒᆞᆯ것이오產業을治ᄒᆞ고賓客을通ᄒᆞ야稱譽를有ᄒᆞᆷ이不當ᄒᆞ니라惲이宰相子로材能이잇셔젹이朝廷에顯ᄒᆞ다가一朝에晻昧ᄒᆞᆫ語言으로ᄡᅥ廢ᄒᆞᆷ을見ᄒᆞ고內로不服을懷ᄒᆞᆫ지라

報會宗書曰過大行虧ᄒᆞ니當爲農夫以沒世라田家作苦ᄒᆞ야歲

(烏烏)南山種豆歌目烏烏秦聲楊惲傳曰家本秦故能爲秦聲

(不知其不可)言自謂爲可也

(猥佐成)註主猥馬

時伏臘에 伏者金氣伏藏之日也四時代謝皆以相生立春木代水水生木立夏火代木木生火立冬水代金金生水立秋金代火而金畏火故至庚日必伏蓋庚屬金也陰陽書言夏至後第三庚爲初伏第四庚爲中伏立秋後初庚爲末伏故曰三伏伏者謂陰氣將起追於殘陽而未得升故爲藏伏因名伏日漢以大寒後戌日爲臘也詳見平帝元始五年註 烹羊炰羔ᄒᆞ야 斗酒自勞ᄒᆞ며 炰步交反炙也勞來到反 酒後耳熱이어든 猶言酒力酣暢也 仰天拊缶 拊方武反拍也缶方久反瓦器也擊之以節歌 而呼烏烏ᄒᆞ니 李斯上書曰擊甕叩缶彈箏拊缶而呼烏烏快耳目者眞秦聲也是關中舊有此曲 其詩에 日田彼南山ᄒᆞ니 山高而在陽人君之象 蕪穢不治로다 喩朝廷荒亂也治平聲 種一頃豆ㅣ러니 喩百官也豆者貞實之物當在倉囷 落而爲萁로다 萁豆莖零落在野喩己見放棄也楚昭王奉金幣聘孔子孔子乃歌曰大道隱兮勞禮爲萁賢人竄兮將待時 人生行樂耳ㅣ니 須富貴何時오 誠荒淫無度ᄒᆞ야 不知其不可也로다

會宗에게 報ᄒᆞᆫ 書에 曰 過가 大ᄒᆞ야 戮를 行ᄒᆞ니 맛당이 農夫가 되여 써 世를 沒ᄒᆞᆯ지라 田家에서 苦를 作ᄒᆞ야 歲時伏臘에 羊을 烹ᄒᆞ고 羔를 炰ᄒᆞ야 斗酒로 스ᄉᆞ로 勞ᄒᆞ다가 酒後에 耳가 熱ᄒᆞ거든 天을 仰ᄒᆞ야 缶를 拊ᄒᆞ고 烏烏를 呼ᄒᆞ니 그 詩에 曰 져 南山에 田ᄒᆞ니 蕪穢ᄒᆞ야 治치 못ᄒᆞ도다 一頃豆를 種ᄒᆞ엿더니 落ᄒᆞ야 萁가 되도다 人生이 樂을 行ᄒᆞᆷ이니 須히 富貴ㅣ 何時오 誠히 荒淫ᄒᆞ고 度가 無ᄒᆞ야 그 不可ᄒᆞᆷ을 知치 못ᄒᆞ겟도다

會에 有日食之變이어ᄂᆞᆯ 騶馬猥佐成이 上書告惲이 驕奢不悔過

吏也有佐有史成其名也

(寖)息也

(掾)官屬之類

(五日京兆)言在位不久也

日食之咎는 此人所致니이다 章下廷尉按驗ᄒᆞ야 得所予會宗書ᄒᆞ니 帝ㅣ見而惡之ᄒᆞ야 惲을 以大逆無道로 腰斬ᄒᆞ다 出本傳

會에 日食의 變이 有ᄒᆞ거늘 騶馬猥佐成이 書를 上ᄒᆞ야 告ᄒᆞ되 惲이 驕奢ᄒᆞ고 過를 悔치 아니ᄒᆞ니 日食의 咎는 此人의 致ᄒᆞᆫ바니이다 廷尉에게 章下ᄒᆞ야 按驗ᄒᆞ야 會宗에게 予ᄒᆞᆫ바 書를 得ᄒᆞᆫ지라 帝ㅣ見ᄒᆞ고 惡ᄒᆞ야 惲을 大逆無道로써 腰를 斬ᄒᆞ다

溫公曰以孝宣之明魏相丙吉爲丞相于定國爲廷尉而趙蓋韓楊之死皆不厭衆心惜哉其爲善政之累大矣周官司寇之法有議賢議能若廣漢延壽之治民可不謂能乎寬饒惲之剛直可不謂賢乎然則雖有死罪猶將宥之況罪不足以死乎楊子雲以韓馮翊之愬蕭爲臣之自失夫所以使延壽犯上者望之激之也上不之察而延壽獨蒙其辜不亦甚哉

(戊辰)甘露元年이라 楊惲之誅也에 公卿이 奏호대 京兆尹張敞은 惲之黨友ㅣ니 不宜處位ㅣ라ᄒᆞ야늘 上이 惜敞材ᄒᆞ야 獨寢其奏ᄒᆞ고 不下ᄒᆞ다

甘露元年이라 楊惲이 誅ᄒᆞᆷ에 公卿이 奏ᄒᆞ되 京兆尹張敞은 惲의 黨友니 位에 處ᄒᆞᆷ이 宜치안타 ᄒᆞ야 놀上이 敞의 材를 惜ᄒᆞ야 홀로 其奏를 寢ᄒᆞ고 下치안타

敞이 使掾絮舜으로 絮女居反絮舜姓名捕賊掾也姓苑註絮尼據反 有所案驗이러니 舜이 私歸其家曰 五日京兆耳니 言不久當去京兆尹 安能復按事리오 敞이 聞舜語ᄒᆞ고 卽部吏ᄒᆞ야 收舜繫獄ᄒᆞ야 晝夜驗治ᄒᆞ야 竟致其死ᄒᆞ다 舜이 當出死에 敞이 使主簿로

持敎告舜曰五日京兆ㅣ 竟何如오 冬月이 已盡ᄒᆞ니 延命乎아 乃棄舜市ᄒᆞ다

敞이掾絜舜으로하여곰案驗ᄒᆞᆫ바이有ᄒᆞ더니舜이私로그家에歸ᄒᆞ여曰五日京兆ㅣ니엇지能히다시事를按ᄒᆞ리오敞이舜의語를聞ᄒᆞ고部吏에即ᄒᆞ야舜을收ᄒᆞ야獄에繫ᄒᆞ야晝夜로驗治ᄒᆞ야竟히그死에致ᄒᆞ다舜이出死에當ᄒᆞᆷ에敞이主簿로하여곰敎를持ᄒᆞ고舜에게告ᄒᆞ여曰五日京兆ㅣ맛ᄎᆞᆷᄂᆡ엇더ᄒᆞᆫ고冬月이임의盡ᄒᆞ니命을延ᄒᆞ랴아에舜을市에棄ᄒᆞ다

會立春에 行寃獄使者ㅣ 出이어늘 會適遇也行去聲按行也言此事適遇使者出使者即刺史也律立春後不行刑故遣使者按行寃獄 舜家ㅣ 載尸ᄒᆞ고 幷編敞敎ᄒᆞ야 自言ᄒᆞᆫ듸 使者ㅣ 奏敞이 賊殺不辜라ᄒᆞ야 免爲庶人ᄒᆞ니 敞이 詣闕上印綬ᄒᆞ고 便從闕下亡命이러니 數月에 京師吏民이 解弛ᄒᆞ야 枹鼓ㅣ 數起ᄒᆞ고 枹風無反枹音桴擊鼓杖也擊鼓所以警衆數頻也數起者言偷盜之多也 而冀州部中에 有大賊이어늘

맛ᄎᆞᆷ立春에寃獄을行ᄒᆞᄂᆞᆫ使者ㅣ出ᄒᆞ거늘舜의家ㅣ尸에載ᄒᆞ고幷히敞의敎를編ᄒᆞ야스ᄉᆞ로言ᄒᆞᆫ듸使者ㅣ敞이不辜를賊殺ᄒᆞ엿다奏ᄒᆞ야免ᄒᆞ야庶人을삼으니敞이闕에詣ᄒᆞ야印綬를上ᄒᆞ고믄득闕下로從ᄒᆞ야命을亡ᄒᆞ엿더니數月에京師吏民

(即家)就家也

(裝隨使者)治行而隨使者

(公車)掌宮南闕門凡吏民上章四方貢獻及徵詣公車

이解弛ᄒ야枹鼓ㅣ자조起ᄒ고冀州部中에大賊이有ᄒ거늘

天子ㅣ思敞功效ᄒ야 使者로 即家召敞ᄒ니 敞이 身被重劾이다 及使者至에 妻子ㅣ皆泣ᄒ대 而敞이 獨笑曰吾身이 亡命爲民ᄒ니 郡吏ㅣ當就捕어늘 今使者來ᄒ니 此는 天子ㅣ欲用我也로다

天子ㅣ敞의功效를思ᄒ야使者로家에卽ᄒ야敞을召ᄒ니敞이몸에重劾을被ᄒ지라使者ㅣ至홈에及ᄒ야妻子ㅣ다泣호ᄃ敞이홀로笑ᄒ야日吾身이命을亾ᄒ고民이되니郡吏ㅣ맛당이就捕ᄒ겟거늘今에使者ㅣ來ᄒ니此는天子ㅣ我를用코져ᄒ심이로다

裝隨使者ᄒ야 詣公車上書曰臣이 前에 幸得備位列卿ᄒ야 待罪京兆라가 坐殺掾絮舜ᄒ니 舜은 本臣敞의 素所厚吏라 以臣으로 有章劾當免이라ᄒ야 謂臣五日京兆라ᄒ고 背恩忘義어늘 臣이 枉法誅之ᄒ니 雖伏明法이라도 死無所恨이니이다 天子ㅣ引見敞ᄒ고 拜爲冀州刺史ᄒ니 敞이 到部에 盜賊이 屛迹이러라 出敞本傳

裝ᄒ고使者를隨ᄒ야公車에詣ᄒ야書를上ᄒ여日臣이前에幸히備位列卿홈을得

(燕)安也閑也 (作色)怒變色也

ᄒᆞ야罪를京兆에서 待ᄒᆞ다가 掾絮舜을殺홈에 坐ᄒᆞ니舜은本臣敞의본대厚히한바吏라臣으로써章劾이잇서맛당이免ᄒᆞ리라ᄒᆞ야臣을五日京兆라謂ᄒᆞ고恩을背ᄒᆞ고義를忘ᄒᆞ거늘臣이法을枉ᄒᆞ고誅호니비록明法에伏ᄒᆞ드라도死호대恨홀바이업ᄂᆞ이다天子ㅣ引ᄒᆞ야敞을見ᄒᆞ고拜ᄒᆞ야冀州刺史를ᄉᆞᆷ으니敞이部에到홈에盜賊이屛迹ᄒᆞ더라

皇太子ㅣ柔仁好儒ᄒᆞ야 見上所用이 多文法吏ᄒᆞ야 以刑名繩下ᄒᆞ고 嘗侍燕에 從容言호대 陛下ㅣ持刑太深ᄒᆞ시니 宜用儒生이어다 帝ㅣ作色曰漢家ㅣ 自有制度ᄒᆞ야 本以霸王道로 雜之ᄒᆞ니 奈何純任德敎ᄒᆞ야 用周政乎아 且俗儒ㅣ 不達時宜ᄒᆞ고 好是古非今ᄒᆞ야 使人眩於名實ᄒᆞ야 (眩胡面反) 不知所守ᄒᆞ니 何足委任이리오 乃歎曰亂我家者ᄂᆞᆫ 太子也ㅣ로다 (出元帝紀)

皇太子ㅣ柔仁ᄒᆞ고儒를好ᄒᆞᄂᆞᆫ지라上의用ᄒᆞᄂᆞᆫ바이文法吏가多ᄒᆞ야刑名으로써下를繩홈을見ᄒᆞ고嘗해侍ᄒᆞ야燕홈에從容이言호대陛下ㅣ刑을持ᄒᆞ심이大히深ᄒᆞ시니儒生을用홈이宜ᄒᆞ니이다帝ㅣ作色ᄒᆞ야日漢家ㅣᄉᆞᄉᆞ로制度가잇서本이霸王道로써雜ᄒᆞ니엇지純히德敎를任ᄒᆞ야周政을用ᄒᆞ랴ᄯᅩ俗儒ㅣ時宜를達치못

ᄒᆞ고古를是ᄒᆞ고今을非ᄒᆞ기好ᄒᆞ야人으로하여곰名實에眩ᄒᆞ야守ᄒᆯ바를知치못ᄒᆞ니읏지足히委任ᄒᆞ리오이에歎ᄒᆞ야曰我家를亂ᄒᆯ者는太子로다

溫公曰王覇無異道皆本仁祖義任賢使能賞善罰惡禁暴誅亂顧名位有尊卑德澤有深淺功業有鉅細耳非若黑白甘苦之相反也漢之所以不能復三代之治者由人主之不爲非先王之道不可復行於後世也夫儒有君子有小人彼俗儒者誠不足與爲治也獨不可求眞儒而用之乎稷契皐陶伯益伊尹周公孔子皆大儒也使漢得而用之功烈豈若是而止耶孝宣謂太子懦而不立闇於治體必亂我家則可矣乃曰王道不可行儒者不可用豈不過甚矣哉殆非所以訓示子孫垂法將來者也

戴溪曰致治成法百王所同參周秦之法而幷用之此漢宣帝所謂家法也且彼天下焉有家法又焉有天下法周家忠厚自有天地以來未之有改也廼曰此成周之家法也可乎秦人反上古之道行一切之政自不能保其家安有其法漢至宣帝且六世矣漢豈有法可守哉因時制宜隨其君之資而雜出於德敎功利之間一得一失迭爲治亂而已豈復眞以雜霸爲法也宣帝習見文景之寬厚孝武之材略以爲漢之家法純駁若此此霸王之道也欲使其子孫憑藉而世守之亦過矣漢之法非壞於元帝也宣帝之法不可繼也天有五材而盡用之其弊也不可復振綜核操切之餘勢已極矣惡保其往乎漢宣帝唐高宗皆以聰明聽察爲治其盛也皆足以中興及其既弊亦終焉而已矣故唐之群盜皆生於大中之朝而王氏代漢之兆亦萌於呼韓來朝之歲此豈所謂天道者耶

新增胡氏曰帝王之德莫不本於格物致知以誠其意正心修身以齊其家若夫正朝廷正百官以正萬民則自是而推之耳內外本末精粗先後非有殊治也若夫五霸則異是矣其果有格物致知之學乎其意果誠心果正身果修而家果齊乎其所以行之者果與唐虞夏后商周之敎比類乎以是考之王道霸術正猶美玉碔砆之不可同年而語也司馬氏譏宣帝言王道不可行儒者不可用是矣而謂王霸無異道不亦誤乎

張南軒曰自高祖取天下固以天下爲己利而非若湯武弔民伐罪之心故其卽位之後反者數起而莫之禁利之所在固其所趨也至其立國規模大抵皆因秦舊而無復三代封建井田公共天下心矣其合於王道者如約法三章爲義帝發喪要亦未免有假之意其誠不孚也則其雜霸固有自來夫王道如精金美玉豈容雜也雜之則是亦霸而已矣惟文帝天資爲近之然其薰習操術亦雜於黃老刑名攷其施設動皆有術但其資美而術高耳深攷自可見至於宣帝則又霸之下者桓文之罪人也西京之亡自宣帝始蓋文景養民之意至是而盡消靡矣且宣帝豈眞知所謂德敎者哉而以爲不可用也如元帝之好儒生蓋竊其近似之名委靡柔懦敗壞天下者其何德敎之云

(贊謁)贊見也進見也

夫惟王者之政其心本乎天理建立人紀施於萬事仁立義行而無
偏弊未嘗眞知王道顧曰儒生之說迂濶而難行盖亦未之思也

(己巳)二年이라匈奴呼韓邪單于ㅣ欵五原塞ᄒᆞ야 欵叩也叩塞門來服從也五原郡楡林塞也在勝州楡林縣西四十里五原本秦九原郡今大同路豐州是 願奉國珍朝어ᄂᆞᆯ 奉獻也國珍謂其國中所產珍寶 詔議其儀ᄒᆞ니 丞相御史ㅣ曰宜如諸侯王호대位次ᄂᆞᆫ在下ㅣ니이다 太傅蕭望之ㅣ以爲宜待以不臣之禮ᄒᆞ야位諸侯王上이니이다 天子ㅣ采之ᄒᆞ야令單于로位在諸侯王上ᄒᆞ고 贊謁에稱臣而不名ᄒᆞ다 出望之傳

二年이라匈奴呼韓邪單于ㅣ五原塞를欵ᄒᆞ야國珍을奉ᄒᆞ고朝ᄒᆞ기願ᄒᆞ거ᄂᆞᆯ詔ᄒᆞ야그儀를議ᄒᆞ니丞相御史ㅣ曰맛당이諸侯王과갓치호ᄃᆡ位次ᄂᆞᆫ下에在ᄒᆞᆯ지니이다太傅蕭望之ㅣ써ᄒᆞ되맛당이不臣의禮로써待ᄒᆞ야諸侯王上에位ᄒᆞᆯ지니이다天子ㅣ采ᄒᆞ야單于로하여곰位를諸侯王上에在ᄒᆞ고贊謁에臣을稱ᄒᆞ고名치안케ᄒᆞ다

荀悅論曰春秋之義王者無外欲一于天下也戎狄道里遼遠人迹介絕故正朔不及禮教不加非尊之也其勢然也詩曰自彼氐羌莫敢不來王故要荒之君必奉王貢若不供職則有辭責號令加焉非敵國之謂也望之欲待以不臣之禮加之王公之上僭度失序以亂大常非禮也若以權時之宜則異論矣

(庚午)三年이다匈奴呼韓邪單于ㅣ來朝ᄒᆞ다

三年이라匈奴呼韓邪單于ㅣ와서조의ᄒᆞ다

班固匈奴傳贊曰書戒蠻夷猾夏詩稱戎狄是膺春秋有道守在四夷久矣夷狄之爲患也故自漢興忠言嘉謀之臣曷嘗不運籌策相與爭於廟堂之上乎高祖時劉敬呂后時樊噲季布孝文時賈誼晁錯孝武時王恢韓安國朱買臣公孫弘董仲舒人持所見各有同異然總其要歸兩科而已縉紳之儒則守和親介冑之士則言征伐要皆偏見一時之利害而未究匈奴之終始也自漢興以至於今有修文而和親之矣有用武而克伐之矣有卑下而承事之矣有威武而臣畜之矣詘伸異變彊弱相反是故其詳可得而言也昔劉敬約和親賂遺匈奴冀以救安邊境孝惠高后時遵而不違而單于反加驕倨至于孝文與通關市妻以漢女增厚其賂而匈奴數背約束邊境屢被其害是以文帝中年赫然發憤遂躬戎服親御鞍馬從六郡良家材力之士馳射上林講習戰陣聚天下精兵軍於廣武顯問馮唐與論將師喟然嘆息思古名臣此則和親無益己然之明效也仲舒親見四世之事猶欲復守舊文頗增其約與之厚幣以沒溺也其意與盟於天以堅其約質其愛子以累其心當孝武時雖征伐克獲而士馬物故亦略相當匈奴人民每來降漢單于亦輒拘留漢使以相報復其桀驁尙如斯安肯以愛子而爲質乎此不合當時之言也夫邊城不選守境武畧之臣修障隧備塞之具厲長戟勁弩之械恃吾所以待邊寇而務賦斂於民遠行貨賂割剝百姓以奉寇讎信甘言守空約而幾音冀胡馬之不窺不已過乎至孝宣之世承武帝奮擊之威値匈奴百年之運因其壞亂幾亡之厄權時施宜覆以威德然後單于稽首臣服遣子入侍三世稱藩賓於漢庭是時邊城晏閉牛馬布野三世無犬吠之警杓古黎字庶無干戈之役後六十餘載遭王莽簒位始開邊隙單于由是歸怨自絕邊境之禍構矣夫規事建議不圖萬世之固而媮恃一時之事者未可以經遠也若乃征伐之功秦漢行事嚴尤論之詳矣是故聖王禽獸畜之不與約誓不欲攻伐約之則費賂而見欺攻之則勞師而招寇其地不可耕而食也其民不可臣而畜也是以外而不內疎而不戚政敎不及其人正朔不加其國來則懲而御之去則備而守之其慕義而獻貢則接之以禮讓羈縻不絕[illegible]聖王制蠻夷之常道也

先時에自烏孫以西로至安息諸國近匈奴者ㅣ皆畏匈奴而輕漢이러니及呼韓邪單于ㅣ朝漢後로咸尊漢矣러라

先時에烏孫써西로브터安息諸國에至ᄒᆞ야匈奴에近ᄒᆞᆫ者ㅣ다匈奴을畏ᄒᆞ고漢을

輕히ᄒ더니맛呼韓邪單于ㅣ漢에朝ᄒ後로다漢을尊ᄒ더라

上이以戎狄이賓服으로思股肱之美ᄒ야乃圖畫其人於麒麟閣ᄒ야法其形貌ᄒ고署其官爵姓名ᄒ대唯霍光은不名曰大司馬大將軍博陸侯姓霍氏라ᄒ고其次는張安世、韓增、趙充國、魏相、丙吉、杜延年、劉德、梁丘賀、蕭望之、蘇武凡十一人이니皆以功德으로知名當世라是以로表而揚之ᄒ야明著中興輔佐ᄒ야列於方叔、召虎、仲山甫焉ᄒ니라 出趙充國傳

上이戎狄이賓服홈으로써股肱의美를思ᄒ야이에그人을麒麟閣에圖畵ᄒ야그形貌를法ᄒ고그官爵姓名을署호대오즉霍光은名치안코曰大司馬大將軍博陸侯姓霍氏라ᄒ고그次는張安世、韓增、趙充國、魏相、丙吉、杜延年、劉德、梁丘賀、蕭望之、蘇武무릇十一人이니다功德으로써名을當世에知혼지라이로써表ᄒ고揚ᄒ야明히中興輔佐을著ᄒ야方叔、召虎、仲山甫에列ᄒ니라

新增養心吳氏曰慶元間中興輔佐孰優論云定策如博陸齊治如丙魏靖邊如充國置之前列夫誰曰不然安世以謹厚闓延年以安和著蕭望之梁丘賀以文學顯其他如韓如劉亦不過一藝一能之士未見有卓然之功也而蘇武大節凜然乃寘之於群臣之後武之守節如彼其堅也起敬於夷狄如彼其人也序列如彼其卑也帝豈無見於此哉盖麒麟之圖繪正遠人觀聽之所係彼其平日之所畏慕者知有武而已一旦顧瞻傑閣歷數元勳而疇昔

(博士)掌通古今

敬畏之人乃眇然特居羣臣之後必相顧駭愕私相告語以中郎之大節如此且居群臣之下則凡偃然其右者其功德顧可量歟將益信中國人才之盛而隱然有虎豹在山之勢矣夫如是寧不足以示中國之大而杜外夷窺伺之心耶

詔諸儒ᄒᆞ야 **講五經同異**ᄒᆞᆫᄃᆡ 釋義王氏曰施讎論易周堪孔霸論書薛廣德論詩戴聖論禮公羊則嚴彭祖穀梁則尹更始同異者謂與經旨合否也 **蕭望之等**이 **平奏其議**어늘 釋義平議無所可否議而斷決可否 **上**이 **親稱制臨決焉**ᄒᆞ고 釋義七制解云稱制即制曰是也自臨視其論 **乃立梁丘易** 釋義梁丘複姓名賀字長翁琅琊縣人從京房受易帝聞京房易明求其門人而得賀 **大小夏侯尙書** 釋義夏侯複姓大夏侯名勝字長公東平人其先夏侯都尉從濟南張生受尙書以傳族子始昌始昌傳勝小夏侯名建字長卿勝之從父子也勝以書受建建又事歐陽高由是尙書有大小夏侯之學 **穀梁春秋** 釋義穀梁複姓名淑一名赤字元始魯人何休曰孔子至聖却觀無窮知秦將必燔書故以春秋之說口授子夏子夏授之穀梁穀梁爲經作傳以授孫卿卿授申公申公授江翁其榮廣大善穀梁以傳蔡千秋宣帝好穀梁乃擢千秋爲郎 **博士**ᄒᆞ다 出本傳

諸儒에게詔ᄒᆞ야五經同異를講ᄒᆞᆫ대蕭望之等이 그議를平奏ᄒᆞ거늘上이親이制를稱ᄒᆞ야臨ᄒᆞ야決ᄒᆞ고이에梁丘易大小夏侯尙書穀梁春秋博士를立ᄒᆞ다

(壬申)黃龍元年이라 **帝**ㅣ **崩**ᄒᆞ고 **太子**ㅣ **卽皇帝位**ᄒᆞ다

黃龍元年이라帝ㅣ崩ᄒᆞ고太子ㅣ皇帝位에即ᄒᆞ다

贊曰孝宣之治信賞必罰綜核名實政事文學法理之士咸精其能至于技巧工匠器械自元成間鮮能及之亦足以知吏稱其職民安其業也遭値匈奴乖亂推亾固存信威北夷單于慕義稽首稱藩功光祖宗業垂後嗣可謂中

興侔德殷
宗周宣矣
敘傳曰中宗明明寅用刑名時擧傳約聽斷惟精柔遠能邇煙燿威靈龍荒朔幕莫不來庭丕顯祖烈尙于有成
公孫弘贊曰孝宣承統纂修鴻業講論六藝招選茂異而蕭望之梁丘賀夏侯勝韋玄成嚴彭祖尹更始以儒術進劉向王褒以文章顯將相則張安世趙充國魏相丙吉于定國杜延年治民則黃霸王成龔遂鄭弘召信臣韓延壽尹翁歸趙廣漢嚴延年張敞之屬皆有功迹見於世參其名臣亦其次也
東萊呂氏曰申韓之害流毒後世何其遠耶秦始皇二世用之以亡其國趙高李斯用之以亡其身生乎秦之後可以戒矣而漢鼂錯復明申韓佐景律令削七國天下亦幾於亡生乎鼂錯之後者可以重戒矣孝宣復好觀申子君臣之篇所用多文法吏以刑名繩下甘蹈鼂錯之覆轍而不顧焉彼申韓之說其入人深雖明君賢臣陷溺而不能出何也其令行禁止奔走天下誠足以稱快一時也樂其一時之快而不暇顧其他日之害此其說所以盛行於世歟觀宣當之爲君綜核名實信賞必罰其所以功光祖宗業垂後嗣者蓋勵精之效初非申韓之功也至於用恭顯而啓元帝之信宦者貴許史而啓成帝之任外戚殺趙蓋韓楊而啓哀帝之誅大臣開三大釁終以亡國此豈非釋術不審之流弊乎故論其功則爲中興之君論其罪則亦爲基禍之主其功罪相半蓋失於欲速而用申韓也昔者聖人亦知遲之不如速鈍之不如利矣然其爲治乃曰王者必世而後仁曰久於其道而天下化成日計不足月計有餘其遲鈍迂濶每不若申韓之遠獨何歟殊不知聖人慮事至精也其擧事厭遲而惡鈍亦與人同也惟其原始要終探端窮本知吾道雖有歲月之遲而終成千百年之安申韓雖有歲月之速而終貽千百年之害故去彼取此也由是論之則莫速於聖人莫遲於申韓莫利於聖人莫鈍於申韓其理甚明宣帝不知此理反非太子用儒之諫豈天未欲斯民見三代之治耶

前卷 註解

(壬戌)知大體吉嘗出逢羣鬪死傷不問逢牛喘使問逐牛幾里或譏吉失問吉曰民鬪京兆所當禁宰相不親小事非所當問方春未可熱恐牛近行困暑故喘此時氣失節三公調陰陽職當憂時人爲知大體癸亥臘(冬祭)也漢以

行義悅文曰元

(放古)註放效也(御幸)衣服飮食妃妾及愛幸者(減穀)減謂損其數也(省肉)省謂全去之

大寒後戌日爲臘記月令孟冬臘先祖按臘獵也取禽獸祭先祖重本始也曆家以運墓爲臘如漢火運墓於戌故以戌爲臘火運墓戌者金胞起寅木胞起申水土胞起己火胞起亥而胞胎養生浴帶官旺衰病死葬周列十二支葬即墓也說文漢以冬至後三戌爲臘臘合也合祭諸神蔡邕獨斷云殷曰淸祀周曰蜡秦曰嘉平漢曰臘又云臘接也新舊交接謂之臘大祭以報功也玉燭寶典曰臘者祭先祖也蜡者報百神同日異祭秦初曰臘後改嘉平

漢紀

孝元皇帝 名奭宣帝長子 在位十六年 壽四十三 牽制文義優游不斷孝宣之業衰焉

(癸酉)初元元年이라 上이 素聞王吉貢禹ㅣ 皆明經潔行ᄒᆞ고 遣使者徵之ᄒᆞᆫᄃᆡ 吉은 道病卒ᄒᆞ고 禹는 至어ᄂᆞᆯ 拜爲諫大夫ᄒᆞ고 上이 數虛巳ᄒᆞ야 問以政事ᄒᆞᆫᄃᆡ 禹ㅣ 奏言ᄒᆞᄃᆡ 古者에 人君이 節儉ᄒᆞ야 什一而稅ᄒᆞ고 亡他賦役이라 故로 家給人足ᄒᆞ니 臣愚는 以爲如太古는 難이로ᄃᆡ 宜少放古ᄒᆞ야 以自節焉이라ᄒᆞ노이다 天子ㅣ 納善其言ᄒᆞ야 出貢禹本傳 詔令諸宮館希御幸者를 勿繕治ᄒᆞ고 太僕에 減穀食馬ᄒᆞ고 水衡에 水衡都尉主都水及上林苑 省肉食獸ᄒᆞ다 出本傳

初元元年이라 上이 본ᄃᆡ 王吉과 貢禹ㅣ 다 經에 明ᄒᆞ고 行을 潔ᄒᆞᆷ을 聞ᄒᆞ고 使者를 遣ᄒᆞ야 徵ᄒᆞᆫᄃᆡ 吉은 道에셔 病ᄒᆞ야 卒ᄒᆞ고 禹는 至ᄒᆞ거ᄂᆞᆯ 拜ᄒᆞ야 諫大夫를 삼고 上이 자

(陳王事)目陳王者之事

조己를虛ᄒ야政事로써問ᄒᆞᆫᄃᆡ禹ㅣ言은奏호ᄃᆡ古者에人君이節儉ᄒ야什에一을稅ᄒ고다른賦役이亾ᄒᆞᆫ지라故로家가給ᄒ고人이足ᄒ니臣愚는써ᄒ되太古갓기는難호ᄃᆡ맛당이져이古를放ᄒ야써스ᄉᆞ로節ᄒᆯ지라ᄒ노이다天子ㅣ그言을納善ᄒ야詔ᄒ야하여곰諸宮館과希御幸者를繕治치말고太僕에穀食馬를減ᄒ고水衡에肉食獸를省ᄒ다

溫公曰忠臣之事君也責其所難則其易者不勞而正補其所短則其長者不勸而遂孝元踐位之初虛心以問禹禹宜先其所急後其所緩然則優游不斷讒佞用權當時之大患也而禹不以爲言恭謹節儉孝元之素志也而禹孜孜言之何哉使禹之智不足以知烏得爲賢知而不言爲罪愈大矣新增通鑑筆義曰嗟夫漢元帝唐文宗寬厚恭儉有人君之德而受制閹宦百度廢弛賢不肖雜亂賞罰倒置經終身泯默至於不振可哀也已故五予嘗謂漢之業所以遂衰而不振者元帝柔弱之過漢之祚所以旣亡而復興者元帝恭儉之功

(甲戌)二年이라史高ㅣ以外屬으로領尙書事ᄒ고蕭望之와周堪이皆以師傅舊恩으로天子ㅣ任之ᄒ야數宴見에言治亂陳王事러니望之ㅣ選白宗室의明經有行劉更生ᄒ야(更生劉向也)與金敞으로並拾遺左右ᄒ니史高는充位而已라由是로與望之有隙이러라

二年이라史高ㅣ外屬임으로써尙書事를領ᄒ고蕭望之와周堪이다師傅舊恩임으로써天子ㅣ任ᄒ야자조宴見홈에治亂을言ᄒ고王事를陳ᄒ더니望之ㅣ宗室의明

經有行ᄒᆞᆫ劉更生을選白ᄒᆞ야金敞으로並히左右를拾遺ᄒᆞ니史高ᄂᆞᆫ位를充ᄒᆞᆯ다름
이라是로由ᄒᆞ야望之로더부러隙이有ᄒᆞ더라

弘恭石顯이自宣帝時로久典樞機ᄒᆞ야明習文法이더니帝ㅣ卽位에
多疾이라委以政事ᄒᆞ니望之等이患苦許史放縱ᄒᆞ고又疾恭顯擅
權ᄒᆞ야建白以爲中書ᄂᆞᆫ政本이오(建議而告白於上)國家樞機니宜以通明公
正으로處之니이다武帝ㅣ遊宴後庭이라故로用宦者ᄒᆞ시니非古制也라宜
罷中書宦官ᄒᆞ야應古不近刑人之義니이다(公羊傳襄二十九年君子不近刑人近刑人則輕死之道也註云刑人不自賴也)
由是로大與高恭顯으로忤러라(出石顯及蕭望之傳)

弘恭石顯이宣帝時로부터오ᄅᆡ樞機를典ᄒᆞ야文法에明習ᄒᆞ더니帝ㅣ位에卽ᄒᆞᆷ에
疾이多ᄒᆞᆫ지라政事로써委ᄒᆞ니望之等이許史가放縱ᄒᆞᆷ을患苦ᄒᆞ고ᄯᅩ恭과顯이擅
權ᄒᆞᆷ가疾ᄒᆞ야建白ᄒᆞ야써ᄒᆞ되中書ᄂᆞᆫ政本이오國家樞機니맛당이通明公正ᄒᆞᆷ으
로써處ᄒᆞᆯ지니이다武帝ㅣ後庭에游宴ᄒᆞᆫ지라故로宦者를用ᄒᆞ시니古制가아니라
맛당이中書宦官를罷ᄒᆞ야古의刑人을近치아니ᄒᆞᆫ義를應ᄒᆞᆯ지니이다是로由ᄒᆞ야
大히高와恭과顯으로더부러忤ᄒᆞ더라

恭顯이因奏望之堪更生이朋黨ᄒᆞ야毁離親戚ᄒᆞ고欲以專擅權

勢ᄒᆞ니請召致廷尉ᄒᆞ노니다上이曰蕭太傅ㅣ素剛ᄒᆞ니安肯就吏리오顯等이曰人命이至重ᄒᆞ니望之所坐ᄅᆞᆯ語言薄罪면必無所憂ㅣ리이다上이乃可其奏ᄒᆞ니使者ㅣ召望之ᄒᆞᆫᄃᆡ望之ㅣ仰天歎曰吾ㅣ嘗備位將相ᄒᆞ야年踰六十矣라老入牢獄ᄒᆞ야苟求生活이不亦鄙乎아ᄒᆞ고飮鴆自殺(鴆直禁反)ᄒᆞ니天子ㅣ聞之ᄒᆞ고驚拊手曰曩에固疑其不就牢獄이러니果然殺吾賢傅왜라

恭과顯이因ᄒᆞ야奏호ᄃᆡ望之와堪과更生이朋黨ᄒᆞ야親戚을毁離ᄒᆞ고써權勢를專擅코져ᄒᆞ니請컨ᄃᆡ召ᄒᆞ야廷尉에致ᄒᆞ겟노이다上이曰蕭太傅ㅣ본ᄃᆡ剛ᄒᆞ니웃지질겨吏에就ᄒᆞ리오顯等이曰人命이至重ᄒᆞ니望之의坐ᄒᆞᆫ바를言語薄罪라ᄒᆞ면바다시憂ᄒᆞᆯ바이업스리이다上이이에그奏를可타ᄒᆞ니使者ㅣ望之를召ᄒᆞᆫ대望之ㅣ天을仰ᄒᆞ고歎ᄒᆞ여曰吾ㅣ嘗히位ㅣ將相에備ᄒᆞ야年이六十이踰ᄒᆞᆫ지라老에牢獄에入ᄒᆞ야구ᄎᆞ히生活을求ᄒᆞᆷ이ᄯᅩᄒᆞᆫ鄙치아ᄂᆞ냐ᄒᆞ고鴆을飮ᄒᆞ고스ᄉᆞ로殺ᄒᆞ니天子ㅣ듯고놀나手를拊ᄒᆞ며曰曩에진실로그牢獄에就치아니ᄒᆞᆯ가疑ᄒᆞ엿더니果然吾의賢傅를殺ᄒᆞ엿패라

溫公曰甚矣孝元之爲君易欺而難寤也夫恭顯之譖蕭望之其邪說詭計誠有所不能辨也至於始疑望之不肯就獄恭顯以爲必無憂已而果自殺則恭顯之欺亦明矣在中智之君孰不感動奮發已底邪臣之罰孝元則不然雖涕泣不食以傷望之而終不能誅恭顯纔得其免冠謝而已如此則姦臣安所懲乎是使恭顯得肆其邪心而無復忌憚者也

初에 武帝ㅣ 滅南越ᄒᆞ고 置珠厓儋耳郡ᄒᆞ니 在海中洲上ᄒᆞ야 率數年에 一反이러니 上이 即位之明年에 珠厓山南縣이 反이어ᄂᆞᆯ 上이 博謀於羣臣ᄒᆞ야 欲大發軍擊之러니 待詔賈捐之ㅣ 曰臣은 聞堯舜禹之聖德에 地方이 不過數千里로대 東漸于海ᄒᆞ고 西被流沙ᄒᆞ고 朔南에 曁聲教ᄒᆞ니 釋義書禹貢孔氏曰此言五服之外皆與王者聲教而朝見也漸子廉反朔南北方也蔡氏傳曰漸漬也被覆也地有遠近故言有淺深聲謂風聲教謂教化王氏曰按五代晉高居誨使于闐記自靈州過黃河待三十里始涉沙人党貢界自此沙行四百餘里登沙嶺渡白 亭河 至涼州自涼州西五百里至甘州西始涉磧磧北無水西五百里至肅州渡金河西百里出天門關又西百里出玉 門關西至 瓜州南十里鳴沙山冬夏般般有聲如雷禹貢云言流沙也 言欲預聲教則治之ᄒᆞ고 不欲預者ᄂᆞᆫ 不强治也니 臣은 願遂棄珠厓ᄒᆞ고 專用恤關東으로 爲憂ᄒᆞ노이다 上이 從之ᄒᆞ다 出捐之本傳

(關東爲憂) 註指之傳今天下獨有關東連年流離相枕於道路以至放妻賣子

初에 武帝ㅣ 南越을 滅ᄒᆞ고 珠厓와 儋耳郡을 置ᄒᆞ니 海中洲上에 在ᄒᆞ야 대져 數年에 ᄒᆞᆫ번식 反ᄒᆞ더니 上이 位에 卽ᄒᆞᆫ지 明年에 珠崖와 山南縣이 反ᄒᆞ거ᄂᆞᆯ 上이 傅히 羣臣에게 謀ᄒᆞ야 크계 軍을 發ᄒᆞ고 擊코져 ᄒᆞ더니 待詔 賈捐之ㅣ 曰臣은 聞ᄒᆞ니 堯舜禹

不能禁止此是社稷之憂也

의盛德에地方이數千里에過치안으되東은海에漸ᄒᆞ고西ᄂᆞᆫ流沙를被ᄒᆞ고朔南에聲敎ㅣ暨ᄒᆞ니言컨ᄃᆡ聲敎를預코져ᄒᆞᆫ則治ᄒᆞ고預코져안ᄂᆞᆫ者ᄂᆞᆫ强히治치못ᄒᆞ나니臣은願컨ᄃᆡ드ᄃᆡ여珠崖를棄ᄒᆞ고專히ᄡᅥ關東을恤ᄒᆞᆷ으로憂ᄒᆞ노이다上이從ᄒᆞ다

(乙亥)三年이라春에詔罷珠厓ᄒᆞ다

三年이라春에詔ᄒᆞ야珠厓를罷ᄒᆞ다

(戊寅)永光元年이라秋에上이酎祭宗廟ᄒᆞ시(酎直祐反上時掌反獻也酎三重釀酒也漢制正月旦作酒八月乃熟名曰酎以獻宗廟)出便門ᄒᆞ야欲御樓船이어ᄂᆞᆯ薛廣德이當乘輿車ᄒᆞ야免冠頓首曰宜從橋ㅣ니이다詔曰大夫ᄂᆞᆫ冠ᄒᆞ라廣德이曰陛下ㅣ不聽臣ᄒᆞ시면臣은自刎ᄒᆞ야(武粉反)以血로汙車輪ᄒᆞ리니陛下ㅣ不得入廟矣시리이다上이不說이어ᄂᆞᆯ光祿大夫張猛이進曰臣은聞主聖臣直이라ᄒᆞ니乘船은危ᄒᆞ고就橋ᄂᆞᆫ安이라聖主ᄂᆞᆫ不乘危ᄒᆞᄂᆞ니御史大夫言을可聽이니이다上이曰曉人이不當如是耶아ᄒᆞ고乃從橋ᄒᆞ다(出廣德傳)

永光元年이라秋에上이宗廟에酎ᄒᆞ야祭ᄒᆞ실ᄉᆡ便門을出ᄒᆞ야樓船을御코져ᄒᆞ거ᄂᆞᆯ薛廣德이乘輿車를當ᄒᆞ야冠을免ᄒᆞ고首를頓ᄒᆞ고曰橋를從ᄒᆞᆷ이宜ᄒᆞ니이다詔ᄒᆞ

(濟々)盛多貌又盛儀貌
(簫韶)舞樂之總名 (九成)樂之九成猶周禮所謂九變
(薄)迫也 謂被掩迫也

야日大夫는冠ᄒᆞ라廣德이日陛下ㅣ臣을聽치아니ᄒᆞ시면臣은ᄌᆞᄉᆞ로刎ᄒᆞ야血로써車輪을汚ᄒᆞ리니陛下ㅣ廟에入ᄒᆞᆷ을得지못ᄒᆞ시리이다上이說치안커늘光祿大夫張猛이進ᄒᆞ야日臣은聞ᄒᆞ니主가聖ᄒᆞ면臣이直ᄒᆞ다ᄒᆞ니乘船은危ᄒᆞ고就橋는安ᄒᆞᆫ지라聖主는危를乘치안ᄂᆞ니御史大夫言을可히聽ᄒᆞᆯ지니이다上이日人을曉ᄒᆞᆷ이맛당이이러ᄒᆞ지아ᄂᆞ랴ᄒᆞ고이에橋를從ᄒᆞ다

石顯이憚周堪張猛等ᄒᆞ야數譖毁之어늘劉更生이懼其傾危ᄒᆞ야上書日臣은聞舜命九官에濟濟相讓은和之至也ㅣ라衆臣이和於朝則萬物이和於野ㅣ라故로簫韶九成而鳳凰이來儀러니

石顯이周堪과張猛等을憚ᄒᆞ야자조譖毁ᄒᆞ거늘劉更生이그傾危ᄒᆞᆯ가懼ᄒᆞ야書를上ᄒᆞ여日臣은드르니舜이九官을命ᄒᆞᆷ에濟々ᄒᆞ야서로讓ᄒᆞᆷ은和의至라衆臣이朝에和ᄒᆞᆫ則萬物이野에和ᄒᆞᄂᆞᆫ지라故로簫韶ㅣ九成ᄒᆞᆷ에鳳凰이來ᄒᆞ야儀ᄒᆞ더니

至周幽厲之際ᄒᆞ야朝廷이不和ᄒᆞ야轉相非怨이라則日月이薄蝕ᄒᆞ고水泉이沸騰ᄒᆞ고山谷이易處ᄒᆞ고霜降이失節ᄒᆞ니由此觀之컨딘和氣는致祥ᄒᆞ고乖氣는致異라祥多者는其國이安ᄒᆞ고異衆者는其國이危

(太平)餘三年食曰登再登曰食也三登

ᄒᆞᄂᆞ니天地之常經이오古今之通義也ㅣ니이다

周幽厲의際에至ᄒᆞ야朝廷이和치못ᄒᆞ야轉ᄒᆞ야서로非怨ᄒᆞᄂᆞᆫ지라곳日月이薄蝕ᄒᆞ고水泉이沸騰ᄒᆞ고山谷이處를易ᄒᆞ고霜降이節을失ᄒᆞ니此로由ᄒᆞ야觀컨ᄃᆡ相氣ᄂᆞᆫ祥을致ᄒᆞ고乖氣ᄂᆞᆫ異를致ᄒᆞᄂᆞᆫ지라祥이多ᄒᆞᆫ者ᄂᆞᆫ그國이安ᄒᆞ고異가衆ᄒᆞᆫ者ᄂᆞᆫ其國이危ᄒᆞᄂᆞ니天地의常ᄒᆞᆫ經이오古今의通ᄒᆞᆫ義니이다

正臣이進者ᄂᆞᆫ治之表오正臣이陷者ᄂᆞᆫ亂之機也ㅣ라夫執狐疑之心者ᄂᆞᆫ來讒賊之口ᄒᆞ고持不斷之意者ᄂᆞᆫ開群枉之門ᄒᆞᄂᆞ니讒邪ㅣ進則衆賢이退ᄒᆞ고羣枉이成則正士ㅣ消ㅣ라故로易有否泰ᄒᆞ니(否皮鄙反)小人道ㅣ長ᄒᆞ고君子道ㅣ消則政日亂ᄒᆞ고君子道ㅣ長ᄒᆞ고小人道ㅣ消則政日治ᄒᆞᄂᆞ니今以陛下明知로誠深思天下之心ᄒᆞ사杜閉羣枉之門ᄒᆞ시고廣開衆正之路ᄒᆞ사使是非로炳然可知則百異ㅣ消滅而衆祥이並至ᄒᆞ리니太平之基며萬世之利也ㅣ니이다顯이見其書ᄒᆞ고愈與許史로比而怨更生等이러라

曰太平餘
九年食也

(所上)上尙也

正臣이進ᄒᆞᄂᆞᆫ者ᄂᆞᆫ治의表오正臣이陷ᄒᆞᄂᆞᆫ者ᄂᆞᆫ亂의機라무릇孤疑의心을執ᄒᆞᆫ者ᄂᆞᆫ讒賊의口를來케ᄒᆞ고不斷의意를持ᄒᆞᄂᆞᆫ者ᄂᆞᆫ羣枉의門을開ᄒᆞᄂᆞ니讒邪ㅣ進ᄒᆞᆫ則衆賢이退ᄒᆞ고群枉이成ᄒᆞᆫ則正士ㅣ消ᄒᆞᄂᆞᆫ지라故로易에否와泰가有ᄒᆞ니小人의道ㅣ長ᄒᆞ고君子의道ㅣ消ᄒᆞᆫ則政이日로亂ᄒᆞ고君子의道ㅣ長ᄒᆞ고小人의道ㅣ消ᄒᆞᆫ則政이日로治ᄒᆞᄂᆞ니今에陛下의明知로써진실로깁피天下의心을思ᄒᆞ샤群枉의門을杜閉ᄒᆞ시고衆正의路를廣開ᄒᆞ샤是非로ᄒᆞ여곰炳然히可히知ᄒᆞᆫ則百異가消滅ᄒᆞ고衆祥이並히至ᄒᆞ리니太平의基오萬世의利니이다顯이그書를見ᄒᆞ고이욱許史로더부러比ᄒᆞ고更生의等을怨ᄒᆞ더라

(己卯)二年이라**匡衡**이**上疏曰治天下者**ᄂᆞᆫ**審所上而已**니**敎化之流**ᄂᆞᆫ**非家至而人說之也**라**賢者**ㅣ**在位**ᄒᆞ고**能者**ㅣ**布職**ᄒᆞ야**朝廷**이**崇禮**ᄒᆞ고**百僚**ㅣ**敬讓**ᄒᆞ야**道德之行**이**由內及外**ᄒᆞ야**自近者**로**始然後**에**民知所法**ᄒᆞ야**還善日進而不自知也**ㅣ니이다

二年이匡衡이疏를上ᄒᆞ야曰天下를治ᄒᆞᄂᆞᆫ者ᄂᆞᆫ上ᄒᆞᆯ바를審ᄒᆞᆯ다름이니敎化의流ᄂᆞᆫ家로至ᄒᆞ야人이說ᄒᆞᆷ이아니라賢者ㅣ位에在ᄒᆞ고能者ㅣ職에布ᄒᆞ야朝廷이禮를崇ᄒᆞ고百僚ㅣ讓을敬히ᄒᆞ야道德의行이內로由ᄒᆞ야外에及ᄒᆞ야近者로自

顓與專通

始혼然後에民이法홀바를知ᄒᆞ야遷善이日로進호대스ᄉᆞ로知치못ᄒᆞᄂᆞ이다

上이好儒術文辭ᄒᆞ야頗改宣帝之政ᄒᆞ니言事者ㅣ多進見이다人人어自以爲得上意라ᄒᆞ더라

上이儒術과文辭를好ᄒᆞ야자못宣帝의政을改ᄒᆞ니事를言ᄒᆞ는者ㅣ進見홈이多ᄒᆞᆫ지라人人이스ᄉᆞ로써ᄒᆞ되上意를得ᄒᆞ엿다ᄒᆞ더라

(甲申)建昭二年이라是時에石顯이顓權이라京房이嘗宴見ᄒᆞᆯ서問上曰幽厲之君은何以危며所任者는何人也ㅣ니잇고上이曰君不明而所任者ㅣ巧佞이니라房이曰陛下ㅣ視今컨딘爲治耶잇가亂耶잇가上이曰亦極亂耳니今爲亂者ㅣ誰哉오房이曰明主ㅣ宜自知之시리이다上이曰不知也로다如知ᆫ딘何故用之리오房이曰上이最所信任ᄒᆞ야與圖事帷幄之中ᄒᆞ야進退天下之士者ㅣ是矣니이다房이指謂石顯이라 京房之指意謂石顯也 上亦知之ᄒᆞ고謂房曰已諭로라 爲句諭曉也 房이罷出後에上이亦不能退顯也ㅣ더라

(課吏)課試也

建昭二年이라이ᄯᅴ에石顯이權을顓ᄒᆞ는지라京房이일ᄌᆞᆨ宴見ᄒᆞᆯ시上다려問ᄒᆞ야曰幽厲의君은엇지ᄒᆞ야써危ᄒᆞ며任ᄒᆞᆫ밧ᄌᆞ는엇더ᄒᆞᆫ人이니잇고上이曰君이明치못ᄒᆞ고任ᄒᆞᆫ바人者ㅣ巧佞ᄒᆞᆷ이니라房이曰陛下ㅣ今을視ᄒᆞ건ᄃᆡ治라ᄒᆞ시릿가亂이라ᄒᆞ시릿가上이曰ᄯᅩ극히亂ᄒᆞ니今에亂ᄒᆞ는者ㅣ誰인고房이曰明主ㅣ맛당이ᄉᆞᄉᆞ로知ᄒᆞ시리이다上이曰知치못ᄒᆞ노라만일知ᄒᆞ면何故로用ᄒᆞ리오房이曰上이가장信任ᄒᆞ야더브러事를帷幄의中에셔圖ᄒᆞ야天下의士를進退ᄒᆞ는바人者ㅣ니이다房이指ᄒᆞ야石顯을謂ᄒᆞᆷ이라上이ᄯᅩ知ᄒᆞ고房다려謂ᄒᆞ여曰임의諭ᄒᆞ엿노라房이罷出ᄒᆞᆫ後에上이ᄯᅩ能히顯을退치못ᄒᆞ더라

初에京房이對上曰古之帝王이以功擧賢則萬化ㅣ成ᄒᆞ고瑞應이著더니末世에以毁譽로取人故로功業이廢而致災異ᄒᆞ니宜令百官으로各試其功ᄒᆞ면災異ㅣ可息ᄒᆞ리이다

初에京房이上을對ᄒᆞ야曰古의帝王이功으로써賢을擧ᄒᆞᆫ則萬化ㅣ成ᄒᆞ고瑞應이著ᄒᆞ더니末世에毁譽로써人을取ᄒᆞᆫ故功業이廢ᄒᆞ고災異를致ᄒᆞ니맛당이百官으로ᄒᆞ여금각々그功을試ᄒᆞ면災異가可히息ᄒᆞ리이다

詔使房으로作其事ᄒᆞᆫ디房이奏考功課吏法이어늘上이令公卿朝臣으로

溫室在長樂宮中

(召信臣)目召作邵

興房會議溫室ᄒᆞ니 皆以房言이煩碎ᄒᆞ야 令上下相司ᄒᆞ니不可許라ᄒᆞ야ᄂᆞᆯ帝ㅣ於是에以房으로爲魏郡太守ᄒᆞ야得以考功法으로治郡ᄒᆞ다

詔ᄒᆞ야房으로하여곰그事를作케ᄒᆞᆫ대房이考功課吏法을奏ᄒᆞ거ᄂᆞᆯ上이公卿과朝臣으로하여곰房으로더부러會ᄒᆞ야溫室에議ᄒᆞ니다써房의言이煩碎ᄒᆞ야上下로하여곰서로司ᄒᆞ니可히許치아ᄂᆞᆯ지라ᄒᆞ야ᄂᆞᆯ帝ㅣ이에房으로써魏郡太守를삼어지러곰考功法으로써郡을治ᄒᆞ다

(乙酉)三年이라冬에西域都護甘延壽와副校尉陳湯이 共誅斬郅支單于於康居ᄒᆞ다

三年이라冬에西域都護甘延壽와副校尉陳湯이共히郅支單于를康居에서誅斬ᄒᆞ다

(戊子)竟寧元年이라河南太守召信臣이爲少府ᄒᆞ다 信臣이先爲南陽太守ᄒᆞ고後遷河南ᄒᆞ니治行이常第一이다視民如子ᄒᆞ고 好爲民興利ᄒᆞ야躬勸耕稼ᄒᆞ고開通溝瀆ᄒᆞ니戶口ㅣ增倍ᄒᆞ고吏民이親愛ᄒᆞ야 號曰召父라ᄒᆞ더라

竟寧元年이라河南太守召信臣이少府가되다信臣이먼저南陽太守가되고後에河

(重違)重難也

南에遷ᄒᆞ니治行이일ᄌᆞᆨ第一이라民을視ᄒᆞ기子갓치ᄒᆞ고民을爲ᄒᆞ야利를興키好ᄒᆞ야몸소耕稼를勸ᄒᆞ고溝瀆을開通ᄒᆞ니戶口ㅣ倍나增ᄒᆞ고吏民이親愛ᄒᆞ야號ᄒᆞ야日召父라ᄒᆞ더라

甘延壽陳湯이 既至論功이러니 石顯匡衡이 以爲延壽湯이 擅興師矯制ᄒᆞ니 幸得不誅어니와 如復加爵土則後奉使者ㅣ 爭欲乘危ᄒᆞ야 徼幸生事於蠻夷ᄒᆞ야 爲國招難ᄒᆞ리이다(徼工堯反僥也) 帝內嘉延壽湯功而重違衡顯之議ᄒᆞ야 久之不決이러니

甘延壽와陳湯이임의至ᄒᆞᆷ에功을論ᄒᆞ더니石顯과匡衡이써ᄒᆞ되延壽와湯이擅히師를興ᄒᆞ고制를矯ᄒᆞ니幸히不誅를得ᄒᆞ엿거니와만일다시爵土를加ᄒᆞᆫ則後奉使ᄒᆞ는者ㅣ닷토어危를乘ᄒᆞ야徼幸히事를蠻夷에生ᄒᆞ야國을爲ᄒᆞ야難을招코져ᄒᆞ리이다帝ㅣ延壽와湯의功을內嘉ᄒᆞ되衡과顯의議를違키重ᄒᆞ야久히決치못ᄒᆞ더니

故宗正劉向이 上疏曰貳師將軍李廣利ㅣ 捐五萬之師ᄒᆞ고 靡億萬之費ᄒᆞ고(靡音糜) 經四年之勞ᄒᆞ야 而僅獲駿馬三十匹ᄒᆞ고 雖斬宛王母寡之首나 猶不足以復費(償也)오 其私罪惡이 甚多도더 孝武

ㅣ以爲萬里征伐이라ᄒᆞ샤 不錄其過ᄒᆞ시고 遂封拜兩侯ᄒᆞ시니 今康居之國이 疆於大宛ᄒᆞ고 郅支之號ㅣ 重於宛王ᄒᆞ고 殺使者罪ㅣ 甚於留馬어늘 而延壽湯이 不煩漢士ᄒᆞ고 不費斗糧ᄒᆞ니 比於貳師컨대 功德이 百之니이다 言功與德百倍勝之

故宗正劉向이 疏를 上ᄒᆞ야 曰貳師將軍李廣利ㅣ 五萬의 師를 捐ᄒᆞ고 億萬의 費를 靡ᄒᆞ고 四年의 勞를 經ᄒᆞ야 僅히 駿馬三十匹을 獲ᄒᆞ고 비록 宛王毋寡의 首를 斬ᄒᆞ엿스나 오히려 足히 써 費를 復치 못ᄒᆞ엿고 그 私罪惡이 심히 多ᄒᆞᆫ대 孝武ㅣ 써 萬里征伐이라 ᄒᆞ샤 그 過를 錄치 아니ᄒᆞ시고 遂히 封ᄒᆞ야 兩侯를 拜ᄒᆞ시니 今에 康居의 國이 大宛보다 疆ᄒᆞ고 郅支의 號ㅣ 宛王보다 重ᄒᆞ고 使者를 殺ᄒᆞᆫ 罪ㅣ 留馬보다 甚ᄒᆞ거ᄂᆞᆯ 延壽와 湯이 漢士를 煩치 안코 斗糧를 費치 아니ᄒᆞ엿스니 貳師에 比컨대 功德이 百이니이다

於是에 天子ㅣ 下詔ᄒᆞ야 赦延壽湯罪ᄒᆞ야 勿治ᄒᆞ고 令公卿으로 議封焉ᄒᆞ야 封延壽爲義成侯ᄒᆞ고 賜湯爵關內侯ᄒᆞ다 出陳湯傳

이에 天子ㅣ 詔를 下ᄒᆞ야 延壽와 湯의 罪를 赦ᄒᆞ야 治치 勿ᄒᆞ라 ᄒᆞ고 公卿으로 ᄒᆞ여곰 封을 議ᄒᆞ야 延壽를 封ᄒᆞ야 義成侯를 ᄉᆞᆷ고 湯을 爵關內侯를 賜ᄒᆞ다

夏五月에帝ㅣ崩ᄒᆞ다 出陳湯傳

班彪贊曰臣外祖兄弟爲元帝侍中語臣曰元帝多材藝善史書少而好儒及即位徵用儒生委之以政貢薛韋匡迭爲宰相而上牽制文義優游不一孝宣之業衰焉然寬弘盡下出於恭儉號令溫雅有古之風烈

夏五月에帝ㅣ崩ᄒᆞ다

太子ㅣ即皇帝位ᄒᆞ야以元舅平陽侯王鳳으로爲大司馬大將軍ᄒᆞ야領尙書事ᄒᆞ다

太子ㅣ皇帝位에即ᄒᆞ야元舅平陽侯王鳳으로써大司馬大將軍을삼어尙書事를領케ᄒᆞ다

新增尹氏曰元舅未有書而此書之者所以著外氏得權之始新莽簒竊之漸爾履霜堅氷可不戒哉

孝成皇帝 名驁元帝長子 在位二十六年　壽四十五 湛於酒色委政外家哀平短祚莽遂簒位是其威福所由來者漸矣

（己丑）建始元年이라十二月朔에日食ᄒᆞ고其夜에地震未央宮殿中이어늘詔擧賢良方正能直言極諫之士ᄒᆞᆫ데杜欽及谷永이上對ᄒᆞ야乃皆以爲後宮女寵이太盛ᄒᆞ야嫉妬專上ᄒᆞ야將害繼嗣之

安民立功曰成

（繼嗣之咎）蓋指

許后及班婕妤也

(直)當也

(王商)成帝之舅

咎다ᄒᆞ미라 出本傳文小異

建始元年이라 十二月朔에 日食ᄒᆞ고 그夜에 未央宮殿中에 地震ᄒᆞ거늘 詔ᄒᆞ야 賢良方正能直言極諫의 士를 擧ᄒᆞᆫ대 杜欽과 밋 谷永이 上對ᄒᆞ야 이에다 써ᄒᆞ되 後宮女寵이 太히 盛ᄒᆞ야 嫉妬ᄒᆞ야 上을 專ᄒᆞ야 장찻 繼嗣를 害ᄒᆞᆯ 咎라 ᄒᆞ더라

匡衡이 坐取封邑四百頃ᄒᆞ고 監臨에 盜所主守ㅣ 直十金以上ᄒᆞ야 (法有主守盜斷官錢入己也 律條臧直十金則至重罪) 免爲庶人ᄒᆞ고 以王商으로 爲丞相ᄒᆞ다 (出匡衡王商傳)

匡衡이 封邑四百頃을 取ᄒᆞ고 監臨에 主守ᄒᆞᆫ바를 盜ᄒᆞᆷ이 十金以上에 直ᄒᆞᆷ에 坐ᄒᆞ야 免ᄒᆞ야 庶人을 삼고 王商으로 써 丞相을 삼다

(壬辰)四年이라 夏에 召前所擧直言之士ᄒᆞ야 詣白虎殿對策ᄒᆞ다 是時에 上이 委政王鳳ᄒᆞ니 議者ㅣ 多歸咎焉ᄒᆞ대

四年이라 夏에 前에 擧ᄒᆞᆫ바 直言의 士를 召ᄒᆞ야 白虎殿에 詣ᄒᆞ야 策을 對ᄒᆞ다 이ᄯᅢ에 上이 政을 王鳳에게 委ᄒᆞ니 議者ㅣ 咎를 歸ᄒᆞᆷ이 多ᄒᆞ대

谷永이 知鳳의 方見柄用ᄒᆞ고 陰欲自託ᄒᆞ야 乃曰方今四夷賓服ᄒᆞ야 皆爲臣妾ᄒᆞ니 北無薰粥冒頓之患ᄒᆞ고 (粥乙六反匈奴別名堯時曰薰粥) 南無趙佗呂嘉

洞々恭貌 屬々誠實爲無僞貌

之難ᄒᆞ야 三垂晏然ᄒᆞ야 靡有兵革之警ᄒᆞ고 諸侯大者ᄂᆞᆫ 乃食數縣이라

谷永이鳳의바야흐로柄用을見홈을知ᄒᆞ고陰히自託코져ᄒᆞ야이에曰方今四夷가賓服ᄒᆞ야다臣妾이되니北에葷粥과冒頓의患이업고南에趙佗와呂嘉의難이無ᄒᆞ야三垂ㅣ晏然ᄒᆞ야兵革의警이잇지안코諸侯大者ᄂᆞᆫ이에數縣을食ᄒᆞᄂᆞᆫ지라

漢吏ㅣ 制其權柄ᄒᆞ야 無吳楚燕梁之勢ᄒᆞ고 骨肉大臣이 有申伯之忠ᄒᆞ야 申伯周宣王之元舅也鄭玄曰申國名以其忠於王室使爲侯伯故稱申伯 洞洞屬屬ᄒᆞ고 小心畏忌ᄒᆞ야 無重合安陽博陸之亂이라 重合侯馬通武帝時謀反者馬何羅之弟也安陽侯上官桀武帝時以捕斬重合侯功封安陽侯事昭帝謀反誅博陸侯霍光以捕得何羅之封功博陸侯其妻顯弑皇后許氏而光不發覺光卒之後霍氏謀反族誅 三者에 無毛髮之辜ᄒᆞ니 切恐陛下ㅣ 舍昭昭之白過ᄒᆞ시고 舍釋也謂昭然明白有罪過者乃舍之 忽天地之明戒ᄒᆞ시며 聽晻昧之瞽說ᄒᆞ샤 晻烏感反藹暗不尉也瞽非謂無目者但不察事而言之不中於道如無目之人也 歸咎乎無辜ᄒᆞ시며 倚異乎政事ᄒᆞ샤 依物曰倚異謂災異也 重失天心이 不可之大者也ㅣ니다 上이 以其書로 示後宮ᄒᆞ고 擢永爲光祿大夫ᄒᆞ다

漢吏ㅣ그權柄을制ᄒᆞ야 吳楚燕梁의勢가無ᄒᆞ고 骨肉大臣이 申伯의忠이有ᄒᆞ야

洞洞ᄒᆞ고屬屬ᄒᆞ고小心ᄒᆞ고畏忌ᄒᆞ야重合과安陽과博陸의亂이無ᄒᆞᆫ지라三者에毛髮의辜가無ᄒᆞ니간절이恐컨ᄃᆡ陛下ㅣ昭々의白過를舍ᄒᆞ시고天地의明戒를忽ᄒᆞ시며晦昧의瞽說을聽ᄒᆞ사咎를無辜에歸ᄒᆞ시며異를政事에倚ᄒᆞ샤거듭天心을失ᄒᆞ심이不可ᄒᆞᆷ의大ᄒᆞᆫ者ㅣ니이다上이그書로써後宮에示ᄒᆞ고永을擢ᄒᆞ야光祿大夫를ᄉᆞᆷ다

戴溪筆義曰王氏代漢始於杜欽谷永成於張禹孔光終於劉歆此數子者號稱儒者以賢良直諫爲名以通經學古爲賢群臣所屬目天子所取重而相與誤國如此假托經術緣飾古義以售奸邪以濟諛佞盖杜欽谷永劉歆三子依憑寵祿以苟富貴張禹孔光懦弱無立規免禍患曹不若鄙夫小人而已矣權臣始用事潜竊國柄猶未敢肆然無忌憚也必有小人陰賛默敎之以助成其勢彼權臣者亦自知其不爲公議所容必假托名譽才智之士以掩盖不義書生多欲少剛易動以利易怵以禍輕變所守深自結納其言曰寧忤天子而不敢忤權臣寧負公門而不敢負私室嗚呼爲天子者其無使權臣至是哉權勢已成薰灼可畏忠臣孝子不愛其死世寧幾何人哉黨與根據臣下同心天子孤立於上擧朝無一人可信者可不爲大哀也哉

（中秘書）註言中以別外也外則太常太史博士之藏內則有延閣廣內秘室之府

（乙未）河平三年이라 上이以中秘書ㅣ頗散亾이라ᄒᆞ야使謁者陳農으로求遺書於天下ᄒᆞ다

河平三年이라上이써中秘書ㅣ자못散亾ᄒᆞ엿다ᄒᆞ야謁者陳農으로하여곰遺書를天下에求ᄒᆞ다

劉向이以王氏權位ㅣ大盛ᄒᆞ고而上이方嚮詩書古文이라ᄒᆞ야向이乃

(陽朔)目 山陽火生石中詔曰此陽氣之始改元陽朔也

因尙書洪範ᄒᆞ야 以上與傳文小異 集合上古以來로 歷春秋六國ᄒᆞ야 至秦漢히 符瑞災異之記ᄒᆞ대 推迹行事ᄒᆞ야 連傳禍福ᄒᆞ야 著其占驗ᄒᆞ야 比類相從ᄒᆞ야 各有條目ᄒᆞ니 凡十一篇이라 號曰洪範五行傳이라ᄒᆞ야 論奏之ᄒᆞᆫ대 傳杜戀反解說洪範正經者 天子ㅣ 心知向이 忠精이라 故로 爲鳳兄弟ᄒᆞ야 起此論也ㅣ나 然이나 終不能奪氏權이러라 出劉向本傳

劉向이 써 王氏의 權位ㅣ 大히 盛ᄒᆞ고 上이 바야으로 詩書와 古文을 嚮ᄒᆞ다 ᄒᆞ야 向이 이에 尙書洪範을 因ᄒᆞ야 上古以來로 春秋六國을 歷ᄒᆞ야 秦漢에 至ᄒᆞᆫ 符瑞災異의 記를 集合ᄒᆞᆫ대 行事를 推迹ᄒᆞ고 禍福을 連傳ᄒᆞ야 그 占驗을 著ᄒᆞ야 比類를 서로 從ᄒᆞ야 各히 條目이 有ᄒᆞ니 무릇 十一篇이라 號ᄒᆞ야 曰洪範五行傳이라 ᄒᆞ야 論奏ᄒᆞᆫ대 天子ㅣ 心으로 向이 忠精ᄒᆞᆫ지라 故로 鳳의 兄弟를 爲ᄒᆞ야 此論을 起ᄒᆞᆫ 줄 知ᄒᆞ나 然이나 終히 能히 王氏의 權을 奪치 못ᄒᆞ더라

(丁酉)陽朔元年이라 京兆尹王章이 素剛直敢言ᄒᆞ야 雖爲鳳所擧나 非鳳專權ᄒᆞ야 不親附鳳이러니 乃奏封事言ᄒᆞ되 日食之咎ᄂᆞᆫ 皆鳳專權蔽主之過ㅣ니이다 於是에 章이 薦馮野王의 忠信質直ᄒᆞᆫ데 上이

自爲太子時로 數聞野王名이라 方倚欲以代鳳이러니 鳳이 聞之ᄒᆞ고 使尙書로 劾奏章ᄒᆞ야 致其大逆ᄒᆞ야 竟死獄中ᄒᆞ니 自是로 公卿이 見鳳에 側目而視ᄒᆞ더라(出元后傳)

陽朔元年이라 京兆尹王章이 본ᄃᆡ 剛直ᄒᆞ고 敢言ᄒᆞ야 비록 鳳의 擧ᄒᆞᆫ 바ㅣ 되나 鳳의 專權ᄒᆞᆷ을 非히 ᄒᆞ야 鳳에게 親附치 안터니 이에 封事를 奏ᄒᆞ야 言호ᄃᆡ 日食의 咎ㅣ 다 鳳이 權을 專히 ᄒᆞ고 主를 蔽ᄒᆞᆫ 過ㅣ니이다 이에 章이 馮野王의 忠信質直ᄒᆞᆷ을 薦ᄒᆞᆫᄃᆡ 上이 太子되엿든 時로 브터 자조 野王의 名을 聞ᄒᆞᆫ지라 바야흐로 倚ᄒᆞ야 ᄡᅥ 鳳을 代코자 ᄒᆞ더니 鳳이 聞고 尙書로 하여곰 奏章을 劾ᄒᆞ야 그 大逆에 致ᄒᆞ야 竟히 獄中에 死ᄒᆞ니 是로 自ᄒᆞ야 公卿이 鳳을 見ᄒᆞᆷ에 目을 側ᄒᆞ고 視ᄒᆞ더라

(戊戌)二年이라 以王音으로 爲御史大夫ᄒᆞ니 於是에 王氏ㅣ 愈盛ᄒᆞ야 郡國守相刺史ㅣ 皆出其門下ᄒᆞ고 五侯羣弟ㅣ(五侯謂王譚王商王立王根王逢時皆成帝諸舅也) 爭爲奢侈ᄒᆞ니 賂遺珍寶ㅣ 四面而至러라

(王音)元后之從弟也

二年이라 王音이로ᄡᅥ 御史大夫를 삼으니 이에 王氏ㅣ 더욱 盛ᄒᆞ야 郡國守相刺史ㅣ 다 그 門下에서 出ᄒᆞ고 五侯群弟ㅣ 爭ᄒᆞ야 奢侈를 ᄒᆞ니 賂遺ᄒᆞᄂᆞᆫ 珍寶ㅣ 四面으로서

至ᄒᆞ더라

音이通敏人事ᄒᆞ야好士養賢ᄒᆞ고傾財施予ᄒᆞ야以相高尙ᄒᆞ니賓客이滿門ᄒᆞ야競爲之聲譽러라 (出元后紀)

音이人事에通敏ᄒᆞ야士를好ᄒᆞ고賢을養ᄒᆞ고財를傾ᄒᆞ고予를施ᄒᆞ야써高尙을相ᄒᆞ니賓客이門에滿ᄒᆞ야競히爲하야聲譽ᄒᆞ더라

劉向이上封事極諫ᄒᆞ니、書奏에天子ㅣ召見向ᄒᆞ고歎息悲傷其意ᄒᆞ야謂曰君且休矣ᄒᆞ라吾將思之호리라然이나終不能用其言이러라 (出劉向傳)

劉向이封事를上ᄒᆞ야극히諫ᄒᆞ니書를奏홈에天子ㅣ向을召ᄒᆞ야見ᄒᆞ고歎息ᄒᆞ고그意를悲傷ᄒᆞ야謂ᄒᆞ야曰君은또休ᄒᆞ라吾ㅣ將히思호리라然이나終히能히그言을用치못ᄒᆞ니라

(己亥)三年이라秋에王鳳이薨커늘以王音으로爲大司馬ᄒᆞ다

三年이라秋에王鳳이薨커늘王音으로써大司馬를ᄉᆞᆷ다

(乙巳)永始元年이라五侯子ㅣ乘時侈靡ᄒᆞ야以輿馬聲色佚游로相高호되 (佚與逸同樂也) 王曼의子莽이因折節爲恭儉ᄒᆞ야勤身博學ᄒᆞ야外交

(王曼)元后弟

(折節)屈折支節以服事也

(振)貸也

(轉圜)言其順易也

英俊ᄒᆞ고內事諸父ᄒᆞ야(諸父謂諸伯叔父也)曲有禮意러라鳳이死에以莽으로託太后及帝러니久之오封莽爲新都侯ᄒᆞ니爵位益尊호ᄃᆡ節操愈謙ᄒᆞ고振施賓客ᄒᆞ야家無所餘ᄒᆞ니虛譽隆洽ᄒᆞ야傾其諸父矣러라(出莽傳)

永始元年이라五侯子ㅣ時를乘ᄒᆞ야侈靡ᄒᆞ야輿馬와聲色과佚游로써서로高호ᄃᆡ王曼의子莽이因ᄒᆞ야節을折ᄒᆞ고恭儉ᄒᆞ야身을勤ᄒᆞ고學을博히ᄒᆞ야外로英俊을交ᄒᆞ고內로諸父를事ᄒᆞ야曲히禮意가有ᄒᆞ더라鳳이死ᄒᆞᆷ에莽으로써太后와밋帝에게託ᄒᆞ엿더니久ᄒᆞᆷ에莽을封ᄒᆞ야新都侯를삼으니爵位ㅣ더욱尊호ᄃᆡ節操ㅣ더욱謙ᄒᆞ고賓客에게振施ᄒᆞ야家에所餘ㅣ無ᄒᆞ니虛譽ㅣ隆洽ᄒᆞ야그諸父를傾ᄒᆞ더라

新增養心吳氏曰王介甫詩云周公恐懼流言日王莽謙恭下士時假使當年身便死一生眞僞有誰知

(丙午)二年이라王音이薨커늘以王商으로爲大司馬ᄒᆞ다

二年이라王音이薨커늘王商으로써大司馬를삼다

故南昌尉梅福이上書曰昔에高祖ㅣ納善을若不及ᄒᆞ시며從諫을若轉圜ᄒᆞ시더니陳平이起於亡命而爲謀主ᄒᆞ고韓信이拔於行陳而

(摩)磨同 (罔)網通 (泰阿)劍名

建上將ᄒᆞ니故로爵祿束帛者ᄂᆞᆫ天下之砥石이라(砥音借)高祖ㅣ所以厲世摩鈍也니이다

故南昌尉梅福이書를上ᄒᆞ야日昔에高祖ㅣ善을納홈을及치못홈갓치ᄒᆞ시며諫을從홈을圜을轉홈갓더시니陳平이亾命에서起ᄒᆞ야謀主가되고韓信이行陳에서拔ᄒᆞ야上將을建ᄒᆞ니故로爵祿과束帛인者ᄂᆞᆫ天下의砥石이라高祖ㅣ써世를厲ᄒᆞ야摩鈍ᄒᆞ신바ㅣ니이다

至秦則不然ᄒᆞ야張誹謗之罔ᄒᆞ야以爲漢敺除ᄒᆞ고(敺驅同)倒持泰阿ᄒᆞ야授楚其柄ᄒᆞ니故로誠能勿失其柄이면天下ㅣ雖有不順이나莫敢觸其鋒ᄒᆞ리니다

奏에至ᄒᆞᆫ則然치아니ᄒᆞ야誹謗의罔을張ᄒᆞ야써漢을爲ᄒᆞ야敺除ᄒᆞ고泰阿를倒持ᄒᆞ야楚에게그柄을授ᄒᆞ니故로진실로能히그柄을失치말면天下ㅣ비록不順홈이有ᄒᆞ나敢히그鋒을觸치못ᄒᆞ리이다

今陛下ㅣ既不納天下之言ᄒᆞ시고又加戮焉ᄒᆞ시니天下ㅣ以言으로爲

(及已)己得終聲也

戚ᄒᆞ니 最國家之大患也ㅣ니이다 方今에 君命을 犯而主威ㅣ 奪ᄒᆞ야 外戚之權이 日以益隆ᄒᆞ니 陛下ㅣ 不見其形이어든 願察其景ᄒᆞ소셔 (景或作影) 勢陵於君ᄒᆞ고 權隆於主然後에 防之면 亦無及已니이다 上이 不納ᄒᆞ다 (出福本傳)

今에 陛下ㅣ 임의 天下의 言을 納치 아니ᄒᆞ시고 ᄯᅩ 戮을 加ᄒᆞ시니 天下ㅣ 言으로ᄡᅥ 戒ᄒᆞ니 가쟝 國家의 大患이니이다 方今에 君命을 犯ᄒᆞᆷ에 主威ㅣ 奪ᄒᆞ야 外戚의 權이 日로ᄡᅥ 더 隆ᄒᆞ니 陛下ㅣ 그 形을 見치 못ᄒᆞ시거든 원컨ᄃᆡ 그 景을 察ᄒᆞ소셔 勢가 君을 陵ᄒᆞ고 權이 主보다 隆ᄒᆞᆫ 然後에 防ᄒᆞ면 ᄯᅩᄒᆞᆫ 及치 못ᄒᆞᆯ 다름이니이다 上이 納지 안타

(戊申)四年이라 司隷校尉何武로 爲京兆尹ᄒᆞ다 武ㅣ 爲吏에 守法盡公ᄒᆞ고 進善退惡ᄒᆞ니 其所居에 無赫赫名이로ᄃᆡ 去後에 常見思러라 (出本傳)

四年이라 司隷校尉何武로 京兆尹을 삼다 武ㅣ 吏가 됨에 法을 守ᄒᆞ고 公을 盡ᄒᆞ고 善을 進ᄒᆞ고 惡을 退ᄒᆞ니 그 居ᄒᆞᆫ 바에 赫赫ᄒᆞᆫ 名이 無ᄒᆞ나 去ᄒᆞᆫ 後에 항상 思ᄒᆞᆷ을 見ᄒᆞ게 더라

(己酉)元延元年이라 王商이 薨ᄒᆞ거늘 以弟根으로 爲大司馬ᄒᆞ다

元延元年이라王商이薨커늘弟根으로써大司馬를ᄉᆞᆷ다

安昌侯張禹ㅣ雖家居나以特進으로爲天子師ᄒᆞ니國家ㅣ每有大政이면必與定議러라

安昌侯張禹ㅣ비록家에居ᄒᆞ나特進으로써天子師가되니國家ㅣ믹양大政이有ᄒᆞ면반다시더부러議를定ᄒᆞ더라

時에吏民이多上書言災異之應ᄒᆞ야譏切王氏ㅣ專政所致라ᄒᆞ니上이意頗然之ᄒᆞ야親問禹以天變ᄒᆞᆫ듸禹ㅣ日春秋에日食地震이或爲諸侯ㅣ相殺ᄒᆞ며夷狄이侵中國이니이災變之意ㅣ深遠難見이어늘新學小生이亂道誤人ᄒᆞ니宜無信用이니이다上이雅信愛禹ㅣ라由此로不疑王氏러라 出張禹傳

時에吏民이마니書를上ᄒᆞ야災異의應을言ᄒᆞ야王氏ㅣ專政ᄒᆞᄂᆞᆫ所致라譏切ᄒᆞ니上이意에자못然히ᄒᆞ야親히禹에게天變으로써問ᄒᆞᆫ듸禹ㅣ日春秋에日食ᄒᆞ고地震ᄒᆞᆷ이或諸侯ㅣ相殺ᄒᆞ며夷狄이中國을侵ᄒᆞᆷ이니災變의意ㅣ深遠ᄒᆞ야見키難ᄒᆞ

(斬馬劒言利可斬馬)

거ᄂᆞᆫ新學小生이道ᄅᆞᆯ亂히ᄒᆞ야人을誤ᄒᆞ니信用치말미宜ᄒᆞ니이다上이본ᄃᆡ禹ᄅᆞᆯ信愛ᄒᆞᄂᆞᆫ지라此로由ᄒᆞ야王氏ᄅᆞᆯ疑치안터라

故槐里令朱雲이上書求見ᄒᆞ니公卿이在前이라雲이曰今朝廷大臣이皆尸位素餐ᄒᆞ니(尸主也素空也餐呑食也謂難主此位而德不稱官空食祿也)臣은願賜尚方斬馬劒이면斷佞臣一人頭ᄒᆞ야以厲其餘ᄒᆞ노이다上이問誰也오對曰安昌侯張禹ㅣ니이다

故槐里令朱雲이書ᄅᆞᆯ上ᄒᆞ야見기ᄅᆞᆯ求ᄒᆞ니公卿이前에在ᄒᆞᆫ지라雲이曰今에朝廷大臣이다尸位로素히餐ᄒᆞ니臣은원컨ᄃᆡ尚方斬馬劒을賜ᄒᆞ면佞臣一人의頭ᄅᆞᆯ斷ᄒᆞ야써그餘ᄅᆞᆯ厲ᄒᆞ게ᄒᆞ노이다上이問호ᄃᆡ誰인고對ᄒᆞ야曰安昌侯張禹ㅣ니이다

上이大怒曰小臣이居下訕上ᄒᆞ고(訕所諫反)廷辱師傅ᄒᆞ니罪死不赦ㅣ라御史ㅣ아將雲下ᄒᆞ라雲이攀殿檻ᄒᆞ니檻折이라雲이呼(火故反)曰臣이得下從龍逄比干ᄒᆞ야遊於地下ㅣ足矣ㅣ니이다(逄皮江反關用逄夏桀之臣比干殷紂之臣皆以忠諫死)御史ㅣ遂將雲去어ᄂᆞᆯ於是에左將軍辛慶忌ㅣ免冠叩頭殿下曰此臣이素

(輯)斂也

(旌)表也

著狂直ᄒᆞ니使其言이是인딘不可誅오 其言이非라도固當容之니이다上이意解러니 及後當治檻ᄒᆞ야 上이 曰勿易ᄒᆞ고 因而輯之ᄒᆞ야 以旌直臣ᄒᆞ라ᄒᆞ다

上이크게怒ᄒᆞ야曰小臣이下에居ᄒᆞ야上을訕ᄒᆞ고廷에셔師傅를辱ᄒᆞ니罪가死ᄒᆞ고赦치못ᄒᆞᆯ지라御史아雲을將ᄒᆞ야下ᄒᆞ라雲이殿檻을攀ᄒᆞ니檻이折ᄒᆞ는지라雲이呼ᄒᆞ야曰臣이시러곰下로龍逄과比干을從ᄒᆞ야地下에셔遊ᄒᆞᆷ이足ᄒᆞ니이다御史ㅣ드듸여雲을잡아去ᄒᆞ거늘이에左將軍辛慶忌ㅣ冠을免ᄒᆞ고殿下에셔頭를叩ᄒᆞ여曰此臣이본듸곳狂直ᄒᆞ니하여곰그言이是ᄒᆞᆯ진듸可히誅치아니ᄒᆞᆯ기시오그言이非ᄒᆞᆯ지라도진실로맛당이容ᄒᆞᆯ지니이다上이意가解ᄒᆞ더니및後에檻을治ᄒᆞᆷ에當ᄒᆞ야上이曰易치말고因ᄒᆞ야輯ᄒᆞ야써直臣을旌ᄒᆞ라ᄒᆞ다

(壬子)四年이라王根이薦谷永이어늘徵入爲太司農ᄒᆞ다 永이前後所上四十餘事ㅣ略相反覆ᄒᆞ야 專攻上身與後宮而黨於王氏ᄒᆞ니上亦知之ᄒᆞ고不甚親信也러라

(四父)譚商根四人皆莽之叔父

(邑錢)封邑所入之錢也

四年이라王根이谷永을薦ᄒᆞ거ᄂᆞᆯ徵入ᄒᆞ야大司農이되다永이前後로上ᄒᆞᆫ바四十餘事ㅣ대략셔로反覆ᄒᆞ야專혀上의身과다못後宮을攻ᄒᆞ고王氏에黨ᄒᆞ니上이ᄯᅩᄒᆞᆫ知ᄒᆞ고甚히親信치안터라

(癸丑)綏和元年이라二月에立定陶王欣ᄒᆞ야爲皇太子ᄒᆞ다

綏和元年이라二月에定陶王欣을立ᄒᆞ야皇太子를삼다

十一月에王根이薦莽自代ᄒᆞ거ᄂᆞᆯ丙寅에以莽으로爲大司馬ᄒᆞ니時年이三十八이러라莽이旣拔出同列ᄒᆞ야繼四父而輔政ᄒᆞᆯ서欲令名譽로過前人ᄒᆞ야聘諸賢良ᄒᆞ야以爲掾吏ᄒᆞ고賞賜邑錢을悉以享士ᄒᆞ고愈爲儉約ᄒᆞ더라(出王莽傳)

十一月에王根이莽을薦ᄒᆞ야ᄉᆞᄉᆞ로代하거ᄂᆞᆯ丙寅에莽으로써大司馬를삼으니時年이三十八이러라莽이임의同列에拔出ᄒᆞ야四父를繼ᄒᆞ야政을輔ᄒᆞᆯ서名譽로하여곰前人에過코져ᄒᆞ야모든賢良을聘ᄒᆞ야써掾吏를삼고賞賜와邑錢을다써士를享ᄒᆞ고더욱儉約ᄒᆞ더라

犍爲郡이於水濱에得古磬一十六枚ᄒᆞ니議者ㅣ以爲善祥이어ᄂᆞᆯ

(或曰)先設爲難者之言而後答釋之也

(過差)猶失錯也

劉向이 因是說上ᄒᆞ듸 宜興辟雍ᄒᆞ며 設庠序ᄒᆞ며 釋義王氏曰雍與廱通記王制天子曰辟雍鄭玄曰辟明廱和也所以明和天下睦佃曰天子立四學並其中學而五直於一處並建周人辟雍則辟廱最居中其南爲成均北爲上庠東爲東序南爲瞽宗辟雍惟天子承師問道養三老五更出師受成等就焉堂天子入太學則四學之人人環水而觀之是之謂辟雍辟胡致堂曰獨辟廱未有明其義者以詩攷之其義自明王制記天子曰廱辟不知何所本而云然也羅壁曰竊謂辟廱非學也辟君廱和也詩靈臺篇辟廱其中皆非學校中事文王有聲篇言鎬京辟廱其事亦於學務無預按二說當詳放之 陳禮樂ᄒᆞ야 以風化天下니 如此而不治ㅣ 未之有也니이다 或曰 不能具禮ᄒᆞᄂᆞ다 禮는 以養人爲本ᄒᆞ니 如有過差도다 是는 過而養人也ㅣ어니와 刑罰之過는 或至死傷ᄒᆞ니 今之刑이 非皐陶之法也어늘 而有司ㅣ 請定法ᄒᆞ야 削則削ᄒᆞ며 筆則筆ᄒᆞ되 至於禮樂則曰不敢이라ᄒᆞᄂᆞ니 是는 敢於殺人이오 不敢於養人也로소이다 夫敎化之比於刑法건디 刑法이 輕ᄒᆞ니 是는 舍所重而急所輕也라 敎化는 所恃以爲治오 刑法은 所以助治也어늘 今에 廢所恃而獨立其所助ᄒᆞ니 非所以致太平也니이다 帝ㅣ 以向言으로 下公卿議ᄒᆞ되 丞相翟方進과 大司空何武ㅣ 奏請立辟雍이러니 未作而罷ᄒᆞ다 出禮樂志自丞相翟方進以下文小異

犍爲郡이水濱에서古磬一十六枚ᄅᆞᆯ得ᄒᆞ니議者ㅣ써善祥이라ᄒᆞ거ᄂᆞᆯ劉向이是ᄅᆞᆯ因ᄒᆞ야上을說호대宜히辟雍을興ᄒᆞ며庠序ᄅᆞᆯ設ᄒᆞ며禮樂을陳ᄒᆞ야써天下ᄅᆞᆯ風化ᄒᆞᆯ지니이갓고治치못ᄒᆞᆷ이잇지아느니이다或이曰能히禮ᄅᆞᆯ具치못ᄒᆞᆫ다ᄒᆞ나禮ᄂᆞᆫ養人으로써本을ᄒᆞ니만일過差ㅣ有ᄒᆞ드라도이ᄂᆞᆫ過ᄒᆞ고人을養ᄒᆞᆷ이어니와刑罰의過ᄂᆞᆫ或死傷에至ᄒᆞ니今에刑이皐陶의法이아니거ᄂᆞᆯ有司ㅣ定法을請ᄒᆞ야刪ᄒᆞᆫ則刪ᄒᆞ고筆ᄒᆞᆫ則筆호대禮樂에至ᄒᆞᆫ則曰不敢이라ᄒᆞᄂᆞ니是ᄂᆞᆫ殺人ᄒᆞᆷ에敢ᄒᆞᆷ이오養人ᄒᆞᆷ에敢치못ᄒᆞᆷ이로소이다무릇敎化ᄅᆞᆯ刑法에比컨ᄃᆡ刑法이輕ᄒᆞ니이ᄂᆞᆫ重ᄒᆞᆫ바ᄅᆞᆯ舍ᄒᆞ고輕ᄒᆞᆫ바ᄅᆞᆯ急ᄒᆞᆷ이라敎化ᄂᆞᆫ恃ᄒᆞ야써治ᄒᆞᄂᆞᆫ바이오刑法은써治ᄅᆞᆯ助ᄒᆞᄂᆞᆫ바어ᄂᆞᆯ今에恃ᄒᆞᆯ바ᄅᆞᆯ廢ᄒᆞ고ᄒᆞᆯ로그助ᄒᆞᆯ바ᄅᆞᆯ立ᄒᆞ니써太平을致ᄒᆞᄂᆞᆫ바ㅣ아니니이다帝ㅣ向의言으로써公卿에下ᄒᆞ야議ᄒᆞᆫ대丞相翟方進과大司空何武ㅣ奏ᄒᆞ야辟雍을立ᄒᆞ기請ᄒᆞ더니作치못ᄒᆞ고罷ᄒᆞ다

新增胡氏曰向之論美矣而未循其本也孔子曰人而不仁如禮何人而不仁如樂何不仁之人心非已有視聽擧履皆迷其當而何以爲禮樂哉唯仁者所行皆禮而所安皆樂是則禮樂之本也庠序聲容特其具矣無其本則欲以其具敎人秖益趣之於虛僞之域不若不爲之愈也

劉向이自見得信於上故로常顯訟宗室ᄒᆞ며譏刺王氏及在位大臣ᄒᆞ야其言이多痛切ᄒᆞ야發於至誠이라上이數欲用向爲九卿호ᄃᆡ爲王氏居位者와及丞相御史所持故로終不遷ᄒᆞ고居列大夫

官ᄒ야前後三十餘年而卒ᄒ니後十三歲而王氏ㅣ代漢ᄒ니라 出劉向本傳

劉向이ᄉᆞᄉᆞ로上에게得信홈을見ᄒᆞᆫ故로常히宗室을顯訟ᄒ며王氏와밋位에在ᄒᆞᆫ大臣을譏刺ᄒ야그言이痛切홈이多ᄒ야至誠에서發ᄒ는지라上이자조向을써九卿을삼고져ᄒ되王氏의位에居ᄒᆞᆫ者와밋丞相御史의持ᄒᆞᆫ바이된지라故로終히遷치못ᄒ고大夫官에居列ᄒ야前後三十餘年에卒ᄒ니後十三歲에王氏ㅣ漢을代ᄒ니라

(甲寅)二年이라三月에帝ㅣ崩ᄒ다

二年이라三月에帝ㅣ崩ᄒ다

班固賛曰成帝善修容儀升車正立不內顧不疾言不親指臨朝淵默尊嚴若神可謂有穆穆天子之容者矣博覽古今容受直辭公卿奏議可述遭世承平上下和睦然湛乎酒色趙氏亂內外家擅朝言之可爲於邑建始以來王氏始執國命哀平短祚莽遂篡位盖其威福所由來者漸矣

夏四月丙午에太子ㅣ卽皇帝位ᄒ다哀帝ㅣ初立에躬行儉約ᄒ야省減諸用ᄒ고政事ㅣ由己出ᄒ니朝廷이翕然ᄒ야望至治焉이러라 出本紀無哀帝初立數句

夏四月丙午에太子ㅣ皇帝位에卽ᄒ다哀帝ㅣ처음으로立홈에몸소儉約을行ᄒ야諸用을省減ᄒ고政事ㅣ己로由ᄒ야出ᄒ니朝廷이翕然하야至治를望ᄒ더라

初에董仲舒ㅣ說武帝호ᄃᆡ以秦用商鞅之法ᄒᆞ야除井田ᄒᆞ니民得賣買ᄒᆞ야富者ᄂᆞᆫ田連阡陌ᄒᆞ고貧者ᄂᆞᆫ亡立錐之地ᄒᆞ다(錐朱推反)邑有人君之尊ᄒᆞ고里有公侯之富ᄒᆞ니小民이安得不困이리오古井田法은雖難卒行이나宜少近古ᄒᆞ야限民名田ᄒᆞ야以贍不足ᄒᆞ야塞並兼之路ᄒᆞ고薄賦斂ᄒᆞ며省繇役ᄒᆞ야以寬民力然後에可善治也ㅣ리이다

初에董仲舒ㅣ武帝를說호ᄃᆡ써秦이商鞅의法을用ᄒᆞ야井田을除ᄒᆞ니民이賣買를得ᄒᆞ야富ᄒᆞᆫ者ᄂᆞᆫ田이阡陌에連ᄒᆞ고貧ᄒᆞᆫ者ᄂᆞᆫ立錐의地도亡ᄒᆞᆫ지라邑에人君의尊이有ᄒᆞ고里에公侯의富가有ᄒᆞ니小民이엇지시러곰困치아니리오古井田法은비록卒行키難ᄒᆞ나宜히少히古에近ᄒᆞ야民名田을限ᄒᆞ야써不足을贍ᄒᆞ야並兼의路를塞ᄒᆞ고賦斂을薄히ᄒᆞ며繇役을省ᄒᆞ야써民力을寬히ᄒᆞᆫ然後에可히善히治ᄒᆞᆯ지니이다

及上이即位ᄒᆞ얀師丹이復建言호ᄃᆡ今累世承平이라豪富吏民이貲數鉅萬而貧弱은愈困ᄒᆞ니宜略爲限이니이다

밋上이位에即ᄒᆞ얀師丹이다시言을建호ᄃᆡ今에累世ㅣ承平ᄒᆞᆫ지라豪富吏民은貲

數鉅萬이고貧弱은더욱困ᄒᆞ니宜히ᄃᆡ강限홀지니이다

天子ㅣ下其議ᄒᆞᆫᄃᆡ丞相光과大司空武ㅣ奏請호ᄃᆡ自諸侯王列侯公主로名田을各有限ᄒᆞ고關內侯吏民名田을皆毋過三十頃ᄒᆞ고奴婢를毋過三十人ᄒᆞ고期盡三年호ᄃᆡ犯者는沒入官ᄒᆞ노이다時에田宅奴婢ㅣ賈爲減賤ᄒᆞ야貴戚近習이不便也ㅣ라詔書且須後ᄒᆞ더니遂寢不行ᄒᆞ다 以上出食貨志

天子ㅣ그議를下ᄒᆞᆫ대丞相光과大司空武ㅣ奏請ᄒᆞ야諸侯王列侯公主로브터名田을각々限이有ᄒᆞ고關內侯吏民名田을다三十頃에過치말고奴婢를三十人에過치말고期를三年에盡호ᄃᆡ犯ᄒᆞ는者는官에沒人ᄒᆞ게노이다時에田宅奴婢買ㅣ減賤ᄒᆞ야貴戚近習이不便ᄒᆞᆫ지라詔書ᄒᆞ야ᄯᅩ後를須ᄒᆞ라ᄒᆞ더니遂히寢ᄒᆞ고行치안타

孝哀皇帝 名欣元帝孫定陶共王子也成帝無子召入立爲太子 在位六年 壽三十五 欲强主威以則武宣而剛愎不明尊寵嬖倖其能濟乎

(丁巳)建平三年이라四月에王嘉ㅣ爲丞相ᄒᆞ다嘉ㅣ以時政이苛急ᄒᆞ야郡國守相이數有變動이라ᄒᆞ야乃上疏曰孝文時에吏居官者ㅣ或

長子孫ᄒᆞ야 以官爲氏ᄒᆞ니 以官爲氏如下文云倉氏庫氏是也 倉氏庫氏則倉庫吏之後也ㅣ라 其二千石長吏ㅣ 亦安官樂職然後에 上下ㅣ相望ᄒᆞ야 莫有苟且之意러니 其後에 稍稍變易ᄒᆞ야 公卿以下ㅣ 或居官數月而退ᄒᆞ니 中材는 苟容求全ᄒᆞ고 言不敢操持羣下也 下材는 懷危內顧ᄒᆞ니 唯陛下는 留神於擇賢ᄒᆞ샤 記善忘過ᄒᆞ쇼셔 此ㅣ 方今에 急務也ㅣ니이다

建平三年이라 四月에 王嘉ㅣ丞相이 되다 嘉ㅣ써 時政이 苛急ᄒᆞ야 郡國守相이 자조變動이 有ᄒᆞ다ᄒᆞ야 이에 疏를 上ᄒᆞ여 曰 孝文時에 吏ㅣ官에 居ᄒᆞᆫ者ㅣ或子孫을 長ᄒᆞ야 官으로써 氏를ᄒᆞ니 倉氏와庫氏ㅣ則倉庫吏의後ㅣ라 그 二千石長吏ㅣ또 官을 安ᄒᆞ고 職을 樂ᄒᆞᆫ 然後에 上下ㅣ서로 望ᄒᆞ야 苟且의 意가 有치 안터니 그 後에 稍々變易ᄒᆞ야 公卿以下ㅣ或官에 居ᄒᆞᆫ지 數月에 退ᄒᆞ니 中材는 苟히 全을 求ᄒᆞ기 容ᄒᆞ고 下材는 危를 懷ᄒᆞ야 內로 顧ᄒᆞ니 오쟉 陛下는 神을 擇賢ᄒᆞᆷ에 留ᄒᆞ샤 善을 記ᄒᆞ고 過를 忘ᄒᆞ쇼셔 此ㅣ 方今에 急務ㅣ니이다

(戊午)四年이라 二月에 駙馬都尉侍中董賢이 得幸於上ᄒᆞ야 出則參乘ᄒᆞ고 入御左右ᄒᆞ니 賞賜累鉅萬이라 貴震朝廷이러라 出佞幸傳

四年이라二月에駙馬都尉侍中董賢이幸을上에得ᄒᆞ야出ᄒᆞᆫ則參乘ᄒᆞ고入ᄒᆞ얀左右에御ᄒᆞ니賞賜ㅣ累鉅萬이라貴ᄒᆞᆷ이朝廷에震ᄒᆞ더라

匈奴單于ㅣ上書ᄒᆞ야願朝五年이어늘公卿이以爲虛費府帑ㅣ니帑宅莽反 可且勿許라ᄒᆞ야늘 又音奴府物所聚也 帑藏金帛之所也 揚雄이上書諫曰臣은聞六經之治는貴於未亂이오兵家之勝은貴於未戰이라ᄒᆞ니今單于ㅣ上書求朝어늘國家ㅣ不許而辭之ᄒᆞ니臣愚는以爲漢이與匈奴로從此隙矣라ᄒᆞ노이다

匈奴單于ㅣ書를上ᄒᆞ야五年을朝ᄒᆞ기願ᄒᆞ거늘公卿이써ᄒᆞ되虛히府帑을費ᄒᆞᆷ이니또ᄒᆞᆫ許치勿ᄒᆞᆷ이可ᄒᆞ다ᄒᆞ야늘揚雄이書를上ᄒᆞ야諫ᄒᆞ야曰臣은聞ᄒᆞ니六經의治는未亂에셔貴히ᄒᆞ고兵家의勝은未戰에셔貴히ᄒᆞᆫ다ᄒᆞ니今에單于ㅣ書를上ᄒᆞ야朝를求ᄒᆞ거늘國家ㅣ許치안코辭ᄒᆞ니臣愚는써ᄒᆞ되漢이匈奴로더브려此로從ᄒᆞ야隙ᄒᆞ겟다ᄒᆞ노이다

匈奴는本五帝도所不能臣이오三王도所不能制ㅣ니其不可使隙이明甚ᄒᆞ니이다以秦始皇之彊과蒙恬之威로도然이나不敢窺西河ᄒᆞ야乃築長城以界之ᄒᆞ고會漢初興에以高祖之威靈과三十萬衆으로도困

於平城ᄒᆞ고高皇后時에 匈奴ㅣ悖慢이어늘 大臣이權書로遺之然後
에得解ᄒᆞ고及孝文時에 匈奴ㅣ侵暴北邊ᄒᆞ야 候騎ㅣ至雍甘泉이어늘
京師ㅣ大駭ᄒᆞ야 發三將軍ᄒᆞ야屯細柳棘門霸上ᄒᆞ야 以備之數月
에乃罷ᄒᆞ고 孝武ㅣ卽位에 設馬邑之權ᄒᆞ야 (武帝使馬邑人聶翁一誘致單于單于疑之而還) 欲誘匈
奴라가徒費財勞師ᄒᆞ고 一虜도不可得見이어든 況單于之面乎잇가

匈奴는本이五帝도能히臣치못ᄒᆞ든바이오三王도能히制치못ᄒᆞ든바이니그可히
ᄒᆞ여곰隙치아니ᄒᆞᆯ것이明甚ᄒᆞ니이다秦始皇의彊과蒙恬의威로써도然이나敢히
西河를窺치못ᄒᆞ야이에長城을築ᄒᆞ야써界ᄒᆞ고맛ᄎᆞᆷ漢이初로興ᄒᆞᆷ에高祖의威靈
과三十萬衆으로도平城에서困ᄒᆞ고 高皇后時에 匈奴ㅣ悖慢ᄒᆞ야大臣이權書로
遺ᄒᆞᆫ然後에解ᄒᆞᆷ을得ᄒᆞ고 밋孝文時에匈奴ㅣ北邊을侵暴ᄒᆞ야 候騎ㅣ雍、甘泉
에至ᄒᆞ거늘京師ㅣ크게駭ᄒᆞ야三將軍을發ᄒᆞ야細柳와棘門과霸上에屯ᄒᆞ야써備
ᄒᆞᆫ지數月에이에罷ᄒᆞ고孝武ㅣ位에卽ᄒᆞᆷ에馬邑의權을設ᄒᆞ야匈奴를誘코져ᄒᆞ다
가徒히財를費ᄒᆞ고師를勞ᄒᆞ고 一虜도可히 得見치못ᄒᆞ엿거든 況單于의 面이리
잇가

其後에深惟社稷之計ᄒᆞ고規恢萬載之策ᄒᆞ야乃大興師數十萬ᄒᆞ야使衛青霍去病으로操兵前後十餘年이라於是에浮西河ᄒᆞ며絶大幕ᄒᆞ며(幕即沙漠也直度曰絶沙土曰幕)破窴顔ᄒᆞ고(窴徒賢反匈奴中山名)襲王庭ᄒᆞ야窮極其地ᄒᆞ야追犇逐北ᄒᆞ야(逐北註見周赧王三十一年)封狼居胥山ᄒᆞ고禪於姑衍ᄒᆞ고以臨瀚海ᄒᆞ니(瀚海北海名在沙漠北)自是之後로匈奴ㅣ震怖ᄒᆞ야益求和親이나然而未肯稱臣也ᄒᆞ니이다

그後에深히社稷의計를惟ᄒᆞ고萬載의策을規恢ᄒᆞ야이에크게師數十萬을興ᄒᆞ야衛青과霍去病으로ᄒᆞ여곰兵을前後十餘年을操ᄒᆞᆫ지라이에西河에浮ᄒᆞ며大幕을絶ᄒᆞ며窴顔을破ᄒᆞ고王庭을襲ᄒᆞ야그地를窮極ᄒᆞ야追犇ᄒᆞ고逐北ᄒᆞ야狼居胥山에封ᄒᆞ고姑衍에禪ᄒᆞ야써瀚海를臨ᄒᆞ니이로부터後로匈奴ㅣ震怖ᄒᆞ야더욱和親을求ᄒᆞ나然이나肯ᄒᆞ야臣이라稱치아니ᄒᆞ니이다

且夫前世에豈樂傾無量之費ᄒᆞ고役無罪之人ᄒᆞ야快心於狼望之北哉리오마ᄂᆞᆫ(狼望匈奴中地名)以爲不一勞者ᄂᆞᆫ不久佚이오不暫費者ᄂᆞᆫ不永

寧이라ᄒᆞ야 是以로 忍百萬之師ᄒᆞ야 以摧餓虎之喙ᄒᆞ고 運府庫之財ᄒᆞ야
塡盧山之壑而不悔也ㅣ니이다 盧山即盧朐山也在匈奴中

또무릇前世에엇지無量의費를傾ᄒᆞ고無罪의人을役ᄒᆞ야心을狼望의北에快히홈을樂ᄒᆞ리오마ᄂᆞᆫ써ᄒᆞ되ᄒᆞᆫ번勞치아니ᄒᆞᆫ者ᄂᆞᆫ久히佚치못ᄒᆞ고暫히費치아니ᄒᆞᆫ者ᄂᆞᆫ永히寧치못ᄒᆞ다ᄒᆞ야이로써百萬의師를忍ᄒᆞ야써餓虎의喙를摧ᄒᆞ고府庫의財를運ᄒᆞ야盧山의壑을塡호ᄃᆡ悔치아니홈이니이다

至本始之初ᄒᆞ야 匈奴ㅣ有桀心ᄒᆞ야 欲掠烏孫ᄒᆞ고 侵公主어늘 乃發五將之師十五萬騎ᄒᆞ야 以擊之ᄒᆞ니 時에 鮮有所獲이오 徒奮揚威武ᄒᆞ야 明漢兵이 若雷風耳라 雖空行空反이나 尙誅兩將軍故로 北狄이 不服ᄒᆞ고 中國이 未得高枕安寢也니라

本始의初에至ᄒᆞ야匈奴ㅣ桀心이有ᄒᆞ야烏孫을掠ᄒᆞ고公主를侵코져ᄒᆞ거늘이에五將의師十五萬騎를發ᄒᆞ야써擊ᄒᆞ니時에獲ᄒᆞᆫ바가有홈이鮮ᄒᆞ고ᄒᆞᆫ갓威武를奮揚ᄒᆞ야漢兵이雷가耳에風홈갓홈을明ᄒᆞᆫ지라비록空行ᄒᆞ고空反ᄒᆞ나尙히兩將軍을誅ᄒᆞᆫ故로北狄이不服ᄒᆞ고中國이시러곰高枕ᄒᆞ고安寢치못ᄒᆞ엿더니

逮至元康神爵之間ᄒᆞ야 大化神明ᄒᆞ고 鴻恩이 博洽ᄒᆞ니 而匈奴ㅣ內亂ᄒᆞ야 五單于ㅣ 爭立이라 日逐呼韓邪ㅣ 呼韓邪匈奴單于之號邪時遮反宣帝五鳳元年稽侯㹪爲呼韓邪單于甘露二年款塞請朝 後光武建武中日逐王出爲呼韓邪單于款塞請爲藩蔽 携國歸死ᄒᆞ야 扶伏稱臣이니 扶伏音匍匐 然이나 尙羈縻之ᄒᆞ야 計不顓制ᄒᆞ니 自此之後로 欲朝者를 不距ᄒᆞ고 不欲者를 不彊이라 彊其兩反 彊勉也 今單于ㅣ 歸義어늘 奈何로 疑而隙之ᄒᆞ야 使有恨心ᄒᆞ야 因以自絕ᄒᆞ야 終無北面之心이니잇고 書奏에 天子ㅣ 寤焉ᄒᆞ고 更報單于書而遣之ᄒᆞ다

逮ᄒᆞ야元康과神爵의間에至ᄒᆞ야大化ㅣ神明ᄒᆞ고鴻恩이博洽ᄒᆞ니匈奴ㅣ內로亂ᄒᆞ야五單于ㅣ爭立ᄒᆞᆫ지라日逐과呼韓邪ㅣ國을携ᄒᆞ고死에歸ᄒᆞ야扶伏ᄒᆞ고臣이라稱ᄒᆞ나然이나尙히羈縻ᄒᆞ야計가顓制치못ᄒᆞ니此로自ᄒᆞᆫ後로朝코져ᄒᆞ는者를距치안코欲치안는者를彊치안은지라今에單于ㅣ義에歸ᄒᆞ거늘엇지ᄒᆞ야疑ᄒᆞ고隙ᄒᆞ야하여곰恨心을두어因ᄒᆞ야써自絕ᄒᆞ야終에北面의心이無케ᄒᆞᄂᆞ잇고書를奏ᄒᆞᆷ에天子ㅣ寤ᄒᆞ고다시單于에게書를報ᄒᆞ야遣ᄒᆞ다

致堂管見曰帝王於中國無事時鮮不欲開闢土地行師荒外服前代所不能服臣昔人所不能臣以爲一時駿功自偉其代也若漢武之於西北兩垂其勤勞費耗蓋前無比而垂繼矣苟使匈奴款塞面內不自欺㴞亦可以少殺

(鈞)與均通

(祿去王室)謂政在王氏也

疲弊之耻而償侵侮之患也然師行餘三十年卒不得如志至於宣元成哀無意武功者乃坐享其成至若渭上盛儀單于執國珍襲冠帶稱臣贊謁稽首而朝則武帝平生所願欲而不得見者哀帝之世漢旣衰矣匈奴烏孫猶不廢禮西域佩印五十餘君雖曰中國榮觀譬猶大木遠條枝葉尙茂而蠹生心腹根幹將顚矣于是時縱使九夷八蠻罔不扶伏闕庭之下夫亦何補是故聖主專務治內以固其本不勤遠畧而忽邇圖其慮遠矣

(己未)元壽元年이라 以孔光으로 爲丞相ᄒᆞ다 光이 知上이 欲尊寵董賢ᄒᆞ고 下車拜謁ᄒᆞ야 不敢以賓客鈞敵之禮ᄒᆞ니 賢이 由是로 權與人主侔矣러라

元壽元年이라 孔光으로써 丞相을 삼다 光이 上이 董賢을 尊寵코져 ᄒᆞᆷ을 知ᄒᆞ고 車에 下ᄒᆞ야 拜謁ᄒᆞ야 敢히 賓客鈞敵의 禮로써 아니ᄒᆞ니 賢이 是로 由ᄒᆞ야 權이 人主로더브러 侔ᄒᆞ더라

(庚申)二年이라 六月에 帝ㅣ 崩ᄒᆞ다 帝ㅣ 睹孝成之世에 祿去王室이러니 及卽位에 屢誅大臣ᄒᆞ야 欲彊主威ᄒᆞ야 以則武宣이나(謂以武帝宣帝爲法則也) 然而寵信讒諂ᄒᆞ고 憎疾忠直ᄒᆞ니 漢業이 由是遂衰러라(出本紀無然而寵信讒諂以下)

二年이라 六月에 帝ㅣ 崩ᄒᆞ다 帝ㅣ 孝成의 世에 祿이 王室에 去ᄒᆞᆷ을 睹ᄒᆞ엿더니 밋 卽位ᄒᆞᆷ에 屢히 大臣을 誅ᄒᆞ야 主威를 彊ᄒᆞ야 써 武宣을 則코져ᄒᆞ나 然ᄒᆞ나 讒

布綱治紀曰平

(重譯)彙傳夷夏之言而轉告也

諂을寵信ᄒᆞ고忠直을憎疾ᄒᆞ니漢業이是로由ᄒᆞ야드듸여衰ᄒᆞ더라

孝平皇帝 (名衎元帝之孫中山箕王之子哀帝崩無子太皇太后議迎立爲太子九月即皇帝位帝年方九歲太皇太后臨朝大司馬莽秉政) 在位五年

王莽弒之 壽一十四 (孝平不造新都作宰不伊不周喪我四海)

(辛酉)元始元年이라 春正月에 王莽이 風益州ᄒᆞ야 (風讀曰諷) 令塞外蠻夷로 自稱越裳氏ᄒᆞ고 重譯獻白雉一黑雉二ᄒᆞ니 (越裳南方遠國名在交趾南周成王時嘗重九譯獻白雉) 於是에 羣臣이 盛陳莽功德ᄒᆞ대 致周成白雉之瑞ᄒᆞ니 莽을 宜賜號安漢公ᄒᆞ야지이다 (出王莽傳)

新增林氏曰陳勝將起以丹書帛置之魚腹使吳廣效狐鳴於叢祠王莽將篡風益州塞外蠻夷自稱越裳氏以獻白雉然勝之謀僅足以誑戍卒而漢朝公卿乃爲莽之所誑其不知之耶抑知之而相率爲僞耶

元始元年이라春正月에王莽이益州에風ᄒᆞ야塞外蠻夷로ᄒᆞ여곰스ᄉᆞ로越裳氏라稱ᄒᆞ고重譯ᄒᆞ야白雉一과黑雉二를獻ᄒᆞ니이에羣臣이盛히莽의功德을陳ᄒᆞ대周成白雉의瑞를致ᄒᆞ니莽을宜히號安漢公을賜ᄒᆞ야지이다

(壬戌)二年이라 春에 越嶲郡이 上ᄒᆞ대 黃龍이 游江中이라ᄒᆞ야늘 太師孔光과 大司徒馬宮等이 咸稱莽功德ᄒᆞ야 比周公ᄒᆞ다

二年이라春에越巂郡이上ᄒᆞ되黃龍이江中에셔游ᄒᆞᆫ다ᄒᆞ거늘太師孔光과大司徒馬宮等이다莽의功德을稱ᄒᆞ야周公에比ᄒᆞ다

梅福이知王莽이必簒漢祚ᄒᆞ고一朝에棄妻子去ᄒᆞ야不知所之러니其後에人이有見福於會稽者ᄒᆞ니變名姓ᄒᆞ고爲吳市門卒云이러라 出本傳

梅福이王莽이반다시漢祚를簒ᄒᆞᆯ줄知ᄒᆞ고一朝에妻子를棄ᄒᆞ고去ᄒᆞ야之ᄒᆞᆫ바를知치못ᄒᆞ겟더니其後에人이福을會稽에셔見ᄒᆞᆫ者ㅣ有ᄒᆞ니名姓을變ᄒᆞ고吳市門卒이되얏다云ᄒᆞ더라

[癸亥]三年이라北海逢萌이謂友人曰三綱이絶矣라不去면禍將及人이라ᄒᆞ고卽解冠ᄒᆞ야掛東都城門ᄒᆞ고歸將家屬ᄒᆞ야浮海ᄒᆞ야客於遼東ᄒᆞ다 出逢萌傳

三年이라北海逢萌이友人다려謂ᄒᆞ여曰三綱이絶ᄒᆞᆫ지라去치아니ᄒᆞ면禍가장ᄎᆞᆺ人에及ᄒᆞᆫ다ᄒᆞ고고冠을解ᄒᆞ야東都城門에掛ᄒᆞ고歸ᄒᆞ야家屬을거나려海에浮ᄒᆞ야遼東에셔客ᄒᆞ다

新增林氏曰莽逆節既萌漢朝公卿爲之犬馬曾不少愧而梅福隱會稽逢萌客遼東若將浼焉者夫子曰篤信好學守死善道危邦不入亂邦不居二子爲得之

[甲子]四年이라夏에采伊尹周公稱號ᄒᆞ야加安漢公ᄒᆞ야爲宰衡ᄒᆞ다

四年이라夏에伊尹과周公의稱號를采ᄒᆞ야安漢公을加ᄒᆞ야宰衡을삼다

「乙丑」五年이라 夏五月에 策命安漢公莽以九錫ᄒᆞ다 王氏曰禮緯云禮有九錫一輿馬二衣服三樂則四朱戶五納陛六虎賁七弓矢八鈇鉞九秬鬯皆所以勸善扶不能白虎通曰能安民者賜輿馬能富民者賜衣服能和民者賜樂則民衆多者賜朱戶能進善者賜納陛能退惡者賜虎賁能誅有罪者賜鈇鉞能征不順者賜弓矢孝道備者賜秬鬯舊說解輿馬謂大輅戎輅各一玄馬二也衣服謂玄裳樂則謂軒縣之樂也朱戶謂所居之室朱其戶也納陛謂從中陛而升也虎賁謂三百人也弓矢謂彤旅之弓矢也鈇鉞謂大柯斧賜之專殺也秬鬯謂秬鬯之酒賜以祭祀也

五年이라夏五月에安漢公莽을九錫으로써策命ᄒᆞ다

冬十二月에 莽이 因臘日上椒酒ᄒᆞᆯ서 漢以大寒後戌日爲臘記月令孟冬臘祭祖按臘獵也臘取禽獸祭先祖重本始也 置毒酒中이러니 帝ㅣ有疾이어늘 莽이 作策ᄒᆞ야 請命於泰畤ᄒᆞ야 願以身代ᄒᆞ고 藏策金縢ᄒᆞ야 武王有疾周公請命二王欲以身代死史錄其策藏之於匱編之以金故曰金縢也縢即束縛之義 置于前殿ᄒᆞ고 敕諸公ᄒᆞ야 莫敢言ᄒᆞ니라 丙午에 帝ㅣ崩ᄒᆞ다

冬十二月에莽이臘日에椒酒上흠을因ᄒᆞ야毒을酒中에置ᄒᆞ엿더니帝ㅣ疾이有ᄒᆞ거늘莽이策을作ᄒᆞ야命을泰畤에請ᄒᆞ야身으로써代ᄒᆞ기願ᄒᆞ고策을金縢에藏ᄒᆞ야前殿에置ᄒᆞ고諸公을敕ᄒᆞ야敢히言치못ᄒᆞ게ᄒᆞ니라丙午에帝ㅣ崩ᄒᆞ다

班固贊曰孝平之世政自莽出褒善顯功以自尊盛觀其文辭方外百蠻無思不服休徵嘉應頌聲並作至于變異見於上民怨作於下莽亦不能支也

新增尹氏曰平帝之終前史雖明言置毒酒中然皆以帝崩爲文至朱夫子綱目書之曰安漢公莽弑帝始正名定罪直書弑逆者所以誅亂臣賊子爲萬世戒耳

是月에 前煇光謝囂詩驕反(釋義)莽分京師爲前煇光後承烈二郡 奏ᄒᆞᆫ대 武功長孟通이 浚井이라가 得白石ᄒᆞ니 上圓下方ᄒᆞ고 有丹書著石文ᄒᆞ니 著直略反附也 曰告安漢公莽이어爲皇帝ᄒᆞ라니 符命之起ㅣ 自此始矣라 於是에 羣臣이 奏太后ᄒᆞ야 請安漢公踐阼ᄒᆞ고 釋義記武王世子成王幼不能涖阼周公相踐阼而治注云涖視踐履也成王不能視阼階行人君之事周公代履阼階攝王位治天下 謂之攝皇帝ᄒᆞ라대 詔曰可ᄒᆞ라다 出莽傳

이달에 前煇光謝囂ㅣ 奏호ᄃᆡ 武功長孟通이 井을 浚ᄒᆞ다가 白石을 得ᄒᆞ니 上이 圓ᄒᆞ고 下가 方ᄒᆞ야 丹書ㅣ 잇셔 石文에 著ᄒᆞ니 曰安漢公莽이 皇帝됨을 告ᄒᆞᆷ이라 ᄒᆞ니 符命의 起ㅣ 此로 自ᄒᆞ야 始ᄒᆞ얏더라 이에 羣臣이 太后에게 奏ᄒᆞ야 安漢公으로 阼를 踐ᄒᆞ고 謂ᄒᆞ야 攝皇帝라 ᄒᆞ깃다 請ᄒᆞᆫᄃᆡ 詔ᄒᆞ야 曰可타 ᄒᆞ다

歷年圖曰高祖奮布衣提三尺劍五年而成帝業其收功之速如是何哉惟知人善任使而巳故高祖曰鎭國家撫百姓不如蕭何運籌策決成敗不如子房戰必勝攻必取不如韓信三者皆人傑吾能用之所以取天下韓信亦曰陛下不善將兵而善將將斯言盡之矣呂氏之亂漢氏不絶如綫然而卒不能爲患者外有宗藩之疆內有絳灌之忠也文景之時家給人足幾致刑措後世皆知稱慕莫能及之夫氏之情何嘗不欲安樂而富壽哉文景能勿擾之而已矣孝武喜淫侈慕神仙宮室無度巡遊不息窮兵於四夷嚴刑而重賦迹其行事視始皇何遠哉止以崇儒重道求賢納諫故其成敗若此之殊也孝昭以童稚之年辨霍光之忠確然不可動何天資之明也然光猶專政

(孺子)幼少之稱也元帝世絕宣帝曾孫有見王五人列侯四十八人莽惡其長大曰兄弟不得相爲後乃悉徵宣帝玄孫選立之時年十二託以十吉立之

而不歸此則光之罪矣孝宣總覈名實信賞必罰吏稱其職民安其業方之孝武功烈優焉孝元優游不斷漢業始衰孝成荒于酒色委政外家孝哀狠愎不明嬖幸盈朝陵夷至于孝平以幼沖嗣位王莽因之遂移漢祚莽恃其詐慝煩民玩兵罪盈怨而天下叛之矣

右西漢十二帝二百一十四年幷王莽更始合二百三十

漢紀

孺子嬰 廣戚侯勳之孫顯之子也年二歲王莽立之 在位三年 附 王莽 字巨君王曼子莽改國號曰新 僭位一十八年漢兵殺之 莽匿情求名繼四父而輔政遂移漢祚恃其詐慝煩民玩兵罪盈怨積而天下畔之 增校 舊以王莽紀年今照而正之

(丙寅)居攝元年이라 三月에 莽이 立宣帝玄孫嬰ᄒᆞ야 爲皇太子ᄒᆞ고 號曰孺子라ᄒᆞ다

居攝元年이라 三月에 莽이 宣帝玄孫嬰을 立ᄒᆞ야 皇太子를 삼고 號ᄒᆞ야 曰孺子라ᄒᆞ다

(丁卯)二年이라 東郡太守翟義ㅣ 翟徒歷反翟方進之子也 擧兵西ᄒᆞ야 誅不當攝者ᄒᆞ라ᄒᆞ고 移檄郡國ᄒᆞ니 衆이 十餘萬이라 檄胡歷反符驗也 莽이 聞之ᄒᆞ고 惶懼不能食ᄒᆞ야 乃使王邑等으로 擊義ᄒᆞ고 莽이 依周書ᄒᆞ야 作大誥ᄒᆞ야 諭告天下以當

返位孺子之意ᄒᆞ니 於是에 吏士ㅣ 攻義破之ᄒᆞ다 出莽傳

二年이라東郡太守翟義ㅣ兵을擧ᄒᆞ고西로ᄒᆞ야當히攝지못ᄒᆞᆯ者를誅ᄒᆞᆫ다ᄒᆞ고檄을郡國에移ᄒᆞ니衆이十餘萬이라莽이聞ᄒᆞ고惶懼ᄒᆞ야能히食지못ᄒᆞ야이에王邑等으로ᄒᆞ여곰義를擊ᄒᆞ고莽이周書를依ᄒᆞ야大誥를作ᄒᆞ야天下에當히孺子를返位ᄒᆞᆯ意로ᄡᅥ諭誥ᄒᆞ니이에吏士ㅣ義를攻ᄒᆞ야破ᄒᆞ다

(戊辰)初始元年이라 莽이 自謂威德이 日盛ᄒᆞ야 大獲天人之助라ᄒᆞ야 遂謀卽眞之事矣러니 十一月에 以居攝三年으로 爲初始元年ᄒᆞ고 卽眞天子位ᄒᆞ야 定有天下之號曰新이라ᄒᆞ다

初始元年이라莽이ᄉᆞᄉᆞ로謂호ᄃᆡ威德이日로盛ᄒᆞ야大히天人의助를獲ᄒᆞ얏다ᄒᆞ야드ᄃᆡ여眞에卽ᄒᆞᆯ事를謀ᄒᆞ더니十一月에居攝三年으로ᄡᅥ初始元年을삼고眞天子位에卽ᄒᆞ야天下를定有ᄒᆞᆫ號를曰新이라ᄒᆞ다

(己巳)新莽始建國元年 春正月에 莽이 廢孺子ᄒᆞ야 爲安定公ᄒᆞ고 孝平皇后로 爲安定太后ᄒᆞ다

春正月에莽이孺子를廢ᄒᆞ야安定公을삼고孝平皇后로安定太后를삼다

莽이 因漢承平之業과 府庫百官之富ᄒᆞ야 百蠻이 賓服ᄒᆞ고 天下ㅣ 晏然이라 莽이 一朝有之ᄒᆞ니 其心意ㅣ 未滿ᄒᆞ야 陋小漢家制度ᄒᆞ고 欲更爲疏闊ᄒᆞ야 乃曰古者에 一夫ㅣ田百畝에 什一而稅ᄒᆞ대 則國給民富而頌聲이 作이러니 秦이 壞聖制ᄒᆞ야 廢井田ᄒᆞ니 是以로 兼幷이 起ᄒᆞ고 貪鄙ㅣ 生ᄒᆞ야 彊者는 規田以千數ᄒᆞ며 弱者는 曾無立錐之居라 漢氏ㅣ 減輕田租ᄒᆞ야 三十而稅一ᄒᆞ대 常有更賦ᄒᆞ야 罷癃이 咸出ᄒᆞ고 (更工衡反罷音疲癃音隆) 而豪民이 侵陵ᄒᆞ야 分田劫假ᄒᆞ니 (劫謂富人劫奪其稅侵欺之也假謂貧人賃富人之田也分田謂貧者無田取富者田耕其分有取也) 厥名은 三十稅一이로디 實什稅伍也라 故로 富者는 犬馬라로 餘菽粟ᄒᆞ야 驕而爲邪ᄒᆞ고 貧者는 不厭糟糠ᄒᆞ야 窮而爲姦ᄒᆞ야 俱陷于辜ᄒᆞ야 刑用이 不錯ᄒᆞ니 (千古反錯置也古者民不犯法刑錯而不用今則刑用而不錯) 今更名天下田曰王田이라ᄒᆞ고 奴婢曰私屬이라ᄒᆞ야 皆不得賣買ᄒᆞ고 其男口ㅣ 不盈八而田過一井者는 分餘田ᄒᆞ야 予九族鄰里鄉黨ᄒᆞ고 敢有非井田聖制오 無法惑衆者어든 投

諸四裔ᄒᆞ야 四裔之地去王城四千里裔衣裾也 以禦魑魅ᄒᆞ라 魑音螭山神也魅音妹老物精也出莽傳

莽이漢承平의業과府庫百官의富를因ᄒᆞ야百蠻이賓服ᄒᆞ고天下ㅣ晏然ᄒᆞᆫ지라莽이一朝에有ᄒᆞ니그心意가滿치못ᄒᆞ야漢家制度를陋小ᄒᆞ고다시踈闊ᄒᆞ게ᄒᆞ고져ᄒᆞ야이에曰古者에一夫ㅣ田百畝에什에一을稅호ᄃᆡ곳國이給ᄒᆞ고民이富ᄒᆞ고頌聲이作ᄒᆞ더니秦이聖制를壞ᄒᆞ야井田을廢ᄒᆞ니이로써兼並이起ᄒᆞ고貪鄙ㅣ生ᄒᆞ야彊者ᄂᆞᆫ田을千數로써規ᄒᆞ고弱者ᄂᆞᆫ일즉이立錐의居가無ᄒᆞᆫ지라漢氏ㅣ田租를減輕ᄒᆞ야三十에一을稅호ᄃᆡ常히更賦가有ᄒᆞ야罷癃이咸出ᄒᆞ고豪民이侵陵ᄒᆞ야田을分ᄒᆞ야劫ᄒᆞ고假ᄒᆞ니厥名은三十에稅一이로ᄃᆡ實은什에稅ㅣ五라故로富者ᄂᆞᆫ犬馬라도菽粟이餘ᄒᆞ야驕ᄒᆞ야邪ᄒᆞ고貧者ᄂᆞᆫ糟糠을不厭ᄒᆞ야窮ᄒᆞ야姦ᄒᆞ야俱히辜에陷ᄒᆞ야刑用이不錯ᄒᆞ니이에다시天下田을名ᄒᆞ야曰王田이라ᄒᆞ고奴婢ᄂᆞᆫ曰私屬이라ᄒᆞ야다賣買를得지못ᄒᆞ고그男口ㅣ八에盈치못ᄒᆞ고田이一井에過ᄒᆞᆫ者ᄂᆞᆫ餘田을分ᄒᆞ야九族과隣里와鄕黨을予ᄒᆞ고敢히井田聖制가아니오無法으로衆을惑ᄒᆞᄂᆞᆫ者ㅣ有ᄒᆞ거든四裔에投ᄒᆞ야써魑魅를禦ᄒᆞ라

新增胡氏曰井田良法致治之本也古之帝王以天下爲公視民飢寒如在己故均地利以子民而不專其奉加以公卿諸侯選賢擧德共行此道特以悠久故法立而弊不生維持千有餘年及秦廢之漢不能復至董仲舒始欲以限田漸復古制其意甚美然終不能行者以人主自爲兼幷無以使民興於廉也又況莽賊而能行乎然井田實万世之良法而買賣奴婢之禁亦仁政所當先不可以莽所嘗爲而指以爲非也

〔辛未〕新莽三年 莽이 恃府庫之富ᄒᆞ고 欲立威匈奴ᄒᆞ야 乃遣孫惠等ᄒᆞ야 率十二將ᄒᆞ고 分道並出이어ᄂᆞᆯ 嚴尤ㅣ 諫曰匈奴爲害ㅣ 所從來ㅣ 久矣로대 未聞上世에 有必征之者也로라 後世三家周秦漢이 征之나 然而未有得上策者也요 周得中策ᄒᆞ고 漢得下策ᄒᆞ고 秦無策焉이라

莽이府庫의富를恃ᄒᆞ고威를匈奴에立ᄒᆞ고져ᄒᆞ야이에孫惠等을遣ᄒᆞ야十二將을率ᄒᆞ고道를分ᄒᆞ야幷出ᄒᆞ거ᄂᆞᆯ嚴尤ㅣ諫ᄒᆞ야曰匈奴의害됨이從來ᄒᆞᆫ바ㅣ久ᄒᆞᆫ지라上世에반다시征ᄒᆞᆫ者ㅣ有홈을聞치못ᄒᆞ얏노라後世三家周秦漢이征ᄒᆞ나然ᄒᆞ나上策을得ᄒᆞᆫ者ㅣ잇지안코周ㅣ中策을得ᄒᆞ고漢이下策을得ᄒᆞ고秦이策이無ᄒᆞᆫ지라

周宣王時에 玁狁이 內侵ᄒᆞ야 按匈奴之傳唐虞以上曰山戎亦曰薰鬻夏曰淳維殷曰鬼方周曰玁狁秦漢曰匈奴 至于涇陽이어ᄂᆞᆯ 命將征之ᄒᆞ야 盡境而還ᄒᆞ니 其視玁狁之侵을 譬猶蟁蝱ᄒᆞ야 毆之而已라 故로 天下ㅣ 稱明ᄒᆞ니 是爲中策이오

周宣王時에玁狁이內侵ᄒᆞ야涇陽에至ᄒᆞ거ᄂᆞᆯ將을命ᄒᆞ야征ᄒᆞ야境을盡ᄒᆞ고還ᄒᆞ

니그玁狁의侵홈을視ᄒᆞ기를譬컨ᄃᆡ蟁䖟과갓ᄒᆞ야敺홀다름이라故로天下ㅣ明ᄒᆞ다稱ᄒᆞ니이中策이되고

漢武帝ᄂᆞᆫ選將鍊兵ᄒᆞ고約齎輕糧ᄒᆞ야深入遠戍ᄒᆞ야雖有克獲之功이나胡ㅣ輒報之라兵連禍結ᄒᆞ야三十餘年에中國이疲弊ᄒᆞ고匈奴ㅣ亦創艾而天下ㅣ稱武ᄒᆞ니是爲下策이오

漢武帝ᄂᆞᆫ將을選ᄒᆞ고兵을鍊ᄒᆞ고輕糧을約齎ᄒᆞ야深히遠戍에入ᄒᆞ야비록克獲의功이有ᄒᆞ나胡ㅣ믄득報ᄒᆞᆫ지라兵이連ᄒᆞ야禍를結ᄒᆞ야三十餘年에中國이疲弊ᄒᆞ고匈奴ㅣ또創艾ᄒᆞ나天下ㅣ武라稱ᄒᆞ니이下策이되고

秦皇은不忍小恥而輕民力ᄒᆞ야築長城ᄒᆞ니延袤萬里라轉輸之行이起於負海ᄒᆞ야疆境이旣全ᄒᆞᄃᆡ中國이內竭ᄒᆞ야以喪社稷ᄒᆞ니是爲無策이라今天下ㅣ比年飢饉ᄒᆞᄃᆡ北邊이尤甚ᄒᆞ니大用民力이라도功不可必이니臣伏憂之ᄒᆞ노이다莽이不聽ᄒᆞ다

秦皇은小恥를忍치못ᄒᆞ고民力을輕히ᄒᆞ야長城을築ᄒᆞ니延袤萬里라轉輸의行이負海에起ᄒᆞ야疆境이임의全ᄒᆞᄃᆡ中國이內로竭ᄒᆞ야ᄡᅥ社稷을喪ᄒᆞ니이無策이되

는지라今天下ㅣ年을比ᄒᆞ야飢饉ᄒᆞ되北邊이尤甚ᄒᆞ니大히民力을用ᄒᆞ드라도功을可히必치못ᄒᆞᆯ지니臣은伏ᄒᆞ야憂ᄒᆞ노이다莽이듯지안는지라

北邊이自宣帝以來로數世를不見煙火之警ᄒᆞ니人民이熾盛ᄒᆞ고牛馬ㅣ布野ㅣ러니及莽이撓亂匈奴ᄒᆞ야與之搆難ᄒᆞᆫ대邊民이死亾係獲ᄒᆞ니數年之間에北邊이空虛ᄒᆞ고野有暴骨矣러라 出匈奴傳

北邊이宣帝로부터써옴으로數世를煙火의警을見치못ᄒᆞ니人民이熾盛ᄒᆞ고牛馬ㅣ野에布ᄒᆞ더니莽이匈奴를撓亂ᄒᆞ야與ᄒᆞ야難을搆ᄒᆞᆷ에及ᄒᆞ야는邊民이死亾ᄒᆞ고係獲ᄒᆞ니數年의間에北邊이空虛ᄒᆞ고野에暴骨이有ᄒᆞ더러라

莽이遣使者ᄒᆞ야奉璽書印綬ᄒᆞ고迎龔勝ᄒᆞ니勝이稱病篤이어늘使者ㅣ以印綬로就加勝身ᄒᆞᆫ대勝이輒推不受ᄒᆞ고謂門人高暉等曰吾ㅣ受漢家厚恩ᄒᆞ야無以報오今年老矣라誼豈以一身으로事二姓이리오語畢에遂不復開口飲食ᄒᆞ고積十四日에死ᄒᆞ다 出勝傳

莽이使者를遣ᄒᆞ야璽書印綬를奉ᄒᆞ고龔勝을迎ᄒᆞ니勝이病이篤ᄒᆞᆷ을稱ᄒᆞ거늘使者ㅣ印綬로써就ᄒᆞ야勝의身에加ᄒᆞᆫ대勝이믄득推ᄒᆞ야밧지안코門人高暉等다려

(巢由)巢父許由也 高士傳許由字武仲聞堯治天下而讓焉遁於潁水之陽箕山之下堯又召爲九州之長由不欲聞之洗耳於潁水巢父牽犢欲飮之見由洗耳曰汙吾犢口遂牽犢上

謂ᄒᆞ야曰吾ㅣ漢家의厚恩을受ᄒᆞ야써갑지못ᄒᆞ고이졔年이老ᄒᆞᆫ지라誼가엇지一身으로써二姓을事ᄒᆞ리오語를畢ᄒᆞᆷ에드듸여다시口를開ᄒᆞ야飮食지안코積ᄒᆞᆫ지十四日에死ᄒᆞ다

是時에淸名之士에 又有紀逡薛方郇越郇相唐林唐遵ᄒᆞ니(逡千旬反)(郇音旬) 皆以明經으로爲行으로顯名於世라 紀逡兩唐은皆仕莽ᄒᆞ고郇相은爲莽太子四友ᄒᆞ다莽이 以安車로迎薛方ᄒᆞᆫ대 方이 謝曰堯舜이 在上에下有巢由라 今明主ㅣ方隆唐虞之德ᄒᆞ시니 小臣이 欲守箕山之節ᄒᆞ노이다 莽이 說其言ᄒᆞ야 不彊致ᄒᆞ니라

이ᄯᅢ에淸名의士에ᄯᅩ紀逡과薛方과郇越과郇相과唐林과唐遵이有ᄒᆞ니다明經爲行으로써名을世에顯ᄒᆞᆫ지라紀逡과兩唐은다莽에게仕ᄒᆞ고郇相은莽의太子四友가되다莽이安車로써薛方을迎ᄒᆞᆫ되方이謝ᄒᆞ야曰堯舜이上에在ᄒᆞᆷ에下에巢由ㅣ有ᄒᆞᆫ지라今에明主ㅣ바야흐로唐虞의德을隆ᄒᆞ시니小臣이箕山의節을守코져ᄒᆞ노이다莽이그言을說ᄒᆞ야彊히致치아니ᄒᆞ니라

班固贊曰春秋列國卿大夫及至漢興將相名臣懷祿耽寵以 失其心者多矣是故淸節之士於是爲貴然大率多能自治而不能治人王貢之材優於龔鮑守死善道勝實蹈焉 貞而不諒薛方近之郭欽蔣詡好遯不汙絕紀唐矣

流飲之

絕殊也謂殊於紀
邊唐林唐遵遠也

(丁丑) 天鳳四年 莽의性이躁擾ᄒᆞ야 不能無爲대로 每有所興造에 動欲慕古ᄒᆞ야 不度時宜ᄒᆞ고 制度를 又不定ᄒᆞ니 吏緣爲姦이라 吏俗人者也旁緣而爲姦欺 天下謷謷ᄒᆞ야 陷刑者ㅣ衆이러라 出食貨志

莽의性이躁ᄒᆞ고擾ᄒᆞ야能히無爲치못ᄒᆞ되미양興造ᄒᆞᄂᆞᆫ바ㅣ有ᄒᆞᆷ에動ᄒᆞ야古를慕코져ᄒᆞ야時宜를度지아니ᄒᆞ고制度를또定치아니ᄒᆞ니吏ㅣ緣ᄒᆞ야姦을ᄒᆞᄂᆞᆫ지라天子ㅣ下ᄒᆞ야刑에陷ᄒᆞᄂᆞᆫ者ㅣ衆ᄒᆞ더라

莽의法令이煩苛ᄒᆞ니民이 搖手觸禁ᄒᆞ야 不得耕桑ᄒᆞ고 繇役이 煩劇而枯旱蝗蟲이 相因ᄒᆞ고 獄訟不決ᄒᆞ고 吏用苛暴立威ᄒᆞ야 旁緣莽禁ᄒᆞ야 侵刻小民ᄒᆞ니 富者는 不能自保ᄒᆞ고 貧者는 無以自存이라 於是에 竝起爲盜賊ᄒᆞ니 荊州新市人王匡王鳳과 南陽馬武와 潁川王常成丹이 共聚藏於綠林山中ᄒᆞ야 至七八千人이러라

莽의法令이煩苛ᄒᆞ니民이手를搖ᄒᆞᆷ에禁에觸ᄒᆞ야耕桑을得치못ᄒᆞ고繇役이煩劇

고枯旱蝗蟲이셔로因ᄒᆞ고獄訟이決치못ᄒᆞ고吏ㅣ苛暴를用ᄒᆞ야威를立ᄒᆞ야旁으로莽의禁을緣ᄒᆞ야小民을侵刻ᄒᆞ니富者ᄂᆞᆫ能히自保치못ᄒᆞ고貧者ᄂᆞᆫ써스ᄉᆞ로存ᄒᆞᆯ슈업ᄂᆞᆫ지라이에竝히起ᄒᆞ야盜賊이되니荊州新市人王匡과王鳳과南陽馬武와潁川王常과成丹이共히綠林山中에聚藏ᄒᆞ야七八千人에至ᄒᆞ더라

(戊寅)五年琅琊樊崇이起兵於莒ᄒᆞ니一歲間에至萬餘人이러라

琅琊樊崇이兵을莒에起ᄒᆞ니一歲間에萬餘人에至ᄒᆞ더라

(壬午)地皇三年樊崇等이聞莽이將討之ᄒᆞ고恐其衆이與莽兵으로亂ᄒᆞ야乃皆朱其眉ᄒᆞ야以相識別ᄒᆞ니由是로號曰赤眉라ᄒᆞ다

樊崇等이莽이장ᄎᆞᆺ討ᄒᆞᆷ을聞ᄒᆞ고그衆이莽의兵으로더브러亂ᄒᆞᆯ가恐ᄒᆞ야이에다그眉를朱ᄒᆞ야써相히識別ᄒᆞ니是로由ᄒᆞ야號ᄒᆞ야曰赤眉라ᄒᆞ다

初에長沙定王發四世孫南頓令欽이生三男ᄒᆞ니縯仲秀라 縯音衍

縯은性이剛毅慷慨ᄒᆞ야有大節ᄒᆞ고秀ᄂᆞᆫ隆準日角이오 隆高也準謂鼻頭也日角謂庭中骨起狀如日也

性勤稼穡ᄒᆞ니縯이常非笑之ᄒᆞ야 縯好俠養士每見其弟事田業輒非而笑之 比於高祖兄仲이러다

仲高祖兄之名也高祖曰始大人常以臣亾賴不能治產業不如仲方今某之業孰與仲多

兵市平林新綠林賊乃各分散王匡等北入南陽號新市兵王常等西入南郡號下江兵平林人陳牧廖湛等復聚衆千餘人號平林兵以應新市

初에長沙定王發의四世孫南頓令欽이三男을生ᄒᆞ니縯과仲과秀ㅣ라縯은性이剛毅慷慨ᄒᆞ야大節이有ᄒᆞ고秀는隆準日角이오性이稼穡을勤ᄒᆞ니縯이常히非笑ᄒᆞ야高祖兄仲에게比ᄒᆞ더라

宛人李守ㅣ好星曆讖記러니 嘗謂其子通曰劉氏當興이니李氏ㅣ爲輔라ᄒᆞ더라 及新市平林兵이起에南陽이騷動이어늘通의從弟軼이弋質反 謂通曰今四方이擾亂ᄒᆞ니漢當復興이라南陽宗室에獨劉伯升兄弟ㅣ汎愛容衆ᄒᆞ니可與謀大事라ᄒᆞᆫ대 通이笑曰吾意也라ᄒᆞ고 遣軼往迎秀ᄒᆞ야與相約ᄒᆞ야 結定謀議ᄒᆞ고 歸春陵擧兵ᄒᆞ다春陵鄕名本屬零陵郡漢元時從南陽蔡陽縣白水鄕仍號春陵按今道州古春陵郡

宛人李守ㅣ星曆과讖記를好ᄒᆞ더니嘗히그子通다려謂ᄒᆞ야曰劉氏ㅣ當히興홀지나李氏ㅣ輔ᄒᆞ리라ᄒᆞ더라밋新市平林兵이起홈에南陽이騷動ᄒᆞ거늘通의從弟軼이通다려謂ᄒᆞ여曰今에四方이擾亂ᄒᆞ니漢이當히다시興홀지라南陽宗室에홀노劉伯升兄弟ㅣ汎愛히ᄒᆞ고衆을容ᄒᆞ니可히더브러大事를謀홀지라ᄒᆞᆫ딕通이笑ᄒᆞ야曰吾ㅣ意ᄒᆞ엿다ᄒᆞ고軼을遣ᄒᆞ야往ᄒᆞ야秀를迎ᄒᆞ야더브러셔로約ᄒᆞ야謀議를

結定ᄒᆞ고春陵에歸ᄒᆞ야兵을擧ᄒᆞ다

於是에縯이自發春陵子弟ᄒᆞ니諸家子弟ㅣ恐懼ᄒᆞ야皆亡匿이러니及見秀의絳衣大冠ᄒᆞ고 大冠武冠也俗爲之大冠環纓無蕤以靑絲爲緄加雙鶡尾竪左右謂之鶡冠鶡音芬勇雉也其鬪對一死而止 皆驚曰謹厚者도亦復爲之라ᄒᆞ고乃稍自安ᄒᆞ야凡得子弟七八千人ᄒᆞ야與下江將王常及新市平林兵으로合ᄒᆞ니於是에諸部ㅣ齊心ᄒᆞ야銳氣益壯이러라 出光武紀及劉縯王常傳

이에縯이스ᄉᆞ로春陵子弟를發ᄒᆞ니諸家子弟ㅣ恐懼ᄒᆞ야亾匿ᄒᆞ더니밋秀의絳衣와大冠을見ᄒᆞ고다驚ᄒᆞ야曰謹厚者도ᄯᅩᄒᆞᆫ다시ᄒᆞᆫ다ᄒᆞ고이에稍히스ᄉᆞ로安ᄒᆞ야무릇子弟七八千人을得ᄒᆞ야下江將王常과밋新市平林兵으로더부러合ᄒᆞ니이에諸部ㅣ心을齊ᄒᆞ야銳氣ㅣ더욱壯ᄒᆞ더라

淮陽王 名玄字聖公光武族兄莽末漢兵起無所統一諸將共議立聖公爲帝其後兵敗降於赤眉建武元年光武詔封爲淮陽王 衆共立之天下大器豈非才所能得哉 在位二年 人心思漢

(癸未)更始元年 ○更音庚 正月에漢兵이圍宛ᄒᆞ다春陵戴侯曾孫玄이在平林

兵中ᄒᆞ야號ᄅᆞᆯ更始將軍이라ᄒᆞ니 時에 漢兵이 已十餘萬이라欲立劉氏ᄒᆞ야以從人望ᄒᆞᆯ시南陽豪傑과 及王常等은 皆欲立劉縯而新市平林將帥ᄂᆞᆫ 樂放縱ᄒᆞ야 憚縯威明ᄒᆞ고 貪玄懦弱ᄒᆞ야 先共定策立之ᄒᆞᆫ대 玄이 即皇帝位ᄒᆞ야 朝羣臣ᄒᆞᆯ시 羞愧流汗ᄒᆞ야 擧手不能言ᄒᆞ니 由是로 豪傑이 失望ᄒᆞ야 多不服이러라 (出齊武王縯傳)

正月에漢兵이宛을圍ᄒᆞ다春陵戴侯曾孫玄이平林兵中에在ᄒᆞ야號ᄅᆞᆯ更始將軍이라ᄒᆞ니時에漢兵이임의十餘萬이라劉氏ᄅᆞᆯ立ᄒᆞ야ᄡᅥ人望을從코져ᄒᆞᆯᄉᆡ南陽豪傑과밋王常等은다劉縯을立코져ᄒᆞᄃᆡ新市平林將帥은放縱을樂ᄒᆞ야縯의威明을憚ᄒᆞ고玄의懦弱을貪ᄒᆞ야먼져共히策을定ᄒᆞ고立ᄒᆞᆫᄃᆡ玄이皇帝位에即ᄒᆞ야羣臣을朝ᄒᆞᆯᄉᆡ羞愧ᄒᆞ야汗을流ᄒᆞ야手ᄅᆞᆯ擧ᄒᆞ고能히言치못ᄒᆞ니是로由ᄒᆞ야豪傑이望을失ᄒᆞ야不服ᄒᆞᆷ이多ᄒᆞ더라

三月에 將軍劉秀等이 徇昆陽定陵郾ᄒᆞ야 皆下之ᄒᆞ다 莽이 遣王邑王尋ᄒᆞ야 發兵平定山東ᄒᆞ고 又驅諸猛獸虎豹犀象之屬ᄒᆞ야 以助威武ᄒᆞ고 號ᄅᆞᆯ百萬이라ᄒᆞ야 縱兵圍昆陽ᄒᆞ다

三月에偏將軍劉秀等이昆陽을徇ᄒᆞ고陵郾을定ᄒᆞ야다下ᄒᆞ다 莽이王邑과王尋을遣ᄒᆞ야兵을發ᄒᆞ야山東을平定ᄒᆞ고또諸猛獸虎豹犀象의屬을驅ᄒᆞ야써威武를助ᄒᆞ고號를百萬이라ᄒᆞ야兵을縱ᄒᆞ야昆陽을圍ᄒᆞ다

岑彭이守宛이러니 漢兵이攻之ᄒᆞᆫ대數月에乃擧城降이어ᄂᆞᆯ更始ㅣ入都之ᄒᆞ다

岑彭이宛을守ᄒᆞ더니漢兵이攻ᄒᆞᆫᄃᆡ數月에이에城을擧ᄒᆞ야降ᄒᆞ거ᄂᆞᆯ更始ㅣ入ᄒᆞ야都ᄒᆞ다

劉秀ㅣ至郾定陵ᄒᆞ야悉發諸營兵俱進ᄒᆞᆯ시自將步騎千餘ᄒᆞ야爲前鋒ᄒᆞ니尋邑이亦遣兵數千ᄒᆞ야合戰이어ᄂᆞᆯ秀ㅣ犇之ᄒᆞ야斬首數千級ᄒᆞᆫ대諸將이喜曰劉將軍이平生에見小敵怯이러니今見大敵勇ᄒᆞ니甚可恠也라ᄒᆞ더라

劉秀ㅣ郾과定陵에至ᄒᆞ야다諸營兵을發ᄒᆞ야俱히進ᄒᆞᆯ시스ᄉᆞ로步騎千餘를將ᄒᆞ야前鋒를ᄉᆞᆷ으니尋과邑이또兵數千을遣ᄒᆞ야合戰ᄒᆞ거ᄂᆞᆯ秀ㅣ犇ᄒᆞ야首數千級을斬ᄒᆞᆫᄃᆡ諸將이喜ᄒᆞ야曰劉將軍이平生에小敵을見ᄒᆞ고怯ᄒᆞ더니今에大敵을見ᄒᆞ고勇ᄒᆞ니甚히可히恠ᄒᆞ다ᄒᆞ더라

秀ㅣ復進ᄒᆞᆫ대 尋邑兵이 却이어ᄂᆞᆯ 諸部兵이 乘之ᄒᆞ야 斬首數百千級ᄒᆞ고 連勝遂前ᄒᆞ야 乘銳崩之ᄒᆞ니 諸將이 膽氣ㅣ 益壯ᄒᆞ야 無不一當百이라 遂殺王尋ᄒᆞ고 城中이 亦鼓譟而出ᄒᆞ야 中外合勢ᄒᆞ니 震呼ㅣ 動天地라 莽兵이 大潰ᄒᆞ다

秀ㅣ다시進ᄒᆞᆫᄃᆡ尋과邑의兵이却ᄒᆞ거ᄂᆞᆯ모ᄃᆞᆫ部兵이乘ᄒᆞ야首數百千級을斬ᄒᆞ고連ᄒᆞ야勝ᄒᆞ고드ᄃᆡ여前ᄒᆞ야銳를乘ᄒᆞ야崩ᄒᆞ니諸將이膽氣ㅣ더욱壯ᄒᆞ야一이百을當치아니ᄒᆞ리가無ᄒᆞᆫ지라드ᄃᆡ여王尋을殺ᄒᆞ고城中이ᄯᅩ鼓譟ᄒᆞ고出ᄒᆞ야中外ㅣ勢를合ᄒᆞ니震呼ㅣ天地를動ᄒᆞᄂᆞᆫ지라莽兵이크게潰ᄒᆞ다

會에 大雷風ᄒᆞ야 屋瓦ㅣ 皆飛ᄒᆞ고 雨下如注ᄒᆞ야 滍川이 盛溢ᄒᆞ니 (滍天理反滍水出南陽犨陽縣東北入汝) 虎豹ㅣ 皆股戰ᄒᆞ고 士卒이 赴水溺死者ㅣ 以萬數라 水爲不流러라

會에大히雷ᄒᆞ고風ᄒᆞ야屋瓦ㅣ다飛ᄒᆞ고雨下ㅣ注ᄒᆞᆷ과如ᄒᆞ야滍川이盛溢ᄒᆞ니虎豹ㅣ다股戰ᄒᆞ고士卒이水에赴ᄒᆞ야溺死ᄒᆞᆫ者ㅣ萬으로ᄡᅥ數ᄒᆞᄂᆞᆫ지라水ㅣ爲ᄒᆞ야流치안터라

王邑嚴尤ㅣ 輕騎로 乘死人ᄒᆞ고 渡水逃去어ᄂᆞᆯ 盡獲其軍實輜重ᄒᆞ니

軍實謂車徒器械芻糧之類輜重說見前 於是에海內豪傑이 翕然響應야皆殺其牧守고自
稱將軍야 用漢年號고 以待詔命이러라
이에海內豪傑이翕然이響應야다그牧守를殺고스스로將軍이라稱야漢의
年號를用고써詔命을待더라

莽이 聞漢兵이 言莽이 鴆殺平帝고 乃會公卿야 開所爲平帝請
命金縢之策야 泣以示羣臣더라 出莽傳
莽이漢兵이言되莽이鴆으로平帝를殺엿다홈을聞고이에公卿을會야平
帝를爲야命을請든바金縢의策을開야泣며써群臣을示더라

新市平林諸將이 以劉縯兄弟ㅣ 威名益盛이라 陰勸更始除
之대 更始ㅣ 不敢發이러니 部將劉稷이 聞更始立고 怒曰本起圖
大事者 伯升兄弟也어늘 今更始 何爲者耶오 更始ㅣ 收稷將
誅之어날 縯이 固爭대 李軼朱鮪ㅣ 榮美反 勸更始幷執縯야 即日에 殺
之다 出齊武王縯傳

新市平林諸將이劉縯의兄弟로써威名이더욱盛ᄒᆞ다ᄒᆞ야陰히更始를勸ᄒᆞ야除ᄒᆞ라ᄒᆞ되更始ㅣ敢히發치못ᄒᆞ더니部將劉稷이更始ㅣ立홈을듯고怒ᄒᆞ야曰본ᄃᆡ起ᄒᆞ야大事를圖ᄒᆞᆫ者ᄂᆞᆫ伯升의兄弟어ᄂᆞᆯ今에更始ᄂᆞᆫ무엇ᄒᆞᄂᆞᆫ者인고更始ㅣ稷을收ᄒᆞ야장찻誅ᄒᆞ려ᄒᆞ거ᄂᆞᆯ縯이굿이爭ᄒᆞᆫᄃᆡ李軼과朱鮪ㅣ更始를勸ᄒᆞ야幷히縯을執ᄒᆞ야即日에殺ᄒᆞ다

官屬이迎吊秀어ᄂᆞᆯ秀ㅣ不與交私語ᄒᆞ고惟滋引過而已오未嘗自伐昆陽之功ᄒᆞ며又不敢爲縯服喪ᄒᆞ고飮食言笑를如平常ᄒᆞ니更始ㅣ以是慙ᄒᆞ야拜秀爲破虜大將軍ᄒᆞ고封武信侯ᄒᆞ다 出光武紀

官屬이秀를迎ᄒᆞ야吊ᄒᆞ거ᄂᆞᆯ秀ㅣ與ᄒᆞ야私語를交치안코오작이過를引ᄒᆞᆯ다름이오일죽이스ᄉᆞ로昆陽의功을자랑치아니ᄒᆞ며ᄯᅩ敢히縯을爲ᄒᆞ야服喪치아이ᄒᆞ고飮食言笑를平常과如히ᄒᆞ니更始ㅣ이로써慙ᄒᆞ야秀를拜ᄒᆞ야破虜大將軍을삼고武信侯를封ᄒᆞ다

莽이憂懣不能食ᄒᆞ고但飮酒啗鰒魚ᄒᆞ고 鰒音雹鰒海魚名鰒無鱗有殼一面附石細孔雜雜或七或九 **讀軍書가라倦ᄒᆞ면因馮几寐ᄒᆞ고不復就枕矣러라** 出莽傳

莽이憂懣ᄒᆞ야能히食지못ᄒᆞ고다만酒를飮ᄒᆞ고鰒魚를啗ᄒᆞ고軍書를讀ᄒᆞ다가倦

(承明)殿名

ᄒᆞ면因ᄒᆞ야几에凴ᄒᆞ야寐ᄒᆞ고다시枕에就치아니ᄒᆞ더라

成紀人隗囂ㅣ(王氏曰天水郡有成紀縣今秦川是也隗囂姓名) **與周宗等**으로 **起兵以應漢**ᄒᆞ야 **移檄郡國**ᄒᆞ고 **勒兵十萬**ᄒᆞ야 **攻隴西武都**ᄒᆞ야 **皆下之**ᄒᆞ다

成紀人隗囂ㅣ周宗等으로더부러兵을起ᄒᆞ야ᄡᅧ漢을應ᄒᆞ야檄을郡國에移ᄒᆞ고兵十萬을勒ᄒᆞ야隴西武都를攻ᄒᆞ야다下ᄒᆞ다

茂陵公孫述이 **起兵成都**ᄒᆞ야 **自稱輔漢將軍**이라ᄒᆞ고 **兼益州牧**ᄒᆞ다

茂陵公孫述이兵을成都에起ᄒᆞ야스ᄉᆞ로輔漢將軍이라ᄒᆞ고益州牧을兼ᄒᆞ다

更始ㅣ遣將攻武關ᄒᆞᆫ대 **三輔鄧曄于匡**이 **起兵應漢**ᄒᆞ야 **開武關迎漢兵**ᄒᆞ고 **諸縣大姓**이 **亦各起兵**ᄒᆞ야 **稱漢將而長安旁兵**이 **四會城下**ᄒᆞ야 **九月戊申**에 **兵從宣平門入**ᄒᆞ니 **火及掖庭承明**이라

更始ㅣ將을遣ᄒᆞ야武關을攻ᄒᆞᆫᄃᆡ三輔鄧曄과于匡이兵을起ᄒᆞ고漢을應ᄒᆞ야武關을開ᄒᆞ고漢兵을迎ᄒᆞ고諸縣大姓이ᄯᅩ각々兵을起ᄒᆞ야漢將이라稱ᄒᆞ고長安旁兵이四로城下에會ᄒᆞ야九月戊申에兵이宣平門으로從ᄒᆞ야入ᄒᆞ니火가掖庭承明에及ᄒᆞ는지라

斗柄而坐(一)以五石銅爲之若北斗長二尺五寸欲以服勝衆兵令司命負之莽出在前入在旁三奇吉門云

莽이 避火宣室ᄒᆞ야 旋席隨斗柄而坐曰天生德於予ㅣ시니 漢兵이 其如予에 何오리오

莽이火를宣室에避ᄒᆞ야席을旋ᄒᆞ고斗柄을隨ᄒᆞ고坐ᄒᆞ야曰天이德을予에게生ᄒᆞ시니漢兵이그予에게엇지ᄒᆞᆯ고

庚戌明旦에 羣臣이 扶莽之漸臺러니 漸浸也臺在池中爲水所浸故名漸臺 晡時에 晡奔謨反說文日申時食也 衆兵이 上臺ᄒᆞ야 斬莽首分莽身ᄒᆞ야 節解臠分ᄒᆞ니 爭相殺者ㅣ 數十人이러라 傳莽首詣宛이어늘 詣宛句絕宛音鴛括地志云南陽郡邑古仲伯國城在宛大城南其西南二縣皆故宛城也 縣於市ᄒᆞ니 百姓이 共提擊之ᄒᆞ고 提音齊蕭該音底提者擲也蕭音得之 或切食其舌ᄒᆞ더라 以上出莽傳

庚戌明旦에羣臣이莽을扶ᄒᆞ고漸臺에之ᄒᆞ더니晡時에衆兵이臺에上ᄒᆞ야莽의首를斬ᄒᆞ고莽의身을分ᄒᆞ야節을解ᄒᆞ고臠을分ᄒᆞ니爭ᄒᆞ야서로殺ᄒᆞᄂᆞᆫ者ㅣ數十人러이라莽의首를傳ᄒᆞ야宛에詣ᄒᆞ거ᄂᆞᆯ市에縣ᄒᆞ니百姓이共히提ᄒᆞ야擊ᄒᆞ고或그舌을切食ᄒᆞ더라

新增尹氏曰甚矣亂臣賊子之欺世也禮施於國宋鮑之所以弑其君厚施於民田氏之所以併其國自古姦僞之徒往往若此方莽未簒之前折節下士輕財好施虛譽隆洽元后爲其所惑爲之宗主浸淫至於盜國毒流四海然後大兵四合克莽示惡雖漢祚復還而其禍亦慘矣朱子綱目書衆共誅莽者明莽之極惡人人皆得而討衆所共誅之者也自莽之敗出於劉氏之復興由是後世簒國之人往往殄滅前代種族至無遺育是莽不獨貽禍當時亦

且貽禍萬世其爲害也大矣玆故因而及之

更始ㅣ將都洛陽ᄒᆞᆯ서 以劉秀로 行司隷校尉ᄒᆞ야 使前整脩宮府어늘 秀乃置僚屬ᄒᆞ고 作文移ᄒᆞ야 移箋表之類也官曹公府不相臨敬則爲移也 從事司察을 釋義從事官名漢舊儀司隷校尉置從事吏十二人以主察擧 一如舊章ᄒᆞ니 時에 三輔吏士ㅣ 東迎更始ᄒᆞᆯ서 見諸將過에 皆冠幘 側革反冠弁冕之總名也幘巾也古有冠無幘幘者卑賤執事者所服其後貴賤皆服之稍稍作顔題有赤幘靑幘素幘布幘 而服婦人衣ᄒᆞ고 莫不笑之러니 及見司隷僚屬ᄒᆞ안 皆歡喜不自勝ᄒᆞ여 老吏ㅣ 或垂涕曰不圖今日에 復見漢官威儀라ᄒᆞ니 由是로 識者ㅣ 皆屬心焉이러라 出光武紀

更始ㅣ장ᄎᆞᆺ洛陽에都ᄒᆞᆯ시劉秀로써司隷校尉를行ᄒᆞ야하여곰前으로宮府를整修케ᄒᆞ거늘秀ㅣ이에僚屬을置ᄒᆞ고文移를作ᄒᆞ야從事司察을一히舊章과갓치ᄒᆞ니時에三輔吏士ㅣ東으로更始를迎ᄒᆞᆯ시諸將이過ᄒᆞᆷ에다幘을冠ᄒᆞ고婦人衣를服ᄒᆞᆷ을見ᄒᆞ고笑치아니ᄒᆞ리업더니司隷僚屬을見ᄒᆞᆷ에及ᄒᆞ안다歡喜ᄒᆞᆷ을ᄉᆞᄉᆞ로勝치못ᄒᆞ며老吏ᄂᆞᆫ或涕를垂ᄒᆞ야日今日에다시漢官威儀를見ᄒᆞᆷ을圖치못ᄒᆞ엿다ᄒᆞ니是로由ᄒᆞ야識ᄒᆞᄂᆞᆫ者ㅣ다心을屬ᄒᆞ더라

更始ㅣ拜劉秀行大司馬事ᄒᆞ야 持節北渡河ᄒᆞ야 鎭慰州郡이어늘 秀

至河北ᄒᆞ야所過郡縣에考察官吏ᄒᆞ야黜陟能否ᄒᆞ며 上句文不同 平遣囚徒ᄒᆞ고 平音病ᄯᅡ其不平也遣縱放也囚徒械繫服役者 除王莽苛政ᄒᆞ고復漢官名ᄒᆞ니吏民이悅喜ᄒᆞ야爭持牛酒迎勞어ᄂᆞᆯ秀ㅣ皆不受ᄒᆞ다 出光武紀無末句

更始ㅣ劉秀를拜ᄒᆞ야大司馬事를行ᄒᆞ야節을持ᄒᆞ고北으로河를渡ᄒᆞ야州郡을鎭慰ᄒᆞ거ᄂᆞᆯ秀ㅣ河北에至ᄒᆞ야過ᄒᆞᄂᆞᆫ바郡縣에官吏를考察ᄒᆞ야能否를黜陟ᄒᆞ며囚徒를平遣ᄒᆞ고王莽의苛政을除ᄒᆞ고漢의官名을復ᄒᆞ니吏民이悅喜ᄒᆞ야닷토어牛酒를持ᄒᆞ고迎ᄒᆞ야勞ᄒᆞ거ᄂᆞᆯ秀ㅣ다受치안타

新增尹氏曰帝王之興其施爲氣象必有大過人者觀漢祖入關之始除秦苛法與世祖徇河北之日除莽苛政同區區逐鹿爭雄之徒豈可同日而語然則配夏配天不失舊物亦豈偶然之故哉

南陽鄧禹ㅣ杖策追秀ᄒᆞ야及於鄴이어ᄂᆞᆯ 地理志魏郡有鄴縣括地志故鄴都城在障河北西南去章德府二十里 秀ㅣ曰我ㅣ得專封拜ᄒᆞ니 言封侯拜將我得專擅此權 生이遠來ᄂᆞᆫ寧欲仕乎아 禹ㅣ曰不願也오但願明公이威德이加於四海어든禹ㅣ得效其尺寸ᄒᆞ야垂功名於竹帛爾로다

南陽鄧禹ㅣ策을杖ᄒᆞ고秀를追ᄒᆞ야鄴에及ᄒᆞ거ᄂᆞᆯ秀ㅣ曰我ㅣ시러곰封拜를專히ᄒᆞ니生이遠히來ᄒᆞᆷ은엇지仕코져ᄒᆞᆷ인가禹ㅣ曰願치안코다만明公에威德이四海

에加ᄒᆞ거든禹ㅣ시러곰그尺寸을效ᄒᆞ야功名을竹帛에垂키를願ᄒᆞ노라

秀ㅣ笑ᄒᆞ고因留宿ᄒᆞ니이러禹ㅣ進說曰今山東이未安ᄒᆞ야赤眉靑犢之屬이 赤眉與靑犢皆賊之號 動以萬數오更始ㅣ旣是常才而不自聽斷ᄒᆞ고諸將이皆庸人屈起라 屈渠物反屈或作掘說文曰勃起曰掘起 志在財幣ᄒᆞ야爭用威力ᄒᆞ야朝夕自快而已오非有忠良明智深慮遠圖ᄒᆞ야欲尊主安民也라

秀ㅣ笑ᄒᆞ고因ᄒᆞ야留宿케ᄒᆞ더니禹ㅣ進ᄒᆞ야說ᄒᆞ야曰今山東이安치못ᄒᆞ야赤眉와靑犢의屬이萬數로써動ᄒᆞ고更始ㅣ임의이常才이라스ᄉᆞ로聽斷치못ᄒᆞ고諸將이다庸人의屈起라志가財幣에在ᄒᆞ야爭ᄒᆞ야威力을用ᄒᆞ야朝夕에스ᄉᆞ로快ᄒᆞᆯ다ᄅᆞᆷ이오忠良ᄒᆞ고明智ᄒᆞ고深慮ᄒᆞ고遠圖ᄒᆞ야主를尊ᄒᆞ고民을安코져홈은有치안는지라

明公이素有盛德大功ᄒᆞ야爲天下所嚮服이라軍政이齊肅ᄒᆞ고賞罰이明信ᄒᆞ니 本傳無明公素有盛德以下四句 爲今之計컨ᄃᆡ莫如延攬英雄ᄒᆞ고務悅民心ᄒᆞ야立高祖之業ᄒᆞ고救萬民之命이니以公而慮컨ᄃᆡ 公稱劉秀也說文云慮謀思也 天下를不足定也ㅣ니이다秀ㅣ大悅ᄒᆞ야因令禹로常宿止於中ᄒᆞ야 中謂幕府中 與定計議

ᄒᆞ고每任使諸將에多訪於禹ᄒᆞ니皆當其才러라(出禹本傳)

明公이본대盛德과大功이有ᄒᆞ야天下의嚮服ᄒᆞᄂᆞᆫ바ㅣ된지라軍政이齊肅ᄒᆞ고賞罰이明信ᄒᆞ니今을爲ᄒᆞ야計컨ᄃᆡ英雄을延攬ᄒᆞ고民心을務悅ᄒᆞ야高祖의業을立ᄒᆞ고萬民의命을救홈만갓지못ᄒᆞ니公으로써慮컨ᄃᆡ天下를足히定ᄒᆞᆯ것이업ᄂᆞ이다秀ㅣ크게悅ᄒᆞ야因ᄒᆞ야禹로ᄒᆞ여곰항상中에宿止케ᄒᆞ야더브러計議를定ᄒᆞ고미양諸將을任使홈에마니禹에게訪ᄒᆞ니다그才를當ᄒᆞ더라

新增胡氏曰蕭王之至鄴禹杖策追及從容畫策不如子房險難出奇不如陳平餉食補卒不如蕭何攻城畧地不如曹參纔一將兵出關又爲赤眉所敗而二十八將禹顧居首當時無異議後世無貶辭光武何取於禹而禹何以致之也曰禹初見帝觀其延攬英雄務悅民心立高祖之業救萬民之命此數語自李通耿弇賈復吳漢皆未之嘗言且任使諸將各當其才此固高出諸將之上一日帝披輿地圖曰天下郡圖如是今始得其一如何禹曰古之興者在德厚薄不以小大是乂非諸臣所能及雖伊周之徒啓告其君者不過如此嗚呼此光武之所深知而禹之所以自許者乎以此而圖形雲臺藏名太室爲東京元功眞無愧矣

秀ㅣ自兄縯之死로(更始殺縯)每獨居에(無人傍侍故曰獨居)輒不御酒肉ᄒᆞ고枕席에有涕泣處어늘主簿馮異ㅣ獨寬譬之ᄒᆞᆫ대(寬緩譬比也緩爲辭說比而諭之)秀ㅣ止之曰卿勿妄言ᄒᆞ라異ㅣ因進說曰更始政亂에百姓이無所依戴ᄒᆞ니夫人이久飢渴이면易爲充飽ᄒᆞᄂᆞ니今公이專命方面ᄒᆞ니宜分遣官屬ᄒᆞ야循

行郡縣ᄒᆞ야(循謂撫循之循循其人民也行下孟反)宣布德澤ᄒᆞ소셔(本傳無宣字)秀ㅣ納之ᄒᆞ다(出馮異傳)

秀ㅣ兄縯의死홈으로브터미양獨居ᄒᆞ야믄득酒肉을御치안코枕席에涕泣處ㅣ有ᄒᆞ거늘主簿馮異ㅣ홀로寬히譬ᄒᆞᆫ디秀ㅣ止ᄒᆞ야曰卿은妄言치말나異ㅣ因ᄒᆞ야進說ᄒᆞ야曰更始ㅣ政이亂홈에百姓이依戴ᄒᆞᆯ바이無ᄒᆞ니무릇人이久히飢渴ᄒᆞ면充飽ᄒᆞ기易ᄒᆞᄂᆞ니今에公이命을方面에專ᄒᆞ니맛당이官屬을分遣ᄒᆞ야郡縣을循行ᄒᆞ야德澤을宣布ᄒᆞ소셔秀ㅣ納ᄒᆞ다

騎都尉耿純이謁秀於邯鄲ᄒᆞ고(音寒丹)退見官屬將兵法度ㅣ不與他將同ᄒᆞ고遂自結納ᄒᆞ다(出本紀傳)

騎都尉耿純이秀를邯鄲에셔謁ᄒᆞ고退ᄒᆞ야官屬과將兵과法度ㅣ他將으로더브러同치아님을見ᄒᆞ고遂히스ᄉᆞ로結納ᄒᆞ다

王莽時에長安中에有自稱成帝子子輿者어늘莽이殺之ᄒᆞ니라邯鄲卜者王郎이(王郎姓名又名昌)緣是詐稱眞子輿라ᄒᆞᆫ디百姓이多信之ᄒᆞ야立郎爲天子ᄒᆞ니趙國以北과遼東以西ㅣ皆望風響應이러라

王莽時에長安中에스ᄉᆞ로成帝子子輿ㅣ라稱ᄒᆞᄂᆞᆫ者ㅣ有ᄒᆞ거늘莽이殺ᄒᆞ엿더니邯

(城內擾亂) 王郞

鄲卜者王郞이是를緣ᄒᆞ야詐로眞子輿라稱ᄒᆞᆫᄃᆡ百姓이만이信ᄒᆞ야郞을立ᄒᆞ야天子를삼으니趙國以北과遼東以西ㅣ다風을望ᄒᆞ고響應ᄒᆞ더라

(甲申)二年 更始ㅣ至長安ᄒᆞ야居長樂宮ᄒᆞ샤升前殿ᄒᆞ니郞吏ㅣ以次로列庭中이어늘更始ㅣ羞怍ᄒᆞ야(怍在各反顏色變也)俛首刮席ᄒᆞ야(俛與俯同低頭也刮摩也)不敢視ᄒᆞ고委政於趙萌ᄒᆞ고日夜飮讌後庭ᄒᆞ야以至羣小膳夫히皆濫授官爵ᄒᆞ니長安이爲之語曰竈下養은中郞將이오(王氏曰養去聲炊烹爲養言此徒亦得授中郞將按百官表中郞有五官左右三將秩皆比二千石)爛羊胃는騎都尉오(初武帝置羽林騎至宣帝令騎都尉監之比二千石)爛羊頭는關內侯ㅣ라ᄒᆞ니(列侯出關就國侯俱爵身其有家累者與之關內之邑食其租稅)由是로關中이離心ᄒᆞ고四海ㅣ怨叛이러라

更始ㅣ長安에至ᄒᆞ야長樂宮에居ᄒᆞ샤前殿에升ᄒᆞ니郞吏ㅣ次로써庭中에列ᄒᆞ거늘更始ㅣ羞怍ᄒᆞ야首를俛ᄒᆞ고席을刮ᄒᆞ야敢히視치못ᄒᆞ고政을趙萌에게委ᄒᆞ고日夜로後庭에서飮讌ᄒᆞ야써羣小膳夫에至ᄒᆞ기다官爵을濫授ᄒᆞ니長安이語ᄒᆞ야曰竈下養은中郞將이오爛羊胃는騎都尉오爛羊頭는關內侯라ᄒᆞ니是로由ᄒᆞ야關中이離心ᄒᆞ고四海ㅣ怨叛ᄒᆞ더라

大司馬秀ㅣ至薊ᄒᆞ니會에王子接이起兵薊中ᄒᆞ야以應王郞이라城

移檄購光武 (舍食)一宿曰舍

內ㅣ擾亂이어늘 秀ㅣ趣駕而出ᄒᆞ야 (趣音促) 不敢入城邑ᄒᆞ고 舍食道傍ᄒᆞ야 (出本紀) 至蕪蔞亭ᄒᆞ니 (蕪蔞故城在晉州饒陽縣北亭亦在焉) 時에 天寒冽이라 馮異ㅣ 上豆粥ᄒᆞ고 至下曲陽傳ᄒᆞ야 (曲陽在鉅鹿郡) 聞王郞兵이 在後ᄒᆞ고 從者ㅣ 皆恐이러니 至滹沱河ᄒᆞ야 (滹音呼沱或作沲並徒河反地理志滹沱河自代郡鹵城縣東去參合縣反東鄜眞定南關又東過霸州文安入海) 候吏ㅣ 還白호ᄃᆡ 河水流澌ᄒᆞ고 (澌音斯流水也) 無船不可濟라ᄒᆞ야늘 秀ㅣ 使王霸로 往視之ᄒᆞᆫ대 霸ㅣ 恐驚衆ᄒᆞ고 欲且前阻水ᄒᆞ야 還卽詭曰 冰堅可渡라ᄒᆞ니 官屬이 皆喜어늘 秀ㅣ 笑曰 候吏ㅣ 果妄語也로다 遂前比至河ᄒᆞ니 (比必寐反) 河冰이 亦合이라 乃令王霸로 護度ᄒᆞ야 未畢數騎而冰解ᄒᆞ다 (出王霸傳)

大司馬秀ㅣ 薊에 至ᄒᆞ니 會에 王子接이 兵을 薊中에 起ᄒᆞ야 써 王郞을 應ᄒᆞᄂᆞᆫ지라 城內ㅣ 擾亂ᄒᆞ거늘 秀ㅣ 駕를 趣ᄒᆞ고 出ᄒᆞ야 敢히 城邑에 入치 못ᄒᆞ고 道傍에 舍食ᄒᆞ야 蕪蔞亭에 至ᄒᆞ니 時에 天이 寒冽ᄒᆞᆫ지라 馮異ㅣ 豆粥을 上ᄒᆞ고 曲陽傳에 至下ᄒᆞ야 王郞兵이 後에 在ᄒᆞᆷ을 聞ᄒᆞ고 從者ㅣ 다 恐ᄒᆞ더니 滹沱河에 至ᄒᆞ야 候吏ㅣ 還白호ᄃᆡ 河水에 澌가 流ᄒᆞ고 船이 無ᄒᆞ야 可히 濟ᄒᆞᆯ슈업다 ᄒᆞ거늘 秀ㅣ 王霸로ᄒᆞ여곰 往ᄒᆞ야 視케ᄒᆞᆫᄃᆡ 霸ㅣ 衆을 驚ᄒᆞᆯ가 恐ᄒᆞ고 ᄯᅩ 前으로 水를 阻코져ᄒᆞ야 還ᄒᆞ야 곳 詭ᄒᆞ야 曰 冰이

堅ᄒᆞ야可히渡ᄒᆞ겟다ᄒᆞ니官屬이다喜ᄒᆞ거늘秀ㅣ笑ᄒᆞ야曰候吏ㅣ과연妄語ᄒᆞ엿도다遂히前으로ᄒᆞ야河에比至ᄒᆞ니河氷이ᄯᅩ合ᄒᆞᆫ지라이에王霸로ᄒᆞ여곰度를護ᄒᆞ야數騎를畢치못ᄒᆞ야氷이解ᄒᆞ다

永嘉陳氏曰古之人君不恃其或然之數而忽其必然之理或然之數者天也必然之理者人也天意之不集人事猶可以自盡幸乎天而人之繼之鮮有之敗事者矣漢之高祖光武蓋嘗得乎天矣睢水之圍幾入乎項氏之掌握而以大風脫滹沱之役幾塡於餓虎之喙矣而以氷合濟是豈人力也哉天也二君於此不以其幾不免者自沮亦不以其幸而免者自賀方且益聽三傑之謀而延攬二十八將之族以伺其隙而俟其可乘之機卒之垓下之圍合而項氏擒邯鄲之戰交而王郎虜是果天耶人耶能知高帝五年之業不成於睢水之脫而成於垓下之勝光武之中興亦不在於滹沱之濟而在於邯鄲之克則知人君之有爲於天下者其始也雖天啓之而成之者常以人也嗟乎天之欲啓是君而使之有所就者不遽爾也置諸厄而福之投諸難而全之使之迫於利害而深其謀臨於死生以固其志挫其驕矜抑其果銳以大其所受而人君者不能因乎天而善用之而亦且安乎天而棄其所以在人退處乎無事之地亦坐觀夫自定之勢則向之所以福之者乃所以禍之也全之者所以敗之也嗚呼人君有天下之慮其毋以天之所以福我者全我者而自取禍敗也哉

至南宮ᄒᆞ야遇大風ᄒᆞ야 地理志信都郡南宮縣按信都今冀州是也 秀ㅣ引車入道傍空舍ᄒᆞ니馮異는抱薪ᄒᆞ고鄧禹는爇火ᄒᆞ라 爇儒劣反 秀ㅣ對竈燎衣러니馮異ㅣ復進麥飯ᄒᆞ고馳赴信都ᄒᆞ다 地理志趙地北有信安都今冀州是春秋爲晉東陽地三家分晉因屬趙秦於此置信都屬鉅鹿郡地 是時에郡國이皆降王郞호대獨信都太守任光과和戎太守邳彤이 邳名悲反彤余中反釋義和戎郡貪也王莽分鉅鹿爲和戎 不肯從이러니光이聞秀至ᄒᆞ고大喜ᄒᆞ고邳彤이亦自和戎으로來會ᄒᆞ니 以上叅用任光邳彤二傳

文議者ㅣ 多言ᄒᆞ대 可因信都兵ᄒᆞ야 自送西還長安이라ᄒᆞᆫ대 邳彤이 曰 吏民이 歌吟思漢이 久矣라 今卜者王郎이 假名因勢ᄒᆞ야 驅集烏合之衆ᄒᆞ야 遂振燕趙之地나 無有根本之固ᄒᆞ니 明公이 奮二郡之兵ᄒᆞ야 以討之면 何患不克이리오 今釋此而歸면 豈徒空失河北이리오 必更驚動三輔ᄒᆞ야 墮損威重ᄒᆞ리니 非計之得者也니이다 秀ㅣ 乃止ᄒᆞ다 任光이 發傍縣ᄒᆞ야 得精兵四千人ᄒᆞ니 衆이 稍合至萬人이라 移檄邊郡ᄒᆞ야 共擊邯鄲ᄒᆞ니 郡縣이 還復響應이러라 出本紀

南宮에 至ᄒᆞ야 大風을 遇ᄒᆞ야 秀ㅣ 車를 引ᄒᆞ고 道傍空舍에 入ᄒᆞ니 馮異는 薪을 抱ᄒᆞ고 鄧禹ㅣ 火를 爇ᄒᆞ다 秀ㅣ 竈을 對ᄒᆞ야 衣를 燎ᄒᆞ더니 馮異ㅣ 다시 麥飯을 進ᄒᆞ고 馳ᄒᆞ야 信都에 赴ᄒᆞ다 이ᄯᅵ에 郡國이 王郎에게 降ᄒᆞ대 홀로 信都太守任光과 和戎太守邳彤이 從키를 肯치안터니 光이 秀ㅣ 至홈을 듯고 크게 喜ᄒᆞ고 邳彤이 ᄯᅩ 和戎으로브터 來會ᄒᆞ니 議者ㅣ 多히 言호대 可히 信都兵을 因ᄒᆞ야 ᄉᆞᄉᆞ로 西로 送ᄒᆞ야 長安에 還ᄒᆞ라 ᄒᆞᆫ대 邳彤이 曰 吏民이 歌吟ᄒᆞ고 漢을 思홈이 久ᄒᆞᆫ지라 今에 卜者王郎이 名를 假ᄒᆞ고 勢를 因ᄒᆞ야 烏合의 衆을 驅集ᄒᆞ야 드대여 燕趙의 地를 振ᄒᆞ나 根本의 固홈이 잇

지아니니明公이二郡의兵을奮ᄒᆞ야써討ᄒᆞ면ᄋᆞᆺ지克치못ᄒᆞᆷ을患ᄒᆞ리오今에此를釋ᄒᆞ고歸ᄒᆞ면ᄋᆞᆺ지ᄒᆞᆫ갓河北만空히失ᄒᆞ리오반다시다시三輔를驚動ᄒᆞ야威重을墮損ᄒᆞ리니計의得ᄒᆞᆫ者ㅣ아니니이다秀ㅣ이에止ᄒᆞ다任光이傍縣을發ᄒᆞ야精兵四千人을得ᄒᆞ니衆이稍히合ᄒᆞ야萬人에至ᄒᆞᆫ지라檄을邊郡에移ᄒᆞ야共히邯鄲을擊ᄒᆞ니郡縣이還ᄒᆞ야다시響應ᄒᆞ더라

秀ㅣ披輿地圖ᄒᆞ야 (披閱視也圖畵也地象車輿載物故曰輿也) 指示鄧禹曰天下郡國이如是어ᄂᆞᆯ今始乃得其一ᄒᆞ니 (始乃得其一)初得廣阿郡也) 子ㅣ前言以吾慮天下不足定은何也오禹ㅣ曰方今海內ㅣ殺亂이라 (殺)相雜錯也) 人思明君을猶赤子之慕慈母ᄒᆞᄂᆞ니古之興者ᄂᆞᆫ在德薄厚오不以大小也ㅣ니이다 (出鄧禹傳)

秀ㅣ輿地圖를披ᄒᆞ야鄧禹를指ᄒᆞ야示ᄒᆞ야曰天下郡國이是와如ᄒᆞ거ᄂᆞᆯ今에비로소이에그一을得ᄒᆞ니子ㅣ前에言호대吾로써慮컨ᄃᆡ天下를足히定ᄒᆞᆯ것이업다ᄒᆞᆷ은何인고禹ㅣ曰方今에海內ㅣ殺亂ᄒᆞᆫ지라人이明君을思ᄒᆞ기赤子가慈母를慕ᄒᆞᄃᆞᆺᄒᆞᄂᆞ니古의興ᄒᆞᆫ者ᄂᆞᆫ德의薄厚ᄒᆞᆷ에在ᄒᆞ고大小로써아니ᄒᆞᄂᆞ니이다

四月에秀ㅣ進攻邯鄲ᄒᆞ야連戰破之ᄒᆞ다

(交關)交結關通也 (反側)不安也

(隷)附屬也

四月에秀ㅣ邯鄲을進攻ᄒᆞ야連戰ᄒᆞ야破ᄒᆞ다

五月에王霸ㅣ追斬王郎ᄒᆞ다秀ㅣ收郎文書ᄒᆞ야得吏民이與郎으로交關謗毁者數千章ᄒᆞ야秀ㅣ不省ᄒᆞ고會諸將燒之曰令反側子로自安ᄒᆞ노라 (出本紀)

五月에王霸ㅣ王郎을追ᄒᆞ야斬ᄒᆞ다秀ㅣ郎의文書를收ᄒᆞ야吏民이郎으로더브러交關謗毁ᄒᆞᆫ者數千章을得ᄒᆞ야秀ㅣ省치안코諸將을會ᄒᆞ고燒ᄒᆞ야曰反側子로ᄒᆞ여곰스ᄉᆞ로安케ᄒᆞ노라

秀ㅣ部分吏卒ᄒᆞ야各隷諸軍ᄒᆞᆯ서士ㅣ皆言願屬大樹將軍이라ᄒᆞ니大樹將軍者ᄂᆞᆫ偏將軍馮異也ㅣ라爲人이謙退不伐ᄒᆞ고 (謙孟之反不伐堯氏曰伐如伐木之凡人矜誇其能乃所以自伐其能也故謂之伐) **敕吏士ᄒᆞ야非交戰受敵이면常行諸營之後ᄒᆞ고每所止舍에諸將이並論功이어든異ㅣ常獨屛樹下ㅣ라故로軍中이號曰大樹將軍이라ᄒᆞ다** (出馮異傳)

秀ㅣ吏卒을部分ᄒᆞ야각각諸軍에隷ᄒᆞᆯ시士ㅣ다言호ᄃᆡ大樹將軍에게屬ᄒᆞ기를願ᄒᆞᆫ다ᄒᆞ니大樹將軍인者ᄂᆞᆫ偏將軍馮異라人됨이謙退ᄒᆞ야伐치안코吏士에敕ᄒᆞ야

(縱橫)幷去聲縱放縱也橫恣橫也

交戰과受敵이아니면常해諸營의後에行ᄒᆞ고미양止舍ᄒᆞᄂᆞᆫ바에諸將이並히功을
論ᄒᆞ거든異ㅣ常해홀로樹下에屛ᄒᆞᄂᆞᆫ지라故로軍中이號ᄒᆞ야曰大樹將軍이라ᄒᆞ
다

更始ㅣ遣使ᄒᆞ야立秀爲蕭王ᄒᆞ고(括地志今徐州縣古蕭叔國也)悉令罷兵이어늘 耿弇이進
曰百姓이患苦王莽ᄒᆞ야復思劉氏러니 今更始ㅣ爲天子而諸將이
擅命ᄒᆞ고貴戚이縱橫ᄒᆞ야虜掠自恣ᄒᆞ니元元叩心ᄒᆞ야更思莽朝ㅣ라是以
로知其必敗也ᄒᆞ노다 公이功名이已著ᄒᆞ니(本傳無此句) 以義征伐이면天下를可
傳檄而定也니天下는至重ᄒᆞ니 公可自取ᄒᆞ고毋令他姓으로得之ᄒᆞ소서
(以上出弇本傳)蕭王이乃辭以河北未平ᄒᆞ고不就徵ᄒᆞ니始貳於更始러라(以上出本紀)

更始ㅣ使를遣ᄒᆞ야秀를立ᄒᆞ야蕭王을삼고다ᄒᆞ여곰兵을罷케ᄒᆞ거늘耿弇이進ᄒᆞ
야曰百姓이王莽을苦患ᄒᆞ야다시劉氏를思ᄒᆞ더니今에更始ㅣ天子ㅣ됨에諸將이
命을擅ᄒᆞ고貴戚이縱橫ᄒᆞ야虜掠自恣ᄒᆞ니元元히心을叩ᄒᆞ야다시莽朝를思ᄒᆞᄂᆞᆫ
지라이로써그반다시敗홀줄을知ᄒᆞ노라公이功名이임의著ᄒᆞ니義로써征伐ᄒᆞ면
天下를可히檄을傳ᄒᆞ야定ᄒᆞ리니天下ᄂᆞᆫ至重ᄒᆞ니公은可히ᄉᆞᄉᆞ로取ᄒᆞ고他姓으

八賊名或以山川土地爲名或以軍容强盛爲號

로ᄒᆞ여곰得케마소서蕭王이이에河北이平치못홈으로써辭ᄒᆞ고徵에就치아니ᄒᆞ니비로소更始에貳ᄒᆞ더라

是時에諸賊銅馬鐵脛尤來大槍上江靑犢富平獲索(八者皆是賊名)等이各領部曲ᄒᆞ니衆이合數百萬人이라所在寇掠이러니秋에蕭王이擊銅馬於鄡ᄒᆞᆯ시(堅堯反地理志鉅鹿有鄡縣)吳漢이將突騎ᄒᆞ고來會淸陽ᄒᆞ니士馬ㅣ甚盛이라銅馬ㅣ食盡夜遁이어늘蕭王이追擊於館陶ᄒᆞ야悉破降之ᄒᆞ고封其渠帥ᄒᆞ야爲列侯ᄒᆞ다

이ᄯᅢ에諸賊銅馬와鐵脛과尤來와大槍과上江과靑犢과富平과獲索等이각각部曲을領ᄒᆞ니衆이合數百萬人이라在ᄒᆞ는바에寇ᄒᆞ고掠ᄒᆞ더니秋에蕭王이銅馬을鄡에서擊ᄒᆞᆯ시吳漢이突騎를將ᄒᆞ고淸陽에來會ᄒᆞ니士馬ㅣ甚히盛ᄒᆞᆫ지라銅馬ㅣ食이盡ᄒᆞ야夜에遁ᄒᆞ거ᄂᆞᆯ蕭王이追ᄒᆞ야館陶에셔擊ᄒᆞ야다破ᄒᆞ야降ᄒᆞ고그渠帥를封ᄒᆞ야列侯를ᄉᆞᆷ다

諸將이未能信賊ᄒᆞ고降者ㅣ亦不自安이어늘王이知其意ᄒᆞ고勅令降者로各歸營勒兵ᄒᆞ고自乘輕騎ᄒᆞ야按行部陳ᄒᆞᆫ대降者ㅣ更相語曰

蕭王이推赤心ᄒᆞ야置人腹中ᄒᆞ니安得不投死乎리오 由是로皆服이어늘
悉以降人으로分配諸將ᄒᆞ니衆이 遂數十萬이라 故로 關西ㅣ號秀爲
銅馬帝라ᄒᆞ더라

諸將이能히賊를信치못ᄒᆞ고降者ㅣ또스ᄉᆞ로安치못ᄒᆞ거늘王이그意를知ᄒᆞ고敕ᄒᆞ야降者로하여곰각각營에歸ᄒᆞ야兵을勒케ᄒᆞ고스ᄉᆞ로輕騎를乘ᄒᆞ야部陳을按行ᄒᆞᆫ대降者ㅣ다시셔로語ᄒᆞ야曰蕭王이赤心을推ᄒᆞ야人의腹中에置ᄒᆞ니읏지시러곰死에投치아니리오是로由ᄒᆞ야다服ᄒᆞ거늘다降人으로써諸將에게分配ᄒᆞ니衆이드대여數十萬이라故로關西ㅣ秀를號ᄒᆞ야銅馬帝라ᄒᆞ다

赤眉樊崇等이 將兵攻長安이어늘 蕭王이 將北徇燕趙라가度赤眉
ㅣ必破長安ᄒᆞ고又欲乘舋并關中而不知所寄ᄒᆞ야 乃拜鄧禹前
將軍ᄒᆞ야中分麾下精兵二萬人ᄒᆞ야遣西入關ᄒᆞ다

赤眉와樊崇等이兵을將ᄒᆞ고長安을攻ᄒᆞ거늘蕭王이장ᄎᆞᆺ北으로燕趙를徇ᄒᆞ다가赤眉ㅣ반다시長安을破ᄒᆞᆯ줄度ᄒᆞ고또舋을乘ᄒᆞ야關中을并코져호ᄃᆡ寄ᄒᆞᆯ바를知치못ᄒᆞ야이에鄧禹를前將軍을拜ᄒᆞ야麾下精兵二萬人을中分ᄒᆞ야西로遣ᄒᆞ야關

(御)撫也用也

(野王)縣名

으로入ᄒᆞ다

蕭王이 以河內로 險要富實이라ᄒᆞ야 欲擇諸將守河內者而難其人ᄒᆞ야問於鄧禹ᄒᆞᆫ대禹ㅣ 曰寇恂이 文武ㅣ備足ᄒᆞ야 有牧民御衆之才ᄒᆞ니非此子면莫可使也ㅣ니이다乃拜恂河內太守ᄒᆞ야 行大將軍事ᄒᆞ고蕭王이謂恂曰昔에高祖ㅣ 留蕭何守關中이러시니 吾ㅣ今에 委公以河內ᄒᆞ노니 當給足軍糧ᄒᆞ고率厲士馬ᄒᆞ야防遏他兵ᄒᆞ야 勿令北受而已로라 (出寇恂傳)

蕭王이河內로써險要ᄒᆞ고富實ᄒᆞ다ᄒᆞ야諸將에河內를守ᄒᆞᆯ者를擇코져ᄒᆞ되그人을難ᄒᆞ야鄧禹에게問ᄒᆞᆫ대禹ㅣ曰寇恂이文武ㅣ備足ᄒᆞ야民을牧ᄒᆞ고衆을御ᄒᆞᆯ才가有ᄒᆞ니此子ㅣ아니면可히使ᄒᆞ리업ᄂᆞ이다이에恂을河內太守를拜ᄒᆞ야大將軍事를行케ᄒᆞ고蕭王이恂다려謂ᄒᆞ야曰昔에高祖ㅣ蕭何를留ᄒᆞ야關中을守ᄒᆞ더시니吾ㅣ今에公에게河內로써委ᄒᆞ노니맛당이軍糧을給足케ᄒᆞ고士馬를率厲ᄒᆞ야他兵을防遏ᄒᆞ야하여곰北受치말게ᄒᆞᆯ다름이로다

蕭王이親送鄧禹ᄒᆞ야至野王ᄒᆞ고禹ㅣ既西에蕭王이 乃復引兵而

北ᄒᆞ며寇恂이調餱糧ᄒᆞ고(調徒釣反謂計發之也)治器械ᄒᆞ야以供軍ᄒᆞ니軍雖遠征이나未嘗乏絶이러라(以上出寇恂等傳)

蕭王이親히鄧禹를送ᄒᆞ야野王에至ᄒᆞ고禹ㅣ임의西ᄒᆞᆷ에蕭王이이에다시兵을引ᄒᆞ고北으로ᄒᆞ다寇恂이餱糧을調ᄒᆞ고器械를治ᄒᆞ야써軍을供ᄒᆞ니軍이비록遠히征ᄒᆞ나일즉이乏絶치안터라

詳密註釋通鑑諺解卷之五 終

詳密註釋 通鑑諺解 上

重版 印刷●2000年 12月 26日
重版 發行●2001年 1月 2日

校 閱●明文堂 編輯部
發行者●金 東 求

發行處●明 文 堂
서울특별시 종로구 안국동 17～8
대체 010041-31-001194
전화 (영) 733-3039, 734-4798
(편) 733-4748
FAX 734-9209
등록 1977. 11. 19. 제1～148호

값 25,000원
ISBN 89-7270-631-0 94910
ISBN 89-7270-048-7(전3권)

東洋傳記文學選集

小說 **孫子**
鄭麟永 著/文熙奭 解/

小說 **칭기즈칸**
李文熙 著/高炳翊 解/

小說 **孔子**
宋炳洙 著/李相殷 解/

小說 **老子**
安東林 著/具本明 解/

천하일색 양귀비의 생애

小說 **揚貴妃**
井上靖 著/安吉煥 譯/

자연의 흐름에 거역하지 말라

장자의 에센스 **莊子**
安吉煥 編譯/

仁과 中庸이 멀리에만 있는 것이드냐

孔子傳
金荃園 編著/

백성을 섬기기가 그토록 어렵더냐

孟子傳
安吉煥 編著/

영원한 신선들의 이야기

神仙傳
葛洪稚川 著/李民樹 譯/

戰國策
金荃園 編著/

宋名臣言行錄
鄭鉉祐 編著/

人間孔子
행동으로 지팡이를 삼고
말씀으로 그림자를 삼고
李長之 著/金荃園 譯/

老子와 道家思想
金學主 著/

孔子의 生涯와 思想
金學主 著/

梁啓超
毛以亨 著/宋恒龍 譯/

동양인의 哲學的 思考와 그 삶의 세계
宋恒龍 著/

老莊의 哲學思想
金星元 編著/

白樂天詩研究
金在乘 著/신국판/

中國現代詩研究
許世旭 著/신국판 양장/

中國人이 쓴 文學槪論
王夢鷗 著/李章佑 譯/신국판 양장/

中國詩學
劉若愚 著/李章佑 譯/신국판 양장/

中國의 文學理論
劉若愚 著/李章佑 譯/신국판 양장/

명문당 서울시 종로구 안국동 17-8
TEL:733-3039, 734-4798 FAX:734-9209